प्रभाकर श्रोत्रिय

मध्य प्रदेश के जावरा जनपद में 19 दिसंबर, 1938 में जन्मे प्रो. प्रभाकर श्रोत्रिय निबंध, नाटक, आलोचना, साक्षात्कार, संपादन और अनुवाद आदि विधाओं की पचास से अधिक पुस्तकों के सर्जक हैं। भारतीय ज्ञानपीठ (नई दिल्ली), भारतीय भाषा परिषद (कोलकाता) के निदेशक तथा मध्यप्रदेश साहित्य परिषद्? (भोपाल) के सचिव भी रहे।

साक्षात्कार, अक्षरा, वागर्थ, नया ज्ञानोदय, पूर्वग्रह और समकालीन भारतीय साहित्य जैसी पत्रिकाओं के संपादक रहे श्रोत्रिय जी की प्रमुख कृतियां हैं – कविता की तीसरी आंख, कालयात्री है कविता, रचना एक यातना है, जयशंकर प्रसाद की प्रासंगिकता, मेघदूत : एक अंतर्यात्रा, शमशेर बहादुर सिंह, नरेश मेहता, कवि परंपरा (आलोचना), सौंदर्य का तात्पर्य, समय का विवेक, समय समाज साहित्य, सर्जना का अग्निपथ, प्रजा का अमूर्तन, समय में विचार और बाजारवाद में हिंदी (निबंध), इला, सांच कहूं तो और फिर से जहांपनाह (नाटक़) आदि। उनके सृजन पर केंद्रित 'आलोचना की तीसरी परंपरा' (सं. : उर्मिला शिरीष), इला और प्रभाकर श्रोत्रिय के नाटक (सं. : विभु कुमार) जैसे ग्रंथ भी प्रकाशित।

आचार्य रामचंद्र शुक्ल पुरस्कार, आचार्य नंददुलारे वाजपेयी पुरस्कार, शारदा सम्मान, साहित्य भूषण सम्मान और शताब्दी सम्मान तो उन्हें मिले ही, के.के. बिड़ला फाउंडेशन की फेलोशिप भी प्राप्त हुई।

5 सितंबर, 2016 को गाजियाबाद (उत्तर प्रदेश) के उपनगर इंदिरापुरम में निधन।

सम्पादक
प्रभाकर श्रोत्रिय

श्रेष्ठ भारतीय एकांकी

(खण्ड-एक)

भारतीय भाषा परिषद, कलकत्ता
की ओर से

लोकभारती पेपरबैक्स

प्रथम पुस्तकालय संस्करण
सन् 1998 में भारतीय भाषा परिषद्
द्वारा प्रकाशित

प्रथम पेपरबैक संस्करण : 2024

लोकभारती पेपरबैक्स : उत्कृष्ट साहित्य के लोकप्रिय संस्करण

भारतीय भाषा परिषद, कलकत्ता की ओर से
लोकभारती प्रकाशन
पहली मंजिल, दरबारी बिल्डिंग, महात्मा गाँधी मार्ग,
प्रयागराज-211 001

वेबसाइट : www.lokbhartiprakashan.com
ईमेल : info@lokbhartiprakashan.com
शाखाएँ : 1-बी, नेताजी सुभाष मार्ग, दरियागंज, नई दिल्ली-110 002
• अशोक राजपथ, साइंस कॉलेज के सामने पटना-800 006 (बिहार)
• 1, अनमोल सोराबजी संतुक लेन, मरीन लाइंस, मुम्बई-400002

आस्था पेपर कन्वर्टर
प्रयागराज द्वारा मुद्रित

मूल्य : ₹ 650

SHRESTHA BHARTIYA EKANKI
(Vol. I)
Edited by Prabhakar Shrotriya

ISBN : 978-81-19996-94-0

श्रेष्ठ भारतीय एकांकी

खण्ड-एक

- ओड़िया
- बांग्ला
- कन्नड़
- मराठी
- हिन्दी

के चुने हुए 26 एकांकी

प्रस्तावना

भारतीय भाषा परिषद विगत पच्चीस वर्षों से भारतीय भाषाओं की सृजनात्मक श्रेष्ठता को समवेत मंच प्रदान करने का प्रयास करती रही है। इस दिशा में उसके अनेक उपक्रम हैं। वह प्रतिवर्ष विभिन्न भाषाओं की श्रेष्ठ कृतियों को पुरस्कृत करती है, अनेक संवाद, परिचर्चाएँ और भाषणमालाएँ आयोजित करती है। उसका एक समृद्ध सर्वभाषा पुस्तकालय है। गत तीन वर्षों से वह राष्ट्रीय स्तर की एक मासिक पत्रिका 'वागर्थ' का प्रकाशन कर रही है, जिसे इस समय देश की एक अत्यंत महत्वपूर्ण पत्रिका माना जा रहा है।

परिषद के सभी उपक्रमों में सर्वाधिक महत्वपूर्ण है—भारतीय भाषाओं की श्रेष्ठ कृतियों का हिन्दी में प्रकाशन। परिषद द्वारा श्रेष्ठ भारतीय कविताओं, कहानियों, उपन्यासों, निबंधों, बाल साहित्य आदि के संग्रह प्रकाशित किए जा चुके हैं जिनका भरपूर स्वागत हुआ है। उसने चार खण्डों में 'संस्कृत वांङ्मय कोश' प्रकाशित किया है जो अपने ढंग का अद्वितीय है। इसके अतिरिक्त अनेक श्रेष्ठ कृतियों के अनुवाद एवं विचारपरक साहित्य भी प्रकाशित किया है। इनमें 'भक्ति तत्व: दर्शन-साहित्य-कला' उल्लेखनीय है। इसी श्रृंखला में 'श्रेष्ठ भारतीय एकांकी' खण्ड-1 प्रस्तुत किया जा रहा है। इसमें ओड़िया, बांग्ला, कन्नड़, मराठी और हिन्दी के छब्बीस प्रतिनिधि एकांकी संकलित हैं। तमिल भाषा के एकांकी भी इस खण्ड में सम्मिलित करने थे परंतु समय पर प्राप्त न होने के कारण उन्हें द्वितीय खण्ड में सम्मिलित किया जाएगा।

परिषद् ने इस बार चयन और अनुवाद की प्रक्रिया में थोड़ा परिवर्तन किया है। सभी भाषाओं के लिए संपादक मनोनीत किए गए हैं, जो अपनी-अपनी भाषा के सुपरिचित लेखक और विद्वान होने के साथ हिन्दी के मर्मज्ञ भी हैं। उन्होंने सम्बन्धित भाषाओं के श्रेष्ठ एकांकियों का चयन किया और सुयोग्य अनुवादकों से उन्हें अनूदित कराया, साथ ही यह ध्यान भी रखा कि अनुवाद एकांकियों की सृजनात्मकता को सुरक्षित रखते हुए, हिन्दी की प्रकृति के अनुरूप हों और उनमें नाट्य-भाषा की रक्षा भी हो। संपादकों ने अपनी-अपनी भाषा में एकांकियों के विकास, विशेषता और गुणवत्ता को केन्द्र में रखकर भूमिकाएँ भी लिखीं हैं। आशा है इससे पाठक न केवल विभिन्न भारतीय भाषाओं के श्रेष्ठ एकांकियों का आस्वादन कर सकेंगे, वरन वे उस भाषा के नाट्य लेखन का भी परिचय पा सकेंगे।

एकांकी विधा अपेक्षाकृत आधुनिक है। तीव्र गति और समय की कमी के कारण बड़े नाटकों की बजाए एकांकी अधिक लोकप्रिय भी हैं जो शौकिया नाट्य संस्थाओं को अधिक सहजता से मंचित करने का अवसर भी देते हैं, साथ ही वे किसी समकालीन समस्या को केन्द्र में रखकर, थोड़े समय में पाठकों को उत्प्रेरित भी करते हैं। इस छोटे कलेवर में रचनाकारों ने तरह-तरह के प्रयोग किए हैं। विभिन्न भाषाओं के एकांकियों में अपने-अपने परिवेश के स्पर्श भी हैं, फिर भी इनसे एक बात स्पष्ट होती है कि भारत की सभी भाषाओं में एक कालावधि में जैसी समान प्रवृत्ति देखी जाती है, उससे भारत की एकात्मता का भी बोध

होता है। इस दृष्टि से ऐसे समवेत संग्रहों का महत्व बढ़ जाता है। इनका एक अतिरिक्त लाभ यह भी है कि इनके माध्यम से विभिन्न भाषाओं की रचनात्मकता न केवल परस्पर पास आती है, बल्कि आदान-प्रदान से समृद्ध भी होती है।

थोड़ी सी पृष्ठ-सीमा में किसी भाषा के सभी प्रतिनिधि एकांकियों का समावेश न हो पाना स्वाभाविक है। हाँ, इतना अवश्य कहा जा सकता है कि ये अपनी भाषा के एकांकी लेखन की विशेषताओं को रेखांकित करते हैं, और उस बड़े संसार के प्रति कौतूहल और उत्सुकता जगाते हैं, जिनकी श्रेष्ठता यहाँ प्रतीक-रूप में प्रस्तुत है।

इसमें कोई संदेह नहीं है कि संपादकों और अनुवादकों ने अपने परिश्रम और योग्यता से परिषद के उद्देश्य के अनुरूप इस संकलन को प्रस्तुत करने में हमें सहायता भी दी है। हम उनके हृदय से आभारी हैं और उन सभी सहयोगियों के भी जिन्होंने यह पुस्तक आप तक पहुँचाने में हमारा हाथ बँटाया है। आप इसे पढ़ेंगे और अपनी सम्मति से हमारा मार्गदर्शन देंगे, यह आशा है।

डॉ० प्रभाकर श्रोत्रिय
निदेशक

भारतीय भाषा परिषद्
36-ए, शेक्सपियर सरणी,
कलकत्ता-700017

श्रेष्ठ भारतीय एकांकी

खण्ड-एक

सम्पादक और अनुवादक

ओड़िया

सम्पादक

राजेन्द्र प्रसाद मिश्र
225, सहयोग अपार्टमेंट्स
मयूर विहार, फेज-1
नई दिल्ली-110091

अनुवादक

1. **शंकरलाल पुरोहित**
डी-55, बी०जे०बी० फ्लैट्स
भुवनेश्वर-751014 (उड़ीसा)

2. **वनमाली दास**
प्लॉट नं० 63, सिरीपुर,
भुवनेश्वर-751003 (उड़ीसा)

3. **अजय कुमार पटनायक**
माणिक घोष बाजार,
कटक-753002

कन्नड़

सम्पादक

1. **बी०आर० नारायण**
1815, 1 मेन रोड,
उपनगर केंगेरी
बेंगलूर-560060

अनुवादक

1. **टी०जी० प्रभाशंकर 'प्रेमी'**
हिन्दी प्रोफेसर,
बेंगलूर विश्वविद्यालय,
बेंगलूर-560060

2. **कमल नारायण**
1815, 1 मेन रोड,
उपनगर केंगरी,
बेंगलूर-560060

बांग्ला

सम्पादक

1. **सिद्धेश**
श्रीपुर,
पो० मध्यमग्राम बाजार,
मध्यमग्राम-743298
24 पगरना (उत्तर) पं० बंगाल

अनुवादक

1. **श्रीमती नीलम शर्मा 'अंशु'**
द्वारा—पूर्ति तथा निपटान निदेशालय
6, एस्प्लेनेड पूर्व
कलकत्ता-700069

2. **रामशंकर द्विवेदी**
174, पाठकपुरा,
उरई-285001 (उ०प्र०)

3. **श्रीमती पंपा पाल**
साउथ इस्टर्न रेलवे
क्वार्टर नं० ए-6, यूनिट-6
सांतरागाछी (उत्तर) पो०-जगाछा,
जिला हावड़ा—711311

4. **प्रदीप प्रद्युम्न**
फ्लैट नं० ए/74, टाइप 11,
मूर एवेन्यू, टालीगंज,
कलकत्ता-700040

5. **श्रीमती रीता मेहता**
86, नेशनल प्लेस
पो० बक्सरा
हावड़ा-711306

मराठी

सम्पादक

डॉ० वि०भा० देशपांडे
सूरजपार्क
27/3, उहाणुकर कालोनी
कोथेरूड,
पुणे-411029

अनुवादक

1. **सत्यदेव त्रिपाठी**
'नीलकण्ठ' (दूसरी मंजिल)
एन०एस० रोड नं० 5
विले पार्ले (प०)
मुम्बई-400056

2. **चन्द्रकांत बांदिवड़ेकर**
साहित्य सहवास
बान्द्रा
मुम्बई-400051

3. **डॉ० श्रीरंग संगोराम**
51, गणेश मला
सिंहगढ़ मार्ग,
पुणे-411030

4. **डॉ० दुर्गा दीक्षित**
द्वारा—आपटे प्रशाला
आपटे रोड, डे० जिमखाना,
पुणे-411004

5. **डॉ० विदुला गोरे**
'जुगनू'
42, मंगलवाड़ी हाउसिंग सोसायटी,
सेनापती बापट मार्ग
पुणे-411053

हिन्दी

सम्पादक

डॉ० गिरीश रस्तोगी
23-ग, हीरापुरी कालोनी,
गोरखपुर (उ०प्र०)

❑

अनुक्रम

मराठी

हिन्दी

ओड़िया एकांकी

संपादक—डॉ० राजेंद्र प्रसाद मिश्र

भूमिका

आधुनिक ओड़िया और हिंदी नाट्य-साहित्य लेखन के प्रारंभ होने के समय में कोई खास अंतर नहीं है। उन्नीसवीं शताब्दी के छठे-सातवें दशक में यदि आधुनिक हिंदी नाट्य-लेखन की परंपरा का सूत्रपात हुआ तो आठवें दशक से ओड़िया में।

आधुनिक ओड़िया नाटक लिखे जाने से पहले हिंदी की तरह ओड़िया में भी संस्कृत, अंग्रेजी और बांग्ला नाटकों का अनुवाद व मंचन हुआ करता था। पं० गोपीनाथ नंद, पं० मृत्युंजय रथ और पं० हरिहर मिश्र आदि ने संस्कृत में लिखे गए लगभग सभी नाटकों का ओड़िया भाषा में अनुवाद किया था। इसके अलावा संस्कृत में कुछ मूल नाटक भी उड़ीसा में लिखे गए। संस्कृत साहित्य में सुपरिचित मुरारी मिश्र का 'अनर्घ राघव', जीवदेव आचार्य का 'भक्ति वैभव', विश्वनाथ का 'चंद्रकला', कवि नीलकंठ का 'भंज महोदय', राय रामानंद का 'जगन्नाथवल्लभ', भट्ट नारायण का 'वेणी संहार' इत्यादि संस्कृत नाटक उड़ीसा में लिखे गए और मंचित हुए। लेकिन आधुनिक काल में लिखे गए मूल ओड़िया नाटकों ने दर्शकों को अधिक प्रभावित किया। अपने ही समाज की राजनीतिक-सामाजिक स्थितियों, राष्ट्रीय चेतना, जन-जागरण तथा युगीन समस्याओं के चित्र रंगमंच पर अपनी आँखों के आगे से गुजरते देख वे अभिभूत होने लगे। यही कारण था कि तत्कालीन नाटककारों को आगे लिखने की प्रेरणा मिली और उन्होंने जमकर लिखा भी।

आधुनिक हिंदी-ओड़िया नाटक की तरह हिंदी और ओड़िया एकांकी-लेखन में भी लगभग एक ही दशक का अंतर है। आधुनिक हिंदी एकांकी के प्रवर्तक रामकुमार वर्मा का पहला एकांकी 'बादल की मृत्यु' सन् 1930 में प्रकाशित हुआ जबकि कविचंद्र कालीचरण पटनायक का प्रथम एकांकी 'जीवित तर्पण' सन् 1941 में।

ओड़िया का पहला आधुनिक नाटक जगमोहन लाला (1838-1913) का 'बाबाजी' सन् 1877 में न केवल प्रकाशित हुआ, बल्कि लालाजी ने इसका मंचन भी अपने गाँव 'महँगा' में किया। यह नाटक सामाजिक पृष्ठभूमि पर आधारित था।

इसमें एक दुराचारी महंत तथा एक शराबी का चित्रण किया गया है। चार अंकों में समाप्त इस नाटक में शराब न पीने का संदेश दिया गया है। यह संदेश महात्मा गांधी और राष्ट्रीय कांग्रेस की स्थापना से लगभग 50 वर्ष पहले इस नाटक के ज़रिये नाटककार जगमोहन लाला ने दिया था। इससे इस बात की पुष्टि होती है कि साहित्यकार भविष्य-द्रष्टा भी होता है। इसके अलावा लालाजी ने सती, प्रीति एवं वृद्ध विवाह नामक तीन महत्वपूर्ण नाटक और लिखे। इन नाटकों में नाटकीय शिल्प की अपेक्षा नैतिक प्रचार अत्यधिक होने के कारण ये नाटक रंगमंच पर उतने सफल नहीं हुए।

सन् 1880 में युवा नाटककार रामशंकर राय का मौलिक ओड़िया नाटक 'कांचिकावेरी' प्रकाशित हुआ। उस समय उनकी उम्र 20 वर्ष थी। अपने इस प्रथम नाटक की भूमिका में उन्होंने लिखा था—'उड़ीसा की मिट्टी पर बारंबार बंगला नाटकों का अभिनय देख-देखकर उनका मन विद्रोह कर उठा और उन्होंने ओड़िया जाति का ऐतिहासिक गौरव दिखाने के लिए ओड़िया भाषा में नाटक लिखने का निश्चय किया। उनकी इच्छा थी कि ओड़िया नाटक और रंगमंच बंगला व अन्य भारतीय भाषाओं के नाटक और रंगमंच के समकक्ष हो। इन्हीं उच्च आकांक्षाओं को लेकर उन्होंने अपने नाटक लिखे। यही कारण था कि उनके नाटक रंगमंच पर भी खूब सफल हुए। इसीलिए प्रथम ओड़िया नाटक न लिखने पर भी रामशंकर राय को आधुनिक ओड़िया नाटक और रंगमंच का जनक माना जाता है।'

रामशंकर राय का प्रथम नाटक 'कांचिकावेरी' बेहद लोकप्रिय हुआ। उसकी एक वजह यह भी थी कि इस नाटक की कहानी से उड़ीसा के लोग कमोबेश परिचित थे। इसी कहानी को आधार बनाकर बांग्ला भाषा में पहले ही काव्य-रचना हो चुकी थी। बांग्ला साहित्यंकार रंगलाल बनर्जी ने उड़ीसा के राजा पुरुषोत्तम देव और पद्मावती की करुण-मधुर कहानी से प्रभावित होकर 'कांचिकावेरी' काव्य-रचना की थी। इस 'कांचिकावेरी' नाटक के अलावा रामशंकर राय ने विभिन्न विषयों पर लगभग तीस नाटक लिखे थे, लेकिन युवावस्था में रचित उनका यह पहला नाटक ही सर्वश्रेष्ठ नाटक माना गया। काफी अरसे तक रामशंकर राय का 'कांचिकावेरी' ही बाद के नाट्य-लेखकों के लिए कथानक व रंगमंच की दृष्टि से एक आदर्श नाटक बना रहा है।

जगमोहन लाला और रामशंकर राय के साथ ही ओड़िया नाटककार कामपाल मिश्र (1875–1927) का नाम भी उनके नाटक 'सीता विवाह' (1899) के लिए स्मरण किया जाता है। उन्नीसवीं शताब्दी के अंत तक ओड़िया नाटक के क्षेत्र में मुख्यत: इन तीन नाटककारों का ही उल्लेख किया जाता है।

धीरे-धीरे आधुनिक ओड़िया नाटक और रंगमंच पूरे उड़ीसा में व्याप्त होने लगा। उस समय राजा, महाराजा, ज़मींदार जैसे धनी लोग विवाहादि सामाजिक उत्सवों में ओड़िया नाटक दिखाने में अपनी शान समझते थे। सुप्रसिद्ध समाज सेवक मधुसूदन दास ने कटक में एक स्थायी रंगमंच बनाया था, जहाँ नगर के नाट्यानुरागी प्रत्येक वर्ष अपने उत्तम अभिनय का प्रदर्शन करते थे। इस तरह के स्थायी या अर्धस्थायी रंगमंच पारलाखेमंडी, बारिपदा, खरियार, नीलगिरी, चिकिटि आदि कई जगहों पर राजा, ज़मींदार और धनी वर्ग के लोगों द्वारा स्थापित किए गए थे।

अतः यह कहा जा सकता है कि बीसवीं शताब्दी के प्रारंभ तक ओड़िया नाटक और रंगमंच की स्थापना हो चुकी थी। तब तक अनेक व्यावसायिक रंगमंच भी बन चुके थे। लेकिन उनमें से अधिकतर जल्द ही समाप्त भी हो गए। यहाँ कुछ चर्चित नाटककार और उनके नाटकों का उल्लेख अपेक्षित है।

बीसवीं शताब्दी के पूर्वार्ध में जिन आधुनिक नाटककारों ने ओड़िया नाटक और रंगमंच को समृद्ध किया, उनमें खरियार के राजकुमार वीर विक्रमदेव को नहीं भुलाया जा सकता। उनका जन्म सन् 1874 और मृत्यु सन् 1911 में हुई। उनके पिता ब्रजराज सिंह कवि-प्रतिभा संपन्न थे। पिता से प्रेरित होकर उनका झुकाव साहित्य की ओर हुआ। भारतेंदु हरिश्चंद्र की तरह उन्होंने भी कई महत्वपूर्ण नाटक ओड़िया भाषा में लिखे। उनके प्रमुख नाटक हैं : कुसुम सुंदरी (1904), वृद्ध विवाह (1905), बाल्य विवाह (1907), व्यभिचार दोष प्रदर्शक नाटक (1906), सुहासिनी प्रहसन (1907), उत्कल दुर्दशा नाटक (1904), अंबिका देवी, शैलबाला नाटक (1908), भ्रातृस्नेह नाटक (1909), हरिश्चंद्र नाटक (1911), प्रेमलता नाटक (1902), भारत चंद्र नाटक (पांडुलिपि)।

'उत्कल दुर्दशा' और 'हरिश्चंद्र नाटक' के एक से अधिक संस्करण नाटक और नाटककार की प्रसिद्धि के प्रमाण हैं। देश के साथ-साथ उत्कल की दुर्दशा, वृद्ध विवाह, बाल्य विवाह आदि सामाजिक कुसंस्कारों को दूर करने के लिए नाटककार ने जिन महत्वपूर्ण नाटकों का सृजन किया, उसके लिए उन्हें हमेशा याद किया जाता रहेगा। जिस तरह हिंदी साहित्य में भारतेंदु हरिश्चंद्र को याद किया जाता है, उसी तरह ओड़िया में वीरविक्रमदेव को उनके नाटकों के लिए स्मरण किया जाता है। दुर्भाग्य से भारतेंदु हरिश्चंद्र की तरह उनकी मृत्यु भी 37 वर्ष की अल्पायु में हो गई। लेकिन उनका साहित्यिक योगदान अविस्मरणीय रहेगा।

रामशंकर राय के अधीन एक कनिष्ठ वकील के रूप में कार्यरत भिखारीचरण पटनायक ने भी लगभग दस नाटक लिखे। उनका पहला नाटक था 'कटक विजय' (1901), जिसमें उन्नीसवीं शताब्दी के शुरू में ब्रिटिश द्वारा मराठों से कटक हथियाने का वृत्तांत है। अपने वरिष्ठ वकील रामशंकर राय की तरह भिखारीचरण पटनायक भी एक समाज-सुधारक थे। उन्होंने बेरोजगारी और दहेज के साथ-साथ सामाजिक अंधविश्वासों के विरुद्ध भी अपनी आवाज उठायी। उनके अन्य नाटक हैं: नंदीकेशरी (1915), रतनमाली (1915), संसार चित्र (1915), राजा पुरुषोत्तम (1924) तथा जौतुक (1924) आदि।

समाज-सुधारकों में एक समूह ऐसे नाटककारों का भी बन गया था, जो लोगों की धार्मिक चेतना को आगे बढ़ाने में सक्रिय रहा। उन्होंने प्रह्लाद, सुदामा आदि पौराणिक पात्रों के माध्यम से समाज में न केवल व्यक्तिगत जीवन के पुनर्गठन का प्रयास किया, बल्कि भक्ति-आश्रित एक नये समाज निर्माण के लिए निरंतर प्रयत्न करते रहे। लेकिन ऐसे नाटकों में लोगों की रुचि अधिक दिनों तक नहीं रही। आगे चलकर कुछ ऐसे महत्वपूर्ण ऐतिहासिक नाटक लिखे गए, जो उड़ीसा के गौरवशाली दिग्विजयी राजाओं पर आधारित थे। ये नाटक खारबेल, कपिलेंद्रदेव, पुरुषोत्तमदेव, मुकुंददेव और नरसिंहदेव इत्यादि राजाओं का गुणगान करते हैं। इन नाटकों को लिखने-लिखाने में स्वर्गीय पंडित गोदावरीश मिश्र (1886-1956) का महत्वपूर्ण योगदान है। उन्होंने पुरुषोत्तमदेव (1917) और मुकुंददेव (1920) नामक केवल दो ही नाटक लिखे। गोदावरीश मिश्र मूलतः कवि थे। उनका 'पुरुषोत्तमदेव' नाटक काफी अरसे तक उड़ीसा के नाट्य-जगत् व जनमानस पर छाया रहा।

बीसवीं शताब्दी के पूर्वार्ध में ही जिन अन्य दो महत्वपूर्ण नाटककारों का ओड़िया नाटक में महत्वपूर्ण योगदान रहा, वे हैं : अश्विनीकुमार घोष (1891-1963) और कालीचरण पटनायक (1898-1978)। यदि यह कहा जाए कि अश्विनीकुमार घोष ने तत्कालीन ओड़िया नाट्यगद्य को रंगमंच के अनुकूल बनाकर ओड़िया नाटक में नई जान भर दी थी तो अतिशयोक्ति नहीं होगी। अश्विनीजी 'आर्ट थियेटर' से घनिष्ठ रूप से जुड़े हुए थे। इसलिए उनके द्वारा रचित छोटे-बड़े कुल 38 नाटकों में हमें रंगमंच संबंधी आवश्यकताओं की कमियाँ काफी हद तक नहीं खटकतीं। खटका है तो कहीं-कहीं कुछ-कुछ संवाद का। नाटक के साथ-साथ अश्विनीजी ने प्रहसन और एकांकी भी लिखे, जो पौराणिक, धार्मिक, ऐतिहासिक और सामाजिक हैं। उनके बहुचर्चित नाटकों में कालापहाड़ (1920), श्रीमंदिर (1934), श्रीलोकनाथ (1946) और चाषझिओ

(1946) के नाम उल्लेखनीय हैं। अश्विनीजी के नाटक तत्कालीन व्यावसायिक थियेटर में खेले जाते और बेहद सराहे जाते थे। सन् 1915 से 1940 तक अश्विनीकुमार घोष के नाटक उड़ीसा के 'राधाकृष्ण थियेटर' में लगातार मंचित होते रहे। उनके कुछ अन्य महत्वपूर्ण नाटक थे सावित्री, जानकी, साक्षीगोपाल, सालबेग, कपिलेंद्रदेव, ताजमहल, भाई, ईरानी और मास्टरबाबू। उन्होंने दो प्रहसन लिखे थे। उनकी 'मालूनी' एकांकी का पहला प्रसारण कलकत्ता रेडियो स्टेशन से हुआ था। यह एकांकी स्वाधीनता से पहले लिखा गया था। ओड़िया एकांकी लेखन के लिए वे निरंतर प्रयत्नशील रहे।

जिस नाटककार की लेखनी ने ओड़िया रंगमंच में संवाद की स्वाभाविकता स्थापित करने का काम किया, वे हैं कालीचरण पटनायक (1898–1978)। नाटकों में संवाद को प्रमुखता देते हुए उन्होंने अपने नाटकों का निर्देशन भी किया। नाटक की इसी प्रमुख विशेषता की कमी अश्विनीकुमार घोष के नाटकों में खटकती थी। कालीचरणजी न केवल एक नाटककार थे, बल्कि एक कुशल संगीतज्ञ और निपुण निर्देशक भी थे। उन्होंने लगभग तीस नाटक लिखे। उनमें से उनके सफलतम नाटक 'भात' (1944) का प्रदर्शन सौ दिनों तक हुआ था, जो कि एक रिकॉर्ड है। उनके अन्य महत्वपूर्ण नाटक हैं : चुंबन (1942), जयदेव (1943), चकरी (1944), अभिजन (1946), रक्तमाटी (1947), रक्तमंदार (1952) आदि। उन्होंने अपना एक नाट्य-दल बनाकर लगभग बीस वर्षों तक निर्देशक के रूप में अपने नाटकों का सफल मंचन किया। रंगमंच पर न केवल संवाद को बल्कि संगीत को भी उन्होंने एक शक्तिशाली ज़मीन प्रदान की। राष्ट्रीय भावना उनमें कूट-कूटकर भरी थी। उनके द्वारा सन् 1938 में स्थापित 'उड़ीसा थियेटर' दस वर्षों तक सक्रिय रहने के बाद सन् 1949 में बंद हो गया। तब तक कटक में एक अन्य स्थायी रंगमंच 'अन्नपूर्णा थियेटर' का उदय हो चुका था। कालीचरण के नाटकों का प्रदर्शन भी 'अन्नपूर्णा थियेटर' में होने लगा। तमाम सामाजिक विरोधों के बावजूद उन्होंने महिला कलाकारों को नाटक में भूमिकाएँ प्रदान कीं। रंगमंच पर दृश्य-व्यवस्था पर भी उन्होंने काफी काम किया।

नाटक के साथ ही उन्होंने एकांकी भी लिखे। ओड़िया भाषा में जो एकांकी लिखे गए उनकी प्रक्रिया पश्चिमी एकांकी के अनुरूप थी। कालीचरण पटनायक ने पाँच एकांकी लिखकर उनका एक संग्रह सन् 1953 में 'पंचरंग' नाम से प्रकाशित करवाया था। संग्रह के प्रथम दो एकांकी समाज-सुधार से संबंधित हैं जबकि एक अन्य एकांकी 'मंदिर प्रवेश' में अस्पृश्यता की समस्या उठाई गई है। दूसरा एकांकी संग्रह सन् 1958 में 'सदारस' नाम से प्रकाशित हुआ। उसमें छह एकांकी संगृहीत हैं।

वस्तुतः कालीबाबू के नाटक शास्त्रीय नाटकीय शिल्प के लिए उतने महत्वपूर्ण नहीं रहे, जितने कि उसके संगीतमय उपादानों के लिए। लेकिन नाटकों के मंचन में नाटक के साथ-साथ जात्रा और स्वांग के गीत, नाच और हास्य-व्यंग्य आदि भरने की वजह से उनके नाटकों में विचारों की गहराई, मानसिक विरोध और विद्रोह, साहित्यिक मर्यादा और उच्चादर्श आदि नाटक के अपरिहार्य 'सिरियस' उपादान ओड़िया रंगमंच से अदृश्य होने लगे। फिर भी सन् 1940 से लेकर 1955 तक ओड़िया नाट्य-जगत में कालीचरण पटनायक छाये रहे। यही वजह है कि यह समय ओड़िया नाटक में 'कालीचरण युग' के नाम से जाना जाता है और कालीबाबू कविचंद्र कांलीचरण पटनायक के नाम से।

कविचंद्र कालीचरण पटनायक की नाट्य-शैली परंपरा को आगे बढ़ाने वाले अन्य महत्वपूर्ण ओड़िया नाटककारों में गोपाल छोटराय, भंजकिशोर पटनायक, रामचंद्र मिश्र, कार्तिककुमार घोष, अद्वैतचंद्र महांति, कमललोचन महांति, धनेश्वर पटनायक आदि प्रमुख हैं।

गोपाल छोटराय ने अपने नाट्य-जीवन की शुरुआत एक कलाकार के रूप में की थी। ये रामचंद्र मिश्र और भंजकिशोर पटनायक के समकालीन थे। इनका पहला एकांकी 'सहधर्मिणी' सन् 1943 में प्रकाशित हुआ। उन्होंने अपना पहला नाटक 'फेरिआ' सन् 1946 में लिखा। इस नाटक में मनुष्य की दो मूल प्रवृत्तियों-अच्छाई और बुराई के द्वंद्व को उन्होंने नाटक का कथानक बनाया है। उनके छोटे-बड़े कुल 400 नाटक प्रकाशित हुए। इनमें पौराणिक, ऐतिहासिक और सामाजिक सभी तरह के नाटक-एकांकी थे।

गोपाल छोटराय की तरह रामचंद्र मिश्र भी एक मशहूर नाटककार थे। उन्होंने देर से लिखना प्रारंभ किया। उनका पहला एकांकी 'प्रतीक्षा' सन् 1958 में प्रकाशित हुआ। इससे पहले उनका नाटक 'मुलिया' सन् 1946 में अन्नपूर्णा थियेटर द्वारा खेला जा चुका था। इसे तुरंत प्रसिद्धि मिली। इस नाटक में नये और पुराने मूल्यों की टकराहट का चित्रण किया गया है। उनके एक अन्य नाटक 'घर संसार' में पूरब और पश्चिम का संघर्ष दिखाया गया है। मिश्रजी ने सामाजिक नाटक अधिक लिखे। उनके नाटकों में मध्यवित्त श्रेणी के जीवन के सुख-दुःख से रू-ब-रू होने का मौका मिलता है।

उस समय के एक अन्य महत्वपूर्ण नाट्य-लेखक भंजकिशोर पटनायक थे। उनका पहला नाटक 'झड़ राति' सन् 1939 में प्रकाशित हुआ। लेकिन सन् 1945 में प्रदर्शित उनके नाटक 'देवी' ने उन्हें नाटककार के रूप में स्थापित किया। यह नाटक एक रोमांचक प्रेम-कहानी है। उनके अन्य महत्वपूर्ण नाटक हैं-बेनामी

(1946), मानिकजोड़ी (1951), जयमाल्य (1952), अतिथि (1955) और 'अशोक स्तंभ'। वे कालीचरण पटनायक के प्रबल समर्थक थे। अपने अधिकतम नाटकों में उन्होंने पारिवारिक जीवन को कथानक बनाया है। उनके नाटकों में उपदेश के बदले मनोरंजन को अधिक महत्व दिया गया है।

ओड़िया नाटककार कमललोचन महांति ने अपने नाटकों में आधुनिक समाज की कमज़ोरियों और खामियों की खुलकर आलोचना की है। अपने नाटकों के ज़रिये उन्होंने गरीब और अमीर के बीच बढ़ती हुई खाई को कम करने की कोशिश की है। उन्होंने सन् 1958 में 'किरानी', 1959 में 'स्वामी-स्त्री', 1960 में 'डाकबंगला', 1961 में 'मैत्री मंगल केंद्र' व कुछ अन्य नाटक लिखे।

अपना महत्वपूर्ण नाटक 'उठा पाचेरी' (1959) लिखकर दक्षिण उड़ीसा के नाटककार धनेश्वर पटनायक चर्चा में आए। उसके बाद आदिवासियों के जीवन पर आधारित उनका नाटक 'आदिवासी' (1961) ने उन्हें काफी प्रसिद्धि दिलायी। अपने नाटकों में सांप्रदायिक एकता तथा परिवार नियोजन जैसी समस्याओं को प्रस्तुत करने वाले नाटककार कार्तिकेश्वर घोष ने 'रक्तर डाक' (खून की पुकार) 1961, 'कापुरुष' (1966), 'दुःख करिबार किछि नाहिं' (1968) आदि नाटक व्यावसायिक मंचन के लिए लिखा। उन्होंने अपने नाटकों में समसामयिक समस्याओं के साथ-साथ मनोरंजन का भी पूरा-पूरा ध्यान रखा।

चौथे दशक के दौरान अद्वैतचंद्र महांति और उदयनाथ मिश्र जैसे नाट्य-लेखकों ने ओड़िया नाटक को अपनी लेखनी से समृद्ध किया। महांतिजी ने 'राधिका' (1941) और 'साधव झिओ' (1947) लिखकर नाटक में सहज-संवाद व वास्तविकता की नींव मजबूत की। उदयनाथ मिश्र ने अपने महत्वपूर्ण नाटकों 'आदर्श परिवार' (1953) व 'कोयला कंपनी' (1953) में हास्य-रस को प्रधानता दी है।

प्राणबंधु कर (1914) का नाटक 'अशांत' (1960) ओड़िया नाटक के क्षेत्र में एक कीर्तिमान स्थापित करता है। इस नाटक में एक लेखक की उलझन व उसकी भावुकता से उत्पन्न समस्याओं का चित्रण किया गया है। 'श्वेतपद्म' उनका एक अन्य महत्वपूर्ण मनोवैज्ञानिक नाटक है। नाटक के अलावा उन्होंने 'दूर पहाड़' व 'पेटू' जैसे सशक्त एकांकी भी लिखे हैं।

इन नाटककारों के साथ-साथ जिन अन्य महत्वपूर्ण नाटककारों ने ओड़िया नाट्य-साहित्य को समृद्ध करने में अपनी अहम् भूमिका निभायी, उनमें नृसिंह महापात्र, भुवनेश्वर महापात्र, आनंदशंकर दास, व्योमकेश त्रिपाठी, नीलकंठ मिश्र, बसंतकुमार महापात्र के नाम उल्लेखनीय हैं।

सन् 1950 के बाद जिन नाटककारों ने ओड़िया नाट्य-लेखन व मंचन को एक नई दिशा प्रदान की उनमें मनोरंजन दास, विजय मिश्र, जगन्नाथ प्रसाद दास, यदुनाथ दाश महापात्र, विश्वजीत दास, अक्षयकुमार महांति, रमेश पाणिग्राही, कार्तिकचंद्र रथ, रत्नाकर चइनी, वनबिहारी पंडा, प्रीतिश आचार्य आदि का योगदान कभी भुलाया नहीं जा सकता। इन लेखकों के लेखन से ओड़िया नाट्य-जगत में एक क्रांति-सी आ गई। एक से बढ़कर एक नाटक लिखे गए।

नाटक के क्षेत्र में नये-नये प्रयोग हुए। विभिन्न सामाजिक समस्याओं को नये तेवर व उत्साह के साथ प्रस्तुत किया गया। खासकर मध्यवर्गीय परिवार की विभिन्न समस्याओं ने नाटककारों को अधिक आकर्षित किया। उपदेश व मनोरंजन के लिए पूरब-पश्चिम का सांस्कृतिक संघर्ष भी अधिकतर नाटकों में उभरकर आया। इससे पहले जो नाटक प्रस्तुत किए जाते थे उनके कथानक की एकरसता से दर्शक अब ऊब चले थे। ऐसे में इन नाटककारों के नये-नये कथानक और प्रयोग ने दर्शकों व पाठकों में उत्साह व आशा जगायी।

नाटकों में नये-नये प्रयोग के लिए जिन ओड़िया नाटककारों को श्रेय दिया जाता है, उनमें मनोरंजन दास का नाम सबसे पहले आता है। अब तक उनके छोटे-बड़े लगभग पचास नाटक मंचित व प्रकाशित हैं। इनका संपूर्ण नाट्य-साहित्य छह खंडों में प्रकाशित हुआ है। इनके कुछ महत्वपूर्ण नाटक हैं। जन्म माटी, अगस्त नौ, कवि सम्राट उपेंद्रभंज, बक्सी जगबंधु, आगामी व बनहंसी आदि। ओड़िया में सन् 1969 में प्रकाशित उनके नाटक 'अरण्य फसल' के लिए सन् 1971 में उन्हें साहित्य अकादमी पुरस्कार से भी सम्मानित किया गया। यह पहला ओड़िया नाटक था जिसे यह सम्मान प्राप्त हुआ। हाल ही में इस नाटक का डॉ० शंकरलाल पुरोहित द्वारा किया गया हिंदी अनुवाद साहित्य अकादमी से प्रकाशित हुआ है। इस नाटक में पुरुष और नारी संबंधों की जटिलता को अच्छी तरह जाँचने-परखने का एक सफल प्रयास है। इनके बनहंसी, अरण्य फसल और काठ का घोड़ा आदि नाटकों का हिंदी में अनुवाद भी उपलब्ध है। न केवल नाटक बल्कि मनोरंजन दास ने एकांकी लेखन की ओर भी पूरा-पूरा ध्यान दिया है। सेतु, महासमुद्र, अतिमानव, श्रोता और फलगू इनके कुछ महत्वपूर्ण एकांकी हैं। इस संग्रह में उनके 'अतिमानव' का हिंदी रूपांतर शामिल किया गया है। नाटकों की तरह श्री दास ने अपने एकांकियों में भी व्यंग्यपूर्ण दार्शनिक संवादों को बड़े ही प्रभावकारी ढंग से प्रस्तुत किया है।

विजय मिश्र (जन्म, 1936) ने अपने नाट्य-जीवन की शुरुआत व्यावसायिक मंच से की। उनका पहला नाटक 'शववाहकमाने' सन् 1968 में

प्रकाशित और चर्चित हुआ। श्री मिश्र नाटकों में विविध प्रयोगों हेतु काफी चर्चित हैं। उनके 'तट निरंजना' नाटक को ओड़िया में काफी प्रसिद्धि मिली। इस नाटक का हिंदी अनुवाद 'समकालीन भारतीय साहित्य' में प्रकाशित हुआ था। भगवान् बुद्ध के उपदेशों को आधुनिक परिप्रेक्ष्य में रखते हुए श्री मिश्र ने उन्हें पुनर्व्याख्यायित किया है। 'लेवल क्रॉसिंग' और 'तोहरी पाई' उनके दो चर्चित एकांकी हैं। जीवन के प्रति उनके यथार्थवादी दृष्टिकोण में एक खास तरह की यथार्थ दृष्टि झलकती है।

जगन्नाथ प्रसाद दास (जन्म, 1936) ओड़िया के न केवल एक सुपरिचित कवि, कहानीकार, उपन्यासकार हैं, बल्कि एक सफल नाटककार भी हैं। उनके नाटक व एकांकी इस बात के गवाह हैं कि वे अपने नाटकों में नाटकीय स्थितियों की संरचना करने में अत्यंत कुशल हैं। सुप्रसिद्ध नाट्य आलोचक डॉ० जयदेव तनेजा ने श्री दास के प्रथम नाटक के बारे में अपने विचार प्रकट करते हुए कहा है: ''अपने बहुचर्चित नाटक 'सूर्यास्त पुर्वरू' (1977) में श्री दास ने तमाम सुख-सुविधाओं और मान-सम्मान के बावजूद अपनी निजता और अर्थवत्ता के लिए छटपटाते, जूझते-टूटते व्यक्ति की अंतहीन त्रासदी को बड़ी काव्यात्मक भाषा और नाटकीय सूझ-बूझ के साथ प्रस्तुत किया है।''

मूलत: फरवरी, 1972 में लिखित दो अंकों में विभक्त इस प्रयोगधर्मी नाटक का हिंदी-मंचन दिल्ली के 'दिशान्तर' के रंगकर्मियों ने मई, 1976 में रामगोपाल बजाज के निर्देशन में प्रस्तुत किया तो हिंदी रंगजगत् में खासी हचलच-सी महसूस की गई। हिंदी के अतिरिक्त इस नाटक का मंचन बांग्ला, पंजाबी व ओड़िया में भी हो चुका है।

अपने दूसरे नाटक 'सबा शेष लोक' (सबसे नीचे का आदमी) (1980) में जे०पी० दास निचले और पिछड़े वर्ग के दलित-दमित जीवन की विसंगतियों और समाज के मध्य-उच्च वर्गों के साथ उसके संबंधों की विडंबना को नाटक का आधार बनाया है। डॉ० जयदेव तनेजा के अनुसार 'सबसे नीचे का आदमी का शिल्प सूर्यास्त की अपेक्षा अधिक सुगठित है।' 'सबसे नीचे का आदमी' में प्रोफेसर-नाटककार एक स्थान पर स्वीकार करते हुए कहता है, 'सबने कहा है कि आधुनिक नाटककार होने के लिए एब्सर्ड नाटक लिखने पड़ेंगे। मैंने इसीलिए लिखे.......।' शायद तथाकथित 'आधुनिक नाटककार' बनने की अपनी अदम्य इच्छा ने ही जे०पी० दास को 'असंगत नाटक' (1981) लिखने की ओर प्रेरित किया होगा। तमाम एब्सर्ड नाटकों की तरह कथानक और संवाद की अतार्किकता व पात्रों की अयथार्थता के सांथ-साथ जीवन की ऊब, निराशा, अंतहीन प्रतीक्षा

और निस्सारता वगैरह तो इस नाटक में भी है, किंतु इनके अलावा भी इसमें काफी कुछ है। इसका मूल मंतव्य समय और वास्तविकता के जटिल संबंधों को समझने-समझाने का है। जे०पी० दास के अब तक प्रकाशित चौथे नाटक 'सुंदरदास' (1993) में उन्नीसवीं शताब्दी के उत्तरार्द्ध में उड़ीसा आए ब्रिटिश मिशनरियों और उड़िया संत सुंदरदास की कथा का वर्णन है। सुंदरदास उड़ीसा के एक सुधारवादी हिंदू संत थे। क्रिश्चियन मिशनरी उन्हें अपने धर्म में दीक्षित करना चाहते थे। पर सुंदरदास ने क्रिश्चियन धर्म की उन्हीं बातों को स्वीकार किया, जिनसे वे प्रभावित हुए थे। लेकिन ब्रिटिश मिशनरियों ने संत सुंदरदास के शिष्यों को क्रिश्चियन धर्म में दीक्षित कर लिया। हिंदू और क्रिश्चियन धर्म का द्वंद्व इस नाटक में उभरकर आया है। यह एक ऐतिहासिक नाटक है।

नाटकों के अतिरिक्त जे०पी० दास ने ओड़िया में एकांकी भी लिखे। इनका ओड़िया एकांकी संग्रह 'पूर्वराग' 1983 में प्रकाशित हुआ था। उसके बाद 1986 में दो एकांकियों का एक संकलन 'एक दूसरे के लिए' भी प्रकाशित हुआ। संकलन के दोनों एकांकी मध्यवर्गीय शहरी परिवेश और पात्रों वाले हैं। इनमें विवाह के संदर्भ में प्रेम और दहेज प्रथा जैसी ज्वलंत समस्याओं को हास्य-व्यंग्य तथा विडंबनापूर्ण स्थितियों के माध्यम से प्रस्तुत किया गया है। डॉ० जयदेव तनेजा के शब्दों में ''जगन्नाथ प्रसाद दास एक सच्चे प्रयोगधर्मी नाटककार हैं। कथ्य और शिल्प की दृष्टि से कभी अपने को दोहराते नहीं हैं। आप अपना निजी मुहावरा और रूप तलाशने के लिए सदैव तत्पर एवं बेचैन रहते हैं।''

ओड़िया नाटक 'सूर्य मंदिर' का प्रकाशन सन् 1962 में हुआ । इस नाटक के लेखक यदुनाथ दाश महापात्र एक नाटककार ही नहीं, कवि और कहानीकार भी हैं। इनके दो नाटक 'सूर्य मंदिर' और 'अथवा अंधेरा' नाम से हिंदी में भी अनूदित व प्रकाशित हुए हैं। 'अथवा अंधेरा' के सफल मंचन ने ओड़िया नाट्य-साहित्य के प्रति दर्शकों में एक तरह की उत्सुकता जगाई है। मनुष्य जीवन की निरुद्देश्य व्यस्तता की एक भिन्न राह श्री दाश महापात्र के नाटक 'अथवा अंधेरा' में बड़े ही कलात्मक रूप से दिखाई गई है। मनुष्य की समस्त गतानुगतिक स्थितियाँ, उसके संवाद, उसके वायदे, उसका अतीत और वर्तमान ये सब एक मूल्यहीन व्यर्थता की तालिका है—इसी पर जोर दिया गया है 'अथवा अंधेरा' नाटक में। इस नाटक के पात्र स्थान-काल के परिप्रेक्ष्य में अपने तमाम रिश्तों के घेरे से क्रमशः आत्ममुक्ति की प्रबल चेष्टा करते हुए दौड़े चले जा रहे हैं।

ओड़िया नाट्य-जगत में विश्वजीत दास अपने एकांकी 'मृगया' के लिए पहचाने जाते हैं। श्री दास एक सशक्त, प्रयोगधर्मी एकांकी लेखक हैं। इनका

'नालिपान राणी ओ कालापान टीका' एक पारंपरिक नाटक होते हुए भी उसमें ईश्वर और व्रत-उपासना में विश्वास, भाग्य पर विश्वास तथा पारिवारिक अव्यवस्था के विषम चित्र खींचे गए हैं। लेकिन यह विश्वास पूर्वजों का है, उत्तराधिकारियों का नहीं। इसलिए उत्तराधिकारी इस स्थापित अवधारणा के विरुद्ध विद्रोह कर उठता है, क्योंकि पारंपरिक रीति से वह संतान का जनक बनकर दैहिक उपभोग में भाटा पैदा करना नहीं चाहता। अपने 'मृगया' (1970) में विश्वजीत दास ने मानव-मन के चिरंतन द्वंद्व के परिप्रेक्ष्य में आज के समाज की आशा, आकांक्षा तथा व्यर्थता का एक आभास मात्र दिया है। प्रत्येक पात्र आज के आर्थिक संकट से ग्रसित है। परिस्थितिवश शिक्षक छात्र से रिश्वत लेकर छात्र को पास कर देता है। कथानक, पात्र व पृष्ठभूमि की दृष्टि से यह एक सफल नाटक है। इनकी अन्य नाट्‌य-कृतियों में छद्‌मवेशी, प्रवेश-प्रस्थान, अंतरा, निशिपद्‌म, मुख्य अतिथि, ग्रीन रूम, कॉलेज कैंटीन व शेष दृश्य उल्लेखनीय हैं।

सन् 1958 में अपने एकांकी 'स्वाक्षर' के साथ ओड़िया के सुपरिचित नाटककार अक्षयकुमार महांति ओड़िया रंगमंच पर अवतरित हुए। हाल ही में उनका हिंदी में अनूदित नाटक 'विक्रमादित्य का सिंहासन' में मौजूदा पतनशील व्यवस्था में राजनेता की बेहतर छवि प्रस्तुत करने का प्रयास किया गया है। चोराबाली, संबिता व विगत बुद्ध आदि उनके महत्वपूर्ण ओड़िया नाटक हैं। इन नाटकों में नाटककार की सामाजिक प्रतिबद्धता व प्रयोगधर्मिता अपनी तमाम संभावनाओं के साथ उभरकर आई है।

इस दौर के एक अन्य चर्चित व सजग नाटककार कार्तिकचंद्र रथ के नाटक 'स्वर्गद्वार' (1972) में दो मृत-चरित्रों को प्रस्तुत किया गया है। नाटक के मुख्य पात्र अयष्कांत और अनुरूपा सभी सांसारिक बंधनों को तोड़कर समुद्र किनारे श्मशान (स्वर्गद्वार) जा पहुँचते हैं। वे दोनों समुद्र में आत्महत्या करने के कारण समुद्र-किनारे रेत पर अपने शव देख रहे हैं। अब वे समय-सीमा से बँधे हुए नहीं हैं। इन दो मृत-चरित्रों ने असंख्य शब्द तरंगों को सुना है। इन शब्द तरंगों में अनेक अतृप्त यौन बुभुक्षा, व्यभिचार, अनेक असहाय दंपत्तियों के चित्र उभरे हैं। अवचेतन की इन तमाम चिंताओं को प्रतिबिंबित करने के लिए आधुनिक नाटक में नये-नये प्रयोग व मंच-कौशल का सहारा लिया गया है। नाटक का संपूर्ण कथानक व मंचन की कारीगरी से दर्शक अभिभूत हो उठता है। मनुष्य की आत्मग्लानि, पछतावा और असंतोष को इस नाटक में बेहद खूबसूरती से प्रस्तुत किया गया है। इनके अन्य महत्वपूर्ण नाटकों में सीमित संपर्क, दर्पण और महाभारतर अंतिम पर्व के नाम लिए जा सकते हैं।

सन् 1968 में लिखित, 1969 में मंचित व 1970 में प्रकाशित 'मूँ, आंभे ओ आंभेमाने' रमेश पाणिग्राही का एक महत्वपूर्ण नाटक है। एक बस स्टैंड में बैठे कुछ लोगों में अचानक जान-पहचान, वाद-विवाद; राजनीतिक, सामाजिक तथा आर्थिक विषयों पर हो रही बातचीत दर्शकों में उत्कंठा जगाती है। नाटक का संवाद-पक्ष नाटक के पात्र अतनू और वन्या की बातचीत में काफी संतुलित प्रतीत होता है। एकांकी लेखन के क्षेत्र में भी इन्होंने अपनी एक अलग छाप छोड़ी है। गेंडा, विगत भविष्यत् एवं पृथ्वी, व अंधकार हेला आदि इनके बहुचर्चित एकांकी हैं।

रत्नाकर चइनी ने अपने नाट्य-लेखन की शुरुआत रंगमंच हेतु व्यावसायिक नाटकों से की। इनके नाटक 'पुनश्च पृथिवी' (1971) के पात्र अंधेरे से उजाले की ओर जाने को व्याकुल हैं। चइनी जी का दूसरा नाटक 'शून्यतार सीढ़ी' सन् 1972 में मंचित हुआ। मनोरंजन दास के 'अरण्य फसल' की तरह इस नाटक का कथानक भी यौन केंद्रित है। असीमा के पति अनादि अपनी एक टाँग खो बैठे हैं। काफी हद तक उनमें यौन अक्षमता आ गई है। लेकिन असीमा में शारीरिक भूख बहुत है। वह तय नहीं कर पाती कि ऐसी स्थिति में क्या करे। अनेक चिंताओं व जीवंत विरोधाभासों के कारण यह नाटक अति प्रभावशाली बन गया है। चइनी जी का यह नाटक ओड़िया नव-नाट्य आंदोलन को एक सीढ़ी ऊपर चढ़ाने में निश्चित रूप से मदद करता है। भाषा और संवाद की स्वाभाविकता इस नाटक की एक बड़ी शक्ति है। अपने इन्हीं विशेष नाट्य-गुणों के कारण चइनी जी अन्य नाटककारों से अलग हैं।

जिन अन्य नाटककारों ने ओड़िया नाट्य-साहित्य को समृद्ध किया है, उनमें प्रसन्नकुमार मिश्र, वनबिहारी पंडा और युवा नाट्य-लेखक प्रीतिश आचार्य का उल्लेख करना आवश्यक प्रतीत होता है। प्रसन्नकुमार मिश्र ने अधिकतर एकांकी ही लिखे हैं। उनके अनाटक (1976), और स्वयंवर एकांकी काफी चर्चित हुए हैं। ओड़िया से हिंदी में अनूदित वनबिहारी पंडा के नाटक 'अरण्य' में आज के मनुष्य की स्वार्थी मनोवृत्ति को दिखाया गया है।

ओड़िया भाषा में कहानीकार के रूप में चर्चित युवा रचनाकार प्रीतिश आचार्य ने हाल ही में एक नाटक 'विकल देशर सकल कथा' की रचना की है। जॉर्ज बर्नाड शॉ के नाटक 'एपल कार्ट' की छाया में लिखा गया यह नाटक एक तीखा राजनैतिक व्यंग्य है। आज ग्लोबलाइजेशन के नाम पर समाज और आम आदमी के स्वार्थ की किस तरह बलि चढ़ाई जा रही है, उसका सफल चित्रण इस नाटक में किया गया है।

यह कहना अतिशयोक्ति न होगी कि ओड़िया नाटक के उद्भव और विकास की एक लंबी परंपरा रही है। आज भी उस परंपरा का निर्वाह करने वाले नाट्य-लेखक अपनी साधना में अनवरत जुटे हुए हैं। इस दिशा में 'सृजनी', 'संकेत', 'श्री', 'फ्रेंड्स यूनियन' आदि नाट्य-संस्थाओं के महत्वपूर्ण योगदान को नकारा नहीं जा सकता। व्यावसायिक रंगमंच से जुड़े होने के कारण ही अपने नाटकों में तरह-तरह के प्रयोग करने में ये नाटककार सफल हुए हैं। अत: ओड़िया नाटक व एकांकी के विकास में इन संस्थाओं के योगदान को भुलाया नहीं जा सकता।

डॉ० राजेंद्र प्रसाद मिश्र

शोभा

गोपाल छोटराय

गोपाल छोटराय

जन्म : 1916

ओड़िया नाट्य-जगत में कविचंद्र कालीचरण पटनायक की नाट्य-शैली को आगे बढ़ाने में इन्होंने महत्वपूर्ण भूमिका निभायी। इनका पहला एकांकी 'सहधर्मिणी' 1943 में प्रकाशित हुआ। पहला नाटक 'फेरिआ' 1946 में प्रकाशित। गोपाल छोटराय आधुनिक ओड़िया रंगमंच के प्रणेता हैं। इन्होंने पारंपरिक ओड़िया नाटक को संरचना, कथानक, संवाद और मंच सज्जा की दृष्टि से समकालीन बनाया। अब तक इनके 400 से भी अधिक रेडियो नाटक, नाटक, एकांकी ओड़िया में प्रकाशित। इन्होंने पुराने ऑपेरा को पुनर्जीवित किया और आधुनिकता का जामा पहनाया। लगभग 50 ऑपेरा के एच०एम०वी० रिकॉर्ड बन चुके हैं। कई नाटकों के कथानक पर ओड़िया में फिल्में भी बन चुकी हैं। सन् 1950 में बने ओड़िया फिल्म 'श्री जगन्नाथ' से ये ओड़िया फिल्म-निर्माण के साथ किसी न किसी तरह जुड़े हुए हैं। सन् 1982 में केंद्र साहित्य अकादमी व 1987 में केंद्र संगीत नाटक अकादमी पुरस्कारों से सम्मानित। इनके अलावा विषुव, उड़ीसा साहित्य अकादमी, संगीत नाटक अकादमी आदि विभिन्न पुरस्कारों से सम्मानित हैं।

◆

पात्र

शोभा	:	भिखारिन (युवती)
कुमी	:	किशोरी : शोभा की साथी
माधवी	:	शिक्षित तरुणी
पार्वती	:	माधवी की माँ
मदन	:	उच्च शिक्षित युवक
अनंत	:	युवक : मदन का मित्र
उपेंद्र	:	माधवी के पिता
मैनेजर	:	थियेटर मैनेजर
सदानंद	:	पुस्तक प्रकाशक व विक्रेता
कांस्टेबल		
कबाड़ी		

प्रथम दृश्य

[कटक शहर की एक कम मशहूर गली में एक कच्चे मकान का कमरा। उस कमरे में इस नाटक का नायक मदन रहता है। एक साधारण-सी चादर, अरघनी में कुछ कपड़े, लकड़ी के बक्से के अंदर और बाहर बहुत-सी किताबें और कॉपियाँ कमरे में दिख रही हैं।

काल—बीसवीं शताब्दी का चौथा या पाँचवाँ दशक।

समय—मध्याह्न।

दृश्य के प्रारंभ में देखा गया कि मदन और अनंत तख़्तपोश पर बैठे हैं। सामने सड़क से एक ट्रक गुज़र गया।]

मदन : खिड़की बंद कर दे अनंत-वरना धूल से ढँक जाएगा। **(अनंत खिड़की बंद न करके मदन की ओर ताकता रहा)** अरे, इस तरह क्या देख रहा है? बंद कर।

अनंत : ट्रक तो चला गया—कमरे में जितनी धूल आनी थी, आ चुकी। अब खिड़की बंद करने से क्या होगा।

मदन : इस गली के आखिरी सिरे पर एक विशाल भवन बन रहा है। पाँच ही मिनट बाद देखना, रेत या ईंटों से लदा फिर कोई ट्रक....

अनंत : **(टोकते हुए)** तो फिर हर पाँच मिनट बाद यह खिड़की खुलेगी और बंद होगी?

मदन : ऐसी बातों में इस तरह के तर्क का कोई मतलब नहीं होता।

अनंत : मैं तर्क नहीं कर रहा मदन। खिड़की बंद रखने पर भी तू धूल से बच नहीं सकता। इस दीवार के ऊपर देख—छप्पर करीब छह इंच ऊपर है—यानी धूल के लिए वह है एक प्रशस्त मार्ग।

मदन : वाकई, मेरा ध्यान तो अब तक उस ओर गया ही नहीं था।

अनंत : आठ दिन हो गए यहाँ रहते हुए, तूने इतना भी नहीं देखा?

मदन : पर तू एक बात सोच अनंत। इस घर का मालिक ठीक सड़क किनारे ईंट-गारे का यह बेढंगा छपरैल-घर बनवाकर चैन से बैठा है। उधर रास्ते के मालिक ने महज़ बारह फुट चौड़े रास्ते में से आठ फुट पक्की करके दोनों ओर दो-दो फुट कच्चा छोड़ दिया है। ऐसे में दीवार के ऊपर देख भी लेता तो मुझे क्या मिल जाता?

अनंत : लेकिन इसके लिए तुझे दुःखी होने की क्या ज़रूरत है? आज तू इस घर में किराये पर है—तेरे बाद जो आएगा, वह भी तेरी ही तरह ठीक इसी स्थिति का सामना करेगा।

मदन : क्या ऐसी स्थिति, ऐसे दुःख भोगने के लिए ही हमारा जन्म हुआ है—हमारी सृष्टि हुई है? **(अपनी बात पर कुछ जोर देते हुए मदन ने कहा)**

अनंत : यह मैं नहीं कह सकता। किंतु इस शहर में ऐसी सड़कों और ऐसे छप्पर-घरों का निर्माण तुम लोगों को दुःख देने के लिए ही हुआ है, यह बात मैं दावे से कह सकता हूँ।

मदन : बात को चाहे जितना भी हल्का कर दे तू, मुझे लगता है....

अनंत : क्या?

मदन : ऐसी छोटी-छोटी घटनाओं से ही क्रांति का जन्म होता है।

अनंत : ज़रूर होता होगा। पर इसके साथ ही मुझे यह भी लगता है कि इससे भी छोटी-छोटी घटनाओं से क्रांतियाँ दम तोड़ दिया करती हैं।

मदन : क्या मतलब?

अनंत : तू एक बेराज़गार ग्रेजुएट है। पेट भर खाने को नहीं मिलता—ठीक से रहने को नहीं मिलता। इसीलिए आमदनी का उपाय ढूँढ़ने के साथ ही इस छप्पर के घर और सड़क की धूल से तेरे मन में क्रांति घुमड़ रही है। जिस दिन तू....

मदन : ग़लत कहा अनंत—तेरे विचार बिल्कुल गलत हैं। क्रांति और क्रांतिकारी की परिभाषा इस तरह नहीं की जाती।

अनंत : आज की इस वाद-विवाद भरी दुनिया में मैं अपनी बात तुझ पर थोपना नहीं चाहता, मदन। किंतु तू इस वक़्त

अपने पड़ोस में रहने वाले भद्रलोक के बारे में ज़रा सोच—वे जो चारदीवारी से घिरे पक्के मकान में किराये पर रहते हैं!

मदन : तू क्या सोचता है वे सुखी हैं? उनके मन में कोई अशांति नहीं है?

अनंत : होगी क्यों नहीं? पर तेरी तरह इस छप्पर-घर या सड़क की धूल उनकी अशांति का कारण नहीं है। वे चाहते हैं अपनी प्रियतमा पत्नी के लिए नए-नए गहने या अपनी खुद की एक कोठी। अन्य शब्दों में, जिसके पास छप्पर का घर है—वह चाहता है कोठी, जो कोठी में रहता है—वह चाहता है कार, और जिसके पास कार है—वह चाहता है हवाई जहाज में कंटिनेंट घूमना। किंतु जिस दिन इन सबका नज़रिया एक हो जाएगा, उस दिन क्रांति की इति न होकर, होगी इतिश्री। ऐसा न होने तक तेरी मेरी तरह के जो लोग 'Long live revolution' का नारा बुलंद करते हैं, हमारा वह नारा हमारे अन्नदाता के स्तुति गान 'Your most obedient servant' में लीन होता चला जायेगा।

मदन : हाँ! अंग्रेजी में एक शब्द है—Cynic जिसका एक अर्थ है—हृदयहीन!

अनंत : जानता हूँ।....पर वह देख, तेरे दरवज्जे पर भिखारियों का आविर्भाव हो गया है। अब दे तू अपने दयावान होने का परिचय—मैं चलता हूँ।

मदन : पर आज तो रविवार है।

अनंत : चौबीस घंटे की नौकरी है—रविवार, सोमवार में कोई खास अंतर नहीं है।....(**जाते हुए**) हाँ, तू आज ट्यूशन खत्म करके हमारे घर ज़रूर आ जाना, समझा। मैं चलता हूँ। (**चला गया। खिड़की के पास चली आई एक भिखारिन लड़की कुमी**)

कुमी : बाबूजी, मुट्ठी भर भीख मिल जाए।....भीख मिल जाए. मुट्ठी भर बाबूजी।

[**कुमी की ओर एक बार देखने के बाद मदन ने अपनी नज़र फेर ली।**]

मदन : नहीं है, भीख-फीक कुछ नहीं....चल हट। (**कुमी खिड़की से हट गई**)

शोभा : (**अंतराल से**) क्या हुआ कुमी? तू लौट आई।

कुमी : भीख नहीं है, उन्होंने मना कर दिया।

शोभा : किसने मना कर दिया?

कुमी : वही खिड़की के पास जो बाबूजी बैठे हैं।

शोभा : अरी उनसे कहती क्यों नहीं....पिछले रविवार को तो हमने इसी घर से भीख ली थी।

कुमी : तू चल मेरे साथ।

शोभा : चल।

[दोनों फिर खिड़की के पास चले गए]

कुमी : बाबूजी, पिछले रविवार को तो भीख दी थी—आज मना कर रहे हैं?

मदन : पिछले रविवार को जो साहब यहाँ रहते थे, अब वे इस घर में नहीं रहते।

शोभा : वे नहीं हैं तो क्या हुआ बाबूजी, आप तो हैं?

[मदन ने नज़रें उठाकर शोभा को देखा। भिखारी होने पर भी तरुणी है—सुश्री है।]

मदन : क्या कहा!!

शोभा : जोगियों, भिखारियों को क्या कोई खाली हाथ लौटाता है, बाबूजी?

मदन : तु....म? (**मदन के स्वर में विस्मय भरा आग्रह है**)

कुमी : यह शोभा दीदी है, बाबूजी।

शोभा : चल हट नासपीटी, मैं शोभा दीदी हूँ या गोभा दीदी इससे बाबूजी को क्या मतलब?....दे दो बाबूजी, हमारे साथ वाले लोग काफी आगे निकल गए हैं।....इस तरह देख क्या रहे हैं? मुट्ठी भर चावल ही तो....

मदन : अच्छा, अच्छा, तुम लोग ठहरो, मैं लाता हूँ। (**खिड़की से उठकर चला गया।**)

शोभा : (**कुमी को धीमे से**) देखा! मना कर रहा था ना?

कुमी : तू आई तभी ना। तुझे देखकर तो कभी भीख न देने वाला भी दे देता है। तू ही सबके दरवज्जे नहीं जाती।.....देखा नहीं, 'मेस' वाले उस बाबूजी को....

शोभा : उसके हाथ-पैर गल-गलकर गिरें।

[मदन लौट आया]

मदन : बड़े अफसोस की बात है, चावल है ही नहीं। और पैसा....पैसा भी तो....

शोभा : ठीक है बाबूजी; नहीं है तो हम चलते हैं। अरी कुमी!

(शोभा और कुमी जाने लगीं)

मदन : सुनो। तुम लोग कुछ....खाओगी?

शोभा
कुमी } : खाएँगे?

मदन : मुट्ठी भर भीख के लिए इतनी देर तक रोकने के बाद खाली हाथ लौटाना ठीक नहीं लगता। आओ तुम लोग—जो भी कुछ है, थोड़ा-थोड़ा खा लो।

शोभा : नहीं बाबूजी, हम कुछ नहीं खाएँगे। अरी कुमी।

[शोभा चली गई। पर कुमी खिड़की के पास खड़ी रही। वह दुविधा में थी। इस बीच मदन खिड़की से हट गया था]

कुमी : **(पुकारा)** शोभा दीदी—**(शोभा लौट आई)**

शोभा : क्या हुआ री?

कुमी : खा न लें कुछ?

शोभा : **(कुछ खीझती हुई)** क्या बोली?

कुमी : बाबूजी खाने को बुला रहे हैं....

शोभा : सुबह भर पेट पखाल-भात खाकर ही निकली थी ना....इतनी भूख लगती है तुझे?

कुमी : आँख छूकर कहती हूँ—माँ ने बस दो ही मूठी भात दिया था। बेले में भात का पानी भरा था।

[कुमी का चेहरा देखकर शोभा मानो दुविधा में पड़ गई]

शोभा : चल ठीक है, बुला बाबूजी को।

कुमी : **(खिड़की से आवाज़ लगाई)** बाबूजी....ओ बाबूजी।

[मदन खिड़की के पास आया। शोभा ओट में खड़ी थी]

मदन : खाएगी ना? तेरी शोभा दीदी....तेरी दीदी का नाम शोभा ही है ना?

कुमी : हाँ, वो यहीं खड़ी है।

[अब शोभा खिड़की के सामने आ गई]

शोभा : दे दो बाबूजी, क्या दे रहे हैं?

मदन : अंदर आ जाओ।

शोभा : अंदर? **(शोभा के मन में कुछ संशय और संकोच)**

मदन : बाहर चबूतरे के नाम पर बित्त भर की जगह है—वहाँ बैठकर खाओगी कैसे? अन्दर आ जाओ!....मुझसे डरने की ज़रूरत नहीं है—मैं भी तुम लोगों जैसा एक आदमी हूँ। आ जाओ।

कुमी : चलो ना दीदी अंदर।

मदन : हाँ-हाँ, आ जाओ।

[पहले कुमी और पीछे-पीछे कुंठित मन से शोभा अंदर चली गयी। कुमी नीचे बैठ गई]

मदन : अरे, नीचे क्यों बैठ गई? उस मूढ़े पर बैठ। मैं खाना लाता हूँ। **(प्रस्थान)**

कुमी : सचमुच दीदी, बड़े अच्छे बाबूजी हैं।

शोभा : सो तो है। पर तू दस-ग्यारह साल की लड़की हो गई, ज़रा-सी भी अक्ल नहीं है? उन्होंने बुलाया और तू झट्ट अंदर चली आई।

कुमी : उस सड़क किनारे कहाँ बैठकर खाते! कल मेरी माँ तुमसे क्या बोल रही थी?

शोभा : चल ठीक है, अब तू बक़र बक़र मत कर।

[मदन पखाल-भात और करेले की भुजिया लेकर आया]

मदन : ये लो, इससे ज्यादा मैं और कुछ नहीं दे सकता। यह बासी पखाल-भात और थोड़ी-सी करेले की भुँजड़ी है। **(मुस्कान भरे चहरे से)** चलेगा ना?

शोभा : लोग मुट्ठी भर चावल नहीं देते—आप बेला भरकर खाने को दे रहे हैं। तिस पर भी पूछ रहे हैं चलेगा? खा री कुमी।

मदन : और तुम?

शोभा : मैं नहीं खाऊँगी।

मदन : नहीं खाओगी?

शोभा : नहीं बाबूजी मैं नहीं खाऊँगी, कुमी को खाने दीजिए। मैं बैठती हूँ।

[शोभा बैठ गई]

मदन : इसका मतलब तुम शरमा रही हो।

शोभा : यह कैसी बात कर रहे हैं बाबूजी! भिखारिन को कैसी शरम।... कुमी को खा लेने दीजिए।

कुमी : (**मुँह में भात भरे हुए**) क्या मैं अकेली खाऊँगी, दीदी?

[मदन और शोभा हँस पड़े]

शोभा : लो सुन लो बाबूजी—आधा पेट भर लेने के बाद मुझसे पूछा जा रहा है?

मदन : खा लेने दो बेचारी को।

शोभा : बड़ी पेटू है। जितनी बड़ी वह है नहीं, उसका पेट उतना बड़ा है।

(**कुछ देखकर सहसा बोली**) अरी चंडालिनी, यह तूने क्या किया?

कुमी : (**सहमकर**) क्या दीदी?

शोभा : बाबूजी के ही बर्तनों में खाने लगी?

मदन : अरे-अरे, खाने दो। इसमें क्या दोष है! मैं एक बार कह तो चुका हूँ, मैं भी तुम लोगों जैसा ही एक आदमी हूँ।

शोभा : क्यों बाबूजी—आप क्यों हो हमारी तरह? हम तो भिखारी हैं। घर नहीं—द्वार नहीं—

मदन : मेरे पास भी क्या है?....कमरे में जितनी भी चीजें देख रही हो, बेचने से पाँच रुपये भी नहीं मिलेंगे। पूँजी के नाम पर बस ये कुछ किताबें ही हैं।

शोभा : (**रुक-रुककर**) क्या बाबूजी की कोई....

मदन : नौकरी की बात कह रही हो ना?

शोभा : हाँ।

मदन : मैं नौकरी नहीं करता—बेकार हूँ।

शोभा : भगवान करे—बड़ी नौकरी मिले....कुमी, हो गया?

मदन : क्या कुमी....छोटी बहन है?

शोभा : नहीं।

मदन : मैं भी सोच रहा था, चेहरा तो बिल्कुल नहीं मिलता।

कुमी : जानते हैं बाबूजी, मेरी माँ ने शोभा दीदी को धरम बेटी बनाया है।

मदन : सच?

शोभा : धरम बेटी क्या? उन्हीं के आसरे पड़ी हूँ।

मदन : क्यों? क्या तुम्हारा कोई अपना नहीं है।

शोभा : नहीं। कोई नहीं।

मदन : बाप,भाई, माँ—कोई नहीं?

शोभा : नहीं।....कुमी! ये लो, यह तो खाते-खाते ऊँघने लगी।

मदन : सचमुच, दीवार से टिककर ऊँघ रही है।

शोभा : इसकी यही एक बुरी आदत है, बाबूजी—भर पेट खाते ही लुढ़क जाएगी। वो देखिए, खर्राटे भरने लगी।

[वास्तव में कुमी दीवार से टिककर सो गई थी]

मदन : इसका मतलब तुम्हारा कोई नहीं है, ना?

शोभा : हाँ, कोई नहीं।....

[मदन कुछ देर चुप रहकर मानो कुछ सोचने लगा]

मदन : अच्छा, शोभा।

शोभा : जी बाबूजी?

मदन : मेरी एक बात मानोगी?

शोभा : **(कुछ न समझते हुए)** क्या बाबूजी?

मदन : बोलो, मानोगी?

शोभा : **(आशंका और उद्वेग से खड़ी होते हुए)** कौन-सी बात बाबूजी?

मदन : तुम खड़ी क्यों हो गई? बैठो।....मैं तुम्हारे जीवन का इतिहास सुनना चाहता हूँ।

शोभा : इ-ति-हा-स?

मदन : हाँ।....तुम कौन हो? तुम्हारा घर कहाँ है? तुम्हारी यह हालत कैसे हुई? इस उम्र में तुम इस तरह घूम-घूमकर भीख क्यों माँग रही हो? क्या दुःख है तुम्हें?....

शोभा : समझ गई बाबूजी। ....पर, क्यों बाबूजी, आप यह सब क्यों जानना चाहते हैं? इससे आपको क्या लाभ होगा?

मदन : लाभ होगा मुझे, शोभा—तुम बताओ तो सही। (**शोभा सिर झुकाए ज़मीन पर लकीरें खींच रही थी**) क्या सोच रही हो? तुम्हें देर हो जाएगी?

शोभा : (**सिर ऊपर करके मदन की ओर देखते हुए**) नहीं बाबूजी, अब देर हो तो हो, मैं आपको सारी बातें बताकर ही जाऊँगी।

[मंच पर अंधेरा। कुछ समय के लिए संगीत का स्वर बहने के बाद धीरे-धीरे खत्म हो गया। मंच पुनः प्रकाशमय होने पर मदन और शोभा यथास्थान बैठे हुए हैं। कुमी सो रही है।....शोभा मदन को अपनी कहानी सुना चुकी है। उसकी आँखों के आँसू अब तक नहीं सूखे हैं। मदन के चेहरे पर उत्तेजना झलक रही थी। वह उठकर चहलकदमी करने लगा]

मदन : शोभा! (**शोभा बिना कुछ बोले उठकर खड़ी हो गई**) मैं नहीं जानता शोभा, इस दुनिया से यह अन्याय अत्याचार कब मिटेगा!! जिन लोगों ने आज तुम्हें इस मुक़ाम तक पहुँचाया है—जिन लोगों के लिए तुम रास्ते की भिखारिन बनी, आज वे लोग ठहाके लगा-लगाकर खुशियाँ मना रहे होंगे। पर, तुम्हारी आँखों में आँसू।

[शोभा के करीब जाकर मदन ने उसकी आँखों से आँसू पोंछ दिए]

शोभा : बाबूजी!!

मदन : मैं जानता हूँ शोभा, आज तुम्हारी आँखों से ये आँसू पोंछ देने से तुम्हारा दु:ख हमेशा के लिए दूर नहीं हो जाएगा।

शोभा : हम लोग तो बाबूजी हमेशा से दु:खी रहे हैं—हमारे दु:ख की बात छोड़िए। पर आपकी यह बात लाख रुपये की है....भगवान आपका मंगल करें बाबूजी—ऐसे ही सोचते रहें आप दुखियारों के बारे में। हम लोग जा रहे हैं बाबूजी।....उठ री कुमी, आ चलें। कुमी! (**कुमी की नींद टूट गई**)।

कुमी : एँ।

शोभा : आ चलें।

कुमी : अभी तो मैंने खाया ही नहीं दीदी।

शोभा : अभी और खाएगी!! (**मुस्कुराते हुए**) देखते हैं बाबूजी, ढोल-सा पेट निकल आया है—अब भी जुटी हुई है।

कुमी : अभी और भात बचा है—क्या फेंक दूँ?

शोभा : अरी नहीं, झटपट खाकर बासन माँज दे।

मदन : तुमने अपनी जिद्द नहीं तोड़ी शोभा—थोड़ा भी नहीं खाया।

शोभा : आज नहीं खाया तो क्या, फिर कभी खा लूँगी। फिर कभी आई तो क्या थोड़ा-सा खाने को नहीं देंगे?

मदन : तुम्हें रोज़ाना खिलाने की औक़ात हालाँकि मेरी नहीं है शोभा, किंतु—किंतु क्या तुम हमेशा इसी तरह भिखारिन बनकर ही रहोगी? इस तरह दर-दर भटककर भीख माँगोगी?

शोभा : मेरी तो तक़दीर ही यही है बाबूजी—भला इसे कौन बदलेगा।

मदन : तुम्हारी तक़दीर किसी की मोहताज नहीं शोभा! जो लोग तुम्हारी इस बदनसीबी के लिए ज़िम्मेवार हैं, एक दिन उन्हीं लोगों को तुम्हारी खुशनसीबी के लिए रास्ता छोड़ना होगा।

शोभा : बाबूजी!

[कुमी खाने के बाद बासन माँज लायी]

मदन : अच्छा, अब तुम जाओ शोभा, जाओ।

[शोभा और कुमी चली गयीं। मदन बाहर की ओर देखते हुए खड़ा रहा। मंच कुछ देर अंधेरे में रहने के बाद फिर प्रकाशमय हो उठा। इस दौरान कुछ दिन बीत चुके थे। मदन का वही घर—वही दृश्य। समय-पूर्वाह्न। मदन घर में बैठा लिख रहा है। खिड़की के बाहर साइकिल की घंटी सुनाई दी।]

अनंत : (**बाहर से**) मदन-ए मदन।

मदन : **(अखबार से निगाह उठाए बग़ैर)** कौन?

अनंत : **(बाहर से)** इस वक्त सड़क पर मोटरें नहीं चल रहीं। मैं मोटर साइकिल से न आकर बाईसिकल से आया हूँ। इसलिए, धूल फाँकने का कोई भय नहीं है। खोल खिड़की।

मदन : **(खिड़की खोलने के बाद)** अरे अनंत! आ भाई, अंदर आ।

अनंत : लगभग 10 बज रहे हैं—क्या आज ऑफिस नहीं जाऊँगा? **(कहते हुए अंदर आया।)**

मदन : यह तो तुम्हारे ऑफिस जाने का रास्ता नहीं है—इधर कहाँ चले आए?

अनंत : ख़ास तेरे ही पास। तेरे इंटरव्यू का क्या हुआ?

मदन : इंटरव्यू?

अनंत : अभी दो-तीन दिन पहले तेरा कोई इंटरव्यू था ना?

मदन : अरे हाँ। पर मैं नहीं गया।

अनंत : नहीं गया? क्यों?

मदन : मुझे मालूम है, कोई लाभ नहीं होगा। फिर क्यों जाता?

अनंत : बड़ा आश्चर्य है! घर पर बैठे-बैठे ही तूने तय कर लिया कि कोई लाभ नहीं होगा!!

मदन : आज के समय में घर पर बैठे-बैठे ही ऐसे कई निर्णय स्वतः किए जा सकते हैं।

अनंत : कुछ सूझ नहीं रहा मुझे तुझसे क्या कहूँ।....हाँ, सुना है तूने फिर से ट्यूशन छोड़ दिया?

मदन : मैंने छोड़ा नहीं—मुझसे छुड़ा लिया गया है।

अनंत : क्या मतलब?

मदन : 'मतलब' तू ही बता।

अनंत : अब क्या बताऊँ? उस छात्रा को सामाजिक विज्ञान के बदले शायद राजनीति विज्ञान या अर्थशास्त्र पढ़ा दिया होगा तूने या ओड़िया भाषा में बहुत से 'त' कारांत शब्द होने पर भी तूने उसे 'दलित', 'निष्पेषित', 'पीड़ित', 'उत्पीड़ित' आदि शब्दों का बहुतायत प्रयोग करने की सीख दी होगी।

मदन : यदि ऐसा हुआ भी हो तो क्या किसी स्वतंत्र देश के स्वतंत्र नागरिक को यह अधिकार नहीं है?

अनंत : अवश्य है। बल्कि उस अधिकार से तुझे वंचित करने का अधिकार किसी को नहीं है, जबकि उस छात्रा के लिए गृहशिक्षक नियुक्त करने का अधिकार गृहस्वामी का पूर्णतः अपना है। पर....मदन, नदी के किनारे-किनारे चलते हुए नदी के प्रखर प्रवाह को देखकर आखिर कब तक इस तरह उत्तेजित होता रहेगा? साहस है तो सब कुछ छोड़कर उस नदी में कूद क्यों नहीं जाता?

मदन : तू मेरा उपहास या परिहास जो भी कर अनंत, मेरा मन दिन-प्रति दिन विषाक्त होता जा रहा है।

अनंत : ग़नीमत है भाई, अभी तेरे दाँत विषाक्त नहीं हुए। क्योंकि, आज का विषाक्त मन कल फिर से मधुर हो उठेगा।....हाँ, मेरा एक अनुरोध है—लगभग एक महीने पहले उस रविवार तू हमारे घर आया था। दया करके आज शाम फिर आना।

मदन : आज शाम?

अनंत : हाँ।

मदन : माफ करना अनंत—आज नहीं आ सकता, कुछ काम है यार।

अनंत : ट्यूशन तो पढ़ाना है नहीं— फिर क्या काम है?

मदन : है कुछ, बाद में जान जाएगा।

अनंत : इस वक़्त क्या कर रहा है?

(**लिखा हुआ कागज देखकर**) क्या कविता लिख रहा है?

मदन : हाँ।

अनंत : सच कह रहा है, फिर कविता लिखनी शुरू कर दी?

मदन : तू कहता है तो—लिख रहा हूँ।

अनंत : धन्यवाद। मन मधुर होने में अब ज्यादा देर नहीं है। तू लिख—मैं चलता हूँ। पर कल शाम तुझे हमारे घर ज़रूर आना है—समझा? चलता हूँ।

[चला गया। कुछ देर चुप बैठने के बाद मदन ने फिर से लिखने में ध्यान लगाया]

द्वितीय दृश्य

[उच्च मध्यवर्ग गृहस्थ उपेंद्रनाथ के मकान का एक कमरा। इज़ीचेयर पर बैठे उपेंद्र सिगरेट पी रहे हैं। हाथ में एक मासिक पत्रिका लिए हुए आई उनकी बेटी माधवी।]

माधवी : **(बोलती हुई आई)** डैडी-डैडी!

उपेंद्र : **(पीछे मुड़े बग़ैर)** माधवी?

माधवी : जी डैडी, क्या कर रहे हैं आप?

उपेंद्र : तू क्या कहना चाहती है, बोल।

माधवी : मैं कह रही थी....यह कविता....

उपेंद्र : कविता?

माधवी : हाँ, ज़रा पढ़िए इसे।

उपेंद्र : नहीं माधवी, कविता पढ़ने की इच्छा अब मुझमें नहीं रही।

माधवी : क्यों?

उपेंद्र : भर पेट उत्तम भोजन करने के बाद क्या और कुछ खाने की इच्छा रह जाती है? अभी-अभी मैंने एक कविता पढ़ी है, जिसे बेहिचक प्रथम श्रेणी की कविता कहा जा सकता है।....उसके बाद कुछ फालतू की चीज़ पढ़ना....

माधवी : यह बिल्कुल फालतू नहीं है डैडी—बस आप एक बार पढ़कर देखिए। या फिर आप सुनिए—मैं पढ़ती हूँ।

उपेंद्र : कैसी कविता है? किसने लिखी है?

माधवी : 'शोभा' लेखक मदन मोहन राय।

उपेंद्र : **(कुर्सी पर संभलकर बैठते हुए)** मैं भी तो इसी कविता के बारे में कह रहा था!

माधवी : बहुत अच्छी है ना?

उपेंद्र : बुरे का सवाल ही कहाँ उठता है? **(चबूतरे से क़दमों की आहट सुनाई दी)** कौन आ रहा है? **(अनंत आया)** ओ, अनंत-आओ। यहाँ बैठो। **(अनंत बैठ गया)** अभी हम कविता की चर्चा कर रहे थे। सुनो अनंत, मैं तुमसे एक सवाल करूँगा। इस सप्ताह प्रकाशित सबसे अच्छी कविता कौन-सी है?

अनंत : इस सप्ताह क्यों? इस वर्ष की सर्वश्रेष्ठ कविता शायद मदन मोहन राय की 'शोभा' है।

उपेंद्र : (**बड़े उत्साह से**) माधवी, सुन रही हो ना! इस 'शोभा' कविता को ही कहते हैं—ऑडर ऑफ द डे।....सबके मुँह में वही 'शोभा'। हाँ अनंत, कौन है यह मदन राय?

अनंत : मेरा एक मित्र है।

उपेंद्र : सच? तुम्हारा मित्र! तुम्हारा मित्र इतना अच्छा लिख भी सकता है?

अनंत : मदन लिखता-पढ़ता है। हालाँकि कवि के रूप में भी उसका नाम है। लेकिन मैं सच कहता हूँ मौसा, यह कविता पढ़ने के बाद मैं बिल्कुल विश्वास नहीं कर सका कि इसे मदन ने लिखी है। और जब मुझे पता चला कि मदन ने ही यह कविता लिखी है, तब मैं समझ नहीं पाया कि अब तक उसने ऐसी अद्भुत कविता क्यों नहीं लिखी थी?

उपेंद्र : मैं आलोचक नहीं हूँ—एक आम पाठक हूँ। तीस वर्षों तक सरकारी मशीन में पिसते रहने के बावजूद जहाँ तक हो सका मैं उड़िया रचनाएँ पढ़ता रहा हूँ। उस दृष्टि से मैं तुम्हारे इस मित्र को बधाई देता हूँ। उनसे कह देना।

अनंत : इस कविता के बारे में तुम्हारी क्या राय है माधवी?

माधवी : मदन राय की कविताएँ मैंने कभी-कभार पढ़ी हैं। लेकिन इस कविता को पढ़कर खुद को खुद ही भूल जाने जैसा अहसास इससे पहले मुझे कभी हुआ हो, याद नहीं।

उपेंद्र : क्यों अनंत, ये सज्जन करते क्या हैं?

अनंत : कुछ नहीं, बेरोज़गार है।

उपेंद्र : बेरोज़गार? क्यों? पढ़ाई-लिखाई कहाँ तक की है?

अनंत : ग्रेजुएट है। लेकिन नौकरी करने न करने के संबंध में उसके विचार अद्भुत हैं।

उपेंद्र : ओहो!....अच्छा अनंत, तुम आज अचानक इधर कैसे चले आए?

माधवी : शायद राह भूलकर।

अनंत : मैं खुद राह नहीं भूला, पर यहाँ आने में कहीं माँ राह न भूल जाए, इसलिए उसे साथ लेकर आया हूँ।

उपेंद्र : तुम्हारी माँ आई हैं? कहाँ हैं?

अनंत : नीचे।

उपेंद्र : तुम्हारी मौसी तो घर पर हैं नहीं। वे नीचे अकेली क्या कर रही हैं?....अरे माधवी **(तब तक माधवी वहाँ से जा चुकी थी)**

अनंत : माधवी तो आधी सीढ़ियाँ उतर चुकी, मौसा।

उपेंद्र : तुम्हारी माँ आई हैं—अब भला वह कहाँ रुकने वाली? हाँ अनंत, उस मैगज़ीन से ज़रा वह कविता एक बार फिर पढ़कर सुनाओ तो।

अनंत : पढ़ता हूँ **(मैगज़ीन खोल कर शुरू किया)** 'शोभा'....

तृतीय दृश्य

[मदन का वही कमरा। खिड़की खुली है। मदन खाट पर सो रहा है। नीचे, खूब धीमा लैंप जल रहा है। इससे कमरे में लगभग अंधेरा है।

समय—लगभग एक बजे रात।

दृश्य के प्रारंभ में दिखाई दिया कि शोभा खिड़की के इस ओर खड़ी है]

शोभा : **(खूब आहिस्ता)** बाबूजी-बाबूजी। ओ बाबूजी।

मदन : **(उठकर बैठ गया)** कौन? शोभा?

शोभा : हाँ बाबूजी, मैं।

मदन : इतनी देर कर दी तुमने? आओ अंदर। दरवाजा खुला है।

[शोभा अंदर चली आई। मदन ने खिड़की दरवाज़े सब बंद करके लैंप तेज कर दिया]

शोभा : क्या सो गए थे?

मदन : इतनी देर कैसे हो गई? रात के एक बज गए।....बैठो। **(दोनों बैठ गए)**

शोभा : मौसी का कड़ा पहरा था।

मदन : पहरा?

शोभा : वह अच्छी औरत नहीं है बाबूजी। बोली—यदि जाना ही है तो उस बाबू के पास क्यों जाती है। उसके पास धरा ही क्या है?

मदन : तो ये बात है!!

शोभा : बड़ी मुश्किल से छुपती-छुपाती आई हूँ।

मदन : यदि वह जान गई?

शोभा : जाने तो जाने। आप हैं, अब मुझे किसका डर? बाबूजी, क्या बगल वाले घर के लोग हैं?

मदन : हाँ हैं, सब सो रहे हैं। क्यों?

शोभा : मुझे उनसे भी डर लगता है। उस दिन दोपहर को मैं आई थी— आप नहीं थे। उस घर से एक आदमी बाहर आकर मुझे अंटसंट कह गया।

मदन : इसीलिए तो आज रात में आने को कहा था।....हाँ, यह देखो तुम्हारे बारे में और कितना कुछ लिख चुका हूँ। **(मदन के हाथ में एक पांडुलिपि है)**

शोभा : ये सब क्या लिखा है? वही सब जो कविता में लिखा था?

मदन : नहीं, यह नाटक है।

शोभा : नाटक!!

मदन : हाँ, ये जो थिएटर हैं—उनमें जो नाटक होते हैं—वैसा ही नाटक।

शोभा : लोग इसे देखेंगे?

मदन : हाँ-हाँ। क्यों नहीं देखेंगे?

शोभा : इसमें भी है मेरा नाम?

मदन : हाँ, इस नाटक का भी नाम मैंने 'शोभा' रखा है।

शोभा : तब तो हर कोई मेरा नाम जान जाएगा? **(शोभा के स्वर में आग्रह और आनंद भरी उत्तेजना)**

मदन : कोई जाने या न जाने, पर मैं मनुष्य पर मनुष्य द्वारा हो रहे इस अत्याचार की दास्तान सारी दुनिया को सुनाऊँगा।

शोभा : बाबूजी!! **(मदन के दोनों पैर पकड़कर सिर से लगा लिया)**

मदन : अरे-अरे! यह क्या शोभा? छोड़, पैर छोड़। (**शोभा उठकर खड़ी हो गई**)

शोभा : (**आँखों में आँसू**) आपके लिए मैं रोज भगवान से प्रार्थना करती थी। किंतु आज जान गई कि मेरे भगवान तो आप ही हैं।

मदन : शोभा!

शोभा : उस दिन मैं खिड़की के उस ओर चुपचाप खड़ी सुन रही थी— आपके वे दोस्त आपसे कह रहे थे—इस लिखने-लाखने के कारण ही आप नौकरी नहीं ढूँढ़ रहे!....वे तो मेरे बारे में नहीं जानते— पर, मैं तो सब जानती हूँ।....क्यों बाबूजी?....मेरे लिए आपने क्यों सब कुछ छोड़ रखा है।

मदन : काश, मैं यह कर पाता—तुम्हारे लिए सब कुछ छोड़ पाता! अच्छा, अब तुम सुनो शोभा सुनो, इस नाटक में मैंने क्या लिखा है।.... पहले तुम्हारे बाप के बारे में, वही जो कुछ तुमने बताया था— क़ारखाने में हड़ताल हुई—तोड़-फोड़ हुई—कारखाने के चौकीदार की लाठी से तुम्हारे बाप का सिर फूट गया और वह मर गया। यही मैंने एक कर्मचारी के मुँह से कहवाया है—

"अपना हक़ पाने के लिए अन्याय और अनीति के विरुद्ध आज आवाज़ उठाई है दलित, उत्पीड़ित मज़दूर ने! माथे पर खून का टीका लगाकर उसने हँसते-हँसते मौत को गले लगाया है—वह हो गया है मृत्युंजय।"....उसके बाद कारखाने के मालिक की कार से कुचलकर जब तुम्हारा भाई मरा है, वहाँ मैंने कहा है— "अत्याचारी के निर्मम रथचक्र के नीचे मूक-वधिर सर्वहारा की मृत्यु।" (**शोभा रो रही थी**) यह क्या शोभा—तुम फिर रोने लगी! छि: रोओ मत। अब सुनो अपने बारे में।

शोभा : मेरे बारे में?

मदन : हाँ, तुम्हारे बारे में। मनुआ को देखकर तुम अपने आपको भूल गई थी और तुम्हें देखकर सुध-बुध खो बैठा था, कारखाने का मैनेजर। लेकिन तुम्हें यह अच्छा नहीं लगा। मैनेजर ने धोखे से तुम्हें काम से बरख़ास्त कर दिया।

....यहाँ मैंने लिखा है—''हीन घृणित कामना का दास, नारी-मांस लोभी मैंनेजर की खूँखार आँखों में सरल बालिका का जन्मसिद्ध अधिकार, उसकी स्वतंत्रता-उसकी हँसी-खुशी, प्रेम सब लुप्त हो गये-वह बन गई सड़क की भिखारिन!''

शोभा : ये सब बातें इसमें हैं, बाबूजी!

मदन : हाँ, किस तरह एक के बाद एक ठोकरें खाते हुए अंत में तुम इस हालत में पहुँची हो, वह सारी बातें इसमें हैं।....मैं जानता हूँ शोभा, यह नाटक रंगमंच पर ज़रूर सफल होगा—तुम्हारे जीवन के करुण इतिहास से भरा यह नाटक देखकर दर्शक अवश्य मुग्ध होंगे!!

[विमोहित शोभा मदन का चेहरा ताक रही है। उसकी आँखों में आशाएँ जाग उठी हैं।....बत्ती बुझ जाती है। कुछ समय बीतने के संकेत के साथ ही घड़ी में तीन बजे। मंच फिर से प्रकाशमय हो गया।....शोभा सिर झुकाए खड़ी है मदन के पास]

शोभा : चलती हूँ बाबूजी। रात बहुत हो चुकी है।

मदन : हाँ, तीन बज चुके हैं। अकेली चली जाओगी ना?

शोभा : अकेली आई थी—अकेली जा नहीं सकती? बरगद के नीचे पड़े हैं, हमें कैसा डर-भय?

मदन : किताब लिखना खत्म हो जाए तो फिर आकर पूरा सुन लेना।

शोभा : हाँ, इस बार मौसी पूछेगी तो साफ-साफ कह दूँगी.... दरवाज़ा बंद कर लो बाबूजी, मैं चलती हूँ।

[शोभा सड़क पर चली आई। कुछ दूर आने पर उसने एक पुलिस कांस्टेबल को आते देखा। शोभा किनारे से निकल जाना चाहती थी—किंतु कांस्टेबल उसका रास्ता रोककर खड़ा हो गया]

कांस्टेबल : कौन है? ए....ए? कौन है? (**शोभा की ओर देखकर**) अरे, यह तो जवान लड़की है! कौन है तू? ....अ....रे....तू कौन है?

शोभा : सा'ब.....(**शोभा अपना मुँह छुपाने की कोशिश कर रही थी**)

कांस्टेबल : कौन है तू, बता?

शोभा : नहीं सा'ब....

कांस्टेबल : क्या 'नहीं सा'ब'? चल, उस बिजली के खंभे के पास चल। (**बिजली के खंभे के पास जाकर**) चल मुँह इधर करके खड़ी हो....एइ! बदमाशी करती है? घुमा मुँह इधर। (**शोभा ने उसकी ओर मुँह घुमाया**) अरे! तुझे तो मैंने कहीं....अरे हाँ, तू भीख माँगती है ना?

शोभा : हाँ सा'ब, मैं भिखारिन हूँ।

कांस्टेबल : भिखारिन तो है, पर रात को तीन बजे कहाँ गई थी?

शोभा : नहीं सा'ब-

कांस्टेबल : फिर कहा 'नहीं सा'ब!' बता, कहाँ गई थी? बताती है या नहीं? मैं जानता हूँ, जानता हूँ तुम लोगों की बदमाशी—तुम लोग जो कुछ करती हो।

शोभा : मैं सच कहती हूँ सा'ब....

कांस्टेबल : क्या, सच कहेगी तू-ऐं? क्या सच कहेगी?

शोभा : मैं....

कांस्टेबल : हाँ बता, कहाँ गई थी तू?

शोभा : मैं—मैं कुछ बता नहीं सकती सा'ब-आप बाबूजी के पास चलिए।

कांस्टेबल : अच्छा, तो बाबूजी के पास से यह वापसी हो रही है? क्यों री, जिस बाबूजी के पास रात तीन बजे तू गई थी, क्या वे मेरे आगे सारी बातें सच-सच बता देंगे?

शोभा : (**डरते हुए**) क्यों नहीं बताएँगे?

कांस्टेबल : हाँ-हाँ, क्यों नहीं! धर्मराज युधिष्ठिर जो हैं, सब बता देंगे!.... निर्लज्ज, कहती है—बाबूजी के पास गई थी। तू वहीं गई थी, कोई गवाह है इसका?

शोभा : नहीं तो।

कांस्टेबल : तो क्या, अपनी बेइज्जती कराने वहाँ जाऊँ इस वक्त? (**शोभा रो रही थी**) अरे, यह तो भों-भों करके रोने लगी!! ठीक है, चल—देखते हैं कैसे बाबूजी हैं!

शोभा : आपके पैर पड़ती हूँ सा'ब जी, मुझे जाने दीजिए।

कांस्टेबल : जाने दूँ, क्यों? चल थाने।

शोभा : छोड़ दीजिए सा'ब जी—पैर पड़ती हूँ आपके....

कांस्टेबल : चल कहता हूँ, चल।

[मदन के घर की ओर देखती हुई शोभा कांस्टेबल के साथ चल पड़ी]

चतुर्थ दृश्य

[एक पेशेवर रंगमंच का आफिस। थियेटर के मैनेजर ससम्मान मदन को अंदर ले आए। मदन के पहनावे में सुधार हुआ है। समय—रात्रि]

मैनेजर : आइए महोदय, इस कमरे में आइए, इस काउच पर बैठिए। **(जोर से पुकारते हुए)** अरे श्यामा, मदन बाबू के लिए यहीं ले आ कॉफी।

मदन : नहीं, नहीं—कॉफी की क्या ज़रूरत है?

मैनेजर : जानते हैं मदन बाबू, मुझे पंद्रह साल हो गए यह थियेटर पार्टी चलाते हुए—पर आज यह पहली बार देखा—

मदन : क्या सर?

मैनेजर : किसी लेखक के पहले ही नाटक को इस तरह हिट होते!!

मदन : आज ही तो शुरू हुआ है—कैसे समझ गए कि हिट हो गया?

मैनेजर : यदि इतना जानने की क्षमता न होती तो मैं किसी थियेटर पार्टी का मैनेजर क्यों बनता? आपने खुद ही नहीं देखा, जब शो चल रहा था, आपको रू-ब-रू देखने के लिए दर्शकों की ओर से तीन-तीन बार माँग हो चुकी है।

मदन : लेकिन मैं कोई ठीक-ठीक अंदाज़ा नहीं लगा पा रहा हूँ। अच्छा, आप बताइए तो, नाटक में शोभा का चरित्र ठीक-ठीक उभरकर आया है ना?

मैनेजर : **(मुस्कुराहट भरे चेहरे से)** उभरा है सर। चरित्र ठीक से न उभरा होता तो भला मेरे चेहरे पर यह मुस्कुराहट इस तरह उभरी होती! पंद्रह साल मैनेजरी कर चुका

हूँ....(**कॉफी और सिगरेट आया**) ये लीजिए कॉफी—यह सिगरेट....और यह....(**मदन की जेब में कुछ रुपये रख दिए**)

मदन : क्या—रुपये हैं?

मैनेजर : भगवान की दर्शनी की तरह यह आपकी पहली रात का प्राप्य है। (**धीमी आवाज़ में**) पर इससे पहले मैंने किसी को भी पहली रात के लिए इतना नहीं दिया—इससे आधा, समझे।

मदन : किंतु मैंने तो रुपये के लिए....

मैनेजर : (**ठहाका लगाकर हँसते हुए**) आपने रुपयों के लिए नाटक नहीं लिखा, यही ना? पर नाटक हिट हुआ तो रुपये खुद-ब-खुद मिलेंगे, उसे कौन रोक सकता है?

मदन : सच कहता हूँ, इसकी तो मैंने कल्पना तक नहीं की थी।

मैनेजर : मैं जानता हूँ, आप अपने लेखन का सौदा नहीं करना चाहते। पर यह सौदा नहीं है। माथा खपाकर, क़लम चलाकर आपने लिखा है—क्या आपको आपका पुरस्कार नहीं मिलना चाहिए?....हाँ, बाकी के रुपये मैं इन सात दिनों में दे दूँगा, समझ गए? अच्छा हाँ, पहले यह बताइए तो कि आपको नया डेरा कैसा लग रहा है....कोई दिक्कत तो नहीं है? रिहर्सल के बाद से ही मैंने कहा था कि अब हमारे मदन बाबू इस छप्पर-घर में नहीं रहेंगे। उनके लिए एक अच्छा घर चाहिए।

मदन : मकान तो बहुत अच्छा है। किराया कितना है?

मैनेजर : आप छोड़िए इन बातों को। मकान मालिक मेरा अपना आदमी है—महीने में पच्चीस दिन मुफ्त में थियेटर देखता है। किराये की बात मैं उससे कर लूँगा।

सदानंद : (**बाहर से**) मैनेजर साहब हैं?

मैनेजर : कौन? अरे सदानंद बाबू, आइए, आइए। (**सदानंद अंदर आ गए**) ये हैं सदानंद मिश्र—पुस्तक विक्रेता—पब्लिशर। और ये हैं....

सदानंद : परिचय कराने की ज़रूरत नहीं है। 'शोभा' नाटक के लेखक को भला कौन नहीं पहचानता? हर अख़बार के प्रतिनिधि के मुँह में बस एक ही बात है—'ऐसा सशक्त

लेखन बहुत कम मिलता है।' सच मदन बाबू, पहले आप मेरी बधाई स्वीकार करें, उसके बाद और बातें-

मैनेजर : और बातों का मतलब आपके बिजनेस की बात, है ना?

सदानंद : इसके सिवा और क्या हो सकता है? इसीलिए तो शो देखने के बाद इतनी देर तक इंतज़ार कर रहा हूँ।....मदन बाबू, मैं आपका 'शोभा' नाटक छापूँगा।

मदन : छापेंगे!

सदानंद : मैनेजर साहब से पूछिए—इनके थियेटर में जितने भी नाटक खेले जाते हैं, सब मैं ही छापता हूँ। छपाई, गेट अप, पब्लिसिटी—किसी में कोई कसर नहीं छोड़ता।.....इसके अलावा इस नाटक के लिए मैं आपको सबके अधिक रॉयल्टी दूँगा। कल किताब चली जाएगी छपने।

मदन : कुछ ठहर जाइए। पहले देख तो लीजिए नाटक कैसा चलता है।

सदानंद : अब तक तीस नाटक छाप चुका हूँ—भला अब नाटक छाँटने में देर लगेगी? आपकी लेखनी से स्याही नहीं निकली है, आपने सोना झराकर यह नाटक लिखा है। यह रखिए, एडवांस **(रुपये निकाले)**

मदन : एडवांस! नहीं-नहीं—एडवांस की क्या ज़रूरत है?

सदानंद : क्या ज़रूरत है? दिमाग लगाकर, मेहनत करके आपने किताब लिखी है—आपको अपना प्राप्य तो मिलना ही चाहिए!....मुझे इस तरह बहकाने से काम नहीं चलेगा। अच्छा, ये लीजिए, पचास रुपये और देता हूँ—रखिए ये सौ रुपये। कल से छपाई शुरू। **(रुपए देता है)**

मैनेजर : सदानंद बाबू, आप मदन बाबू के साथ बातचीत कीजिए—मैं तुरंत आया। **(जाते हुए ऊँची आवाज़ में)** श्यामा, मछली का सिर पक जाए तो मदन बाबू के लिए उस बरामदे में खाना लगा देना—वे वहीं खाएँगे।

[प्रसन्न मुद्रा में कोई गीत गुनगुनाते हुए बाहर आकर देखा—कुछ ही दूरी पर कोई लड़की खड़ी है....वह लड़की थी—शोभा]

मैनेजर : कौन खड़ा है वहाँ? **(करीब जाकर)** अरे, तू इतनी देर तक यहाँ क्या कर रही है? नाटक का शो खत्म हो चुका

है—सभी जा चुके हैं। और किससे पैसे मिलेंगे जो तू यहाँ इंतज़ार कर रही है? चल जा, अब गेट बंद होगा। **(पर शोभा खड़ी रही)** क्यों री जाती क्यों नहीं। अच्छा, अच्छा, ले, ये दो पैसे ले। **(कुंठित हाथ से पैसे लेकर शोभा खड़ी रही)** क्या हुआ? तू भीख माँगने ही तो आई थी ना? कुछ बोलती क्यों नहीं? कौन है तू?

शोभा : साहब मैं हूँ।

मैनेजर : तू है कौन?

शोभा : मैं....मैं शोभा हूँ। **(मैनेजर ठठाकर हँस पड़ा)**

मैनेजर : शोभा! मेरे यहाँ आज से शोभा नाटक खेला जा रहा है, तो क्या आज सारी दुनिया शोभामय हो उठेगी? ठीक है, तेरी शोभा मैं बहुत देख चुका हूँ—चल भाग, अब गेट बंद होगा। **(व्याकुल नज़रों से शोभा ने मैनेजर की ओर देखा)** अबे जाती है या....

शोभा : जाती हूँ, सा'ब। **(शोभा जाने लगी)**

मैनेजर : सलीम, गेट बंद कर।

[पूर्ववत गीत गुनगुनाते हुए मैनेजर का प्रस्थान]

शोभा : **(जाते हुए, मन ही मन)** उस घर में तो अब रहते नहीं। कहाँ चले गए, किससे पूछूँ?

[आँखों में आँसू लिए चली गई]

पंचम दृश्य

[उपेंद्र का घर। उपेंद्र, पार्वती और अनंत कुछ विचार-विमर्श कर रहे हैं। समय—अपराह्न]

पार्वती : जानते हो अनंत, मेरे न नौ हैं न छै, एक इकलौती बेटी भर है—इसीलिए मेरे मन में संशय है।

अनंत : अब तो संशय की कोई बात ही नहीं रही, मौसी!

पार्वती : नहीं रही, पर माँ का मन नहीं समझता?....वरना माधवी की शादी कब की हो गई होती? ये तो बाप होकर भी कुछ नहीं समझते। जिस दिन से नौकरी छोड़ यहाँ आकर रह रहे हैं, उस दिन से बाप-बेटी दोनों का सिर्फ किताबें पढ़ना—अख़बार पढ़ना—यही काम चल रहा है। मैं तो औरत जात भला क्या करूँ?

उपेंद्र : सुनते हो अनंत, अपनी मौसी की बातें। जब तक माधवी स्वयं नहीं चाहेगी, मैं उसकी शादी ज़बरन कैसे करता। जो लड़की अंतर्राष्ट्रीय राजनीति पर चर्चा करती हो—विश्व-साहित्य की खबर रखती हो-शरीर में सौ डिग्री बुखार लिए जो लाइब्रेरी में दो घंटे बैठे बग़ैर नहीं रहती, उसकी शादी की चिंता दूसरों को क्यों है? नहीं अनंत, यह तानाशाही मुझसे नहीं हो सकती थी।

अनंत : अब यह प्रसंग क्यों छेड़ रहे हैं? मदन तो राजी है, जैसा कि आप कह रहे हैं। इस बार दौरे पर जाने से पहले मैं इस बारे में मदन से कह गया था—देख मदन, माधवी तेरी कविता पढ़कर, तेरा नाटक देखकर तुझसे बेहद प्रभावित है—वह तेरे गुणों पर मुग्ध.... इसीलिए माधवी से विवाह करने में उसका ऊँचा घराना बीच में कहाँ से आ गया?

उपेंद्र : और मैं जानता हूँ अनंत, तुम्हारी इन बातों से मदन की गलतफहमी दूर हो गई और वह शादी के लिए तैयार हो गया। वह समझ गया कि माधवी ही उसकी सही जीवन-संगिनी बन सकती है।

पार्वती : मैं भी यही कह रही थी बेटे, तुमने इसमें रुचि लेकर उसे समझाया, तभी वह राजी हुआ। वरना इनके बूते का नहीं था यह सब?

उपेंद्र : होता ही कैसे? जानते हो अनंत—जिस दिन माधवी ने हमसे कहा कि वह मदन से विवाह करके सुखी रहेगी, उस दिन तेरी इस मौसी ने त्रिभुवन कँपाते हुए यह घोषणा कर दी कि जिसके पास चूल्हा-छप्पर नहीं है—जो बेरोज़गार है—उससे माधवी का विवाह नहीं हो सकता।

पार्वती : अज़ीब बात है, मेरी बेटी है वह, क्या मैं इतना भी नहीं कह सकती थी!!

उपेंद्र : क्यों कही तुमने ये बातें? क्या माधवी उसका चूल्हा-छप्पर देखकर उसकी ओर आकर्षित हुई थी? वह तो उसके गुण देखकर—उसकी साहित्य साधना देखकर....

पार्वती : कैसा गुण—कैसा साहित्य, मुझे क्या लेना-देना इन चीजों से? क्यों बेटे?

अनंत : छोड़िए मौसी इन बातों को—अब आप बताइए—इस प्रस्ताव से आप खुश तो हैं ना?

पार्वती : कैसी बातें करता है बेटे? माधवी की खुशी ही हमारी खुशी है। जब से मदन राजी हुआ है, मैं देख रही हूँ माधवी के हाथों में मानों सोने का चाँद आ गया हो।

उपेंद्र : इतनी समझ तो है उसमें। धन-दौलत छोड़कर उसने आदमी का गुण सराहा है।

पार्वती : इसीलिए वह फिजूलखर्च नहीं है। हाथ भर नापती है तो बित्ता भर चलती है।

उपेंद्र : चलती तो है ना। यह सद्‌गुण भी उसमें है। अनावश्यक धन की लालसा उसमें नहीं है—पर वह धन का अनादर नहीं करती। हम रोज़ाना चिकन-पुलाव खा सकते हैं—पर चावल का एक दाना तक बर्बाद होना उसे बरदाश्त नहीं है। यही है सफल गृहिणी का लक्षण।....हाँ अनंत, तुम तो आज ही दौरे से लौटे हो, मदन से मुलाक़ात हुई या नहीं?

अनंत : नहीं। क्या हालचाल हैं उसके? यहाँ आता तो है?

पार्वती : हाँ, लगभग रोज़ाना आता है।

अनंत : आज नहीं आया?

पार्वती . वे दोनों ही गाड़ी लेकर घूमने गए हैं।

अनंत : सच! कितनी देर हो गई गए? कहाँ गए हैं?

उपेंद्र : गए हैं हमारी खेती वाले गाँव मधुपुर की ओर।

पार्वती : कुछ ही देर में शाम हो जाएगी। न जाने कब लौटेंगे?

[मंच पर अंधेरा। मंच के पिछवाड़े प्रकाश दिखाई देने के साथ ही एक अंतर्दृश्य का सूत्रपात हुआ। स्थान—मधुपुर। धान-खेत की मेढ़ पर माधवी और मदन खड़े हैं]

माधवी : गाड़ी ऊपर सड़क पर ही छोड़कर जाना होगा।

मदन : हम मधुपुर चल रहे हैं ना?

माधवी : यही तो है मधुपुर—जहाँ हमारी खेती है।

मदन : किंतु यहाँ गाँव कहाँ है? चारों ओर सिर्फ खेत ही खेत हैं।

माधवी : वो देखो उधर—नारियल के पेड़ों से घिरा है मधुपुर गाँव, आओ-चलें।

मदन : इतनी दूर जाएँगे कैसे? पैदल?

माधवी : हाँ, पैदल। क्या नहीं जा सकते?

मदन : मैं अपने बारे में नहीं कह रहा, तुम्हारे बारे में पूछ रहा हूँ।

माधवी : मैं तो बहुत बार जा चुकी हूँ।

मदन : तो ठीक है, चलो।....किंतु अब तो शाम होने वाली है।

माधवी : होने दो, मेरे पास टॉर्च है। आओ....हाँ, सामने यह जो पानी भरा है, इसके बीच से होकर गुज़रना है।

मदन : क्यों? उधर से घूमकर चलेंगे।

माधवी : नहीं-नहीं—पानी में चल-चलकर जाना मुझे अच्छा लगता है— आओ।

मदन : ठीक है! (**माधवी का हाथ जोर से पकड़े हुए**) तुम्हारे इस अच्छा लगने और प्यार करने में कुछ-कुछ दु:साहस अक्सर छुपा रहता है—क्यों माधवी? (**माधवी जाने के लिए आगे बढ़ी**)....अरे, पैरों के पास पानी जो है—पहले जूते तो उतार लो।

[पानी में झप्प से कोई आवाज हुई]

माधवी : हाय राम! (**डर से माधवी ने मदन को भींचकर पकड़ लिया**)

मदन : (**सीने से लगी माधवी को प्यार से देखते हुए**) माधवी!

माधवी : छोड़ो।

मदन : मैंने तो तुम्हें नहीं पकड़ रखा—तुम तो खुद-ब-खुद....

माधवी : सच, मैं बहुत डर गई थी।

मदन : डाक्टर न होते हुए भी मैं समझ सकता हूँ कि तुम्हारी धड़कनें कई गुना बढ़ गई हैं। (**माधवी अलग हो गई मदन से**) अच्छा, एक मेंढक देखकर तो यह हाल है! हाथ की चूड़ी टूट गई—पूरा चेहरा पसीने से धुल गया है। यदि कोई साँप होता तो?

माधवी : शायद मैं—मैं मर गई होती—और मेरी आत्मा तुममें समा गई होती।

मदन : अपने इस परिहास में तुम जिस ओर संकेत कर रही हो माधवी....

माधवी : उस पर तो पहले से ही समझौता हो चुका है। चलो।

मदन : क्या लौट चलें?

माधवी : नहीं। मधुपुर चलेंगे। इस पानी से होकर।

मदन : यदि सचमुच साँप निकल आया?

माधवी : सच बात तो मैंने बता दी है। आओ। **(दोनों खुशी मन से आगे बढ़ गए)**

[अंतर्दृश्य समाप्त हुआ। हम फिर लौट आते हैं मूलदृश्य—उपेंद्र के घर]

अनंत : और क्या सोच रही हो मौसी?

पार्वती : **(अपनी बातों में और सरसता लाते हुए)** कुछ नहीं, मैं आजकल के तुम जैसे लड़कों के बारे में सोच रही हूँ। पहली बार जब मदन हमारे घर आया था, फाटक के भीतर आने को मानो उसके पैर उठ ही नहीं रहे थे। उसके बाद कुछ दिनों तक तो वह नीचे तक आकर ही लौट जाता था। और जिस दिन ऊपरी मंज़िल पर आया, ऐसा लग रहा था जैसे कि कोई उसे जेल के अंदर लिए जा रहा हो।....और आज....

उपेंद्र : आज माधवी को साथ लेकर घूम रहा है **(हँस उठे)** सच अनंत, तुम्हारी मौसी ने बहुत अच्छी बात कही।

अनंत : क्या शादी के बाद वे दोनों इसी घर में रहेंगे?

उपेंद्र : नहीं, यहाँ क्यों रहेंगे? वे लोग हमारे नदी किनारे वाले मकान में चले जाएँगे। कार और मधुपुर के सारे खेत—ये माधवी के नाम हैं। उसके भाई ने भी यही सब बातें लिखकर अमेरिका से पत्र भेजा है। विवाह से लगभग एक सप्ताह पहले वह आ जाएगा। विवाह को तो अब सिर्फ पच्चीस ही दिन रह गए हैं।

पार्वती : अमेरिका में उनका गुजारा तो बहुत अच्छी तरह हो रहा है। बस भगवान.उन्हें ठीक-ठाक रखें।

अंतिम दृश्य

[माधवी का नया मकान। निचली मंज़िल का बरामदा। माधवी कुर्सी पर बैठी है—पास ही एक कबाड़ी पुराने अखबार और कॉपियाँ तौल रहा है।....फाटक के बाहर गाड़ी रुकी। गाड़ी से उतरकर मदन अंदर आकर बरामदे में माधवी के पास रुक गया। मदन ने खूब कीमती सूट पहन रखा है]

माधवी : अपनी कार वर्कशॉप भिजवा दी ना?

मदन : हाँ।

माधवी : यह गाड़ी किसकी है?

मदन : वह जो फिल्म कंपनी है....

माधवी : अच्छा—हाँ। क्या हुआ? वे लोग राजी हो गए?

मदन : हाँ। 'शोभा' नाटक की कहानी पर वे लोग फिल्म बनाएँगे। कंट्राक्ट कर आया हूँ—तीन हज़ार में।

माधवी : वाह! अच्छा दे दिया।

मदन : हाँ। पर तुम यह सब क्या कर रही हो?

माधवी : ये पुराने कागज़ अखबार बेच रही हूँ। (**मदन ने झुककर देखा**)

मदन : इनमें तो शोभा नाटक—उपन्यास....इन सबकी पांडुलिपियाँ हैं।

माधवी : हाँ। किताबें तो छप ही चुकी हैं—अब इनकी क्या ज़रूरत है? बेच देती हूँ। देखना—इससे तुम्हारे एक दिन की चाय और सिगरेट का खर्च निकल आएगा।

मदन : (**मुस्कुराते हुए**) अरे वाह! बिल्कुल किसी पक्की गृहिणी की बुद्धि। ठीक है, तुम ज़रा ऊपर आना। (**खुद ऊपरी मंज़िल पर चला गया**)

माधवी : (**कबाड़ी से**) हाँ, कुल कितना हुआ? इतने तो चार सेर हैं। और जो इस तराजू में है....

कबाड़ी : साढ़े छह छटांक। (**तराजू उठाकर**) ये देखिए मालकिन।

माधवी : अच्छा-अच्छा। तो कुल पैसे हुए—चार सेर के दो रुपये और साढ़े छह छटांक का (**मन ही मन हिसाब लगाकर**) तीन आने एक पैसा।

कबाड़ी : ये लीजिए मालकिन। (**पैसे दिए**)

माधवी : यह तो दो रुपये तीन आने हैं। और एक पैसा?

कबाड़ी : एक ही पैसा तो है मालकिन, छोड़ेंगी नहीं?

माधवी : तौलकर लिया है तुमने; छोड़ क्यों दूँ? निकालो पैसा।

[इतने में बरामदे के खंभे की ओट से भिखारिन शोभा बाहर निकल आती है]

शोभा : मालकिन!

माधवी : क्यों री, तू यहाँ छुपकर क्या कर रही थी?

कबाड़ी : वह क्या अकेली होगी मालकिन? एक और है उसके साथ। काफी देर से इस खंभे की ओट में खड़ी है। **(कुमी आकर शोभा के पीछे खड़ी हो गई)**

माधवी : भीख माँगने आकर खड़ी क्यों हो? लाज आ रही है? ए कबाड़ी, वह एक पैसा उन्हें दे दो।

मदन : **(ऊपर से)** माधवी!

माधवी : आ रही हूँ। **(ऊपर चली गई)**

शोभा : ए भैया!

कबाड़ी : क्या है?

शोभा : ये जो साहब ऊपर गए हैं, क्या इस मालकिन के पति हैं?

कबाड़ी : **(खिल्ली उड़ाते हुए)** और नहीं तो क्या, तेरे पति हैं? तू तो पत्ते उठाने आई है, बागान का मोल क्यों करती है? ले, अपना एक पैसा। **(एक पैसा देकर चला गया)**

कुमी : मैंने कहा था ना शोभा दीदी, वह साहब इससे शादी करके यहाँ आकर रह रहे हैं। **(उधर एक नौकर को आते देखकर)** एइ, वह नौकर आ रहा है। खबर भिजवाएगी बाबूजी को?

शोभा : **(रुद्ध स्वर में)** क्यों और क्या खबर भिजावाऊँ? देखती नहीं, जिन काग़जों पर मेरे बारे में लिखा करते थे, वे सारे कागज ही बेच डाले। अब भला वे पहचानेंगे मुझे?

कुमी : चलो उन कागजों की बिक्री में से हमें एक पैसा तो दिया।

शोभा : हाँ, आ चलें।

[दोनों फाटक के बाहर चले गए]

भाषान्तर : डॉ० राजेंद्र प्रसाद मिश्र

अतिमानव

मनोरंजन दास

मनोरंजन दास

जन्म : 1921, उड़ीसा

ओड़िया नाटक के क्षेत्र में एक महत्वपूर्ण नाम।

रचनाएँ—अब तक छोटे-बड़े मिलाकर कुल 50 नाटक लिख चुके हैं। इनमें से अधिकतर नाटक मंचित भी हो चुके हैं। ये नाटक ओड़िया में 'समग्र नाटक' नाम से छह खंडों में प्रकाशित हो चुके हैं।

ओड़िया में मूल लेखन के अलावा इन्होंने अन्य भाषाओं के तीन नाटकों का ओड़िया में अनुवाद भी किया। इनके कई नाटक अंग्रेजी, हिन्दी, बांग्ला, संस्कृत, मराठी आदि में अनूदित।

पुरस्कार-सम्मान—उड़ीसा साहित्य अकादेमी, केन्द्रीय साहित्य अकादेमी, उड़ीसा संगीत नाटक अकादेमी, केन्द्रीय संगीत नाटक अकादेमी, सारला आदि पुरस्कारों से सम्मानित।

आकाशवाणी के अलावा उड़ीसा साहित्य अकादेमी, उड़ीसा संगीत अकादेमी तथा उड़ीसा ललित कला अकादेमी में सचिव पद पर काम कर चुके हैं।

◆

पात्र

श्रीमती राय

प्रोफेसर राय

भोला

पोस्टमास्टर

इरावती

रमाकांत

अनुकंपा

[हॉल के समान एक लंबा कमरा, वह बेडरूम, ड्राइंगरूम और आवश्यकता के अनुसार कभी-कभार डाइनिंग का भी काम करता है। उसमें 60-65 साल के प्रोफ़ेसर राय सोए हुए हैं। एक ओर उस कमरे से लगे दो और कमरे हैं। दूसरी ओर बाहर को रास्ता है। सब दरवाज़ों पर परदे हैं।]

भोला : (**भीतर आकर**) साब, चाय लाया हूँ... चाय साब। अरे, माँजी तो आ रही हैं ...माँजी साब ...

श्रीमती राय : (**भीतर प्रवेश करके**) चुप करो... चुप...मना किया था न हल्ला करने के लिए? (**चाय रखकर भोला चला जाता है**)

प्रोफेसर राय : ऊह...(**नींद में जोर से चीख उठते हैं**)

श्रीमती राय : एँ, क्या हुआ...सुनते हैं, सुनिए तो जरा (**हिलाते हुए**)

प्रोफेसर राय : ऊह...ऊ-ह!!

श्रीमती राय : अजी, क्या हुआ आपको?

प्रोफेसर राय : (**घबराते हुए आँखें खोलकर**) ऊह...पानी है?

श्रीमती राय : ऐसे क्यों हो रहे हैं, क्या हुआ?

प्रोफेसर राय : ओ हो, पानी दो...पानी दो सुशांत की माँ।

श्रीमती राय : (**टेबुल से पानी का गिलास लाकर**) लीजिए।

प्रोफेसर राय : (**पानी पीकर**) ऊह!

श्रीमती राय : क्या हुआ?

प्रोफेसर राय : सुशांत को देखा?

श्रीमती राय : सुशांत को? क्या कह रहे हैं?

प्रोफेसर राय : अणु रश्मि मनुष्य के शरीर में प्रवेश करने से क्या होता, जानती हो?

श्रीमती राय : एँ, किसके शरीर में? मेरे सुशांत के...स्वप्न देख रहे थे क्या?

प्रोफेसर राय : हाँ...स्वप्न। सीसे की जिस पोशाक को पहनने से अणु रश्मि शरीर में प्रवेश नहीं कर पाती, वह लड़के के शरीर में प्रवेश कर जाती है...नहीं-नहीं बहुत होशियार है वह, वैज्ञानिक है...(**अभिमान तथा वात्सल्य भाव से हँसने लगे**) तुम्हें उसकी पहली चिट्ठी के बारे में बताया था न? पिता

फिजिक्स में हेड ऑव डिपार्टमेंट होकर रिटायर हुए हैं। इस पर भी लड़के ने लिखा है...'आप शंका मत कीजिए पिताजी, 'एटम' पर हम नई खोज कर रहे हैं। इस दिशा में सफल होने पर अभी एटम की जो शक्ति है, उसकी सौ गुनी हमारे हाथ में आ जाएगी।' किंतु कौन जाने...

श्रीमती राय : आपने कहा था न, उसे लिखा है आने के लिए? (**एकाएक उद्विग्न होकर**) मेरे इकलौते बेटे को मुझसे लेकर... (**सिसकने लगती हैं**)

प्रोफेसर राय : हाँ, लिखा है आने के लिए।

श्रीमती राय : उसने क्या लिखा है? कभी तो मुझे कुछ बताते नहीं?

प्रोफेसर राय : क्या कहूँ?...उसने लिखा है आने के लिए।

श्रीमती राय : कब? कब आएगा वह?

प्रोफेसर राय : अपनी खोज में सफल होने पर।

श्रीमती राय : कब सफल होगा?

प्रोफेसर राय : कौन जाने...

श्रीमती राय : जल्दी आने को जोर देकर क्यों नहीं लिखा?

प्रोफेसर राय : लिखा था...'सुशांत चले आओ..अपने रिएक्टर आइसोटोप, एटम, लेबोरेटरी और अपनी खोज को कुछ देर भूलकर अपने बूढ़े माँ-बाप के बारे में जरा सोचो और अपने को पिता के स्थान पर रखकर सोचो कि तुम्हारी एकमात्र संतान के यदि प्रतिक्षण मृत्यु द्वारा आक्रांत होने की शंका हो, तो तुम्हारी क्या दशा होगी और तुम्हारा अंतिम क्षण किस प्रकार अशांत और भयभीत हो उठेगा!'

श्रीमती राय : माना नहीं उसने?

प्रोफेसर राय : उत्तर दिया...'पिताजी मैं स्रष्टा हूँ। नई सृष्टि में लगा हूँ। यदि उसके लिए जीवन की बलि भी देनी पड़े, तो क्या हानि है? क्या आप इस यश और अमरत्व के लिए धैर्य तथा आशीर्वाद देकर मेरी सहायता नहीं करेंगे?'

श्रीमती राय : यह लिखा उसने?

प्रोफेसर राय : पिता के भग्न और उद्विग्न हृदय का वास्ता देकर मैंने फिर लिखा था, 'सुशांत बेटे, चले आओ।' किंतु उसके उत्तर में उसने क्या लिखा, जानती हो...'खोज खत्म होने वाली है।

कुछ दिनों बाद उस नई शक्ति की जाँच करनी है और वह मैं स्वयं ही करूँगा, किंतु जानते हैं पिताजी, मेरे कई वैज्ञानिक बंधु क्या कह रहे हैं, मेरी थ्योरी ठीक होने पर भी वास्तविक परीक्षण के दौरान कुछ न कुछ जटिलता दिखाई देगी। परीक्षण-स्थल पर खंड प्रलय की आशंका भी है...'

श्रीमती राय : एँ, क्यों? आपने तो यह कभी नहीं कहा?....नहीं-नहीं, आप अभी टेलीग्राम कर दीजिए...माँ मर गई है शीघ्र चले आओ।

प्रोफेसर राय : सुशांत इस पर विश्वास नहीं करेगा। हमेशा उसका ध्यान रहता है परीक्षण पर। कैसे उसमें सफल होगा।

श्रीमती राय : कब परीक्षण होगा, कहाँ होगा?

प्रोफेसर राय : यह उसने नहीं लिखा।

श्रीमती राय : क्या कहूँ, कैसा पत्थर का हृदय है आपका (**रोते हुए**) सब जानते हुए भी आपने मेरे बच्चे को मृत्यु की ओर ढकेल दिया है, मैंने कौन-सा अपराध किया था आपका?

प्रोफेसर राय : रोओ मत सुशांत की माँ। पिता का पत्थर हृदय भी कभी-कभी चटक पड़ता है। कभी-कभी असहाय हो उठता हूँ। यही असहायता ही स्वप्न में मुझे आतंकित करती है। वह स्वप्न...कौन जाने वह स्वप्न ही है अथवा सत्य...? फिर भी...

श्रीमती राय : क्या कहा? सत्य भी हो सकता है?

प्रोफेसर राय : विज्ञान की असीम शक्ति का अधिकारी होकर मानव अब भगवान बनने की चेष्टा कर रहा है। अगर भगवान है तो वह एक दिशा में स्रष्टा बनने की अभिलाषा लेकर मानव दूसरी दिशा में है और इस प्रकार स्वयं स्रष्टा और मानव के भीतर एक अदृश्य संघर्ष चल रहा है। इससे किसी भी क्षण मनुष्य धूल में मिल जाएगा, इसका कोई ठिकाना नहीं। नहीं-नहीं, मैं दुर्बल नहीं बनूँगा। वह सिर्फ एक स्वप्न था। वास्तविकता से उसका कोई संबंध नहीं।

श्रीमती राय : आप पागल तो नहीं हो गए? न जाने कब क्या कहने लगते हैं, कोई ठिकाना ही नहीं। कभी कहते हैं कुछ होगा नहीं

और कभी कहते हैं कुछ न कुछ हो जाएगा। जाइए, हाथ-मुँह धो लीजिए। (**प्रोफेसर उठकर बेसिन के पास जाकर मुँह धोते हैं।**)

श्रीमती राय : भोला-ओ भोला, और एक कप चाय ले आओ तो। (**तभी गाँव के पोस्टमास्टर आ पहुँचे। तरुण तथा सरल स्वभाव के आदमी हैं**)

पोस्टमास्टर : नमस्कार मिसेज राय। एक कप नहीं, दो। इतने सबेरे आफिस खोल आया हूँ, चाय बिना पिए लौटूँगा नहीं। सिर्फ चाय क्यों? जैम, बटर लगाकर हर सुबह जो बिस्कुट खाते हैं, उसमें से थोड़ा...

प्रोफेसर राय : (**मुँह धोते हुए**) क्या हुआ पोस्टमास्टर...क्या हुआ?

पोस्टमास्टर : सर, केवल चाय पीने के लिए नहीं आया हूँ, एक बढ़िया खबर भी है।

प्रोफेसर राय : (**निकट आकर**) सुबह-सुबह क्या खबर है? अरे, खड़े क्यों हैं...बैठिए न। आप अगर यहाँ नहीं होते तो कितनी तकलीफ होती मुझे, कितना हैरान...

पोस्टमास्टर : यहाँ क्या तकलीफ है सर आपको? रुपये-पैसे का सवाल नहीं उठता। फर्स्ट क्लास बंगला है, उसके साथ कार भी, जिससे कम से कम बैलगाड़ी की जरूरत तो नहीं पड़ती। जब इच्छा होती है शहर-बाजार घूम आते हैं। फिर कमी किस बात की?

प्रोफेसर राय : किसी बात की नहीं। अच्छा बंगला, मोटी पेंशन, गाँव के शांत परिवेश और अध्ययन के लिए अच्छे पुस्तकालय से अगर शांति मिल सकती है, तो मैं खूब शांति में हूँ। किंतु सागर की सुंदर और आकर्षक फेनिल लहरों के नीचे किस प्रकार का 'अंडर करेंट' चलता है, आप क्या जानें पोस्टमास्टर!...अरी सुशांत की माँ, पोस्टमास्टर के लिए बिस्कुट और चाय...हाँ, कौन-सी बढ़िंया खबर है?

पोस्टमास्टर : आपका टेलीग्राम है, सर।

प्रोफेसर राय : टेलीग्राम? (**टेलीग्राम लेकर पढ़ने लगते हैं**)
(**पागल के समान चीख उठते हैं**) अरी सुनती हो, ओ सुशांत की माँ, सुशांत का टेलीग्राम है। एटम की नई शक्ति की परीक्षा में सफल हो गया है।

श्रीमती राय : सच?

प्रोफेसर राय : हाँ-हाँ सच है। केवल नए शक्तिशाली परमाणु अस्त्र का ही नहीं, बल्कि उस शक्ति के ध्वंस से मानव कैसे सुरक्षित रह पाएगा, इसका उपाय भी उसने खोज निकाला है। कल्पना कर सकती हो, बेटा आज क्या हो गया है? उसने आज मृत्यु पर विजय प्राप्त कर ली है। मृत्युंजय है। मैं जानता था, वह कभी असफल होने वाला नहीं।

श्रीमती राय : उसे अभी टेलीग्राम कर दीजिए, वह चला आए।

प्रोफेसर राय : (**हँसते हुए**) सुनते हैं पोस्टमास्टर, मैं टेलीग्राम कर दूँ... सुशांत की माँ, वह आ रहा है, बंबई तक आ गया है। वहीं से टेलीग्राम किया है। सीधे आ पहुँचेगा एरोप्लेन से, सीट मिल जाने पर।

श्रीमती राय : सच, वह आ रहा है? माँ का हृदय है मेरा इसलिए मैंने पहले से...यह लीजिए, चाय आ गई। लीजिए पोस्ट-मास्टरजी। (**भोला चाय रखकर चला गया**)

प्रोफेसर राय : (**चाय पीना शुरू करके**) पहले से क्या?

श्रीमती राय : नहीं, कुछ नहीं।

प्रोफेसर राय : छिपाना चाहती हो?...ठीक है मत बताओ।

श्रीमती राय : देखिए पोस्टमास्टरजी, कहते हैं छिपाती हूँ?

प्रोफेसर राय : तो फिर क्या बात है?

श्रीमती राय : कुछ नहीं, रमांकात को लिख दिया है आने के लिए।

प्रोफेसर राय : वाह!

श्रीमती राय : केवल रमाकांत ही नहीं, लिखा है, अनुकंपा को भी साथ लेते आएँ।

प्रोफेसर राय : अनुकंपा को!

श्रीमती राय : अनुकंपा क्यों नहीं आएगी? फिर सुशांत की शादी किससे होगी? कहाँ होगी?

प्रोफेसर राय : अच्छा, ऐसी बात है!

श्रीमती राय : इसके अलावा आज तक मैं अनुकंपा को देख भी नहीं पायी। रमाकांत तो इस घर की संतान के बराबर है। किंतु अनुकंपा जन्म से आज तक बाहर रही। जिसे बहू बनाऊँगी, उसे जरा देखूँगी नहीं?...सुना!

प्रोफेसर राय : और सुनने की जरूरत क्या? जो किया है अच्छा ही किया है।

श्रीमती राय : आधी चाय है,फिर उठे क्यों?

प्रोफेसर राय : टीन में कितना पेट्रोल है?

श्रीमती राय : अभी पेट्रोल की क्या जरूरत है? गाड़ी में डालेंगे क्या?

प्रोफेसर राय : सुना आपने पोस्टरमास्टर? पेट्रोल गाड़ी में नहीं डालूँगा तो क्या पीकर अपने पैरों की शक्ति बढ़ाऊँगा?

श्रीमती राय : पर गाड़ी कहाँ ले जाएँगे?

प्रोफेसर राय : कहने की जरूरत नहीं, तुम स्वयं अनुमान कर लोगी। ...घर में साग-सब्जी है?

पोस्टमास्टर : सर, (**हठात्**) साग-सब्जी है?

प्रोफेसर राय : फ्रेश चीजें ले आऊँ जरा। वह किसी भी समय पहुँच सकता है। सुशांत की माँ, क्या खाएगा वह?...ना-ना! उसे तुम सूखी डबल रोटी और बदबूदार बटर और जेली नहीं दे सकती। मेरा लड़का थका हुआ होगा। ...घर में टमाटर हैं?...नहीं तो ठीक है...कुछ टमाटर, पक्के केले और नारियल...।

श्रीमती राय : सचमुच आप बाजार जा रहे हैं?

प्रोफेसर राय : लौटनें में देर नहीं लगेगी। पोस्टमास्टर, यहीं ठहरिएगा, जाइएगा मत, समझे, आज आफिस से छुट्टी...

पोस्टमास्टर : सर, आफिस से छुट्टी?

प्रोफेसर राय : छुट्टी नहीं तो, बीच-बीच में जरा देख लीजिएगा। आज आप हमें छोड़कर नहीं जा सकते। सुशांत आ रहा है। किस समय किस बात की जरूरत पड़ जाए। मैं अभी आया, आप बैठिए। (**प्रोफेसर राय बिना कुछ सुने चले जाते हैं।**)

पोस्टमास्टर : ऐसा लगता है सुशांत बाबू के न आने तक सर मुझे छोड़ेंगे नहीं।

श्रीमती राय : इस समय तो डाक नहीं आती है। टेलीग्राम या फोन अगर आए तो पिउन बुला नहीं लेगा? वह तो जानता ही है कि आप यहां हैं। भोला, ओ भोला! यहाँ से कप-प्लेट ले जाओ। (**पोस्टमास्टर की ओर देखकर**) और एक कप चाय?

पोस्टमास्टर : ऐसे ही तो आदत बिगड़ जाती है! नहीं...और जरूरत नहीं।

श्रीमती राय : अरे, तुम्हें सुनाई नहीं देता?

भोला : (**भोला प्रवेश करते हुए**) माँ, कोई आया है?

पोस्टमास्टर : कौन?

भोला : रिक्शे पर कोई...

श्रीमती राय : देखते हैं पोस्टमास्टर, आज सुबह किसका मुँह देखा था कि (**खुशी में भोला से**) अरे, सामान उतार दिया है न? आप जरा बैठिए पोस्टमास्टर, मैं उनको ले आती हूँ (**भोला से**)दरवाजे पर खड़े हैं, भीतर क्यों नहीं ले आते?

भोला : जा रहा हूँ माँ जी?

[**वह चला गया। श्रीमती राय जा रही थीं, पर पोस्टमास्टर के प्रश्न से रुक गईं**]

पोस्टमास्टर : कौन आया है?

श्रीमती राय : आप थे शायद, मैं उनसे कह नहीं रही थी कि रमाकांत को लिखा है अनुकंपा को साथ लेकर आने के लिए?

पोस्टमास्टर : हाँ,ठीक-ठीक वे तो आ गए।

श्रीमती राय : आप जरा बैठिए मैं अभी (**हठात् इरावती को देखकर**) अरी, यही तो बेटी, (**अपनेआप इरावती सूटकेश लेकर आ गई- इरावती युवती है, रूप और साज-सँवर में पूर्ण आधुनिक**) भोला, अरे टकटकी लगाकर क्या देख रहा है? बेटी से सूटकेस ले लो न। वाह, क्या बुद्धू है। आओ बेटी आओ। (**स्वयं दरवाजे तक जाकर उसे ले आई, भोला आ रहा था, लौट गया**)

इरावती : आप?

श्रीमती राय : सुशांत की माँ हूँ।

इरावती : प्रणाम...

श्रीमती राय . भाई कहाँ है?

इरावती : भाई...? मैंने उससे कहा..आप क्यों परेशान होते हैं। रास्ता पूछकर चली जाऊँगी। पर हाय, स्टेशन से यह पंद्रह-सोलह किलोमीटर का रास्ता!! कोई अच्छा रिक्शावाला भी तैयार नहीं हुआ। एक पर जबरदस्ती चली आई।

श्रीमती राय : भाई नहीं आया-तू बेटी अकेली?

इरावती : हाँ, इसमें क्या है? इतनी बड़ी दुनिया की तुलना में इतना-सा-रास्ता नहीं के बराबर है। विज्ञान ने दुनिया को बहुत ही संकुचित बना दिया है।

पोस्टमास्टर : आप अकेली!

इरावती : आप? आपका परिचय नहीं मिला? **(बैठ जाती है)**

पोस्टमास्टर : मैं इस गाँव का पोस्टमास्टर हूँ।

इरावती : आपको देखकर लगता है, इस गाँव में आपका जन्म हुआ है।

पोस्टमास्टर : मतलब?

इरावती : मतलब और क्या हो सकता है? सभ्यता बैलगाड़ी से चलकर परमाणु-युग तक पहुँच चुकी है। जीवन की जो तीव्र दौड़ चल रही है, उसमें मेरा अकेले में आ जाना कोई खास बात नहीं। पर खेद है कि इस प्रतियोगिता की धारणा तक आपको नहीं है। छोड़िए इन बातों को...क्या एक कप चाय मिलेगी? हाय-हाय क्या रास्ता है? मैंने सोच लिया था कि सुशांत आ गए होंगे और मैं अचानक पहुँच कर उनको चकित कर दूँगी।

श्रीमती राय : क्या कहती है बेटी, तू सुशांत को....

इरावती : माने?

श्रीमती राय : तू अनुकंपा है न?

इरावती : अनुकंपा? कौन अनुकंपा?

पोस्टमास्टर : आप अनुकंपा नहीं हैं?

इरावती : इरावती कृष्ण या कावेरी हो सकती है, पर इरावती से अनुकंपा...

श्रीमती राय : तो फिर तू बेटी...

इरावती : मैं इरावती हूँ। मेरा यही संक्षिप्त परिचय है। बर्मा की इरावती नदी के किनारे मेरा जन्म हुआ था। पिताजी वहीं रहते थे। पिताजी का वहीं दिया हुआ नाम इरावती है। अगर इससे अधिक चाहती हैं, तो मैं कहूँगी कि मैं एक नारी हूँ। देखिए परिचय देते-देते मैंने क्या-क्या कहना शुरू कर दिया।

श्रीमती राय : अगर बेटी कुछ न सोचो तो...

इरावती : सोचूँगी मैं? क्या कह रही हैं? आप सुशांत की माँ हैं, आपकी बात पर सोचूँगी! देखिए पोस्टमास्टर साहब, सुशांत के और मेरे घर में क्या अंतर है?

श्रीमती राय : **(अत्यंत क्षुब्ध नज़र आती हैं)** क्या करें पोस्टमास्टरजी, ठीक समय पर यह चले गए।

इरावती : अच्छा, बगल वाले 'रूम' में रहूँगी न? रास्ते की इस धूल मिट्टी से कितनी गंदी हो गई हूँ। अच्छा, आपका वह आदमी—वह बैरा है क्या? ज्यादा पानी की जरूरत नहीं, दो लोटे गरम पानी से काम चला लूँगी। जरा मुँह धोना है। **(उठकर खड़ी हो गई)** ना-ना सूटकेस मैं आप ही उठा लेती हूँ। पानी अगर गरम नहीं हो पाता है तो ठीक है। छि:, कितनी गंदी हो गई हूँ मैं। साड़ी जरा बदल लूँ। वह कमरा खाली है न? **(निर्विकार भाव से सूटकेस लेकर बगल वाले कमरे में चली जाती है)**

श्रीमती राय : पोस्टमास्टरजी, मेरी कुछ समझ में नही आ रहा। कौन है,कहाँ से आई है, और क्यों आई है...मैं कुछ सोच नहीं पा रही हूँ। सिर चकराने लगा है।

पोस्टमास्टर : आप जरा आराम कर लीजिए।

श्रीमती राय : आराम? देखते नहीं, घर के भीतर यह?...किसकी लड़की है, किस जात की है, किस गोत्र की, सुशांत के साथ कहाँ परिचय हुआ, कोई ठिकाना नहीं, पर अचानक यहाँ...

भोला : **(दौड़कर)** माँ-माँ, रमाकांत बाबू आ गए हैं, साथ में और एक बहनजी हैं। आज क्या है माँ? क्यों इतने लोग आ रहे हैं?

श्रीमती राय : एँ रमाकांत? उसके साथ...

[रमाकांत प्रवेश करता है। युवक है। सादी पोशाक में है। उसके साथ अनुकंपा है। उसका परिधान बड़ा सुरुचि-संपन्न है। इरावती की समवयस्क है]

रमाकांत : नमस्कार मौसी, अरी 'अनु' प्रणाम कर मौसी को।

[अनुकंपा नमस्कार करती है]

श्रीमती राय : युग-युग जीओ बेटी, रास्ते में कोई तकलीफ तो नहीं हुई?

अनुकंपा : तकलीफ कैसी? स्टेशन से यहाँ आने के लिए जरा गाड़ी नहीं मिल रही थी...

पोस्टमास्टर : तो फिर पैदल?

रमाकांत : ना-ना, बहुत कष्ट से एक मिली। उसी से आ गए। समझी मौसी, मैंने माँ से कहा, जरा पहले टेलीग्राम कर देंगे। पर उसने मना किया, कहा, मौसी ने तो लिखा है, चले आओ। टेलीग्राम की क्या जरूरत है? मौसी, अनु से पूछिए तो यहाँ आने के लिए किस प्रकार मना कर रही थी...बिल्कुल तैयार नहीं थी, यह कह रही थी मुझे शर्म आती है। देखिए तो, इतना पढ़ने के बाद, और फिर जहाँ सारा जीवन बिताएगी, वहाँ आने में शर्म कैसी।

श्रीमती राय : आओ बेटी, आओ इधर। इतनी दूर की यात्रा से मुरझा गई है।

रमाकांत : सर कहाँ हैं?

पोस्टमास्टर : सर जरा बाहर गए हैं। आते ही होंगे।

श्रीमती राय : आओ बेटी।

रमाकांत : जाओ अनु।

श्रीमती राय : तुम भी आओ रमाकांत।

रमाकांत : नहीं मौसी, मैं और उठ नहीं सकता। ट्रेन में जो भीड़ थी, कल रात भर सो नहीं सका। आँखें अभी भी झपक रही हैं। पैर भी जवाब दे चुके हैं। यहाँ हवा खूब आ रही है। मुझे आप यहीं...

पोस्टमास्टर : मैं इस गाँव का पोस्टमास्टर हूँ।

श्रीमती राय : (**पोस्टमास्टर की ओर देखकर**) उनके आने तक आप तो हैं पोस्टमास्टरजी...आओ बेटी आओ, भोला बैग ले आओ। (**श्रीमती राय अनुकंपा को लेकर दूसरे कमरे में चली जाती हैं। बैग लेकर भोला भी उनके साथ चला जाता है।**)

पोस्टमास्टर : इस गाँव में आप नये आए हैं?

रमाकांत : नया, नहीं-नहीं, कई बार आ चुका हूँ। हाँ, पिताजी के स्वर्गवास के बाद इन छः-सात सालों में आना नहीं हुआ, पर अनु के लिए यह पहली बार है। केवल आना नहीं, इन लोगों को देखने का भी यह प्रथम अवसर है, सुशांत ने भी उसे नहीं देखा है।

पोस्टमास्टर : आप लोगों का इतना घनिष्ठ संबंध है फिर...

रमाकांत : बचपन से वह मामा के यहाँ रहती थी, वे जहाँ जाते थे, उनके साथ वह चली जाती थी। (**दरवाज़ा खुलता है। उधर न देख कर**) कौन अनु?

इरावती : (**ट्रे लेकर प्रवेश करती है**) जरा चाय पी लीजिए। अजी आपके साथ और कोई आया है न? लीजिए पोस्टमास्टर जी यह कप...

पोस्टमास्टर : आप जाकर चाय ...

इरावती : हाँ, कपड़े बदलने गई थी, देखा कि केतली में पानी गरम हो रहा है सो चाय बना ली। अस्पष्ट रूप से सुना कि कोई आए हैं। बेटी अनुकंपा है क्या, जिनके बारे में माँ कह रही थीं,...कहाँ हैं?

रमाकांत : आप...आप...कौन?

इरावती : किसी नई जगह पर पहुँचने पर अपना परिचय दे-देकर मनुष्य थक जाता है।

पोस्टमास्टर : ये हैं...मतलब...मतलब..

इरावती : ज़रा संक्षिप्त कर दीजिए। मैं इस घर की ही एक हूँ। अच्छा, पहले जरा चाय लीजिए, नहीं तो ठंडी हो जाएगी। ...चाय लेने के लिए कह रहे हैं...ठीक है। माँ तो अनुकंपा को अंदर ले गई हैं...वह तो उधर....मैं आपकी खातिर कर देती हूँ...आप भी लीजिए न...क्या बात है, मुझे ऐसे क्यों ताक रहे हैं...आपका परिचय...? (**सब चाय पीने लगते हैं**)

रमाकांत : मैं सुशांत का एक रिश्तेदार रमाकांत हूँ।

इरावती : सच,...पर मैंने तो उनके मुँह से कभी भूल से भी...भूल गए होंगे, स्वाभाविक भी है। अच्छा आपको उनके आने की खबर कब मिली?

रमाकांत : सुशांत आ रहा है?

पोस्टमास्टर : सिर्फ आ नहीं रहे हैं, परमाणु के नए परीक्षण में सफल होकर आ रहे हैं।

रमाकांत : सच!...कब?

इरावती : आप उनके रिश्तेदार हैं, इस पर भी आप उनके बारे में कोई खबर नहीं रखते? यों ही चले आए हैं? फिर अकेले

नहीं, बहन को साथ लेकर, बड़े अच्छे रिश्तेदार हैं आप?

रमाकांत : आना ही पड़ा। मौसी ने स्पष्ट लिखा था,अकेले नहीं, अनुकंपा को साथ लेकर ज़रूर आना...

इरावती : पर क्यों?

पोस्टमास्टर : मतलब...उनका कहना था, जिसे बहू बनाएँगे, उसे ज़रा...

इरावती : बहू!

रमाकांत : हाँ, पिताजी के रहते समय सर के साथ इसके बारे में बात हो चुकी है, अवश्य शादी नहीं हुई है, पर...सुशांत के अनुरूप अनु को योग्य बनाने के लिए माँ ने कहा, एम०ए० न करने तक वह मामा के यहाँ से नहीं आएगी।

इरावती : सुशांत को मालूम है यह?

रमाकांत : सुशांत!

इरावती : हाँ-हाँ, सुशांत। वह अगर कहें कि इरावती के साथ ही शादी करूँगा, तो...

रमाकांत : इरावती के साथ...माने...आप?

इरावती : सामाजिक कर्त्तव्य की दृष्टि से व्यक्ति के ऊपर समाज का अधिकार हो सकता है, पर हृदय पर या प्यार पर किसी का अधिकार नहीं हो सकता।

रमाकांत : यह क्या कह रही हैं?...मैं तो अनुकंपा को इसलिए लाया हूँ कि उसकी शादी का अंतिम निर्णय हो जाए।

इरावती : किंतु इसके पहले कभी आपने जानने की कोशिश भी की है कि सुशांत की प्रतिभा का प्रत्येक पल्लव पल्लवित होने के लिए किसी की आँखों में नींद तक नहीं आई थी? कभी ध्यान रखा है, दिल्ली में रिसर्च स्कालर सुशांत का मन रिसर्च से हट जाने पर काम में लगने की कौन प्रेरणा देती थी? और तमाम रात पढ़-पढ़कर थक जाने पर कौन चाय या काफी लेकर उनके सामने खड़ी रहती थी?...और किसकी जरा-सी सहानुभूति और प्रोत्साहन के कारण अंतहीन ज्ञान-समृद्ध का मंथन करने में वह कैसे समर्थ हुए?

पोस्टमास्टर : सुशांत बाबू के दिल्ली में रहते समय आप वहाँ...

इरावती : वहीं पढ़ती थी, सुशांत की विराट प्रतिभा से मैं मंत्रमुग्ध हो गई थी। उन्होंने भी मेरे प्यार और ममता की उपेक्षा नहीं की। वह दिल्ली से बंबई चले गए और वहाँ से किसी अज्ञात स्थान को, उस नयी शक्ति की परीक्षा के लिए। बंबई में रहने तक उनसे विवाह करने का प्रश्न कभी मेरे मन में उठा ही नहीं था...

रमाकांत : बहुत ही अच्छा है। आप देखती नहीं, हमारे दो परिवारों में आप कैसे बवंडर की सृष्टि कर रही हैं। मौसी अगर यह सुनेंगी तो टूट जाएँगी, साथ सर भी...

इरावती : सर और मौसी को मैं समझा लूँगी। हाँ, क्या कह रही थी?...नवीन शक्ति की परीक्षा के लिए बंबई से बाहर जाते समय पहली बार मैंने मना किया था...सुशांत, परमाणु की भयानक शक्ति के साथ अधिक मत खेलो..मेरी बात अनसुनी कर दी...उन्होंने...उसी समय मैंने स्थिर किया कि मैं इनसे अवश्य विवाह करूँगी। आपको इससे डरने की कोई आवश्यकता नहीं...मैंने उनको यह बता भी दिया है...

पोस्टमास्टर : ओ हो, तो आपने सारी बातें बता दी हैं...

इरावती : जरूर, पर कभी सुशांत ने इस पर ध्यान तक नहीं दिया। अपनी साधना में वर्तमान को वे भूल चुके थे। भविष्य की चिंता करने की कोशिश तक नहीं की थी। इसलिए जब उनका पत्र मिला कि वह अपनी साधना में सफल हुए हैं और कुछ दिनों के लिए अपने घर आ रहे हैं तो मैं एकदम भागी।

रमाकांत : सुशांत के साथ आपका विवाह हो ही नहीं सकता।

इरावती : वाह, क्या ग्रह-नक्षत्र गणना करके बोल रहे हैं या सुशांत के अभिभावक होकर?

रमाकांत : किंतु अनु और मैं...

इरावती : आप घबराइए नहीं, मैं अनुकंपा को समझा दूँगी...अंदर है न? (**वह हवा के समान उठकर अंदर चली जाती है**)

रमाकांत : आश्चर्य...

पोस्टमास्टर : सचमुच बड़ा आश्चर्य है। जब से यह आई है तब से मैं यहाँ बैठे-बैठे देख रहा हूँ..सर से कहा था कि आफिस से छुट्टी नहीं लूँगा।

रमाकांत : पोस्टमास्टर बाबू, अब मैं क्या करूँ?...माँ को तार कर दूँ, वह चली आए...

पोस्टमास्टर : अजी, आप घबराते क्यों हैं? सर को आने दीजिए। इसका समाधान वही कर सकते हैं?

श्रीमती राय : (**प्रवेश कर**) रमाकांत!

रमाकांत : (**असहाय भाव से**) मौसी, इरावती कहती है, उसके साथ सुशांत का...

श्रीमती राय : जब तक मैं जीवित हूँ, तब तक यह नहीं हो सकता। कौन है, कहाँ की है, परिचय क्या? ठिकाना क्या? उस पर फिर...

पोस्टमास्टर : दिमाग उसका ठीक है न?

रमाकांत : मौसी, कभी सुशांत ने इसके बारे में कोई सूचना...

श्रीमती राय : नहीं बेटे, कभी कोई सूचना उसने नहीं दी, (**बात जरा घुमाकर**)....यह कभी नहीं हो सकता है। बच्चे को आने दो, देखो क्या होता है।...अरे अनु को खींचकर इधर ला रही है क्या? सचमुच दिमाग खराब है।

इरावती : (**इरावती अनुकंपा को साथ लाकर**) संकोच करने की कोई बात नहीं अनु...तुम शायद मुझसे बड़ी होगी? नहीं, लगभग समान उम्र की,...देखते हैं रमाकांत बाबू, आपने इसे बहुत 'शाइ' बना दिया है...मान लीजिए सुशांत के पहुँचने के पहले मैं यहाँ से चली जाऊँ अथवा शादी का प्रश्न कुछ दिन के लिए भूल जाऊँ पर उससे सुशांत का क्या लाभ होगा?

अनुकंपा : तुम सीमा के बाहर चली जा रही हो।

इरावती : उल्का जब बढ़ता है तो असीम गति से बढ़ जाना ही उसका धर्म होता है।

अनुकंपा : पर दूसरे के कक्ष में संघर्ष सृष्टि करके नहीं...

इरावती : जरा देर पहले मुझे भान हो रहा था कि तुम केवल अपनी माँ और भाई की सामाजिक प्रक्रिया का एक निमित्त होकर सुशांत के साथ शादी करने के लिए आई हो और मैं सोच रही थी कि जिस सुशांत को तुमने कभी देखा ही नहीं, जिनसे प्यार करने में आग हो सकती है अथवा बरफ,

इसके बारे में तुम्हें पता भी नहीं, उस सुशांत के प्रति अपनी सारी आशा तुम अवश्य छोड़ दोगी, जब सुनोगी कि उनकी और कोई...(**रोने की आवाज़ में**) और कोई, मतलब...मैं... (**एकाएक फिर उत्तेजित होकर**)...मैं तुम्हारे हाथों सुशांत को नहीं छोड़ सकती...उनकी भलाई-बुराई, वे क्या चाहते हैं, क्या नहीं...

रमाकांत : अनुरोध है, इन अवांछित बातों में अनु को मत...

इरावती : क्या कह रहे हैं आप! अवांछित! अनुकंपा को निश्चित होना पड़ेगा..जिनको उन्होंने देखा नहीं, जाना नहीं, उनके साथ अनु का भविष्य में भी कोई संबंध नहीं हो सकता। सुशांत चक्कर काटने वाले चक्र के ऊपर लटकी हुई मछली नहीं है कि जो उस मछली की आँखों को भेदेगा वही उसे ले लेगा...

अनुकंपा : तुम एक नीला चश्मा पहनकर घूम रही हो...इसलिए तुम्हारी आँखों में हमेशा नीले रंग के सिवाय और कुछ नहीं दीखता। सुशांत बाबू को तुम अथवा तुम्हें वह प्यार करते हैं, सोचकर तुम जो गर्व अनुभव करती हो और यहाँ तक दौड़ आई हो, यह एक आकस्मिक घटना है।

इरावती : आकस्मिक!

अनुकंपा : हाँ-हाँ आकस्मिक। जिस मुहूर्त में अथवा जिस अवसर पर तुम दोनों में निकटता हो सकी, उस समय उनके पास अगर और कोई लड़की होती अथवा वह मौका और किसी लड़की को मिलता तो वह भी तुम जैसी हो जाती।

इरावती : (**बड़े कष्ट से**) कोई भी लड़की ठीक मुझ जैसी उनको... ना-ना-ना

पोस्टमास्टर : सर घर में नहीं हैं, आप लोग क्या ये सब...श्रीमती राय सो गई हैं क्या?

रमाकांत : मौसी...मौसी...

श्रीमती राय : नहीं बेटे, मैं कुछ समझ नहीं पा रही हूँ, मुझे चारों ओर अंधकार दीखता है, सिर चकरा रहा है। अनु से कह दो चुप रहे...बात बढ़ाने से बढ़ती है।

इरावती : बात बढ़ाने या घटाने का प्रश्न यहाँ नहीं उठ सकता...अनु तुम से अनुरोध है, एक बार मेरी हालत समझने की कोशिश करो।

अनुकंपा : और तुम...तुम मेरी हालत की कल्पना तक करने की कोशिश नहीं करती...

इरावती : क्या? तुम्हारी क्या हालत है, कुछ नहीं।

अनुकंपा : कुछ नहीं?...घर-बार, बंधु-बांधव सब जानते हैं कि मेरा सुशांत बाबू के साथ विवाह हो रहा है। आज अगर किसी कारण से यह संभव न हुआ तो लोग क्या समझेंगे?... सोचेंगे कि शायद यह कलंकित है। अनुमान करती हो, मेरी दशा क्या होगी, परिणाम क्या होगा?

इरावती : तुम शायद सुशांत की प्रतिभा और सफलता में अपने को भूल चुकी हो, पर उस सफलता में अभिशाप है...उस अभिशाप रूपी हलाहल को तुम पी सकोगी?

अनुकंपा : अभिशाप...?

इरावती : हाँ-हाँ अभिशाप। उस हलाहल का पान मैं ही करूँगी। प्यार करती हूँ...उसे पान नहीं...

पोस्टमास्टर : लीजिए सर तो आ ही गए हैं। (**कार रुकने की आवाज। प्रोफेसर राय उतरते हुए दीख पड़े**)

पोस्टमास्टर : सर-सर, वहीं रहने दीजिए सामान, हम ले आयेंगे। आप इधर आइए पहले।

प्रोफेसर राय : (**दूर से**) कहा था न पोस्टमास्टर, टू डे इज लक्की डे। शहर तक जाने की ज़रूरत नहीं पड़ी। रास्ते में सब कुछ मिल गया। देखिए न, इस संतरे की टोकरी को। कैसा रहेगा। एँ, वहाँ इतने आदमी कौन बैठे हैं? (**कमरे में आकर**) अरे रमाकांत!

रमाकांत : प्रणाम सर...यह अनु है। (**अनुकंपा का नमस्कार**)

प्रोफेसर राय : युग-युग जीओ बेटी, यह लड़की? अरे पोस्टमास्टर ज़रा देखिए न वह टोकरी...

पोस्टमास्टर : आप फिक्र न करें सर, मैं ले आता हूँ। (**पोस्टमास्टर का जाना**)

श्रीमती राय : वहाँ बैठ क्यों गए? ज़रा अंदर आइए न...

[पास के कमरे में जाते हुए]

प्रोफेसर राय : क्या कहती हो...क्या कुछ छोड़ आया हूँ...केवल अंडे नहीं ला सका...अच्छा, इनको कुछ खाने को दिया? रास्ते में इतने अच्छे संतरे मिलेंगे, यह आशा तक नहीं थी। पहले एक-एक ग्लास फल का रस पिलाओ।

श्रीमती राय : ज़रा सुनिए, इधर मौत सिर पर आकर...

प्रोफेसर राय : एँ, क्या हुआ सुशांत की माँ? सुनो तो...कहाँ चली जा रही हो, ठहरो, मैं आ रहा हूँ।

[श्रीमती राय के पीछे-पीछे प्रोफेसर राय]

इरावती : क्यों कुछ कहा नहीं? संकोच हुआ? अच्छा, मैं कहती हूँ।

रमाकांत : कहने की आवश्यकता नहीं, मौसी सब-कुछ कह चुकी होंगी।

इरावती : पर मौसी तो यह कभी नहीं बताएँगी कि यह विवाह अनु नहीं चाहती...

अनुकंपा : नहीं चाहती! किसने कहा?

इरावती : अच्छी तरह जानती हो...यह विवाह मेरे लिए अत्यंत आवश्यक है...

प्रोफेसर राय : **(जोर से हँसते हुए)** सुनते हो रमाकांत, सुशांत की माँ मुझे भीतर बुला कर क्या कहती है..हा-हा-हा।

रमाकांत : सर...सर।

प्रोफेसर राय : इनमें जरा-सी भी अक्ल नहीं है...हा-हा-हा...किनमें झगड़ा है?..तुम दोनों में?...समझे रमाकांत! ये लोग तरुण हैं, पर तारुण्य ने इनको स्पर्श तक नहीं किया है। भला इस समय ये लोग कैसे निश्चय कर सकती हैं कि सुशांत किसको प्यार करता है और किसको नहीं...और किसके साथ विवाह करेगा और किसके साथ नहीं...

रमाकांत : पर सर...

प्रोफेसर राय : पंद्रह साल पहले तुमने जिस सुशांत को देखा था, आज वह नहीं है। तब वह हम लोगों के समान हाड़-मांस का था, आज वह अतिमानव है...परमाणु शक्ति से बढ़कर भयानक शक्ति का अधिकारी है...आज तुम्हारे सामने जो विराट प्रश्न है, समस्या है, हो सकता है, वह उसके सामने कुछ हो। कौन कह सकता है, एक नया 'आइसोटोप' का प्रयोग कर मनुष्य की प्रवृत्ति को ही वह बदल डाले...

रमाकांत : किंतु सर, इसी आशा में जो हमने अनु को इतने सालों तक...

प्रोफेसर राय : अरे, उसकी चिंता मत करो। उसके लिए बहुत समय है। इसलिए तो मैंने कहा था, तारुण्य तुमसे खो गया है। समझे, रमाकांत, लड़के ने नई शक्ति का आविष्कार किया है कैसे परमाणु की भयंकरता से रक्षा मिलेगी। कल्पना कर सकते हो, ईश्वर की सृष्टि के कौशल को मानव किस प्रकार एक-एक करके हस्तगत करता जा रहा है? जानते हो रमाकांत, महीनों मैं शांति से जरा सो तक नहीं सका था।

[संतोष से आराmकुर्सी पर लेट जाते हैं]

इरावती : आपके इसी गौरव और संतोष के भीतर हलाहल है, कभी इसकी कल्पना आपने की है?

प्रोफेसर राय : ऐं, हलाहल!!

इरावती : सुशांत को मैंने मना किया था, कहा था...सुशांत, परमाणु की सृजन-शक्ति को भूल कर केवल उसकी ध्वंसकारी शक्ति को लेकर तुम माथापच्ची मत करो।

प्रोफेसर राय : तुम..तु-मने उसे यह सलाह दी थी?

इरावती : एक बार नहीं, कई बार...

प्रोफेसर राय : तुम-तुम उसकी साधना में अंतराय की सृष्टि कर रही थीं?

इरावती : मेरी बातें उन्होंने नहीं सुनीं। एक विराट शक्ति के आकर्षण से वह अंधे हो गए। मैं जानती थी, उनकी साधना को सफलता अवश्य प्राप्त होगी, पर उसका यह अंत नहीं...एक सुदूर यात्रा-पथ में यह एक आरंभ मात्र है। उनकी साधना की यात्रा को संपूर्ण करने के लिए मैं यहाँ तक दौड़ी आई हूँ..मैं अपना सर्वस्व देकर उसे पूर्ण कर पाऊँगी। संतरे का शर्बत बना है न..धत् मैं कितनी अशिष्ट हूँ...नहीं-नहीं किसी को जाने की ज़रूरत नहीं..मैं ले आती हूँ...**(सब को चकित करते हुए वह उठकर चली जाती है)**

अनुकंपा : यह कहना क्या चाहती है?

रमाकांत : 'ब्लफ'...आजकल इस टाइप की कुछ युवक-युवतियाँ हुई हैं-'ब्लफ ओनली'।

इरावती : **(हाथ में ट्रे के साथ प्रवेश करती है और साथ में पोस्टमास्टर हैं)** लीजिए संतरे का रस, पी लीजिए पहले। पोस्टमास्टरजी, ट्रे

मत रखिए वहाँ, इस टेबुल पर ले आइए। **(सबको शर्बत देती है।)**

भोला : **(भीतर आकर)** साब टेलीग्राम आया है।

पोस्टमास्टर : टेलीग्राम?

भोला : डाकिए ने कहा...बाबू को ज़रा बुला दो...लेन सिर्फ, 'कुसपुर-कुसपुर' कर रही है।

पोस्टमास्टर : टेलीग्राम फिर कहाँ से आया? **(जाने को उठता है)**

श्रीमती राय : पहले शर्बत पी लीजिए।

पोस्टमास्टर : उधर लाइन—मैं अभी आया। **(कह कर चला जाता है)**

प्रोफेसर राय : सुशांत की माँ, लगता है-यह सुशांत का होगा।

श्रीमती राय : हाँ, ऐसा ही लगता है। बंबई छोड़ते समय अवश्य ही टेलीग्राम किया होगा।

रमाकांत : एरोड्रम से यहाँ आने का कोई प्रबंध?

प्रोफेसर राय : नहीं तो।

श्रीमती राय : आप जरा गाड़ी लेकर चले जाइए। अगर उसे वहाँ गाड़ी न मिली तो...

प्रोफेसर राय : गाड़ी लेकर?...ठीक कहा तुमने। **(उठ कर खड़े होते हैं)**

इरावती : आप घबराइए नहीं, ड्राइव करके मैं ले आऊँगी? चाबी दीजिए-पेट्रोल है ?

रमाकांत : तुम ड्राइव करके ले आओगी? मतलब तुम समझती हो और किसी को ड्राइव करना नहीं आता। अनु, सर से चाबी लेकर गाड़ी घुमाओ। मैं भी चलता हूँ।

प्रोफेसर राय : इसका अर्थ है, मैं यहाँ बैठे-बैठे सबका मुँह ताकता रहूँगा। सुशांत की माँ, जाओ कपड़े बदल लो। किसी को जाने की ज़रूरत नहीं। मैं तुम्हें लेकर उसे एरोड्रम से ले आता हूँ... छिः मेरी शर्ट भी कितनी गंदी है। **(किसी की ओर न देखकर अंदर चले जाते हैं उनके पीछे श्रीमती राय भी)**

रमाकांत : अनु जाओ, तुम भी साड़ी बदल लो। क्या इसी साड़ी से तुम सुशांत का प्रथम स्वागत करोगी? जाओ...**(अनु चली जाती है)** मैं क्यों बैठा हूँ....मैं शर्ट बदल लूँ। **(उठता है)**

इरावती : भोला, ग्लास इस रूम से नहीं उठेंगे?

भोला : उठा रहा हूँ...

श्रीमती राय : **(दूर से)** भोला...ओ भोला...

भोला : माँ बुला रही हैं...फिर क्या हुआ ?

इरावती : तुम जाओ, मैं उठा देती हूँ।

[भोला चला जाता है। इरावती ग्लास उठा कर ट्रे में रख रही है]

पोस्टमास्टर : **(दौड़ते हुए आकर)** सर-सर...

इरावती : क्या हुआ?

पोस्टमास्टर : सर्वनाश हो गया, सर्वनाश।

इरावती : सर्वनाश?

पोस्टमास्टर : सुशांत बाबू जिस प्लेन से आ रहे थे, ऊपर उठते ही उसमें आग लग गई...

इरावती : और सुशांत?

पोस्टमास्टर : भीतर सब जल कर राख हो गए।

इरावती : **(अति करुण और उदास स्वर में)** सुशांत नहीं रहा...सुशांत नहीं...हूँ...सुशांत-सुशांत!! **(एक एक करके ग्लासों को फेंक देती है)** आप झूठ कहते हैं...सरासर झूठ है...वह मर नहीं सकते। परीक्षा उनकी पूरी नहीं हुई है...नई परमाणु-शक्ति का आविष्कार उनकी परीक्षा की पूर्णता नहीं है...मैं उस पूर्णता की-आहुति देने के पहले वह मर नहीं सकते...आप झूठ कह रहे हैं...मुझे झूठ...

अनुकंपा : **(दौड़ते हुए आकर)** इरावती, यह क्या कर रही हो पागल के समान? कांच के ग्लास क्यों तोड़ती हो?

इरावती : **(दुख से)** सुशांत नहीं रहा।

अनुकंपा : ऐं, क्या कहती हो?

इरावती : **(रोते हुए)** इससे तुम्हें क्या हानि हुई? कलंक तो नहीं लगेगा। कोई यह तो नहीं कह सकेगा कि कलंकित होने के कारण तुम्हारा विवाह सुशांत से नहीं हो सका। तुम नये प्रस्ताव से नया संसार बना लोगी। पर मैं-मैं क्या करूँगी?

अनुकंपा : इरावती!

इरावती : सुशांत से मैंने कहा था....परमाणु के विस्फोट की भयावह परिणति के साथ तुम बच्चों के समान मत खेला करो। पर

मेरी बात की ओर उन्होंने जरा भी ध्यान नहीं दिया। भयंकर शक्ति के अधिकारी बनने के लिए वह आगे बढ़ते ही गए। परमाणु शक्ति के ध्वंसकारी प्रयोगों के भीतर भावी वंशधरों के लिए अपमृत्यु, व्याधि आदि बहुत कुछ छोड़ गए हैं, उन पर जरा-सा विचार तक नहीं किया। उनकी आशा के इस अपूर्ण अंग को पूर्ण बनाने के लिए ही मैं उनसे विवाह करना चाहती थी। उनकी संतान को विकलांग करके, बिना मस्तिष्क और बिना चेतना शक्ति के जन्म देकर उनकी अपूर्ण परीक्षा को मैं पूर्ण बनाती। अनु, इस अभिशाप को ग्रहण कर पातीं तुम?...मैं कर पाती, मैं उनको प्यार करती थी।....नहीं हो पाया यह, नहीं हो सका-तुम्हें स्वामी का अभाव नहीं रहेगा। पर मेरा? ...इतना बड़ा परीक्षण करने वाले, परमाणु शक्ति की ध्वंसकारी परीक्षा में अपने को उत्सर्ग करने वाले वैज्ञानिक पति मुझे कहाँ से मिलेंगे?

प्रोफेसर राय : (**प्रवेश करके**) क्या हुआ?

पोस्टमास्टर : सर, टेलीग्राम। (**पढ़ते हैं**)

श्रीमती राय : (**प्रवेश करके**) क्या हुआ। सब चुप क्यों...हुआ क्या?

प्रोफेसर राय : सुशांत नहीं रहा (**पागल के समान**) सुनती हो सुशांत की माँ, ये सब कहते हैं मेरा सुशांत नहीं रहा। निर्बोध हैं, सुशांत मर नहीं सकता। पृथ्वी के ध्वंसकारी परमाणु शस्त्र का अधिकारी है वह। परमाणु शक्ति का विस्फोट भी जिसे नहीं मार सका, वह मर नहीं सकता। वह अति मानव है। वह नहीं मर सकता...नहीं मर सकता। (**एकाएक सारा कमरा श्मशान के समान शून्य और स्तब्ध हो उठता है।**)

भाषान्तर : डॉ० वनमाली दास

■

मृत्यु पूजा

डॉ० रत्नाकर चयनी

डॉ० रत्नाकर चयनी

जन्म : 1945 सालेपुर

लेखन—लेखन में चयनी ने विविधता का परिचय दिया है। नाटक लिखे और नाटक पर शोध किया। उन्होंने कहानी, उपन्यास और आलोचना के क्षेत्र में भी काफी प्रतिष्ठा प्राप्त की। परन्तु ओड़िया साहित्य में रत्नाकर 'राजहंस', 'कलंकित सूर्य', 'पुनश्च पृथिवी', 'मुखा', आदि नाटकों के लिए सदा याद रहेंगे। इनमें वे पारंपरिकता के समावेश के लिए ही नहीं, नवीन प्रयोग करने के लिए भी प्रसिद्ध हैं।

अब तक चयनी के कहानी संकलन, तीन उपन्यास, सोलह नाटक, छः आलोचना संकलन, आठ संपादित ग्रंथ तथा तीन अनुवाद ग्रंथ प्रकाशित हो चुके हैं। अच्युतानंद दास की रचनावलियों की मूल ताड़पोथियों का संग्रह-संपादन और प्रकाशन कर एक महत्वपूर्ण भूमिका निबाही है।

सम्मान—चयनी को उड़ीसा साहित्य अकादेमी पुरस्कार, विषुव पुरस्कार, हरिहर महापात्र सम्मान तथा रामचंद्र मिश्र नाट्य-सम्मान प्राप्त हो चुके हैं।

संप्रति 'उड़िया साहित्य समाज' कटक के महासचिव।

◆

पात्र

महामंत्री

अमात्य

अनंत

पार्षद

पुरोहित

भाट ।

भाट ॥

दूसरे मंत्री

तीसरे मंत्री

चौथे मंत्री

दूत

बैदा

[किसी खास स्थान-काल-पात्र से परे। फिर भी घटना-चरित्र एकदम स्वाभाविक। यहाँ किसी राजा की बात मान लें। उस समय राज्य में कोई राजा नहीं है। हाथी सूँड़ में कलश लिए फिरता है। कलश जिस पर ढाले-वही होगा राजा। कभी-कभी मानवचरित्र ऐसा भी हो। हाथी फिर रहा है। उल्लास-आनंद। फिर शांति।

मंच पर आलोक। उस परिवेश में कुछ युवक एक क्लांत व्यक्ति को घेरे हुए हैं। सब राज-कर्मचारी हैं। एक अधेड़ कर्मचारी आकर सामने खड़ा है। राजकीय अभिवादन के साथ]

महामंत्री : महाराज...प्रणाम!

अमात्य : महामान्य की जय हो!

अनंत : क्यों...महामान्य कौन है?

पार्षद : मधुपुर महाराज की जय हो!

अमात्य : जय हो!

पुरोहित : महाराज की जय!

महामंत्री : पुरोहितजी! विधि मुताबिक कार्य हों!

पुरोहित : ऊं पुण्याहं...पुण्याहं...पुण्याहं। एवमस्तु विज्ञामुच्यतां गोब्राह्मणे शुभं भवतु। राज्ञः प्रजानां शांतिर्भवतु!

अनंत : ठहरो...ठहरो भाइयो!

[सब चुप हो जाते हैं]

अमात्य : आदेश करें, महाराज!

अनंत : ये कैसी लीला चल रही है? कुछ समझ नहीं पा रहे हम।

महामंत्री : आज से आप मधुपुर के महाराज हो चुके हैं!

अमात्य : हाथी ने सोने का कलश आप पर उड़ेला! आपके मस्तक पर!

पुरोहित : हाँ, महाप्रभु!

अनंत : हँसी? मजाक? ना...ना...असंभव!

अमात्य : इतनी हिम्मत किसमें है? आपकी हँसी उड़ाए कोई?

अनंत : ठीक से देख लो? ये तो गलत नंबर हो गया!

पुरोहित : महाराज...हाथी गलती नहीं कर सकता।

अमात्य : महाराज! आपका हर क्षण मूल्यवान है, अतः...

अनंत : अच्छा तो...महानुभाव! आप का परिचय?

अमात्य : आपका विश्वस्त अमात्य हूँ, महाराज!, ये महामंत्री, और ये कुल पुरोहित हैं!

अनंत : मेरे अमात्य...! महामंत्री...! पुरोहित! ये खड़े-खड़े सपना तो नहीं है कोई?

महामंत्री : आप पर हाथी ने सोने का कलश उड़ेला है,...।

अनंत : हाथी ने राम-श्याम-मोहन पर क्यों नहीं उड़ेला?

महामंत्री : यही तो...!

अनंत : यही क्या?

पुरोहित : जो विधि निर्दिष्ट है, वही होगा।

अनंत : क्या यह हाथी ही विधि है?

महामंत्री : इस राज्य का नियम है, हाथी ही निर्णय करेगा। भविष्य का भाग्य-विधाता!

पुरोहित : अतः आज से आप...

अमात्य : हमारे महाराज,आप हैं...!

पुरोहित : केवल कुछ विधियाँ हैं, जो पूरी कर दें।

महामंत्री : आप हैं मधुपुर के भाग्य-विधाता।

अमात्य : महाराज की जय हो!

पुरोहित : पुण्याह्वान हो चुका है। अब आत्मशुद्धि ...

अनंत : देखो, मैं सीधा-साधा आदमी हूँ। नौकरी खोजता-भटकता इधर...। मेरे घर पर चार प्राणी हैं। सबका दायित्व मुझ पर है...

महामंत्री : क्षमा करें, महाराज! आज से तो सारे मधुपुर का दायित्व आप पर...

पुरोहित : बहुजन हिताय...बहुजन सुखाय...

अमात्य : सारी जनता के अन्नदाता!

अनंत : ना...ना... बाबा मुझे इससे मुक्त करो...मैं चार प्राणियों का पेट नहीं भर पाता और सारे राज्य की देख-रेख!!!

महामंत्री : चिंता न करें...हम आपके अन्नभोगी हैं...आपकी सेवा में...!

पुरोहित : सारे राज्य के माँई-बाप हैं।

अनंत : अरे, मैंने तो अब तक विवाह भी नहीं किया, माँई-बाप कैसा?

अमात्य : कोई बात नहीं, विवाह कर लें अब!

पुरोहित : भला आपके लिए रानियों की कमी है?

अनंत : क्या कहा?

अमात्य : रनिवास में हर रानी आपकी सेवा में...किसी को पटरानी बना लें।

महामंत्री : यह स्वतंत्रता है आपको।

अनंत : हो गया सत्यानाश!

महामंत्री : हाथी जिस पर सोने का कलश उड़ेले, वो हमारे राज्य का अधीश्वर होगा। कर्ता-धर्ता होगा।

अनंत : बच गया। मैंने सोचा था...

अमात्य : मंत्रिपरिषद् का यही आदेश है।

अनंत : मुझे राजा बना दिया...मैं मंत्रिपरिषद् का निर्देश मानने को क्या बाध्य हूँ?

अमात्य : राज्य-भार संभाल लें। फिर आपके निर्देश...

अनंत : अरे...हाथी तो मूर्ख है। उस पर राज्य छोड़ रहे हैं!

अमात्य : यही तो पवित्र परंपरा है।

अनंत : गोबर है परंपरा।

महामंत्री : महाराज उत्तेजित न हों। ठंडे मन से विचार करें।

अनंत : ना...ना मुझे झंझट में न डालें...रास्ता छोड़ दें मेरा...

अमात्य : हम अनाथ हो जायेंगे, महाराज!

पुरोहित : राज्य में अराजकता फैल जायेगी।

महामंत्री : मना न करें, महाराज! बहुत बड़ी बात है।

अनंत : बड़ी मुश्किल है। मैं चाकरी खोजने वाला ठहरा। क्यों इस झमेले में डाल रहे हैं मुझे?

अमात्य : भाग्य...भाग्य कहें महाराज!

पुरोहित : भाग्यं फलति सर्वदा...न च विद्या न पौरुषम्

महामंत्री : भाग्य बल से, मंत्री से महामंत्री...

अनंत : और दांव-पेंच के कारण...!

अमात्य : भाग्य ही उसका अवसर प्रदान करता है।

पुरोहित : भाग्य ने आपको अवसर दिया है....

अनंत : ये लो...अपना भाग्य लेकर मैं चला। तुम सब भी जाओ।

अमात्य : सारे राज्य की जनता निराश हो जायेगी।

महामंत्री : आप जनता-जनार्दन को अधिक हताशा में न रखें।

अनंत : मैं क्यों हताश करूँगा? वे खुद निराश होंगे। मैं राजा बनने को राजी नहीं। **(रुककर)** खैर....आप मुझे छोड़ दें।

महामंत्री : हाथी...गजराज का निर्णय बदला नहीं जा सकता। हम क्या करें?

अनंत : तुम अपनी जानो...मैं तो चला...

महामंत्री : जनमत आपके पक्ष में है...!

पुरोहित : हाथी ने भी आपके माथे पर...

अनंत : कैसी बेशरमी की बात! हाथी सोने का कलश उड़ेले, यही है जनमत?

अमात्य : आगे इस परंपरा का दायित्व आप पर है।

पुरोहित : जय...मधुपुर महाराज की...जय!

अनंत : ठहरो...क्यों चीख रहे हो?

पुरोहित : शुभ मुहूर्त टल रहा है।

अमात्य : इस घड़ी का लाभ उठायें, महाराज!

अनंत : ऐं! लगता है तुम लोग बिल्कुल नकारा हो!

अमात्य : हमें तुरंत ही राजधानी पहुँचना होगा।

महामंत्री : राजाहीन अधिक समय नहीं रह सकता राज्य।

अनंत : देखो, मुझे पकड़ हल्दी की क्यारी में बलि तो नहीं लगा दोगे?

महामंत्री : क्या कह रहे हैं महाराज!

अमात्य : महाराज! आपके इशारे पर विशाल रक्षा-वाहिनी तैयार खड़ी है। अतः...

अनंत : ना...मैंने सुना था, पकड़ कर माफिया वाले आँख, किडनी निकाल कर बेच डालते हैं। वैसा कोई फसाद तो नहीं होगा?

अमात्य : ऐसा दुस्साहस! आपके साम्राज्य में कौन करेगा?

पुरोहित : महाराज की जय हो!

अनंत : इसमें कोई दाव-पेंच...कोई पॉलिटिक्स? आजकल हर बात में पॉलिटिक्स...!

अमात्य : महाराज की टिक्स ही इस राज्य की पॉलिटिक्स होगी!

अनंत : तब तो...मुझे थोड़ा सोचने दो।

पुरोहित : हमारे पास समय नहीं है। शुभ मुहूर्त बीत न जाये।

अनंत : ओ! हैरानी की बात है! **(रुककर)** क्या यह सिर्फ पाँच साल के लिए है?

अमात्य : आप चाहेंगे...और पाँच साल बढ़ा लेंगे।

अनंत : जल्दी खत्म करना चाहें?

अमात्य : जब चाहेंगे, खत्म होगा।

पुरोहित : महाराज की जय!

अमात्य : मधुपुर महाराज की जय!

पुरोहित : ये हमारा सौभाग्य है!

अमात्य : अहोभाग्य! अहोभाग्य!

अनंत : किंतु मेरी कुछ शर्तें हैं।

महामंत्री : आप सारी शर्तें मंत्रि-सभा के सामने रखें।

अनंत : ना...यहीं...यहीं कहूँगा। राजी हो,...तो चलूँगा। वरना चला मैं,अपनी नौकरी खोजने।

महामंत्री : अपना अभिप्राय कहिये...आप!

अनंत : पहली शर्त-अपनी रानी मैं चुनूंगा।

अमात्य : चुन सकेंगे।

अनंत : तुम पुरानी रानियों में से कोई लाकर मुझ पर नहीं लादोगे।

महामंत्री : इसकी समय सीमा 15 दिन है। उसमें फैसला हो जाये।

अनंत : न हुआ तो? मान लो कोई दिक्कत आ ही गई...तो?

महामंत्री : तब रनिवास की पुरानी रानी से काम चलाना होगा।

अनंत : दूसरी शर्त है, नियुक्ति के बारे में। मेरा निर्णय अंतिम होगा।

अमात्य : महाराज की शर्त पूरी करने की कोशिश होगी।

महामंत्री : कहीं जरूरत पड़ी तो मंत्रिपरिषद् का अनुमोदन लिया जायेगा।

अनंत : ठीक है...(**रुककर**) एक छोटी-सी बात और है।

महामंत्री : कहें, महाराज!

पुरोहित : उधर घड़ी बीत रही है।

अनंत : ठहरो! हड़बड़ी में न डालो मुझे।

अमात्य : महाराज, हर शर्त पर पूरी राजकीय मर्यादा से विचार होगा।

अनंत : ऐं, ये हुई कोई बात। पहले राजा बनूँ। फिर सब बातें होंगी।

अमात्य : आप पधारें...!

अनंत : अब और 'चलूँगा' नहीं!...पधारना होगा! हा...हा....हम अब पधारते हैं!

पुरोहित : जय...महामहिम...मधुपुर सम्राट की जय!

अमात्य : जय...महाराजाधिराज की जय...!!

[मंच पर अंधकार। जय-ध्वनि जारी है। पुनः आलोक। दरबार कक्ष। जय-जय....!!]

भाट। : सावधान...! सावधान....!! सावधान!!!

भाट॥ : हटें...बचें....राह छोड़ दें....

भाट। : राजराजेश्वर...!

भाट॥ : वीराधिवीर वर!

भाट। : मधुपुर मंडलेश्वर!

भाट॥ : संग्रामे सहस्त्रबाहु...!

भाट। : महाप्रतापी...महाबलशाली!

भाट॥ : महाविभवशाली!

भाट। : रक्षरक्षाकवच रक्षाधिपति!

भाट॥ : दीन दुखी के हृदयाधिपति!

भाट। : ज्ञान में गरीयान...!

भाट॥ : मान में महायान...!

भाट। : रूप में मनसिज, गुणों में विघ्नराज!

भाट॥ : कोटि हृदयों के नायक...!

भाट। : त्रिभुवन परिपालक...!

भाट॥ : श्री श्री श्री 108 श्री...!

भाट। : श्री अनंत किशोर महाराज!

भाट॥ : पधार रहे हैं!

भाट। : रास्ता छोड़ें...हटें....बचें!

भाट॥ : हट जायें....!

[राजा, अमात्य, महामंत्री, मंत्रिपरिषद् के सदस्य वगैरह का प्रवेश। राजा की चाल कुछ अजीब। उस ओर वे सचेतन भी लगते हैं। वे सिंहासनारोहण करते हैं।]

अनंत : अरे...! वाह...गद्दी तो बहुत नरम है!

अमात्य : महाराज! **(सचेतन करने का स्वर)**

अनंत : हाँ...अब आप बैठ जायें।

अमात्य : **(धीरे से कान में)** कुछ कहने की जरूरत नहीं। आपके बैठने पर बैठेंगे, उठने पर उठेंगे।

अनंत : ठीक है, ठीक है.!

भाट॥ : महाराजाधिराज की जय हो!

अनंत : अब...प्रोग्राम प्रारंभ हो...पहले? नृत्य...गीत...! पुष्पमाल... ताली!!

महामंत्री : महाराज ये सब...!

[मंत्रिपरिषद् के सदस्य परस्पर देखते हैं।]

अमात्य : **(फिर कान के पास)** महाराज! यह दरबार है। वाक् संयम बरतें यहाँ।

अनंत : यही बात कुछ दूर से कहो। एकदम कान में-क्या मैं बहरा हूँ?

अमात्य : धृष्टता के लिए क्षमा करें!

अनंत : हाँ...बोलो...!

अमात्य : विधि-विधान-संविधान के अनुसार अब परिषद् आपसे परिचित हो! पहले यही है नियम।

अनंत : ठीक है। यही होगा।

भाट। : महाराज की जय!

भाट॥ : जय हो, जय हो!

अनंत : क्यों? किस खुशी में? जय होगी हमारी?

भाट। : महाराज ने पहले यह बात स्वीकार की...इसे अग्राधिकार दिया है—....अत:...

भाट॥ : जय हो...जय हो....जय हो!!!

अनंत : सच! अरे ये तो बड़ा आसान पार्ट है?

अमात्य : पहले मंत्रिपरिषद् के ज्ञानी, गुणी-माननीय सदस्य अपना परिचय देंगे।

महामंत्री : थोड़ा अवधान करें!

अनंत : वो क्या होता है? अवधानी तो उठ गए। कब से! ये अब क्या हैं?

महामंत्री : जी, कृपया सुनें!

अनंत : अच्छा! ऐसे कहें फिर। तो परिचय दें आप लोग!

महामंत्री : पहले महाराज के आगे मैं अपना परिचय देता हूँ। पहले हो चुका है...फिर भी...हम मंत्रिपरिषद् के प्रथम सदस्य हैं। हमारे पास वर्षों का अनुभव है।

अनंत : हाँ...लगता वैसा ही है। आपकी बातें ठोस हैं।

महामंत्री : हमारे पास आंतरिक मामले, शिक्षा व संस्कृति विभाग हैं।

अनंत : शिक्षा की बात तो गजराज की सेवा से स्पष्ट है।

महामंत्री : अर्थात्?

अनंत : हर बात गज से हो।

महामंत्री : हाँ...यही रीत है।

अनंत : ठीक है! देखें—

दूसरे मंत्री : महाराज, मैं मंत्रिपरिषद् का दो नम्बर सदस्य हूँ।

अनंत : ऐं! राज्य के दो नंबरी कारबार करते हैं?

दूसरे मंत्री : नहीं महाराज! राज्य का अर्थ, राजस्व, यातायात विभाग मेरे जिम्मे है।

अनंत : अच्छा! मंत्रीजी! राज्य के दुर्गम इलाकों में यातायात के लिए क्या व्यवस्था है?

दूसरे मंत्री : महाराज...यह विषय फिलहाल अग्राधिकार देकर विचाराधीन है।

अनंत : हाँ, धन्यवाद! आपके उत्तर से हम कृतकृत्य हुए!

दूसरे मंत्री : महाराज गुणग्राही हैं!

तीसरे मंत्री : महाराज! हम मंत्रिपरिषद् में बराबर महत्वपूर्ण विभाग सम्हालते रहे हैं। राज्य का स्वास्थ्य, परिवार कल्याण, समाज सेवा आदि विभाग हैं हमारे पास।

अनंत : जरूर होंगे। आपका स्वास्थ्य बता रहा है।

तीसरे मंत्री : महाराज का अनुभव यथार्थ है!

अनंत : अच्छा, समाज कल्याण मंत्रीजी! कालाहांडी में अकाल मृत्यु...ये समाचार आपकी नजर में पड़ा? सुनी है, वहाँ अनाहार मृत्यु की खबर!

तीसरे मंत्री : कालाहांडी? ऐसी कोई जगह तो हमारे राज्य में नहीं है?

अनंत : नहीं है? नहीं होगी...मैं भी कितना अज्ञानी हूँ! तभी मेरे परीक्षा परिणाम के आगे था सा०ज्ञा० व्य० (**=साधारण ज्ञान व्यतीत**)।

अमात्य : क्षमा करें महाराज! मंत्रीजी कहना चाहते हैं कि कालाहांडी सिर्फ एक जिला है, वहाँ कालाहांडी नाम की कोई जगह तो नहीं है। अत: वहाँ अकाल मृत्यु कैसे?

अनंत : वाह! एकदम समापिका लगा दें! अद्भुत तर्क क्षमता है!

तीसरे मंत्री : तर्क नहीं...यह एकदम सत्य है, महाराज!

अनंत : अच्छा! ऐसा और क्या-क्या सत्य है, जो हम नहीं जानते?

अमात्य : धीरे-धीरे सब जान लेंगे।

अनंत : तो बताते रहें आप!

चौथे मंत्री : महाराज, मैं राज्य की योजना और शक्ति मंत्री हूँ याने बिजली मंत्री!

अनंत : ओह! शक्ति मंत्री! खूब शक्तिमान हैं। यहाँ इसी बीच चार बार आपकी विद्युत्न शक्ति चली गई...।

चौथे मंत्री : औद्योगीकरण के कारण बिजली की मांग बढ़ गई है।

अनंत : बिजली विभाग में चोरी तो नहीं होती? आप निश्चिन्त हैं?

चौथे मंत्री : उस बारे में जाँच चल रही है। रिपोर्ट आते ही पेश कर दी जायेगी।

अनंत : वाह! क्या उत्तर है? इससे अंधेरे में बैठे राज्यवासी आलोकित हो उठेंगे। तो आपकी योजना ऐसी है या और किस्म की है?

चौथे मंत्री : महाराज, हमारे योजना व समन्वय विभाग के कारण बेकारी व अशिक्षा समाप्त हैं।

अनंत : क्या हो गया?

चौथे मंत्री : समापन हो गया!

अनंत : समापन अर्थात् एकदम जड़ से उखाड़ खतम कर दिया! यही!

चौथे मंत्री : जी हाँ, जी हाँ यही!

अनंत : अजी, बोलते बाबू!

अमात्य : जी, महाराज।

अनंत : देखो तो...मैं जिंदा हूँ या मर चुका?

अमात्य : महाराज, ऐसा क्यों कह रहे हैं?

अनंत : अरे, ये मंत्री कितने...बड़-बोले हैं।

महामंत्री : जी, हर व्यक्ति का आत्मसम्मान है। हम किसी को वंचित न करें।

अमात्य : महाराज! मंत्रिपरिषद् को यथोचित संबोधन करना राजकीय मर्यादा है।

अनंत : हमारे राज्य में कोई बेकार नहीं?

चौथे मंत्री : हमारे यहाँ 2000 ई० तक 'बेकार' कोई नहीं सुन सकेगा। सिर्फ डिक्सनरी में रह जाएगा।

अनंत : वाह अद्‌भुत योजना है! आपकी उमर क्या है?

चौथे मंत्री : जी, छिहत्तर।

अनंत : दो हजार ईस्वी तक आप रहेंगे? गलती हो गई–मंत्रिपद् रहेगा?

अमात्य : यह प्रश्न अनावश्यक लगता है, महाराज!

अनंत : आप हर बात में टाँग क्यों अड़ाते हैं?

अमात्य : ये राज्य-सभा है। महाराज को स्मरण कराना मेरा दायित्व है।

अनंत : अरे ये भी खूब है!

दूत : (**प्रवेश**) महाराज की जय हो!

अनंत : फिर कैसी जय अब?

दूत : महारानी राजसभा में पधारना चाहती हैं।

अनंत : महारानी! अरे ये क्या फालतू बात है! मैंने कहा था, ये नौटंकी नहीं चलेगी।

अमात्य : इस बारे में मंत्रिपरिषद् ही फैसला करे।

महामंत्री : राजन! पानी बिना स्नान संभव है। पर रानी बिना सिंहासन संभव नहीं।

अनंत : पर मैंने तो कहा था कि रानी मैं तय करूँगा!

अमात्य : अवश्य! एक और चुन लेना। अभी नहीं।

अनंत : तुम अच्छे बताने वाले हो! यहाँ फुसला कर लाये तब एक, अब और बात दूसरी!

अमात्य : ये राजनीति का अंग है। कोई साधु-संन्यासियों की जमात नहीं है।

अनंत : जमात है या भीड़?

महामंत्री : महाराज का निर्णय जनता जानने का हक रखती है।

अनंत : निर्णय...अरे बाबू...मेरी शर्त तुम बोलोगे या मैं?

महामंत्री : महाराज के मुँह से निकले हर शब्द में राज्य का सम्मान जुड़ा है। अतः....

अमात्य : महाराज ने सभा में घोषणा की है कि 15 दिन में निर्णय होगा। दूत रविवास को बताओ यह बात।

दूत : महाराज की जय!

अनंत : जानता था...ऐसी कोई गड़बड़ होगी। (**रुककर**) बस.... आज इतना बहुत है।

अमात्य : तो अधिवेशन स्थगित रहे, इसके बाद?

अनंत : जो रहे, रहे।

अमात्य : सभासद गण...महाराज का आदेश है सभाकार्य आज इतना ही रहे।

भाट। : राह छोड़ो...हटो....!

भाट॥ : राह छोड़ो...जय हो...!

[सभा समाप्त! महाराज, मंत्री वगैरह का प्रस्थान। मंच पर अंधेरा। संगीत। प्रकाश में भाट है।]

भाट। : अरे....! मामला अच्छा नहीं लगता!

भाट॥ : मगर तैर कर नदी के बीच पहुँच गया....कहते हो अच्छा नहीं लगता!

भाट। : क्या करें?

भाट॥ : छोड़ो! मन खट्टा हो गया।

भाट। : उपाय क्या है?

भाट॥ : निरुपाय! ये तो अनबूझ राजा है। जिधर चला, उधर ही जायेगा।

भाट। : जबान पर कोई लगाम नहीं।

भाट॥ : अच्छी बात की कद्र नहीं।

भाट। : हम रोज भौंकते रहे।

भाट॥ : पर इसने नियुक्त किया 'बेकार' को....वैद्यनाथ को!

भाट। : कुछ भी कहो....ये जोरदार थप्पड़ है मंत्रि-सभा पर...!

भाट॥ : भाट! अरे हम तो वृत्ति से भाट हैं, ये तो नीति से भाट है।

भाट। : देखा-प्रचार कर रहे हैं-संपूर्ण बेकारी समापन!

भाट॥ : कैसा समापन? चारों ओर क्या बेकारों की कमी है?

भाट। : सिर्फ बातों की चतुराई! वाक्य-वीर हैं।

भाट॥ : इसी में तो काम चल जाता है।

भाट। : इसका उपाय?

भाट॥ : कह तो दिया....निरुपाय हैं।

भाट। : सबको अपनी बात की फिकर लगी है।

भाट॥ : हमारी यहाँ किसे चिंता है?

भाट। : यही सोच रहा हूँ।

भाट॥ : ये भी अजब राजा जुटा है!

भाट। : पागल....पागल राजा!

भाट॥ : उनके निकट कौन है...समझ में नहीं आता।

भाट। : महामंत्री पर भी उन्हें विश्वास नहीं।

भाट॥ : किसी पर नहीं?

भाट। : उनके अपने साथी वैद्यनाथ-बैदा पर भी नहीं।

भाट॥ : किसकी बात रखेगा कोई ठिकाना नहीं।

भाट। : जो समझा सो ही सही है।

भाट॥ : किसी भी तरफ चल पड़ता है।

भाट। : जो मरजी खाता है।

भाट॥ : कभी सुना था कि राजा परवल भात साग खाता है?

भाट। : मैं महारानी से मिला था।

भाट॥ : भेंट हुई?

भाट। : हाँ। उन्हें अपनी बात बतायी है।

भाट॥ : उन्हें तो वो पास भी फटकने नहीं देता।

भाट। : हां...सुसरा अजीब राजा है!

भाट॥ : अरे आहिस्ते! दीवारों के भी कान होते हैं। कहीं कोई होगा...बड़ी नौकरी की आशा में यह भी छूट जायेगी। इनका क्या भरोसा?

भाट। : ना...कुछ तो करना होगा।

भाट॥ : क्या करें?...सब जानते हैं, हम से कुछ न होगा। केवल वंदना, क्योंकि हम भाट हैं।

भाट। : अच्छा! इसकी कोई कमजोरी तो होगी।

भाट॥ : कैसी कमजोरी?

भाट। : जैसे शराब...औरत...?

भाट॥ : अरे चुप ...वे आ रहे हैं...!

भाट। : सच चिल्लाऊँ!

भाट॥ : महाराज तो इतने निकट हैं...

भाट। : साथ है बैदा...बैदा...

[राजा, अमात्य और वैद्यनाथ का प्रवेश]

अनंत : हूँ, तो यहाँ राजकाज चल रहा है!

भाट। : जुहार महाराज!

भाट॥ : महाराज जुहार!

अनंत : कैसा गुप्त विचार चल रहा है? गीदड़ मंत्रणा?

भाट। : महाराज...महाराज....हम गीदड़!!

बैदा : साधु...! साधु। अद्‌भुत...कविप्राण...गीदड़ हर प्रहर हूँकता है...ये समय देख, मौके पर चीखें। अत: ये...

अनंत : तुम भी महान हो! मेरे मन की बात समझने में दक्ष हो।

भाट॥ : (**पहले को चिकौटी काट**) ठीक कहते हैं...महाराज ने ठीक कहा....

अमात्य : देखो! मधुपुर के राजकर्मचारी कितने विश्वस्त हैं! आपने गीदड़ कहा, और वे...

बैदा : और वे सह गये। वाह, विश्वस्त का सर्टीफिकेट!

अनंत : (**हँस कर**) तुम्हारी अकल भी सराहनीय है।

भाट! : महाराज की जय!

भाट॥ : महाराज का आज का दिन मंगलमय हो!

अनंत : ऐं...क्या कहा? क्या मैं सिर्फ एक दिन जी रहा हूँ? आज का मंगल, बाकी दिन?

अमात्य : महाराज, दोनों को विदा कर सकते हैं!

अनंत : ठीक है, कर दिया। तुम जाओ....।

भाट। : महाराज की जय हो!

भाट॥ : जय हो....जय हो।

अनंत : ठीक है।

[झुक कर कोर्निस कर जाते हैं]

अमात्य : महाराज...!

अनंत : अद्‌भुत जंतु हैं ये!

बैदा : जंतु नहीं....जीव हैं....जीव!

अमात्य : महाराज, ये आपके आदमी हैं!

अनंत : मेरे। कभी नहीं। ये खुशामदी मेरे! मैंने कभी खुशामद नहीं की। तभी तो ये हाल है...वरना चाकरी मिल नहीं जाती?

बैदा : जरूर...बी०ए० करना कोई छोटी बात है? मैं तो मैट्रिक में रह गया। फिर भी महाराज...खुशामद भी एक कला है। सबके वश की बात नहीं।

अमात्य : वे ठहरे वेतनभोगी, राज-सेवक! आप उनका मान रखें, वे आपका मान रखेंगे।

अनंत : तो ये बात है, मैं नहीं जानता था। यहाँ सब देन-लेन की बात है...। इस हाथ दो, उस हाथ लो।

अमात्य : यही है राष्ट्रीय विधि-विधान।

अनंत : कैसी विधि और कैसा विधान?

अमात्य : राष्ट्र की विधि, देश का विधान!

अनंत : कि तुम सरलता से समझा दोगे। कड़े शब्द हजम नहीं होते। कालेज में भाषा की उपेक्षा की थी।

बैदा : उसमें केवल ता०भा०पा० है।

अनंत : मतलब?

बैदा : मतलब खींच-तान भाषा में पास।

अनंत : ओ...हो...हो...!!

अमात्य : अब महाराज का कार्यक्रम?

अनंत : अब और कार्यक्रम ? सब तो लहरों में कह रहे हैं हम!!

अमात्य : ये खबर रनिवास में भेज दें?

अनंत : क्यों घाव पर चूना लगा रहे हो? मुझे क्या पता कि हर बात उलटी लगेगी।

बैदा : कान? माधुरी! ये दुर्भाग्यजनक है...कहा है 'हिते विपरीत फल।'

अमात्य : अवश्य, अवश्य!

अनंत : अच्छा...ये मेरी पोशाक नौटंकी की पोशाक जैसी दिखती है?

अमात्य : क्षमा करना! मुझे तो नहीं लगता।

अनंत : ठीक है! उसे कैसी दिखी? बचपन का साथी है, कितनी हँसी-मजाक सपने...

बैदा : कितना प्रेम...!

अमात्य : मगर वो महाराज को ठीक पहचान न सकी....

अनंत : देखो, माधुरी का बाप आकर कहता है—मैं नौटंकी की पोशाक में हूँ! राजा हो या सम्राट्! चाकरी के बिना माधुरी के संग ब्याह नहीं हो सकता।

बैदा : एकदम हताश पार्टी है!

अमात्य : महाराज के विश्वास और आत्म-विश्वास पर करारी चोट है!

अनंत : उपाय क्या है, समझ में नहीं आता।

बैदा : उपाय....निरुपाय हैं।

अमात्य : पंद्रह दिन होने आये।

अनंत : सच! आज शायद अंतिम दिन....है....

अमात्य : शर्त के मुताबिक कल से महारानी अपना पूर्ण अधिकार हासिल करेंगी।

अनंत : अरे ठहरो! वे बातें और याद न कराओ।

अमात्य : हाथी ने आपके सिर पर कलश ढाला है।

बैदा : हाँ, पहले पाँव रखा....अब सम्हालो....!

अमात्य : आप अब व्यक्ति पुरुष नहीं, राष्ट्र-पुरुष हैं!

अनंत : अरे, राष्ट्र-पुरुष होकर व्यक्ति-पुरुष होना मना है? बाकी सभी तो व्यक्ति पुरुष हैं।

बैदा : जरा ठहरो! इसमें व्यक्ति-पुरुष का मतलब?

अनंत : सच...। उनसे सुन...कह दिया। इस बात का मतलब स्पष्ट कर कहो।

अमात्य : आप जैसे ज्ञानी को समझाना धृष्टता होगी।

बैदा : तुम तो आई०यू०एस० प्राप्त हो।

अमात्य : याने इंडियन अंब्रेला सर्विस प्राप्त हो!

अनंत : जोरदार हास्य रस की बात कह डाली!

बैदा : जबकि महाराज हँस नहीं पा रहे!

अनंत : ऐसी हालत में ...?

अमात्य : आपके साथ हम राष्ट्रवासी समदुखी हैं।

अनंत : ये कैसी बात है?

बैदा : इससे क्या?

अमात्य : लगता है महाराज का आज का कार्यक्रम समाप्त है?

अनंत : समाप्त कहाँ? तुम्हारा समाप्त हो गया...जा सकते हो। मेरा तो शुरू हुआ है।

अमात्य : तो मुझे विदा दें....महाराज!

अनंत : हाँ, तुम्हारा काम पूरा हुआ ....जाओगे। इसमें इतनी परेशानी किस बात की?

अमात्य : महाराज की जय हो!

[वो जा रहे हैं]

अनंत : हाँ, सुनो! एक काम करो। मुझसे मिलने की जरूरी खबर महामंत्री को देते जाना!

अमात्य : आपके आदेश का पालन होगा!

अनंत : ठीक है, पालन करते हुए जाना...। **(वह चला जाता है)**

बैदा : ओह...मेरा पार्ट पूरा हुआ। पोशाक उतार दूँ?

अनंत : अबे, यहाँ नहीं। अंदर चलकर, वहाँ।

बैदा : अच्छा चल।

[दोनों जाते हैं। मंच पर अंधेरा। अगले दिन सुबह। दरबार कक्ष। महामंत्री देखते हैं कि बैदा यानी वैद्यनाथ उदास दिख रहे हैं। उधर कार्य-व्यस्त कुछ कर्मचारी। महामंत्री पहल करते हैं]

महामंत्री : वैसे आप राजमहल में नवागत हैं!

बैदा : ना...पुराना पड़ गया।

महामंत्री : आपका शुभ नाम?

बैदा : बैदा-याने वैद्यनाथ!

महामंत्री : आप...?

बैदा : मैं अनंत का प्राइवेट सेक्रेटरी हूँ।

महामंत्री : अनंत कौन?

बैदा : वो...आपके महाराज...!

महामंत्री : ओ...देखिये! आप महाराज के प्राइवेट सचिव नहीं...इस राज्य के गौरव हैं..!

बैदा : हाँ!

महामंत्री : यह हमारे राज्य का सर्वाधिक सम्माननीय पद है।

बैदा : होगा।

महामंत्री : आप काफी चिंतन में डूबे लगते हैं।

बैदा : मेरी यहाँ रहने की और इच्छा नहीं है।

महामंत्री : क्यों?

बैदा : क्या कहें..अनंत की बातों में पड़कर आ गया...मगर यहाँ तो...

महामंत्री : कल से महाराज भी काफी उदास हैं।

बैदा : होने की बात है। चारों ओर से चोट खाकर कोई भी टूट जायेगा।

महामंत्री : नहीं समझ सका आपकी बात।

बैदा : नहीं समझना ही ठीक है।

महामंत्री : इस राज्य की हर बात मुझे पता होनी चाहिए।

बैदा : चाहिए, तो जानते होंगे।

महामंत्री : जानने का सूत्र आपके हाथ में है।

बैदा : मैं सूत्र-फूत्र कुछ नहीं जानता।

महामंत्री : अभी तो कह रहे थे कि न समझना ही ठीक है।

बैदा : आपके महाराज के जीवन की बात.....

महामंत्री : हाँ।

बैदा : पूरी तरह हताश हैं..।

महामंत्री : मुझे खेद है...।

बैदा : लो...वो कोई खुशी में फटा जा रहा है। चाकरी खोजते-खोजते पाँव पिरा गये। प्रेम करते-करते तो चित-पटांग!

महामंत्री : मतलब?

बैदा : प्रेमिका के बाप बड़े बेवकूफ होते हैं। नौटंकी में नहीं देखा-वे कैसी गड़बड़ी करते हैं।..उस लड़की को कुँवारी रखा, ब्याह नहीं किया।

महामंत्री : हैं!...यह तो ठीक नहीं हुआ....।

बैदा : दोनों एक-दूसरे को चाहते थे। फिलहाल हताश पार्टी!

महामंत्री : हैं!

बैदा : छोड़ो...न कहना अच्छा है।

महामंत्री : तो ये प्रेम व्यापार...?

बैदा : हाँ, इसे प्रेम कहें, दरद कहें...शुरू में ही पिघल गया। बेचारा कितने शौक़ से दौड़ा गया था।

महामंत्री : वैसे ही बाप...माँ...भाई...बहन।

बैदा : माँ-बाप की बात कुछ न कहो। मेरी छाया से भी बिदकते हैं—उनका खयाल है मैंने बैदा को बिगाड़ दिया है। अच्छा, वह बी०ए० पास कर नौकरी के पीछे चला। मैं तो मैट्रिक में ही ठहर गया...।

महामंत्री : महाराज के निर्देश पर...आप उन्हें लाने जा सकते थे।

बैदा : लो। बाप रे बाप! मैं जाता...वो मुझे छोड़ते जिंदा....?

महामंत्री : पर मैं गया था। पर वहाँ निराश!

बैदा : साफ-साफ मना कर दिया?

महामंत्री : हाँ, बोले चाकरी-वाकरी कुछ नहीं, नौटंकी में जुड़ गया। वहाँ हम जाकर करेंगे क्या?

बैदा : सच कहें तो मुझे भी यह नौटंकी जैसा दल लगता है।

महामंत्री : आपकी यह धारणा व्यर्थ है। ऐसी शासन पद्धति में आपका विश्वास नहीं?

बैदा : उन दोनों बूढ़ों को तो विश्वास नहीं हुआ। मेरा कहाँ से होगा?

महामंत्री : सच, उनकी दरदीली बातें मेरे मन में छाप छोड़ गई हैं! फिर कहा—वहाँ कहीं उजाड़ में मरने की बजाय हमारी यह माटी भली।

बैदा : आजकल यह राजनीति...इस पर किसी का विश्वास नहीं रहा।

महामंत्री : क्यों?

बैदा : सिर्फ जालसाजी...मार-पीट कर खाना। बात और काम में जमीन-आसमान का अंतर।

महामंत्री : तो आप भी...!

[बीच में बात रह जाती है। अंतराल से महाराज के आने का संकेत। राजकर्मचारी सचेतन। भाटों का स्वर गूँजता है। प्रवेश।]

भाट। : रास्ता छोड़ो...! महाराज पधार रहे हैं हटो!!....

भाट॥ : हट जायें....रास्ता छोड़ें....हटें....

भाट। : रास्ता छोड़ें...!!

भाट॥ : प्रबल प्रतापी, अमित पराक्रमी महाराज अनंत देव पधार रहे हैं!

भाट। : रास्ता छोड़ें...हट जायें....!

बैदा : महाराज आ गए!

महामंत्री : हाँ!

बैदा : अबकी मेरा पार्ट आया...!

महामंत्री : पार्ट? कैसा पार्ट?

बैदा : हर चाकरी एक पार्ट है। खोल में असली आदमी होता है। समय देख कछुआ गर्दन बाहर करता है।

[महाराज और पार्षदों का प्रवेश। राजसभा में स्वागत।]

महामंत्री : प्रणाम महाराज!

बैदा : अधीनस्थ का प्रणाम! मुझे हँसाना था। पर दुःख में हँसी की नदी सूख गई है।

अनंत : महामंत्री!

महामंत्री : महाराज!

अनंत : शर्त के मुताबिक मुझे दिया गया समय समाप्त हो चुका है।

अमात्य : महाराज की स्मरण-शक्ति प्रखर है!

महामंत्री : अवश्य...अवश्य!

अनंत : आप एक काम करें...!

महामंत्री : आदेश दें...महाभाग!

अनंत : नहीं आप रुके रहें! अमात्य...!

अमात्य : महाराज!

अनंत : शीघ्र राजपुरोहित को आने का अनुरोध करें...

अमात्य : महामान्य का आदेश शिरोधार्य!

[चला जाता है]

अनंत : पुरानी धारा में चलने से पहले नया पूजा-पाठ जरूरी है।

महामंत्री : कारण नहीं समझा। पुरोहित तो राज्याभिषेक कर चुके हैं।

बैदा : अच्छी बात है! महाराज और छोटा-मोटा पूजा-पाठ चाहते हैं,करें। गृह-शांति में क्या दिक्कत है।

महामंत्री : वैसे कोई उत्सव उनका व्यक्तिगत नहीं है, राष्ट्र का उत्सव बन जाता है सदा। यही राजनीति का स्वर है।

बैदा : वो कोई स्वर हो। हर राजा का अपना-अपना स्वर होता है। मान लें, यही महाराज की नीति-पूजा!

अनंत : या फिर मृत्यु पूजा?

महामंत्री : महाराज! ऐसी पूजा तो कभी नहीं सुनी!

बैदा : हाँ...ऐसी अशुभ बात न कहें! चाहें तो मैं खुद जाकर....

अनंत : हम गंभीर परिवेश में! महाराज हँसेंगे नहीं। अधीनस्थ है।

बैदा : क्या है ना। उधर आप मुझे कहेंगे। अधीनस्थ।

अनंत : हाँ, आज से अनंत की मृत्यु हुई।

महामंत्री : महाराज!

[समवेत आहत स्वर का गुंजरण]

बैदा : ऐसी बात क्यों?

अनंत : सच कह रहा हूँ।....

बैदा : परंतु ....।

अनंत : राजनीति से पहले हर व्यक्ति के लिए 'मृत्यु पूजा' करना जरूरी है। स्वयं न करे तो उसका परिजन कर लें। क्योंकि उसके बाद वह व्यक्ति नहीं रहता।

महामंत्री : अवश्य....! अवश्य!

दूसरे मंत्री : महाराज की कितनी महान विचारधारा है...!

तीसरे मंत्री : सचमुच नयी बात है।

बैदा : हाँ, अब एक कार्य करें! किसी का मुँह देखने का समय नहीं मिलता। वह सिर्फ मजूरी लेने में लग जाता है।

महामंत्री : ऐसी बात नहीं। माँ-बाप-भाई, बहन कोई उसका नहीं रह जाता।

बैदा : केवल स्वार्थ-ही स्वार्थ....! स्वार्थ के मूल में यह जगत है।

दूसरा मंत्री : वास्तव में 'मृत्यु पूजा' अच्छी परंपरा है।

बैदा : हाँ। गरीबी हटाओ...'निर्मल भावमूर्ति' वैसे ही नया शब्द शिल्प है...!

अनंत : अब सिर्फ अभिनय!

बैदा : आ हा, कितना महान त्याग है!

महामंत्री : महाराज की जय हो।

बैदा : फिर जय कैसे हुई?

अमात्य : (**प्रवेश**) महाराज की जय हो। राजपुरोहित हाज़िर हैं...

अनंत : 'मृत्यु पूजा' शुरू हो। यह देश के हर मासमीडिया पर प्रचार हो। याद करा दूँ?

बैदा : जरा ठहरो! पूजा से पहले एक बात याद आ गई। कहूँ?

अनंत : याद कराओ।

बैदा : पूजा से पहले पखाल भात और साग हो ज़ाये। जानता हूँ, ये आपकी प्रिय चीजें हैं। शायद जीवन में फिर मौका न आये भविष्य में।

अनंत : **(ठहाका लगाता है)**

महामंत्री : हँसें! कितने आनंद की बात है, सब हँसें...!

दूसरा मंत्री : मेरे मत से यह राष्ट्रीय आनंद का उत्सव है। हँसा जाये।

तीसरा मंत्री : बात तो ठीक है।

महामंत्री : सारे राज्य में यह उत्सव मनाने की घोषणा हो।

अनंत : 'मृत्यु पूजा' का संवाद केवल घोषित होगा।

महामंत्री : हाँ, मृत्यु पूजा...!

अनंत : तुरंत बंदोबस्त करें...!

महामंत्री : ....हाँ महाराज!

अमात्य : जो आज्ञा! कोई है?

[मंच पर अंधेरा। अंधेरे में उद्दंड योगिनी नृत्य की प्रतिध्वनि हो रही है।]

भाषांतर : शंकर लाल पुरोहित

■

मधु बाबू का काला घोड़ा

रतिरंजन मिश्र

रतिरंजन मिश्र

जन्म : 1 अक्टूबर, 1952

लेखन—आप लगभग 25 नाटकों के रचयिता हैं, जिनमें से 10 नाटक एवं दो एकांकी संग्रह प्रकाशित हुए हैं। दो एकांकी संग्रह 'देख, वर्षा आसुछि' (देख, वर्षा आ रही है) और 'दूसरा दुअना सूर्य' (ठण्डा मत होगा सूरज)।

सम्मान—श्री मिश्र उड़ीसा साहित्य अकादेमी तथा संगीत नाटक अकादेमी द्वारा पुरस्कृत हुए हैं। सन् 1974 से आप खुले मंच के साथ भी लेखक, निर्देशक व अभिनेता के रूप में संबद्ध हैं। फिलहाल श्री मिश्र निर्वाही निर्माता के रूप में दूरदर्शन, भुवनेश्वर, उड़ीसा में कार्यरत हैं।

◆

पात्र

पटादार

ठेकेदार

रामचन्द्र

दिगम्बर

सत्यानन्द

नित्यानन्द

कार्पटदार

(प्रकाश होने से पहले)

देशवासी नागरिक वृद्धजन!

इस नाटक की घटनावली कहीं घटित होने का कोई समाचार हमारे हाथ नहीं लगा है। अतः इसे काल्पनिक नाटक की आख्या दी जा सकती है। वैसे अगर भविष्य में इस प्रकार की कोई घटना कहीं घटती है, तो इस नाटक को पूरी तरह सत्य-मूलक कहानी पर आधारित नाटक माना जा सकता है।

[डुगडुगी की आवाज के साथ मंच आलोकित होता है। अन्दर से एक-दूसरे को आवाज देते हुए ठेकेदार और पटादार]

पटादार : ठेकेदार, वो ठेकेदार!

ठेकेदार : पटादार हो पटादार, पटादार हो पटादार।

[अन्दर आ पहुँचे]

एक साथ : होशियार-होशियार
खबरदार खबरदार!

पटादार : पटादार मैं पटादार
अपनी सेवा को गोली मार
देश सेवा को नमस्कार।

ठेकेदार : ठेकेदार मैं ठेकेदार,
मेरा यह जीवन लघुतर
जाति के लिए हो न्योछावर।

पटादार : जाति हमारी उड़िया जाति
जाति हेतु हम करें बढ़ती।

ठेकेदार : परम्परा हमारी है महान
भागवत घर कहानी वन
पाठशाला गाँवों में होंगे
गुरुजी पाठ पढ़ाते होंगे।

पटादार : चाट वहीं पर बन इनसान
काव्य पुराणादि करता गान

आदर्श उनमें से चुनता कोई
उसी अनुरूप बनता वही।

ठेकेदार : अपने को बनाकर जाति बनाता
कलुषित जनहीन बनता।

पटादार : उस जीवन को गोली मार
देश सेवा को नमस्कार।

ठेकेदार : देश सेवा में लग जायेंगे
शेष जीवन जीने लगेंगे।

पटादार : जीने के लिए चाहिए भात।

ठेकेदार : खेती के लिए चाहिए खाद।

पटादार : खाद हो तो खाद्य है।

ठेकेदार : खाद्य हो तो पेट है।

पटादार : पेट हो तो जीवन है।

ठेकेदार : जीवन हो तो बुद्धि है।

पटादार : बुद्धि हो तो...? बुद्धि हो तो...?
[घूम-घूम कर सबसे पूछता है-उत्तर]

ठेकेदार : बुद्धि हो तो ?
मधु बाबू से लड़ूँगा,
काले घोड़े पर चढ़ूँगा।[1]

पटादार : मधु बाबू कहाँ हैं ठेकेदार?

ठेकेदार : नहीं हैं।

पटादार : कहाँ गये।

ठेकेदार : भूत बन गये।

पटादार : क्यों ?

ठेकेदार : भूत क्यों बनते हैं?

पटादार : भूत! यानी आत्मा जब अतृप्त रहती है-तब भूत या प्रेत बन जाती है।

---

1. यह मशहूर उड़िया कहावत बीसवीं सदी के स्वाधीनता संग्रामी बैरिस्टर मधुसूदन दास के लिए है, जिन्होंने अपनी मेधा से अंग्रेजों के छक्के छुड़ा दिए थे।

ठेकेदार : हाँ, बिल्कुल ठीक।

पटादार : क्या ठीक है? मधु बाबू की आत्मा क्यों अतृप्त हुई?

ठेकेदार : हमारे कारण।
हमारे वंशजों के कारण।

पटादार : (**घुटनों के बल बैठकर**) ऐ मधु बाबू के प्रेत!
तुम जहाँ कहीं भी हो-
हमें बता दो।
हम कैसे तुम्हें
तृप्त कर सकेंगे?
[**खामोशी**]
कहाँ-मधु बाबू तो सुनते ही नहीं?

ठेकेदार : कैसे सुनेंगे?
उनका घोड़ा जो चंचल है। कहीं दूर ले गया होगा।

पटादार : तो फिर क्या करें?

ठेकेदार : मधु बाबू को बुलाने की कोई जरूरत नहीं। उनके घोड़े को बुलाओ।

पटादार : ऐ काले घोड़े-
ऐ काले घोड़े

ठेकेदार : ऐसे बुलाने से वह थोड़े ही सुनेगा।
थोड़ा मश्का लगा के बुलाओ

पटादार : क्या उनके जमाने में मश्का लगाने का रिवाज़ था?
क्या वह ये सब समझ पायेगा?

ठेकेदार : उफ! उस जमाने से न होने से क्या? अब भी तो वह घूमा-फिरा करता है, आदत पड़ गई होगी।

पटादार : ऐ मेरे प्यारे काले घोड़े! तुम कितने सुन्दर हो!
तुम्हारे चार खुर
तुम्हारी सुकोमल पूँछ
तुम्हारे अधीर नैन,
तुम्हारे खड़े खड़े कान
सबसे न्यारी तुम्हारी सुललित हँसी

मन को हर लेती है।
तुम जरा हमारे पास आओ।
ऐ काले घोड़े—

[इस अन्तिम वाक्य पर मंच पर पधारे रामचन्द्र एक अन्य ठेकेदार]

रामचन्द्र : हजूर, मुझे याद किया आपने?

ठेकेदार : काला। **(पटादार से)**

रामचन्द्र : जी, नहीं, मैं हूँ रामचन्द्र।
बी० क्लास कण्ट्राक्टर हूँ।
आप परेशान मत होइये साहब।
सिर्फ 'हाँ' कह दीजिए।
मैं बहुत जल्द ही सैंक्शन करा लाऊँगा।
आपका परसेंटेज भी वही होगा, जो होना चाहिए।
तीन कोटेशन भी लेता आया हूँ।

पटादार : हमने पी-एच०डी०के लिए कोटेशन माँगा था।

रामचन्द्र : ले आया हूँ साहब!
काम थोड़ा आसान जो है!
तभी जैसे ही मैंने अखबार से टेण्डर पढ़ा
सोचा, यह काम मेरा है।
जैसे भी हो कर लूँगा।
(खामोश) हाँ जी, सारे टेण्डर मैं यहीं पर आपको दे दूँ!

पटादार : दे दो!

[दिगम्बर के साथ एक और ठेकेदार अन्दर घुसता है।]

दिगम्बर : मैं अच्छी तरह जानता था।
ये तो दो नम्बरी धन्धा जरूर होगा।

ठेकेदार : दो नम्बरी क्या है?

दिगम्बर : और नहीं तो क्या?
मुझे मना कर दिया,
और उनसे कैसे कोटेशन रख लेते हैं।
क्या वे ऊपर के आदमी हैं, इसलिए?

पटादार : कौन ऊपरवाला?

दिगम्बर : हाँ, ऊपरवाला, फोन आ गया होगा, इसीलिए बुलाकर उनसे कोटेशन ले रहे हैं। हम लोग किसी को पकड़ नहीं सकते तो क्या ठेकेदारी छोड़ दें!

ठेकेदार : क्या आपको पता है कि काम कौन सा है?

दिगम्बर : पी-एच०डी०का काम ही तो!
और क्या होगा।
नाली साफ करना।
मच्छड़ों पर तेल छिड़कना।
मच्छड़ों को मारना।

पटादार : रामचन्द्र बाबू, आप भी वही सोचकर, कोटेशन ले आये हैं।

रामचन्द्र : हाँ, करीब वही है। समझिए कि इन कामों में परसेंटेज थोड़ा ज्यादा रहता है!
जरा जोर से वर्षा होने पर नाली में पानी बहने लगेगा।
बहते पानी में मच्छड़ कैसे अण्डे दे सकेंगे।
नये मच्छड़ पैदा हो जायेंगे।
सिर्फ अखबार में दो चार बार यह निकलवा देने से कि शहर में मच्छड़ों का उपद्रव कम हो गया है तो प्रब्लिक खुश हो जायेंगे और हमारे पास दो पैसे आ जायेंगे।

ठेकेदार : सुनिये, आप लोगों ने पहले कभी मच्छड़ मारे हैं!

दिगम्बर : अजी, इसी शहर में पैदा हुए हैं और मच्छड़ नहीं मारे!
ये कभी हो सकता है।
मच्छड़ मारना हमारी जातीय परम्परा जो है।

पटादार : तो फिर एक काम कीजिए
आप लोग इधर ही घूम-घूम कर मच्छड़ मारें तो जानें।

रामचन्द्र : अजी, आप हमसे मज़ाक कर रहे हैं।

ठेकेदार : बिल्कुल मज़ाक नहीं कर रहे हैं!
आप लोग मच्छड़ मारें तो पता चले कि कैसे मार रहे हैं।

दिगम्बर : ये बात है,

आप क्या सोच रहे हैं?
हम मच्छड़ नहीं मार सकते?
ये लीजिए—
बाबू रामचन्द्र।

रामचन्द्र : क्या है बाबू दिगम्बर?

दिगम्बर : आगे आइये।

रामचन्द्र : अच्छा देखिए (**दोनों आदमी**)

दिगम्बर : एक मच्छड़ (**दोनों आदमी**)

रामचन्द्र : लगा दो एक थप्पड़ (**दोनों आदमी**)

दिगम्बर : मच्छड़ मारना।

रामचन्द्र : उनका वंश नाश करना।

दिगम्बर : टेण्डर लेना।

रामचन्द्र : काम करना।

दिगम्बर : मार मच्छड़, मारता चला जा।

रामचन्द्र : जनहित के काम में लग जा।

[इसी संवाद के बीच पटादार और ठेकेदार एक तरफ रामचन्द्र और दिगम्बर गीत गाने की भाँति वार्तालाप करेंगे साथ ही मच्छड़ मारते समय 'स्टोव' का इस्तेमाल होगा। अन्त में वे केवल चुपचाप मच्छड़ मारते रहेंगे। अन्दर से धीमी आवाज सुनाई देगी। वह आवाज अध्यापकों की होगी। वे लोग सत्यानन्द और नित्यानन्द होंगे।]

सत्यानन्द : पटादार बाबू, पटादार बाबू!

नित्यानन्द : ठेकेदार बाबू, ठेकेदार बाबू!

पटादार : कौन है बे?

ठेकेदार : कोई ग्राहक होगा। ऐसे नाराज क्यों हो रहे हो!

पटादार : (**नरम गले में**) कौन!

सत्यानन्द : हम लोग कॉलेज से आये हैं।

पटादार : आ गये !
गिद्ध सब आ गये।
(**चिल्ला कर**) अन्दर आओ।

[अबकी स्टोव का प्रकाश बुझ जगता है और साधारण रोशनी के साथ सत्यानन्द का प्रवेश]

सत्यानन्द : नमस्ते!
मैं सत्यानन्द हूँ।

ठेकेदार : क्या अकेले हो?

सत्यानन्द : ना, नित्यानन्द भी आये हैं।
अन्दर आने से घबड़ा रहे हैं।
नये हैं न!

पटादार : इसमें डरने की क्या बात है!
बेचने-खरीदने में ये सब धर्म और डर कोई अच्छी चीज नहीं है।
बुलाइए।

सत्यानन्द : ना, हुजूर यहाँ पर कोई और...
[रामचन्द्र ने दिगम्बर की ओर देखा]
ऐं, ये लोग कौन हैं!

रामचन्द्र : हम रामचन्द्र और दिगम्बर हैं।
टेण्डर डालने आये थे।
आज अन्तिम तारीख जो है।
तभी रुके हुए हैं।
खुल जाने के बाद ही जायेंगे।

ठेकेदार : ना, आप लोगों को और
रहने की ज़रूरत नहीं है।
बहुत मच्छड़ मार लिये हैं।
थक गये होंगे।
घर लौट जाइए।
सो जाइएगा।

दिगम्बर : और हमारा टेण्डर?

पटादार : साथ ले जाइए।

सत्यानन्द : ऐं, आप लोग
टेण्डर लेकर आये हैं।

नित्यानन्द आओ दौड़ के
दो टेण्डर हैं
ले लेंगे।

[दौड़ते हुए नित्यानन्द का प्रवेश]

नित्यानन्द : कहाँ हैं—

सत्यानन्द : इन दोनों के हाथों में,
एक तुम्हारा है, एक मेरा।

नित्यानन्द : हाँ, दीजिए।
हमें टेण्डर पेपर दे दीजिए।

पटादार : हाँ साहब, सुनिये।

नित्यानन्द : कुछ नहीं सुनूँगा। जल्दी दे दीजिए।

रामचन्द्र : आप लोग बड़े दयालु हैं
हम टेण्डर डालकर
कम्पीट करने आये हैं।
पर आप तो....

सत्यानन्द : कम्पीट करने की फुर्सत ही कहाँ है!
दे दीजिए।

दिगम्बर : रामचन्द्र।

[संकेत करता है]

रामचन्द्र : समझ गया।

दिगम्बर : हाँ जी, सुनिये। ऐसे माँगने से
क्या मिल जायेगा!
हमारा थोड़ा सा ऊँचा रेट है
राजी होंगे तो।

नित्यानन्द : हाँ, इसमें राजी न होने की क्या बात है!

ठेकेदार : सुनिये, सुनिये!
रामचन्द्र बाबू!
ये बाबू लोग आपके मच्छड़ वाले हैं।
टेण्डर खोज नहीं रहे हैं।

रामचन्द्र : और कौन-सा टेण्डर?

पटादार : उन्हें चूहा वाले टेण्डर चाहिए।
सर के अन्दर घुसकर चूहे ने सारी बुद्धि साफ कर दी है।
उस चूहे को पकड़ने के लिए
टेण्डर चाहिए।

दिगम्बर : क्या ये काम पी-एच०डी० के अन्दर है?

ठेकेदार : ना, पी-एच०डी० के अन्दर नहीं, ऊपर है।

रामचन्द्र : आप क्या कह रहे हैं, मैं समझ नहीं पा रहा

पटादार : कुछ समझने की ज़रूरत नहीं है।
शॉर्टकट में कहें तो
वे बाबू लोग जो खोज रहे हैं,
वो चीज आपके साथ नहीं है।
इसलिए आप लोग जाइये। हमारा समय हो गया है।
काम शुरू हो जायेगा।

दिगम्बर : क्या कह रहे हैं जी,
ऐसी भी कोई चीज है,
जो हम दे नहीं सकते।
कौन-सी कम्पनी, कौन सा ब्राण्ड—
सिर्फ नाम बता दीजिए, बस—

पटादार : उन्हें चाहिए—
पी-एच०डी०, डाक्टरेट।
[अंधकार। बाजा बजने की आवाज के बार क्रास। प्रकाश में ठेकेदार और पटादार आमने-सामने।]

ठेकेदार : पी-एच०डी०।

पटादार : जो जल्दी ही अध्यापक बना देता है।

ठेकेदार : पी-एच०डी०।

पटादार : तरक्की करा देता है।

ठेकेदार : पी-एच०डी०।

पटादार : तनख्वाह बढ़ा देता है।

ठेकेदार : पी-एच०डी०।

पटादार : साहित्यकार बना देता है।

ठेकेदार : पी-एच०डी०।

पटादार : शादी के बाज़ार में भाव बढ़ा देता है।

ठेकेदार : पी-एच०डी०।

पटादार : विशेषज्ञ के रूप में परिचित करा देता है।

ठेकेदार : पी-एच०डी०।

पटादार : विदेश भ्रमण करा देता हूँ।

ठेकेदार : पी-एच०डी०।

पटादार : विदेश के लिए नागरिकता का इन्तजाम करा देता है।

ठेकेदार : पी-एच०डी०।

पटादार : हाँ, पी-एच०डी० योग्यता का एक मात्र प्रमाण पत्र पी-एच०डी०,
प्राप्ति स्थान : हमारे राज्य का एक मात्र क्षमता प्राप्त डीलर पी-एच०डी० प्रोडक्शन सेण्टर।

[ये लोग पैदल जाकर उनके पास]

पटादार : अतः आप लोग ऐसी ही एक सर्वगुण सम्पन्न, शक्तिशाली चीज खरीदने आ गये हैं मित्रो!

सत्यानन्द : जी हाँ।

ठेकेदार : आइये! पास आइए। समय हो गया है। टेण्डर बाक्स खोला जाएगा।

नित्यानन्द : हाँ जी, रेट क्या है!

पटादार : बढ़ गया है। काफी बढ़ गया है।

सत्यानन्द : बढ़ गया है मतलब?
क्या दस से भी ऊपर ?

ठेकेदार : हाँ।

नित्यानन्द : लेकिन आप लोगों ने जता दिया था कि इस कोटा का भाव नहीं बढ़ेगा। फिर मुद्रा-स्फीति भी तो नहीं हुई है।

पटादार : वो सब कुछ नहीं हुआ है।
डिमाण्ड बढ़ गया है।
मार्केट में माल कम है। तभी भाव बढ़ गया है।
इसमें हमें क्या करना है?

सत्यानन्द : डिमाण्ड कैसे बढ़ गया?

ठेकेदार : आप लोग क्या अखबार नहीं पढ़ते?

नित्यानन्द : पढ़ते हैं।

पटादार : यहीं थोड़े दिन पहले शिक्षा विभाग की ओर से एक प्रेसनोट इश्यू किया गया है। उसके बारे में पता होगा!

सत्यानन्द : हाँ।

ठेकेदार : और यह भी जानते होंगे कि सरकार ने ठीक ही किया है, सात सौ स्केल पाना हो तो चाहिए पी-एच०डी०, रीडर होना हो तो आठ साल के साथ चाहिए पी-एच०डी वरना चौदह साल तक प्रतीक्षा करनी होगी।

पटादार : और उसके लिए जिन लोगों के आगे-पीछे यह चीज लगी नहीं हैं, वे लोग अपनी-अपनी बुद्धि के साथ कसरत करने में लग गये।

ठेकेदार : जिन लोगों के सिर में बुद्धि नाम की चीज होने को है, थोड़ा-सा कंघा लगाने पर निकल आयेगा, वे लोग गाइडों के घर के सामने लाइन लगाते रहें।

पटादार : जिन लोगों को उस लाइन में जगह नहीं मिली या अपनी खोपड़ी में बुद्धि नाम की चीज है ही नहीं, वे लोग हमारी दुकान के सामने हैं।

ठेकेदार : यहाँ की लाइन छोटी है।

पटादार : धन दो-माल लो-जगह छोड़ो—

[अचानक ढोल बज उठा। दूर से सुनाई देता है—जगह छोड़ो-जगह छोड़ो...]

ठेकेदार : जाइए। आप लोग चले जाइए।
वे आ जायेंगे।

पटादार : जाइए। काम शुरू हो जायेगा। समय हो गया।

सत्यानन्द : कौन आयेगा?

ठेकेदार : आपको ये सब जानने की क्या ज़रूरत है?

नित्यानन्द : ना, मतलब-हमारे रहने से नुकसान क्या है? एक साथ अगर हो जाता तो माल हम लोग साथ लेकर चले जाते।

पटादार : वैसा नहीं हो सकता।

आप लोग बाहर इन्तजार कीजिए।
मैं अनुमति लेकर बुला भेजूँगा।

ठेकेदार : जाइए।

सत्यानन्द : बुलाएँगे—लेकिन। आओ नित्यानन्द।

[वे लोग बाहर चले गये। धीरे-धीरे प्रकाश कम होता जायेगा, ढोल बजेगा। पटादार और ठेकेदार मंच की दाहिनी ओर जायेंगे मार्च करते हुए। वे लोग मंच के बाहर से एक बक्से को खींचते हुए मंच पर ले आयेंगे। उनके पीछे वही आदमी होगा, जो गले में ढोल लटकाता हुआ बजाता चला आयेगा उस बक्से के पास। सामने 'टेण्डर बाक्स' का लेबुल लगा होगा। वह आदमी इस बक्से पर खड़े होकर अपना परिचय देगा।]

कार्पटदार : मैं मुख्य कार्पटदार हूँ। इस संस्था का प्रमुख हूँ। बचपन से मेरी बड़ी इच्छा थी कि मैं देश सेवा करूँ। उसी लक्ष्य को सामने रखकर मैंने कई कामों में हाथ लगाये। जब सरपंच था तो निन्दकों ने मुझ पर बदनामी का इलजाम लगाया कि सड़क बनाने के नाम से, तालाब साफ करने के बहाने मैं ढेर सारा पैसा खा गया। उन्हें मैं साबित करके दिखा देता कि मैं कितना सच्चा, परोपकारी हूँ, लेकिन जाने क्या हुआ कि सरकार ने उस नौकरी को बिल्कुल बन्द कर दिया—

[पंज]

फिर मैं एम०एल०ए० बना—

सोचा था कि ढेर सारी देश सेवा कर लूँगा, जिससे लोग रास्ता घाट, नदी के किनारे हर जगह मेरी आवक्ष मूर्ति बनवा लेंगे।

लेकिन उससे पहले ही निन्दकों ने प्रचार किया—

कि मैं कहीं चोरी-चोरी देशी शराब का व्यापार करता हूँ।

वह नौकरी भी तीन साल तक चली।

वैसे हमने सेवा काम से दो पैसे जुटाये थे।

उस पैसे से फिर एक बार खड़ा हो गया।

परीक्षा पास कर गया।

इस बार एम०एल०ए०से ऊपर उठकर मैं मंत्री बन गया।

ढेर सारी देश सेवा की।
कई सड़कों, पुलों और दफ्तरों के शिलान्यास किये।
कई गैर सरकारी कॉलेज, कारखाने
कई सरकारी कॉलेज
महाविद्यालय, शौचालय, न्यायालय, देवालय,
भोजनालय, और अतिथि भवन का शुभ उद्घाटन किया।
लोगों ने मेरी प्रशंसा करनी शुरू कर दी।
सहसा निन्दक मेरे पीछे पड़ गये।
मेरे नाम से कहते फिरे,
कहीं मैं बड़ा दुर्नीतिग्रस्त हूँ
मेरा चरित्र खराब है।
मैं परसेंट लेता हूँ।
नेता बनकर सिर्फ लेता रहा हूँ।
मेरा न कोई आदर्श है न नीति।
सिर्फ अगले चुनाव के लिए धन संग्रह कर रहा हूँ।
लेकिन मित्रो!
मैंने जो भी कुछ किया,
आप सभी की भलाई के लिए,
सुख के लिए।
मेरा कोई स्वार्थ नहीं है मित्रो!
कोई लोभ नहीं है।
सिर्फ आप लोगों की सुख-सुविधा के लिए
सिर्फ-मैंने- किसका क्या नुकसान...
मैंने-मैंने...किसका (**धीरे-धीरे रोने की कोशिश**)
क्या है वो...(**रो देता है**)

[**ठेकेदार-पटादार, जो अब तक सुन रहे थे—सिर हिला रहे थे—पास आ गये हैं। आँसू पोंछ कर रोने का उद्यम और संवाद**]

ठेकेदार : रहने दीजिए-और मत कहिये।
कार्पटदार : ना—
पटादार : आप काहे सम्भाल नहीं पाते।

कार्पटदार : कहने दें मुझे। अपना दुखड़ा रोकर मैं अपने मन को थोड़ा हल्का कर लूँ।

ठेकेदार : रोने से सर्दी पकड़ लेगी। रहने दें।
बल्कि आप खामोश रहें। हम कह देते हैं।
क्या नाम है पटादार?

पटादार : हाँ, ठेकेदार।

कार्पटदार : अच्छा ठीक है!
[आँखें पोंछ कर उस बक्से पर बैठे। ये लोग सामने आये। आवाज में दर्द है।]

ठेकेदार : आप लोग जनसाधारण हों या—

पटादार : उदाहरण।

ठेकेदार : आप लोग दर्शक हों या—

पटादार : कर्कश।

ठेकेदार : आप लोग नेता हों या—

पटादार : छाता।

ठेकेदार : आप लोग मिनिस्टर हों या—

पटादार : ट्रांजिस्टर।

ठेकेदार : आप लोगों को थोड़ी सी अक्ल होनी चाहिए।

पटादार : अक्ल।

ठेकेदार : हमारे वो (**कार्पटदार की ओर इशारा किया**)
बचपन से थोड़ा सा कुछ कर दिया था।

पटादार : किसी दोस्त की गाड़ी लेकर कहीं थोड़ा घूमने निकल गये थे।

ठेकेदार : उस दोस्त ने मज़ाक में पुलिस में इत्तिला कर दी कि गाड़ी की चोरी हो गई है।

पटादार : ऐसा मज़ाक तो मित्रों में होता ही है।

ठेकेदार : हमारे उन्होंने तुरन्त गाड़ी लौटा दी थी।

पटादार : बात वहीं खत्म हो गई थी। अचानक एक दिन—

ठेकेदार : हमारे उनके मंत्री रहते हुए उन्हीं निन्दकों ने इस बात को अखबारों में निकलवा दिया।

पटादार : अखबार वाले तो इसी ताक में रहते हैं। सिर्फ वही बात दुहराने लगे।

ठेकेदार : इसी समय एक मनचले लड़के ने मज़ा लेने के लिए इस मसले पर कचहरी में एक केस ठोंक दिया।

पटादार : फिर खेल खतम। जाने कैसे उस लड़के ने डिग्री ले ली।

ठेकेदार : और हमारे वो...

[कार्पटदार खड़े हैं और आवाज़ रुआँसी-सी है]

कार्पटदार : मैंने अपने नेता के प्रति आनुग्रह्य दिखाकर इस्तीफा देने की अनुमति माँगी थी।

ठेकेदार : नेताजी ने तुरंत अनुमति प्रदान की।

पटादार : और हमारे उन्होंने इस्तीफा दे दी।

कार्पटदार : इसका मुझे कोई दुख नहीं है मित्रो! दुख सिर्फ इतना है कि मैं अपने लोगों के सामने सेवा की पराकाष्ठा साबित न कर सका।

ठेकेदार : उनके मन में काफ़ी अफसोस है।

पटादार : उसी से आँखों में आँसू आ जाते हैं। मन तड़पता रहता है।

ठेकेदार : उनके सुख-दुःख के साथी हैं हम।

पटादार : उनके सुख के साथी थे। अब दुःख के भी साथ हैं।

ठेकेदार : हम उन्हें देश सेवा के मार्ग में बढ़ने की सलाह देते रहे।

पटादार : हमारी ही सलाह से उन्होंने यह पी-एच०डी० प्रोडक्शन सेण्टर खोला है। सस्ते में और आसानी से अध्यापकों को पी-एच०डी० उपलब्ध कराना चाहते हैं। क्योंकि अध्यापक ही इस प्रांत के मध्यवित्त बुद्धिजीवी हैं।

ठेकेदार : फिलहाल सरकार की एक नई नीति के कारण अचानक उन लोगों की नौकरी रहने न रहने को लेकर समस्या पैदा हुई है।

पटादार : नौकरी पाने के लिए वे लोग डाक्टरेट करने को बाध्य हो रहे हैं, चाहे उनमें कोई ज्ञान हो न हो।

ठेकेदार : इसीलिए अचानक पी-एच०डी० की माँग बढ़ गई है। राज्य में शिक्षा-व्यवस्था की उन्नति के लिए उनकी यह परिकल्पना है।

पटादार : जिस समय इस राज्य की शिक्षा-व्यवस्था का इतिहास लिखा जायेगा, उस समय हमारे इनका नाम स्वर्णाक्षर में लिपिबद्ध होगा।

[इसी समय कार्पटदार ने ढोल बजाया। ये लोग खामोश हो गये।]

कार्पटदार : आज का कार्यक्रम क्या है?

ठेकेदार : पहले सारे कोटेशन खोले जायेंगे।

पटादार : फिर विभागीकरण किया जायेगा।

ठेकेदार : सबसे कम दाम वाली चीजों को खरीदने के लिए हम सिद्धान्त करेंगे।

पटादार : अगर हमसे खरीदने के लिए ग्राहक लोग आ पहुँचेंगे और उनकी संख्या अधिक हुई तो यहीं पर सबके सामने चीजों का नीलाम हो जायेगा।

कार्पटदार : आज किन-किन विषयों पर कोटेशन माँगे गए हैं?

ठेकेदार : साहित्य, इतिहास।

कार्पटदार : सारे राज्य के अन्दर से या बाहर से भी...

पटादार : हाँ जी, बाहर बहुत डिमाण्ड है। लोग वहाँ पर सलाह नहीं दे पाते! यहाँ Compete करके क्या फायदा!

कार्पटदार : ठीक है। चीजें निकालकर सूची तैयार करो।

[वे लोग बक्से के पास गये-कार्पटदार ढोल बजाता रहा। इसी समय बाहर हल्ला होता है। आवाज नित्यानन्द। सत्यानन्द एवं रामचन्द्र दिगम्बर की थी।]

सत्यानन्द : नहीं छोड़ूँगा। बिल्कुल नहीं छोड़ूँगा।

रामचन्द्र : छोड़ दो, मैं कह रहा हूँ छोड़ दो।

[अन्दर घुस आने का उपक्रम करते हैं।]

सत्यानन्द : ना।

रामचन्द्र : चुप बे, तेरे बाप की दुकान है यह। चला आया माल खरीदने!

रामचन्द्र : मा-मार डालूँगा।

[पहले से रामचन्द्र के पीछे दिगम्बर और सत्यानन्द के पीछे नित्यानन्द हैं। यहीं पर रामचन्द्र के पीछे से दिगम्बर और सत्यानन्द के पीछे से नित्यानन्द उन्हें पकड़कर मार-पीट से बचाना चाहते हैं।]

सत्यानन्द : मैं भी मार डालूँगा। नित्यानन्द छोड़ दो मुझे।

रामचन्द्र : क्या कहा, मुझे मार डालोगे। इतनी हिम्मत। दिगम्बर छोड़ो मुझे। हो जाने दो फौज़दारी।

सत्यानन्द : अच्छा, इतनी फौज़दारी करने वाला। छूकर तो देख! अभी चार-छः छात्रों को खबर कर दूँ तो तुम्हारा पत्ता साफ कर देंगे।

रामचन्द्र : अबे जा-जा-देखी है मैंने छात्रों की हिम्मत। पुलिस पर एक ढेला फेंक देने से या बस में आग लगा देने में कितनी ताकत लगती है, हम जानते हैं। कहता है, छात्रों को बुलाएगा। देखोगे अभी, पचास कुली लाकर खड़ा कर दूँगा।

[इसी संवाद के दौरान ये लोग ठेकेदार और पटादार के नज़दीक पहुँच जाते हैं।]

सत्यानन्द : मैं छात्रों को उकसाकर राज्य भर में हड़ताल करवा दूँगा।

रामचन्द्र : कौन-सा पहाड़ टूट पड़ेगा। कितने ही हड़ताल होते हैं। वे नहीं करते तो तुम लोग करते हो। क्या हो जाता है उससे?

सत्यानन्द : हम हड़ताल करते हैं, अपनी माँग पूरी करने के लिए। तुम कौन होते हो टोकने वाले?

रामचन्द्र : माँग क्या है? बड़े आराम से तो हो! पाठ तो पढ़ाते नहीं, ऊपर से अपना गुणगान करवाने के लिए छात्रों के झुंड बनाते रहते हो। वरना डराओगे कि परसेंटेज काट दूँगा। परीक्षा में नम्बर नहीं दूँगा। ऐसी हालत में कहता क्या है कि अपनी माँग!

सत्यानन्द : खबरदार, ऐसा मत करना। हम उस गुट के नहीं हैं।

रामचन्द्र : और किस गुट के हो!

सत्यानन्द : हम आदर्श हैं। आदर्श अध्यापक।

नित्यानन्द : आदर्श या कद्दू? अगर आदर्श है, तो दो-चार साल मेहनत करके शोध करके पी-एच०डी० क्यों नहीं करते? यहाँ चले आये पी-एच०डी० खरीदने!

नित्यानन्द : क्यों नहीं खरीदेंगे! जब जिसकी जो इच्छा हुई कानून बना देंगे कि पी-एच०डी० करना ज़रूरी है। क्या पी-एच०डी० कोई ठोंगा है, जो अखबार खरीद कर गोंद लगा के चिपका दें।

खरीदेंगे नहीं तो और क्या करेंगे!

रामचन्द्र : बहस!

सत्यानन्द : इसमें बुरा क्या है?

दिगम्बर : नहीं-नहीं, बुरा क्या है? भला आदर्श का इससे अच्छा उदाहरण और क्या हो सकता है।

नित्यानन्द : हाँ, फिलहाल यही आदर्श है। दूसरे लोग भी इसी आदर्श पर चल रहे हैं।

दिगम्बर : ऐसा मत कहना।

खुद तो अन्धे हो। दूसरे को अन्धे कहने की कोई ज़रूरत नहीं।

नित्यानन्द : क्या कहा? हम अन्धे हैं। हाँ-हाँ क्या कहा तुमने, हम अन्धे हैं!

देखा साहब, देखा आपने, ये हरामज़ादा किस तरह हमें अन्धा कह रहा है।

दिगम्बर : खबरदार। हरामज़ादा मत कहना?

नित्यानन्द : कहेंगे। ज़रूर कहेंगे। कहेंगे तो क्या कर लोगे तुम?

दिगम्बर : क्या कर लूँगा? देखोगे हुँ...दूँगा एक....फिर आदर्श शिक्षक बनना भूल जायेगा।

सत्यानन्द : कुछ नहीं कर सकोगे।

तुम लाख चिल्लाओ, फिर भी कुछ नहीं कर सकते। हम जैसे आदर्श शिक्षक हैं, वैसे ही आदर्श शिक्षक रहेंगे। छात्रों के सामने, इस जाति के सामने, इतिहास के पन्नों में।

दिगम्बर : बन्द करो। (Pause) आदर्श शिक्षक। हुँह....। आप लोग अगर आदर्श शिक्षक होंगे, तो कहाँ जायेंगे उन पाठशालाओं के सारे शिक्षक, गुरुकुल के सारे आचार्य, जिनके कारण इस देश की संस्कृति टिकी हुई है।

नित्यानन्द : हमने भी संस्कृति को बरकरार रखा है।

रामचन्द्र : कौन-सी संस्कृति? घोड़े की संस्कृति। मधु बाबू का नाम तक सुना है कभी? क्या खाक करोगे तुम!

सत्यानन्द : जानते हैं, मधु बाबू को अच्छी तरह जानते हैं!

दिगम्बर : ज़रूर, ज़रूर सचित्र मधु वर्ण-बोध पढ़कर पढ़ाई शुरू की होगी।

नित्यानन्द : ऐसा मत कहना।

रामचन्द्र : अवश्य कहेंगे।

सत्यानन्द : नहीं तुम नहीं कह सकते।

रामचन्द्र, दिगम्बर : हाँ, कहेंगे।

सत्यानन्द, नित्यानन्द : ना।

रामचन्द्र : हाँ।

सत्यानन्द : ना।

दिगम्बर : हाँ।

[इस हाँ-ना के बीच कार्पटदार अपनी जगह से ढोल बजा उठा। सभी खामोश हो गये।]

कार्पटदार : ये अधम लोग कौन हैं?

ठेकेदार : रामचन्द्र और दिगम्बर-'बी०' क्लास कण्ट्राक्टर हैं।

पटादार : सत्यानन्द और नित्यानन्द एढॉक अध्यापक हैं।

कार्पटदार : सुन्दर। आप लोगों को अच्छी-खासी मुर्गे की लड़ाई करते देख कर खुशी हुई। ऐसा करने का मकसद क्या है?

ठेकेदार : हमें नहीं मालूम।

पटादार : लगता है, व्यापार-सम्बन्धी हो।

कार्पटदार : आप लोग यहाँ आइए।

पटादार : लड़ाई का उद्देश्य क्या है!

सत्यानन्द : हम लोग बाहर आपका इन्तजार कर रहे थे।

नित्यानन्द : आपके आदमियों ने हमें सस्ते में पी-एच०डी० खरीदने में मदद करने के लिए रोक रखा था।

रामचन्द्र : इतने में हम लोग पहुँच गये।

दिगम्बर : सुना है, आप एक साथ ये सारी चीजें यहाँ पर नीलाम करेंगे।

रामचन्द्र : तभी सोचा कि हम सब खरीद लेंगे-एक साथ।

दिगम्बर : बाहर बेचने पर दो पैसे मिल जायेंगे।

रामचन्द्र : हम लोग ठेकेदार ठहरे। व्यापार से दो पैसे बनाने हैं। और यह इतना फाय़देमन्द है, पहले से हमें पता ही नहीं था। जब पता चला, दौड़े हुए चले आये।

सत्यानन्द : हमने सबको रोका।

नित्यानन्द : क्योंकि इससे हमारे स्वार्थ पर आँच आयेगी।

कार्पटदार : आप लोगों की समस्या मैं समझ गया।

[ढोल बजाया]

मैं एक देश सेवी हूँ। सबका उपकार करना मेरा धर्म है।

[फिर ढोल बजाया]

ठेकेदारद्वय मैं फिलहाल नीलाम का काम रुकवा रहा हूँ। फिर कब नीलाम होगा, उसकी सूचना अखबारों में निकालूँगा। आप लोग जा सकते हैं।

रामचन्द्र
दिगम्बर } : जी!

[उन्हें ताका और फिर बाहर निकल गये]

कार्पटदार : आप लोग किस विषय के अध्यापक हैं?

सत्यानन्द : इतिहास।

नित्यानन्द : साहित्य।

कार्पटदार : आप लोगों को पता कैसे चला कि आज इन दो विषयों में टेण्डर खोला जा रहा है?

सत्यानन्द : पहले से पता कर गये थे।

कार्पटदार : बुद्धि तेज है। किस विधा या काल की थीसिस चाहिए?

नित्यानन्द : जो भी हो चलेगा। सिर्फ नाम को इधर-उधर करके हम अपनी विधा में ले आयेंगे।

कार्पटदार : गाइड?

सत्यानन्द : जो बेच रहे हैं, वे गाइड नहीं बनेंगे? नक़द पैसे देकर खरीदेंगे।

कार्पटदार : बनेंगे, बनेंगे। उनसे हम लिखवा लेंगे (Pause) ठेकेदार सूची बन गई?

ठेकेदार : जी हाँ।

कार्पटदार : पढ़ो।

ठेकेदार : क्या पढ़ूँ, साहित्य या इतिहास?

कार्पटदार : दोनों पढ़ो।

[उन्होंने बक्सा खोलकर एक-एक ईंट बाहर निकाली है। उस पर गोंद से चिपकाए हुए कागज पर नाम लिखे गये हैं।]

ठेकेदार : साहित्य-मधु बाबू की रचनाओं में कालिया घोड़ा का प्रभाव।

पटादार : भारत का प्रथम स्वतंत्रता संग्राम और सिराजुदौला का घोड़ा।

ठेकेदार : सारला साहित्य में घोड़ा प्रसंग।

पटादार : कोणार्क मन्दिर में वास्तव में घोड़ों की संख्या क्या है?

ठेकेदार : जी हाँ! क्या सारे के सारे सिर्फ घोड़ों पर हैं?

कार्पटदार : सारे के सारे?

पटादार : हाँ जी, सारे के सारे?

कार्पटदार : वक्त खतम हो रहा है। वंश नाश के समय सिर्फ ये ही पैदा होते हैं। अच्छा, आप लोग इसमें से किसे लेंगे, चुन लीजिए।

सत्यानन्द : किसी भी घोड़े पर हो तो चलेगा।

कार्पटदार : चलेगा तो ज़रूर। तुरन्त अखबार में निकाल दीजिएगा, "अध्यापक का पी-एच०डी० लाभ" मानो किसी तालाब से एक बहुत बड़ी मछली पकड़ ली हो।

नित्यानन्द : नहीं जी, थोड़ी-सी खुशी होने की बात है, बस।

कार्पटदार : और सारी रचनाएँ देश-विदेश के विभिन्न प्रोफेसरों द्वारा काफी प्रशंसित हुई हैं, क्यों?

सत्यानन्द : उस प्रकार न लिखने से वजन कम नहीं हो जायेगा।

कार्पटदार : वजन, पहले अपना वजन ठीक रखिये। फिर शोध कीजिएगा। हुँ..(**सामने देखकर**) कैसा चल रहा है यह

देश। हर किसी को एक झूठी स्वीकृति चाहिए।
एक घोड़ा चाहिए।
मधु बाबू का काला घोड़ा जैसा वाहन।
जिस पर सवार होकर आगे बढ़ा जा सकता है।
शरीर में बल हो न हो
गुण हो न हो, कोई बात नहीं (Pause)
काले घोड़े पर बैठने से
हर कोई मधु बाबू नहीं बन जाता। नहीं बन जाता।
घोड़े पर सवार होने के लिए—
मधु बाबू के गुण चाहिए, उनकी जैसी बुद्धि चाहिए।
अपनी बुद्धि,
जिस बुद्धि के बल पर आदमी आदर्श बन जाता है,
महान हो जाता है।

[ऊपर की ओर ताक रहे हैं। आँखों में इमोशंस]

तुम
तुम फिर एक बार यहाँ पर उतर आओ
मधु बाबू!
अपनी बुद्धि दे जाना!
अपना आदर्श दे जाना!
इस जाति का
उद्धार कर दो मधु बाबू
उद्धार होने का रास्ता दिखला दो।

[उपर्युक्त संवाद करते समय कार्पटदार ने ढोल अपने कंधे से उतार कर नीचे रख दिया। ढोल की रस्सी उनके हाथ में है और उन्होंने ढोल पर अपना पैर रख दिया। यही ढोल कार्पटदार के अहं का प्रतीक है।

संवाद के बाद अंधेरा छा जाता है। उस अंधेरे में ही कार्पटदार और अध्यापक लोग बाहर निकल गये हैं। उस अंधेरे में घोड़े के हिनहिनाने की आवाज़ सुनाई दे रही थी। साथ ही दूर से नजदीक आती हुई और फिर धीरे-धीरे दूर होती हुई घोड़े की आवाज़। रोशनी आते ही तटस्थता के साथ ठेकेदार और पटादार दिखाई दिये।]

पटादार : ठेकेदार!...

ठेकेदार : पटादार!

पटादार : मैं सुन रहा हूँ।

ठेकेदार : क्या?

पटादार : घोड़े की टाप।

ठेकेदार : हाँ, हो सकता है। वक्त अब नज़दीक आ गया है।
वंश नाश हो जायेगा।
यह जाति भी ध्वंस हो जायेगी।

पटादार : ना, ना, यही शायद काला घोड़ा हो।

ठेकेदार : कौन-सा काला घोड़ा ?

पटादार : मधु बाबू का काला घोड़ा।

ठेकेदार : वह क्यों यहाँ आयेगा?

पटादार : क्यों आने पर कोई रोक थोड़े है?
घोड़े बहुत प्रभु-भक्त होते हैं।
हो सकता है मधु बाबू को।
पीठ पर बिठाके ले आया हो!

ठेकेदार : मधु बाबू के आने से क्या हो जायेगा?

पटादार : रास्ता दिखा देंगे।

ठेकेदार : रास्ता दिखा देंगे?

पटादार : हाँ सही रास्ता,
जिस रास्ते में बढ़ने पर,
यह वंश नहीं डूबेगा,
इस जाति का उद्धार हो जायेगा।

ठेकेदार : ऐं ऽ! तू ठीक तो कह रहा है न?

पटादार : हाँ।

ठेकेदार : तो फिर बुलाओ।

पटादार : हाँ, बुला रहा हूँ।
[घुटने के बल बैठकर भारी आवाज़ में]
हे काले घोड़े?
काले घोड़े...

ठेकेदार : अरे घोड़े को नहीं,
मधु बाबू को बुलाओ।

पटादार : ना, पहले काले घोड़े से
मधु बाबू का हाल पूछ लेंगे।

ठेकेदार : कोई ज़रूरत नहीं।
मधु बाबू को पुकारो
वे,
हमारी दुर्दशा के बारे में जानने पर
ज़रूर आयेंगे।

पटादार : ना—
पहले काले घोड़े को—

ठेकेदार : मना किया न...
मधु बाबू को आवाज़ दो।

पटादार : ना।
काला घोड़ा ...एऽ काला घोड़ा...

ठेकेदार : ठीक है।
मधु बाबू....मधु बाबू...

पटादार : काला घोड़ा...

ठेकेदार : मधु बाबू....

पटादार : काला घोड़ा...

ठेकेदार : मधु बाबू...

[इस प्रकार पुकारते-पुकारते, झगड़े की मुद्रा में दोनों मंच के बीचोंबीच आ पहुँचते हैं। वहीं से विपरीत दिशाओं की ओर मुँह करके इसी पुकारने की स्थिति में मंच के बाहर निकल जाते हैं। फिर मंच पर अन्धकार छा जाता है।]

भाषान्तर : डॉ० अजय कुमार पटनायक

■

बांग्ला एकांकी

संपादक—**सिद्धेश**

बांग्ला नाटकों की परंपरा और आधुनिक सन्दर्भ

बांग्ला नाटक अथवा थियेटर का इतिहास बहुत पुराना है। लगभग सौ-डेढ़ सौ साल पुरानी परंपरा का निर्वाह आज भी निरन्तर जारी है। जबकि इसमें गति-प्रकृति में काफी परिवर्तन और आधुनिक परिदृश्य का अवलोकन हुआ है। नाट्य-सम्राट गिरीशचन्द्र घोष, शिशिर कुमार भादुड़ी से लेकर आधुनिक काल के शंभु मित्र तक के अवदान का बखान करें तो, पता चलेगा कि बांग्ला नाट्य-परंपरा की समृद्धि कितनी व्यापक और सामाजिक-चेतना से उदबुद्ध थी। गिरीशचन्द्र घोष ने नाटक की रचना, उसकी प्रस्तुति और शिल्प-संरचना को 'देशज' याने देश के साधारण लोगों तक लाने की कोशिश की थी। बांग्ला में जिसे 'जात्रा' (नौटंकी) कहते हैं, उसमें दृश्यपट को लेकर विशेष चिन्ता-भावना की गुंजाइश नहीं थी, बल्कि काव्यमय भाषा का अभिनय के साथ निर्वाह इसकी प्रस्तुति के अंग के रूप में माना जाता रहा, इसको रूप-विन्यास और वाद्ययंत्र की लयात्मकता से समृद्ध किया जाता था। खुले मंच पर इसकी प्रस्तुति से दर्शकों के मन में एक विचित्र तरह का प्रभाव पड़ता, वे अभिनेता और रंगकर्मियों को अधिक निकटता से महसूस करते। बाद में यही भांड़ की गति-प्रकृति में तब्दील हो गया और इसकी शिल्पगत अर्थवत्ता में अवनति आती गयी। अभिनेताओं का जोर-जोर से कथा-वाचन और हास्यकर अंगभंगिमाओं से दर्शकों की तालियाँ मिलती थीं, पर यह स्वस्थ और स्वाभाविक अभिनय नहीं माना गया। गिरीशचन्द्र घोष ने इसमें स्वस्थ परंपरा की नींव डाली। स्वाभाविक अभिनय, संगीत की सुमधुरता, चरित्रों का विश्लेषण नाटकों में जरूरी हो गया। अत: गिरीशचन्द्र घोष ने जिस बीज का रोपण किया था, वही आज पल्लवित-पुष्पित होते देखा जा रहा है।

रंगमंच के विभिन्न उपादानों को प्रस्तुत करने की गति-प्रकृति में समय-समय पर परिवर्तन और यथार्थ-समृद्ध करने की गुंजाइश दिखी। आज स्थिति यह है कि नाटकों में विचार-तत्व, सामाजिक दायित्व, शिल्पगत-चेतना का प्रभाव अधिक दिखाई पड़ता है। रंगमंच अगर खाली हो या मात्र कुर्सी और अलमारी से सजा दिया गया हो या फिर काठ के दरवाजे के पल्लों से घेर दिया गया हो, तो नाटक की वैचारिक प्रस्तुति में कोई फर्क नहीं पड़ता। आधुनिक काल में आकर नाटकों की रचना, संरचना में प्रभावशाली चिन्तन की तरफ ध्यान ज्यादा गया है। नाटकों में आन्दोलन के तहत प्रगतिशीलता, प्रयोगवाद और प्रतीकात्मकता के प्रति

नाटककारों का रुझान बढ़ा है। आधुनिक नाट्य-जगत के पुरोधा शंभु मित्र ने अपने नाट्य-आन्दोलन में शिशिर कुमार भादुड़ी की आधुनिक चेतना को आगे बढ़ाया। गिरीशचन्द्र घोष के बाद शिशिर कुमार भादुड़ी ने 'जातीय यथार्थ' को अपने ढंग से समृद्ध किया। शिशिर कुमार भादुड़ी ने 'सीता' नाटक में रंगमंच-सज्जा, पोशाक में परिवर्तन और प्रकाश की रंगमय प्रस्तुति में क्रान्तिकारी अवधारणा प्रतिष्ठापित की, वह अभूतपूर्व था। स्वयं शंभु मित्र ने इसका अनुसरण किया था। शिशिर कुमार भादुड़ी के 'दिग्विजय' नाटक के बारे में शंभु मित्र का यह कथन विशेष रूप से उल्लेखनीय है—

"नादिर शाह की दिल्ली ध्वंस की घोषणा के साथ नेपथ्य से बिगुल और नगाड़े की आवाज गूँज उठती और बीच-बीच में तोप की ध्वनि तथा सैनिकों के चीत्कार सुने जाते। घायल सैनिकों की चीख और कराहने की आवाज भी आती। जब तक युद्ध का ताण्डव चलता, तब तक मंच के सामने की रोशनी गुल कर दी जाती थी। चहारदीवार के सामने नादिर शाह खड़े दिखते, दर्शकों की तरफ उनकी पीठ होती। युद्ध के अन्त में यह आवाज धीरे-धीरे मन्द पड़ती जाती और उसकी जगह सैनिकों के मार्च-पास्ट करने की आवाज के साथ kettle Drum बजने लगती। दिल्ली के साधारण लोगों का हाहाकार तथा कराहने की आवाज आती। यह नाट्याभिनय अगर मैं नहीं देखता तो 'नवान्न' के प्रथम दृश्य की कल्पना मन में नहीं आती। नाटक के दृश्यपट, अभिनय, आवाज सबको एक साथ कैसे गुँथा जाता है, इसकी शिक्षा मुझे शिशिर कुमार भादुड़ी से मिली। वही मेरे प्रथम पथ-निर्देशक बने।"

उपरोक्त उक्ति से स्पष्ट हो जाता है कि शंभु मित्र के शिक्षा गुरु शिशिर कुमार भादुड़ी ही थे। लेकिन नाटकों में आमोदप्रियता को उन्होंने ग्रहण करना नहीं चाहा। उनका मन अतृप्त था और इसी अतृप्ति में उन्होंने अपने लिए जगह ढूँढ़ निकाली। तीसवें दशक में शंभु मित्र का पदार्पण हुआ था। उस वक्त तक नाटकों का उद्देश्य मुनाफा, व्यावसायिक प्रवणता तक ही सीमित था, जिसको शंभु मित्र ने तोड़ना चाहा। उन्होंने व्यावसायिक पद्धति को स्वीकार नहीं किया। प्रचलित ध्यान-धारणा से अपने को मुक्त किया और 'नवान्न' की सफलता के पूर्व गणनाट्य आन्दोलन अथवा नाट्य संघ के तहत 'लेबोरेटरी' और 'जबानबन्दी' नाटकों को प्रस्तुत किया। बाद में 'बहुरूपी' नाट्य-दल की स्थापना की और फिर एक के बाद एक श्रेष्ठ नाटक खेले। आधुनिक यन्त्र-सभ्यता तथा उसके शोषण की कहानी रवीन्द्रनाथ ठाकुर रचित 'रक्तकरबी' का प्रस्तुतिकरण उनके द्वारा हुआ। उन्होंने साबित किया कि आधुनिक 'परफौरमेन्स' के अन्तर्गत रवीन्द्रनाथ के लंबे-लंबे काव्य-नाटकों का प्रस्तुतिकरण भी सम्भव है। बाद में विदेशी नाटक इब्सन के

'डॉल्स हाउस' को 'पुतुल खेला' नाम से रंगमंच पर प्रस्तुत कर नाटकों में आधुनिकता की सारी संभावनाओं को, उनके विकास को प्रतिष्ठापित किया। संलाप (कथोपकथन), रंगमंच पर प्रस्तुत सेट की अनिवार्यता, अभिनय का साधारणीकरण और पोशाक में सामान्य प्रयोजन की ओर ध्यान खींचकर नाट्य-जगत में हलचल मचा दी। आज उन्हीं के पदचिह्नों पर चलकर नाटकों में नये-नये आन्दोलन हुए हैं, यहाँ तक कि नाट्य-लेखन में भी नाटककारों का इस ओर ध्यान गया है और उनमें आकर्षण पैदा हुआ है।

बावजूद इसके सच तो यह है कि नाटककारों के दलों की ऊर्जा और उत्साह-प्रवणता की वजह से ही नाट्य-आन्दोलन की अग्रगति संभव हो पायी है। 'बहुरूपी', 'लिट्ल थियेटर ग्रुप', 'गणनाट्य' जैसी पुरोधा नाट्य-गोष्ठियों ने उन्नत नाटकों के जरिए दर्शकों की रुचि और आकर्षण में बदलाव की भूमिकाएँ निभाई हैं। विजन भट्टाचार्य ने विशेष रूप से इसमें हिस्सेदारी एवं पहल की। इसके बाद इसमें चमत्कार पैदा किया बादल सरकार के प्रयोगधर्मी नाटक एवं अजितेश बंद्योपाध्याय की प्रगतिशील नाट्य-संस्था 'नान्दीकर गोष्ठी' ने।

नाटकों के मौलिक लेखन और अंग्रेजी नाटकों के भावानुवाद के जरिए शंभु मित्र ने जो पहले ही स्वस्थ दृष्टांत रखा था, इनमें अभिनय और निर्देशन की गहरी सूझ-बूझ और पड़ताल थी। मगर सब मिलाकर जो निष्कर्ष सामने आया, वह था, इब्सन, ब्रेख्त, शेक्सपीयर के नाटकों का ज्यादा से ज्यादा उन दिनों भावानुवाद हुआ, जिसके फलस्वरूप मौलिक नाटकों की रचना की ओर लोगों का कम ध्यान गया। यह कब तक चलता। फिलहाल शंभु मित्र के उत्तराधिकारी के रूप में कई ऐसे नाटककार सामने आये, जिन्होंने भावानुवाद के समानान्तर मौलिक नाटकों की रचना और परिकल्पना में अपना ध्यान आकर्षित किया। कुमार राय, मनोज मित्र, मोहित चट्टोपाध्याय, सौमित्र चट्टोपाध्याय जैसे साहित्यिक एवं समर्पित नाट्यकारों ने बांग्ला मौलिक नाटकों की समृद्धि में अपना-अपना योगदान दिया।

बांग्ला नाटकों का प्रदर्शन विगत सालों में क्रमशः कमता गया है। फिर भी शक्तिशाली नाट्य-आन्दोलन के तहत 'गणनाट्य गोष्ठी' ने गाँवों-कस्बों और छोटे-छोटे शहरों में अस्थायी रंगमंच तैयार किया, नुक्कड़ नाटकों का प्रदर्शन किया और इस तरह से नाट्य-प्रेमी दर्शकों में नया उत्साह और नयी संलग्नता पैदा हुई। बेहाल प्रेक्षागृह, आर्थिक दुर्बलता, रुचि-संपन्न दर्शकों के समयाभाव के कारण पेशादार नाट्य-कर्मियों में तत्परता कमती गयी। बल्कि उसकी जगह नौटंकी (जात्रा), फूहड़ हास्य नाटक और दूरदर्शन की तरफ दर्शकों का बड़ा तबका सिमट आया। इन प्रतिकूल परिस्थितियों के बीच कुछेक रंगमंच ने अब भी पुराने, कुछ

नये नाटकों का पुनर्प्रदर्शन करते हुए बांग्ला नाटकों के इस गतिरोध को रोका है। बांग्लादेश और निकटवर्ती उपमहादेशों से आये हुए नाटकों के दल कलकत्ता में आकर मौलिक नाटकों का प्रदर्शन करते रहे हैं। इनके अवदान के प्रति सरकार की सांस्कृतिक तबका भी सक्रिय है। अतः लोकनाट्य गोष्ठियों की सक्रियता बढ़ी है। आंचलिक तौर पर नये-नये नाटककारों के दल मोहल्लों-कस्बों में भी प्रदर्शन करते हैं। उनके निरन्तर रिहर्सल होते हैं। इनका ध्यान आर्थिक संपन्नता की ओर न जाकर, नये दर्शकों को जुटाकर इनमें नाटकों के प्रति रुचि बढ़ाना है। इनमें देशीय मर्यादा, अपनी जमीन के प्रति मोह और स्वस्थ-सशक्त अभिनय की ओर आग्रह है। योरप, अमरीका अथवा रसा के अन्तर्भुक्त नाटकों को विशिष्ट स्वीकृति देने में कोई हिचकिचाहट नहीं है। उन समृद्ध देशों के दर्शकों का अलग तबका है, जो केवल नाटकों के प्रति समर्पित है। यही संलग्नता आज बड़े शहरों से ज्यादा इन मोहल्लों-कस्बों के नवयुवकों में देखी जा रही है। अन्तर यही है कि उन देशों में ऐसे छोटे-छोटे प्रेक्षागृहों की कमी नहीं है। रेस्तराँ, पबों की तरह मंचों की भरमार है। रसज्ञ दर्शकों की नाटकों के प्रति अभिरुचि है। यह दिन दूर नहीं, जब बांग्ला नाटकों का प्रदर्शन बड़े शहरों से ज्यादा इन मोहल्लों-कस्बों, छोटे-छोटे शहरों में बड़े पैमानों पर होने लगेगा।

इन दिनों महिला नाटककारों में निर्देशिका और अभिनेत्री के रूप में साँवली मित्र एवं हिन्दी की उषा गांगुली रंगमंचीय गति-प्रकृति एवं प्रदर्शन-चिन्तन में निरन्तर संलग्न हैं। उषा हिन्दी की होकर भी बांग्ला कथाओं का नाट्यरूप देकर (रुदाली) अपनी यात्रा जारी रखी है। साँवली मित्र ने पौराणिक गाथा को आधार बनाकर मोनोलॉग (एकालाप) के जरिए कुछेक बेहतरीन प्रदर्शन किये हैं। 'नाथवती-अनाथवत' में द्रौपदी के चरित्र का सशक्त विश्लेषण किया है, जो उनके नाट्य-चिन्तन की गरिमा और अभिनय-क्षमता का द्योतक है।

प्रमुख आधुनिक नाटककारों में जिन्होंने सामाजिक चेतना, यान्त्रिकता और प्रयोगधर्मिता चाहे वह प्रतीकधर्मी हो अथवा मिथकीय हो, सबमें हिस्सेदारी की है, वे हैं दिगिन्द्रचन्द्र बन्द्योपाध्याय, बिजन भट्टाचार्य, मन्मथ राय, तुलसी लाहिड़ी, उत्पल दत्त, बादल सरकार, बिधायक भट्टाचार्य, धनंजय बैरागी (तरुण राय), मनोज मित्र, मोहित चट्टोपाध्याय तथा अन्यान्य। ढेर सारे नाटककारों से समृद्ध बांग्ला नाट्य-जगत् आज दूसरी भाषाओं के नाटककारों के लिए प्रेरणा का विषय है।

❑

मैंने सन् चालीस के बाद के नाटककारों का चुनाव इसलिए किया है कि आधुनिक नाट्य-चिन्तन और नाटककारों की प्रवृत्ति की एक झलक मिल सके।

रवीन्द्रनाथ ठाकुर ने उपन्यास, कविता के अलावा नाट्य-जगत् को ढेर सारे काव्यमय सम्पूर्ण नाटक उपहार दिये हैं, लेकिन उनकी प्रस्तुति और रंगमंच सज्जा के अन्तर्गत नृत्यानुष्ठान अनिवार्य है। 'चित्रांगदा', 'तासेर देश', 'श्यामा', 'चंडालिका' जैसे नृत्य-नाट्य की अपूर्व छटा दर्शकों के मन पर बिखरती है। संवेदना के गह्वर तक पहुँच पाते हैं। इनकी अद्वितीयता इसी में है कि नृत्य के माध्यम से, कवित्वमय गीत के माध्यम से ही इनका प्रस्तुतिकरण संभव है। शंभु मित्र ने रवीन्द्रनाथ के 'चार अध्याय' को नाट्यरूप देकर आधुनिकता की सारी शर्तों को निबाहने की कोशिश की थी और उसमें वे सफल भी हुए थे।

मौलिक नाटकों में 'मेघेर आड़ाले सूर्य' (दिगिन्द्रचंद्र बन्द्योपाध्याय), 'हांस खालिर हांस' (बिजन भट्टाचार्य), 'एक पशला वृष्टि' (धनंजय बैरागी), 'बीज', 'मणिकांचन', 'एवं इन्द्रजित', 'पगला घोड़ा' (बादल सरकार), 'तितास एकटी नदीर नाम', 'घूम नेई', 'टीनेर तलवार' (उत्पल दत्त), 'साजानो बागान', 'राजदर्शन', 'अश्वत्थामा' (मनोज मित्र), 'राजरक्त', 'राक्षस' (मोहित चट्टोपाध्याय) इत्यादि हैं।

उपरोक्त नाटकों में अधिकांश सम्पूर्ण नाटक हैं। मगर उनमें एकांकी नाटक भी हैं, जिन्हें मैंने संकलन में लिया है। इन नाटकों में राजनीतिक उथलपुथल (नक्शल पीढ़ी) में मानविक हृदयता (मेघेर आड़ाले सूर्य), अत्याचारी जड़शक्ति के प्रतीक दैत्य के विरुद्ध जेहाद (बीज), पारिवारिक सम्पर्कों में दरार और अन्त में मिलन (एक पशला वृष्टि), महाभारत के कुरुक्षेत्र युद्ध के उपरान्त पंचपांडव के संतान की हत्या और अश्वत्थामा का नैतिक पराजय (अश्वत्थामा) तथा प्रतीक के माध्यम से सुख, सौन्दर्य, प्रेम की प्रतिष्ठा (राक्षस) की असाधारण रूप से व्याख्या मिलती है।

सिद्धेश

बादलों की ओट में सूरज

दिगिन्द्रचंद्र बंद्योपाध्याय

दिगिन्द्रचंद्र बंद्योपाध्याय

जन्म-काल : 1908-1990

आधुनिक नाट्य आन्दोलन के प्रमुख स्तम्भ। सम्पूर्ण एवं एकांकी नाटकों की लगभग 72 पुस्तकें। गोर्की की 'माँ' पर आधारित नाट्य-रूप तथा बांग्ला देश के मुक्तियुद्ध पर 'दुरन्त पद्मा' नामक नाटक रचने का श्रेय इन्हें है। 1968 में सोवियत लैंड नेहरू पुरस्कार। 1985 में पश्चिम बंग सरकार की तरफ से 'दीनबन्धु' पुरस्कार से सम्मानित। 1958 से 1964 तक गणनाट्य संघ की राज्य समिति के सभापति रहे।

◆

पात्र

भवेश	:	अध्यापक। उम्र—पचास के आसपास
सुचेता	:	भवेश की पत्नी, उम्र—पैंतालीस
सुखेन	:	भवेश का पुत्र, उम्र—पच्चीस
जनार्दन	:	प्रधानाध्यापक, भवेश का हमउम्र
सुखेन के हमउम्र दोस्त	:	अरविन्द, सोमेन, कमलेश, शेखर, अनुपम, कमर्दन, सुनीत तथा...

[सुबह। मध्यवित्त परिवार का शयन-कक्ष। सुचेता बिस्तर सहेज रही है। पीछे की तरफ एक खिड़की है, जिससे दूर के कुछ पेड़-पौधे नज़र आते हैं। बायीं तरफ दूसरे कमरे में जाने का दरवाज़ा है, जिस पर पर्दा लटक रहा है।]

सुचेता : यह भी भला कोई बात हुई। सुबह होते न होते ही कहाँ चला गया। घर से तो सिर्फ खाने और सोने का नाता रह गया है। मज़ाल है, दो पल घर में टिक जाए। कुछ कहो, तो लंबा-सा भाषण सुनाकर मेरा मुँह बंद कर देता है। यह झमेला मुझे अच्छा नहीं लगता। किसका जन्मदिन मनाऊँ! दो को कोख में पाला था—एक तो चला ही गया, यह भी कब चला जाएगा,क्या भरोसा है? अजीब मुसीबत है मेरे लिए।

भवेश : (**साथ वाले कमरे से**) सुबह-सुबह अकेले में क्या बड़बड़ा रही हो?

सुचेता : (**ऊँचे स्वर में**) अपने चरम-विनाश के मंत्र का जाप कर रही हूँ।

भवेश : अच्छी बात है, परलोक सँवर जाएगा।

[बायीं तरफ का पर्दा हटाकर भवेश बाबू प्रवेश करते हैं। बिखरे हुए अधपके-खिचड़ी-से बाल। धोती तथा बनियान पहन रखी है। सोकर उठ आए हैं]

सुचेता : इहलोक में तो बड़ा सुख मिला है? कार्यकलाप देखकर तन-बदन जल उठता है।

भवेश : भाप ज़्यादा जमा हो जाने पर ढक्कन तो बजेगा ही।

सुचेता : एक की दार्शनिक बातें, तो दूसरे का विप्लव।

भवेश : संतुलन की आवश्यकता ही क्या है। वस्तु का वजन करने के लिए तराजू के दूसरे पलड़े पर बाट तो रखना ही पड़ता है।

सुचेता : कॉलेज में पढ़ाते-पढ़ाते तुम्हें ऐसा अभ्यास हो गया है कि हर किसी को छात्र समझ बैठते हो।

भवेश : (**कुर्सी पर बैठते हुए**) छात्र मिले ही कहाँ? लगता है, सब कुछ व्यर्थ है।

सुचेता : हज़ार बार कहा है कि लड़के के साथ राजनीति पर इतनी चर्चा मत किया करो।

भवेश : मन में सवाल पैदा हो तो उसका जवाब तो देना ही पड़ेगा न?

सुचेता : (**कमरे की बिखरी हुई वस्तुओं को सहेजते हुए**) मेरे मन में उठे सवालों का तो कभी जवाब नहीं देते।

भवेश : क्योंकि अपने सवालों के जवाब तुम स्वयं ही ढूँढ़ लेती हो। तुम स्वयं सम्पूर्ण जो हो।

सुचेता : सनकी कहीं के।

भवेश : नहीं सनकी नहीं। तुम्हारी माया-ममता के वशीभूत भला कौन नहीं?

सुचेता : इनका अब कोई महत्व नहीं रहा।

भवेश : किसने कहा तुमसे?

सुचेता : देख ही तो रही हूँ। कल सुकु को इतना कहा कि आज उसका जन्मदिन है, अतः घर पर ही रहे। सो रहा था, उठकर उसके दर्शन हुए? चारों तरफ मारकाट है। मुझे कुछ भी अच्छा नहीं लगता। इतना समझाती हूँ कि उन पचड़ों में मत पड़ो, शत्रुओं की संख्या बढ़ाकर क्या फायदा?

भवेश : शत्रु-मित्र की समझ ही नहीं है।

सुचेता : वह जो समझेगा, वही ठीक है। उसकी बातों से सहमत न होने पर उसका दिमाग गरम हो जाता है।

भवेश : कुछ नहीं समझता, तभी तो दिमाग गरम हो जाता है।

सुचेता : बिना समझे इतनी उछल-कूद किसलिए?

भवेश : तपती रेत पर पाँव धरने पर छटपटाने के सिवाय और चारा ही क्या है?

सुचेता : तुम्हारे प्रश्रय ने ही...

भवेश : युक्तियों से समझाने को यदि तुम प्रश्रय...

सुचेता : तुम्हारा कहना भी कहाँ मानता है?

भवेश : परामर्श पर उसके स्नायु हमेशा उत्तेजित हो जाते हैं। तभी तो किसी की युक्ति उसके दिमाग में नहीं घुसती।

सुचेता : खुद को खतम करने पर तुला हुआ है।

भवेश : सूर्य के साथ सृष्टि और विध्वंस की आँखमिचौनी सदा ही चलती रही है। जिस ध्वंस से सृष्टि न हो, वह व्यर्थ है, निष्फल आत्महनन है।

सुचेता : दार्शनिक बक-बक रहने दो। गृहस्थी मानो सिर्फ मेरी है। जनाब कब आयेंगे, पता नहीं। जिन्हें खाने पर आमंत्रित किया है, उनकी थाली में कुछ तो परोसना ही होगा न।

भवेश : बाज़ार जाने को कह रही हो?

सुचेता : शर्म की बात है।

भवेश : बाज़ार तो मैं ही जाता हूँ। इसमें शर्म की क्या बात है?

सुचेता : दस-बारह लोगों को खाने पर बुलाया है। इतना सामान तुम्हें ही उठाकर लाना पड़ेगा।

भवेश : बेटे को मालूम है कि उसका पिता अभी भी बोझ उठाने में समर्थ है। बोलो, क्या-क्या लाना है?

सुचेता : अभी तो तुमने मुँह भी नहीं धोया। चाय पीकर जाओगे न।

भवेश : देर से जाने पर कुछ नहीं मिलेगा। बाज़ार से आकर चाय पीऊँगा। तुम एक फेहरिस्त बना दो।

सुचेता : सुकु को जो-जो पसंद है वही लिख दिया है। कौन सी चीज़ कितनी लानी है, तुम खुद ही अनुमान से ले आना।

भवेश : फेहरिस्त पूरी बना दो-ताकि फिर बाज़ार न जाना पड़े।

[युवक का प्रवेश]

सोमेन : मौसी, सुखेन कहाँ है?

सुचेता : कैसे बताऊँ! घर से तो केवल रहने और खाने भर का रिश्ता है।

सोमेन : गुस्सा करके कोई फायदा नहीं होगा मौसी। हमें कितने काम करने पड़ते हैं।

सुचेता : हाँ, हाँ क्यों नहीं। मीटिंग, जुलूस, पोस्टर-कितने काम हैं। हम तो सारा दिन निकम्मे बैठे रहते हैं न!

सोमेन : हमारे कामों में भी तो आप लोग कई प्रकार से सहयोग करती हैं।

सुचेता : तब तो हमारे कामों में भी तुम सबका सहयोग चाहिए।

सोमेन : हाँ, यह बात आपकी सही है। परंतु मौसी, छोटे-मोटे कामों में लगे रहने से बड़े कामों में मन नहीं रमता।

सुचेता : तुम लोग नहीं चाहते कि परिवार सुखी हों।

सोमेन : कितने परिवार सुखी हैं? कोशिश करके भी कोई सुखी हो पा रहा है क्या?

[कुर्ता पहने भवेश का प्रवेश]

भवेश : अत: और नासुखी बना डालो। (**सुचेता से**) लाओ, फेहरिस्त दो।

[सुचेता फेहरिस्त पर एक नज़र डाल कर दे देती है) दो किलो मीट पर ही तो साठ रुपये लग जायेंगे।

सुचेता : उससे कम क्यों होगा?

भवेश : हूँ, दो, थैले दे दो।

[सुचेता साथ वाले कमरे में चली जाती है]

सोमेन : बुर्जुआ आदतें छोड़ने में समय लगता है।

भवेश : क्या कहा?

सोमेन : इतनी शान-शौकत से जन्म-दिन मनाने की क्या ज़रूरत है?

भवेश : खाली पेट उत्सव नहीं होता, सोमेन।

सोमेन : जन्म-मृत्यु तो प्रकृति का नियम है। इसमें भला उत्सव मनाने की क्या ज़रूरत है?

भवेश : फिर भी व्यक्ति सदा से जीवन की ही पूजा करता आया है। संतान की दीर्घायु की कामना माता-पिता को नहीं करनी चाहिए?

सोमेन : इस बात से मैंनें इन्कार तो नहीं किया।

भवेश : तो जन्म-दिन के उत्सव पर तुम्हें आपत्ति क्यों है?

सोमेन : उत्सव पर आपत्ति नहीं, आपत्ति है फिजूलखर्ची पर। कितने ऐसे गरीब लोग हैं जिन्हें दो वक्त, दो मुट्ठी भोजन नसीब नहीं होता।

भवेश : हाँ! चुनावों में विजयी होने पर घड़ी-घड़ी पटाकों पर फिजूलखर्च नहीं होता न?

सोमेन : जनता की विजय में विजयोल्लास तो होगा ही।

भवेश : लोगों में त्रास पैदा करके?

सोमेन : जनता की विजय में दलाल तो खौफ खायेंगे ही। साधारण जनता क्या कहती है, मालूम है?

भवेश : क्या कहती है, नहीं मालूम, परंतु क्या सोचती है, यह मालूम है। भय से कोई मुँह नहीं खोलता। कमजोर होने के कारण, डराकर व्यक्ति को स्तब्ध किए रखना चाहते हो। लेकिन, जानते हो कई बार मुखर न होकर भी मौन बहुत कुछ कह जाता है।

सोमेन : यदि ऐसा ही है, तो फिर लोग हमारा समर्थन क्यों करते हैं? बंद का एक आह्वान करने पर ...

भवेश : सब कुछ अचल हो जाता है? जन-जीवन को स्तब्ध कर देना सहज है, लेकिन गतिशील बनाना बहुत कठिन है। तुम लोग चाहते हो कि अचल को एकदम अचल बना दिया जाए...इसीलिए बात-बात पर बंद का आह्वान...

सुचेता : आज भी बंद है क्या?

[सुचेता का प्रवेश, हाथ में दो थैले हैं।]

सोमेन : नहीं मौसी, मौसाजी के साथ एक सैद्धांतिक विचार-विमर्श चल रहा था।

सुचेता : भई, और नहीं सहा जाता! तुम्हारे मौसाजी का दर्शन और तुम लोगों का वर्ग-संघर्ष! सुन-सुन कर कान पक गए। हम लोग किस श्रेणी के लोग हैं, यह तो समझ में नहीं आता।

भवेश : तुम लोग! तुम लोग गया पैसेन्जर की तृतीय श्रेणी।

सुचेता : मतलब, जितना भी कूड़ा...

[सोमेन ठठाकर हँस पड़ा]

सुचेता : बाज़ार जाओगे भी या नहीं?

[सोमेन फिर हँसता है]

भवेश : येस मैडम! डोंट माईंड सोमेन। आई एम ए नॉन-पार्टीसन। आई ट्राय टू अन्डरस्टैंड ऑल।

[फेहरिस्त जेब में डाल कर थैला लिए बाहर प्रस्थान]

सोमेन : मौसाजी भी काफी मज़ेदार व्यक्ति हैं! जब तर्क करते हैं, तब लगता है वे हमें सहन ही नहीं कर पा रहे हैं। परन्तु वे मन ही मन हमें सचमुच बहुत स्नेह करते हैं।

सुचेता : परन्तु मैं, तुम लोगों से घृणा करती हूँ!

सोमेन : तभी तो स्नेह की मात्रा ज़्यादा है और हमारी दावेदारी भी ढेर है।

सुचेता : **(मुस्कराते हुए)** बहुत हो गया, भागो! मुझे काम करना है।

सोमेन : सुखेन को पहले छोड़ दूँगा। उसे ज़्यादा देर.नहीं रोकूँगा।

सुचेता : और तुम?

सोमेन : आऊँगा ही!

सुचेता : चार बजे, न पाँच बजे?

सोमेन : नहीं नहीं मौसी, ज़्यादा देर नहीं होगी। आपके हाथ का बना खाना खाने का मुझे सोलह आने से ज़्यादा अठारह आने लालच है।

[सोमेन का प्रस्थान]

सुचेता : निकम्मों का दल। इन्हें देख कर तन-बदन जल उठता है, और बिना देखे, रहा भी तो नहीं जाता।

[भवेश के दोस्त जनार्दन का प्रवेश]

जनार्दन : भवेश बाबू हैं?

सुचेता : नहीं, वे तो बाज़ार गए हैं। आइए बैठिए।

[जनार्दन कुर्सी पर बैठते हैं]

जनार्दन : क्या बात है सुखेन की माँ? आज निमंत्रण किस बात का है?

सुचेता : आज सुखेन का जन्म-दिन है।

जनार्दन : अच्छा! उसके दोस्तों को बुलाना ही तो काफी था।

सुचेता : सुखेन के पिता की इच्छा है, आपके साथ बैठकर आनंदपूर्वक मनायेंगे।

जनार्दन : भवेश बाबू आग की चपेट में आकर भी हँसते रहते हैं। उस दिन उनके कॉलेज में जबरदस्त हंगामा हो गया था। रास्ते में मेरे साथ मुलाकात हो गई। हँसते-हँसते निर्विकार भाव से सब कुछ बता दिया। मानो कुछ हुआ ही नहीं।

सुचेता : उनकी बात छोड़िए।

जनार्दन : मालूम है, क्या कहा? बोले, इन्सान को पहली बार जब आग मिली, उस दिन भी शायद उल्लास से इसी तरह सुध-बुध खो बैठा होगा। आग से जलकर झुलस भी सकता है, यह ख्याल उसे शायद नहीं रहा होगा।

सुचेता : उनकी तो सारी बातें ही दुनियादारी से अलग हैं। हँसने और रोने में कोई फर्क नहीं। रोकर इन्सान हल्का हो जाता है, हँसकर भी इन्सान के मन का बोझ हल्का होता है। खैर छोड़िए, बैठिए। चाय बनाती हूँ।

[सुचेता का साथ वाले कमरे में प्रस्थान। टेबल से एक पुस्तक उठाकर जनार्दन बाबू पढ़ने लगते हैं। सुखेन, कमलेश, अनुपम, शेखर, कमर्दन तथा अरविन्द का प्रवेश।]

सुखेन : जनार्दन चाचा के स्कूल के क्या हाल हैं?

जनार्दन : मत पूछो बेटा! जो हाल...

सुखेन : कोई नई बात हो गई क्या?

जनार्दन : किसी भी दिन हो सकती है। मास्टरों में भी तीन गुट हैं और छात्रों में भी तीन। मैं हेडमास्टर, किस गुट में जाऊँ?

कमलेश : जो गुट शिक्षा को बचाए रखना चाहता है, उसी गुट में रहिए।

जनार्दन : तब तो कोई बात ही नहीं थी। कोई भी गुट नहीं चाहता कि स्कूल ठीक से चले। तीनों गुटों की शक्ति-परीक्षा चल रही है। त्रिशूल के आघात से पढ़ाई बंद। मैं साक्षी-गोपाल बनकर सब देख रहा हूँ।

अनुपम : आप ज़रा कड़ाई से...

जनार्दन : बाप रे! शैव-शाक्त का युद्ध है। निरामिष नहीं, आमिष। इसमें सख्ती से काम लेने पर जान पर बन आएगी। इसीलिए जब कार्यालय-कक्ष को आकर तहस-नहस कर रहे थे, मैं उस वक्त बैठा-बैठा सिर्फ हँस रहा था। समझदारं की तरह संयमरूपी बर्फ से मैंने अपने स्नायुओं को ठंडा कर रखा था। कुछ कहने से ही तो बम-भोलानाथ। (**सभी हँस पड़ते हैं**) हँसने वाली ही तो बात है।

बमवर्षकों के ज़माने में एक बम फटते ही राज्य-भर में हलचल मच जाती थी। अब हज़ार-हज़ार बम फटते हैं, परंतु कोई परवाह नहीं करता। विप्लवी उत्थान में हमने अंतरिक्षयान को पीछे छोड़ दिया है।

[चाय लेकर सुचेता का प्रवेश]

सुचेता : अभी तो मिठाई आई नहीं, मुँह मीठा कैसे करवाऊँ। सिर्फ चाय ही देनी पड़ रही है।

[जनार्दन बाबू को चाय देती है]

जनार्दन : आचमन गंगा-जल से ही हो। दोपहर को तो सोलह पकवान होंगे ही।

सुचेता : देखें, आपके दोस्त साहब क्या लाने के बदले क्या लेकर आते हैं।

जनार्दन : द्रौपदी की पाकशाला में आकर तो विष भी अमृत बन जाएगा।

सुचेता : बच्चों के सामने कैसी बातें कर रहे हैं।

जनार्दन : आमोद-प्रमोद में नियम नहीं चलता। उपमा में कोई दोष नहीं। परंतु आजकल हास-परिहास में भी सतर्क रहना पड़ता है। कब कौन-सी बात मुँहफ़ट की तरह मुँह से निकल जायेगी और फिर सुनना पड़ेगा-बुर्जुआई दलाल है, चरम प्रतिक्रियाशील है। अतः एक्सप्रेशन आफ ट्रुथ से सप्रेशन आफ ट्रुथ ही बेहतर है।

सुचेता : चलूँ, बहुत काम है। आपकी बातें सुनने के लिए अभी समय नहीं है।

जनार्दन : हाँ-हाँ, जाइए। नारी रसोई और गृहस्थी में ही ठीक है।

सुचेता : रसोई में न जाएँ तो आप लोगों का एक वक्त भी गुज़ारा होना मुश्किल है। सुकु, सुनो। बेटा, तुम लोग बैठो।

[सुचेता और सुखेन का प्रस्थान। युवक तख्तपोश पर विराजते हैं।]

शेखर : अच्छा, मास्टर साहब, आपके स्कूल में उस दिन जिन्होंने हमला किया, क्या वे बाहर के लड़के थे?

जनार्दन	:	नहीं, नहीं, सभी परिचित हैं।
शेखर	:	उनके नाम जानते हैं?
जनार्दन	:	जानता हूँ। (**ज़रा रुक कर**) परंतु जानते हुए भी बताना मुश्किल है।
अरविन्द	:	भय से?
जनार्दन	:	जो भी कहो। परंतु स्नेह-ममता बिलकुल ही नहीं खो चुका मैं।
अरविन्द	:	इन सब समाज-विरोधियों के प्रति भी आपके मन में स्नेह और ममता है?
जनार्दन	:	क्यों नहीं होगी? जानता हूँ, गलती हुई है उनसे। इसका अहसास उन्हें एक दिन अवश्य होगा। शिक्षा के सिर पर कुल्हाड़ी मारने से, मनीषियों की मूर्तियाँ तोड़ डालने से शासन-व्यवस्था भी चरमरा जाएगी, यह उनके दिमाग में किसने डाल दिया। इसीलिए नहाने के टब में गंदा पानी फेंकने के चक्कर में बच्चे को ही उठाकर फेंक देते हैं। जिस दिन गलती का अहसास होगा, उस दिन लक्ष्य निर्धारित करने में उन्हें कठिनाई नहीं होगी।
अरविन्द	:	आप लोगों की सहानुभूति के कारण ही इनके हौसले बढ़ रहे हैं।
जनार्दन	:	क्या करने की सलाह देते हो? पुलिस में दे दूँ?
कमर्दन	:	ज़रूरत पड़ने पर वह भी करना पड़ेगा।
जनार्दन	:	तुम लोगों से संभव है, मुझसे नहीं होता।
कमर्दन	:	समाज-विरोधियों को शह देना ठीक नहीं।
जनार्दन	:	यदि ऐसी बात है, तब तो बहुतों को पकड़वा देना चाहिए।
अनुपम	:	पकड़वाते क्यों नहीं?
जनार्दन	:	पकड़वाया क्यों नहीं? रहने दो, जवाब न देना ही बेहतर है।
शेखर	:	जवाब होगा, तब तो देंगे।
जनार्दन	:	डू यू वॉन्ट टू प्रोवोक मी?
कमलेश	:	(**संकेत द्वारा**) चुप हो जाओ शेखर, कमजोर जगह पर चोट मत करो। मास्टर साहब ख़फ़ा हो रहे हैं।

जनार्दन : (क्षुब्ध स्वर में) इट्स नथिंग बट विच-हंटिंग। विचारों में मतभेद होने पर किसी का दोष किसी और पर मढ़ दिया जाता है। जैसे भी हो, उसे जब्त करना एक रोग-सा बन गया है। यह रोग समाप्त न हुआ, तो हम समाप्त हो जाएँगे।

[चाय का कप हाथ में लिए ही बाहर निकल जा रहे थे, अचानक ध्यान आने पर लौट कर कप मेज पर रखते हैं और किसी की तरफ न देखकर बाहर निकल जाते हैं।]

कमलेश : बहुत खफ़ा हो गए हैं।

अरविन्द : अच्छा ही हुआ। वर्ना उठते कैसे? बैठे-बैठे उपदेश देते।

शेखर : स्कूल की पुरानी कमेटी भंग कर देने के बाद से हम पर बुरी तरह खफ़ा हैं।

अनुपम : गढ़ को तोड़े बिना क्या इस स्कूल में हस्तक्षेप करना संभव था?

अरविन्द : प्रशासन के साथ उन्होंने किसी प्रकार का भी सहयोग नहीं किया।

अनुपम : स्कूल की नई कमेटी के साथ भी उनका रवैया असहयोगपूर्ण है।

कमलेश : शिक्षक-परिषद में उनका ही बहुमत है।

शेखर : और थोड़ा-सा दबाव डालने से सब कुछ सीधा हो जाता।

कमलेश : जनार्दन बाबू बहुत धुरन्धर व्यक्ति हैं। मुँह से कहते हैं कि मैं किसी भी गुट में नहीं हूँ, परन्तु अंदर-ही-अंदर शिक्षकों तथा छात्रों को हमारे विरुद्ध भड़काकर गड़बड़ी पैदा करते हैं।

अरविन्द : ज़्यादा चतुराई दिखाई, तो स्कूल से निकलवा देंगे।

[सुखेन प्रवेश करता है]

सुखेन : तुम सब बैठो जरा, मैं आता हूँ थोड़ी देर में।

शेखर : कहाँ जाओगे?

सुखेन : तुम सबका मुँह भी तो मीठा करवाना है न।

कमलेश : अभी क्यों...

अनुपम : डबल डेकर।

अरविन्द : ज़्यादा चतुराई मत दिखाओ सुखेन।

सुखेन : मेरे चाहने से भला क्या होगा? माँ चाहती हैं...

शेखर : और तू आज्ञाकारी बालक की तरह चल दिया मिठाई लाने।

कमलेश : मौसी की इच्छा तो पूरी करनी पड़ेगी।

अरविन्द : कमलेश, तू तो बड़ा पेटू है।

कमलेश : अरविन्द, तुम भी कुछ कम नहीं हो। पेट में भूख है, मगर ऊपर से शरमाते हो।

अनुपम : ज़्यादा चतुराई बिलकुल अच्छी नहीं। हाँ यदि मौसी की इच्छा है तो...

शेखर : वाह, अनुपम, वाह! सचमुच तुम्हारा जवाब नहीं।

अनुपम : ज़्यादा बको मत शेखर, जिसे पत्तल चाटने की आदत हो, उसके मुँह से ये बातें शोभा नहीं देतीं।

कमलेश : **(स्लोगन देते हुए)** तो मौसी की इच्छा पूरी हो।

अन्य सभी : हाँ, हाँ, अवश्य!

शेखर : जाओ सुखेन, ले आओ। आज अपने जन्मदिन पर खिला-खिलाकर हमें चित्त कर दो।

[सभी हँस पड़ते हैं, सुखेन चला जाता है]

कमलेश : चलो आज शाम के शो में सभी सुखेन को सिनेमा ले चलें।

अनुपम : प्रस्ताव बढ़िया है।

शेखर : मृणाल सेन की फिल्म को प्रथम पुरस्कार मिला है।

अरविन्द : बुर्जुआई कहानी है। मिलेगा ही।

कमलेश : उत्पल दत्त ने सचमुच शानदार अभिनय किया है।

अरविन्द : अत्यधिक विप्लव का यही हश्र है।

अनुपम : माधवी, तब उर्वशी बनी?

शेखर : सभी सिने-नायिकाएँ उर्वशी ही होती हैं।

कमलेश : इस साल के फुटबाल मैच का तो भट्ठा बैठ गया।

अरविन्द : सुधारवादियों का भूमि-दखल आंदोलन का भी।

शेखर : वह तो सिर्फ झाँसा था।

कमलेश : राजसी-भत्ता को लेकर भी अच्छी चाल चली है इन्दिरा ने।

अनुपम : अरब-इज़राइल विरोध सुलझ जाएगा, ऐसा नहीं लगता।

अरविन्द : वास्तव में यह डॉलर-रूबल का झगड़ा है।

शेखर : मस्कोवादी उसकी चपेट में आ गए।

अरविन्द : सुधारवाद का यही चरित्र है।

कमलेश : अरे, सोनाली की शादी में क्या उपहार देना है?

शेखर : आज ही तो सोचना है।

कमलेश : फिर भी?

अनुपम : सभी मिलकर कुछ खरीद लेंगे।

[मिठाई लेकर सुखेन का प्रवेश एवं भीतरी कक्ष में प्रस्थान]

अनुपम : सुखेन का हृदय बड़ा सरल है।

अरविन्द : इसी बात का डर है। कब किस बात पर भावुक हो जाए।

सुखेन : **(नेपथ्य से)** नहीं माँ, वो तिलक मैं नहीं लगवाऊँगा।

[कहते हुए सुखेन आता है, पीछे-पीछे चंदन-तिलक, दूब-धान और मिठाई लिए सुचेता का प्रवेश]

सुचेता : जन्मदिन पर माँ के हाथों तिलक करवाने पर तुम्हारा आंदोलन पिछड़ नहीं जाएगा सुकु।

सुखेन : नहीं, नहीं। मिठाई देनी है तो दो, तिलक-विलक रहने दो।

शेखर : शरमाते हो सुखेन? अच्छा, लो हम आँखें बंद कर लेते हैं।

सुखेन : मजाक छोड़ो।

कमलेश : वाह, देखें तो, तुम कैसे तिलक नहीं लगवाते। मिलकर पकड़ो तो इसे।

[सभी मिलकर सुखेन को पकड़ लेते हैं]

सुखेन : यह सब क्या हो रहा है?

शेखर : मौसी, लगाइए तो इसके माथे पर चंदन तिलक।

[सुचेता पहले चंदन का तिलक और धान-दूब से आशीष देती है। सभी मिलकर मुँह से 'उलूक ध्वनि'[1] करते हैं। सुचेता हँसती है।]

सुखेन : बदमाश कहीं के।

शेखर : शुभ दिन पर शुभ काम।

[सभी सुखेन को छोड़ देते हैं]

अनुपम : क्यों मौसी हमें तो तिलक नहीं लगाया?

---

1. 'उलूक ध्वनि'—बंगाल में शुभ कार्यों के दौरान मुँह से एक प्रकार की ध्वनि की जाती है।

शेखर : **(अनुपम को परे हटाकर)** अनुपम बाद में, पहले मैं तिलक लगवाऊँगा।

अरविन्द : शेखर कुछ ज़्यादा ही बनता है। **(आगे बढ़कर)** पहले मैं।

सुचेता : **(मुस्कराती है)** तुम सभी को मैं स्नेह करती हूँ। एक कतार में खड़े हो जाओ।

[सभी कतार में खड़े हो जाते हैं। सुचेता सभी को तिलक लगाती है।]

कमलेश : क्यों मौसी, आशीर्वाद नहीं दिया?

सुचेता : सभी दीर्घायु होओ और सुमति हो।

[सभी को मिठाई देती है। पूजा का प्रसाद लेने की मुद्रा में सभी हाथ जोड़ कर मिठाई लेते हैं। सुखेन ऐसा नहीं करता।]

सुचेता : सुखेन, उन्हें पानी लाकर दो।

[सुखेन दूसरे कमरे में जाता है।]

कमलेश : अरे, मौसी को प्रणाम तो किया ही नहीं।

शेखर : हाँ-हाँ। मिठाई के चक्कर में भूल गए।

[सभी सुचेता को प्रणाम करते हैं। सुखेन एक काँच का गिलास तथा केतली में पानी लेकर आता है]

अनुपम : ओ सुखेन, माँ को प्रणाम करो। सिर्फ माँ से प्यार ही लेते हो, प्रणाम करने का नाम नहीं।

[सुखेन माँ को प्रणाम करता है। सभी क्रमवार पानी पीते हैं।]

सुचेता : बैठो, तुम सबके लिए चाय बनाती हूँ।

[सुचेता का दूसरे कमरे में प्रस्थान]

अरविन्द : जन्मदिन का पहला दौर तो निपट गया। काम की बात की जाए अब।

शेखर : कार्यक्रम तो निर्धारित ही है। आज का जुलूस ज़ोरदार होना चाहिए।

सुचेता : **(नेपथ्य से)** सुकु, केतली दे जाओ बेटा।

[केतली लेकर सुखेन का प्रस्थान]

कमलेश : कल जुलूस निकाल कर उन्होंने चुनौती दी है। उसका उचित जवाब हमें देना ही होगा।

अनुपम : स्लोगन जबरदस्त होने चाहिए।

शेखर : किस तरह के स्लोगन होंगे?

अरविन्द : अभी नहीं, पार्टी के कार्यालय में जाकर निश्चित किया जाएगा।

[सुखेन का प्रवेश]

कमलेश : सुखेन,जुलूस में चलोगे न? या घर में बैठकर सिर्फ जन्मदिन ही मनाना है?

सुखेन : पार्टी के बुलावे पर मैं न गया होऊँ, ऐसा हुआ है कभी?

कमलेश : मेरे कहने का मतलब था, मौसी को तो आपंत्ति हो सकती है।

सुखेन : माँ कभी मुझे नहीं रोकतीं।

अरविन्द : ग्यारह बजे जुलूस निकलेगा। और ज़्यादा विलंब करना उचित नहीं। निकलने से पहले मीटिंग में सब तय कर लेना है।

कमलेश : ठीक से तैयारी कर लेनी है **(हाथ की मुट्ठी बाँधकर)** माल-मसाला सब ठीक है न।

अरविन्द : चुप रहो। तुम्हारी ज़बान पर कोई बात नहीं ठहरती।

[सुचेता चाय की ट्रे लेकर आती है। सभी चाय लेते हैं]

सुचेता : पिछले साल इस मौके पर सुनीत तुम सबके साथ था। सारा दिन कितना लुत्फ उठाया था।

अरविन्द : हमारे साथ उसकी पटी नहीं। हमें नव-सुधारवादी कहता है।

शेखर : बंदूक की नाल पर अब शक्ति तलाशता फिर रहा है।

कमलेश : पार्लियामेंट तो बाड़ा है...

अनुपम : खेतिहर कत्ल करो।

शेखर : बम से सभी शैक्षिक प्रतिष्ठानों को उड़ा दो।

सुचेता : मतिभ्रम हो गया है उनका। जैसे मार रहे हैं, वैसे खुद भी तो मर रहे हैं।

अरविन्द : ऐसी बचकानी हरकतों से आंदोलन नहीं होता मौसी। आंदोलन का एकमात्र रास्ता है-वर्ग-संघर्ष। अंधेरे में गुप्तहत्या या कत्ल की नीति में हम विश्वास नहीं करते।

सुखेन : ये सब बातें यहाँ किए बिना तुम लोगों से रहा नहीं जाता?

सुचेता : **(नाराजगी से)** इन सब बातों के अतिरिक्त तुम अन्य बातें कब करते हो! सर्वदा ही तो सुनती हूँ-हठकारियों को खत्म करो, खून का बदला खून है...

[तीव्रता से प्रस्थान]

अरविन्द : मौसी को किसी ने गलतफहमी में डाल दिया है।

शेखर : वर्ग-संघर्ष के विषय में धारणा अभी भी स्पष्ट नहीं हो पाई।

कमलेश : और जानकारी की ज़रूरत है।

अनुपम : पार्टी मुखपत्र को घर पर लाने की ज़रूरत ही महसूस नहीं करता सुखेन।

सुखेन : यह बात नहीं है। माँ को पढ़ने को कहो, तो कहती हैं बहुत पढ़ा है। तुम लोग तो एकपक्षीय बातें करते हो।

अरविन्द : विप्लवी एक ही बात करते हैं, यही समझाना तो हमारा काम है।

सुखेन : सुनीत हमारी इसी बात पर तो आपत्ति करता था। वह कहता था—विप्लवी तो मशीन नहीं है, कि उसके हृदय में सवाल नहीं उठते।

अरविन्द : हम विप्लवी सैनिक हैं, पग-पग पर सवाल उठाने से सैनिक संग्राम नहीं कर पाएगा। सेनापति का आदेश मानकर चलना ही उसका काम है। पार्टी अनुशासन न मानने पर विप्लवी पार्टी का सदस्य रहना संभव नहीं।

अनुपम : व्यक्तिगत जीवन में भी?

अरविन्द : विप्लवी का कोई व्यक्तिगत जीवन नहीं होता।

सुखेन : हम वहीं गलती करते हैं, जहाँ यह सोचते हैं कि हमदर्द भी पार्टी सदस्य की तरह है।

अरविन्द : सुखेन!

सुखेन : हाँ, बिलकुल। हम अपने ही सिद्धान्त को सब पर थोप देना नहीं चाहते क्या?

अरविन्द : कभी नहीं।

सुखेन : तो किसी के मन में सवाल उठने पर हम उसे क्यों दबा देना चाहते हैं?

अरविन्द : सुखेन, तुझे भी सुनीत वाला रोग लग गया क्या।

सुखेन : हज़ार दिलों में हज़ार सवाल उठेंगे। उसके जवाब हमें ही देने होंगे।

अरविन्द : वर्ग-संघर्ष के शत्रु ही हज़ार सवाल उठा रहे हैं।

सुखेन : लाखों दिलों में यदि लाखों सवाल हों, तो उन्हें दबा देने की क्षमता हममें नहीं है।

अरविन्द : लाखों की बात छोड़ दो। कहो कि तुम्हारे मन में सवाल जगा है।

सुखेन : उस सवाल का जवाब तो देना ही पड़ेगा, क्योंकि जब मैं पार्टी का एक सदस्य हूँ, तो यह मेरा अकेले का सवाल नहीं है। ज़रूर, बहुतों का सवाल है।

अरविन्द : नेतृत्व से सवाल करना-वहीं से जवाब मिल जाएगा।

सुखेन : नहीं, हम यहाँ एक साथ काम करते हैं। अपने बीच विचार-विमर्श करके ही जवाब ढूँढ़ना है।

अरविन्द : केन्द्रीय नेतृत्व को अस्वीकार करके?

सुखेन : मेरी माँ को केन्द्रीय नेता पहचानते हैं?

अरविन्द : वह कैसे संभव है!

सुखेन : मेरी माँ की तरह यदि अन्य माँ के भी सवाल हों तो?

अरविन्द : सभी सवालों के जवाब देना संभव नहीं।

सुखेन : इसीलिए तो हमने सुनीत जैसे सच्चे कॉमरेड को खोया है।

अनुपम : उसे रखने के लिए उसके सिद्धान्त को मान लेना पड़ता।

कमलेश : उसका अभिप्राय है, जनता के बीच से हटकर जंगल में जाकर आंदोलन करें।

सुखेन : नहीं, उसे हम वास्तविक राजनीति नहीं समझा पाए।

अरविन्द : तुम समझा पाते?

सुखेन : नहीं, क्योंकि मेरा राजनीतिक-ज्ञान तुम सबसे ज़्यादा तो नहीं है।

शेखर : अभी तो बहुत ज्ञान बघार रहे थे।

सुखेन : शेखर, व्यंग्य करके कोई फायदा नहीं। सुनीत की बातें सुनकर भी तुम लोग इसी तरह मजाक उड़ाया करते थे।

सवाल उसे पागल किए देते थे, मार्ग तलाश रहा था वह। उसमें ईमानदारी की कमी नहीं थी। मार्ग न पाकर वही विद्रोह की प्रेरणा उसे गलत मार्ग पर ले गई।

शेखर : प्रेरणा नहीं, उन्माद कहो।

कमलेश : अरविन्द, अब से पार्टी के काम-काज को ताक पर रख कर मार्क्सवाद का एक स्कूल खोल दो।

अनुपम : हम ब्रह्मचारी बनकर वहाँ ज्ञान अर्जित करेंगे।

सुखेन : मजाक! सवालों का मजाक उड़ाने पर तुम लोग खुद ही एक दिन मजाक के पात्र बन जाओगे।

अरविन्द : तो, तुम जुलूस में नहीं जा रहे?

सुखेन : क्यों नहीं जाऊँगा? सवालों के होते हुए भी पार्टी के प्रति मेरी निष्ठा तुम लोगों से कम तो नहीं है।

अरविन्द : दैट्स लाइक ए कॉमरेड। चलो, और विलंब ठीक नहीं।

शेखर : चलो, चलो। जिन्होंने जवाब माँगा है, उन्हें जवाब दे आएँ। सुनीत के गुट को आज उचित जवाब मिलेगा।

[एक-एक करके सभी निकल जाते हैं। सुखेन निकलने लगता है, उसी समय सुचेता प्रवेश करती है।]

सुचेता : सुकु!

सुखेन : **(अचानक रुक कर)** बोलो माँ!

सुचेता : अभी निकले बिना नहीं चलेगा?

सुखेन : देर नहीं होगी। जाऊँगा और आऊँगा।

सुचेता : लगता है आज तुम लोग कुछ करके रहोगे।

सुखेन : कुछ नहीं होगा। जुलूस तो हम हर रविवार को निकालते हैं।

सुचेता : कुछ बात-चीत चल रही थी तुम लोगों के बीच। मेरे आते ही खामोशी छा गई।

सुखेन : इतना डरती क्यों हो माँ?

सुचेता : आजकल कौन माँ नहीं डरती? सभी को डराना ही तो आजकल की राजनीति है। प्यार से कोई किसी को पास नहीं बुलाता, डर दिखाकर जीतना चाहते हैं।

सुखेन : सभी से स्नेह नहीं किया जा सकता माँ! शत्रु से घृणा करनी ही होगी। गाँधीवादी युग अब नहीं रहा।

[सुखेन का प्रस्थान। सुचेता पल भर के लिए विस्मित रह जाती है। देखती रहती है, फिर कप-प्लेट तथा गिलास उठाकर ट्रे में रखती है। भवेश बाज़ार से लौटते हैं।]

सुचेता : इतनी देर लगा दी! कब पकेगा?

भवेश : क्या करूँ। आधा घंटा लाईन में लगने के बाद मीट मिला। लग रहा था, इससे तो अपने बदन का मांस काट कर खाना बेहतर है।

सुचेता : फिक्र मत करो। दो दिन बाद आदमी आदमी का मांस ही खाएगा।

[ट्रे रखकर सुचेता सामान वाले थैले लिए दूसरे कमरे में चली जाती है। भवेश एक कुर्सी पर बैठकर आराम करता है।]

भवेश : **(अपने आप से)** सुचेता ने गलत नहीं कहा। कभी-कभी लगता है कि आदिम मानव की हिंस्र मनोवृत्ति मरी नहीं, सिर्फ सभ्यता का मुखौटा ओढ़े है। प्रतिहिंसा के बैरोमीटर पर चढ़ते ही मुखौटा उतार कर वह भयंकर हो उठता है।

[जनार्दन का प्रवेश]

जनार्दन : भवेश बाबू हैं, अच्छा ही हुआ।

भवेश : बैठिए।

जनार्दन : **(चौकी के किनारे पर बैठ कर)** देखिए, दोपहर को मेरा आना सभंव नहीं हो पाएगा। रात को आकर जितना हो सकेगा थोड़ा-बहुत मैं खा लूँगा।

भवेश : क्यों दोपहर को क्या असुविधा है? आज रविवार है, आपका स्कूल भी बंद है।

जनार्दन : स्कूल खुला रहता तो भी समस्या नहीं होती। कक्षाएँ तो हो ही नहीं रहीं। घंटी बजती है, मास्टर साहब हाजिरी रजिस्टर में हस्ताक्षर करते हैं, फिर चले जाते हैं। छात्रों का एक गुट कहता है, आज अमुक वजह से स्कूल बंद है। अगले ही दिन दूसरा गुट आकर नारेबाजी शुरू कर देता है-अमुक दिन के विरोध में छात्र हड़ताल। किसी

दिन मार-पीट भी हो जाती है। तब फिर दफ़्तरी से छुट्टी की घंटी बजा देने को कहता हूँ। सारा परिसर खाली हो जाता है। उस वक्त अकेले बैठकर स्कूल की चौकीदारी करने से क्या फायदा? मैं भी चला आता हूँ।

भवेश : स्कूल, कॉलेज, विश्वविद्यालय में कहाँ पढ़ाई हो रही है? हाजिरी रजिस्टर में छात्रों का नाम रखने की ज़रूरत होती है, इसलिए रखा जाता है। वेतन मिलता है, इसलिए कॉलेज जाना पड़ता है। कक्षा के बेंचों के यदि आँखें, कान और मस्तिष्क होते, तो कक्षा चलाई जा सकती थी। अच्छा जो भी हो, इसी बेला आ रहे हैं न!

जनार्दन : नहीं देखिए...मैं कह रहा था कि...(**हिचकिचाते हुए**) कहूँ?

भवेश : कहिए न! इतना किंतु-परंतु क्यों कर रहे हैं।

जनार्दन : मैं कह रहा था, इस बेला तो सुखेन के दोस्त होंगे, मौज-मस्ती करके...

भवेश : तो क्या हुआ? सभी तो मुहल्ले के ही लड़के हैं। आपको कोई असुविधा नहीं होगी।

जनार्दन : असुविधा भला क्यों होगी। बल्कि उन्हें ही हिचकिचाहट महसूस होगी। खुल कर मौज-मस्ती नहीं कर पाएँगे।

भवेश : आपके लिए अलग कमरे में व्यवस्था कर दी जाएगी।

जनार्दन : नहीं, नहीं, वह अच्छा नहीं लगेगा। एक ही घर में आकर खाने के वक्त अलग-अलग बंदोबस्त भला अच्छा लगेगा क्या? बेहतर है...

भवेश : आपकी समस्या क्या है जनार्दन बाबू?

जनार्दन : अच्छा तो साफ-साफ बताता हूँ। (**सुचेता आकर ट्रे ले जाती है**) देखिए भवेश बाबू, एक जगह यदि पाँच तरह की बात-चीत हो रही हो, तो बिलकुल मुँह बंद करके नहीं रहा जाता।

भवेश : मुँह बंद किए रखने की ज़रूरत ही क्या है?

जनार्दन : आप यदि सभी बातों में हाँ में हाँ मिलाते जाएँ, तो वह खुशामद प्रतीत नहीं होती?

भवेश : हाँ, यह तो ठीक है।

जनार्दन : कोई असंगत बात सुनकर विरोध न करना भी सत्य को दबा देना है।

भवेश : भीरुता भी कहा जा सकता है।

जनार्दन : सत्य बोलने का दु:साहस दिखाने पर शायद अपमानित भी होना पड़े।

[सुचेता आकर दोनों को दो-दो मिठाई देती है। दो कप चाय और दो गिलास पानी रखकर जाने लगती है।]

जनार्दन : अब मिठाई किस लिए?

सुचेता : सुकु के जन्मदिन पर मुँह मीठा नहीं करेंगे?

[सुचेता का प्रस्थान]

भवेश : सुखेन ने आपको कोई अपमानजनक बात कही है?

जनार्दन : (**खाते हुए**) नहीं, नहीं, सुखेन ऐसा नहीं कर सकता। वह ऐसा लड़का नहीं है। परंतु सबके मुँह में तो लगाम नहीं होती। भाव-भंगिमा से तिरस्कार का ऐसा भाव दिखाते हैं कि चुप रहकर सहना मुश्किल होता है। हमारे भीतर की ज्वाला शायद खत्म हो गई है। हम अब चूल्हे की ठंडी राख की तरह अवहेलना के पात्र मात्र हैं। उनका वर्ग-संघर्ष का तत्व इसीलिए, हमारी समझ के बाहर है। हम चौपाया जंतु की तरह जुगाली करते हैं।

भवेश : जहाँ शक्ति का दंभ हो, बरबादी भी वहाँ होती है जनार्दन बाबू।

जनार्दन : (**खाते-खाते**) शेक्सपीयर ने इसीलिए अपने 'मूर्ख' (Fool) की ज़बान से कहलवाया है-'स्पीक लेस दैन दाउ नोएस्ट। हैव मोर दैन दाउ शोयेस्ट'।

भवेश : शेक्सपीयर मानव चरित्र का अच्छा ज्ञान रखते थे।

[दोनों चाय का कप हाथ में लेते हैं। दूर कहीं उत्तेजित जनता का कोलाहल सुनाई देता है। दोनों सुनने के लिए व्यग्र हो उठते हैं। अकस्मात् कहीं पास ही बम फटने की ध्वनि सुनाई देती है। रास्ते पर लोग भाग-दौड़ करते दिखाई देते हैं। कोलाहल बढ़ जाता है। सुचेता चिंतित हो प्रवेश करती है। रास्ते की तरफ देखती है।]

सुचेता : क्या हुआ! समझ नहीं आ रहा।

[सोमेन भागा-भागा आता है, उसके हाथों में एक लंबी लाठी है।]

सुचेता : क्या हुआ सोमेन?

सोमेन : सुखेन नहीं मिल रहा।

तीनों : **(एक साथ)** नहीं मिल रहा?

सोमेन : हाँ, हमारे साथ ही था। बम फटने के बाद हम बिखर गए। उसके बाद से ही सुखेन नहीं मिल रहा।

सुचेता : मुझे मालूम था, मुझे मालूम था मेरा सर्वनाश होगा। मैं ढूँढ़ निकालूँगी, जहाँ से भी हो, अपने सुकु को ढूँढ़ निकालूँगी।

[अचानक सुखेन का प्रवेश]

सुखेन : माँ।

सुचेता : आ गया बेटा, तू आ गया! हज़ार बार तुझे मना किया...

सुखेन : वो बातें अभी रहने दो माँ। सोमेन, तुम सबने यह अफवाह क्यों फैलाई कि मैं नहीं मिल रहा हूँ।

सोमेन : कहाँ थे अब तक?

सुखेन : जहाँ भी रहूँ, मैं मरा नहीं, यह तो देख ही रहे हो। अब जाओ।

सोमेन : तू नहीं जाएगा?

सुखेन : बाद में जाऊँगा।

सोमेन : माँ का पल्लू थामे रहोगे? यू आर ए कॉवर्ड।

[क्रोध से सोमेन का प्रस्थान]

भवेश : **(चाय समाप्त करके)** सम टाइम्स कॉवर्डिस इज़ बेटर दैन ब्रेवरी।

जनार्दन : **(कप रखते हुए)** मैं अब चलूँ।

भवेश : ज़रा रुक जाइए। स्ट्रे डॉग्ज आर एबाउट।

जनार्दन : यहाँ भी तो मुसीबत आ सकती है।

भवेश : मुसीबत के समय साहस जुटाकर सामना करना है। अनदेखा करके सुरक्षित नहीं रह पायेंगे।

[फिर कोलाहल]

सुचेता : सुकु, बता क्या हुआ?

सुखेन : समझ ही रही हो।

सुचेता : बम किसने फोड़ा?

सुखेन : वह बाद में बताऊँगा। माँ, लगता है सुनीत को बचाया नहीं जा सका।

सुचेता : क्यों क्या हुआ उसे?

सुखेन : पकड़ा गया।

सुचेता : पुलिस के हाथों?

सुखेन : नहीं।

सुचेता : ओह समझी, बहुत मार रहे हैं?

सुखेन : माँ, सुनीत अब हमारा शत्रु है। मैंने देखा, घोष के मकान के पीछे वाली गली से वह जा रहा था। उसे देखकर दया-सी आ गई। कहा, सुनीत, शत्रु होते हुए भी मैं नहीं चाहता कि तुम कत्ल हो जाओ। बायीं ओर से भाग जाओ। दाहिनी तरफ जाने पर पकड़े जाओगे। सुनकर उसने कहा, आत्मरक्षा कैसे की जाती है, मुझे मालूम है। मैं तुझे सहन नहीं कर सकता। यदि बचना चाहता है, तो इसी क्षण मेरी आँखों से दूर हो जा।

सुचेता : उसके बाद?

सुखेन : उसके बाद और नहीं बता पाऊँगा माँ। अब तक वह ज़िंदा है या नहीं...

सुचेता : उसे बचाना ही होगा। मैं बचाऊँगी उसे... मैं माँ जो हूँ...

[जाने लगती है।]

भवेश : मैं भी जाऊँगा।

सुचेता : नहीं, तुम सुकू को रोको।

सुखेन : मैं कहीं नहीं जाऊँगा, माँ।

सुचेता : नहीं, नहीं। मैं तुम लोगों में से किसी पर भी विश्वास नहीं करती। मैं अकेली ही जाऊँगी, अकेली-मैं माँ जो हूँ!

[सुचेता चली जाती है। कोलाहल स्पष्ट हो जाता है। सुखेन खिड़की के पास खड़े होकर बाहर की तरफ देखता रहता है।]

जनार्दन : कैसा रहा!

भवेश : बहुत देर तक बादलों की ओट में ढँके रहने के बाद आकाश में अचानक सूरज दिखाई देने पर प्रकाश से कुछ देर के लिए आँखें चौंधिया जाती हैं, जनार्दन बाबू।

जनार्दन : आपको रोशनी दिखाई दे रही है-मुझे तो सिर्फ अंधेरा नज़र आ रहा है।

भवेश : सुबह की रोशनी नज़र आने से पूर्व अंधेरा ही ज़्यादा गहरा होता है, जानते हैं न?

जनार्दन : जो हालत है, उसमें सूक्ष्म बातें दिमाग में नहीं अँटती जनाब।

भवेश : सूक्ष्म अनुभूति के बिना तो आप स्थूल पर आघात नहीं कर पाएँगे।

जनार्दन : उसे कौन महत्व देता है।

भवेश : देंगे, देंगे, एक दिन ज़रूर देंगे। क्षणिक उथल-पुथल से मनुष्य पर से विश्वास मत खोएँ।

जनार्दन : मुझे अच्छा नहीं लग रहा। सुखेन की माँ अकेली गई...

भवेश : आप चिंता न करें, सुचेता अकेली ही सौ के बराबर है।

सुखेन : **(व्याकुलता से)** सुनीत को वे पीटते हुए ले जा रहे हैं...

[भवेश, जनार्दन खिड़की के पास जाते हैं।]

जनार्दन : कितना भयंकर है। एक आदमी ने साबूत ईंट उठाई है, उसे मारने के लिए। यह दृश्य मुझसे और नहीं देखा जाता। आँखों के सामने कत्ल हो जाएगा और कुछ कहने या करने का कोई चारा नहीं रहे। कितने असहाय हैं हम।

[जनार्दन कुर्सी पर बैठकर सिर झुका कर सोचते रहते हैं, कोलाहल बढ़ता है। भवेश आकर जनार्दन को संयत करने का प्रयास करते हैं।]

सुखेन : **(उल्लास से)** माँ दौड़कर सुनीत से लिपट गई है। नहीं, वे किसी भी कीमत पर नहीं छोड़ेंगे। माँ ने सुनीत को सीने से लगाकर अपना सिर उनकी तरफ बढ़ा दिया है।

जनार्दन : **(कमजोर स्वर में)** वे मार तो नहीं रहे।

सुखेन : नहीं, मार नहीं पा रहे। माँ के साथ तर्क कर रहे हैं।

भवेश : वे हार मानेंगे, मानना ही पड़ेगा। हज़ार मुट्ठियों की तुलना में माँ के प्राण में ज़्यादा शक्ति होती है।

जनार्दन : ऐसा ही हो भवेश बाबू, ऐसा ही हो।

सुखेन : सुनीत को माँ लेकर आ रही है...वे भी पीछे-पीछे आ रहे हैं।

जनार्दन : **(विचलित स्वर में)** यहाँ आकर हमला नहीं करेंगे तो?

भवेश : आग पर पानी डालने पर थोड़ा-सा ताप तो अपने बदन में लगता ही है। यह सोचकर आग को और फैलने तो नहीं दिया जा सकता। इतना विचलित मत हों। जितना डरेंगे, वे उतना ही ज़्यादा डराने की हिमाकत करेंगे।

[सुनीत को लेकर सुचेता का प्रवेश। सुनीत के माथे पर एक दो जगहों से खून बह रहा है। सुखेन से नज़रें मिलते ही नज़रें झुका लेता है। सुखेन दु:खी नज़र आता है। बाहर शोर है—"खूनी को हम नहीं छोड़ेंगे उसका विचार होगा। किसी को नहीं छोड़ेंगे-खूनी को जो आश्रय देते हैं वे भी खूनी हैं-खून के बदले खून चाहिए-हठकारी का खून चाहिए"-आदि।]

सुचेता : **(भवेश से)** उसे बगल वाले कमरे में ले जाओ। अलमारी में डिटॉल है, चोट वाली जगहों पर लगा दो। ज़रूरत हो तो पट्टी कर देना।

[भवेश और सुनीत का प्रस्थान]

सुखेन : मैं भी उसके पास जाऊँ?

सुचेता : नहीं, तुम्हारे बाबूजी अकेले ही संभाल लेंगे।

जनार्दन : **(डर से काँपते हुए)** मैं क्या करूँ?

सुचेता : वहीं चुपचाप बैठे रहिए। आप कुछ नहीं बोलेंगे।

[सुचेता चिंतित सी चहलकदमी करती है। अरविन्द, कमलेश, शेखर, अनुपम, सोमेन और उनके साथ और तीन-चार युवक कमरे में प्रवेश करते हैं।]

सुचेता : क्या चाहते हो तुम लोग?

सोमेन : सुनीत को।

सुचेता : नहीं मिलेगा।

अरविन्द : आप उसे रोककर नहीं रख पाएँगी।

सुचेता : मेरे बदन में जब तक प्राण रहेंगे, तुम लोग उसे नहीं ले जा सकोगे।

अन्य : बम फेंककर घर उड़ा देंगे।

सुचेता : **(आगे बढ़कर क्षुब्ध स्वर में)** मारो-मारो अभी ही मारो।

दूसरा युवक : **(डाँट कर)** ओ, चुप हो जा। मौसी आप हमारे बीच हैं। आप यदि शत्रु को प्रश्रय देंगी, तो परिणाम बुरा होगा।

सुचेता : तुम्हारे बीच हूँ, इसीलिए तो सुनीत को बचाऊँगी। इस ध्वंस के पथ को तुम लोग छोड़ दो। ऐसे तो नहीं थे तुम लोग। यह कत्ल का नशा तुम्हारे मगज में किसने डाला? भाई के सीने में भाई छूरा भोंकेगा, धारदार हथियार से धड़ से सिर अलग कर देगा, अंधेरे में खून करेगा, दोस्त, दोस्त को नहीं पहचानेगा, भाई, भाई पर यकीन नहीं कर सकेगा।...

अरविन्द : वर्ग-संघर्ष में यही होता है, मौसी। सारे रिश्ते बदल जाते हैं।

सुचेता : हाँ, माँ-बेटा, भाई-दोस्त, पड़ोसी-सभी के रिश्ते बदल जाते हैं। वर्ग-संघर्ष। हर रोज अखबार खोलो, तो मन विषाद से भर उठता है। सिर्फ कत्ल और कत्ल। श्रमिक, श्रमिक को कत्ल कर रहा है, दोस्त के सीने में दोस्त छूरा भोंक रहा है। क्या यही तुम्हारा विप्लव है? जिन्हें तुम शत्रु कहते हो, उन टाटा-बिड़लाओं का कितना नुकसान हो रहा है इससे? प्राणों के भय से इन्सान बेचैन-सा है। एक तरफ पुलिस का आतंक, दूसरी तरफ विप्लव के नाम पर आपस में ही कत्लेआम। किधर जाएगा इन्सान?

सोमेन : आप राजनीतिक उपदेश मत बघारिए।

सुचेता : उपदेश तो तुम लोग दे रहे हो। सुनने में अच्छा नहीं लग रहा, तो चले जाओ।

शेखर : सुनीत को दीजिए, हम चले जाते हैं।

सुचेता : क्या करोगे उसे लेकर?

कमलेश : उसका फैसला होगा।

सुचेता : क्या किया है उसने?

सोमेन : बम मारा है।

जनार्दन : बम मारा है, तो उसे पुलिस को सौंप दो।

सोमेन : आप चुप रहें। भीगी बिल्ली बनकर बैठे हुए हैं। आप लोगों का प्रश्रय पाकर ही वे लोग...

अनुपम : मौसी, बात मत बढ़ाओ। इसके बाद यदि जनता आकर आपके घर पर हमला करती है, तो हम रोक नहीं पाएँगे।

सुचेता : **(दंभ भरे स्वर में)** जनता! आने दो जनता को। उस जनता के चेहरों को अच्छी तरह पहचान लिया जाएगा।

अरविन्द : सुनीत को छोड़ दें। हम उसे कुछ नहीं करेंगे।

सुचेता : उसे पीटा क्यों गया?

अरविन्द : लड़कों ने उत्तेजित होकर मारा है।

सुचेता : तुम लोग तो थे, रोका क्यों नहीं?

अरविन्द : रोकना संभव नहीं हो पाया।

सुचेता : तो किस भरोसे पर तुम लोगों के हाथों में छोड़ दूँ सुनीत को?

सोमेन : रख भी नहीं पाएँगी। उसे छीन कर ले जाएँगे, जनता की अदालत में उसका फैसला होगा।

सुचेता : फैसला! पहले अपना फैसला करो। फिर दूसरों का फैसला करना।

अरविन्द : सुनीत ने बम मारा है, यही तो सत्य है।

सुखेन : नहीं, सुनीत ने बम नहीं मारा।

अरविन्द : तो किसने मारा?

सुखेन : किसने मारा है, तुम भी जानते हो, अरविन्द।

[सामूहिक रूप से कुछ लोग]

कुछ लोग : विश्वासघातक! तुझे भी खत्म कर देंगे।

[सुखेन की तरफ बढ़ते हैं, सुचेता रोककर खड़ी हो जाती है]

सुचेता : खबरदार! मैं सिर्फ सुखेन की ही माँ नहीं हूँ, तुम सबकी भी माँ हूँ। हिम्मत है तो मुझ पर हाथ उठाओ। **(सभी खड़े रहते हैं)** मारो, मारो मुझे।

[सभी एक-दो कदम पीछे हट जाते हैं]

अरविन्द : चलो, बाद में इसका फैसला होगा।

सोमेन : सुखेन की माँ होने के नाते बच नहीं जाएँगी। इसका उचित जवाब देना ही पड़ेगा।

[एक-एक करके सबका प्रस्थान। सुचेता स्तब्ध होकर खड़ी रहती है। नेपथ्य से स्लोगन सुनाई देते हैं-"खूनी को आश्रय देना नहीं चलेगा, नहीं चलेगा। विश्वासघातक को सजा मिलनी चाहिए-सजा मिलनी चाहिए-हठकारियों को समाप्त करो"]

जनार्दन : **(भयभीत स्वर में)** अगर वो लोग दुबारा आएँ तो?

सुचेता : **(आर्द्र स्वर में)** आने दो। मुझसे नहीं होगा, नहीं होगा। माँ होकर जीते जी मैं एक जीवित लड़के को मौत के मुँह में नहीं झोंक सकती।

[भवेश का प्रवेश]

भवेश : कोई भी माँ नहीं कर सकती।

जनार्दन : भवेश बाबू, लगता है आप लोगों का यहाँ और रहना संभव नहीं होगा।

भवेश : कहाँ जाएँगे भाई? आज तो सब जगह ही खून की होली खेली जाती है। **(सुचेता से)** खड़ी क्यों हो। आज सुकु का जन्मदिन है, मनाओगी नहीं?

सुचेता : **(रोते हुए)** अच्छा नहीं लगता, मुझे अब कुछ भी अच्छा नहीं लगता।

भवेश : रोओ मत। आज ही तो सबसे शुभ दिन है। मृत्यु को टाल कर जीवनोत्सव। **(बगल वाले कमरे में जाकर सुनीत को ले आते हैं, सुनीत के सर पर पट्टी है)** लो, उसे आशीर्वाद दो। तुम्हारे आशीर्वाद से उसके उत्तेजित मस्तिष्क को शीतलता मिलेगी। सुनीत, मौसी को प्रणाम करो। **(सुनीत प्रणाम करता है। सुचेता उसे आशीर्वाद देने के पश्चात् सीने से लगा कर रो पड़ती है)** बादलों में केवल वज्र-विद्युत ही नहीं होता, वर्षा का भरपूर पानी भी रहता है। **(आगे बढ़कर सुनीत के सिर पर हाथ फेरते हैं)** सुनीत तुम्हारी पीढ़ी की बेचैनी मैं समझता हूँ। ऐसे अंधेरे में कोई भी स्थिर नहीं रह सकता। सभी

रोशनी चाहते हैं। किन्तु असहिष्णुता के कारण अंधेरा और बढ़ता है। विप्लव का अंकुर लाखों-करोड़ों मनुष्यों के मन में रहता है। उसे बढ़ाकर और तीव्र करना ही विप्लवियों का काम है। शक्ति का उत्स बंदूक की नाल नहीं, मनुष्य है। मनुष्य को डरा कर अपने साथ मिला सकते हो? विप्लव का अंकुर तो खेतों-खलिहानों कल-कारखानों, गरीब के टूटे-फूटे घरों में पनपा है। एक दिन देखोगे कि धान के खेत में लाखों-करोड़ों शीष-जैसे तारे एक साथ सिर उठाए खड़े हैं। उस दिन विप्लव की फसल को घर ले जाना है। और हम सभी मिलकर उस शुभ दिन पर विजयोत्सव मनाएँगे-शुरू होगा सृष्टि का महापर्व। **(सुचेता से)** जाओ, जाओ सुनीत का मुँह मीठा कराओ। सुकु का जन्मोत्सव सार्थक हो।

[सभी के मुख पर हँसी की लहर दौड़ जाती है।]

भाषांतर : नीलम शर्मा 'अंशु'

■

बारिश का एक झोंका

धनंजय बैरागी (तरुण राय)

धनंजय बैरागी (तरुण राय)

जन्म-काल : 1928-1988

थियेटर सेंटर एवं नाट्य-गृह संस्था के कर्णधार। मृत्यु पर्यन्त रवीन्द्र भारती विश्वविद्यालय के नाट्य-विभाग के अध्यक्ष रहे। उनके प्रसिद्ध नाटकों में 'रूपोली चाँद', 'एक प्याला कॉफी', 'रजनीगंधा' आदि। भारत सरकार की तरफ से विदेशों की यात्रा की है। प्रस्तुत एकांकी थियेटर सेंटर नाट्य प्रतियोगिता में पुरस्कृत है।

◆

पात्र

सरमा	:	स्त्री
लड़का	:	सरमा का बेटा
प्रशान्त	:	पति
कमल	:	चाचा
लड़की	:	बेटी

[साधारण मध्यवित्त परिवार के टूटे-फूटे घर का बाहरी कमरा। आने वालों को यहाँ बिठाया जाता है और फिर लड़का (बेटा) यहाँ लिखता-पढ़ता भी है। कोने में पढ़ने की मेज है। लड़के की उम्र पन्द्रह वर्ष की है। घर के खिड़की-दरवाजे बंद हैं, लड़का मेज के पास चुपचाप बैठा है। सरमा कमरे में प्रवेश करती है। सरमा की उम्र तीस वर्ष, साधारण तरीके से साड़ी पहनी हुई है।]

सरमा : फिर वही! खिड़की-दरवाजे बंद किए बैठा है, दिन पर दिन क्या होता जा रहा है तुझे, बता तो सही? आठ बज रहे हैं, कमरे में कम से कम थोड़ी रोशनी तो आए।

[सरमा खिड़की खोलने लगती है]

लड़का : **(खीझ भरी आवाज से)** नहीं, नहीं, खिड़की मत खोलो।

सरमा : क्यों?

लड़का : कुछ अच्छा नहीं लग रहा।

सरमा : वही घुमा-फिराकर एक ही बात...अच्छा नहीं लग रहा, अच्छा नहीं लग रहा। आजकल तो देख रही हूँ कुछ भी तुझे अच्छा नहीं लग रहा। जरा-सी उम्र...कहाँ तो खेलता फिरे, दोस्तों के साथ हो-हुल्लड़ करे...यह सब तो दूर, हर वक्त चुपचाप घर में पड़ा रहता है। ऐसा करने से बीमार जो पड़ जाएगा।

लड़का : मेरी तबीयत खराब हो, इससे दूसरों का क्या?

सरमा : इसका क्या मतलब?

लड़का : **(गुस्से में खड़े होकर)** क्या मतलब, क्या मतलब! इतना मतलब मैं नहीं जानता। मुझे अकेला रहने दोगी?

सरमा : **(आहत स्वर में)** पिताजी तुम्हें पूछ रहे थे, इसीलिए...

लड़का : **(व्यंग्य से)** इसीलिए मेरा हालचाल पूछने आई हो? फिर अब क्या, अब जाओ, पिताजी को जाकर रिपोर्ट दे आओ।

सरमा : रिपोर्ट?

लड़का : हाँ, मेरे लिए दिन भर क्या-क्या किया, उसकी सूची।

सरमा : **(रुलाई दबाए पास आकर)** इस तरह से क्यों बात कर रहा है बेटा, मुझे क्या तकलीफ नहीं होती?

लड़का : तुम्हें भला तकलीफ कैसी! सभी तो तुम्हें वाहवाही दे रहे हैं। कितनी अच्छी माँ है, कितना भला व्यवहार है।

सरमा : पता नहीं किसने तुम्हारे मन में जहर भर दिया है।

[सरमा कमरे से बाहर जा रही थी, लड़के ने पुकारा]

लड़का : और सुनो, पिताजी से कह देना कि इसके बाद मैं हॉस्टल में रहकर पढ़ाई-लिखाई करूँगा।

सरमा : अपने घर में जगह की कमी है शायद।

लड़का : पढ़ाई-लिखाई नहीं हो रही, इतना तंग करने से कोई पढ़ सकता है भला?

सरमा : इच्छा रहने से ही पढ़ाई-लिखाई की जा सकती है। हमें तो घर के कई काम करने पड़ते हैं, उन सबके बीच भी बी०ए०, एम०ए० पास किया है।

लड़का : मैं भला तुम्हारी तरह जीनियस कहाँ!

सरमा : वह बात नहीं है, अपने दोस्तों की बात ही सोचकर देखो, कितनों के घर में पढ़ने-लिखने की कोई जगह भी नहीं है। घर में बाजार-हाट से लेकर...

लड़का : यही तो बाकी रह गया है। अब नौकर-चाकर छुड़वा कर मुझे काम में लगा दो। यही होने पर तुम खुश रहोगी!

सरमा : **(गुस्से में भरकर)** दुनिया भर का बकवास करने लगा है, दिन पर दिन बिगड़ता ही जा रहा है, पिताजी की शह पाकर सिर पर चढ़ा है, मैं होती तो...

लड़का : चाबुक मारतीं, कमरे में बंद रखतीं! जो मर्जी वही करो न, लोगों को दिखाने के लिए ढोंग क्यों करती हो?

सरमा : ढोंग, इतनी बड़ी बात!

लड़का : और नहीं तो क्या? बुआजी को इस घर से निकाल बाहर किया, अब मुझे निकाल दो।

सरमा : बुआजी को। तुम्हारी बुआजी को मैंने जाने को नहीं कहा।

लड़का : फिर इतने दिनों बाद अचानक गईं क्यों?

सरमा : वह तो तुम्हारे पिताजी जानते हैं।

लड़का : पिताजी को तो तुमने ही सिखाया है। वे यह सब बातें क्या जानें। मेरे हॉस्टल में रहने का बंदोबस्त कर दो। मैं अब एक दिन भी इस घर में रहना नहीं चाहता। अगर रुपया-पैसा खर्च होगा, इसलिए हॉस्टल में रखना न चाहो, तो बता दो, मैं आत्महत्या करूँगा।

[लड़का घर के अंदर चला जाता है। सरमा कुछ देर चुपचाप खड़ी रहती है, फिर खिड़की खोल देती है। कमरे के अंदर से हल्ला-गुल्ला सुनाई देता है। सरमा गुस्से और दुःख से हाँफ रही है। ऑफिस जाने के कपड़े पहनते-पहनते प्रशांत बाबू का प्रवेश। उम्र चालीस के कुछ ऊपर, भारी-भरकम बदन।]

प्रशांत : सुबह से ही तुम लोगों का झगड़ना शुरू हो गया। कहाँ तो लोग सुबह-सुबह भगवान का नाम लेते हैं। (**थोड़ा रुक कर**) क्या हुआ सरमा, शक्ल ऐसी क्यों बनाई हुई हो?

सरमा : अब और ठिठोली करने की जरूरत नहीं। मैं किस मुसीबत में हूँ, आप क्या जानें। यह कच्ची उम्र का लड़का मुझे जो जी में आए बोलेगा?

प्रशांत : नासमझ लड़का है। उसकी बात जी से न लगाओ तो ही अच्छा है।

सरमा : तुम नहीं समझोगे। सारा दिन बाहर बिताते हो; घर की तुम्हें क्या खबर?

प्रशांत : बाहर की चिंता भी करूँ, घर की चिंता भी करूँ, सारी चिंताएँ ही अगर मेरी हैं, तो तुम्हारी क्या जिम्मेदारी है, सरमा?

सरमा : तो फिर घर की बातें लेकर सिर क्यों खपाते हो। क्यों तुमने छोटी दीदी को काशी भेजा था। बेटा हर वक्त सोचता है कि उसकी बुआ को मैंने घर से निकाल दिया है।

प्रशांत : जो सच नहीं है, वह एक दिन समझ जाएगा।

सरमा : मेरा धीरज अब छूटता जा रहा है। उसकी बुआ इस घर से चली जाने के बाद वह कैसा तो चिड़चिड़ा हो गया है।

पहले-सा जरा भी नहीं रहा। हर वक्त मुझसे झगड़ता रहता है।

प्रशांत : ताली एक हाथ से बजती है भला!

सरमा : इसका मतलब, तुम कहते हो मैं भी झगड़ती हूँ।

प्रशांत : वह तो नहीं कहा सरमा। तुम अगर चुपचाप रहो, तो वह अकेला कितनी देर चीखेगा।

सरमा : तुम नहीं जानते, किस भद्दी किस्म की बातें आजकल करता है। उसे अक्ल देने वाले बहुत से लोग हैं अब। अभी-अभी क्या कह रहा था पता है, वह अब इस घर में नहीं रहेगा। हॉस्टल में भेजना पड़ेगा।

प्रशांत : हॉस्टल में! हाँ, पढ़ाई-लिखाई के लिए हॉस्टल खराब जगह नहीं है। मैंने तो हॉस्टल में रह कर ही पढ़ाई-लिखाई की है।

सरमा : तुम कलकत्ता में पढ़ते थे। माँ-पिताजी बरहमपुर में थे। हॉस्टल में रहने के अलावा दूसरा कोई उपाय नहीं था। लेकिन बेटा किस वजह से अपना घर छोड़ कर हॉस्टल में रहने जाएगा?

प्रशांत : एक ही चिंता की बात है कि हॉस्टल का खाना बहुत अच्छा नहीं होता। लेकिन उसकी भी आदत पड़ जाती है।

सरमा : इसका मतलब तुम उसे अकेले हॉस्टल जाने दोगे?

प्रशांत : अब जिद पकड़ ली है तो, सहमत न होने से और भी अशांति बढ़ेगी घर में।

सरमा : **(गुस्से से)** तुम्हारे जो जी में आए करो। जैसा बाप, वैसा बेटा। बेटे ने फरमाइश की है, बस इसीलिए उसे हॉस्टल में भेजना ही है! **(जरा रुक कर)** सारी मुसीबत तो मेरी ही है। बेटा सोच रहा है कि मैंने ही उसकी बुआ को घर से निकाला है। अब बेटे के हॉस्टल में जाने से अड़ोस-पड़ोस के लोग सोचेंगे कि हो न हो मैंने ही उसे अलग कर दिया। आज समझ में आ रहा है, सौतेली माँ होना कितने दु:ख की बात है। अपने बच्चों के साथ तो इतनी अशांति नहीं होती।

प्रशांत : अशांति किसमें अधिक है, यह तो कोई नहीं बता सकता सरमा? अपने बच्चे, दूसरों के बच्चे, इन सबमें कुछ नहीं रखा। सब कुछ निर्भर करता है मन पर। तुम्हारा मन—बेटे का मन...

सरमा : लेकिन मैं तो डाँट-डपट नहीं करती। हर समय लगता है कि अगर वह बुरा मान जाये। अगर अपनी माँ की याद कर दु:खी हो तो।

प्रशांत : एक बहुत पुरानी कहावत है जानती हो न ... डाँट-डपट करना उसी को सजे, जो प्यार करता हो। मुझे लगता है...

सरमा : ईश्वर के लिए, अब और लेक्चर मत दो। आजकल तुम्हारी बड़ी-बड़ी बातें सुनते-सुनते अक्सर वह लाइन याद हो आती है... डोन्ट टॉक बिग वर्ड्स, दे मीन सो लिट्ल।

प्रशांत : **(हँस कर)** अंग्रेजी जानने का यही फायदा है। ठीक ज़रूरत के वक्त कोटेशन रखा जा सकता है, क्यों ठीक है न?

सरमा : तुम्हें तो हर वक्त ठिठोली सूझती है। याद है बेटी के जन्म के बाद से ही कई दिन तुम्हें समझाया था, उसे इतना सिर पर न चढ़ाओ, तब बात मानी थी? नहाना-खाना सब भूलकर बेटी को गोद में लेकर नाचने लगे थे। तभी से बेटे को मन ही मन दु:ख हुआ है। मैं उसका चेहरा देखकर समझ जाती थी। हैरानी की बात है कि पिताजी हो कर भी तुम नहीं समझ पाते थे।

प्रशांत : समझने की तो कोई ज़रूरत ही नहीं थी। नये भाई-बहन होने से बड़े भाई व दीदी का मन अशांत होता ही है। इसको लेकर इतना सोच-विचार करने जैसा तो कुछ नहीं था। मैं खुद ही तो बचपन में अपने छोटे भाई से ईर्ष्या करता था।

[नेपथ्य में ...'माँ कमल चाचा आए हैं, पिताजी कमल चाचा', कहते हुए कमल चाचा को खींचते हुए बेटी का प्रवेश। कमल तीस साल का युवक है। बेटी की उम्र सात साल की होगी, बड़ी चंचल है।]

लड़की : देखती हो माँ, कमल चाचा कितने दिन बाद आए हैं, और कहते हैं...क्यों मैं तो रोज ही आता हूँ, **(कमल को)** लगता

है आप इनवीजिबल मैन बन गए हैं, तभी तो हम देख नहीं पाते?

कमल : ओह! इन सात दिनों की बात कह रही हो। मैं जरा घूमने गया था।

लड़की : कहाँ गए थे, हमें तो नहीं बताया...

कमल : बड़ी जल्दी में था, इसीलिए बताने का समय ही कहाँ मिला? इतने में ही जल्दी से जाकर एवरेस्ट पर घूम आया। कुछेक दिनों से ही तेंजिंग बुला रहा था न...

लड़की : उफ्फ, कितने चालाक हैं। पता है, कुछ दिन पहले हमें बताया कि ये एटलांटिक ओशन के बिल्कुल गहरे उतर कर एक गोल्डन फिश लाए हैं। कितना झूठ बोल सकते हैं।

प्रशांत : सच कमल, तुम्हारे बारे में मेरे बच्चे रोज पूछते हैं। वे शायद तुम्हें हमउम्र समझते हैं।

कमल : मुझे भी तो यही लगता है भैया। बच्चों के साथ जब तक रहता हूँ, अच्छा लगता है। इन पिछले कुछ दिनों फ्लू को भुगतता रहा। इसीलिए नहीं आ सका।

सरमा : मैं भी यही सोच रही थी। तुम उस दिन कह रहे थे कि बेटे का रोल नम्बर ले जाओगे।

कमल : इसीलिए तो आज आया हूँ भाभी। उसका रोल नम्बर ले जाऊँगा। प्रमथ को फोन किया था, रिजल्ट का पता आज चलेगा।

सरमा : बेटा तो कह रहा है, अब से वह हॉस्टल में रहकर ही लिखाई-पढ़ाई करेगा।

प्रशांत : अरे रे, अब फिर वही बात क्यों, वह तुम कमल पर छोड़ दो। बेटा जो बोलना चाहेगा, खुद ही उसे कहेगा। बेटी जा तो, एक बार भैया को बुला दे।

[बेटी का प्रस्थान]

प्रशांत : वह अगर सच में जाना चाहता है, तो मुझे कुछ आपत्ति नहीं है। घर की बजाय हॉस्टल में पढ़ाई-लिखाई खूब अच्छी तरह होती है।

सरमा : मुझे बहुत आपत्ति है, कमल देवरजी। तुम बेटे को समझाओ कि वह घर पर रहकर ही लिखाई-पढ़ाई करे। मैं जानती हूँ, वह अकेला बिल्कुल नहीं रह पाएगा, बहुत ही बचपना है उसमें।

कमल : देखूँ, वह क्या बोलता है, हॉस्टल जाने की बात पहले तो नहीं सुनी।

सरमा : आज ही पहली बार कही है। लेकिन वह डिटर्मांइड है। मैं बता रही हूँ, इस बात को लेकर बहुत हंगामा खड़ा करेगा। मैं तो अंदर चली जाऊँ। मुझे देखते ही उसका मन मिजाज खराब हो जाता है।

[सरमा का प्रस्थान]

प्रशांत : महिलाएँ जरा-सी बात से इतना घबड़ा जाती हैं कि...

कमल : नहीं भैया, इस मामले में मेरा मत आपसे नहीं मिलता। भाभी काफी धीरज वाली हैं। मैं तो हर वक्त उनकी प्रशंसा करता हूँ। लेकिन बेटा क्रमशः प्राबलम चाइल्ड होता जा रहा है। वह आजकल क्या कहता है, मैं ही नहीं समझ पा रहा।

प्रशांत : तुम भी वही बात कह रहे हो कमल?

कमल : मैं कह रहा हूँ भैया। यह बड़ा गंभीर मामला है। खासकर लड़कों की यह उम्र 14 से 16 साल तक 'प्रापरली गाइडेड' न होने पर बहुत कुछ हो सकता है। अभी जो स्टेट ऑफ माइंड है, ऐसे समय मेलानकोलिया भी हो जाये, तो कुछ हैरानी की बात नहीं होगी।

प्रशांत : मेरे साथ जब तक, जितनी देर बात करता है, कुछ तो ऐसा नहीं लगता। बिल्कुल नार्मल रहता है।

कमल : ऐसा तो होगा ही, वह बहुत ही इंटेलीजेंट लड़का है। मेरे तुम्हारे सामने तो ऐसा दिखाएगा ही नहीं, लेकिन दूसरे वक्त ब्रूड करता है। खुद को महसूस करता है कि वह इस दुनिया में अकेला है, जिसकी न माँ है, न बाप, न ही कोई दूसरा।

प्रशांत : अकेले तो हम सभी हैं कमल। कई बार उस कवि की याद आती है जिसने लिखा था...'चाँद की ही तरह क्लांत मधुर अकेला मैं'।

कमल : तुम जिस अकेले रहने की बात कर रहे हो, उसमें माधुर्य है। लेकिन बेटा तो उस रूप में नहीं सोचता। उसमें है असहायता का रुदन। वास्तव में यह बड़ी दयनीय बात है। उसका तो कोई दोष नहीं है, उसे सभी ने सिखाया, समझाया है कि उसकी सौतेली माँ है! सौतली माँ कभी भी अच्छी नहीं होती। वह उसके पिता को उससे दूर कर दे रही है। वह खुद को ऐबनार्मल समझता है। यही तो ट्रेजेडी है।

प्रशांत : हाँ, फिक्र की बात है।

[**लड़के का प्रवेश**]

लड़का : कमल चाचा, तुमने रोल नम्बर माँगा था, इस कागज में लिख दिया है।

कमल : तुम बड़े रूखे-रूखे से दिख रहे हो, तबीयत तो ठीक है?

लड़का : नहीं, आज बड़ी देर तक सोकर उठा हूँ।

प्रशांत : कमल, तब मैं चलूँ। ऑफिस जाने में देर हो रही है।

कमल : मैं तो शाम को आ ही रहा हूँ।

प्रशांत : बेटे, आज खेल देखने जाओगे क्या? मोहन बागान वर्सेस एरियन्स ...यह हर बार बहुत क्रिटिकल खेल ठहरता है।

लड़का : नहीं, रहने दो, मैं आज कहीं नहीं जाऊँगा।

प्रशांत : क्यों?

लड़का : यूँ ही। (**म्लान हँसी हँसकर**) अच्छा नहीं लग रहा है।

प्रशांत : ओह! (**बेटे की तरफ देखते हुए**) अच्छा, मैं चलूँ।

[**प्रस्थान**]

कमल : फुटबाल खेलने का इतना नशा था, सब खत्म हो गया?

लड़का : खत्म तो सभी हो जाता है। रहता क्या है भला?

कमल : बिल्कुल बड़ों की तरह बात कर रहे हो!

लड़का : बड़ा जो हो रहा हूँ...

कमल : तुम्हारे पिताजी कह रहे थे, तुम हॉस्टल जाना चाहते हो...

लड़का : हाँ, वही तय किया है।

कमल : हॉस्टल में लिखने-पढ़ने की बहुत सुविधा होगी, ऐसा मत सोचना। लड़के बहुत डिस्टर्ब करते हैं।

लड़का : हो सकता है।

कमल : इसके अलावा मान लो, घर में पढ़ाई में कुछ समझने-पूछने की ज़रूरत हो, तो माँ-बाप समझा दे सकते हैं।

लड़का : उनके पास इतना समय कहाँ?

कमल : क्यों?

लड़का : पिताजी अपना काम लेकर व्यस्त रहते हैं और माँ का सोशल वर्क। सुबह से उठकर वही सब सोच रही हैं। बेटी की ही पढ़ाई में मदद नहीं कर पातीं, तो मेरी...

कमल : हुँ! इसके बाद किस लाइन में जाने की सोचते हो?

लड़का : इंजीनियर होने की इच्छा है। इसीलिए साइंस ही पढ़ूँगा। आर्ट्स पढ़कर क्या फायदा। उसमें कोई फ्यूचर नहीं है।

कमल : डॉक्टरी पढ़ना हो तो बॉयलॉजी लेनी होगी।

लड़का : नहीं, डॉक्टर नहीं बनूँगा, बल्कि इंजीनियर बनना अच्छा है। दूर कहीं नौकरी ले ली जाएगी। अच्छा कमल चाचा, बताओ तो, बाहर अभी कहीं जाया नहीं जा सकता क्या?

कमल : कहाँ?

लड़का : इस देश के बाहर। कितने लड़के योरप पढ़ने जाते हैं। उन्हें कितना मजा आता होगा। आह, मेरे पास अगर ढेर सारे रुपये होते तो, मैं ठीक चला जाता।

कमल : अकेले जाकर रह पाओगे?

लड़का : यहाँ भी तो मैं अकेला हूँ।

कमल : किसी की याद नहीं आएगी?

लड़का : क्या पता, **(जरा रुक कर)** पता है कमल चाचा, मेरा दोस्त अविनाश जिसकी बात तुम्हें मैं बताया करता था न, वह घर से भाग गया है।

कमल : भाग गया है! क्यों?

लड़का : वह तो अपने ताऊजी के पास रहता था, वे बड़े गुस्सेवाले हैं। उसे बहुत तकलीफें देते थे। हर वक्त डाँटते थे।

बेचारा, रोज उसे खाना भी नहीं मिलता था। बहुत दिन सहता रहा, अंत में भाग गया।

कमल : आजकल कहाँ है?

लड़का : आसनसोल में एक प्राइवेट फर्म में काम मिला है। हमारे एक क्लास-फ्रेंड के बड़े भाई वहाँ मैनेजर हैं तो, उन्होंने उसे काम दिया है।

कमल : बेचारा! इतनी सी उम्र में नौकरी करता है।

लड़का : वह, लेकिन बहुत खुश है। कल ही मुझे उसकी एक चिट्ठी मिली है। बहुत ही सुन्दर लिखा है, सुनो...(**चिट्ठी पढ़ते हुए**) ''अभी-अभी ऑफिस का काम निपटाकर लौटा हूँ। बाहर हल्की-हल्की बारिश हो रही है, बेयरा को चाय देने को कहा है, आज अब घूमने नहीं निकलूँगा। कोई किताब पढ़ूँगा। कोई सतानेवाला नहीं है। अकेला हूँ। सोचकर कितनी खुशी मिलती है। कलकत्ते की दिनचर्या में मुझे कैसी घुटन-सी लगती थी। खुलकर साँस भी नहीं ले पाता था। तुम लोग सही-सही मेरी हालत समझ नहीं पाओगे। यहाँ लगता है नई दुनिया, ढेर सारी आशाएँ, बहुत सारी चमक-दमक, कितनी खुशी! कॉलेज में भर्ती होने से पहले हो सके तो, एक बार आना। देखना, मुझमें कितना बदलाव आया है। मैं अब पहले-सा अविनाश नहीं रहा। अंत में, तुमलोगों का अविनाश।'' कितनी अच्छी चिट्ठी लिखी है, है न कमल चाचा?

कमल : हुँ। उसके लिए अच्छा ही हुआ है, जिसका अपना कहने को कोई नहीं।

लड़का : कितनी आशा, कितनी चमक-दमक, कितनी खुशी!

कमल : मैं अंदर जाऊँ, भाभी को एक बात कह आऊँ। (**प्रस्थान**)

[लड़का लम्बी साँस छोड़कर कुर्सी पर जा बैठता है। थोड़ी देर बाद ही लड़की का प्रवेश]

लड़की : पास करने पर मुझे क्या दोगे?

लड़का : ऐसा क्या दूँगा?

लड़की : ओह, मुझे कहा था न? एक छोटा-सा कुत्ते का बच्चा, सन्तू के घर से...

लड़का : तुम्हारी माँ कुत्ता पालने देगी ही क्यों?

लड़की : क्यों नहीं पालने देंगी? सबके घर में तो कुत्ते होते हैं। हमारे घर में ही क्यों न हो, माँ के मना करने पर भी सुनता कौन है?

लड़का : सन्तू को पूछूँगा तब। कुत्ते के बच्चे भी किसी को दे दिए या नहीं, पता नहीं।

लड़की : अभी भी दो हैं। स्कूल से लौटते समय रोज देखती हूँ।

लड़का : अच्छा सुन, दर्जी क्यों आया था भला?

लड़की : जानते नहीं, मेरा जन्म दिन जो आ रहा है। फ्रॉक का कपड़ा ले गया है। अबकी बार बताए दे रही हूँ, मैं ढेर सारे दोस्तों को बुलाऊँगी। पता है भैया, सब लोग कितनी चीजें देंगे।

लड़का : तू क्या प्रेजेन्ट लेने के लिए जन्मदिन मनाती है?

लड़की : अरे रे! नहीं तो, किसलिए लोग जन्मदिन मनाते हैं? प्रेजेन्ट अगर न लूँ, तो फिर जब-तब बुलाने से ही चलता है। फिर उस बुलावे को जन्मदिन क्यों कहा जाये।

लड़का : मैंने लेकिन बचपन से ही कभी जन्मदिन नहीं मनाया।

लड़की : मनाने पर भी कुछ नहीं मिलता।

लड़का : क्यों?

लड़की : तुम्हारे तो सब फटे कपड़े पहने गरीब दोस्त हैं। वो भला क्या प्रेजेन्ट लाएँगे।

लड़का : (**हँसकर**) मेरे दोस्तों के कपड़े फटे हों, तो क्या? तेरे स्कूल की लड़कियों की तरह बदन से दुर्गन्ध नहीं आती।

लड़की : (**गुस्से से**) आहा रे, शरीर से दुर्गन्ध! मेरी कोई भी सहेली पैदल नहीं आती स्कूल। सभी के पास गाड़ियाँ हैं।

लड़का : दुःख की बात तो यह है कि तेरे ही पास नहीं है।

लड़की : क्या बेवकूफों-सी बात कर रहा है तू? मैं तो बस से जाती हूँ, तेरी तरह पैदल तो नहीं जाती।

लड़का : (**मजाक से**) मान लिया तेरी सहेलियों के पास गाड़ियाँ हैं। लेकिन मेरे दोस्तों के पास क्या है, पता है?

लड़की : क्या?

लड़का : महल, आलीशान महल!

लड़की : (**हँसकर**) वह तो किराए का घर या मामा का घर। क्यों ठीक है न, तुम्हारा वह क्लास फ्रेंड शायद अविनाश नाम है उसका, आलीशान महल में रहता है, मामा या ताऊ जी का घर है और शरीर से जो दुर्गन्ध निकलती है, बाप रे! तू कैसे भला उसके साथ बैठ कर बतिया लेता है...

लड़का : (**अचानक गंभीर होकर**) ओह, किसी का नाम लेकर इस तरह से बात नहीं की जाती।

लड़की : क्यों न बोलूँ। हजार बार बोलूँगी।

लड़का : स्कूल में लगता है, यही शिक्षा दी जाती है।

लड़की : तुम भी बताओ तो, भला हमारे स्कूल की लड़कियों के बारे में अनाप-शनाप क्यों बोलो?

लड़का : मैंने तो किसी का नाम लेकर कुछ नहीं कहा।

लड़की : एक ही बात है।

लड़का : ठीक है। अब और बक-बक करने की ज़रूरत नहीं, अंदर जाओ।

लड़की : नहीं। नहीं जाती।

लड़का : तब चुपचाप बैठी रह, बात मत कर...

लड़की : क्यों चुप रहूँ? मैं माँ से कह दूँगी, तुम मुझे इस तरह डाँट रहे हो।

[**टेबिल के पास जाकर लड़की चिट्ठी उठा लेती है**]

लड़का : ठीक है। अपनी माँ से जाकर कह दो न, मैं डरता हूँ क्या? (**चिट्ठी की तरफ देखकर**) चिट्ठी रख दो, यह मेरी चिट्ठी है।

लड़की : पोस्टकोर्ड में ही तो लिखी है...

लड़का : चिट्ठी मत पढ़ना कहे देता हूँ।

लड़की : मैं पढ़ूँगी ही (**डरते-डरते चिट्ठी पढ़ती है**) 'जीवन मुझे कैसा तो घुटन-सा लगता'।

लड़का : तब भी?

लड़की : 'जी खोलकर साँस भी नहीं ले पाता था।'

लड़का : (आगे बढ़कर) दे दो कहता हूँ...

लड़की : दमा के मरीज।

लड़का : दिन पर दिन बिगड़ती जा रही हो तुम।

[लड़की जोर से रो पड़ती है]

सरमा : क्या हुआ, रो क्यों रही हो?

लड़की : भैया मुझे डाँट रहे हैं।

सरमा : क्यों?

लड़की : मैंने भैया की यह चिट्ठी देख ली थी। इसलिए झूठ-मूठ डाँट रहे हैं।

सरमा : भैया की चिट्ठी, उसे दे दो। बड़ों से हर वक्त झगड़ती क्यों हो?

लड़की : भैया ही तो मेरे साथ झगड़ते हैं, केवल डाँटते हैं और तुम लोगों को मेरे बारे में झूठ-मूठ बताते हैं।

सरमा : **(लड़की को चाँटा मारती है)** तुम्हें हजार बार मना किया न, इस तरह बात नहीं करते। जाओ यहाँ से।

[लड़की का रोते-रोते प्रस्थान]

लड़का : यह क्या, उसे मारा क्यों?

सरमा : शैतानी करने से डाँटना-डपटना पड़ता है।

लड़का : केवल चाँटा मारकर ही सिखाया जाता है क्या! छि:छि:, अपनी बेटी तक को प्यार नहीं कर सकतीं! तुम कैसी माँ हो?

[लड़के का तेजी से प्रस्थान। सरमा चुपचाप खड़ी रहती है, थोड़ी देर बाद ही कमल का प्रवेश]

कमल : भाभीजी!

सरमा : जा रहे हो! शाम को आना।

कमल : लड़का कैसा तो हो गया है।

सरमा : मेरा सारा मान-अभिमान तोड़ दिया है देवरजी, साइकोलॉजी में एम०ए० पास करके सोचा था, अपनी सौत के बेटे को सुखी रख पाऊँगी। उसे माँ की कमी का पता नहीं लगने दूँगी। तथापि क्या हो गया!

कमल : लेकिन पहले तो ऐसा नहीं था।

सरमा : मेरी जब शादी हुई थी, बेटे की उम्र उस समय दो साल की थी। पता है, तुम्हारे भैया की मैं छात्रा थी। देखती थी, पत्नी के स्वर्गवास के बाद से वे निपट अकेले हो गए थे, बेटे की चिंता में घुल रहे थे। तभी मैंने उनसे शादी करनी चाही।

कमल : वह मैं जानता हूँ।

सरमा : तुम्हारे भैया ने मुझे मना किया था। लेकिन मैं ही नहीं मानी थी। बोली थी, इतनी पढ़ाई-लिखाई करके भी अगर सौतेली माँ से जुड़ी बदनामी से उबर न पाऊँ, तब लिखाई-पढ़ाई सब व्यर्थ है। शादी हुई, इस घर में आते ही बेटे को अपना लिया। शुरू-शुरू में वह जरा सकपकाया-सा रहता था, लेकिन फिर धीरे-धीरे ऐसा हुआ कि मेरे बिना उसका समय ही नहीं बीतता।

कमल : वह तो हमने देखा ही है। आप उसे स्कूल ले जातीं, फिर शाम को वापस लिवा लातीं, तिस पर पढ़ाई-लिखाई कराना...

सरमा : वे बोले थे, तुमने मुझे निश्चिंत कर दिया है सरमा। लेकिन धीरे-धीरे जैसे सब बदल गया। बेटा जैसे-जैसे बड़ा होने लगा, उसके रिश्तेदारों ने उसे समझाया कि मैं उसकी सौतेली माँ हूँ।

कमल : आपको कैसे पता चला?

सरमा : वह आ-आ कर मुझसे अजीब से प्रश्न पूछने लगा। तभी समझ गई कि उसे किसी ने यह सब सिखाया है। वह खुद ऐसे प्रश्न कर ही नहीं सकता। तभी तुम्हारे भैया को कई बार मैंने बताया था। उन्होंने परवाह नहीं की। उसी का नतीजा भुगत रही हूँ अब।

कमल : उसे किसने यह सब समझाया-बुझाया?

सरमा : बहुतों ने। उसकी बुआ ने तो ऐसा करना शुरू किया कि यहाँ से उन्हें हटा देने के सिवाय कोई चारा ही नहीं रहा। मैंने उन्हें हटाना नहीं चाहा। तुम्हारे भैया ने ही जबरदस्ती भेज दिया। उसी वजह से बेटा बिल्कुल खीझ गया है।

कमल : हैरानी की बात है।

सरमा : बेटी से किसी तरह का भेद वह महसूसे, इसीलिए माँ होने पर भी बेटी को मैंने दूर-दूर ही रखा। हर वक्त उसे बेटे के पास भेज देती, जिससे दोनों भाई-बहनों में प्यार पनपे। पनपा भी था, लेकिन जाने कैसे क्या हो गया।

कमल : वह लेकिन आपको प्यार करता है भाभी। मैंने तो देखा है। आपकी तबीयत जरा-सी खराब हो तो वह कैसे उद्विग्न हो उठता है। उदास चेहरा लिए घूमता है। खाना तक नहीं चाहता।

सरमा : पता नहीं देवरजी। ठीक समझ नहीं पाती।

कमल : मैंने देखा है। कुछ करने को हो तो वह हर समय पहले यह सोचता है कि आपको उसका ऐसा करना अच्छा लगेगा या नहीं।

[नेपथ्य में लड़के की चीख-पुकार]

लड़का : सुबह मैं आमलेट खाता हूँ, बंदर कहीं का।

नौकर : माँ ने कहा अंडे का 'पोच' बना देने के लिए।

लड़का : तो माँ को ही दे दो जाकर। मोहनभोग क्यों नहीं बना। रात की रबड़ी नहीं थी क्या? हर वक्त बक-बक करने से क्या घर के काम पूरे होते हैं। दो-चार दिन बाद तो हॉस्टल में जाऊँगा ही। अभी से हॉस्टल में खा लूँगा।

[ऐसी बात सुनकर सरमा रो पड़ती है, कमल तेजी से दरवाजे की तरफ बढ़ जाता है।]

कमल : ओह, बेटे चुप भी कर।

[कमल अंदर चला जाता है। कुछ देर बाद दूसरे दरवाजे से सरमा का भी प्रस्थान। रोशनी मद्धम हो जाती है। धीरे-धीरे शाम का वातावरण दिखाई देता है। प्रशांत बाबू ऑफिस से लौटकर कोट खोलते-खोलते सरमा के साथ बातें कर रहे हैं।]

प्रशांत : सब बन्दोबस्त कर आया हूँ।

सरमा : किस बात का?

प्रशांत : बेटा कुछ दिन तक बेला के परिवार वालों के साथ घूम आए। वे लोग पुरी घूमने जा रहे हैं। बहुत ही अच्छी ठहरने की जगह मिली है। मुझे लगता है कुछ दिन घूम आए, तो मन-मिजाज अच्छा हो जाएगा।

सरमा : यह तो बहुत ही अच्छा होगा। वे कब जा रहे हैं?

प्रशांत : अगले हफ्ते। बेला सुनकर बहुत खुशी हुई। जानती तो हो, वह बेटे को कितना प्यार करती है। हाँ, वह हम सभी को जाने को कह रही थी...

सरमा : बेटा अकेले ही घूम आए, वही अच्छा रहेगा। भैया जा रहे हैं, सुनकर बेटी का जी खराब तो होगा ही।

प्रशांत : वह क्या तुम्हें छोड़ कर रह पाएगी?

सरमा : दोनों चले गए तो, मैं ही अकेली कैसे रहूँगी।

प्रशांत : अच्छा हो कि बेटे को पास बुलाकर कहूँ, देखूँ वह क्या कहता है। (**जोर से**) बेटा, बेटा। आधुनिक लड़का है, तो हम जो कहेंगे, वही तो पसंद नहीं आएगा।

सरमा : तुम्हारी बात जरूर मानेगा। मैं कुछ न ही कहूँ, तो अच्छा है।

[लड़के का प्रवेश]

लड़का : पिताजी मुझे बुला रहे थे?

प्रशांत : बेला के परिवार के लोग पुरी जा रहे हैं घूमने। तुम्हारी इच्छा हो तो उनके साथ जा कर घूम आओ।

लड़का : पुरी याने समुद्र...

प्रशांत : हाँ।

लड़का : बेला दीदी, जीजाजी, लालटू...वे सभी जा रहे हैं?

प्रशांत : हाँ, लालटू बोल रहा था...भैया जाएँ, तो बहुत अच्छा हो। सभी मिलकर मजा करेंगे।

लड़का : मैं जाऊँगा।

प्रशांत : वे लोग शायद सोमवार चलेंगे।

[लड़की का प्रवेश]

लड़का : कल तब मैं बेला दीदी से मिलूँगा।

लड़की : भैया कहाँ जाओगे?

लड़का : पुरी।

लड़की : क्या कहा? समुद्र में नहाने! मैं भी जाऊँगी।

सरमा : तुम अकेले कैसे जाओगी?

लड़की : अकेले क्यों, भैया भी तो जा रहे हैं, बेला दीदी के लोग भी तो होंगे।

सरमा : भैया इस बार घूम-फिर कर आ जाए, तुम बाद में फिर कभी जाना।

लड़की : नहीं माँ, मैं जाऊँगी। अकेली मैं यहाँ नहीं रहूँगी।

लड़का : वह भी चली चले मेरे साथ। लालटू की ममेरी बहनें भी शायद जाएँ।

लड़की : हाँ भैया। राका, राधा जाएँगे, तो बहुत अच्छा लगेगा। राका तो बड़ी-बड़ी डींगें हाँकता है, आजकल सुना है, बहुत तैराकी सीख ली है। समुद्र में उतरते ही सारी हेकड़ी भूल जाएगा, इतनी बड़ी-बड़ी तरंगें उठती हैं।

प्रशांत : बेटी, तुम अकेली नहीं जा पाओगी, माँ साथ में नहीं रहने पर तुम्हें अच्छा नहीं लगेगा।

लड़की नहीं-नहीं पिताजी, मैं ठीक जा पाऊँगी। मामा के घर मैं और भैया रह लेते हैं कि नहीं?

प्रशांत : वहाँ तुम्हारी नानी रहती हैं, वह अलग बात है। समुद्र क्या ऐसी-वैसी जगह है? उसका गर्जन ही क्या है! मैं जब बचपन में गया था, याद है रात में डर लगता था।

लड़की : ऐसा है तो मैं भैया को भी नहीं जाने दूँगी। वो मजे से घूम-फिर आएगा और मैं यहीं पड़ी रहूँगी!

सरमा : भैया तुमसे काफी बड़े हैं। अब यहाँ से जाओ। पिताजी ऑफिस से लौटे हैं। मुँह-हाथ-पैर धोने तो दो।

लड़की : नहीं-नहीं, मैं तुम्हारी बात नहीं मानूँगी। ऐसा होगा तो मेरा कभी पुरी जाना ही नहीं हो पाएगा। तुम लोग तो पहले ही घूम-फिर आए हो। अब भैया जाएँगे...

सरमा : तुम्हारे साथ अब और बक-बक नहीं किया जाता भई, मैं चाय ले आऊँ।

लड़की : बक-बक करो या न करो, मैं बोले दे रही हूँ, किसी की कोई बात नहीं मानूँगी। पुरी मैं पक्का-पक्का-पक्का जाऊँगी...

[सरमा के पीछे-पीछे लड़की का प्रस्थान]

लड़का : कोई बात नहीं, बहन मेरे साथ ही चले।

प्रशांत : क्यों?

लड़का : मेरे नहीं रहने पर वह वास्तव में अकेला-अकेला महसूस करेगी।

प्रशांत : हम लोग तो हैं।

लड़का : (**अन्यमनस्क स्वर में**) माँ उसे ठीक से समझ नहीं पाती हैं। बहन जिद्दी होने पर भी, उसका मन सरल है।

प्रशांत : अच्छा तो मैं इस बारे में बाद में सोचूँगा। तुम सावधानी से जाना। बेला दीदी जैसा-जैसा कहें, ठीक वैसा ही करना। समुद्र में सभी के साथ नहाने जाना। अकेले बिल्कुल नहीं। खाने-पीने का ध्यान रखना। पुरी में सब समुद्री मछलियाँ, खाने से पेट खराब हो जाता है।

लड़का : मुझे समझाने की ज़रूरत नहीं है।

प्रशांत : दो-तीन दिन के बाद एक चिट्ठी लिखना, साधारण पोस्टकार्ड में दो लाइन की चिट्ठी।

लड़का : अधिक दिन क्या रह पाऊँगा? रिजल्ट निकलने वाला है।

प्रशांत : सो तो मैं हूँ, तुम्हें फिकर करने की जरूरत नहीं है। ऐसी जरूरत आ पड़ेगी, तो बुलवा भेजूँगा।

[अंदर से कमल की पुकार सुनाई पड़ती है...''भाभीजी, कहाँ हो, मिठाई तो खिलाओ, बेटा पास हो गया है।'']

प्रशांत : वो देखो आया है। कमल, इस कमरे में आओ, इधर इस कमरे में।

[कमल के साथ सरमा का मुस्कुराते हुए प्रवेश]

कमल : बेटा अच्छे नम्बरों से पास हो गया है भैया। तभी तो भाभी जी से कह रहा था मिठाई खिलाने को।

सरमा : केवल मिठाई नहीं देवरजी, आज तुम यहाँ भोजन करके ही जाना। मैं तो जानती थी कि बेटा पास करेगा, इसीलिए पहले से तुम्हारे भोजन का सारा प्रबंध कर रखा था।

प्रशांत : सरमा, तुम सबको खबर भेज देना। ऐसा करना, तुम कल सुशील के घर चली जाना। वहाँ से फोन करके बहुतों को

बता पाओगी। विशेषकर अनुकूल लोगों को बताना। वो लोग वास्तव में बहुत खुश होंगे।

लड़का : मैं भी एक बार अनुकूल मामा के पास जाऊँगा।

प्रशांत : बेटे, अपने कमल चाचा को प्रणाम नहीं किया, वे यह शुभ समाचार लाए हैं।

[लड़का कमल को प्रणाम करने लगा, तब कमल ने उसे थाम लिया]

कमल : नालायक कहीं का, पहले माँ-बाप को प्रणाम करो, उसके बाद तो चाचा की बारी आएगी।

[लड़का प्रशांत बाबू को प्रणाम करता है, वे क्या आशीर्वाद देते हैं, सुनाई नहीं देता। उसके बाद कमल को प्रणाम करता है।]

कमल : जीवन में सारी परीक्षा इसी तरह मुस्कुराते हुए पास करो। हम लोग भी तब बहुत खुशियाँ मनाते हुए हलवा-पूरी खाएँगे।

[लड़का सरमा के पास जाने से पहले ही लड़की प्रवेश करते हुए चिल्लाने लगती है]

लड़की : भैया कहाँ है, मेरा कुत्ता दो।

[प्रशांत और कमल (विस्मय से) कुत्ता!]

लड़की : जी, भैया ने कहा था कि पास करेगा, तो एक कुत्ता उपहार में देगा। सन्तू लोगों के कुत्ते के कई बच्चे हुए हैं, जानते हो।

लड़का : कल एक ला दूँगा।

लड़की : उसके साथ ही एक अच्छा-सा बकलस लाना और एक चमड़े की चेन। मैं पप्पी को साथ लेकर रोज घूमने जाऊँगी।

कमल : स्कूल में भी ले जा सकती हो।

लड़की : हाँ, तुम्हारी जैसी अकल है, स्कूल में ले जाने से जानते हो! मिसेज हालदार को तो पहचानते नहीं।

कमल : क्यों नहीं पहचानता, अपने हालदार की श्रीमती तो?

लड़की : फिर तुम टीचरों के बारे में मजाक कर रहे हो? ठीक है! मैं तुम्हारे साथ अब मजाक नहीं करूँगी।

कमल : ओ हो, मैं मजाक क्यों करने लगा? सच्ची बात ही तो कह रहा हूँ।

लड़की : ठीक है, मुझसे डिटेक्टिव किताब अब नहीं माँगना। भैया वह किताब?

लड़का : कौन-सी?

लड़की : वह जो काली जिल्द पर बंदर की फोटो। कमल चाचा को वह दूँगी ही नहीं!

कमल : मैं मागूँगा ही नहीं।

[लड़की और कमल एक दूसरे को जीभ दिखाकर मुँह चिढ़ाते हैं]

सरमा : ओहो-हो! देवरजी तुम्हारा जवाब नहीं। जाऊँ, मिठाई प्लेट में लगाऊँ।

लड़की : माँ, भैया परीक्षा में पास हो गए हैं। आज आइसक्रीम नहीं मिलेगा?

सरमा : पिताजी से पूछो। **(प्रस्थान)**

लड़की : पिताजी आइसक्रीम खाना भैया को बहुत अच्छा लगता है।

प्रशांत : और तुम्हें जैसे अच्छा ही नहीं लगता?

लड़की : मुझे भी अच्छा लगता है। बताओ न, आइसक्रीम नहीं लाओगे?

प्रशांत : माँ से कहो, मँगा दे।

लड़की : मैगनोलिया तो। माँ, माँ, पिताजी ने कहा है आइसक्रीम... **(प्रस्थान)**

प्रशांत : बेटा जितना शान्त है, यह बेटी उतनी ही चंचल है। आज आइसक्रीम न मँगाने से क्या मुसीबत न आ जाती।

कमल : बच्चे ऐसे ही होते हैं।

प्रशांत : तुम्हें हमउम्र मानकर यूँ गप्पें मारते हैं।

कमल : मेरी भी तो ऐसी ही हालत है। घर में बच्चे कच्चे न हों, वैसी जगह मैं जाता ही नहीं।

प्रशांत : मेरी हालत ठीक इसके विपरीत है। आसानी से बच्चे कोई पास ही नहीं फटकते।

[लड़की दरवाजे के पास खड़ी होकर]

लड़की : रुपये कहाँ रखे हैं पिताजी? पॉकेट में तो नहीं हैं।

प्रशांत : तब शायद ड्रॉवर में ही रखे हैं।

लड़की : चाबी!

प्रशांत : मैं खोल देता हूँ।

[प्रशांत और लड़की का प्रस्थान]

लड़का : कलम चाचा, मैं पुरी जा रहा हूँ।

कमल : किसके साथ?

लड़का : बेला दीदी के लोग जा रहे हैं। पिताजी ने सारा प्रबंध कर दिया है।

कमल : बहुत अच्छी जगह है, मैं तीनेक बार गया हूँ।

लड़का : इसी बार पहली बार समुद्र देखूँगा।

कमल : सो तो देखोगे ही, इसके अलावा पुरी जैसी जगह का ही अपना अलग माहात्म्य है। पता है, चैतन्य देव ने अपना अंतिम समय वहीं बिताया था। राखाल महाराज स्वामी ब्रह्मानंद के बारे में सुना है। 'मासी के घर' जाते ही वे भाव-समाधि में लीन हो जाते, वे मानो चैतन्यदेव का दैवीय स्पर्श अनुभव करते।

लड़का : तुम भी चलो न कमल चाचा।

कमल : मेरे पास छुट्टियाँ ही कहाँ हैं? तुम बल्कि वहाँ से चिट्ठी लिखना, अगर हो सका तो किसी शनि या रविवार को जाकर घूम आऊँगा।

लड़का : तुमसे भगवान की बातें सुनना बहुत अच्छा लगता है।

कमल : यह तो अच्छी बात है, पुरी जाते समय भगवान का 'कथामृतम' दूँगा, पढ़ना।

[प्रशांत अंदर से बुलाता है...'कमल आ जाओ, चाय आई है।']

कमल : (उत्तर देते हुए) आता हूँ।

[उठकर दरवाजे के पास जाकर]

कमल : बेटे तुमने तो माँ के पैर छूकर प्रणाम नहीं किया।

लड़का : करूँगा।

कमल : एक बात हमेशा याद रखना। किसी को नाहक ठेस नहीं पहुँचाते।

[कमल का प्रस्थान। लड़का चिंतित चेहरा लिए टेबल की तरफ बढ़ जाता है। कुछ देर चुपचाप बैठता है। बाद में माँ का फोटो ला कर एकटक देखता रहता है। मेज के ऊपर रखकर चारों तरफ देखकर प्रणाम करता है। तभी सरमा का प्रवेश]

सरमा : बेटे आओ, चाय-मिठाई सब मेज पर रखी है।

लड़का : **(जल्दी से फोटो लुकाकर)** मैं कुछ बाद में आ रहा हूँ।

सरमा : सभी तेरे लिए इन्तजार कर रहे हैं। इस कमरे में अकेले-अकेले क्या कर रहा है।

लड़का : माँ की याद आ रही है।

सरमा : ओह!

लड़का : तुमने तो माँ को नहीं देखा न?

सरमा : नहीं।

लड़का : मुझे भी माँ की कोई बात याद नहीं है।

सरमा : कैसे रहेगा याद, तुम्हारी उम्र उस समय केवल दो साल की थी।

लड़का : बुआजी कहती हैं, माँ बहुत गोरी थीं, सफेद फूल-जैसी।

सरमा : मैंने भी यही सुना है। सभी उनकी बहुत तारीफ करते हैं।

लड़का : आज माँ होतीं तो क्या करतीं?

सरमा : खुशियाँ मनातीं। कितनी खुश होतीं। बेटा अच्छे नम्बरों से पास हो तो, माँ को उससे कितनी खुशी मिलती है, यह क्या बखान किया जा सकता है!

लड़का : **(अकस्मात)** तुम्हें खुशी हुई है?

सरमा : **(विस्मय से)** क्या!

लड़का : तुम्हारी तो आँखों में हमेशा आँसू भरे रहते हैं।

सरमा : **(आँख पोछकर)** नहीं-नहीं आँसू कहाँ हैं?

लड़का : मुझे पता है तुम खुश नहीं हुई।

सरमा : तुम क्या बोल रहे हो!

लड़का : तुम उस दिन खुश होगी, जिस दिन तुम्हारी बेटी परीक्षा में पास होगी। तब फिर आँखों में आँसू नहीं आएँगे। केवल हँसोगी। वही तो माँ की खुशी है।

सरमा : फिर वही बात।

लड़का : मैं जानता हूँ कि यह बात ठीक है। तुम चाहती थीं कि मैं फेल हो जाऊँ। मूर्ख, नालायक बनूँ।

सरमा : **(गुस्सा होकर)** नालायक ही बने हो तुम। **(बेटे के दोनों गालों पर जोरदार थप्पड़ मारती है)** जब तक ढंग से बात करना न सीख लो, तब तक बात मत करो, जाओ।

[डर से, विस्मय से आँखों से आँसू पोंछते-पोंछते लड़के का प्रस्थान। दुःख और अभिमान से सरमा टूट-सी गई है। कुर्सी पर बैठ कर मेज पर सिर टिका लेती है। कुछ देर बाद प्रशांत कमरे में आता है फिर अच्छी तरह सरमा को देख दूसरी तरफ मुँह करके बोलता है।]

प्रशांत : बेटा बड़ा हो रहा है, तो उस पर हाथ उठाना उचित नहीं है। **(थोड़ा रुक कर)** विशेषकर आज के दिन। पहली बार परीक्षा में पास होने की खबर जिस दिन मिली हो।

सरमा : तुम जरा चुप करोगे?

प्रशांत : बेटा बगल के कमरे में तकिए में मुँह घुसा कर लेटा है। किस बाप को ऐसा दृश्य देखना अच्छा लगता है, कहो तो। यह सब देखकर बेटी भी रो रही है।

सरमा : रोने दो।

प्रशांत : हूँ। बेचारा कमल, तुम लोगों के गुस्से और झमेले में पड़कर उसकी फजीहत हो रही है। एक अच्छी खबर सुनाने लाया था। कहाँ तो सभी मिल कर खुशियाँ मनाएँ... वह तो नहीं...

सरमा : हो-हल्ला करो और खुशियाँ मनाओ, किसने मना किया है?

प्रशांत : तुम क्या इस सब से अलग ही रहोगी।

सरमा : इसके अलावा किया ही क्या जा सकता है। तुम्हारे बेटे को तो मैं दो आँखों नहीं सुहाती। मैं तो उसकी माँ नहीं हूँ, नौकर-चाकर जाने क्या समझता है मुझे, ईश्वर जानें।

प्रशांत : लेकिन क्यों ऐसा हुआ?

सरमा : क्यों, क्या? तुम्हारी वजह से। केवल प्यार से तो बेटा इंसान नहीं बनता। उसे शिक्षा देनी पड़ती है। कई बार

तुम्हें कहा था। अब तो नालायक बन ही गया है। उसकी बातें सुन कर कोई नहीं कह सकता कि वह किसी सभ्य घर का लड़का है। उफ्फ! अब तक के जीवन में कभी जो किसी से नहीं सुनना पड़ा, तुम्हारा बेटा मुझे वह सब सुनाता है। क्योंकि उसकी माँ के बदले मैंने उसे बड़ा किया है।

प्रशांत : तुम गलती कर रही हो सरमा...

सरमा : गलती बिल्कुल नहीं। तुम्हारे बेटे के लिए मैंने क्या नहीं किया। मातृत्व का सारा स्नेहरस निचोड़ मैंने उसी को दिया। बेटी को तो कुछ भी नहीं दिया। ताकि बेटा सुखी हो, ताकि वह बड़ा बने, ताकि दूसरी शादी करने के लिए तुम्हें कोई ताने न दे सके। लेकिन आज समझ में आया कि वह सब व्यर्थ हो गया। अब पूछ रहे हो... किसके लिए? तुम्हारे लिए, तुम्हारे रिश्तेदारों के लिए, जिन्हें मैं फूटी आँख नहीं सुहाती। हरदम उसके कानों में जहर घोला है।

प्रशांत : तो अब क्या किया जाये, मैं ऐसा करता हूँ कि...

सरमा : एक टैक्सी बुलाने को कहो।

प्रशांत : क्यों?

सरमा : मैं माँ के पास जाऊँगी।

प्रशांत : आज ही?

सरमा : अभी ही!

प्रशांत : **(लम्बी साँस लेता है)** हुँ।

सरमा : बेटी अगर साथ जाना चाहे तो चले। बेटा पुरी चला जायेगा, उसके बाद मैं आऊँगी।

[सरमा का प्रस्थान। कुछ देर बाद कमल का प्रवेश]

कमल : क्या हुआ भैया?

प्रशांत : पूछो मत, अब मुझमें और हिम्मत नहीं रही। सरमा को पता नहीं क्या हुआ है। अच्छी तरह कोई बात ही नहीं सुनती। जैसे उसे हर बात से विरक्ति-सी हो गई है।

कमल : केवल भाभी पर दोषारोपण करने से नहीं चलेगा। बेटा भी आजकल जो जी में आंता है, बोलने लगा है।

प्रशांत : हुँ। ऐसा होगा। मैंने कभी सोचा भी नहीं था। बेटे की माँ को तुमने कभी नहीं देखा कमल। वह बहुत सुन्दर थी। लेकिन हैरानी की बात है कि वह बहुत ही स्वार्थी थी। अब सोचने से लगता है कि विवाहित जीवन के जितने साल भी हमने साथ बिताए मुझे जरा भी सुख नहीं मिला। मेरे किसी भी रिश्तेदार को वह सहन नहीं कर पाती थी। विशेष कर मेरी माँ को। देखा जाये, तो उसी दुःख से माँ चल बसीं।

कमल : यह बात एक दिन तुमने मुझे बतायी थी।

प्रशांत : सरमा से मुलाकात होने के बाद देखा कि उसका मन कितना उदार है। कितना साफ। उससे शादी करके सोचा था, बेटे को वास्तव में अच्छी तरह पाल-पोस कर बड़ा कर पाऊँगा। सरमा उसकी माँ की कमी पूरी कर देगी। लेकिन यह क्या हुआ?

कमल : धीरे-धीरे सब ठीक हो जाएगा। भाभी को जरा समझा कर कहने से...

प्रशांत : तुम्हारी भाभी तो अभी ही अपने पिता के घर जाना चाहती हैं।

कमल : ओह, जाये, जरा घूम आना ही अच्छा होगा। बेटे की भी तो पुरी जाने की बात सुनी है।

प्रशांत : हुँ। तब तुम एक टैक्सी बुला लाकर सरमा को पहुँचा आओ।

कमल : अच्छा जाता हूँ। देखो अब और झंझट मत करना।

[कमल का प्रस्थान। बक्सा लेकर लड़की का प्रवेश। मेज पर रखकर संवारती है]

प्रशांत : तुम क्या माँ के साथ जा रही हो?

लड़की : जी!

प्रशांत : माँ कहाँ है?

लड़की : कमरे में कुछ कर रही हैं।

प्रशांत : हुँ। (**रुक कर**) तुम्हारे भैया?

लड़की : देखा नहीं।

प्रशांत : ओह !

[लम्बी साँस छोड़ कर प्रस्थान। लड़के का प्रवेश। लड़का बक्सा सँवारना देखता है।]

लड़का : क्या कर रही हो?

लड़की: : देख ही रहे हो।

लड़का : बक्सा क्यों सँवार रही हो?

लड़की : मामा के घर जा रही हूँ।

लड़का : अकेली?

लड़की : माँ और मैं।

लड़का : ओह। **(मेज की तरफ सरक जाता है)**

लड़की : तुमने तो माँ के साथ झगड़ा किया है।

लड़का : रहने दे-रहने दे। तुझे अब और बहादुरी दिखाने की जरूरत नहीं है।

लड़की : तुम आजकल बहुत झगड़ालू हो गए हो।

लड़का : चुप करो, कहे देता हूँ।

लड़की : मुझे भी डाँट रहे हो। रुको पिताजी को जाकर बोल देती हूँ।

[लड़की के प्रस्थान के बाद लड़का चुपचाप कुछ सोचने लगता है। अचानक बक्सा खींच कर संवारने लगता है। अपने बक्से में से कपड़े निकाल कर भरने लगता है। अंदर से सरमा की आवाज सुनाई देती है, बक्सा कहाँ रख दिया बेटी...]

लड़की : भैया के कमरे में।

[थोड़ी देर बाद बक्सा ढूँढ़ते सरमा का प्रवेश]

सरमा : **(जोर से बेटी से कहती है)** कहाँ, यहाँ तो बक्सा नहीं है।

लड़का : मेरे पास है।

सरमा : यहाँ दो, सँवार लूँ, दो।

[लड़का सिर झुका कर बक्सा आगे बढ़ा देता है। सरमा उसमें से लड़के की शर्ट बाहर निकालती है]

सरमा : यह सब इसमें क्यों भरा है? दुनिया भर की फालतू चीजें। कौन-सी लेनी है, नहीं लेनी है, यही नहीं पता।

लड़का : ये सब मेरे कपड़े हैं।

सरमा : क्यों?

लड़का : मैं भी जाऊँगा।

सरमा : कहाँ?

लड़का : तुम्हारे साथ।

सरमा : मेरे साथ जाओगे, मेरे साथ?

लड़का : मैं तो तुम्हें तकलीफ देना नहीं चाहता। फिर भी पता नहीं कैसे क्या होता है, मेरा दिमाग ठीक नहीं रहता, बातों का कुछ हिसाब नहीं रहता, पागलों सा जाने क्या बोल देता हूँ, शायद तुम सोचती हो...

सरमा : मैंने कुछ नहीं सोचा, किसी बात का बुरा नहीं माना बेटा, दोष तेरा नहीं है रे, दोष मेरा है। मैं तो तेरी माँ की कमी पूरी नहीं कर पाई, सचमुच की माँ नहीं बन पाई...

लड़का : माँ, ओ माँ।

[लड़का पास जाकर सरमा के पैर छूकर प्रणाम करता है। इसी बीच प्रशांत बाबू बेटी को लेकर पीछे के दरवाजे के पास खड़े हो कर देख रहे हैं माँ और बेटे को]

सरमा : **(नीचे झुक कर बेटे को पास खींचकर)** बेटा!

लड़का : मैं हॉस्टल नहीं जाऊँगा माँ...

सरमा : तुझे जाने ही कौन देता है। अब से मेरे कहा न मानने से चटाचट चाँटें मारूँगी, याद रखना।

[नेपथ्य में गाड़ी का हॉर्न बजने की आवाज सुनाई देती है। कमल बाहर से ही जोर से पुकार कर कहता है, भैया टैक्सी आ गई है]

प्रशांत : **(संतोष भरी मुस्कुराहट से)** टैक्सी की अब जरूरत नहीं है कमल, तुम ऊपर ही चले आओ।

[बात सुनकर सरमा और लड़का पलट कर देखते हैं। उनकी आँखों में भी आँसू हैं, चेहरे पर लज्जा भरी मुस्कुराहट। बारिश के एक झोंके से ही मानो उनका आकाश साफ हो गया हो!]

भाषान्तर : रीता मेहता

■

बीज

बादल सरकार

बादल सरकार

जन्म : 1925

प्रयोगवादी नाटककारों में अग्रगण्य। थर्ड थियेटर तथा अंगन मंच के प्रवक्ता। एब्सर्ड नाटकों में 'एवं इन्द्रजित', 'बाकी इतिहास', 'पगला घोड़ा' इत्यादि नाटकों ने नाट्य-जगत में आलोड़न पैदा किया। अन्य नाटकों में 'राम-श्याम-जदु', 'बल्लभपुरेर रूपकथा' आदि उल्लेखनीय। एकांकी नाटकों में 'मणिकांचन' एवं 'बीज' विशेष प्रशंसित।

◆

पात्र

लड़की

वह

दानव

दानव के साथी—तीन व्यक्ति

कोरस—चार व्यक्ति

[एक लड़की। तीन या चार व्यक्तियों का 'कोरस'। चारों का सम्मिलित रूप दानव। एक युवक—'वह']

कोरस : उठो। खाओ। काम पर जाओ। लौट आओ। सो जाओ।

[हर एक शब्द के साथ उपयुक्त भंगिमाएँ]

लड़की : **(फुसफुसाते हुए)** जीओ।

कोरस : उठो। खाओ। काम पर जाओ। लौट आओ। सो जाओ।

लड़की : **(आवाज़ उठाकर)** जीओ। जीओ।

कोरस : उठो। खाओ। काम पर जाओ। लौट आओ। सो जाओ।

लड़की : **(ऊँची आवाज में)** जीओ। जीओ। जीओ।

[दानव आया]

दानव : जीने का उद्देश्य-सुख।

लड़की : नहीं।

दानव : जीने का उद्देश्य-शान्ति।

लड़की : नहीं।

दानव : जीने का उद्देश्य-आराम।

लड़की : नहीं। नहीं। नहीं।

दानव : तो फिर क्या है जीने का उद्देश्य?

लड़की : जीना।

[दानव का अट्टहास। कोरस की यान्त्रिक हँसी]

दानव : जीना? वे तो ज़िन्दा हैं।

कोरस : हम तो ज़िन्दा हैं।

लड़की : नहीं, वे ज़िन्दा नहीं हैं।

दानव : वे उठते हैं।

कोरस : हम उठते हैं।

दानव : वे खाते हैं।

कोरस : हम खाते हैं।

दानव : वे काम पर जाते हैं।

कोरस : हम काम पर जाते हैं।

दानव : वे लौट आते हैं।

कोरस : हम लौट आते हैं।

दानव : वे सोते हैं।

[हर एक बात पर उपयुक्त भंगिमाएँ]

दानव : इसलिए वे ज़िन्दा हैं।

कोरस : इसलिए हम ज़िन्दा हैं।

लड़की : नहीं, जीना यह नहीं।

कोरस : जीना तब क्या?

लड़की : जानना।

दानव : जानने में सुख नहीं, शान्ति नहीं, आराम नहीं। मौत है।

लड़की : जानना याने जीना।

दानव : किसने कहा?

लड़की : उसने।

दानव : कौन?

लड़की : वह।

दानव : वह? कौन वह? कहाँ वह? कैसा वह?

लड़की : वह बीज, एक बीज। ज़मीन के नीचे। बाहर आयेगा। एक दिन आयेगा।

दानव : ढूँढ़ो उसे। ढूँढ़ निकालो। खत्म करो। नाश करो।

[दानव के दोस्त, अर्थात् जो उसका साथ दे रहे थे, वे बिखर कर ढूँढ़ने लगे, मिट्टी सूँघ-सूँघ कर।]

साथी : ढूँढ़ो! बीज ढूँढ़ो! नष्ट करो। नाश करो।

लड़की : (**दबे स्वर में**) नहीं। उसे नष्ट नहीं किया जा सकता। नाश नहीं किया जा सकता। नहीं असम्भव। उसे ढूँढ़ नहीं सकते। नष्ट नहीं कर सकते। नाश नहीं कर सकते।

दानव : ढूँढ़ो! ढूँढ़ो! नष्ट करो। नाश करो।

साथी : ढूँढ़ो। नष्ट करो। नाश करो।

लड़की : (**फुसफुसाते हुए**) छुपो! छुपो! छुप कर रहो। अभी निकलो मत! बाहर मत आओ! वे तुम्हें ढूँढ़ रहे हैं। वे नष्ट करेंगे।

दानव : **(चीख कर कोरस को)** चलने दो। कुछ नहीं हुआ! कुछ नहीं बदला! सब ठीक है! सब ठीक रहेगा! चलने दो!

कोरस : उठो। खाओ। काम पर जाओ। लौट आओ। सो जाओ।

[लेकिन हर एक भंगिमाएँ ग़लत। छन्द का बिखराव।]

दानव : क्या हो रहा है? क्या हो रहा है? क्या हो रहा है? क्या हो रहा है? वैसे नहीं! ठीक से करो!

[लेकिन ग़लतियाँ और ज़्यादा]

दानव : नहीं नहीं नहीं! वैसे नहीं! उठो! खाओ! काम पर जाओ! लौट आओ! सो जाओ!

[दानव के हुकुम से छन्द लौटे, लेकिन यान्त्रिक और मृत छन्द]

लड़की : **(अचानक ऊँची आवाज़ में)** जीओ-ओ-ओ-ओ-ओ

[सभी स्थिर! स्तब्ध]

दानव : हाँ। जीओ। जीओ। जीओ। तुम ज़िन्दा हो?

लड़की : नहीं, कोशिश कर रही हूँ जीने की।

दानव : हाँ, हाँ, करो। कोशिश करो। बहुत आसान, मैं सिखा दूँगा।

लड़की : नहीं, तुम नहीं सिखा सकते। वह सिखाएगा।

दानव : हाँ, हाँ निश्चय ही। वही सिखाएगा। लेकिन वह तो अब नहीं है? ज़मीन के नीचे।

लड़की : वह आयेगा। बाहर आयेगा।

दानव : हाँ आयेगा। जरूर आयेगा। तुम्हारे पास आयेगा। नहीं? तुम्हारे पास आयेगा।

लड़की : हाँ, मेरे पास आयेगा।

दानव : उसे देखना नहीं चाहती?

लड़की : नहीं, ख़तरा है। अभी ख़तरा है।

दानव : नहीं चाहती? बोलो? बोलो। नहीं चाहती? नहीं देखना चाहती? छूना नहीं चाहती? प्यार करना नहीं चाहती?

लड़की : **(दुर्बल हो रही है)** हाँ। हाँ चाहती हूँ, लेकिन अभी नहीं। अभी नहीं।

दानव : (**लड़की की बात को काटते हुए**) नहीं चाहती? नहीं चाहती? नहीं चाहती?

लड़की : नहीं। ख़तरा है। अभी नहीं।

दानव : (**लगातार**) नहीं चाहती? नहीं चाहती?

लड़की : (**और दुर्बल होते हुए**) हाँ। नहीं। ख़तरा-नहीं-हाँ अभी नहीं-हाँ-हाँ-नहीं-हाँ-हाँ-हाँ, चाहती हूँ। चाहती हूँ।

दानव : (**सम्मोहन के स्वर में**) सो जाओ। तो फिर सो जाओ। सो जाओ। सपने देखो। सपने। वह आयेगा। वह आ रहा है। आ रहा है।

लड़की : (**सम्मोहित होते हुए**) आओ। आओ। आओ।

साथी : ढूँढ़ो। बीज ढूँढ़ो।

दानव : हा-हा-हा-हा।

लड़की : सुन रहे हो-ओ-ओ-ओ।

वह : (**ज़मीन के नीचे से**) सुन रहा हूँ।

लड़की : मेरे पास आओ।

वह : अभी नहीं।

लड़की : मेरे पास आओ।

वह : बाद में।

लड़की : अभी आओ।

वह : अगर बुलाती हो, जाना पड़ेगा। लेकिन वक्त नहीं हुआ।

लड़की : एक बार आओ। एक बार। ए-क बा-र।

वह : (**दुखी स्वर में**) एक बार याने आखिरी बार। एक बार याने लगातार।

लड़की : नहीं, नहीं, एक बार। केवल एक बार। आओ। आओ। आओ।

[ज़मीन के नीचे से निकल कर आया 'वह'। लड़की के पास। दानव के साथी हिलडुल कर बैठे। दानव ने इशारे से उन्हें रोका। लड़की और 'वह' दोनों मिले। पूर्ण मिलन का आभास। इसके बाद—]

वह : मैं जाता हूँ।

लड़की : **(अचानक)** मुझे डर लग रहा है।

वह : **(थोड़ा हँसते हुए)** डरो मत। जीओ।

लड़की : लेकिन वे तुम्हें देख लेंगे।

वह : **(वैसी ही हँसी)** हाँ।

लड़की : **(असहनीय डर के मारे)** तुम्हें मार डालेंगे!

वह : **(वैसे ही हँसते हुए)** नहीं।

लड़की : हाँ, हाँ, मार डालेंगे तुम्हें।

वह : नहीं मार सकते। अब नहीं मार सकते मुझे।

लड़की : कैसे? किस तरह?

वह : तुम्हारे बीच।

दानव : **(हुंकार छोड़ते हुए)** मारो!!

[दानव के साथी उस पर टूट पड़े। खींचकर ले गये।]

लड़की : **(चीखते हुए)** मार डाला, मार डाला उसे!

[हुंकार के साथ दानव के साथी के हाथों 'वह' मारा गया]

लड़की : **(आर्तनाद)** आ- आ- आ- आ- आ-!

दानव : चलने दो। सब ठीक है। सब ठीक रहेगा।

कोरस : उठो। खाओ। काम पर जाओ। लौट आओ। सो जाओ।

[छन्द बिल्कुल पहले जैसा ही सठिक। साथियों ने मिलकर फिर से दानव की सृष्टि की। लड़की का धीमा कराहना, इसके बाद दर्द से छटपटाना। गर्भ-यन्त्रणा]

कोरस : उठो। खाओ। काम पर जाओ। लौट आओ। सो जाओ।

[छन्दों का बिगड़ जाना। दोबारा ग़लत।]

दानव : क्या हो रहा है? क्या हो रहा है- क्या हो रहा है- क्या हो रहा है?

लड़की : **(दर्द के मारे)** जीओ! जीओ! जीओ! जीओ! मेरे बीच जीओ। उनके बीच जीओ! सभी के बीच जीओ!

दानव : **(लगभग चीख-चीख कर)** क्या हो रहा है—क्या हो रहा है—क्या हो रहा है?

लड़की : (**दर्द और आनन्द के बीच**) बीज बी–ज। वही बीज। फिर वही बीज। दोबारा। वह फिर से। बीज दोबारा।

कोरस : बीज।

दानव : (**चीखते हुए**) बीज!!

[आवाज़ के साथ टूटकर गिर पड़ा दानव। अंग प्रत्यंग चारों ओर बिखर कर गिर पड़े।]

लड़की : जीओ।

कोरस : जीओ।

लड़की : जीओ।

कोरस : जीओ! जीओ! जीओ!

भाषान्तर : पंपा पाल

■

अश्वत्थामा

मनोज मित्र

मनोज मित्र

जन्म : 1937

लगभग पचास नाटकों के लेखक। रेडियो नाटक, टी०वी० नाटक तथा कई चित्रनाट्य के प्रणेता। 'सुन्दरम्' नाट्य गोष्ठी में निर्देशक के रूप में प्रतिष्ठित। संगीत नाटक अकादेमी, पश्चिम बंग सरकार की तरफ से श्रेष्ठ नाटककार, अभिनेता के रूप में पुरस्कृत। इनके श्रेष्ठ नाटकों में 'चाक', 'भांगा मधु', 'साजानो बागान', 'राजदर्शन', 'केनाराम-बेचाराम', आदि उल्लेखनीय।

सम्प्रति रवीन्द्र भारती विश्वविद्यालय के नाट्य विभाग में प्रोफेसर।

पात्र

कृपाचार्य

कृतवर्मा

अश्वत्थामा

[उस समय गोधूलि वेला थी। दिगन्त में पीला आलोक। प्रान्तर के मध्य पूरी तरह ध्वस्त अवस्था में एक युद्धरथ खड़ा था। रथ के शिखर की पताका छिन्न-विच्छिन्न अवनत और झुकी हुई थी। प्रान्तर में रथ की रखवाली करते हुए शिलाखण्ड पर बैठे हुए थे दो राजपुरुष। मध्य वय के थे विशाल देह लौह निर्मित शिरस्त्राण धारण किये हुए भोजराज कृतवर्मा और दीर्घ श्वेत दाढ़ी मण्डित आचार्य कृप। कृपाचार्य की विस्फारित दृष्टि सामने के सुदूर दिगन्त तक स्थिर और अनिमेष है। कृतवर्मा भी नीरव, निश्चेष्ट, निश्चल और भयार्त हैं। चराचर निःशब्द ।]

कृप : **(निष्कम्प, शान्त स्वर में)** सब गया... सब कुछ चला गया! कितने सहस्त्र अक्षौहिणी सेना... हाथी, घोड़े, रथ कितने...शत...रथी, महारथी...विपुल वाहिनी... सब निःशेष! कृतवर्मा, महाराज अब भी आशा कर रहे हैं...

कृत : कि वे हृत्राज्य का पुनरुद्धार करेंगे...

कृप : इतनी बड़ी हार के बाद भी?

कृत : महाराज पुनः सिंहासन पर बैठेंगे...

कृप : भग्नोरु महाराज सिंहासनासीन होकर भारतवर्ष पर शासन करेंगे! दुरन्त लालसा!!

[कुछ काल दोनों चुप रहते हैं। तभी दिग्मण्डल के आलोक वृत्त में अश्वखुरों से पुंज-पुंज आहत धूल उड़ रही थी।... मानो राशि-राशि स्वर्ण चूर्ण हो। खुरों की ध्वनि सुनाई दे रही थी]

कृत : **(उत्कर्ण होकर)** वो! वो आ रहा है! **(खुर ध्वनि क्रमशः पास आती जा रही थी)** आ रहा है! आ रहा है! **(कुछ दूर दौड़कर जाकर एक अत्यन्त विशाल शिला पर चढ़कर)** उसने! उसने मैदान में प्रवेश कर लिया।... बाण! बाण! निक्षिप्त बाण की तरह दौड़ा चला आ रहा है। **(दोनों हाथ ऊपर उठाकर प्रबल आनन्द से)** अश्वत्थामा! अश्वत्थामा!

कृप : अश्वत्थामा!

कृत : आ रहा है अश्वत्थामा! अश्वत्थामा! कल प्रातः फिर नगाड़ा बजेगा... हाः...हाः... अस्त्र-अस्त्र की झंकार उठेगी...

कृप : आह! युद्ध की साध तुम्हारी अभी भी मिटी नहीं है कृतवर्मा!

कृत : (**शरीर में फुरफुरी लेकर क्लान्त स्नायुओं को थोड़ा सतेजकर**)...अनन्त संग्राम! महाराज आजीवन संग्राम में उतर पड़े हैं। जब तक श्वास....तब तक प्रयास! जय चाहिए... चाहिए विजय!

कृप : अठारह दिन कुरुक्षेत्र के युद्ध के बाद भी तुम जय का स्वप्न देखते हो... देख सकते हो! पराजय मान लो कृतवर्मा!

कृत : विलाप नहीं करेंगे आप लोग। महाराज का आदेश है, विलाप बन्द करके शत्रु पर पुन: आक्रमण करो...

कृप : किस तरह से... किस तरह से करोगे! अठारह दिन के कुरुक्षेत्र में सभी नि:शेष... विपुल वाहिनी का एक प्राणी भी तो जीवित नहीं बचा है।... बचे हैं मात्र हम तीन जन...

कृत : यही पर्याप्त है! पर्याप्त (**अश्व खुरध्वनि अत्यन्त समीप**) प्राण-शक्ति! प्राणशक्ति! अहा, घोड़ा तो नहीं, उद्दाम झंझावात हो जैसे.... चारों पैरों में प्रलय नृत्य... कृतवर्मा, इस बार एक भी व्यक्ति जीवित नहीं बचेगा। मगर महाराज का आदेश है, आतंक नहीं फैलायेंगे। मृत्यु से हम लोग नहीं डरते हैं।

कृप : मैं तो डरता हूँ। इस एकमात्र भांजे को छोड़कर मेरा तो आज कोई नहीं है कृतवर्मा! यह अश्वत्थामा...

कृत : भाग्यशाली हो! तभी तो एक भांजा तो है। किन्तु, महाराज का! इतने सब नामी-गरामी दिग्विजयी सेनापति... कहाँ हैं वे सब... वे लोग.... भीष्म, द्रोण, कर्ण, शल्य शंखनाद से दशों-दिशाओं को कम्पित करते हुए कुरुक्षेत्र में दौड़ पड़े थे... एक भी व्यक्ति नहीं लौटा...! अश्वत्थामा को छोड़कर महाराज दुर्योधन के भी और कोई नहीं है!

कृप : अकेला अश्वत्थामा क्या कर सकता है?

कृत : पृथ्वी उलट सकता है, जो चाहे वही कर सकता है। कुरुक्षेत्र के युद्ध में प्रतिदिन हजारों सैनिकों के मुण्ड अकेले ही उसने धराशायी कर दिये हैं...हा:...हा:, महाराज की इच्छा है इस बार अश्वत्थामा बनेगा सेनापति...

कृप : वह क्यों! नहीं, नहीं, इस बार उसे मुक्ति दो कृतवर्मा...

कृत : महाराज की इच्छा में बाधा नहीं डालिये...

कृप : महाराज को रोकिये...

कृत : महाराज को मना नहीं किया जा सकता। उन्होंने कभी पराजय स्वीकार नहीं की,...करेंगे भी नहीं! **(अश्वत्थामा के आने के रास्ते की ओर देखकर)** हिनहिनाहट! हिनहिनाहट! वह उसकी हिनहिनाहट सुनाई पड़ रही है...

कृप : नहीं। सर्वनाश और नहीं होने दूँगा मैं... मैं अश्वत्थामा को अलग कर लूँगा।

कृत : महात्मा कृप, आप क्या चाहते हैं कि पराजित महाराज इस विजन प्रान्तर में आजीवन निर्वासन में पड़े रहेंगे और हम लोग उनके पराजित सेनानी प्रेत की तरह चिरकाल तक ध्वस्त रथ की रखवाली करते जायेंगे! गौरव का पुनरुद्धार नहीं करेंगे! खोये सिंहासन...

[खुरध्वनि और निकट आ जाती है।]

कृप : **(रथ के सामने आकर)** सुयोधन! सुयोधन!

कृत : **(तेज कदमों से कृपाचार्य के सामने)** आचार्य कृप!

कृप : सुयोधन... अब और युद्ध नहीं...

कृत : महाराज की आज्ञा है, अश्वत्थामा होगा सेनापति! जाइये, अभिषेक का आयोजन कीजिए।

कृप : वत्स सुयोधन, मैं फिर कह रहा हूँ...

कृत : याद रखिए, महाराज आपकी हर बात सुन रहे हैं। कई क्षणों से वे आपके हर आचरण को लक्षित कर रहे हैं। गुरुजन हो इसलिए वे आपसे कुछ कह नहीं पा रहे हैं। व्यर्थ में आप उन्हें विवश भी नहीं करेंगे।

[कृप अपना माथा पीटते-पीटते आड़ में चले जाते हैं। खुरध्वनि निकट आकर नेपथ्य में रुक जाती है। आगन्तुक अश्वारोही प्रविष्ट होता है। उसका सर्वांग धूल-धूसरित है, आँखों में विमूढ़ भाव। बहुत सुन्दर सुगठित तरुण अश्वत्थामा, रणवेश में सुसज्जित है। हाथ में विशाल खड्ग, ललाट पर अत्युज्ज्वल मणि है। अश्वत्थामा रथ के सामने आकर विह्वल नेत्रों से भीतर देखता

रहता है। रथ का मुख बहुत भीतर कोने में घूमा हुआ था, अश्वत्थामा अगर ठीक इस जगह न खड़ा होता, तो भीतर कभी नहीं देख सकता था।]

अश्व : (**आर्तनाद से विस्फारित होकर**) दुर्योधन! महाराज!

कृत : ससागरा धरित्री के एकछत्र अधिपति कुरुराज दुर्योधन...

अश्व : (**विचित्र स्वर से**) कहाँ है तुम्हारा स्वर्णमुकुट... रत्नों के आभूषण! चिर उन्नत ललाट! अरे! इस तरह से मेरे आकाश के देदीप्यमान सूर्य को छिन्न करके धरती पर किसने डाल दिया?

[प्रबल जलधारा की तरह अश्वत्थामा का कण्ठस्वर है]

कृत : महाराज आहत! मुमूर्षु हैं!

अश्व : कौन? कौन हो तुम? तुम दुर्योधन हो? महाराज... मेरे राजाधिराज! (**विपुल वेग से खड्ग फेंककर आकाश की ओर हाथ उठाता है**) हा! ईश्वर! मुझे अन्धा बना दो!

[भूमि पर पछाड़ खाकर गिर पड़ता है और थर-थर काँपता है। कृतवर्मा उसकी पीठ पर हाथ फेरता है]

कृत : (**कुछ क्षण नीरवता के बाद**) दु:संवाद पाने के बाद मैं यहाँ दूसरे प्रहर आ पहुँचा। कहीं भी कोई नहीं...चारों ओर अस्त-व्यस्त! रथ चकनाचूर! नि:शब्द मध्याह्न! चारों ओर ढूँढ़ता हूँ... उसके पश्चात् देखता हूँ... उसी स्थान पर! महाराज दुर्योधन! रक्त के कीचड़ में लथपथ पड़े हुए हैं। पीड़ा से, प्यास से... मुझे देखकर भी सिर नहीं उठा पा रहे हैं...तभी तुम्हारे पास दूत भेजा अश्वत्थामा...

अश्व : (**धीरे-धीरे मुँह उठाता है। उसकी दोनों आँखों में आग जल रही है**) आपका दूत जिस समय पहुँचा कृतवर्मा, कुरुक्षेत्र के दक्षिण में उस समय ताण्डव चल रहा था।

कृत : अनुमान लगा रहा था तुम युद्ध में पागल हो...

अश्व : युद्ध... घनघोर युद्ध! (**लम्बी-लम्बी साँसें छोड़ते-छोड़ते**) उठा हुआ खड्ग! देख रही है शत्रुसेना! कृतवर्मा, आज सहस्र पाण्डवसेना... और मैं... मैं अकेला! प्रहार पर प्रहार करके तितर-बितर किये दे रहा हूँ। खलहान किये दे रहा हूँ। वे दौड़ रहे हैं... भाग रहे हैं... मृत्यु के भय से

हाहाकार कर रहे हैं। तुमुल कलरव! पक्षियों के झुण्ड पर शिकारी बाज को आक्रमण करते देखा है कृतवर्मा! बचाओ... बचाओ.. रक्षा करो! अकेले ही अकेले एक-एक के कण्ठस्वर को शान्त किये दे रहा हूँ। संहार... संहार... बचने नहीं दूँगा! **(खड्ग पकड़कर खिल-खिलाकर हँसते-हँसते—सहसा रुक जाता है)** इसी समय आपका दूत कृतवर्मा... सर्वनाश की खबर लिये-लिये...

कृत : **(दूत की तरह)** पंच पाण्डवों के आक्रमण से आत्मरक्षा करते-करते महाराज दुर्योधन ने कुरुक्षेत्र के उत्तर में तीन योजन दूर के पथ पर एक जनशून्य सरोवर में अपने को छिपा लिया। शत्रुओं ने वहाँ तक धावा बोलकर बल पूर्वक जल से खींचकर तट पर एक भयानक गदायुद्ध में...

अश्व : **(खड्ग को नचाते-नचाते)** सुन नहीं सका... पहले तो उसकी कोई बात ही मेरे कानों में नहीं पड़ी! उस समय बुरी तरह युद्ध में लगा हुआ था। उस मृगों के झुण्ड पर धावा बोलकर धराशायी करने में! पीछे से किसने तो मेरी तलवार खींचते हुए पकड़ ली...

कृत : महाराज की दोनों जंघाएँ चूर-चूर—दोनों घुटने भग्न हो गये...

अश्व : मैं उसकी गर्दन पकड़ कर कहता हूँ... क्या...क्या कह रहा है रे! हतभाग्य, सच-सच कहो, किसकी पराजय! और...और प्रबल वेग से वह मुझे खींचने लगा...

कृत : छिन्न पर्वत! प्रबल गदा के प्रहार से महारथी रथ से छिटक कर दूर गिर पड़ा...

अश्व : अरे! छोड़ दे, छोड़ दे खड्ग! झूठ बात मत सुना। वे सब जो बचे जा रहे हैं!... घायल दूत ने दोनों मुट्ठियों से लगाम खींचकर **(साँस छोड़कर)**... मेरे घोड़े का मुख फिरा दिया! हा- हा- हा **(हाहाकार करता है अश्वत्थामा)** कौन... कौन सोच सकता है कृतवर्मा, जब मैं महान उल्लास पूर्वक शत्रु सेना का शिरश्छेद कर रहा था, तब मात्र तीन योजन दूर...वे लोग मेरी धरती को चीरे डाल रहे थे.... मेरे आकाश का भेदन कर रहे थे!

कृत : अश्वत्थामा, तुम्हारे लिए एक बहुत सुन्दर संवाद है!

अश्व : सुन्दर संवाद!

कृत : (**अश्वत्थामा के हाथ में सुरा-पात्र देकर**) कल प्रातःकाल अश्वत्थामा तुम बनोगे कौरव-सेनापति!

अश्व : कौरव-सेनापाति!

कृत : पंचम कौरव-सेनापति! भीष्म, द्रोण, कर्ण, शल्य... अश्वत्थामा! जीवन का श्रेष्ठ सौभाग्य। पंच पाण्डवों के विजय हास्य को मिटा देना होगा अश्वत्थामा... चाहिए पंच पाण्डवों के कटे हुए सिर...

[गोधूलि वेला का आलोक कितनी अद्‌भुत रेखाओं में चमक रहा था अश्वत्थामा की चिबुक पर! पान पात्र हाथ में लिये वह रथ के सामने घुटनों के बल बैठ जाता है। नतजानु होता है।]

अश्व : मुझे क्षमा करो दुर्योधन...

कृत : क्षमा!

अश्व : क्षमा करो दुर्योधन!... अयोग्य.... मैं तुम्हारा सेनापति होने के अयोग्य हूँ! दुर्योधन, मैं तुम्हें विजयी नहीं बना पाऊँगा!

कृत : क्या कह रहे हो तुम अश्वत्थामा! वीरश्रेष्ठ अश्वत्थामा...

अश्व : महाराज, अठारह दिनों में हजारों मनुष्य मारे हैं, वे क्रन्दन कर रहे हैं, भाग रहे हैं-बचाओ...बचाओ...किन्तु मैंने उन्हें जीवित नहीं रहने दिया। यद्यपि, जिन लोगों के मारने की बात थी, वही पंच पाण्डव किन्तु बचे हुए हैं! वे आज विजयी हैं! महाराज, वे लोग लक्ष्य का भेदन कर रहे हैं... और मैं वीरश्रेष्ठ...अलक्ष्य में ही रक्त बहा-बहाकर-सहस्र धाराओं में रक्त बहा-बहाकर... दुर्योधन, क्षमा करो।

कृत : महाराज! (**रथ की ओर दौड़कर जाता है**) महाराज! अश्वत्थामा क्या कह रहा है! (**रथ के भीतर दबी हुई कराह। रथ चरमरा उठता है**) अश्वत्थामा, पागल हो गये हो तुम! महाराज का आदेश...! अश्वत्थामा!

अश्व : अश्वत्थामा का हृदय फटा जा रहा है। एक दारुण लुण्ठन सम्पन्न हो चुका है! इस दीर्घ पथ पर आते हुए...आओ! दुर्योधन, पहाड़, पर्वत, शून्य शस्यक्षेत्र अतिक्रम करते-करते

हुए बार-बार सुना है, प्रतिदिन आहत सैनिक मेरे ऊपर व्यंग्य कर रहे हैं, क्यों हम लोगों को मारा अश्वत्थामा! दुर्योधन की रक्षा तो कर नहीं सके... फिर हमें क्यों मारा! आह्! सारे जीवन,... पूरे दीर्घ जीवन किनको मारने जाकर किनको मार बैठा!... और कोई आदेश करो महाराज...

कृत : विचित्र बात है! अभिषेक के सारे आयोजन पूर्ण हैं! और अन्तिम क्षण में तुम...

अश्व : यदि अमृत लाकर देने को कहो तो अश्वत्थामा उसे भी लाकर देगा, सागर-मंथन करके। मुक्ता जड़ित छत्र चाहिए... उसे भी लाकर दूँगा इसी क्षण-विविध रंगों के मनोहर छत्र! इस शिला-भूमि पर तुम कष्ट पा रहे हो महाराज... यहीं प्रासाद निर्मित कर दूँगा... इसी पल... तुम्हारा अन्तिम समय मैं स्वर्गीय सुख से भर दूँगा... महाराज, सिर्फ दे न पाऊँगा यह सिंहासन...

[रथ में पीड़ा से क्रन्दन बढ़ जाता है]

कृत : महाराज! महाराज! शान्त होइये।... अश्वत्थामा, यह कैसा विचित्र आचरण है तुम्हारा!... तुम्हारी आशा में तो महाराज आज भी जीवन धारण किये हुए हैं...सिर्फ तुम्हारे मुख की ओर देखकर! आसन्न मृत्यु के हाथों से आज सिर्फ तुम्हीं महाराज को पुनरुज्जीवित कर सकते हो... फिर तुम क्या आज नहीं...

अश्व : महाराज दुर्योधन, तुम अपना पतन नहीं देख रहे हो! कैसा विपुल कैसा विशाल है! देखकर समझते, अश्वत्थामा जैसे वह अपनी स्वयं की मरणासन्न देह की ओर ताकता हुआ बैठा है...

[कपोल पर हाथ रखकर नीचा मुख किये रथ के सामने बैठा रहता है]

कृत : महाराज अपने सेनानियों की हताशा को सह्य नहीं कर पाते हैं! नहीं कर पा रहे हैं! वीर अश्वत्थामा, कैसा वह विषाद! भूल गये हम लोग कौन हैं? हम लोग अठारह दिन के कुरुक्षेत्र के योद्धा...

[एक पृथक आलोक वृत्त के भीतर कृपाचार्य दिखाई देते हैं]

कृप : हम लोग कुरुक्षेत्र के हतावशेष योद्धा हैं...

कृत : मृत देहों के पहाड़ को ठेलते हुए हम लोगों ने घोड़े दौड़ाये हैं...

कृप : जनारण्य को ध्वस्त किया है हम लोगों ने...

कृत : मरुभूमि कर दिया है हम लोगों ने...

कृप : फिर भी उन लोगों को नहीं मार सके! पाँचों वटवृक्ष आज भी अविचल हैं! पंच पाण्डव फिर भी जीवित हैं!

[कृप और कृतवर्मा दोनों पास-पास, दोनों तरफ दो आलोक वृत्त के भीतर महाकाल के दो पुतलों की तरह आवृत्ति करते चलते हैं...मध्य में उपविष्ट अश्वत्थामा के नेत्र निमीलित हैं]

कृत : हम लोग राजा की सेना हैं! हार नहीं मानते हैं। भूल गये, उन लोगों को मारने के लिए हम लोगों ने कितने कौशल नहीं किये हैं। एक बार...बुद्धिकौशल से लाक्षागृह में बन्द कर दिया...

कृप : कुशलता से लाक्षागृह में आग भी लगवा दी हम लोगों ने...

कृत : जीवित दग्ध हो जायेंगे पाण्डव लोग...

कृप : किन्तु, हुए नहीं। लपलपाते अग्निकुण्ड को सिर पर धारण किये हुए जीवित बाहर निकल आये वे लोग। परित्राता बन गये पाँच चाण्डाल! उन लोगों के रूप में मृत्यु वरण कर लेते हैं दूसरे लोग... वे लोग जीवित बच जाते हैं।

कृत : **(एक क्षण रुककर)** इस बार भेज देते हैं वन में...

कृप : चालाकी से अज्ञात वास के लिए विवश करके...

कृत : हस्तिनापुर जनपद से प्रताड़ित करके...

कृप : प्रजाजनों के पास से विच्छिन्न करके...

कृत : उन लोगों को निर्बल करके...

कृप : पथ का भिखारी बनाकर...

कृत : नष्ट करना चाहा था हम लोगों ने...

कृप : किन्तु, हुए नहीं। वन से भी बचकर निकल आते हैं वो लोग.... चौगुनी शक्ति लेकर।

कृत : **(दुगुने जोश से)** हम लोग भी नहीं रुके। युद्ध का आह्वान कर देते हैं!

कृप : भारत संग्राम!

कृत : अठारह अक्षौहिणी सेना कुरुक्षेत्र में इकट्ठी की...

कप : व्यूह रचना की...

कृत : दुर्भेद्य थे सब व्यूह...

कृप : फिर भी प्रतिरोध नहीं कर सके। सब व्यूहों का भेदन कर लिया उन लोगों ने...

कृत : **(स्वर में अन्तिम शक्ति ढालकर)** किन्तु हमलोग छोड़ेंगे क्यों? हमलोग दुर्योधन के योद्धा हैं...

कृप : हम लोगों ने मृत देहों के पहाड़ रौंदते हुए...

कृत : घोड़े दौड़ाये, हम लोगों ने...

कृप : छब्बीस हजार मनुष्यों को...

कृत : मार डाला हम लोगों ने...

कृप कृपाण, भालों, तूण और तोमरों से...

कृत : पूरा भारतवर्ष खलहान कर दिया है हम लोगों ने....

अश्व : **(सामने रखे पान पात्र को ठोकर मार कर आर्तनाद कर उठता है)** अन्धे हैं! अन्धे!

कृत : अन्धे हैं!

अश्व : **(खड्ग हाथ में उठाकर)** अन्धे! अन्धे हैं हम लोग! **(खड्ग को लक्ष्य करके)** जितना कहता हूँ... यह... यह तो वे पंच पाण्डव... ओरे! तेरे शत्रु हैं... आजन्म लक्ष्य... मार डालो... काट डालो उस सिर को **(तेजी से सामने के पत्थर पर खड्ग मार देता है। कृतवर्मा उछल पड़ता है। अश्वत्थामा अत्यधिक क्लान्ति से खड्ग को उठाते-उठाते...)** कहाँ हैं पाण्डव? ताक कर देखता हूँ रक्त से लथपथ छटपटा रहा है कोई... कोई दूसरा! पाँच चाण्डाल हों, नहीं पाँच निषाद!... उन्हें पहचानता नहीं हूँ... जानता नहीं हूँ... अरे! तुम लोग कौन हो, तुम लोग कहाँ से आये हो! वे लोग सिर्फ हँसते हैं... अश्वत्थामा, किनको मारने जाकर किन लोगों को मार दिया! अन्धे ! हम लोग निपट भीषण अन्धे हैं!

कृत : अन्धे हैं!

अश्व : हाँ, हाँ... शत्रु नहीं पहचानते हैं। शत्रु पर आघात नहीं कर पाते हैं! अन्तिम क्षण में भूल कर बैठता हूँ। एक दृष्टि-हीन विशाल खड्ग कंधे पर लिये मैं जनारण्य में चक्कर खा रहा हूँ। (**खड्ग को लक्ष्य करके**) निर्बोध! भयानक! भयानक! दुर्वह!

[बार-बार खड्ग को पत्थर पर मारता रहता है। कृतवर्मा आड़ में अदृश्य हो जाता है। पटकते-पटकते अश्वत्थामा खड्ग को अपनी छाती में खींचकर भोंकते हुए एक अज्ञात अचेत आर्तनाद के साथ चुप हो जाता है। कृप आगे आते हैं।]

कृप : ...अश्वत्थामा... (**अश्वत्थामा विचित्र दृष्टि से कृप की ओर ताकता रहता है। कृप उसके माथे पर हाथ रखते हैं।**)...पुत्र...

अश्व : मैं जानता था तुम नहीं हो... तुम मर चुके हो!

कृप : मुझे पता था तुम जीवित हो... तुम यहीं मिलोगे।

अश्व : तुम्हें हठात् देखकर मैं तो इस तरह अचम्भित हो उठा हूँ...

कृप : मानो प्रेत देख रहे हो!

अश्व : जीवित हो... आह मामा! तुम जीवित हो!

[कृप के आलिंगन-पाश में बँध जाता है]

कृप : हूँ... जीवित हूँ... इस महाध्वंस का साक्षी होकर... अश्वत्थामा, कुरुक्षेत्र में कतारों की कतारें मृत देह...

अश्व : हाँ, किसी के हाथ हैं; तो पैर नहीं...

कृप : किसी के मुख के पास का कुछ भाग खा लिया है किसी जानवर ने!

अश्व : निरन्तर वन से चींटियों की कतारों पर कतारें आ रही हैं...

कृप : निकल कर आ रहे हैं सियार और कुत्ते...

अश्व : आकाश में गिद्ध...कृष्णकाय उल्का...

कृप : महाभोज... पूरे देश में आज महाभोज। छब्बीस हजार मनुष्य...

अश्व : अकारण... बिना कारण कैसा रक्तपात! (**खड्ग उठाकर अपनी छाती में घुसाना चाहता है।**) आह!

कृप : **(अश्वत्थामा का हाथ पकड़कर)** क्या कर रहे हो!

अश्व : **(शान्त स्वर में)** छोड़ दो!

कृप : अश्वत्थामा!

अश्व : यह पराजित शक्तिहीन देह अब मैं न रखूँगा! छोड़ दो!

कृप : आत्महत्या करोगे!

अश्व : एक भयंकर कर्महीन जीवन मुझे निगलने चला आ रहा है! उसके पहले ही...

कृप : **(खड्ग छीनकर)** मैं समझ रहा हूँ, राजा का आदेश पालन न कर पाने के पछतावे की ज्वाला तुम सहन नहीं कर पा रहे हो!

अश्व : हाँ! **(दोनों हाथों से मुट्ठी में केश कसकर पकड़ता है)** आह! यदि पाण्डवों को मारकर दुर्योधन की परम आयु बढ़ा पाता! ओ- हा- हा-!

कृप : चलो, हम लोग इस प्रान्तर को छोड़कर चले जाएँ, भाग चलें!

अश्व : भाग चलेंगे? क्या कह रहे हो? राजा को **(विपत्ति में)** छोड़कर हम लोग पलायन...

कृप : वह तो मरणासन्न हैं! अन्तिम साँस छोड़ने में अब देरी नहीं है। यहाँ रहकर तुम क्या करोगे...

अश्व : फिर भी नहीं जा सकता... छोड़कर नहीं जा सकता! राजा से बड़ा आत्मीय मेरा कोई नहीं है... कुछ नहीं है...

कृप : पलायन छोड़कर इस समय दूसरा रास्ता भी तो नहीं है। ये लोग तुम्हें छोड़ेंगे नहीं। इस मारण-खेल में पुनः भेज देंगे...

अश्व : युद्ध में!

कृप : वही मंत्रणा कर रहे हैं! अश्वत्थामा, मैं यहाँ दुर्योधन को बचाने नहीं आया हूँ। आया हूँ तुम्हें बचाने! पुत्र! वे चाहे जितना कहें, इस भयंकर रक्तस्रावी संग्राम में और मत कूद पड़ो... आओ... चले... आओ...

[कृप अश्वत्थामा को खींच कर लिये जा रहे हैं]

कृत : (**तेज कदमों से अन्तराल से बाहर आकर रथ के सामने खड़ा होता है।**) देखिए, देखिए, वृद्ध ब्राह्मण की कीर्ति तो देखिए महाराज! स्वयं तो कुछ करेंगे नहीं... और जो कुछ कर सकता है, उसे भी खींचकर लिये जा रहे हैं! महाराज इस कुचक्री ब्राह्मण के प्रभाव से उसे मुक्त न कर पाने पर...

कृप : कृतवर्मा, कुचक्री किसे कह रहे हो?

कृत : आपको, आपको ही!... शास्त्रजीवी ब्राह्मण के सहारे कभी युद्ध नहीं जीता जा सकता है। मैंने आपसे कई बार कहा है महाराज, इन लोगों का कोई विश्वास नहीं है।

कृप : कृतवर्मा, संयत होओ।

कृत : वह, वह देखिए! अब तक म्याऊँ-म्याऊँ कर रहे थे... इस बार भांजे का साथ पाकर किस तरह से छाती फुलाकर खड़े हैं! मैं तभी जानता था, कुछ गड़बड़ वह अवश्य करेंगे।

कृप : कृतवर्मा, मैं तो स्तम्भित हूँ।

कृत : स्तम्भित आप क्यों होंगे? स्तम्भित तो होंगे हम लोग! इन सब कृतज्ञताहीन स्तम्भों को लेकर महाराज, आप तो डूब गये! आजीवन महाराज के अन्न पर पलने के बाद भी आज उनसे शत्रुता कर रहे हैं! निर्लज्ज, कृतघ्न ब्राह्मण!

अश्व : कृतवर्मा, क्या कहा, ज़रा फिर तो कहिए...

कृत : हजार बार कहूँगा। सपरिवार अनाहार से मर रहे थे... दीन, दरिद्र, भिक्षुक ब्राह्मण! हस्तिनापुर के राजघर में आश्रय न पाते तो इतने दिन सब कहाँ रहते!

[**कृप सिर नीचा कर लेते हैं।**]

अश्व : महाराज, आपके ही सामने—मेरे पूजनीय मामा श्री सर्वश्रद्धेय जन को कृतवर्मा वह क्या कह रहा है!

कृत : भूल गये हो महाराज... आज आपके दुर्दिन में वे सब कुछ भूलना चाहते हैं (**कृप से**) आप... आपके भगिनीपति आचार्य द्रोण... इसी अश्वत्थामा के पिता... अनाहार से सूखकर (**काँटा हुए**), एक वस्त्र पहने इस शिशु पुत्र का हाथ पकड़े कुरुराज के दरवाजे हाथ फैलाकर नहीं खड़े हुए थे?... किसने आश्रय दिया था... किसने अन्न दिया

था... किसने दोनों समय शास्त्र पाठ का सुअवसर प्रदान किया था आप लोगों को?

कृप : भूला नहीं हूँ... भूला नहीं हूँ कृतवर्मा। महाराज दुर्योधन ने हमें अन्न दिया है... और खाने को दिया है... सबसे बढ़कर अन्न दिया है... वह अहसान क्या भुलाने वाला है? भूलने का है?

कृत : ओ, फिर, खा-पीकर हृष्ट-पुष्ट होकर आज लगता है... महाराज, जब तक आपका विक्रम था और आपका भाण्डार पूर्ण था। यह ब्राह्मण परिवार चुप साधे बैठा हुआ था। और आज देखिए आपके पतन के साथ-साथ देखिए... मुखौटा हट जाने पर एक चालाक, लालची, अवसरवादी व्यक्ति का रूप सामने आ गया। वे तो समझ रहे थे दुर्योधन खतम हो गया! धूर्त! दुष्ट! विश्वासघातक!

अश्व : विश्वासघातक! हम लोग!

कृत : नहीं तो कौन? मैं! मैंने महाराज का अनुग्रह पाया है और उनके लिए प्राण अर्पित करने अपना राज्य छोड़कर दौड़ा आया हूँ। कौन विश्वासघातक हैं, मैं या तुम!

अश्व : मूर्ख को रोको! महाराज, मेरे पिता अस्त्र-गुरु द्रोण ने तुम्हारे लिए युद्ध में प्राण दिये हैं... मेरे मामा श्री चिरकाल से तुम्हारे शुभाकांक्षी रहे हैं... और मैं...

कृत : ऐसा ही है यदि, तो फिर आज कुरु-सेना का सेनापतित्व करने में अरुचि क्यों है? इससे क्या मैं यह समझूँ कि अश्वत्थामा कापुरुष है!

अश्व : कापुरुष!

कृत : कापुरुष! डरपोक! द्रोण-पुत्र पाण्डवों से भयभीत है! मृत्यु से भयभीत है!

अश्व : मुझे उत्तेजित मत करो कृतवर्मा!

[अश्वत्थामा गर्जन करता हुआ कृतवर्मा की ओर दौड़ता है।]

कृप : रुको...रुको... तुम लोग, युद्ध हो जायेगा!

कृत : हो जाये युद्ध!

अश्व : नहीं...

कृत : अकृतज्ञ! शत्रु का दूत! इस बार निश्चय ही वे लोग शत्रु के दल में सहयोग देंगे!

अश्व : (**ज़ोर से कृतवर्मा का गला दबाकर उसे धराशायी कर देता है**) क्या चाहते हो तुम, कृतवर्मा?

कृत : युद्ध!

अश्व : (**झकझोर कर**) क्या चाहते हो?

कृत : युद्ध!

अश्व : युद्ध! युद्ध! किस तरह समझाऊँ तुझे मूर्ख, निरन्तर व्यर्थ-व्यर्थ हत्या कर करके... गलत व्यक्तियों की हत्या-पर-हत्या करके मैं थक चुका हूँ! क्लान्त हो चुका हूँ! बोलो क्या चाहते हो?

कृत : युद्ध!

अश्व : (**कृतवर्मा को छोड़कर**) जाओ, क्षत्रिय राज, तुम्हारी युद्ध की साध मिटाना इस ब्राह्मण-पुत्र के लिए असाध्य है।

कृत : (**उठकर खड़ा होता है**) युद्ध! युद्ध! युद्ध के बिना हमारी कोई गति नहीं है! विजयी पाण्डव हम लोगों को प्राण दण्ड देंगे। इसलिए युद्ध! युद्ध!

[तेज कदमों से निकल जाता है! अश्वत्थामा एक अभिमानी नाग की तरह लम्बी-लम्बी साँसें छोड़ता रहता है]

अश्व : युद्ध महाराज! युद्ध चाहिए तुम्हें! महाराज इस युद्ध के पहले दिन यदि मुझे सेनापति बना देते तो पाण्डवों के पाँचों सिर फिर तुम्हारे चरणों में शोभा देते! किन्तु, तुमने वह तो किया नहीं है!... मेरी उपेक्षा की है! मेरी प्रबल अभिलाषा जानकर भी न जानने का आभास कराकर मुझे तिल-तिल जलाया है! मेरे समान वीर कितने लोग थे तुम्हारे पास, बताओ, किसमें थी मेरे समान क्षमता? दुर्योधन, इस बार मुझे सेनापति बनाकर तुम निश्चय ही असफलता की ओर ठेले दे रहे हो!

कृप : अश्वत्थामा, क्या युद्ध होना चाहिए?

अश्व : मामा श्री, तुम भी कह रहे हो! तुम भी! अच्छा, क्या कहते हो तुम...

कृप : मैं तो एक बेचारा अन्नदास, शास्त्रजीवी हूँ!... किसी दिन विश्वासपूर्वक प्रतिवाद नहीं कर सका! नीरव रहकर चुपचाप जो कहा गया, वही करता गया। (**कुछ पल रुक कर**) उस समय भर सावन की मूसलाधार वर्षा चल रही थी। सारे दिन एक मुट्ठी चावलों की टुटी और थोड़ा चावलों का घोल के अलावा और कुछ नहीं जुट सका। तुम्हारी माँ ने इसीलिए उसी को तुम भाई-बहनों में बाँट कर खाने को दिया था। मैं स्थिर न रह सका था... तुम्हारे पिता को लेकर आया हस्तिनापुर।... उस समय सोचा था, महापरोपकारी सम्राट दीन-दुखियों को बन्धु समझते हैं, लगा कि, वह चाहते हैं भारतवर्ष में शास्त्र-विधि चर्चा हो, ज्ञान-गरिमा का विकास हो..., इसीलिए दोनों हाथ बढ़ाकर हम लोगों के ब्राह्मण-परिवार को उन्होंने समीप खींच लिया है! मूर्ख! मूर्ख था मैं! नहीं समझा कि राजा का उद्‌देश्य कभी भी जल की तरह स्वच्छ नहीं होता है। नहीं समझ सका था कि राजा अपनी शक्ति संगठित करने के लिए धीरे-धीरे बल-अर्जन कर रहा है! सब सुविधाएँ देकर सर्वस्व खरीद रहा है। नहीं समझा था कि एक दिन तुम्हें, मुझे और तुम्हारे पिता को अस्त्र हाथ में लेकर उसके पक्ष से लड़ना पड़ेगा।

अश्व : दुर्योधन का अन्न-दान... क्या बिना शर्त नहीं था!

कृप : राजा का अन्न, हे पुत्र! इतना गरिष्ठ... उसकी क्रिया-प्रतिक्रिया और विषक्रिया से मैं चिर दिनों तक जड़ हो गया था! लज्जा से घृणा से... कितनी बार सोचा है, इस बंधन को तोड़कर बाहर आ जाऊँ...

अश्व : पिता!

कृप : स्वयं के बंधन स्वयं छुड़ाने पड़ते हैं। नहीं तो कोई सहज में मुक्ति नहीं देता है। सम्भव है... मुक्ति सम्भव है। सिर्फ थोड़ा कठोर और निर्मम होना पड़ेगा। अश्वत्थामा, दुर्योधन को रहने दो, चलो हम लोग निकल चलें...

अश्व : (**जलपात्र लाकर कृप के सामने रखता है**) अन्तिम समय आश्रयदाता को त्याग देंगे?

कृप : **(जल पीने जाकर थोड़ा रुककर)** पुत्र, हम लोगों का जीवन जो आज सब दृष्टियों से विपन्न है! पाण्डवों की चरम विजय हो चुकी है! वे लोग भारत के अधीश्वर हैं। आज हो अथवा कल हो, वे लोग हमं लोगों को अन्तिम बार दण्ड देंगे ही! हम लोग आज सिर्फ पराजित ही नहीं, भगोड़े भी हैं। अश्वत्थामा, जितनी जल्दी सम्भव हो हम लोगों को इसी क्षण अपना भविष्य स्थिर कर लेना होगा। अश्वत्थामा, चलो, हम लोग उन लोगों के पास चलें—

अश्व : **(अचम्भित होकर)** कहाँ?

कृप : चलो, उन लोगों से अपराध-मार्जना की याचना करें...

अश्व : पाण्डव लोगों की कृपा?

कृप : बचना हो तो! उन लोगों की कृपा के बिना कहाँ खड़े होंगे?

अश्व : आह्, जो जीवन शत्रु की कृपा से बचता है...

कृप : भूल मत जाओ, इस समय इसके अलावा और कोई चारा नहीं है।

अश्व : क्या कह रहे हो तुम! उन लोगों के द्वारे सिर नीचा कर खड़े होंगे! सिर्फ थोड़े जीवन... थोड़े निश्चिंत जीवन की आशा में! **(जल पीने को उद्यत कृप के हाथ से पीने का पात्र छीन लेता है)** तुम बूढ़े हो! समझते नहीं हो, उसमें कितनी बड़ी लज्जा है!

कृप : वे लोग तुम्हें पाकर प्रसन्न होंगे! सब अपराध भूल जायेंगे! वे लोग निर्दय नहीं हैं।

अश्व : दया! दया! दया के लिए हम लोग उनके पास जायेंगे... हम लोग, हम लोग!... आह! कृतवर्मा इसीलिए ठीक कहता है...

कृप : क्या ठीक कहता है?

अश्व : कहता है ब्राह्मण लालची होता है। सर्वदा निरापद स्थान खोजता है! ब्राह्मण चतुर और...

कृप : इसमें चतुरता क्या है? विजेता की अधीनता स्वीकार कर लेंगे...

अश्व : फिर उन लोगों के विजयोत्सव में मुक्त-कण्ठ से वंदना गायेंगे! तुमने मुझे आश्चर्य में डाल दिया!

कृप : उत्सव! कहाँ का उत्सव! किन लोगों का उत्सव!

अश्व : उन लोगों का! उन लोगों का! लक्ष-लक्ष दीप जलाकर आज पाण्डव लोग अपना विजय सिंहासन सजायेंगे!

कृप : वे लोग निष्ठुर नहीं हैं। वे जानते हैं कितने अमूल्य प्राणों के बदले में यह विजय-श्री मिली है! आनन्द मनाने वालों-जैसे नासमझ वे लोग नहीं हैं। उनके शिविर में तो आज शोक-रात्रि है।

अश्व : शोक-रात्रि!

कृप : प्रकाश नहीं जलेगा, बाजे नहीं बजेंगे, आज एक अंधेरे कक्ष में वे लोग रात्रि बितायेंगे।

अश्व : यह क्या! इतनी बड़ी विजय-श्री पर वे लोग उत्सव नहीं कर रहे हैं!

कृप : हम लोग होते तो यही करते! एक विवेकहीन उल्लास से हम लोग हत-चैतन्य हो जाते। किन्तु, पंच पाण्डवों की यह जो एक लम्बी साधना का फल है। दुर्योधन के हाथों मिले निर्वासन के दिनों को याद करके वे लोग आज एकान्त में अश्रुपात करेंगे। वे लोग समझते हैं प्राणों का मूल्य! चलो पुत्र, उन लोगों के साथ हम लोग भी आज रात बितायें, अगणित नर-हत्या के अभिशाप से मुक्त हों। उन्होंने वचन दिया है, क्षमा कर देंगे। चलो पुत्र...

अश्व : नहीं!

कृप : अश्वत्थामा!

अश्व : अब मैं तुम्हें और किसी राज-द्वारे भिक्षा नहीं माँगने दूँगा। कौरव हों अथवा पाण्डव, चाहे जो हों!

कृप : पुत्र!

अश्व : अन्न हो, चाहे जीवन हो,... द्वारे-द्वारे अधिक सुख खोजने से क्या होगा! चलो हम लोग स्वतंत्र-रीति से ही जीवित रहें!

कृप : **(अभिभूत स्वर में)** अश्वत्थामा!

अश्व : स्वाधीनता... उससे बड़ा सुख, बड़ी निरापदता और क्या होती है!... हम लोग इसी प्रान्तर में निवास करेंगे!

कृप : इसी प्रान्तर में?

अश्व : इसी निर्जन, ऊसर प्रान्तर में! लोकालय से बहुत दूर! वे लोग जान भी न सकेंगे कि हम लोग कहाँ हैं? शुरू से ही हम लोग बचे हुए हैं या नहीं...

कृप : यहाँ पर क्या वास-स्थान बनाना सम्भव है?

अश्व : क्यों, क्यों, क्यों? मेरे साथ शिलाखण्ड पर क्या तुम नहीं सो पाओगे?

कृप : अच्छा वास-स्थान न हुआ। किन्तु सामने वर्षा काल है...

अश्व : चिंता न करो, चिंता न करो फिर, सावन आने के पहले ही लता-गुल्म से एक कुटीर बना डालूँगा। एक छोटा-सा पत्तों से छाया हुआ कुटीर...

कृप : उसके बाद? दुरन्त शीत में?

अश्व : अग्नि प्रज्ज्वलित रखूँगा सूखे कदम्ब के नीचे उसके मूल में!

कृप : भूख-प्यास?

अश्व : शैल शिखर से ला दूँगा द्राक्षाफल? वन में घूम-घूम कर शिकार करूँगा छोटे-छोटे हरिणों का, बूढ़े साही का शिकार...

कृप : यह विलास-हीन जीवन तुम्हारे योग्य तो नहीं है पुत्र! फिर तुम्हारी उम्र ही कितनी है! यह वनचारी, संन्यासी का जीवन...मैं तो काट सकता हूँ... किन्तु तुम में तो अभी कितनी भोग-तृष्णा है!

अश्व : कुछ नहीं... अब मेरे कुछ नहीं है। भोग-तृष्णा जैसा कुछ नहीं है। इस नील शैल के उस पार चाँद उदित होने पर, अपने कुटीर के द्वार पर, तुम्हारे चरणों के पास बैठकर सुनूँगा पिता, भूलोक, द्यु लोक, नभ मण्डल और अगाध-जीवन की सब रहस्य-कथाएँ!

कृप : कहूँगा-कहूँगा अश्वत्थामा,... तुझे मैं सब बताकर जाऊँगा। मिट्टी की कथा-मृत्तिका के अणु-परमाणु को तोड़-तोड़ कर दिखाता जाऊँगा एक आश्चर्यमय आलोक... महाविश्व व्योम-व्यापी मंगल का आलोक। तुझे मैं सब देता जाऊँगा।

अश्व : धीरे-धीरे भूल जाऊँगा छोड़ आये जीवन की सब कथा। आहार-विहार, भूषण-वसन सब। सब रक्त पोंछ डालूँगा! चुपचाप एकान्त में अश्रुपात करके धो दूँगा दोनों आँखों की अन्धता।

कृप : पुत्र!

[अश्वत्थामा धीर कदमों से उसी प्रान्तर में अदृश्य हो जाता है। संध्या होने-होने को है। कृप थोड़ा पास में आह्निक करने बैठते हैं। रथ के सामने कृतवर्मा दिखाई देता है। उसकी आँखें जल रही हैं। मुखपर फैली है एक विकृत कुटिल हँसी]

कृत : सुन्दर अवसर! बहुत अच्छा अवसर! हाँ, हाँ महाराज, मैंने भी सुना है! स्वर्णिम अवसर! हाँ-हाँ महाराज, कर सकूँगा, इस बार निश्चय ही राजी कर सकूँगा। कृपाचार्य की मुट्ठी से उसे छीन लूँगा! आह कितनी सुन्दर योजना है! महाराज, महाराज, आचार्य कृप भी स्वयं लगता है, नहीं जानते हैं कि उनकी बात में किस विराट अवसर का संकेत है! स्वयं भी नहीं जानते हैं कृप...

[कृतवर्मा संध्या वंदन करते हुए कृपाचार्य के पास जाता है और हाथ जोड़कर माथा नीचा कर लेता है।]

कृत : देव कृपाचार्य!

[कृप कृतवर्मा की ओर ताकते हैं]

कृत : अजस्त्र अपराध किये हैं मैंने आपके सामने, अधम, अज्ञानी समझकर मुझे क्षमा कर दीजिए आचार्य!

कृप : मैं तुमसे रंचमात्र भी रुष्ट नहीं हूँ कृतवर्मा!

कृत : कैसी जो असह्य पीड़ा भोगी है, बच गया उससे! महात्मा कृप, आप यह सुनकर सुखी होंगे, महाराज ने अपनी भूल समझ ली है... महाराज ने अपनी युद्ध-लिप्सा का परित्याग कर दिया है!

कृप : दुर्योधन ने!

कृत : हाँ, क्या होगा और युद्ध करने से? महाराज की आयु तो अब और अधिक क्षणों की रही नहीं है।

कृप : कृतवर्मा! सच!

कृत : अन्तिम समय में प्रतिहिंसा- नहीं-नहीं, अच्छा विचार नहीं है!

कृप : नहीं, नहीं ही है। (**आसन छोड़कर उठते हैं**) सुयोधन, अन्त में तुम्हारी यह शुभ बुद्धि जाग गयी! महाराज, आज मुझे आनन्द हो रहा है। इतना बड़ा, इतना विपुल ध्वंस काण्ड, फिर भी यह जो शुभ-बोध है, इसकी तुलना में वह भी छोटा है, अत्यन्त छोटा! नहीं, नहीं, और शत्रुता नहीं। प्रार्थना करो, जिससे वे लोग फिर से एक नये भारत का निर्माण कर सकें। धन्य! धन्य! सुयोधन! महाराज, मेरा आशीर्वाद लीजिए... महिमामण्डित-कुरुराज मेरा आशीर्वाद...

कृत : महात्मा कृप, थोड़ी देर पहले शोक-रात्रि की बात क्या कह रहे थे...

कृप : पाण्डव शिविर में आज शोक-रात्रि है!

कृत : आलोक-हीन कक्ष में पाँचों पाण्डव रात बितायेंगे, क्या यह सत्य है?

कृप : सत्य है! सत्य है! पाण्डव शिविर आज विषाद-मग्न है! प्रत्येक योद्धा ने आज अस्त्र-त्याग कर दिया है, और खोलकर फेंक दिये हैं युद्ध के कवच! यहाँ तक कि शिविर-द्वार पर रक्षक तक आज मृत योद्धाओं की स्मृति में विलाप-रत हैं!

कृत : अच्छा! अच्छा! शिविर-द्वार पर तब तो आज प्रहरी भी नहीं हैं! अथवा क्यों रहेंगे। विपक्ष तो पराभूत है! तितर-बितर है! पाण्डव शिविर तो आज निर्भय, निःशंक है। तो महात्मा कृप, इतनी बातें आपने कहाँ से...

कृप : कहाँ से जानी? अपनी आँखों से सब देख आया हूँ! मैं जो उनके शिविर में गया था...सन्धि का प्रस्ताव लेकर...

कृत : सन्धि का प्रस्ताव भी जना आये हैं। अच्छा! बहुत अच्छा! तब तो मूल बात यह ठहरी कि वे लोग आज निरस्त्र होकर पाँचों व्यक्ति एक अंधकार-पूर्ण कक्ष में रात्रि-यापन करेंगे! सारे शिविर में उतर आयेगी शोक की गहरी स्तब्धता, द्वार पर प्रहरी नहीं रहेंगे! पाण्डव-शिविर आज पूरी तरह असावधान होगा!

कृप : (**अचम्भित होकर**) कृतवर्मा! क्या कहना चाहते हो!

कृत : एक आश्चर्यजनक सुन्दर खबर लाये हैं आचार्य! हा... हा...हा... (**दौड़कर रथ के पास जाता है, और अदृश्य दुर्योधन का रत्नहार लेकर लौट आता है। अश्वत्थामा प्रवेश करता है।**) आइये महात्मा, ग्रहण कीजिए।

कृप : यह क्या!

कृत : महाराज दुर्योधन की ओर से पुरस्कार!

कृप : पुरस्कार! पुरस्कार क्यों?

कृत : शत्रु शिविर की गुप्त-वार्ता-संग्रह करके लाये हैं आप! और हम लोगों के सामने खोल दिये हैं सफलता के स्वर्णिम द्वार!

कृप : सफलता!

कृत : यदि मध्यरात्रि में हमलोग उनके शिविर में प्रवेश कर सकें... तो पाँच लोगों को एक साथ पा जाएँगे... अस्त्रहीन, असावधान!

कृप : कृतवर्मा!

कृत : महाराज ने समझ लिया है कि सामने युद्ध में उन लोगों का सिर काटना असम्भव है। अब निशीथ के अंधकार में धावा...

कृप : निरस्त्र व्यक्तियों की तुम लोग हत्या करोगे!

कृत : करेंगे, कर सकेंगे, यदि इसी समय तैयार हो जाएँ और सावधानी से कदम रखते हुए आगे बढ़ते जायें—

कृप : पाप! पाप! शोकमग्न मनुष्यों की हत्या-जघन्य नीचता है! सुयोधन, वत्स... (**कृप रथ की ओर अग्रसर होते हैं भीतर देखते ही आर्तनाद कर उठते हैं।**) आह् कितना वीभत्स! कितना पैशाचिक मुख है! तुम क्या मनुष्य हो! (**रथ के भीतर अदृश्य महाराज की हँसी**) षड़यंत्र... हीन-नीच षड़यंत्र! पिशाच! पिशाच! अन्तिम समय ऐसी रक्त-तृष्णा! (**अदृश्य महाराज की हुंकार**) नहीं, डरता नहीं हूँ...ओ! रक्त चक्षु अब और तुम्हारा डर नहीं है। सारे जीवन डरता रहा हूँ...सारे जीवन गधे की तरह तुम्हारे ऋण के बोझ से दबा-दबा चलता रहा हूँ... गधा समझ नहीं पाता है कि थोड़ी फुरहरी लेने से ही बोझा गिर सकता है... अपनी

अज्ञानता के कारण ही वह बोझा ढोनेवाला बना हुआ है! राजा, तुम्हारे जाल को तोड़ दिया है। अपना भविष्य हम लोगों ने स्वयं तय कर लिया है। आओ चलें अश्वत्थामा...

कृत : सोच कर देखो अश्वत्थामा, पाँचों पाण्डव लोग अकेले एक कमरे में! उनके अलावा वहाँ और कोई नहीं होगा! सोच कर देखो अश्वत्थामा, मूल रहित लक्ष्य-भेदन का सुअवसर! सोचकर देखो अश्वत्थामा, भ्रम, सन्देह की कोई गुंजाइश नहीं है। उनको मारने के धोखे से अन्य को मारने का कोई प्रश्न ही नहीं उठता है।

कृप : मैं समझ नहीं पा रहा हूँ अश्वत्थामा, शोक-रात्रि का संवाद इन लोगों के लिए इतना लोभनीय होगा।

कृत : अश्वत्थामा... ऐसी एक रात्रि, जीवन में एकबार ही आती है...

कृप : चलो आओ अश्वत्थामा...

अश्व : दिन डूब रहा है, गोधूलि भी विलीन हो गयी है...

कृत : हाँ-हाँ बढ़ती आ रही है वह रात्रि! चरम रात्रि!

अश्व : अंधकार घना हो रहा है शिला-शिला पर...

कृत : अंधकार... ही...अंधकार उतर रहा है! प्रशस्त लग्न...

अश्व : शैल शिखर पर, गुल्म लताओं पर...

कृप : अंधेरा घना हो रहा है उल्लू की आँखों में...

अश्व : रात्रि उतर रही है नदी के कूल पर,... वृक्षों की शाखाओं पर...चराचर सभी जगह...

कृत : शीघ्र! अत्यन्त शीघ्र अश्वत्थामा...

कृप : शीघ्र! अत्यन्त शीघ्र अश्वत्थामा, ढँक जायेगा सब कुछ! एक काले दानव के ग्रास के बीच लुप्त हो जायेंगे द्युलोक, भूलोक! शीघ्र... अत्यन्त शीघ्र...

कृत : शीघ्र... अत्यन्त शीघ्र...

अश्व : शीघ्र! अत्यन्त शीघ्र उतरती आ रही है रात्रि! आगे आ रही है मध्यरात्रि! पिता, ऐसा अच्छा सुयोग!

[कृतवर्मा हँस पड़ता है।]

कृप : अश्वत्थामा!

अश्व : इतना निश्चित, इतना अमोघ सुअवसर जीवन में दुबारा नहीं आता है...

कृत : न आता है... न आयेगा। यह तुम... वे पाँच लोग। बीच में कोई नहीं!

अश्व : कुछ नहीं। सिर्फ वे लोग... इस बार सिर्फ वे लोग अस्त्रहीन! ध्यान-मग्न कृतवर्मा!

[भयंकर अट्टहास करता हुआ कृतवर्मा को चिपटा लेता है।]

कृत : **(रथ को दिखाकर)** सबसे आगे महाराज...

अश्व : दुर्योधन!

[दौड़कर रथ के भीतर हाथ बढ़ाता है। क्षण भर के लिए रथ की आड़ में छिप जाता है]

कृत : ओह... ओह! अपूर्व दृश्य है! वीरों में श्रेष्ठ अश्वत्थामा लेटे हुए महाराज के गले मिल रहा है! अद्भुत! अपूर्व! आनन्दाश्रु बह रहे हैं! अपूर्व! अपूर्व!

अश्व : **(बाहर आता है)** अश्व प्रस्तुत कीजिए! पास में समय नहीं है भोजराज...

कृत : अभी लीजिए।

[कृतवर्मा तेजी से निकल गया]

अश्व : **(जल्दी-जल्दी हाथों से केश बाँधने वाले दुपट्टे को माथे पर लपेटते लपेटते)** रात्रि उतर रही है... गोधूलि समाप्त होती जा रही है... तीन नदी... दो प्रान्तर... एक पहाड़... कई क्षेत्र पार करने होंगे... उसके बाद कुरुक्षेत्र पार करना होगा—उसके बाद...

कृप : अश्वत्थामा, कुरुक्षेत्र के ऊपर आकाश में गीध मँडरा रहे हैं...

अश्व : वही होंगे मेरे पथ के पहचान-चिह्न...

कृप : निशीथ का चन्द्रमा भयंकर चामुण्डा...

अश्व : वही मेरे पथ के प्रकाश हैं...

कृप : बिखरे केशों वाला चन्द्रमा अपने ताम्रवर्णी केश बिछाकर कुरुक्षेत्र में क्रन्दन-रत है! भरे पेट जीव वहाँ पर आवाजें कर रहे हैं! और हत्या करोगे?

अश्व : हत्या! हत्या!

कृप : हत्या करोगे!

अश्व : हत्या! रक्तपात! मेरे शरीर में बिजली उत्पन्न कर देते हैं! शीघ्र अत्यन्त शीघ्र! हत्या मुझे लुब्ध करती है! खींचती है! कितने भयंकर रूप से खींचती है। (**नेपथ्य की ओर देखकर**) कृतवर्मा, मेरे अश्व के मुख को घुमाओ...

कृप : स्वयं ही कह रहे थे कि नरहत्या से तुम क्लान्त हो चुके हो!

अश्व : ओ! चुप, चुप, चुप। ऐसा झूठ, ऐसी नयी बात मैंने किसी से नहीं कही है! हत्या मुझे क्लान्त कर देगी? न-न-न! गलत... गलत... कहा है गलत, हत्या करते-करते मैं मानो कैसा हो गया था। अन्धता और लक्ष्य-भ्रष्टता के कारण श्रान्त था। हत्या चाहिए... हत्या! एक सटीक भूल रहित हत्या! क्या सुना और क्या समझ रहे हो तुम!

कृप : समझ नहीं सका हृदय के अन्तराल की उस विषम वासना को... मैं पकड़ नहीं सका! अरे! सुन, सुन मेरी बात सुन...

अश्व : (**मानो एक मूर्तमान बिजली हो। दोनों आँखें धीरे-धीरे छूरे की धार की तरह तीक्ष्ण हो उठी थीं**) एक पहाड़... कई उजड़े-कुचले खेत और एक सूना जनपद पार करने पर ही मेरी सफलता है! सटीक शिकार! एक रात्रि! रात्रि अंत में पोंछ जायेगी मेरे हजारों अपयश! एक सही, सटीक कर्म! (**कृप से**) शिविर का मूल प्रवेश-पथ रहेगा तुम्हारे पहरे में। अत्यन्त गुप्त और सतर्कता से द्वार की रखवाली करनी होगी।

कृप : सोच देखो, सोच देखो, अश्वत्थामा क्या करने जा रहे हो।

अश्व : समझ सकता हूँ कितना विराट संकल्प लेकर हम लोग जा रहे हैं! कार्य बहुत सरल लगने पर भी वैसा है नहीं! वे लोग बहुत धूर्त हैं। हिसाब में थोड़ी भूल हुई नहीं कि वे लोग पुनः जीवित निकल आयेंगे! फिर जीवित!... कृतवर्मा! (**कृप से**) समय नष्ट मत करो... जल्दी तैयार हो जाओ!

कृप : हाँ पुत्र, कहाँ है तुम्हारी वही सर्वत्यागी संन्यासी की मूर्ति। सुनोगे नहीं भूलोक द्युलोक की कथा...

अश्व : द्यूलोक झूल रहा है मेरी आँखों में! हा:- हा:- हा:। कृतवर्मा...

[नेपथ्य में एक से अधिक युद्ध के अश्वों के हिनहिनाने में घने होते जाने वाले अंधकार को और अधिक घना बना दिया था।]

कृप : शठ! प्रवंचक! तूने मेरे साथ प्रवंचना क्यों की!

अश्व : प्रवंचना!

कृप : शान्त जीवन का लोभ दिखाकर क्यों तूने मुझे ऐसा कर दिया है।... **(अश्वत्थामा का हाथ पकड़कर)** हम लोगों का वह कुटीर...

अश्व : कुटीर...?

कृप : अरे! पत्तों से छाया हुआ छोटा-सा... घर...

अश्व : ओह् चुप- चुप- चुप। ऐसी दीनता की बातें मत करो। पत्तों का कुटीर क्यों, मैं तुम्हें स्वर्ण प्रासाद में रखूँगा!

कृप : धिक्कार है! धिक्कार है! देहभार से हिल तक नहीं पाता था, मृत की तरह पड़ा हुआ था!... ठीक उसी अजगर की तरह...भीतर से गर्जन करता है और बाहर से पवित्र, निर्मल है! और भेड़ के सामने आने पर...

अश्व : सहसा वह निगल लेता है!

कृप : छद्मवेशी अजगर! तू तो कपट-वैरागी है!

अश्व : हाँ, मैं क्षत्रिय जो हूँ। पिता, क्यों भूल जाते हो, उस सुदूर शैशव में बालक अश्वत्थामा की इस धमनी पर वज्र-चिह्न देखकर... कुरुराज ने उसका कुल नाश कर ब्राह्मणत्व समाप्त कर हृदय में अंकित कर दी थी क्षत्रिय की रक्त-तृष्णा, हत्या-कर्म का अंगीकार! तुम ब्राह्मण हो, मैं क्षत्रिय हूँ! मैं तो शठ हूँ, प्रवंचक हूँ। अजगर हूँ। मुझे तो हत्या चाहिए! सफलता चाहिए!... गोधूलि समाप्त होने जा रही है। महाराज की मृत्यु रोकनी होगी! पाँच सिरों को विजित करके लौटना होगा! तुम्हारे अस्त्र कहाँ हैं, तैयार हो जाओ...

कृप : दूर! दूर हो जाओ तुम!

अश्व : तुम! तो तुम चलोगे नहीं?

कृप : भाड़ में जाओ!

अश्व : तुम्हारे न रहने से तो सभी बेकार हैं! उनके शिविर का तुम्हारा तो राई-रत्ती जाना हुआ है। तुम्हें तो चलना ही होगा!

कृप : सोचकर देखो कि इस पाप-अभियान में मैं क्या तुम्हारा साथी बनूँगा!

अश्व : **(कृप के चरणों में बैठकर)** पिता, तुम्हारे बिना, यह अभियान कभी सफल नहीं होगा।

कृप : सफल होगा? सफल? तुम फिर ग़लती करोगे! गलती!

अश्व : **(सहसा भयंकर शब्द करता हुआ कृप के सिर पर तलवार तान लेता है।)** क्या करूँ?

कृप : अश्वत्थामा!

अश्व : फिर कहो क्या करूँ!

कृप : अश्वत्थामा, मुझे तुम...

अश्व : मार डालूँगा। बूढ़े, अब एक बार भी बेकार की बात की... तो मैं तुम्हें मार डालूँगा!

[कृप के सिर पर अश्वत्थामा की तलवार अन्तिम क्षण में चमक उठती है, इसी समय गोधूलि वेला बड़ी तेजी से खतम हो जा रही थी। कृतवर्मा जलते प्रदीप और जल-पात्र लेकर प्रवेश करता है]

कृत : अरे! अरे!! क्या कर रहे हो अश्वत्थामा! हटाओ, हटाओ! छिः छिः यह क्या काण्ड! सुपण्डित, शास्त्रजीवी आचार्य कृप, पूज्यपाद और वन्दनीय हैं। महाराज ने उनसे कभी कटु बात तक नहीं कही है। और तुम हो कि... न...न...न... महाराज इसे कभी सहन नहीं करेंगे। **(अश्वत्थामा को अलग करते हुए)** उन्होंने सदा महाराज के अनेक कामों में बाधाएँ खड़ी की हैं... फिर भी देखा है, पर कभी देखा है महाराज को थोड़ा भी विचलित होते! महाराज जानते हैं, इनके मुख में जो आये वही ये कहते रहें किन्तु,अन्त में तो ये लोग महाराज के ही पक्ष के रहेंगे! इसीलिए तो हस्तिनापुर राज्य को ये सब पण्डित, मनीषी इतने प्रिय हैं! चिरकाल से सभा की शोभा बढ़ा रहे हैं। तुम देखोगे, ज़रूर देखोगे कि इस बार भी सबसे आगे-

आगे उन्हीं के घोड़े दौड़ेंगे! आइये, आचार्य, मंगल अनुष्ठान आरम्भ कीजिए! (**कृतवर्मा रथ के सामने जाकर राजकीय सम्मान के साथ हाथ जोड़कर**) ससागराधरित्री के अधिपति कुरुराज अनुमति दीजिए, जिससे आज इस निशीथ-अभियान के सेनापति पद पर महावीर अश्वत्थामा का अभिषेक हो जाये!...(**कुछ देर नीरवता रहती है।**) आचार्य कृप, मैं आपको बुला रहा हूँ!

[कृपाचार्य के झुके हुए मुख-मण्डल पर उस समय पसीने की बूँदें दिखाई दे रही थीं। प्रदीप की शिखा उनके ललाट पर पड़ कर विचित्र रेखा में काँप रही थी। उधर अभिषेक के लिए प्रस्तुत अश्वत्थामा खड्ग झुकाये नतजानु होकर बैठा हुआ है, शान्त, शिष्ट बालक की तरह। कृप ने धीरे-धीरे आकर दीपक उठा लिया। अश्वत्थामा के मस्तक पर जल-सिंचन करते हैं, प्रदीप के प्रकाश में उसका वरण करने लगे]

कृप : (**कुछ समय अस्फुट स्वरों में क्या तो कुछ कहकर-धीरे-धीरे उनका कण्ठ स्वर सुनाई देने लायक हो गया**) कुरुक्षेत्र में मृत पुरुषों का स्मरण करके, राजसभा के सभी शास्त्रजीवी आचार्यों की कृपा माँगकर,... जगत् के राजराजेश्वर की अगाध महिमा का स्मरण कर,... चैत्रमास की चतुर्दशी तिथि के सायाह्न में द्रोणपुत्र वीरोत्तम अश्वत्थामा को आज मैं नैश अभियान के सेनापति-पद पर अभिषिक्त करता हूँ...

[कृतवर्मा के मुख से यात्राभियान का शंख बज उठा। समूचे प्रान्तर में वह शंख-स्वर फैल गया और साथ-ही-साथ गोधूलि वेला को आवृत करती हुई रात्रि शीघ्रता से झुक आई।)

निशीथ पर्व

[उस समय मध्यरात्रि थी। घनघोर अंधेरा। प्रान्तर में परित्यक्त रथ के भीतर हल्का प्रकाश जल रहा था। इसी की आलोक-छाया में चारों ओर चित्रित है। दिशा-दिशा में तीन स्थानों पर तीन मशालें जलती हुई दिखाई देने लगीं। धीरे-धीरे घोड़ों की टापों की आवाज आने लगी! तीन वेगवान तुरंगों ने मध्य रात्रि को प्रकम्पित करते अपने प्रत्यावर्तन की घोषणा की। उस अदृश्य-रथी दुर्योधन की निद्रा उस घोषणा से टूट गयी। उसकी चेतना को दलित

मथित करते हुए अश्व आगे आ रहे हैं। शक्ति-हीन देह के बोझ से चर-चर करता रथ थरथर काँप उठा। एक सतत् दुर्बोध्य चीत्कार ऊँचे पर्दों तक उठकर सहसा रुक गया। घोड़े पास आकर रुक गये। सबसे आगे दौड़ता आया कृतवर्मा। पीठ पर तूणीर, कंधे पर धनुषबाण, हाथ में जलती हुई मशाल]

कृत : **(वज्रघोष के साथ)** जय! महाराज की जय हो! जय हो, कुरुराज दुर्योधन की जय हो।... कौन...कौन छीन लेगा सिंहासन... किसकी सामर्थ्य जो राजा की महिमा का हरण कर सके... राजा के प्राण! ईशान कोण में जटाओं की तरह घिरे रक्त मेघों का जाल छिन्न-विच्छिन्न हो जाता है। पाण्डव मारे जा चुके हैं! **(उसी समय नीरव कदमों से अश्वत्थामा प्रविष्ट होता है। उसके बदन पर गुप्त घातक के धूसर वस्त्र हैं। भाल पर चमकती पसीने की बूँदें हैं। कंधे पर नर-मुंडों की पोटली है। हाथ में रक्त से सनी तलवार है। वह क्या करेगा, क्या कहेगा, इसे लगता है वह स्वयं भी नहीं जानता है। अवरुद्ध आवेग से वह बार-बार सिहर रहा था)**

अश्व : हे! नक्षत्रपुंज और उज्ज्वल, और सघन होकर तुम विजय माला की रचना करो,... हे वृक्षराजि! अपना शीतल, मधुर स्पर्श दो... सोये पक्षियों जाग जाओ, एक स्वर से वंदन, गान करो,...जय, दुर्योधन की जय...

कृत : **(अब तक सुरापान करके थोड़ा प्रमत्त हो गया है)** महाराज, चेतनाहीन हैं। ताक-ताक कर कई बार देखते हुए रक्त की उल्टी कर मूर्च्छित हो चुके हैं!

अश्व : यह क्या महाराज! ऐसे समय तुम मूर्च्छित! न...न... न यह तो भीषण अन्याय है! मैं तो तुमसे कह गया था कि जागते रहना दुर्योधन!

कृत : सोच नहीं सका था कि टूटी नाव सागर में डूब जायेगी। कौन जाने शायद हम लोगों को जीवित लौटते देखकर ही मूर्च्छित हो गये हों... हा:...हा:...हा:...कभी कोई सेनापति तो अब तक विजय करके जीवित लौटा नहीं है... हा:... हा:... हा:...

अश्व : दुर्योधन! उठो... जागो... दोनों आँखें पसार कर देखो...

कृत : इस वीर के कंधे पर निहार कर देखो...

अश्व : कंधे पर मेरे यह जो पोटली है...

कृत : कुम्हेड़े के आकार की यह जो पोटली है...

अश्व : देखो महाराज, इस पोटली में भरकर आज हम लोग क्या लाये हैं! हे ईश्वर! उसकी संज्ञा शीघ्र लौटा दो...

कृत : लौट आयेगी... लौट आयेगी। दुर्योधन को फिर से नवजीवन मिलेगा। (**अश्वत्थामा के हाथ में मद्य से भरा पात्र देते हुए**) टूटी जाँघों वाले महाराज पुनः सिंहासनारूढ़ होंगे... भारतवर्ष पर शासन करेंगे... हाः...हाः... हाः... एक विशाल राजशक्ति अपनी चरम अवस्था में पहुँच चुकी थी... मृत्यु के मुख से उसे खींच लाकर तुमने पुनः प्रतिष्ठित कर दी... हाः...हाः... हाः (**अश्वत्थामा का आलिंगन करता है**) तुमने असाध्य साधन किया है! धन्य-धन्य विजयी वीर! सिंह की गुफा में घुसकर केशरी को सियार जैसा समझ कर, सियार को चूहे के रूप में जन्म लेने के लिए उसे परलोक में भेज दिया...हाः...हाः... हाः...

अश्व : भोजराज, जो किया है वह आप लोगों की प्रेरणा से ही सम्भव हुआ है!

कृत : नहीं... नहीं... नहीं, उसमें हम लोगों का कुछ नहीं है। शयनागार में प्रवेश तुमने किया है, पोटली बाँधकर लौटे तुम हो! जो करने का था, सब तुम्हीं ने किया है। सारा कृतित्व तुम्हारा ही है।

अश्व : नहीं, नहीं, नहीं भोजराज कृतवर्मा, तुम भी समान रूप से कृत-भागी हो।

कृत : (**आनन्द में आँखों से आँसू निकल पड़ते हैं**) छोटा-सा भोज देश! उसी छोटे राज्य का एक छोटा-सा राजा मैं हूँ। अस्त्रविद्या में तुम्हारे जैसी विश्वव्यापी ख्याति मेरी नहीं है। एक नगण्य राजा। मेरे जैसे हजार गुने शक्तिशालियों का पतन भारत युद्ध में घट चुका है! नहीं जानता किस पुण्य बल से मैं आज भी जीवित बचा हुआ हूँ। सोचा नहीं था कभी मेरे द्वारा सम्भव होगा पाण्डव-वध। यह कैसा विचित्र है—यह कैसा असाधारण घट चुका है। इस किस

असाधारण कार्य में मैं निमित्त मात्र का सहभागी हो गया। कृतित्व में समान भागीदार। अश्वत्थामा, बताओ तो यह कृतित्व कैसे कर सके? हम सब तो शिविर के बाहर ही खड़े रहे! अन्दर क्या हुआ कुछ भी तो नहीं जान सके! दूर से सिर्फ यह देखा कि प्रांगण की आलोक-छाया में तुम उन लोगों के प्रकोष्ठ की ओर दौड़े जा रहे हो.... उसके बाद...

अश्व : उसके बाद...? गम्भीर स्तब्ध रात्रि... पाण्डव... शिविर शोक में निमग्न है...

कृत : हाँ...हाँ...फिर...

अश्व : देखा, पाँचों भाई श्रान्त क्लान्त पास-पास पड़े...

कृत : ...हुए वे लोग सो रहे हैं?

अश्व : वे लोग सोये हुए हैं, कवचहीन, चेतना रहित, शिथिल अस्त-व्यस्त वस्त्र...

कृत : सिरहाने प्रदीप...

अश्व : दीपक नहीं जल रहा है, थोड़ी-सी रोशनी सिर के पास का वातायन खुला हुआ है...

कृत : बाहर ज्योत्स्ना?

अश्व : बाहर ज्योत्स्ना उन लोगों की बाजू और केशों पर...

कृत : हाँ-हाँ...

अश्व : मन्द मन्द वायु वहाँ चल रही है, थरथराकर बह रही है वनयूथिका की गन्ध...

कृत : उसके बाद?

अश्व : साँस साधकर, खड्ग पकड़कर जैसे ही एकाग्र हुआ...

कृत : कहो...कहो...

अश्व : कक्ष की वायु सहसा स्तब्ध हो गयी!

कृत : बाहर झिल्ली की झंकार?

अश्व : बाहर भी झिल्ली-रव एकदम बन्द हो गया!... ज्योत्स्ना विलीन हो गयी- दृष्टि चली गयी... कहाँ तो जाने चली गयी भीगी-भीगी यूथिका की सुवास..

कृत : सभी विलीन हो जाता है!

अश्व : खो जाता है, खो जाता है सभी कुछ खो जाता है... एकाएक सारे शब्द, सारी गन्ध, सब कुछ डूब जाता है अतल पाताल में... देखता हूँ सिर्फ पाँच पाण्डव...

कृत : एक लक्ष्य पाँच पाण्डव...

अश्व : धीरे-धीरे पाण्डव भी अदृश्य हो जाते हैं... जितना ज्ञान था, वह भी लुप्त हो जाता है, आँखों से देखता हूँ सिर्फ पंच सिर...

कृत : एक स्थिर लक्ष्य...

अश्व : खड्ग उठाता हूँ... अपने खड्ग को... अपने व्याकुल खड्ग को...

कृत : मार देते हो खड्ग... मार देते हो उन...

अश्व : भोजराज उस समय जीवन के अलावा और कुछ नहीं देखता हूँ... सिर्फ साँस में ही जीवन प्रवाहित होता है...

कृत : खड्ग गिरता है...

अश्व : हाँ, आघात करता हूँ। एक-एक कर पाँच आघात! गिन-गिन कर कुल पाँच बार! भोजराज, उस समय सिर्फ यह जाना कि पाँच साँसों को उड़ा दिया है!

[कृपाचार्य बिना शब्द के आकर पत्थर की तरह खड़े हो जाते हैं।]

अश्व : पिता... मैं सफल हूँ... मैं कृतार्थ हूँ। आज मैंने पाण्डवों का संहार कर दिया है! पिता, आज मेरा चित्त पूर्ण है... सागर की तरह पूर्ण है... **(कृप के हाथ में पानपात्र बढ़ाकर देता है)** आशीर्वाद दीजिए पिता...

[कृप पानपात्र को घृणा से छीनकर फेंक देते हैं। अश्वत्थामा थोड़ी देर चुप रहकर गरज उठता है।]

अश्व : कृतवर्मा!

कृत : विजयी सेनापति का अभिनन्दन करने की रीति क्या भूल गये हैं?

अश्व : सारे रास्ते हम लोग उल्लास मनाते आये हैं। मैंने लक्ष्य किया है, उन्होंने एक बार भी हमारे स्वर में स्वर नहीं मिलाया! आखिर क्यों?

कृत : देव कृपाचार्य, आप ही तो शिविर द्वार पर रखवाली करते रहे हैं... इसलिए कहा जाये तो आप ही इस सफलता के मूल में हैं...

कृप : (**चीखकर**) नहीं। मैंने तो किसी को भी सफलता नहीं मिलने देनी चाही। मैं तो किसी के भी द्वार पर रखवाली करने नहीं गया...

कृत : फिर!

कृप : सोचा था इस हत्यारे के शिविर में घुसते ही मैं द्वार पर खड़े होकर एक चीत्कार करूँगा... भीषण चीत्कार... और इस तरह पाण्डवों को सावधान कर दूँगा!...

[**अश्वत्थामा हलकी गर्जना करता हुआ दूर हट जाता है**]

कृत : (**फटी आँखों से**) आपके मन में यही था!

कृप : हाँ, इस पाखण्डी के क्रोध से उन लोगों की जीवन-रक्षा करने गया था, तुम लोगों के पीछे-पीछे! समझे?

कृत : सचमुच में यदि उन लोगों की नींद खुल जाती, हम लोगों का क्या हश्र होता यह तो समझा नहीं।

कृप : (**विकट अट्टहास करते हुए**) अन्ततः बच नहीं सकते थे!

अश्व : देखने की इच्छा हो रही है भोजराज कि वृद्ध का हृदय कितना जटिल है! आह, मेरी विजय-रात्रि को बेस्वाद कर दिया!

कृप : विजय! इसी का नाम विजय है! छिपकर हत्या करने वाला! अंधेरे में नर मुंडों को इकट्ठा करके बिलकुल एक कापुरुष की तरह आनन्दित हो रहे हो! निशीथ का सौदागर!

अश्व : जानते हो ब्राह्मण, इसका क्या दण्ड है!

कृप : किसे भय दिखा रहे हो? कौरव सेनापति, इससे बड़ा और कौन-सा दण्ड तुम दे सकते हो! आज मैंने तुम्हारी जो हत्या-लीला देखी है, देखनी पड़ी है... इससे बड़ा दण्ड और क्या हो सकता है! हत्या का बोझा ही तो गठरी में कंधे पर लादकर आ रहे हो! स्त्रियाँ रोती हुई भागी आ

रही हैं। वे करुण क्रन्दन कर रही हैं, धूलि में लोट रही हैं! दानव, हत्यारे! दोनों पैरों से उन्हें रौंदते-रौंदते बड़ी गठरी को लिये उछलकर चढ़े हो घोड़े की पीठ पर! एक बार भी पीछे फिरकर देखने की हिम्मत नहीं की...

अश्व : उसकी जरूरत नहीं समझी! मेरा काम पूरा हो चुका था। क्यों फिर देखता? ब्राह्मण, मैं तुम्हारी तरह शंकालु नहीं हूँ!

कृप : आह, धरती पर पड़ी स्त्रियों के आर्तनाद ने रात को भी विदीर्ण कर दिया! एक चीख मात्र—द्वार पर खड़े होकर पूरी शक्ति के साथ सिर्फ एक चीख नहीं निकाल सका...

[कृपाचार्य छाती पीटते हैं।]

अश्व : आह, बूढ़े तूने मेरी आत्मा टुकड़े-टुकड़े कर दी! कृतवर्मा, शत्रु के नाम पर कोई इस तरह आँसू बहाता है।

कृप : कौन शत्रु!

अश्व : कौन शत्रु! वही जिनके ये पाँच सिर हैं...

कृप : पाण्डवों ने तुम्हारे साथ क्या शत्रुता की है!

अश्व : आज इतने दिन बाद इसका प्रमाण देना होगा कि पाण्डव कैसे शत्रु हैं और क्यों शत्रु हैं! बचपन से ही जानता हूँ कि वे मेरे शत्रु हैं!

कृप : गलत समझते हो! लोक कल्याण के महान मंत्र में दीक्षित होकर जिन्होंने धर्म-राज्य गढ़ना चाहा है, वे लोग जान-बूझकर किसी का अमंगल चाह सकते हैं? बोलो, उन लोगों ने किसकी क्या क्षति की है?

अश्व : वाह, वाह! उन लोगों ने क्या दुर्योधन का राज्य नहीं छीन लेना चाहा?

कृप : हाँ, चाहा है। सत्ता के सिंहासन से उन लोगों ने इस अधार्मिक दुर्योधन को नीचे उतारना चाहा है! फिर भी उन लोगों ने पहले हथियार नहीं उठाये हैं! विनयपूर्वक मधुर भाषा में दुर्योधन को पहले समझाना चाहा है। आज प्राण देकर क्या पाण्डव समझ गये कि अगर पहले दिन से ही इसी तरह अस्त्र धारण किया होता, तो उनका इस तरह से मरण न होता!

अश्व : राज-निन्दा मैं नहीं सुन सकूँगा! दुर्योधन का शत्रु... क्या मेरा शत्रु नहीं है... हम लोगों का शत्रु नहीं है?

कृप : नहीं...

अश्व : नहीं?

कृप : स्वामी का जो शत्रु होता है, वह क्या भृत्य का भी शत्रु होता है! बचपन से ही इस राजा ने तुम्हें गलत शत्रु पहचनवाया है।

अश्व : अरे! ओह! सचमुच में यदि वे लोग शत्रु न हुए तो फिर मेरी विजय कहाँ टिकेगी... मेरा लक्ष्य-भेद! जीवन भर शत्रु सोचकर खड्ग घुमाता आया हूँ... आज कह रहे हो भूल, सब भूल ही की है! आज मैंने उन लोगों का सिर काट लिया-और सिर काटने के बाद कह रहे हो... (**रुककर**) तब क्या मैंने स्वजनों का बध किया है...

कृप : स्वजन-बन्धु... परम आत्मीयों का!

अश्व : बूढ़े कृपाचार्य! मेरे हाथों का रक्त अभी सूखा नहीं है।

कृप : छाती पर हाथ रखकर बताओ अश्वत्थामा... उन पर तुम्हारा अपना कोई क्रोध था भी-तुम्हारा निजी... किसी तरह की घृणा... किसी तरह का आरोप...

अश्व : था! था!!

कृप : झूठ बात! हम लोगों की घृणा... हम लोगों का आरोप... कुछ भी हम लोगों का नहीं था। सब इस विकृत प्रवृति वाले राजा का... यह तो तुमने उसकी विकृत वासना को ही चरितार्थ किया है... इसके अलावा और कुछ नहीं!

अश्व : तुम तो पागल बना दोगे! अरे! इस तरह से तुम मुझ पर कलंक क्यों लगा रहे हो? जल्दी कहो, जो किया है ठीक किया है...

कृत : चुप रहिए! आप लोग चुप रहें! महाराज होश में आ गये हैं। पोटली खोलो! महाराज को पाँचों सिर दिखाओ...

अश्व : नहीं...

[कृतवर्मा को रथ के सामने से खींच लाता है।]

कृत : महाराज व्याकुल पड़े हुए हैं... हाथ बढ़ा रहे हैं। दो...

अश्व : क्या दूँगा! शत्रु मारा है अथवा किसे मारा है, किसका सिर बढ़ाकर दूँ!

कृप : स्वीकार करो कि पक्ष चुनने में तुमसे फिर भूल हुई है! इस युद्ध में सही पक्ष का आश्रय नहीं लिया... सही शत्रु को नहीं पहचाना...

अश्व : क्यों नहीं पहचाना? उन लोगों ने तो मेरे पिता का वध किया नहीं? आचार्य श्रेष्ठ द्रोण की तो उन लोगों ने हत्या की नहीं?

कृप : तुम्हारे पिता ने उन लोगों के विरुद्ध अस्त्र धारण किये थे, उन लोगों ने उसी का दण्ड दिया है। उसे हत्या नहीं कहते हैं।

अश्व : ओ हो! उन लोगों ने मारा तो हत्या नहीं है? फिर किसे... किसे... किसे कहते हैं हत्या?

कृप : जगत् का मंगल करने वाले का रक्त बहाया जाये, तभी हत्या होती है! इसी को हत्या कहते हैं!

अश्व : तुम्हारी जबान काट लूँगा!

कृप : मुझे तुम मार भी डालो, फिर भी जो सत्य है...

अश्व : तुम्हारी जबान बन्द नहीं होगी?

[अश्वत्थामा तलवार निकाल लेता है।]

कृत : **(बाधा देता है)** अश्वत्थामा! कृप, आप लोग किसी तरह भूल नहीं सकते हैं?

कृप : नहीं-नहीं सकता हूँ। तुम्हारे जैसे क्षुद्रचेता, हीन बुद्धि के हाथों पाण्डवों का कैसे वध हुआ, इसकी संगति तो मैं किसी भी तरह नहीं बिठा पाता। चूहा कहीं पर्वत निगल सकता है!

कृत : कृप, आप भी अपना कर्त्तव्य पालन नहीं कर सके!

कृप : नहीं-नहीं कर सका! ओ-हो-हो- इतने बड़े पाप कर्म में अवरोध पैदा नहीं कर सका, उल्टे सहयोग कर बैठा। महाज्ञानी, महापण्डित होकर भी अन्ततः पंचसिर लेकर

लौट आया! (**पोटली को देखकर**) तुम लोग कौन हो, कौन हो इस छोटी-सी पोटली में! वन जंगल में अज्ञात रूप से अजस्र निर्वासनों की उपेक्षा करके... अपने व्रत-पालन में अविचल, बार-बार मेघमुक्त दिनमणि की तरह जिनका उदय हुआ... पाण्डव... महान पाण्डव हो क्या तुम लोग? मैं विश्वास नहीं करता अथवा करने का धर्म नहीं है... विश्वास नहीं करता... नहीं... नहीं...नहीं...

[कृप निकल जाते हैं।]

अश्व : जो पाण्डवों के नाम पर आँसू बहायेगा, उसकी आँखें निकाल लूँगा। मैं अश्वत्थामा हूँ...दुर्योधन का अश्वत्थामा! ...जनपदवासी, मैं जानता हूँ, घर-घर तुम लोग उसके नाम पर दीप जलाते हो! बुझा दो... यह मेरा आदेश है। मैं जानता हूँ, छाती के नीचे लिख रखा है पाण्डवों का नाम। उसे पोंछ डालो... नहीं तो छिन्न-भिन्न कर दूँगा वक्ष को। मुझे उन लोगों का विश्वास नहीं है... नाम से ही वे लोग उत्पन्न हो जाते हैं! पुनः जन्म ले लेते हैं। उन लोगों का नामो-निशान मिटा डालूँगा। पाण्डव रमणियों के गर्भ स्थित भ्रूणों को भी मैं नहीं छोड़ूँगा... गिरा दूँगा-नष्ट कर दूँगा.... पाण्डवों के पुनरागमन के सारे रास्ते मैं बन्द कर दूँगा! मैं अश्वत्थामा हूँ... दुर्योधन का अश्वत्थामा...

कृत : अश्वत्थामा, पोटली खोल डालो...

अश्व : (**गम्भीर थकान के साथ**) यह चैत्र मास की निशीथ मेरे रोम-रोम में कैसा दाह उत्पन्न कर रही है! कैसी भयंकर चतुर्दशी की रात्रि है... प्रबल वायु बह रही है... महाराज मेरा उद्धार कीजिए... मैं बहुत अकेला हूँ! (**रुककर**) एक विशाल पहाड़, कई नदियाँ, शुष्क मरु प्रान्तर...कैसे दुर्गम अन्तहीन पथ का अतिक्रम करके आ रहा हूँ... दोनों आँखों में तप्त-बालू-कणों का स्पर्श... दीजिए महाराज... अपना स्नेह आलिंगन, दीजिए महाराज... मुझे अपने आलिगन पाश में घेरे रहिए, जितनी लज्जा, संशय, भय है, उसे दूर कर दीजिए, मुझे बल दीजिए...! (**पोटली खोलने के लिए उद्यत होता है।**) कौन, कौन कहता है रे! हत्या है, कौन कहता है मैं छिपकर घात करने वाला हत्यारा हूँ...

नीतिहीन, अविवेक हूँ? अरे! मूर्ख! मनुष्य ही देखता है कि नीति नहीं है—यह नहीं देखता है कि धरती के पेड़ों में एक पत्ता नहीं है, सरोवरों में जल नहीं है! कतारों की कतारें मृतदेहों की श्मशान-भूमि पर गीद्ध बैठे हैं! ऐसी-ऐसी सूनी, स्वत्वहीन पृथिवी विधवा की तरह है! अरे! कहाँ से आती है नीति... कहाँ रहता है पुण्य! (**रुककर**) महाराज, कहो महाराज, यह अंतिम रक्तपात है! कहो महाराज, अब और (**हिंसा**) नहीं, और विनाश नहीं, सृजन! इस क्षण एक विराट सृजन की भावना मुझे अस्थिर कर रही है! कहो महाराज, जितने प्राणों का हम लोगों ने नाश किया है, उतने प्राणों का हम लोग सृजन कर लेंगे! कहो महाराज, इस धरती के तृणों को हम लोग जल से सींचेंगे। उसका पालन करेंगे! नंगी धरती के उजाड़ रूप को हम लोग ढँक देंगे पल्लवित विकास से... (**अश्वत्थामा का मुख पवित्र दिखता है, पोटली को लक्ष्यकर**) जाओ बन्धुगण, मन्दार मालिका में भूषित होकर स्वर्ग की अक्षय अमरता लाभ करो! हम लोग रह गये इस टूटी-फूटी पृथिवी पर—बलवान समाज... मानव समाज गढ़ने के लिए... तुम लोगों के स्वप्न को सार्थक करने के लिए... जाओ बन्धुगण... (**कहते-कहते अश्वत्थामा ने पोटली का मुख पूरी तरह से खोल दिया, शान्त नेत्रों से उसके भीतर देखा। और उसके बाद उसे निर्निमेष दृष्टि से कई क्षणों तक स्थिर निस्पन्द होकर देखता रहा था। एक बार भाव लेशहीन मुख उठाकर कृतवर्मा को देख लेता है और फिर पोटली पर निगाह डालता है। उसके पश्चात भय से चीख उठता है।**)

अश्व : कौन... वे कौन हैं...!

कृत : कौन लोग?

अश्व : वे कौन हैं... किन लोगों के हैं शिर!

[**मशाल हाथ में लेकर दौड़े आते हैं कृप**]

कृप : (**पोटली के भीतर देखकर**) पाण्डव नहीं हैं। ये तो बच्चों के सिर है।

कृत : बच्चे!

कृप : पाँच शिशु... पाँच शिशुओं के सिर! पंच पाण्डवों के पाँच पुत्रों के कटे सिर!

कृत : यह क्या!

कृप : क्या किया तूने! क्या किया तूने!

अश्व : **(दोनों हाथों से मुख ढँक लेता है।)** मैं देख नहीं पाया... मैं देख नहीं पाया...

कृप : ये पुत्र भी तो देखने में पाण्डवों जैसे ही लग रहे हैं!

अश्व : पहचान नहीं सका! ज्योत्स्ना... ज्योत्स्ना के छलावे में सब कुछ खो गया!

कृप : पिशाच! पिशाच! संसार के निकृष्टतम हत्यारे!

अश्व : **(धीरे-धीरे दुर्बोध्य चीत्कार)** भूल! भूल! फिर मैंने भूल की है... किसको मारने जाकर किसको मार बैठा! अन्धा! अन्धा! मैं निपट भीषण अन्धा हूँ!

कृप : धरती, तुम मुँह छिपा लो, आज मैं इस नरघाती तरुणाई का नाश कर दूँगा।

[अश्वत्थामा को लक्ष्य करके कृप बार-बार तलवार का वार करते हैं। अश्वत्थामा आघात से बचने के लिए जमीन और पत्थरों पर लुढ़क रहा था... कृप की तलवार के वार से भयभीत कुत्ते की तरह बचने के लिए सरक-सरक जा रहा था... इसी समय बहुत दूर रथ की घर्घर ध्वनि सुनाई दी]

कृत : रथ! रथ! कृप, पाण्डवों का रथ!

अश्व : **(दुर्योधन के रथ के सामने)** इस दुराचारी राजा ने हम लोगों का पालन किया है...

कृप : अन्न के साथ विष मिलाकर...

अश्व : स्वजन को ही शत्रुवत् समझते रहे...

कृप : विवेक-बुद्धि त्याग कर देहमज्जा दूषित करते रहे...

अश्व : अन्दर-बाहर मेरे प्रबल ताण्डव ने ही मेरे राजस्व का निर्माण किया है... अरे! मैंने तो बार-बार अपने हृत्-पिंड पर ही वज्राघात किया है।

कृप : मैं तो स्वस्थ सबल मानव समाज का सपना देख रहा था... अपने भविष्य का ही विनाश कर डाला... मनुष्य की भावी पीढ़ी का!

अश्व : स्वप्नों को कड़ाही में औंट कर पिण्ड बना लिया है... नहीं... नहीं... पिण्ड नहीं राजा... पी... शिशु का रक्त पी...

कृत : वही-वे लोग आ रहे हैं... वे पाँच लोग...

कृप : हत्यारे हैं हम लोग, राजा के पालतू हत्यारे... हम लोगों से और क्या सम्भव है कृतवर्मा, महान धर्म को चूर-चूर कर दिया है। युग-युग में मृत्यु के नागपाश को छिन्न-भिन्न करके वे लोग बचकर निकल आयेंगे... अधर्म के विनाश के लिए!

कृत : (**भयपूर्वक**) वे... वे देखो, वे आ रहे हैं... वे...

कृप : इस कपिध्वज रथ पर देखो गाण्डीवधारी अर्जुन को! विनाश करेगा, विनाश कर देगा इन भ्रष्ट योद्धाओं का! महाकाल का न्याय है यह! मुक्ति नहीं है... हम लोगों की मुक्ति नहीं है...

[तूफान के वेग से बढ़ते आ रहे रथ का प्रकाश आकर पड़ रहा था तीनों योद्धाओं के ऊपर।]

भाषान्तर : रामशंकर द्विवेदी

■

राक्षस

मोहित चट्टोपाध्याय

मोहित चट्टोपाध्याय

जन्म : 1934

मनोवैज्ञानिक व चिंतक नाटककार। चलचित्र जगत् में भी इनका अबाध विचरण। एब्सर्ड नाटक के क्षेत्र में इनकी प्रगतिशील चिन्तन-भावना परिलक्षित। 'राजरक्त', 'मृत्युसंवाद' आदि एब्सर्ड नाटक का बहुत समय तक प्रदर्शन। प्रतीकात्मक अवधारणा इनके एकांकी नाटकों में देखी जा सकती है, जैसे 'बाइरेर दरजा', 'बाजपाखी', 'सोनार चाबी', राक्षस' आदि में। मृणाल सेन की फिल्मों में भी पटकथा लिखी। गिरीश, पश्चिमबंग सरकार, नान्दीकर, संगीत नाटक अकादेमी पुरस्कारों से विभूषित।

◆

पात्र

लेखक

महाराज

महारानी

उदयादित्य

शंखमाला

राक्षस

[हँसी-विद्रूप मिश्रित तीव्र कोलाहल में पर्दा उठता है। मंच के बीचोबीच दरवाज़े के प्रतिरूप स्वरूप सफेद पर्दे झूल रहे हैं। थियेटर के लिए बने राजपुरी के आभास मंच पर जीर्ण-शीर्ण-सा एक विशाल सिंहासन पड़ा है। दोनों तरफ के विंग्स से विभिन्न पात्रों का प्रवेश-निकास। मंच पर दर्शकों की तरफ आधुनिक काल की एक पुरानी कुर्सी रखी है। हँसी-मिश्रित कोलाहल से परेशान होकर लेखक हाथों में कुछ कागज़ लिए प्रवेश करता है। उसके चेहरे पर क्लांति के भाव पसर जाते हैं। मंच के बीचोबीच दोनों हाथों से कानों को दबाए, आँखें बंद किए पीड़ा से वह मुँह नीचा करता है, मानों तीव्र विरक्ति और शोर-शराबे से उसका सर फटा जा रहा हो।]

लेखक : (**दोनों हाथों से कानों को दबाए लगभग चीखते हुए**) बंद करो, मेहरबानी करके मुझे कम से कम जीने तो दो! (**कोलाहल थम जाता है। लेखक दर्शकों की ओर बढ़ता है**) इस विकट हँसी के कोलाहल से मैं मर जाऊँगा! यकीन कीजिए, जब चलता हूँ, पीछे से पता नहीं, कौन लोग हँस पड़ते हैं, मानो मैं कोई भांड़ हूँ।

अद्भुत-सी शक्ल लिए मानो सर्कस से आया हूँ, फोन उठाओ-विपरीत दिशा से वही हँसी, मानो मेरी आवाज़ किसी हास्यास्पद जानवर जैसी हो, किसी दरवाज़े पर दस्तक दो। वही भयानक हँसी, मानो मैं किसी गलत घर में घुसकर गलत बात पूछ रहा होऊँ। और जब मैं कुछ लिखता हूँ, जब स्वयं की राजा के रूप में कल्पना करता हूँ अकेले में, इस तरह के सिंहासन पर बैठने को जी ललचाता है, तभी वही भयानक हँसी गूँज उठती है-यकीन न हो तो देखिए। (**सिंहासन के समीप आते ही आवाज़ें, हँसी, बातचीत, विद्रूप मिश्रित फुसफुसाहट तीव्र कोलाहल में परिणत हो उठती है। दोनों कानों को दबाए, क्लांत, उदास चेहरा लिए लेखक नीचे उतर आया। धीरे-धीरे आवाज़ें थम गईं।**) घुमक्कड़, आवारों की तरह मैं बड़ा हुआ। घनघोर अंधेरे से बाहर आकर सुनहरी धूप का ताप, शीतल चाँदनी-सा सुख मुझे नहीं मिल पाया। नहीं ले पाया, तो मेरा क्या दोष? बोलिए, मैंने कोई अपराध किया है? अगर वे सब

मेरी पकड़ से दूर हो जाएँ, तो मेरा क्या दोष?

[लेखक जब अंतिम शब्द कह रहा था, खूब आहिस्ते से नौटंकी के सेनापति की तरह फटी-मैली पोशाक में जंग लगी तलवार हाथ में लिए एक युवक प्रवेश करता है, धीरे-धीरे बीच वाले पर्दे के पास जाकर दीवार से कान लगाए कुछ सुनने का प्रयत्न करता है।]

लेखक : आप ज़रा ध्यान से देखिए, बाद में बताता हूँ।

[युवक और ध्यान से सुनने का प्रयत्न करता है। दरवाजे से फटी और मैली-कुचैली, राजा की पोशाक में एक वृद्ध प्रवेश करता है और खिन्न भाव से युवक को निहारता है।]

लेखक : **(राजा से धीमे स्वर में)** अरे, सुनिये, सुनिये-आपका मुकुट? अपना मुकुट पहनकर आइए। इतने भुलक्कड़ हैं! **(राजा सलमे-सितारों वाला मुकुट अटपटे ढंग से पहन कर आता है)** कितने अटपटे ढंग से पहना है मुकुट? सितारे तो खींच-खींच कर तोड़ फेंके हैं। इतना गुस्सा आता है आप लोगों को। ठीक है, आप लोग बातचीत कीजिए।

[अपनी कुर्सी पर बैठता है]

महाराज : उदय, उदयादित्य!

उदयादित्य : **(चौंक कर पीछे पलट कर देखते हुए)** महाराज!

महाराज : **(ज़रा खिन्न हँसी हँसते हुए)** क्या सुन रहे हो? सुनने से क्या फायदा?

उदयादित्य : शायद और ज़्यादा देर नहीं है महाराज। वह भयंकर पदचाप क्रमशः समीप आ जाएगी। वह विशाल घंटा बज उठेगा, इस दरवाज़े पर चोट होगी... महाराज, मरने से मुझे डर लगता है।

महाराज : तुम सेनापति, एक घुड़सवार युवक, हाथों में अस्त्र-इतना डरते हो तुम? मृत्यु को एक फूँक से भगा नहीं सकते?

उदयादित्य : महाराज, आज केवल मैं उम्र से जवान हूँ! इस अंधकूप ने मेरा खून चूस लिया है! दिन-ब-दिन मेरे खून की लाली फीकी होती जा रही है। महाराज, लगता है-युद्धक्षेत्र में मेरा वह मृत घोड़ा बाहर अंधेरे में खड़ा होकर अपने खुर

ठोंक-ठोंक कर मुझे पुकार रहा है। मैं भाग जाऊँगा। चारों तरफ मृत घोड़ों के प्रेत, टूटे विषाक्त अस्त्रों के काँटे, अस्त्रों की पुरानी चोट से खून जमकर काला हो गया है-मैं भाग जाऊँगा, मेरा अंतर बर्फ बन गया है। महाराज, राक्षस से मुझे डर लगता है। वह आएगा, अभी ही आएगा। मुझे डर लग रहा है।

[महाराज ने सिंहासन पर बैठे चिंता में सिर पर हाथ रखकर आँखें मूँद लीं। उदय ने नीचे बैठकर एक घुटने पर सिर रखा, दूसरे दरवाज़े से वृद्धा महारानी का प्रवेश। फटी-पुरानी नकली रानी की पोशाक में। सिर पर सलमे-सितारों वाला मुकुट।]

लेखक : (**महारानी से**) सात लड़ियों वाला मोतियों का हार कहाँ गया? पहनकर आइए। इतने भुलक्कड़ बनते जा रहे हैं सभी! (**महारानी नकली मोतियों का सात लड़ियों वाला हार पहनकर तेजी से आती हैं।**) चमचमाते मोतियों की क्या हालत बना रखी है! धूल-मिट्टी में फेंक रखने से यही तो होगा!

उदयादित्य : महाराज, यदि सचमुच भागना चाहूँ तो?

महारानी : कहाँ भागोगे उदय?

[सीना दबाए खाँसती हैं महारानी, चेहरे पर पीड़ा के भाव हैं।]

उदयादित्य : (**देखकर**) महारानी!

महाराज : महारानी, तुम? तुम यहाँ क्यों आई? तुम बीमार हो, तुम्हें राजवैद्य ने बिस्तर से उठने से मना किया है।

महारानी : राजवैद्य! राजवैद्य मेरे मर्ज़ को क्या समझेगा? मर्ज़ क्या केवल मेरी इस जीर्ण-शीर्ण देह में है? इस दरवाज़े पर चोट करके विकट राक्षस जब हुँकारता हुआ आकर खड़ा होगा, धारदार दाँत रक्त-पिपासु हो उठेंगे, तब क्या मैं बिना उठे रह पाऊँगी? मैं बिस्तर पर लेटी नहीं रह सकती, मेरे चारों ओर आग धधक उठती है, मुझसे सहन नहीं होता।

महाराज : तुम शांत भाव से सो जाओ। किसी को किसी बात से डरने की ज़रूरत नहीं। मैं सम्राट हूँ, सारी जिम्मेदारी मेरी है। राक्षस आया, तो मैं जाऊँगा।

उदय : महाराज!

महाराज : मुझे कोई डर नहीं, उदय। सम्राट को कोई डर नहीं। मैं जाऊँगा।

महारानी : तुम्हारे जाने पर मुझे चिंता नहीं होगी। क्या समझते हो तुम लोग? मैंने क्या केवल खुद को ही प्यार करना सीखा है—छि: छि:, तुम लोग मुझे इतना नीच समझते हो! मुझे नफरत है। तुम लोग ही नहीं रहोगे तो जीकर क्या करूँगी? क्या धूमावती नदी का पानी सूख गया है, भला मुझे वहाँ ठौर नहीं मिलेगा?

उदय : यह आप क्या कह रही हैं, रानी माँ!

महारानी : गलत नहीं कह रही, उदय। चारों तरफ कैसा सन्नाटा-सा महसूस हो रहा है, सिर्फ मेरे अंतर में ही नहीं, पूरे राज्य में ही हवाएँ लुप्त होती जा रही हैं।

महाराज : तुम अंदर जाओ, खाकर आराम करो।

महारानी : नहीं, ऐसा संभव नहीं, महाराज। मैं रानी हूँ, राज्य के मृत लोगों की नज़रें मुझे पुकारती हैं, सोने नहीं देतीं।

महाराज : वह जिम्मेदारी तो मेरी भी है।

महारानी : हम सबकी जिम्मेदारी है।

उदय : जानता हूँ, मुझे आप लोग नकारा समझते हैं। सोचना गलत नहीं है। मैं इस तरह जीना नहीं चाहता। मैं भाग जाना चाहता हूँ। किन्तु भागकर भी कहाँ जाऊँगा? मुझे कुछ समझ नहीं आता-हे भगवान! यह मैं कहाँ आ फँसा!

महारानी : उदय, यह तुम्हारा देश है, तुम्हारी जन्मभूमि। शत्रुओं में तुम्हारे पिता का आतंक था। सेनापति विक्रमजीत।

उदय : परंतु चारों ओर इतना सन्नाटा है, सब भस्म हो गया है। क्या मैं इसी भूमि पर जन्मा हूँ?

[दोनों घुटनों में चेहरा छुपा लेता है।]

महाराज : राक्षस के पाँवों के स्पर्श से नर्म मिट्टी जल गई है। उसके डर से हवा भी भाग जाती है।

उदय : **(अचानक खफा होकर उठ खड़ा होता है और तलवार निकाल लेता है।)** क्या यह मेरे पुरखों की तलवार है? कहाँ गया वह धातु-निर्मित तेज़ फलक? मेरे हाथ में कितनी बेकार,

टीन की हल्की-सी तलवार है, जंग लगी, धार रहित, अर्थहीन-सी! क्या महत्व है, सेनापति की इस नकली पोशाक का?

महाराज : उदय, पुरखों की गर्वोक्ति तो तुम्हारे भीतर अभी भी है, अभी भी तुम्हारे पास जीने के लिए कोई मकसद है।

उदय : कुछ नहीं है मेरे पास।

महारानी : जीवन बहुत सुंदर है, उदय!

उदय : सोचा था, राक्षस के आने पर मैं ही सबसे पहले जाऊँगा। मेरे जीने का कोई अर्थ नहीं। क्या है मेरा? क्या हो सकता है?

महाराज : तुम यदि मरना चाहते हो, तो हम बूढ़े किस उम्मीद में जीएँ?

उदय : आज बच जाने पर, कल तो मेरे बारी आएगी ही।

महारानी : फिर भी तुम्हें कम से कम ज़्यादा मोहलत तो मिलेगी। समय से ज़्यादा मूल्यवान कुछ नहीं। हमारा समय समाप्त हो रहा है।

[अचानक दूर से भयंकर हँसी का स्वर सुनाई देता है।]

महाराज : (**जोर से**) मैं तैयार हूँ।

महारानी : नहीं, नहीं, महाराज।

[उदय पर्दे के विंग्स पर दोनों हाथ तानकर पीछे मुड़कर दर्शकों की तरफ देखता है। म्यान से तलवार निकालता है।]

महाराज उदय! उसे आने दो। उसकी पदचाप जितनी करीब आएगी, मैं जानता हूँ, तुम्हारे हाथ उतने ही शिथिल होते जाएँगे।

उदय : मैं तलवार सख्ती से पकड़ नहीं पा रहा हूँ, मेरी उँगलियाँ सुन्न-सी हो रही हैं। बहुत सुन्न हो गई हैं।

लेखक : ज़रा-सा! ज़रा सा चुप रहिये आप लोग।

[सभी बुत्त की भाँति खामोश हो गए। लेखक दर्शकों की ओर बढ़ता है।]

लेखक : अब तक तो आप ज़रूर समझ गए होंगे, ये मेरे नाटक के पात्र हैं—जो मैं लिख रहा हूँ। दंतकथा की वही चिर-

परिचित कहानी। एक राज्य में एक भयंकर राक्षस आया। वह सारे देश को खा सकता था। अंततः तय हुआ कि उसे रोज एक आदमी दिया जाएगा। सारे लोगों की बारी तय हो गई, क्रमवार सभी की बारी आएगी। आज इस घर की बारी है। जीर्ण, मृतप्राय इस राजमहल में क्रमवार एक-एक करके यह राक्षस सबको समाप्त कर देगा। फिर भी मेरा राक्षस ज़रा अलग तरह का है, वह पूरे प्राणी को नहीं खाता। अस्तित्व की कुछ दुर्लभ चीज़ों-जैसे, दृष्टि, पाँवों की गति, सीने का भीतरी रंग, हँसी, उँगलियों की मुट्ठी बनाने की क्षमता, युद्ध की इच्छा, आदि। फिर वापस भेज देता है। आज इस दरवाज़े पर दस्तक देकर हँसेगा राक्षस। उसकी भयंकर पदध्वनि इन्हें कानों से सुनाई दे रही है। ठीक है, शुरू कीजिए।

[पात्रों में स्पन्दन हुआ।]

महाराज : उदय, तुम भाग जाना चाहते थे न! संभव हो तो भाग जाओ। हम तो बूढ़े हो गए हैं, एक-एक कर चले जाएँगे। तुम्हें कम से कम दो दिन का समय मिलेगा, हो सके तो भाग जाओ। मुझे भी डर लग रहा है। अपने लिए नहीं, तुम्हारे सुकोमल प्राणों के लिए।

उदय : कैसे भाग जाऊँ? इस राज्य में आने का रास्ता खुला है, परंतु जाने का रास्ता नहीं। वह विकट राक्षस प्रहरी की तरह सिंहद्वार पर अंधेरे में घात लगाए बैठा है। उसके विषाक्त नाखून मुझे नोंच डालेंगे, उसकी धूर्त नज़रों को मैं धोखा नहीं दे पाऊँगा।

महारानी : महाराज, केवल यही डर है, हमारे चले जाने पर,हमारी एकमात्र पुत्री शंखमाला का क्या होगा। कौन उसकी देखभाल करेगा, उसके दिन कैसे गुज़रेंगे। हमारे बिना उसे यह संसार अंधकारमय प्रतीत होगा। उदय, तुम भाग जाओ, तुम शंखमाला की रक्षा कर सकते हो। वह तुम्हारा कहा मानेगी, तुम उसे सांत्वना दे पाओगे।

उदय : राजकुमारी को मैं सतर्कता से स्वर्णकूट मंदिर में छोड़ आया हूँ। मूर्तिपूजा से उसके मन को शांति मिलेगी, दुःख-

दर्द भूल जाएगी वह। फिर भी रानी माँ, शायद बताना उचित नहीं, फिर भी बता दूँ, शायद मंदिर में भी वह सुरक्षित नहीं हैं। देवताओं के सान्निध्य में भी मैंने उसके चेहरे पर उदासी के चिह्न देखे हैं। देवता भी शायद सब कुछ नहीं कर सकते।

महारानी : ऐसा नहीं कहते, उदय!

महाराज : उसकी आँखें बाँध कर ले गए थे? (**उदय चुप रहता है**) चुप क्यों हो? रास्ता पहचान लेने पर वह किसी भी वक्त भाग कर यहाँ आ सकती है। और फिर हमारी तरह भयानक हश्र होगा। यहाँ मृत्यु अपने पंजों में जकड़ रखती है।

महारानी : चुप क्यों हो उदय? उसकी आँखें बाँधकर नहीं ले गए?

उदय : नहीं महाराज।

महाराज : समझा, उदय, आज मैं कमजोर, अक्षम हूँ, इसीलिए तुमने राजाज्ञा की अवमानना की हिमाकत की। लेकिन तुम समझ नहीं रहे कि तुमने कितनी बड़ी गलती की है, सब चौपट हो गया, सब कुछ।

उदय : महाराज, उसकी आँखें बँधी ही थीं, जाते-जाते अचानक उसने कहा, उदय! मेरे चिर-परिचित पेड़-पौधे, आकाश, यह परिचित राज्य तो आखिरी बार देख लेने दो। मेरी अंतिम दृष्टि मत छीनो। मैं अभिभूत हो उठा। आँखें खोल दीं। मृत्यु से पूर्व उसकी आँखें व्याकुल और असहाय की तरह सब कुछ देख रही थीं। महाराज, उसकी रक्षा करने के फेर में शायद हमने उसे मार ही डाला। वह इस दुनिया को चाहती है। चाहत की आँखों को बाँधकर नहीं रखा जा सकता। सभी को छोड़कर वह अकेली जीना नहीं चाहती।

महाराज : तुम इतने दुर्बल-हृदय वाले हो, नहीं मालूम था। तुमने सब चौपट कर दिया।

महारानी : हो सकता है, किसी दिन वह भागी-भागी इस घर में आए और हममें से कोई भी न हो। तो कौन उसकी देख-भाल करेगा?

महाराज : हम रहेंगे, राक्षस जान से तो नहीं मारता। एक विकृत, माँस-पिंड की तरह अर्थहीन अस्तित्व रहेगा हमारा। बिटिया, हमारी नष्ट आत्माओं की विकट छाया देख काँप उठेगी। छू देने पर जीवन भर उसकी उँगलियों में शीत लहर छाई रहेगी।

महारानी : **(सीना दबाकर असहनीय पीड़ा को सहने का प्रयास करती है।)** सीने की बीमारी ने मुझे अब तक क्यों बचाए रखा। अभी महसूस हो रहा है, मरने में ही भला था। पता नहीं किस बात का बदला लेने के लिए मुझे अभी तक जिलाए रखा है।

उदय : रानी माँ!

महाराज : चलो, तुम मेरे साथ अंदर चलो। ज़रा-सा बैठ लो।

महारानी : क्यों, किस लालच में?

महाराज : किसी लालचवश नहीं, हमारी इच्छा से, अंतिम इच्छा से। चलो।

[वे तीनों जाते हैं, उदयादित्य एक बार लौट आता है। सीधा लेखक के पास आता है।]

उदय : सुनिये!

लेखक : क्या हुआ?

उदय : मुझे अकेले डर लगता है।

लेखक : कैसा डर? इस राक्षस से? डर तो मुझे भी लग रहा है।

उदय : डर के अतिरिक्त मुझे एक बात का दुःख भी है।

लेखक : मैं क्या कर सकता हूँ?

उदय : करना होगा।

लेखक : मतलब, मुझे आदेश दे रहे हैं? मैं लेखक हूँ, मुझे आदेश!

उदय : आदेश भी हो सकता है। मैं बिलकुल रिक्त हूँ। मुझे कुछ नहीं मिला। जबकि आपने मुझे एक सेनापति की पोशाक पहना रखी है। भीतर सब कुछ शक्ति-शून्य है-जबकि यह पोशाक मुझे परेशान करती है-भारी पत्थर की तरह। काँटों की तरह चुभती है। कितनी मैली और फटी हुई है यह पोशाक, मानो नौटकी मंडली की किराए की पोशाक

हो-पर मेरा मज़ाक उड़ा रही है! मैं इसे आपके मुँह पर मार फेंकने आया हूँ। (**पोशाक खोल देता है**) ये लीजिए। (**फेंक देता है**) जान बची। मैं जो था, अब वही हूँ। दस बजे दफ्तर जाऊँगा, एक विशाल यंत्र के नीचे गर्दन रख दूँगा, थोड़ा-थोड़ा करके खंडित होऊँगा। वही ठीक है, मैं जो हूँ, वही बनूँगा।

लेखक : परंतु, यह पोशाक झूठी नहीं है। तुम एक योद्धा बनकर पैदा नहीं हुए? युद्ध तुम्हें नहीं पुकारता था, मुहब्बत के लिए युद्ध, उल्लास के लिए युद्ध, एडवेन्चर के लिए युद्ध? ये सब टूट-फूट जाने, धूल-मिट्टी लग जाने पर भी क्या भीतर-ही-भीतर बुझती ज्वाला की तरह कभी-कभी नहीं जलती? इसीलिए यह पोशाक दी है मैंने।

उदय : परंतु आपके इस खेल में मैं नहीं जीतने वाला!

लेखक : मैं खुद भी तो नहीं जीता। यह पोशाक लेकर कम-से-कम मरना पड़ता है। वह तुम कर सकते हो।

उदय : नहीं, बिलकुल नहीं। अब मैं भाग जाऊँगा, बताइए किस तरह भागूँ? यहाँ से निकलने का मार्ग बता दीजिए। ये कृत्रिम, टूटे-फूटे राजा-रानी, इनकी किस्मत ये ही जानें।

लेखक : तो उन्हें धोखा देना चाहते हो?

उदय : इसके अतिरिक्त और कोई चारा नहीं। आपको बताता हूँ, इन्हें मैं पहले ही ठग चुका हूँ। जब राजकुमारी को लेकर जा रहा था, वह आँखें खोलना नहीं चाहती थी, वे आँखें बहुत शांत थीं। सब कुछ मानने को तैयार हो गई थीं। परंतु चारों तरफ के आकाश, पेड़-पौधे, नक्षत्र और हृदय की भीतरी कंपन के भीतर से मैंने राजकुमारी को दोनों आँखें खोल देखा है। मुहब्बत बहुत कमज़ोर होती है। जी चाहता था, मैं भी उसके साथ चला जाऊँ।

लेखक : फिर लौट क्यों आए?

उदय : उन दोनों आँखों ने मुझे नहीं बुलाया इसीलिए। कम-से-कम प्यार चाहता हूँ मैं। मैं यहाँ से भागना नहीं चाहूँगा, यदि प्यार मिल जाए तो। मुझे भागने नहीं देना चाहते, तो प्यार करने दें।

लेखक : कहाँ मिलेगा? यदि प्यार मिलता, सभी मेरा मज़ाक नहीं उड़ाते। मुझे नहीं मिला। प्यार निद्रावस्था में ही भाग गया है। सपने में सपना बनकर गायब हो गया है। कहीं भी कुछ नहीं है।

उदय : परंतु बहुतों को मिलता है।

लेखक : मुझे नहीं मिला।

उदय : मैं पाना चाहता हूँ।

लेखक : हवा की भाँति हाथ से फिसल जाएगा। पानी पर चंदा की चाँदनी की तरह थोड़ी देर बाद लोप हो जाएगा।

उदय : मैं पकड़ रखूँगा।

लेखक : नहीं सकोगे। थोड़ी देर पहले भी नहीं कर पाया। शंखमाला को तुम नहीं पा सके।

उदय : कम से कम मुझे कोशिश तो करने दें।

लेखक : और दु:खी होओगे।

उदय : प्यार का शोक तो मिलेगा। वह भी तो प्राप्ति ही है। अंतत: कुछ तो चाहिए।

लेखक : परंतु कैसे पाओगे? चाहने से ही तो नहीं मिल जाता।

उदय : मुझे कुछ नहीं समझना। मुझे चाहिए।

लेखक : एक उपाय है—मान लो शंखमाला वापस आ जाती है। मंदिर की शांति से उसे संतुष्टि नहीं मिली।

उदय : स्वाभाविक है।

लेखक : एक बार वह सब कुछ छोड़कर अपने माता-पिता के पास जाने के लिए मंदिर छोड़कर भाग गई। इस बार भी आएगी। अकेलेपन से घबराकर लौट आएगी।

उदय : परंतु रास्ता बहुत लंबा है, उसे आने में देर होगी।

लेखक : घोड़े पर सवार होकर आएगी।

उदय : वही ठीक रहेगा। प्यार की गति सदा तीव्र होती है।

लेखक : परंतु वह तुम्हारे प्यार में अनुरक्त होकर नहीं आ रही है, अपने माता-पिता से तीव्र स्नेह के कारण आ रही है। तुम प्यार माँगना। अंतिम·प्रयास!

उदय : समय बहुत कम है।

लेखक : यही तुम्हारी परीक्षा की घड़ी है।

उदय : ठीक है, यही सही।

लेखक : पूरे जंगल के सूखे पत्तों को रौंदते हुए एक सफेद घोड़ा शंखमाला को लेकर आ रहा है। फिलहाल तुम अंदर जाओ, मैं राजकुमारी को समझाना चाहता हूँ। राजकुमारी आ रही है। जंगल की हरियाली में झूमती आ रही है। तुम जाओ।

[उदय चला गया। मंच पर हल्का हरा प्रकाश फैलनें लगता है। दूर से घोड़े की पदचाप करीब आने लगती है। लेखक अपनी जगह पर जा बैठता है। अचानक प्रज्ज्वलित प्रकाश की तरह शंखमाला का प्रवेश। राजकुमारी की पोशाक कटी-पुरानी। गीत गुनगुना रही है।]

शंखमाला : कमरा खाली है। ज़रूर माँ बगीचे में फूल तोड़ने गई होगी। माँ?

लेखक : शोर मत मचाओं।

शंख : अपने घर में मैं जो चाहूँगी करूँगी, दौड़ूँगी, हँसूँगी, गाऊँगी।

लेखक : कौन-सा अपना घर?

शंख : क्यों यही, जहाँ खड़ी हूँ।

लेखक : सभी मकान अंधेरे में पानी के भाव बिकते जा रहे हैं।

शंख : पांडित्यपूर्ण बातें मत कीजिए, समझे? माँ?

लेखक : शोर मचाने से मना किया न!

शंख : आपके हुक्म के अनुसार चलना होगा? अजीब आदमी हैं आप!

लेखक : लगता है, बहुत मज़े में हो, गुनगुनाते हुए आई हो!

शंख : गाना अच्छा लगेगा, तो गाऊँगी ही। मेरी मर्ज़ी।

लेखक : मर्ज़ी! राजकुमारी की पोशाक पहन रखी है न! गाना ही यदि चाहती हो तो यह पोशाक खोलकर गला फाड़कर गाओ। इस वक्त राजकुमारी को इतना आनंद शोभा नहीं देता।

शंख : पोशाक मुझे अच्छी लगती है। खोलनी क्यों पड़ेगी?

लेखक : वह मैंने पहनाई है। मेरे हुक्म के अनुसार काम करना होगा।

शंख : कौन परवाह करता है!

लेखक : तो राजकुमारी की तरह रहो। इस राज्य की राजकुमारी की तरह!

शंख : मुझे आपसे सीखने की ज़रूरत नहीं।

[फिर गुनगुनाने लगती है।]

लेखक : अभी गाने का समय नहीं है।

शंख : वह किसकी पोशाक पड़ी है? शायद उदय की है। उसे भी शायद उतारने के लिए कहा था आपने।

लेखक : उसने खुद ही उतार फेंकी है।

शंख : क्यों?

लेखक : उसे अच्छी नहीं लगती।

शंख : और आप मान गए? कैसे फालतू आदमी हैं आप?

लेखक : मैंने उसे पहनने के लिए कहा था, परंतु वह मेरी बात सुनना नहीं चाहता।

शंख : ठीक है, मैं कह दूँगी।

लेखक : सुनो, तुम्हें सारा माज़रा मालूम नहीं। आज का दिन बहुत भयानक है। उस राक्षस के लिए आज इस घर की बारी है। तुमने आकर अच्छा नहीं किया।

शंख : यह क्या कह रहे हैं आप?

लेखक : सच कह रहा हूँ। तुम भाग जाओगी?

शंख : नहीं।

लेखक : तो मारी जाओगी।

शंख : हममें से कोई नहीं मरेगा।

लेखक : मरना पड़ेगा। मरना पड़ता है।

शंख : नहीं, नहीं, नहीं।

[उदय प्रवेश करता है।]

शंख : पिताजी कहाँ हैं? माँ? उदय, वे लोग कहाँ हैं? तुम बोलते क्यों नहीं?

उदय : भीतर हैं।

[शंखमाला तेज़ी से भीतर जाती है।]

उदय : शंखमाला।

शंख : भीतर जाऊँगी।

उदय : अभी मत जाओ। तुम्हें देखकर वे दु:खी होंगे। रानी माँ घबरा जाएँगी।

शंख : किंतु मैं उन्हें देखे बिना जीवित नहीं रह पाऊँगी।

उदय : तुम यहाँ आई हो, अत: तुम भी नहीं बच पाओगी।

शंख : सबके बगैर मैं जीना नहीं चाहती।

उदय : मेरी विनती है तुम अभी मत जाओ। मैं उन्हें समझा दूँ, फिर जाना। अचानक तुम्हें देखकर वे विचलित हो उठेंगे।

शंख : ठीक है, तुम पहले जाओ। अभी जाओ।

उदय : अच्छा शंखमाला, तुम्हें सबकी फिक्र है। मेरी चिंता नहीं है तुम्हें?

शंख : क्यों नहीं होगी? तुम हमारे एकमात्र हितैषी हो। घोर विपत्ति में भी तुमने साथ नहीं छोड़ा।

उदय : मेरे कर्त्तव्य के अतिरिक्त और कुछ नहीं है?

शंख : सब कुछ समझने का समय नहीं मिला मुझे।

उदय : शंखमाला, कल या परसों वह विकट राक्षस फिर आकर दरवाज़े पर दस्तक देगा। मुझे जाना ही होगा। मेरे भीतर का बहुत-कुछ वह खा जाएगा। मैं तुम्हें जिस नज़र से देखता हूँ, मन में जो भाव हैं तुम्हारे प्रति, सबको वह जड़ से उखाड़ कर खा जाएगा। सफेद दीवार की तरफ जैसे देखता हूँ, हो सकता है उन्हीं नज़रों से मैं तुम्हें देखूँगा। उस भयानक मृत्यु के क्रूर हाथों से मुझे बचाओ।

शंख : मैं कैसे बचाऊँगी? क्या कर सकती हूँ मैं!

उदय : तुम सब कुछ कर सकती हो। तुम जानती हो, मैं तुम्हें कितना अटूट प्यार करना चाहता हूँ। तुम मेरी पीड़ा को झूठी मत समझो। अपनी मुट्ठी में मुझे बंद कर रखो, मैं बच जाऊँगा। तुम्हारी आँखों की एक पलक में मैं छुपा रह सकता हूँ-राक्षस मुझे ढूँढ़ ही नहीं पाएगा।

शंख : ये बातें अभी रहने दो। मैं कुछ भी सोच नहीं पा रही, कुछ भी समझ नहीं पा रही।

उदय : अभी ही समय है। समय खत्म होता जा रहा है। या तो अभी ही, या फिर कभी नहीं। तुम मुझे आखिरी बार एक मौका दो, मैं नहीं डरूँगा, सब कुछ को दोनों हाथों से दूर भगाने की शक्ति मिलेगी। सारा जीवन मुझे कुछ नहीं मिला। यदि मर भी जाऊँ, मरने से पहले मुझे तृप्ति पा लेने दो।

शंख : अचानक, मैं कैसे प्यार कर सकती हूँ? सब कुछ अचानक नहीं होता।

उदय : होता है, शंखमाला होता है। हमारे हृदय में अचानक विद्युत्, अचानक बादल, अचानक धूप और अचानक अंधेरा होता है।

शंख : किंतु माता-पिता के लिए मेरा मन आश्वस्त नहीं है। मैं एक बार उनके पास जाऊँगी।

उदय : ठीक है, मैं जाता हूँ। तुम थोड़ी देर इंतज़ार करो।

[उदय चला गया।]

लेखक : इस लड़के को राक्षस से पहले तुम मार डाल रही हो।

शंख : क्यों?

लेखक : तुम यदि उससे प्यार करती, तो वह मरना नहीं चाहता।

शंख : मैं उसे नहीं चाहती, यह आपसे किसने कहा?

लेखक : सुना है।

शंख : दूसरों की बातें सुनने की आदत तो है, समझने की अक्ल क्यों नहीं आई?

लेखक : अपनी जबान से कहा न, कि तुम उसे प्यार नहीं करती?

शंख : उससे क्या समझे?

लेखक : जो समझ आना चाहिए वही। उसे प्यार करना नहीं चाहती।

शंख : चाहती हूँ, चाहती हूँ, चाहती हूँ, इस तरह दस बार चिल्ला-चिल्ला कर नहीं, कहने से शायद किसी को चाहा

नहीं जाता! मैं उसे क्यों कहने जाऊँ, वह तलाश लेगा, समझ लेगा।

लेखक : क्या तमाशा है! तो इतनी देर तक उसे बेवजह परेशान क्यों किया?

शंख : मेरी मर्ज़ी। देखिए, तभी से आप मुझे परेशान किए जा रहे हैं। सभी को एक घटिया चक्कर में डाल रखा है। इस जुल्म का अधिकार आपको किसने दिया?

लेखक : मेरे पास और कोई उपाय नहीं है, जो घटनाएँ घटने वाली हैं, मेरे न चाहने पर भी वे घट जाती हैं।

शंख : मुझे मालूम है।

लेखक : मालूम है?

शंख : हाँ मालूम है।

लेखक : मुझे बताओगी?

शंख : क्यों बताऊँ? दंतकथाओं में आपने नहीं पढ़ा, सभी राक्षसों की मृत्यु का एक ही उपाय है।

लेखक : वह कौन-सा उपाय है?

शंख : उपाय मुझे मालूम है। परंतु क्या करना है, यह कैसे बताऊँ?

लेखक : अजीब बात है! इतना भर ज्ञान बघार कर मुझे कृतार्थ करने की क्या ज़रूरत थी। अब से मेरे नाटकों में स्त्री-चरित्र नहीं होंगे, समझी।

शंख : जान बची।

लेखक : पूरी तरह वर्जित कर पाता तो मेरा भी पीछा छूटता।

शंख : आपकी आवाज़ में बड़ी मायूसी झलक रही है।

लेखक : यही मेरी नियति है।

शंख : मुझे परेशान न करके इस नियति के सामने हाथ-पर-हाथ धरे बैठे रहिये।

लेखक : बड़ी बुद्धिमती लड़की हो तुम!

शंख : क्यों नहीं?

लेखक : देख रहा हूँ, किसी की बात सुनने की तुम्हें आदत नहीं।

शंख : कम से कम आपकी तो नहीं।

लेखक : परंतु तुम मेरी छात्र हो, मेरा कहना मानना नैतिक दायित्व है तुम्हारा।

शंख : मैं काफी समय से आपकी नीति-दुर्नीति से दूर हूँ।

लेखक : मतलब?

शंख : मतलब, मैं स्वतंत्र हूँ।

लेखक : स्वतंत्र?

शंख : हाँ, स्वतंत्र! स्वतंत्रता का जो अभिप्राय है वही, मैं आपको नहीं मानती, बस?

[रानी का प्रवेश, पीछे-पीछे राजा, उदयादित्य।]

महारानी : बिटिया! बिटिया!

लेखक : बिटिया नहीं, शंखमाला कहिए।

महाराज : शंखमाला ही बिटिया है, बिटिया ही शंखमाला है।

लेखक : परंतु मैंने उसे शंखमाला, राजकुमारी शंखमाला नाम दिया है।

महारानी : उससे मेरी बिटिया को कोई फर्क नहीं पड़ता।

लेखक : कमाल है, जो जी में आए, कीजिए। देख रहा हूँ, ये सभी मेरे ही साथ ज़बान लड़ा रहे हैं, जबकि मैंने ही इनका सृजन किया है।

[अपनी जगह पर आकर बैठता है।]

महाराज : तुम इस मुसीबत में क्यों आई, बिटिया?

शंख : आप लोगों को छोड़कर मैं अकेले कैसे रहूँगी? मुझे अच्छा नहीं लगता, बिलकुल अच्छा नहीं लगता। आप लोग मुझे दूर क्यों रखना चाहते हैं।

महारानी : राक्षसी आँच की तपिश तुम्हें स्पर्श न करे! तुम्हारे बचाव में ही हमारा बचाव है, बिटिया। हमारा कहना मान, तू चली जा बिटिया।

शंख : नहीं, मैं कहीं नहीं जाऊँगी।

महाराज : उदय तुम्हें छोड़ आएगा।

उदय : असंभव महाराज!

महाराज : असंभव क्यों?

उदय : यहाँ से बाहर निकलने वाली लंबी सुरंग के द्वार पर ही वह भयानक राक्षस खड़ा है, वह हम दोनों को ही खत्म कर देगा। मैं अकेला जा सकता हूँ। खुद से मुझे कोई मोह नहीं है। परंतु नज़रों के सामने राजकुमारी की मृत्यु मैं सहन नहीं कर पाऊँगा।

लेखक : यह सब सोचकर ही मैं उसे यहाँ लाना नहीं चाहता था। वह बाहर ही ठीक थी।

शंख : आप न लाते तो भी मैं आती।

लेखक : (**दर्शकों की ओर देखकर**) महिलाएँ झगड़ालू स्वभाव की हों, तो उनसे बात करना मुश्किल हो जाता है! जो जी में आए, कह डालेंगी। कुछ नहीं सोचतीं।

महाराज : तो आप ही उसे लाए हैं?

लेखक : (**अपने आपसे**) देख रहा हूँ, सभी मिलकर धावा बोल रहे हैं! (**हौंसला करके**) हाँ, लाया हूँ।

महाराज : इस यमपुरी में सर्वनाश के लिए एक मासूम लड़की को लाते हुए आपको तनिक भी दुःख नहीं हुआ? हृदय में बिंदु-मात्र भी स्नेह नहीं है! हृदय पत्थर है क्या?

लेखक : क्या करूँ मैं? यही तो हो रहा है! जो होता है, वही कर रहा हूँ। आप लोग क्या अभी भी समझ नहीं पा रहे हैं कि पृथ्वी पर सब कुछ सख्त बनते-बनते पत्थर बन जाता है। कुछ दिनों के बाद फूलों की पत्तियाँ भी पत्थर की हो जाएँगी, नवजात शिशु की आँखें पत्थर की, यहाँ तक कि रुलाई-हँसी भी पत्थर बन जाएगी! पाषाण युग, हम फिर पाषाण युग में लौट जाएँगे। पाषाण युग का प्रहरी यह राक्षस। (**एक भयंकर घंटे का नाद सुनाई देता है। भयानक हँसी। भारी-भरकम पदचाप की मंथर गति।**) राक्षस आ रहा है! कोई भी तैयार हो जाइए! कृपया कोई भी, समय बर्बाद मत कीजिए।

महारानी : (**फूट-फूटकर रोते हुए**) आपकी कहानी इतनी निष्ठुर क्यों है?

लेखक : कहानी निष्ठुर नहीं, निष्ठुर है यह राक्षस?

महाराज : (**तलवार निकालते हैं, तलवार बीच से टूटी हुई है।**) मेरे हाथों में यह टूटी तलवार क्यों? क्या करूँगा मैं इससे?

लेखक : मेरे पास जैसी थी, मैंने दे दी। हमारे सभी अस्त्र टूटे हुए हैं या फिर जंग लगे। एक दिन सपने में एक तलवार बहुत जोर से मेरे सीने में घोप दी गई थी। मैंने खींचकर निकालने की कोशिश की। आधी टूट कर मेरे हाथों में आ गई, बाकी बची आधी मेरे सीने में रक्तपात कर रही है। आप देख नहीं रहे, कितनी तकलीफ हो रही है, मैं समझा नहीं सकता।

महाराज : वही टूटी तलवार मेरी म्यान में डाल दी?

लेखक : इसके सिवा मेरे पास कुछ नहीं।

उदय : मेरे अस्त्र में धार नहीं है। इससे एक फूल की डंडी भी नहीं काटी जाती। टीन की तलवार।

महारानी : राक्षस की पदचाप करीब आ रही है। मैं, मैं जाऊँगी-तुम लोग कम से कम एक दिन ज्यादा जीओ।

शंख : तुम नहीं जाओगी।

महारानी : मुझे भयंकर क्षय रोग है। वह मेरी उम्र को कीड़े की तरह खा-खाकर रक्त-शून्य कर दे रहा है, मैं पृथ्वी पर बोझ हूँ, मैं ही जाऊँगी।

शंख : तुम नहीं जाओगी। जब तक मर न जाएँ, ज़मीन को कसकर थामे हम ज़िंदा रहेंगे।

महाराज : इस टूटी तलवार के अपमान से बचने का एक उपाय है, इस भूखे राक्षस का निबाला बनकर खतम हो जाना। जब तक मैं ज़िंदा हूँ, तब तक तुम हमसे पहले नहीं मर सकती, रानी! मैं जाऊँगा। वह और करीब आ रहा है, तुम लोग मुझे मत रोको।

शंख : पिताजी, आप नहीं जाएँगे। नहीं जा सकते।

महाराज : गए बिना कोई छुटकारा भी नहीं।

शंख : आप नहीं जाएँगे, जब तक मृत्यु न आ जाए, हवा को थामे रहकर हम जीएँगे।

उदय : मेरी प्रत्येक जड़ को कीड़े ने काट डाला है। एक भारी वृक्ष की तरह मैं उखड़ा हुआ हूँ। तन पर हास्यकर नौटंकी

मंडली के सेनापति की पोशाक थी। गुस्से से उतार फेंकी। हाथ में थामी टीन की तलवार को फेंक दूँगा। मेरे जीने का कोई अर्थ नहीं। मेरे मरने पर पृथ्वी का वजन बढ़ेगा भी नहीं, घटेगा भी नहीं, शून्य की मृत्यु पर कोई शोक नहीं। मैं जाऊँगा।

शंख : तुम नहीं जाओगे।

उदय : मुझे नहीं लगता कि कोई मुझे रोकने वाला है। राक्षस की पदचाप बिलकुल समीप आ गई है, मैं जाऊँ।

शंख : नहीं, तुम नहीं जाओगे। जब तक मृत्यु न आ जाए, अंतिम रोशनी को पकड़े रहकर जीएँगे।

[पदचाप समीप आ गई, बहुत समीप।]

लेखक : परंतु कौन जाएगा, फिर?

शंख : हममें से कोई नहीं जाएगा।

लेखक : कमाल है, यह कैसे हो सकता है? किसी को तो जाना ही पड़ेगा। राक्षस की भूख बहुत भयंकर है। वह खाली हाथ नहीं लौटेगा।

शंख : हम उसका क्या कर सकते हैं?

लेखक : तुम सब मेरे पात्र हो। मेरा कहना मानना होगा। मेरी कहानी का अंत यथोचित होगा ही। मेरी इच्छा के अनुरूप हो या इच्छा के विपरीत-निष्कर्ष पर तो पहुँचना ही होगा।

शंख : हम काफी समय से आपके निर्देशों की अवमानना कर रहे हैं।

[मिली-जुली हँसी का मृदु स्वर सुनाई देता है।]

लेखक : आप सब भी यही कहना चाहते हैं?

उदय : बेशक!

लेखक : **(राजा-रानी से)** आप भी?

महाराज : आपस में मतभेद होना ठीक नहीं।

महारानी : जीएँगे तो सभी मिलकर, मरेंगे तो एक साथ।

लेखक : अजीब बात है! अंततः कहानी के पात्र विद्रोही बन जाएँगे, ऐसा भयंकर परिणाम तो मैंने सोचा भी नहीं था। आप लोग विश्वासघात कर रहे हैं।

महाराज : कोई चारा नहीं।

लेखक : परंतु राक्षस के पास जो किसी न किसी को तो जाना ही पड़ेगा। कौन जाएगा?

शंख : आप जाएँगे। आप।

लेखक : मैं? क्यों? मैं क्यों जाऊँगा? ऐसा तो तय नहीं हुआ था। यह क्या सुन रहा हूँ मैं?!

[तलवार निकालता है]

उदय : आपको जाना होगा।

[टूटी तलवार निकाली।]

महाराज : हाँ, पहले आप।

महारानी : हमें मँझधार में छोड़ आप भाग नहीं सकते।

[दरवाज़े की ओट में खड़ा होता है]

शंख : राक्षस के पास किस तरह हँसते हुए जाते हैं आप, मैं देखूँगी।

लेखक : असंभव, मैं नहीं जा सकता। मैं भाग जाऊँगा।

उदय : कहाँ?

लेखक : कहीं और।

महाराज : कहाँ?

लेखक : कहीं और।

शंख : किस रास्ते से होकर जाएँगे?

लेखक : नहीं मालूम।

उदय : तो कैसे भाग सकेंगे?

लेखक : नहीं मालूम। हे ईश्वर, मुझे नहीं मालूम क्यों? (**सम्मिलित हँसी और तीव्र होती है, फिर मृदु होकर गायब हो गई**) वही हँसी! मेरी असहायता का फिर मज़ाक! कहाँ जाऊँगा? कैसे जाऊँगा?

महारानी : जिस रास्ते से यहाँ प्रवेश किया था, वह रास्ता याद नहीं?

लेखक : नहीं, बहुत अंधेरा था। कोई उपाय नज़र नहीं आता। कहाँ जाऊँ? चारों तरफ पत्थर है पत्थर। प्रस्तर-युग। पत्थर की

तरह कदम बढ़ाकर राक्षस दरवाज़े पर आ खड़ा होगा। उसकी भयानक हँसी के धारदार स्वर से मैं घायल हो जाऊँगा। मैं नहीं जाऊँगा, नहीं जाऊँगा। (**दरवाज़े पर राक्षस के विकट रूप की छाया नज़र आती है**) देखिए आप, यह वही राक्षस! कितना भयंकर लोभी है, दाँत कितने तीखे हैं, कितना असहाय महसूस कर रहा हूँ! (**उसी विद्रूप हँसी का सम्मिलित स्वर सुनाई देता है**) चारों ओर निष्ठुरता से मेरी हँसी उड़ाई जा रही है! (**चीखते हुए**) बंद करो, बंद करो (**हँसी और तेज हो जाती है**) पहले इस हँसी में थोड़ी बहुत दया, करुणा थी, अब उनकी हँसी इतनी निर्मम है!

[**अब राक्षस हँस पड़ता है, छाया लंबी होती है, सम्मिलित हँसी थम जाती है। राक्षस की हँसी का एक-एक स्वर सुनाई देता है।**]

उदय : आप अगर अभी भी नहीं गए, तो राक्षस दरवाज़ा तोड़ भीतर आ घुसेगा। आप जाइए।

महाराज : बेवजह राक्षस का क्रोध बढ़ाकर क्या फायदा?

लेखक : परंतु मैं जीना जो चाहता था। राक्षस के विषाक्त नाखूनों से मैं खंडित हो जाऊँगा! कितनी सुंदर है यह दुनिया, रंगीन पतंग की तरह डोर कटने पर मैं कहाँ जाऊँगा! (**डर से आगे बढ़ता है**) महाप्रस्थान!

[**पर्देरूपी विंग्स पर दोनों तरफ उदयादित्य और महाराज! आगे बढ़ते-बढ़ते लेखक अचानक म्यान की तलवारों को दोनों हाथों में थाम लेता है। क्रमशः उसका बदन सख्त होने लगता है, सीना फैला हुआ, नज़रें विस्फारित व तीक्ष्ण। तेज़ी से पर्दा हटाकर बाहर आकर वह राक्षस के सामने आ खड़ा होता है। राक्षस के दानवी चेहरे की तरफ लेखक की क्षिप्त नज़रों का प्रतिबिंब नज़र आया, मानो दोनों आपस में कुछ पढ़ने का प्रयास कर रहे हों। अचानक राक्षस धीरे-धीरे पीछे हटने लगा, लेखक नज़रें टिकाए उसका अनुसरण कर रहा है। राक्षस की पद्चाप धीमी होते ही लेखक पर्दा हटाकर विस्फारित नज़रों से घर के सभी व्यक्तियों की तरफ देखता है।**]

लेखक : आश्चर्य! देखा-मैं लौट आया। मैं मरा नहीं। राक्षस मुझसे डर जाएगा, मैंने सोचा भी नहीं था। मैंने सीधे उसकी

आँखों में आँखें डालीं, अचानक पता नहीं वह कैसे डर गया। आइए। हम लोग धीरे से इस भयानक जगह से बाहर निकलें। सीधे देखिएगा, बिलकुल सीधे राक्षस ठीक डर जाएगा। मुझे इतनी खुशी हो रही है, जी चाहता है, एक सुंदर मुकुट पहन पहली बार रोशनी में निकलूँ। आइए, आइए आप लोग—

[सभी धीरे-धीरे निकल गए।]

लेखक : (**बाहर से**) देखा, कोई भी मुझ पर नहीं हँस रहा। कोई भी दल बनाकर मेरा मज़ाक नहीं उड़ा रहा। अब मुझे ही हँसी आ रही है, बेहद हँसी! कितना अच्छा लग रहा है।

[तीव्र झंकार से जीवन-संचार के तारयंत्र बज उठे]

भाषांतर : प्रदीप प्रद्युम्न

■

कन्नड़ एकांकी

संपादक—**बी०आर० नारायण**

कन्नड़ नाटक और एकांकी की विकास-यात्रा

कन्नड़ नाटक साहित्य का आरंभ अनुवाद से हुआ। सन् 1689 में चिक्कदेवराय के दरबारी कवि सिंगराचार्य ने संस्कृत के मूल नाटक से 'मित्रविंदा गोविंद' शीर्षक से एक नाटक का अनुवाद किया। यही कन्नड़ का प्रथम नाटक है। कन्नड़ का रंगमंच बहुत पुराना है, परंतु उसका आधुनिक रूप उन्नीसवीं शताब्दी के उत्तरार्ध से दीखने लगा। उसी समय एक पारसी नाटक कंपनी कर्नाटक में भ्रमण के लिए आयी। उसने राजमहल में कुछ नाटकों का अभिनय किया। उससे मैसूर महाराजा और उनके दरबारी बड़े प्रभावित हुए। राजदरबार के विद्वान बसप्पा शास्त्री ने कालिदास के शाकुन्तला नाटक का अनुवाद प्रस्तुत किया। यह कन्नड़ में चंपू शैली में यानी गद्य-पद्य मिश्रित शैली में लिखा गया नाटक है। इसका प्रभाव बहुत दिन तक रहा। इसके बाद कन्नड़ में संस्कृत नाटकों की बाढ़ सी आ गयी। करीब-करीब समस्त संस्कृत नाटकों का अनुवाद धड़ाधड़ होने लगा। तब रंगमंच ने भी एक रूप धारण किया; परंतु रंगमंच और नाटक केवल विद्वत् समाज तक ही सीमित रहे। संस्कृत नाटकों के अनुवाद की देखादेखी अंग्रेजी नाटकों के अनुवाद भी प्रारंभ हुए। कुछ विद्वानों ने भावानुवाद भी प्रस्तुत किए। ये अनुवाद और भावानुवाद आज भी चल रहे हैं। इससे कन्नड़ नाटक साहित्य की श्रीवृद्धि में कोई बाधा नहीं पड़ी।

कैलासम् (1884-1946)— त्यागराज परमशिव कैलासम् कन्नड़ नाटक साहित्य के पितामह माने जाते हैं। वास्तव में उन्होंने आधुनिक कन्नड़ रंगमंच की नींव रखी और आभिजात्य वर्ग को नाटक की ओर आकर्षित किया। सात वर्ष तक (1908-1915) इंग्लैण्ड में अध्ययन करते, वहाँ के नाटककारों और रंगमंच से प्रभावित होकर वे भारत लौटे। केवल कुछ ही वर्ष सरकारी नौकरी करने के बाद उससे इस्तीफा देकर नाटक लिखने और अभिनय करने में जुट गये। वे स्वयं एक सफल अभिनेता थे। उन्होंने कन्नड़ में इक्कीस और अंग्रेजी में छः नाटक लिखे। उन्होंने अधिकांश नाटक डिक्टेट किए। परंतु कभी संपादन के झमेले में नहीं पड़े। प्रकाशन कार्य का भार उनकी मित्र मंडली पर था। अन्यथा अधिकांश नाटक तो लुप्त ही हो जाते। उन्होंने सबसे पहले कन्नड़ नाटकों में बोल-चाल की भाषा का प्रयोग किया। आभिजात्य वर्ग के लोगों की तरह की अंग्रेजी और कन्नड़ भाषा की

खिचड़ी भाषा का प्रयोग उन्होंने ही अपनाया। अपने नाटकों में क्रांतिकारी प्रयोग करने के बावजूद भी वे पात्र और कथावस्तु की परंपरा से दूर नहीं गये। 'बहिष्कार' और 'सूत्रे' (वेश्या) में सांस्कृतिक क्रांति के स्वर हैं। 'होमरूल' में माँ और पत्नी से डरे हुए गृहस्थ की हास्यास्पद स्थिति का चित्रण है। 'टोल्लू गट्टी' (खोखला और ठोस), 'बँड्वाल इल्लद बड़ाई' (झूठी शान), 'पोली किट्टी', 'अम्मावर गंड़ा (जोरू का गुलाम) उनके बहुत जनप्रिय नाटक हैं। अंगेजी में लिखे उनके अधिकांश नाटक महाभारत के कथानकों पर आधारित हैं। 'द पर्पस' में एकलव्य की कहानी मौलिक और प्रभावशाली ढंग से प्रस्तुत की गयी है। हास्य, विनोद और व्यंग्य में उनका कोई सानी नहीं था।

बी०एम० श्रीकण्ठय्या (1884-1946)— आधुनिक कन्नड़ नाटक की नींव रखी और उसके भविष्य की रूपरेखा खींची। वे अंग्रेजी तथा कन्नड़ के प्रोफेसर थे। हिन्दी में उनकी तुलना थोड़ी-बहुत रामचन्द्र शुक्ल के साथ की जा सकती है। उनके दो नाटक-गदायुद्ध (1925) तथा अश्वत्थामन् (1929) अत्यंत प्रसिद्ध हैं। इनसे बाद में आनेवाले त्रासदि लेखकों का मार्गदर्शन मिला। 'गदायुद्ध' नाटक दसवीं शताब्दी के कवि रन्न के 'साहस भीम विजय' पर आधारित है। इस पाँच अंकों वाले नाटक का नायक भीम ही है। दुर्योधन में धीरोदात्त गुणों का अभाव है। पर उसमें भ्रातृप्रेम, मित्रता और औदार्य आदि गुण दिखा कर लेखक दर्शकों में उसके प्रति सहानुभूति उत्पन्न करने का प्रयास करता है। 'श्री' का दूसरा नाटक 'अश्वत्थामन्' है, जो कन्नड़ साहित्य का एक अत्यंत सफल नाटक माना जाता है। शेक्सपियर के अनन्य भक्त 'श्री' ने अंग्रेजी नाटकों को आदर्श माना। शायद ग्रीक हीरो को उन्होंने भारतीय हीरो और संस्कृति के नजदीक पाया होगा। यह सोफोक्लिस के 'रोजाक्स' का पूरा अनुकरण है। महाभारत के सौप्तिक पर्व की कथा जिसमें रोजाक के समान अश्वत्थामा बुद्धिभ्रम के कारण पांचालों और उपपांडवों की हत्या करता है और पश्चात्ताप की आग में सुलगता है। आज भी यह नाटक कन्नड़ नाटक के इतिहास में एक महत्वपूर्ण स्थान रखता है।

एक विशेष रूप से ध्यान देने योग्य बात यह है कि ज्ञानपीठ पुरस्कार से सम्मानित कन्नड़ के पाँचों लेखक यानी कुवेंपु, बेन्द्रे, कारंत, मास्तीजी तथा अनंतमूर्ति, सभी ने सफल नाटक लिखे हैं, परंतु कुवेंपु और बेन्द्रे कविता के और कारंत तथा मास्तीजी उपन्यास के क्षेत्र में बेजोड़ माने जाते हैं।

दा०रा० बेन्द्रे— दत्तात्रेय रामचन्द्र बेन्द्रे जनता के कवि थे। कबीर की भाँति ये भी शिष्यों से घिरे रहते थे। उनकी जबान तलवार की धार की भाँति चलती थी। वे सदा भावनाओं में खोए रहते थे। एन०के०कुलकर्णी के कथनानुसार 1981 में उनके चौदह नाटकों का एक संकलन निकला है। उन्होंने अपने लेख में यह भी

लिखा है: बेन्द्रे की लेखन शक्ति, कल्पना, पात्र सृष्टि का ढंग और संभाषणों का चमत्कार उन्हें (बेन्द्रे को) प्रतिभाशाली नाटककारों की पंक्ति में लाकर खड़ा कर देता है।

मास्तीजी (श्रीनिवास)— *कन्नड़ कहानी के जनक। डॉ० मास्ती वेंकटेश अय्यंगार ने कन्नड़ नाटक साहित्य को भी समृद्धि प्रदान की। सुमतीन्द्र नाडिग ने 'मास्तीजी के नाटक' शीर्षक लेख में बताया है : 'उनके कुल तेरह नाटक हैं। उनमें 'यशोधरा' और 'काकन कोटे' दो ही उल्लेखनीय हैं। यशोधरा एक पारंपरिक नाटक है। उसमें भगवान बुद्ध की पत्नी यशोधरा का मार्मिक चित्रण है। 'काकन कोटे' एक ऐतिहासिक नाटक है। उसमें शहरीकरण के कारण होनेवाले अन्याय पर प्रकाश डाला गया है।' मास्तीजी ने शेक्सपियर के अधिकांश नाटकों का सफल अनुवाद किया है। परंतु यशोधरा और काकन कोटे के अतिरिक्त किसी भी नाटक ने रंगमंच का मुँह नहीं देखा। कहानीकार के रूप में मास्तीजी इतने जनप्रिय हो गये कि आलोचकों ने उनके नाटकों को केवल एक ऐतिहासिक महत्व प्रदान किया।*

कारंत के गद्य नाटक— *डॉ० श्रीरंग ने उक्त शीर्षक से डॉ० शिवराम कारंत के नाटकों के बारे में एक लेख लिखा है। उसके कुछ प्रमुख अंश यहाँ प्रस्तुत कर रहा हूँ। जिससे नाटककार कारंत का कुछ परिचय मिलता है। 'गाँधीजी से प्रभावित कारंत को राजनीतिक क्रांति की अपेक्षा सामाजिक क्रांति मुख्य लगी। उन्होंने अनुभव किया कि ऐसे विषयों को मनोरंजक ढंग से प्रस्तुत करने से लोगों पर अधिक प्रभाव पड़ता है। वे पुत्तूर में हर वर्ष नाटक खिलवाते थे। वे स्वयं एक सफल अभिनेता भी हैं। 'गर्भगुडि', 'बित्तिद बेले' (बोई फसल) इनके दो बड़े नाटक हैं। इनमें समाज की कुरीतियों की कटु टीका है। उनके कुछ गीत नाटक भी हैं। डॉ० कारंत ने समाज सुधार का काम नाटकों द्वारा सफलतापूर्वक किया। उनके नाटक देखने के बाद कोई भी समझदार व्यक्ति समाज की गंदगी को हटाने की ओर अवश्य ध्यान देगा।*

स्वर्गीय कुवेंपु (के०वी०पुट्टप्पा 1904-1994)— *कुवेंपु ने 13 नाटक लिखे। 'यमन सोलु' (यम का हार) नाटक में उन्होंने स्वयं अभिनय भी किया। 'रक्ताक्षि' हेमलेट का 'बिरूगालि' (आँधी) टेंपेस्ट का अडाप्टेशन है। अन्य नाटक 'वाल्मीकिया भाग्य', (वाल्मीकि का भाग्य), 'श्मशान कुरुक्षेत्र', 'शूद्र तपस्वी', 'बेरल्गे कोरल' (अँगूठे के बदले गर्दन), 'चन्द्रहास' आदि पौराणिक नाटक हैं। 'जलगार' (मेहतर) एक सामाजिक नाटक है। इसमें ऊँची और नीची जाति के भेद-भाव के खोखलेपन का मज़ाक उड़ाया गया है। इसके अंत में शिव जलगार से कहते हैं कि तू धरती का जलगार है, मैं सारे संसार का जलगार हूँ। 'शूद्र तपस्वी'*

में राम अपनी गलती स्वीकार कर लेते हैं। 'बेरल्गे कोरल' में एकलव्य की माँ अपने पुत्र का कटा अँगूठा देखकर द्रोण को शाप देती है 'इसी तरह तेरी गर्दन उड़ जाए।' इसी शाप के फलस्वरूप द्रोण की गर्दन महाभारत के युद्ध में कटकर धरती पर जा गिरती है। किंवदन्ती है कि एकलव्य कर्नाटक का था। अत: उसके चरित्र ने कइयों को प्रेरित किया। कैलासम् ने भी अंग्रेजी नाटक 'पर्पस' में एकलव्य को ही नायक बनाया है। प्रसादजी की भाँति 'कुवेंपु' ने भी रंगमंच को ध्यान में रखकर नाटक नहीं लिखे। बल्कि उनकी भाषा तथा रूपकों की अभिव्यक्ति के योग्य निर्देशक और रंगमंच होना चाहिए।

श्रीरंग (1904-1984)— *आद्य रंगाचार्य 'श्रीरंग' के नाम से प्रसिद्ध हैं। हिन्दी के रंगकर्मी भी उनकी नाट्य प्रतिभा से परिचित हैं। उन्होंने ही सबसे पहले कन्नड़ नाटक और रंगमंच की स्थिति से हिन्दी जगत का परिचय कराया। श्रीरंग के नाटकों की कथावस्तु साधारणत: सामाजिक और पौराणिक होती हैं। ये एक सफल अभिनेता और निदेशक थे। इन्होंने रंगमंच के लिए नयी-नयी तकनीकें अपनायीं, साथ ही रंगमंच को सुधारने और संवारने का भी कार्य किया। ये समाज की कुरीतियों और अंधविश्वासों के घोर विरोधी और कटु आलोचक थे। 'हरिजनवार' इनका बहुचर्चित नाटक रहा है। इसके शीर्षक से हरिजनों के सुधार के साथ-साथ जनेऊ तोड़ फेंकने का अर्थ भी निकलता है। 'हरि' शब्द के दो अर्थ हैं— तोड़ना या फाड़ना। इनके इस प्रकार के विचारों के कारण इन्हें सनातनियों के विरोध का भी शिकार होना पड़ा। पर इन्होंने निडर होकर उस विरोध का सामना किया।*

हिंदी में इनके सात बड़े नाटक और एक एकांकी संग्रह प्रकाशित हो चुके हैं।

पर्वतवाणी (1911-1994)— *कन्नड़ के ये ही एकमात्र ऐसे लेखक हैं जिन्होंने केवल नाटक और रंगमंच को ही अपनाया, उसी को सजाया और संवारा और नाम कमाया। 1987 में लिखे 'पर्वतवाणी के नाटक: एक समीक्षा' शीर्षक लेख में डॉ०सा०शी० मरूलय्या ने लिखा है—'पर्वतवाणी अब सत्तर के हैं। मोटे तौर पर उनके नाटकों को कथावस्तु और तकनीक के आधार पर तीन भागों में विभाजित कर सकते हैं— (1) रूपांतरित, (2) अनूदित तथा (3) मौलिक। उनके 35 मौलिक नाटक हैं। सात रूपांतरित नाटक हैं। रूसी भाषा से अंग्रेजी में अनूदित 'आनिवर्सरी' को वार्षिकोत्सव, 'बियर' का 'काडमन्स', 'प्रपोसल' का 'आशीर्वाद', 'वेड्डिंग' का 'औतण' (आमंत्रण) नाम से रूपांतरण किया। साथ ही उनका वातावरण एकदम भारतीय बनाया।*

पी०लंकेश (जन्म 1935)— *इनका प्रत्येक नाटक अपने ढंग से सफल रहा है। रंगमंच की दृष्टि से भी इन नाटकों ने प्रशंसा पायी। इनके नाटक हैं 'टी प्रसन्नन*

गृहस्थाश्रम', 'नन्न तंगीगोन्दु गंडु कोडि' (मेरी बहिन के लिए एक वर दीजिए), 'गिलियु पंजरद ओलगे इल्ला' (तोता पिंजरे में नहीं), 'क्रांति बंतु क्रांति' (क्रांति आयी, क्रांति), 'तेरेगलु' (परदे) 'बिरूकु' (दरार), 'सिद्धते' (तैयारी), 'पुलिसर इद्दारे एच्चरिके' (पुलिस हैं, सावधान), 'संक्राति'। संक्राति का साठोत्तर नाटकों में एक महत्वपूर्ण स्थान है। 12वीं शताब्दी के बसवण्णा को ही नायक बनाकर उन्होंने जाति-विरोध का जो कार्य किया, उसका बड़े साहस से दिग्दर्शन कराया। श्री लंकेश नाटक को जीवन-प्रतिबिंब नहीं मानते, बल्कि आलोचना मानते हैं। शब्दों की मितव्ययता इनकी विशिष्टता है। श्री लंकेश समाज की विडंबना तथा राजनीति के दाँव-पेंचों पर सीधा प्रहार करते हैं। पाखंड वे सह नहीं सकते। वे समाज सुधार के लिए नश्तर का प्रयोग करते हैं। किसी बात को लपेटकर कहना उन्हें आता ही नहीं। आज की युवा पीढ़ी उनके इस गुण से बड़ी प्रभावित हैं।

डॉ० चन्द्रशेखर कंबार (जन्म 1937)— डॉ० कंबार कवि, समीक्षक, निर्देशक, अभिनेता, नाटककार, कथाकार तथा लोक साहित्य विशेषज्ञ के रूप में कन्नड़ साहित्यकारों के बीच जाने जाते हैं। इनके नाटकों में काव्यमयता होती है। साथ ही लोकगीत और लोककथाओं का 'टच' रहता है। प्रसिद्ध निर्देशक बी०वी० कारंत ने इनके नाटकों के बारे में यूँ लिखा है— समस्त देश में कंबार के समान भारीकी बू-बास को लेकर नवीनता और आधुनिकता के साथ सृजनशील नाटककार दुर्लभ हैं। मेरी दृष्टि में आज के नाटककारों के बीच कंबार अद्वितीय हैं। मैं तो उनके स्थान पर किसी और को सोच ही नहीं सकता।

डॉ० कंबार एक सजग और प्रतिबद्ध प्रगतिशील साहित्यकार हैं। समाज में होने वाले शोषण तथा स्त्री पर होने वाले अत्याचार का इन्होंने व्यंग्यात्मक ढंग से चित्रण किया है। राजनीति की गंदगी पर भी ये तीखे व्यंग्य लिखते हैं।

अब तक हिंदी में इनके ये नाटक प्रकाशित हो चुके हैं— तोता बोला, जयसिद्धनायक, बलि का बकरा, सांब शिवा, संगीता, जंगली घोड़ा, सिरिसंपिगे। इनके नाटकों का हिन्दी में मंचन काफी जनप्रिय रहा है।

डॉ० गिरीश कार्नाड (जन्म 1938)— कार्नाड हिन्दी और कन्नड़ नाटक साहित्य के बहुचर्चित, मेधावी एवं अंतर्राष्ट्रीय ख्यातिप्राप्त व्यक्ति हैं। सिनेमा क्षेत्र में इन्होंने काफी नाम कमाया है। ये एक सफल अभिनेता हैं। साथ ही साथ एक अच्छे निर्देशक और नाटककार भी।

डॉ० कार्नाड को नाटककार के रूप में स्वर्गीय मोहन राकेश और फिल्म निदेशक के रूप में श्री सत्यजित रे से तुलना की जा सकती है।

डॉ० कंबार और कार्नाड जब कन्नड़ नाटक साहित्य में उभरने लगे तब कन्नड़ नाटक साहित्य काफी समृद्ध हो चुका था। परंतु इन लोगों ने पिष्टपेषण नहीं किया, अपितु अपनी प्रतिभा से कन्नड़ नाटक साहित्य तथा रंगमंच को समृद्ध किया।

डॉ० कार्नाड के प्रसिद्ध नाटक इस प्रकार हैं: ययाति (1961), तुगलक (1964), हयवदन (1971), अंजुमल्लिगे (सहमी मल्लिका) (1977), हिट्टिन हुंजा (आटे का मुर्गा) (1980), नागमंडल (1988), तलेदण्ड (शीशदान) (1990), मा: निषाद (रेडियो नाटक-1964)।

***चन्द्रशेखर पाटील (जन्म 1939)**— इनके नाटक हैं—'कोडेगळु' (छाता), 'अप्पा' (बाप), 'टिंगर बुड्डण्णा', 'गोकर्णद गौडसानी', 'जगदंबेय बीदी नाटक'। ये संक्रमण (मासिक) के संपादक हैं। ये कर्नाटक विश्वविद्यालय, धारवाड़ के अंग्रेजी विभाग के प्रोफेसर तथा अध्यक्ष हैं। पाटील ने विविध प्रकार के प्रसिद्ध प्रभावशाली प्रामाणिक व्यंग्य लिखे हैं।*

कन्नड़ में अधिकांश एकांकीकार मुख्य रूप से नाटककार ही हैं। यहाँ दिए गए पाँच एकांकी नाटककारों के अतिरिक्त और भी कई प्रसिद्ध और प्रभावशाली एकांकीकार हैं, जिन्होंने विविध प्रकार के सफल एकांकियों को प्रदान किया है। यहाँ विशेष रूप से उल्लिखित एकांकीकारों के अतिरिक्त निम्नलिखित एकांकीकारों के उल्लेख किए बिना भूमिका पूरी नहीं होती। सिन्धुवळ्ळि अनंतमूर्ति, एन्के, कीर्तिनाथ कुर्तुकोटि, चन्द्रकांत कुसुनूर, श्रीमती न०रत्ना, एम०एस०के०प्रभु, श्रीमती विजया, श्रीनिवासराजु, व्यास देशपांडे।

—बी०आर० नारायण

शूद्र तपस्वी

कुवेंपु

कुवेंपु

जीवन–काल : 1904 (कर्नाटक)-1994 (छोटे से गाँव में)

पूरा नाम के०वी० पुट्टप्पा । कन्नड़ के महत्वपूर्ण नाटककार, अध्यापक से जीवन प्रारंभ कर कुलपति पद तक पहुँचे।

कुवेंपु मूलत: कवि थे, परन्तु उन्होंने कन्नड़ की सभी विधाओं को समृद्ध किया। उनकी अब तक सत्तर से अधिक कृतियाँ प्रकाशित हो चुकी हैं, इनमें से 13 नाटक हैं। 1955 में उन्हें उनके महाकाव्य 'रामायण दर्शनम्' पर साहित्य अकादेमी पुरस्कार मिला। बाद में इसी महाकाव्य पर 1967 में उन्हें भारतीय ज्ञानपीठ पुरस्कार भी मिला। भारत सरकार ने 'कुवेंपु' को पद्भूषण से भी सम्मानित किया। उनकी षष्टिपूर्ति के अवसर पर कर्नाटक सरकार ने उन्हें 'राष्ट्रकवि' की उपाधि से अलंकृत किया।

पात्र

भैरव

मृत्यु

ब्राह्मण

श्रीराम

कुमार

दृश्य-एक

[अरण्य के बीच ऋषि शम्बूक आश्रम है। उसके महाद्वार पर बृहदाकार एक वटवृक्ष ऐसा खड़ा है मानो वह आश्रम की रखवाली कर रहा हो। ऐसा लगता है कि वह वन, शान्ति का मायका हो। देखते-देखते सारा वातावरण क्षुब्ध होता है। आँधी चल पड़ती है। पक्षी चीखने लगते हैं। उस बृहद् वृक्ष की शाखाओं के आपस में रगड़ने से आर्त्तनाद-सा होने लगता है। चारों ओर चीत्कार होता है। हिरण डर के मारे चारों दिशाओं में भागने लगते हैं। वह वृक्ष भी डोलने लगता है। पत्ते गिरने लगते हैं। उस आँधी से इतनी धूल उड़ती है कि सारे वन में अंधेरा-सा छा जाता है। धीरे-धीरे वह वृक्ष अदृश्य हो जाता है और उसके स्थान पर एक वृक्ष-भैरव दृष्टिगोचर होता है। शाखाओं के समान उसकी बाँहें निकल आती हैं। उसके हाथों में त्रिशूल हैं मानो वे ही उसकी सेना हों। वह क्रोधित लाल-लाल आँखों से चारों ओर देखता है और अपने आप से कहता है]

भैरव : (**स्वगत**) आज इस साधु-स्वभाव वाली प्रकृति में यह कैसा अविनय? कुशाग्रबुद्धि वाले शम्बूक योगी की भी उपेक्षा करके, मुझ जैसे वृक्ष-भैरव की रक्षा की भी अवहेलना करके, झकझोरे डाल रही है इस वन को! समुद्र-मन्थन के समय की लहरों के समान थर-थर काँप रहा है यह वन-प्रदेश। पक्षी चीखने लगे हैं। बाँसों की रगड़ से कर्कश ध्वनि हो रही है। मृग समूह सिर पर पाँव रखकर भाग रहे हैं। इस सबके कारण का पता लगाना चाहिए।...इस दुष्कृति पर रोक न लगायी गयी तो मुझे तपस्वी के क्रोध का भाजन बनना पड़ेगा।

[फिर चारों ओर देखकर सोचता है। एकदम सचेत होकर अधिकारवाणी से आज्ञा देता है]

ए! रुको, रुको! वहीं रुक जाओ!...ए (**प्रकट**) उस ओर मत जाओ! उधर से ...

[देखते-देखते शून्य मैदान में धीरे-धीरे धुँधलका फैलने लगता है। बाद में अंधेरा और सघन होने लगता है। अन्त में मृत्यु की एक कराल आकृति दिखाई देने लगती है। वह स्पष्ट होती है और वहीं खड़ी हो जाती है।]

कौन हो तुम? तुम्हारा यहाँ क्या काम है, ए घोर मूर्ति ...?

मृत्यु : **(भयंकर स्वर में)** मेरा नाम पूछने का इतना साहस रखते हो?

भैरव : **(उग्रता से)** हाँ, तभी तो पूछ रहा हूँ। ओ विकृतवदने! बक-बक मत कर!

मृत्यु : मेरा नाम मात्र सुनते ही नरक से भी आर्तनाद उठने लगता है। पृथ्वी के गिरिवन, कन्दराओं से रोदन सुनाई देने लगता है। मारे डर के स्वर्ग का मुख भी फक पड़ जाता है। मेरा नाम सुनते ही डर के मारे तीनों लोक काँप उठते हैं।

भैरव : मैं जब तुझसे ही नहीं डरा, तो क्या तेरे नाम से डर जाऊँगा...? बता, शीघ्र बता, नहीं तो तुझे इतना पछताना होगा जिसकी तुझे कल्पना तक नहीं होगी।

मृत्यु : अगर इतना गर्व है तो सुन! ...चाहे तू मुझे मृत्यु कह या अकाल-मृत्यु, मैं इस तपोवन के हित की इच्छा से प्रवेश कर द्वार खोजती आयी हूँ।

भैरव : **(विकट हास्य से)** अब तुझे यहाँ कौन-सी बुराई दिखाई दी? यहाँ का मार्ग या यहाँ का व्यवहार...?

मृत्यु : तू कौन है रे, मुझसे यह सब पूछनेवाला?

भैरव : मैं तपोधन की रक्षा करनेवाला वृक्ष-भैरव हूँ। यह अमृत क्षेत्र है। यह क्या तेरे प्रवेश का सही मार्ग है?

मृत्यु : तीनों लोकों में कोई ऐसा माई का लाल नहीं जो मुझे रोक सके। तू रोक पाएगा रे वृक्ष-वासी?

भैरव : **(कटु हास्य से)** ओ हो! क्या कहने तेरे साहस का! कोई ऐसा है जो तुझसे हारा न हो?...फिर भी सुन, महर्षि शम्बूक की उज्ज्वल तपस्या के प्रभाव से मुझे भी एक दायित्व धर्म का सम्बल मिला है। इसी धर्मबल से मैं तुझे एक पग भी आगे रखने से रोकने की सामर्थ्य रखता हूँ। यदि तूने मेरी बात पर कान न देकर आगे बढ़ने का तनिक भी साहस किया तो...मेरे हाथ का यह त्रिशूल तेरा नाश करके तुझे वैसे ही ठिकाने लगा देगा, जैसे कि एक भेड़िया भेड़-बकरी को।

मृत्यु : मेरा नाश? मेरा नाश कहाँ है?

भैरव : शब्दों का अर्थ जाने बिना मूर्खों की तरह बात मत कर!

मृत्यु : मुझे अनर्थ करने के लिए व्यर्थ में मत उकसा रे भैरव!

[मृत्यु की छाया आगे बढ़ने लगती है]

भैरव : (**रौद्र वाणी में**) महर्षि शम्बूक भगवान की सौगन्ध, तुम पत्थर की भाँति वहीं खड़ी रहो!

[वह हाथ में चमकते त्रिशूल को मृत्यु के सामने करके उसे रोकता है]

मृत्यु : अरे अबोध! सुन! मैं तो धर्मदेवता की आज्ञा से, शम्बूक ऋषि की गौरव-रक्षा को आयी हूँ। तू तो केवल उनका अंगरक्षक है, मैं उनके सम्मान व गौरव की रक्षक हूँ। मेरा आगमन उनकी रक्षा के लिए है। अब यदि बात समझ में आ गयी हो तो मेरा रास्ता छोड़ दे! मेरा विरोध मत कर!

भैरव : (**आश्चर्य से**) धर्म देवता की आज्ञा से?...ऋषि की गौरव-रक्षा को?...सम्मान की रक्षा को मृत्यु का तपोवन में प्रवेश?...यह तो बड़ी जटिल बात है!...मैं तो काँटों में फँस गया, मुझे तनिक यह पहेली समझा!

मृत्यु : आज प्रातः से तुमने किस-किसको इस तपोवन में जाने दिया?

भैरव : सूर्य की किरणों को।...

मृत्यु : और?

भैरव : पुण्यलक्ष्मी के साथ वसन्त की सुगन्धित बयार को, और उसके संग आयी श्रीरामचन्द्र की कीर्ति-कान्ति को।

मृत्यु : और?

भैरव : प्रकृति देवी के दैनिक परिवार को।

मृत्यु : और किसे?

भैरव : एक ब्राह्मण को, जो अपने पुत्र के संग पूजा के लिए फूल चुनने आया था।

मृत्यु : उसी के निमित्त है यह मेरी यात्रा।

भैरव : कारण?

मृत्यु : उसने एक अधर्म किया है।

भैरव : क्या?

मृत्यु : अवज्ञा की है।

भैरव : किसकी?

मृत्यु : और किसकी? ऋषि की। तुम्हारे गुरुदेव शम्बूक ऋषि की।

भैरव : उस ब्राह्मण में इतना घमण्ड!

मृत्यु : क्योंकि शम्बूक ऋषि जन्म से शूद्र हैं।

भैरव : (**रोकने वाला त्रिशूल तुरंत हटाकर**) शिव! शिव! कैसा भयंकर पाप! वह भी श्रीराम के इस धर्म-राज्य में?

[मृत्यु धीरे-धीरे काली छाया के रूप में आश्रम की ओर जाती है। भैरव धीरे-धीरे पुनः वृक्ष का रूप धारण कर लेता है।]

(पटाक्षेप)

दृश्य-दो

[अयोध्या नगरी में चारों ओर चाँदनी छिटकी है। श्री रामचन्द्रजी के प्रासाद के समीप के उद्यान में चारों ओर दूर-दूर तक भिन्न-भिन्न प्रकार के पेड़-पौधे, लताएँ और रंग-बिरंगे फूल शोभायमान हैं। फव्वारे नर्तकियों की भाँति नृत्य कर रहे हैं। दूर स्फटिक से निर्मित प्रासाद शोभा दे रहा है। उसकी सीढ़ियाँ उद्यान की ओर जाती हैं। उद्यान के उत्तर में एक ढलती आयु का ब्राह्मण दहाड़ मारकर विलाप कर रहा है।]

ब्राह्मण : पुत्र! पुत्र! हाय पुत्र! ओ मेरे लाल! तेरे बिछोह की इस वह्नि को मैं कैसे सहूँ?...तू ही तो मेरी आँखों की ज्योति था, तू ही मेरे जीवन की साँस था! मेरे लाल! तू ही मेरे बुढ़ापे की लाठी था। जब तू ही नहीं रहा तो मेरे लिए संसार में कुछ भी नहीं रहा।...मैं तो इस संसार रूपी श्मशान में चलता-फिरता शव हूँ। तू ही तो हमारी एक मात्र सन्तान था।...अब मैं तेरी उस अन्धी बूढ़ी माँ को कैसे सान्त्वना दूँ? उसके पास पहुँचते ही, पदचाप सुनते ही 'आ मेरे लाल' कहकर वह बाँहें फैलाती थी।...तेरी आवाज से ही उसकी मुखमुद्रा खिल उठती थी।...दुधारू गाय के पास

भुस भरा बछड़ा खड़ा करने की भाँति मैं कैसे उसे सान्त्वना दे पाऊँगा?...बता, मेरे बच्चे! मेरे लाल, बता, कैसे सान्त्वना दे पाऊँगा उसे! **(थोड़ी देर बिलख-बिलखकर रोते हुए)** पता नहीं, पूर्वजन्म में मैंने कौन-से पाप किये थे? नहीं तो मुझे जीवन के अन्तिम प्रहर में इकलौते पुत्र की मृत्यु का यह दारुण दुख क्यों देखना पड़ता? वह भी इस पुण्य-युग में?... यह तो अभी यौवन को प्राप्त नहीं हुआ था, अभी तो इसने पितृकार्य भी नहीं किये थे। अपापजीवी था यह तो!... केवल पाँच वर्ष की अल्पायु का ही तो था, फिर भी किस कारण उसे रामराज्य छोड़कर उस राज्य में जाना पड़ा?... ऐसा कुछ भी तो याद नहीं कि मैंने कोई पाप किया हो, मैंने कभी झूठ बोला हो...अथवा किसी प्राणी की हिंसा की हो, तो फिर मेरे किस दुष्कर्म के कारण मेरे शिशु की मृत्यु हुई? **(दुःखातिरेक से और क्रोध से)** तुम ही कहो ऐ चाँदनी! कहो हे इक्ष्वाकु, रघु, दिलीप आदि रविकुल राजाओं के राज्य की धर्मस्वरूपिणी! ओ अयोध्या नगरी की लक्ष्मी! तुमने पहले कभी यहाँ ऐसा घोर अनर्थ देखा या सुना है?...श्रीराम के राज्य में प्रजा को कोई दुःख है तो राजा का दोष ही प्रजा के संकट का कारण हो सकता है। और नहीं तो क्या? और नहीं तो क्या?...राम से कोई पाप हो गया है! **(सोचते हुए)** और क्या ?...क्या यह पर्याप्त नहीं कि शूद्र के तप से क्रोध में आकर धर्म ने शाप दिया हो! **(धैर्य से)** मेरे बेटे को यदि पुनः जीवित नहीं करोगे तो सुनो हे राम, मैं यहीं, तुम्हारे इस प्रासाद के द्वार पर ही प्राण-त्याग करूँगा। ब्रह्म-हत्या करके तुम सुख से रहो, रहो! **(जोर से)** हे आकाश, तुम साक्षी हो! हे वायु, तुम साक्षी हो! हे अयोध्या, तुम भी साक्षी हो! सुनो, हे स्वर्गवासी राजाओ, तुम सब मेरी शपथ के साक्षी रहना। **(ढह जाता है)**

[स्फटिक शिला का वह प्रासाद चाँदनी में डूबा हुआ है। श्रीराम सभी ओर देखते हुए आगे पग धर रहे हैं। उनके मुख पर करुण भाव है। वे गंभीरता से बढ़ रहे हैं। दूर से उन्हें आते देखकर ब्राह्मण भय-भक्ति से हाथ जोड़कर खड़ा हो जाता है। श्रीराम के

समीप आते ही ब्राह्मण का दु:ख-भाव धन्य-भाव में बदल जाता है। श्रीराम ज्यों-ज्यों पग आगे धरते हैं, वह एक-एक बात स्वगत ही जोर-जोर से कहने लगता है]

ब्राह्मण : (**स्वगत**) हे तीनों लोकों को पुलकित करने वाले! आपके दर्शन से यह जीवन धन्य हो गया। आपका जीवन सप्तसागर के जीवन-क्रम जैसा है। आपके शरीर की कान्ति बनाद्रि में रहते-रहते वन-कान्ति जैसी हो चुकी है। हे दशरथ-नन्दन, वास्तव में आप रघुकुल-श्रेष्ठ हैं। आप करुणा की मूर्ति हैं। कौशलेय! आप ऋषि-शिष्य हैं, संयमी हैं। शिवधनु को तोड़ने वाले आप सुरधनु पर प्रत्यंचा चढ़ाने वाले हैं। मैथिली के मनमोहन! आप कुसुम-कोमल हैं, नील मेघ श्याम हैं, गिरिवन के प्रिय हैं, दशग्रीव के अरि हैं, और वज्र से भी कठोर हैं। आप अंजनापुत्र के सच्चे मित्र हैं और पवित्र-हृदय हैं। आपने पंचवटी में निवास किया है, गोदावरी में स्नान किया है। कोटि-कोटि दैत्यों के संहारक हैं आप, आपने शबरी के हाथों फल सेवन किये हैं। आप महाभव्य हैं। प्रेम की मूर्ति हैं, धर्म की मूर्ति हैं, क्षमा के सागर हैं, शिष्टों के संरक्षक और दुष्टों के संहारक हैं। आप नरों में देव स्वरूप हैं। वास्तव में आप परमशक्ति हैं, आशा के स्रोत हैं, मूर्तिमान आशीर्वाद हैं, मैं धन्य हो गया। बच गया। मेरा पुत्र भी बच गया। बचा लिया, आपने हमें बचा लिया।

[आँखें फाड़े देखता रह जाता है]

श्रीराम : (**राजसी गंभीरता से**) कहाँ है वह दुखियारा जिसने इस वसन्त पूर्णिमा की रजनी को, इस अयोध्या नगरी की शांति को अपनी व्यथा से हिला दिया और मेरे मन की पीड़ा को और भी बढ़ा दिया! (**जोर से साँस लेते हैं**) मैं अभी जब अपनी पत्नी के बिछोह से व्याकुल था, उसकी स्मृति में शोकाकुल था। वह दु:ख और बढ़ गया। कहाँ है वह दुखियारा? किस ओर चला गया? (**जरा देखकर**) इसी ओर से, इसी उद्यान के छोर से, वह रुदन सुनाई दे रहा था... (**व्यंग्यभरी मुस्कान से**) अपने जीवन का भी क्या कहें! मेरे

लिए तो रोदन ही संगीत हो गया है।...अवतार लेने वाले का तो दु:ख ही जीवन है। उसे तो अश्रुओं को ही पीना पड़ता है। **(अपनी ओर आते ब्राह्मण को देखकर)** कोई इस ओर आ रहा है....**(ध्यान से देखकर)** यह वृद्ध है, ब्राह्मण है, दु:ख से जर्जरित लग रहा है! सम्भवत: इसी ने पुकारा होगा, इसी से पूछना चाहिए। **(दो कदम आगे बढ़ते हैं)**

ब्राह्मण : **(तेजी से उनकी ओर बढ़कर)** हे अनाथरक्षक, हे दु:ख विमोचक, सर्वलोक के प्रभु, रक्षा कीजिए, मेरी रक्षा कीजिए।

[चरणों में गिर पड़ता है]

श्रीराम : उठिए! उठिए! आप वृद्ध हैं, बड़े हैं, ब्राह्मण हैं। आप मेरे लिए गुरुजन समान हैं।

ब्राह्मण : हे दाशरथि! मुझे किसी आर्थिक सहायता की आवश्यकता नहीं! मेरे कष्ट निस्सीम हैं। एक भिक्षुक भला कैसे बड़ा हो सकता है?

श्रीराम : आप कौन हैं? क्या कष्ट है आपको?

ब्राह्मण : आप स्वयं ही पूछ रहे हैं तब फिर कष्ट कहाँ? क्या आपने अपनी नाभि से ब्राह्मण को जन्म नहीं दिया? काल तो स्वयं आपका पुत्र है।...तो आपसे वृद्ध कौन हो सकता है? विश्व के निर्माता से बड़ा और कौन हो सकता है? तो फिर आपके चरण छूने में क्यों दोष? यदि मैं आपको मानवरूप में भी देखूँ तो भी मुझे आपके सम्मुख नमन करना चाहिए, क्योंकि आप भूपति हैं।...प्रेम-साधना में भी क्या आप महातपस्वी नहीं?...तपस्या ही सबसे बड़ी होती है। गुण के प्रति मात्सर्य कैसा?

श्रीराम : हे विप्रोत्तम! बड़े सदा ही होते हैं। बताइए, आपको क्या कष्ट है?

ब्राह्मण : मेरे पाँच वर्ष के पुत्र को, वह छीन ले गया।

श्रीराम : कौन? कौन है वह नीच?

ब्राह्मण : यम नाम से प्रसिद्ध वह वैवस्वत।

श्रीराम : क्या यह सच है?.

ब्राह्मण मेरे संग चलने का अनुग्रह करें तो मैं वह स्थान दिखाता हूँ और अपने इकलौते पुत्र का शव भी। **(रोते हुए)** हे दयानिधे! कष्टकाल में सब आप ही का नाम लेते हैं और संरक्षण पाते हैं। मैं आप ही से प्रार्थना कर रहा हूँ। आप कृपालु हैं न! चाहे कितना भी कठिन कार्य क्यों न हो, आपके लिए तो वह सरल ही है न! मात्र लोकापवाद के कारण अपनी अर्धांगिनी को भी, जिसने अग्निपरीक्षा से स्वयं को परिशुद्ध प्रमाणित किया, उस सुन्दर लक्ष्मी-सी सीता माँ को पूर्ण गर्भावस्था में ही वन. भेज दिया। क्या आप अपना महान् पौरुष भूल गये स्वामी?

श्रीराम : **(लम्बी साँस लेकर मुँह सिकोड़ते हुए)** हे द्विजश्रेष्ठ, बस कीजिए अपना कथन। वन की आग के शमन के लिए क्या नगर में आग लगा दी जाती है? आप अपने दुःख के शमन के लिए क्यों मेरा दुःख याद दिला रहे हैं?

ब्राह्मण : क्षमा कीजिएगा महीश्वर! मैं अपने पुत्र के प्राणों की भिक्षा माँगने आया हूँ। कृपा करके आप वह मुझे प्रदान करें।

श्रीराम : हे द्विजोत्तम, आपका कहना आश्चर्यजनक है! धर्म का अधिकारी वैवस्वत मेरे राज्य में यूँ ही प्रवेश नहीं करता... इसमें कोई धर्मच्युति अवश्य हुई है। अप्राप्त आयु बालक को यदि वह ले गया है तो मैं उसे अवश्य दण्ड दूँगा, यदि उसका दोष हुआ तो।...अतः यह देखना होगा कि इसका कारण क्या है। आपने कोई अनीति का कार्य तो नहीं किया?

ब्राह्मण : महाराज, मेरे माता-पिता विद्यादान करने वाले सज्जन थे। मेरी आत्मा ने तो ब्राह्मण कुल में ही जन्म लिया है प्रभु!

श्रीराम : आप मान्य हैं...आप जैसों को पानेवाला मेरा राज्य भी धन्य है। तब और किसी ने कोई अधर्म किया है क्या? आपके दुख का कारण क्या है? यदि आप कुछ जानते हैं तो बताइए, मैं उसे दूर करूँगा। कारण के नाश से ही कार्य भी नष्ट हो जाता है। **(दृढ़ स्वर में)** मेरे राज्य में कोई अधर्मी रह नहीं सकता। **(श्रीराम के सात्विक क्रोध से ब्राह्मण घबरा जाता है और बिटर-बिटर देखने लगता है। श्रीराम उसकी**

घबराहट देखकर सान्त्वना भरे स्वर में) डरिए मत, सत्य बोलिए।

ब्राह्मण : क्षमा कीजिए महापुरुष, मेरी जिह्वा लड़खड़ा रही है।

श्रीराम : सत्य बोलने में?

ब्राह्मण : आपके सम्मुख आपका नाम लेने में...

श्रीराम : **(तनिक चौंककर, अपने-आपसे)** सारे अपराधों का मूल क्या मैं ही हूँ?... उस दिन धोबी ने एक बात कही, आज यह ब्राह्मण कह रहा है। **(प्रकट)** द्विजोत्तम, सत्य सर्वपूज्य होता है। सत्य से किसलिए डरना? दशरथ के आत्मज को, सत्य सुनने में कभी डर नहीं लगा। सत्य मार्ग सदा क्षेमकर होता है, संसार में वह महान् होता है-सुनने वाले के लिए भी और कहने वाले के लिए भी।...जो सहन किया जा सके, वही कहिए...कहिए मेरा अपराध क्या है? कौन-सा अपराध हो गया मुझसे?...जन्म से ही नहीं, कर्म से भी आप मेरे लिए गुरु के स्थान पर हैं। कहिए, जो सहा जा सके, वही कहिए।

ब्राह्मण : हे सज्जनों के परित्राणदाता! सुनिए...आज प्रात: देवार्चन के लिए फूल तोड़ने को, मैं अपने पुत्र के साथ वन में गया था।

श्रीराम : किस वन में? किस ओर है वह ?

ब्राह्मण : पाप होने के डर से मैंने उसका नाम नहीं लिया। वह मृत्यु दिशा में है प्रभु!

श्रीराम : नाम लेने में कैसा पाप? कहिए।

ब्राह्मण : उस वन को लोग शम्बूक-आश्रम कहते हैं।

श्रीराम : **(चिन्ता-मग्न होकर, बाद में)** ओह! अब मुझे कुछ सुझाई दिया।... आगे?

ब्राह्मण : आगे क्या, महाप्रभु! हम दोनों ने वहाँ तप करने वाले एक शूद्र को देखा। उसका ही नाम 'शम्बूक' है। ऋषिवेश में वह एक पाखण्डी है। **(श्रीराम की त्योरियाँ चढ़ जाती हैं, वे कुछ सोचते हुए खड़े हो जाते हैं। ब्राह्मण बड़बड़ाता जाता है।)** **(स्वगत)** अब उस शूद्र को सही दण्ड मिलेगा। अधर्म के श्रवणमात्र से ही मारे क्रोध के रावणारि का मुख कैसा रौद्र हो उठा है!

श्रीराम : (**सौम्य होकर ब्राह्मण की ओर मुड़कर**) आप दोनों ने उन्हें नमस्कार किया था?

ब्राह्मण : (**कान बन्द करके**) शिव, शिव,. शिव! ऐसा घोर पाप हम कैसे कर सकते हैं? अबोध बालक हाथ जोड़ने को ही था कि मैंने उसे समझाया, शूद्र को हाथ नहीं जोड़ने चाहिए।

श्रीराम : (**व्यंग्य से**) हाँ...आँ, आप वेदमूर्ति जो ठहरे!

ब्राह्मण : आपके राज्य में रहते यदि कोई अधर्म हो और उसे रोका न जाय तो, क्या हमें नरक नहीं मिलेगा?...

श्रीराम : ओह! सत्य है, आपने वही किया जो स्वर्ग-प्राप्ति के लिए करना चाहिए। तो क्या आपका विश्वास है कि इसी पुण्य से आपका पुत्र स्वर्ग चला गया?

ब्राह्मण : नहीं-नहीं, हे रामभद्र! शूद्र का तप करना अधर्म होता है, वर्णाश्रम धर्म का उल्लंघन, पाप होता है। इसी से आपकी एक बाल-प्रजा बलि हो गयी।...आगे चलकर वह पता नहीं कौन-सा महान् कार्य करता, पता नहीं कौन से काव्य का प्रणेता होता! और पता नहीं तपस्या से कौन-सी सिद्धि प्राप्त करता।...वही एक शूद्र के तप की दुष्कृति की बलि हो गया। (**रोता है**)

श्रीराम : (**दया तथा कोप से, स्वगत**) इस वर्णाश्रम के अन्धे को, इस शास्त्रज्ञ को, बुद्धि देनी होगी। शम्बूक तो महायोगी है, उस तपस्वी के तिरस्कार के कारण ही धर्म का हनन हुआ। इसी कारण से वह प्यारा बालक काल का ग्रास हो गया। यह अपना दोष समझ ही नहीं पा रहा है। अप्रकट रूप में मेरी और प्रकट रूप में शम्बूक योगी की निन्दा कर रहा है। (**कुछ सोचकर, निर्णय करके**) तो दिखाइए हे द्विजश्रेष्ठ, उन शम्बूक मुनि का वह वन। उसी ओर चलते हैं, जहाँ यह अधर्म हुआ है।...रामराज्य में अधर्म के लिए मृत्यु ही है। अधर्म का संहार ही मृत्यु पर विजय है। धर्म की जय ही यम की हार है। धर्म की रक्षा से आपके पुत्र की भी रक्षा हो जाएगी।

ब्राह्मण : (**स्वगत**) मेरी राम की निन्दा व्यर्थ नहीं गयी, अब देखें प्रशंसा से क्या फल निकलता है। (**राम से, प्रकट**) चलें राक्षसारि! मैं धन्य हुआ।

श्रीराम : चलिए, (आकाश की ओर देखते हुए) पुष्पक पर चढ़कर शम्बूकाश्रम चलेंगे।

[श्रीराम उत्तर दिशा की ओर देखते हैं, पुष्पक का स्मरण करते हैं। तभी छोटी-छोटी घण्टियों का नाद सुनाई देता है। लगता है, चाँदनी घनीभूत हो गयी है। विमान धीरे-धीरे धरती पर उतरता है। श्रीराम के साथ ब्राह्मण भी विमान को नमस्कार करके विमान में चढ़ता है। विमान धीरे से ऊपर उठता है और आँखों से ओझल हो जाता है। बाद में उसकी आवाज का सुनाई देना भी बन्द हो जाता है।]

(पटाक्षेप)

दृश्य-तीन

[शम्बूक आश्रम की वन-शोभा। सर्वत्र पूर्णिमा की चाँदनी छिटक रही है। चारों ओर शान्ति का साम्राज्य फैला है। एक वल्मीक के समीप फूलों की राशि पड़ी है, उसी के पास ब्राह्मण कुमार का शव पड़ा है। शव के आस-पास छाया रूपी मृत्यु खड़ी है। वहीं समीप समाधिमग्न महर्षि की आकृति दृष्टिगोचर होती है। उसके चारों ओर झाड़-झंखाड़ उग आये हैं। श्मश्रु-पूर्ण मुख आस-पास की लताओं के संग मिल जाने से बुना हुआ-सा दीखता है। शरीर के अधोभाग तक वल्मीक चढ़ चुका है। उस भव्य दृश्य के चारों ओर एक आभा-मण्डल दिखाई दे रहा है। ऋषि की आकृति ध्यान से देखने पर ही दिखाई देती है। वह एकदम उस वातावरण के साथ घुलमिल गयी है। देखते-देखते उस आकृति में स्पन्दन होता है। सारे पौधे और लताएँ हिलने लगती हैं। मृत्यु भी भक्तिभाव से हाथ जोड़ती है। उसी दिशा से श्रीरामचन्द्र ब्राह्मण सहित प्रवेश करते हैं। उनका मुखभाव दीप्त है। अपने मन की प्रसन्नता व्यक्त करते हुए]

श्रीराम : **(स्वगत)** इस वन में कितनी शांति है।....यहाँ के अनुभव से ही पता चल जाता है कि यह किसी ऋषि का निवास-स्थान है। तपोमहिमा की भी कोई तुलना हो सकती है भला!

[**रसानुभव करने वाले के समान खड़े-खड़े ध्यानमग्न हो जाते हैं**]

ब्राह्मण : **(स्वगत)** इन राजेन्द्र का रंग-ढंग तो आश्चर्य उत्पन्न कर रहा है। इन्हें तो गिरि, वन, पर्वत भी प्रासाद जैसे ही लगते

हैं। यह कैसा प्रेम? यह कैसा मोह? सीता को वनवास भेजने वाले को समस्त अरण्य ही सीतामय लगता है!...

श्रीराम : वह स्थान दिखाइए।

ब्राह्मण : आइए, आइए प्रभु! दिखाता हूँ। (**आगे बढ़कर**) देखिए उस ओर, उस ओर देखिए कोशलेश्वर! मेरे कुल-गोपुर का कलशमणि ध्वस्त पड़ा है। (**कुछ और आगे बढ़कर**) रक्षा कीजिए, मेरी आँखों के तारे की रक्षा कीजिए। (**शव की ओर ढह जाता है।**)

[**श्रीराम प्रयत्न करने पर भी अपने को रोक नहीं पाते। उनकी आँखों में आँसू भर आते हैं।**]

श्रीराम : (**स्वगत**) स्थिर-प्रज्ञ को भी यह पुत्रशोक का दृश्य अस्थिर कर देता है। जिस प्रकार मेरे विरह में मेरे पिता का हृदय विदारित हुआ था उसी प्रकार यह वृद्ध पिता भी यह कैसी माया?...अमृत का साक्षात्कार होने पर भी, मृत्यु संकट-दायिनी होती है। नाटक की वास्तविकता का बोध नेपथ्य में जाने पर ही तो होता है। (**ब्राह्मण के पास जाकर**) हे वेदविद्, अबोध की भाँति मत रोइए। जो अधर्म हुआ है उसका परिहार होते ही आपका चिरंजीव अमृतपान करेगा।

ब्राह्मण : (**प्रसन्नता से ऊपर उठकर**) तो अमृतपान कर लिया मेरे इस चिरंजीवी ने!...यह सत्य है क्या इक्ष्वाकु-कुलेन्द्र? अब से मेरा पुत्र चिरंजीव है!...उस अधर्मी को शीघ्र ही समाप्त कीजिए।

श्रीराम : (**हाथ जोड़े खड़ी मृत्यु को प्रसन्न मुद्रा से देखते हुए**) इस तपोवन में तुम कैसे? (**और मुस्कराते हुए**) उपवास कर रही हो क्या?

मृत्यु : (**प्रसन्नता से**) तपस्या कर रही हूँ!

श्रीराम : (**विनोद से**) किस अमंगल की सिद्धि के लिए?

मृत्यु : दैत्यों के वैरी की धर्म-सिद्धि के लिए।

श्रीराम : तुम्हें बारम्बार नमस्कार!

मृत्यु : मैं धन्य हो गयी।

ब्राह्मण : (**स्वगत**) इस नीलवर्णी का किसके संग वार्तालाप चल रहा है?

श्रीराम : हे द्विजोत्तम, आपके बताये उस अनधिकारी शूद्र के तप करने का स्थान दिखाने में देरी क्यों?

ब्राह्मण : (**हाथ से दिखाते हुए**) वहाँ देखिए, उस वल्मीक की ओर....

श्रीराम : (**स्वगत**) इस ब्राह्मण की जिह्वा को क्या कहूँ?...बात-बात में मेरे मर्म को छेद रही है। वल्मीक कहते ही मुझे सीता का पालन करने वाले उन कवीश्वर की याद हो आती है। पता नहीं क्यों यह महादु:ख उमड़ा आ रहा है! वे कवि-ऋषि क्या इसी शम्बूक की भाँति शूद्र नहीं थे? व्याधवृत्ति वाले उन्होंने उग्र तप से महर्षि के पद की प्राप्ति नहीं की?...तप की महिमा का क्या कोई अंत है?

[ब्राह्मण द्वारा दिखाई दिशा की ओर देखते हुए श्रीराम धनुष पर डोरी चढ़ाने के बहाने शम्बूक को हाथ जोड़ते हैं।]

ब्राह्मण : (**घबराकर**) यह क्या? तप करने वाले इस पाखण्डी को हाथ जोड़ रहे हैं? या फिर प्रत्यंचा चढ़ाने का ढंग ही ऐसा होता है...समझ में नहीं आता इन पृथ्वीपति का विचित्र आचरण! मेरी समझ से बाहर है यह....

[आश्चर्य-चकित दृष्टि से देखता हुआ खड़ा रह जाता है]

श्रीराम : (**ब्राह्मण की ओर मुड़कर**) हे भूसुरोत्तम! क्षत्रिय के एक भ्रम का निवारण करने की कृपा करेंगे?

ब्राह्मण : (**विनय से**) मेरी अल्पबुद्धि में जितना आता है, कहूँगा।

श्रीराम : (**व्यंग्य होने पर भी गंभीरता से**) हे पूज्य, आप उदात्त बुद्धि से बताने की कृपा करें।

ब्राह्मण : यथा-शान्ति प्रयत्न करूँगा, राजेन्द्र।

श्रीराम : हे द्विजेन्द्र, तपस्या पूजनीय होती है न?

ब्राह्मण : राघवेन्द्र, तपस्या की भी कोई सीमा होती है?

श्रीराम : तो तपस्वी पूज्य होते हैं न?

ब्राह्मण : यह सत्य है, धर्ममूर्ति!

श्रीराम तो हे सत्वशील, पूज्य का हनन पाप होता है न?

ब्राह्मण : निस्सन्देह, बालिसंहारी!

श्रीराम : (**भौंहें चढ़ाकर धीरे से**) तो इस तपस्वी की हत्या करना पाप नहीं होगा?

ब्राह्मण : हे वशिष्ठ-शिष्य, तर्क से भी श्रेष्ठ श्रुति-वाक्य होता है।

शास्त्र में यह बात विहित है कि शूद्र तपस्या का अधिकारी नहीं होता। कृत-युग में केवल ब्राह्मण ही तप के अधिकारी थे। त्रेता में क्षत्रिय अधिकारी बने। द्वापर में वैश्य भी तप करने लगेंगे। और फिर, कलियुग के आने पर शूद्र भी तपस्वी बनने लगेंगे।...इसी कारण कृत-युग में धर्म चारों पाँव पर खड़ा था, त्रेता में केवल तीन पाँव पर खड़ा है, द्वापर में केवल दो पाँव पर रहेगा और कलियुग में केवल एक पाँव पर लँगड़ाकर चलता, काँपता हुआ विनष्ट हो जाएगा...सुनो, वर्णाश्रम के पालक! दूध पूज्य है, लेकिन प्राणदाता होने पर भी कुतिया का दूध त्याज्य है। शूद्र की तपस्या भी कुतिया के दूध के समान है।

श्रीराम : (**क्रोध न दिखाकर, व्यंग्य से**) आपकी सीखी विद्या आज सार्थक हुई आचार्य! (**जोर से साँस लेते हैं**) इस बाण के प्रयोग के लिए आपकी सम्मति है न?

ब्राह्मण : हे धनुर्धर! यह शूद्र तपस्वी दण्ड के योग्य है।

श्रीराम : तप शूद्र का होने पर भी शक्तिदायक होता है। अतः इस वध के लिए सामान्य साधन पर्याप्त नहीं।

ब्राह्मण : हे अरिदमन, जिस दिव्यास्त्र से आपने दैत्येन्द्र रावण के दस सिर उड़ाये, उसी का प्रयोग कीजिए। पाप-कार्य में यह उससे कम नहीं है।

श्रीराम : ब्रह्मास्त्र अति भयंकर होता है द्विजवर! अपने शत्रु पर, बिना समझे उसका प्रयोग नहीं करना चाहिए।

ब्राह्मण : इस पाखण्डी के लिए तो वही सही है, वही छोड़िए, कोदण्डपाणि! (**श्रीराम निषंग पर हाथ रखते हैं। भूमि काँप उठती है, आकाश में गर्जन होता है। ब्राह्मण डर के मारे श्रीराम के पीछे छिप जाता है। मृत्यु हक्की-बक्की होकर चीखती है।**)

मृत्यु : रुकिए विश्वनियन्ता, रुकिए!

श्रीराम : (**मृत्यु को ध्यान से देखकर**) तुम क्यों डरती हो?

मृत्यु : यह खेल है या सत्य?...मेरी समझ में नहीं आ रहा कि मुझे किस मार्ग पर जाना है।...

श्रीराम : (**भौंहें चढ़ाकर**) मृत्यु, कभी भी दायित्व से मुख मोड़ा नहीं जा सकता। यह महास्त्र ही मार्गदर्शी है।

मृत्यु : जो आज्ञा। (**सिर झुकाकर चलने को उद्यत होती है**)

[श्रीराम ब्रह्मास्त्र, धनुष पर चढ़ाकर डोरी खींचते हैं। बिजली चमकती है, बादल गरजते हैं, आँधी चलने लगती है, धूल छा जाती है। सारा अरण्य चीत्कार कर उठता है। मृत्यु की कराल छाया रौद्र-रोष से शरवेग से अस्त्र का पीछा करती है। तपस्वी के समीप पहुँचकर ब्रह्मास्त्र अपनी उग्रता खोकर विनीत होकर ऋषि शम्बूक के पास दण्डवत् हो गिर जाता है। मृत्यु भी उसी का अनुसरण करती है। घबराकर देखते हुए ब्राह्मण से श्रीराम मुस्कराकर कहते हैं]

श्रीराम : यह क्या आचार्य?

ब्राह्मण : हे दाशरथि, यह सब शूद्र तपस्वी के तप का ही प्रभाव है। आपका विश्वस्त ब्रह्मास्त्र भी निष्फल हो गया?

श्रीराम : ब्रह्मास्त्र कभी निष्फल हो सकता है? इसी क्षण वह अपना चमत्कार दिखाएगा।

ब्राह्मण : (**आश्चर्य से**) कैसे?

श्रीराम : ऋषिवर के प्रति सम्मान प्रदर्शित करके वह बाद में इसी ओर लौटेगा।

ब्राह्मण : वह भला इस ओर क्यों आएगा?

श्रीराम : अपने शत्रु का ध्वंस करने।

ब्राह्मण : किसका?

श्रीराम : अधर्मी का।

ब्राह्मण : उस शूद्र का?

श्रीराम : नहीं, ब्राह्मण-वरेण्य का।

ब्राह्मण : ब्राह्मण वरेण्य का?

श्रीराम : (**दर्प से**) पूज्य की अवज्ञा करनेवाले शास्त्रवेत्ता का, दुर्विनीत का।

ब्राह्मण : (**श्रीराम का संकेत समझकर**) हाँ....ाँ.....ाँ....आँ!

श्रीराम : (**ब्राह्मण को अनदेखा करके**) तुम्हारा, द्विजोत्तम तुम्हारा ध्वंस करने!

ब्राह्मण : रक्षा करो अनाथरक्षक, दीनबन्धु! (**उनके पाँव पकड़ने का यत्न करता है**)

श्रीराम : (**उसकी ओर बिना देखे**) आपने मेरी अवज्ञा नहीं की।

ब्राह्मण : मेरी गति क्या होगी? कृपा करके मुझे मार्ग सुझाइए, मुझे क्षमा कीजिए जीवितेश्वर!

श्रीराम : (**फिर भी उसकी ओर बिना देखे ही**) वह महास्त्र ही हमारा मार्गदर्शी है।

ब्राह्मण : वह क्या आपकी आज्ञा भी नहीं मानेगा?

श्रीराम : (**उसकी ओर देखकर दया से**) केवल आज्ञा-पालन से काम नहीं चलेगा, आँखें खोलकर चलना होगा, विवेक से काम लेना होगा, तभी पिता की रक्षा होगी, साथ ही पुत्र की भी रक्षा होगी।

ब्राह्मण : यह शास्त्र-सम्मत तो नहीं है क्षत्रियोत्तम!

श्रीराम : सन्मति की सुकृति के लिए शास्त्र की सहायता चाहिए? ....फिर भी आपके लिए एक श्लोक का प्रमाण देता हूँ। सुनिए श्रोत्रिय महाशय!

आकाश-वाणी : ''केवलं शास्त्रमाश्रित्य न कर्त्तव्यो विनिर्णयः।
युक्तिहीन-विचारे तु धर्महानिः प्रजायते।''

ब्राह्मण : (**टकटकी बाँधकर श्रीराम को देखते रहने के बाद एकदम से**) अब मेरी समझ में आ गया हे महाप्रभु! आपने मुझ जैसे सम्प्रदायबद्ध की, जाति-गर्व से फूले शास्त्र-मूढ़ की आँखें खोल दीं। पेड़ किसी भी जाति का क्यों न हो, ईंधन में क्या भेद होता है? आग किसका भेद करती है? ठग किस पर दया करते हैं? चाहे कोई भी क्यों न हो तपस्वी आराध्य ही होते हैं। उनको नमस्कार करना मात्र भी पुण्य होता है। उनका तिरस्कार करना पाप होता है।

श्रीराम : उनका क्या जाता है। वे तो सोचते हैं जो नमस्कार करता है वह भी ठीक, न करे वह भी ठीक। इस संसार में जो भी करो फल देने वाला ही होता है। चाहे जितना भी निचोड़ो, ईख मधुर रस ही देती है। मथने पर समुद्र अमृत ही देता है, आपका भला ही करता है।

[**ब्राह्मण आगे बढ़कर शम्बूक महर्षि को साष्टांग नमस्कार करता है। सारा वन प्रदेश प्रसन्न हो उठता है। पुष्पवृष्टि होती है। देवदुन्दुभी का नाद होता है। मृत्यु की छाया तेजी से ओझल हो जाती है। ब्राह्मण कुमार आँखें मलता हुआ उठ बैठता है, मानो**

नींद से जागा हो। चारों ओर देखकर अपने पिता को पुकारता है]

कुमार : तात! तात! ओ तात! फूल चुनते-चुनते मैं यहीं सो गया था? मेरे तात मुझे छोड़कर कहाँ चले गये? (**फूलों की टोकरी उठाकर चलता है। राम को देखकर, स्वगत**) ये महाशक्तिशाली व्यक्ति कौन हैं? ये तो देवता के समान चमक रहे हैं।

श्रीराम : हे वत्स! डरो मत, मेरे पास आओ। वह देखो, तुम्हारे तात।

[दिखाते हैं, उठकर आते हुए कान्ति से चमकता पिता को देखकर कुमार 'तात! तात' कहता दौड़कर उससे लिपट जाता है। मारे हर्ष के ब्राह्मण की आँखों में आँसू उमड़ आते हैं। वह पुत्र को राम के पास ले जाता है।]

ब्राह्मण : नमस्कार करो पुत्र, सीतापति को, राजराजेन्द्र को, हम दोनों के रक्षक को!

[कुमार अति प्रसन्नता से नमस्कार करता है। श्रीराम उसे गोद में उठाकर प्यार करते हैं और शम्बूक ऋषि की ओर अँगुली से संकेत कर कहते हैं]

श्रीराम : नमस्कार करो उन महातपस्वी को, द्विजकुमार। ऋषि की कृपा से ही तुम अब सही द्विज बने हो। तप अपने स्थान से ही दूर-दूर तक प्रभाव डालता है। (**कुमार नमस्कार करता है**) तुम्हारे हाथ ही, तुम्हें उठाने वाले मेरे हाथों के लिए, अखिल पृथ्वी के श्रेय के लिए, राज्य की निर्विघ्नता के लिए सहायक होंगे।

[ब्राह्मण कुमार नमस्कार करता है। शम्बूक ऋषि के शरीर पर चढ़े झाड़-झंखाड़ धीरे-धीरे गिरने लगते हैं। उनके दोनों हाथ आशीर्वाद की मुद्रा में दिखाई देते हैं। देववीणा के मधुर स्वर वायुमण्डल में भर जाते हैं। पुष्पवृष्टि होती है, वही परदे का रूप धारण कर लेती है।]

भाषान्तर : बी०आर० नारायण

■

अश्वमेध

आद्यरंगाचार्य 'श्रीरंग'

आद्यरंगाचार्य 'श्रीरंग'

जन्म—1904 धारवाड़ (कर्नाटक)

लेखन—अब तक 30 नाटक और लगभग 100 एकांकी लिखे। इसके अतिरिक्त कन्नड़ के उपन्यास और आलोचना साहित्य को भी समृद्ध किया। रंगमंच पर नए प्रयोग करना 'श्रीरंग' के लिए सदा प्रिय रहा। वे स्वयं एक सफल नट हैं।

इन्होंने नाटकों में समाज की कुरीतियों, अंधविश्वास और आडम्बर पर तीव्र प्रहार किया। इनके हिन्दी में अनूदित नाटक हैं—'सुनो जनमेजय', 'तीन रंग नाटक', 'स्वर्ग के तीन द्वार', 'शोक चक्र', 'रंग भारत' तथा 'सात श्रेष्ठ एकांकी'।

◆

पात्र

वेंकप्पा राय

गृहस्थ

गुंडु

कुलकर्णी (शंभु)

कमला

[एक मैदान के आगे चढ़ाइयाँ और उतराइयाँ एक पंक्ति में दिखाई देती हैं। बाईं ओर एक पौधा। बीच में एक बड़ा-सा पत्थर। एक दो मिनट बाद एक पुरुष, एक स्त्री बाईं ओर से प्रवेश करके रंगमंच के पिछली ओर जाते हैं। उनकी पीठ सामने होने के कारण यह कहा नहीं जा सकता कि वे कौन हैं। पुरुष 'उ-फ्' कहकर थकान से कंधे की गठरी को पत्थर पर पटकता है और बैठ जाता है। उसकी आयु लगभग 48 वर्ष की है। एक ओर धर्म-संकट तो दूसरी ओर यात्रा की कठिनाई-इन दोनों के कारण उसकी आकृति दो आदमियों के बीच झगड़े में पड़े खेत जैसी दिखाई दे रही है। खिचड़ी दाढ़ी। एक स्त्री उसकी बगल में आकर खड़ी हो गई है। वह उसके हाँफने को दुखी होकर देखती है। उसके मुख पर एक दयनीय तथा सात्विक सौंदर्य दिखाई देता है। उसकी आयु लगभग 19 वर्ष की है। शरीर की बनावट यौवन तथा आकर्षण से भरी है। वह अपने हाथ की छोटी गठरी नीचे रखकर हाथों से बाल सँवारती है।]

स्त्री : पिताजी, आगे दिखने वाली यह एक चढ़ाई पार कर लें तो गाँव मिल जाता है। बस एक घंटा दिन बाकी है। इतने में वहाँ पहुँच जाएँगे।

पिता : (**थकान मिटाते हुए**) कमला, यही एक-यही एक कहते-कहते कितनी चढ़ाइयाँ चढ़ी होंगी अब तक। हश्....छि:- अब मुझसे नहीं होगा।

कमला : आपके हाथ की गठरी मैं ले लूँ?

पिता : (**उसे देखकर विषाद की हँसी में**) छि: पगली, यह गठरी मेरे लिए भारी है, ये कैसे समझ लिया? यदि इतना भार भी मैं उठा नहीं सकता तो गृहस्थी का भार उठाकर देश-विदेश में कैसे घूमता?

कमला : (**स्वगत**) पिताजी, मैं आपके लिए कितना भार हो गई हूँ....

पिता : (**उसका हाथ पकड़कर उसे पास बिठाते हुए**) अरी कमला, क्या मैंने यह कहा कि तुम मेरे लिए भार हो? मैं, बेटी को पाँव की बेड़ी कहने वाला पागल नहीं हूँ? 'बेटी पाँव के चक्र के समान है।' सुना कि नहीं? (**हँसते हुए**) तुम्हारे लिए वर ढूँढ़ने के उद्देश्य से कितने देशों की यात्रा की?

तुम यदि विवाह योग्य न होतीं तो, यात्रा का सुख ही मुझे कहाँ मिलता? ज्यादा से ज्यादा पत्नी से तंग आकर काशी, रामेश्वर या तिरुपति देख सकता था। पर तुमने और मैंने किस प्रकार स्वच्छंद यात्रा की। काशी जाने पर भी विश्वेश्वर को देखे बिना लौट आए कि नहीं?

कमला : मैंने उसी दिन आपसे कहा था, विश्वेश्वर का मंदिर देखना चाहिए। आपने ही मना कर दिया था। मैंने भी जिद नहीं की।

पिता : **(पगड़ी उतारकर पसीना पोंछते हुए)** अरे पगली, काशी वर देखने के लिए गए थे या विश्वेश्वर के दर्शन करने? इसके अलावा उस सुबह मठ वालों के पास वरों के बारे में पूछने के लिए मंदिर के पास से गया ही था। पहले तो ऐसा लगा, वह कोई चमारों की या मुसलमानों की गली हो। मैंने भानुराय से पूछा—'इतनी सड़ांध क्यों?' वे बोले, विश्वेश्वर का मंदिर समीप ही है। तब मैंने दूर से ही नमस्कार कर लिया।

कमला : **(हँसकर)** बस कीजिए, भगवान के बारे में भी मजाक करते हैं। आज गंगास्नान के समय मुझे भी ऐसा ही लगा। पानी में डुबकी लगाते समय लोग नाक क्यों पकड़ते हैं, यह रहस्य अब समझ में आया।

पिता : तुमने भी देखा न! आज या कल यदि वह मिल गया, तो तुम्हारी शादी कराते समय 'गंगा सिंधु श्लोक' पढ़ने से पुरोहित को मना अवश्य करूँगा। कहीं भूल से मैं और तुम नाक न पकड़ बैठें। **(एकदम तैश में आकर)** 'गंगा सिंधु' कहते हैं। उस श्लोक में गिनाई गई सभी नदियों के देश घूमने के बाद एक भी वर नहीं मिल पाया। समुद्रयात्रा मना कर रखी है, नहीं तो समुद्र पार भी जाकर वर ढूँढ़ता।

कमला : **(विषाद न दिखाते हुए)** पिताजी, मेरे लिए आप आगे से एक तिल भर भी कष्ट न उठाइये। आपने इतनी यात्रा की है उससे थके नहीं क्या? सारे प्रांतों के लोगों को हमने देखा। अलग-अलग प्रांत के भोजन, खान-पान, आचार-विचार सब सीख लिए....मैंने थोड़ी-बहुत हिन्दी, बंगाली, मराठी

भी सीख ली...यह पर्याप्त है न? किसी प्रकार मेहनत करके पेट भरने की योग्यता आ गई है। आप यह समझ लीजिए कि मैं आपके लिए अब भार नहीं हूँ...स्त्री रूप में जन्म लेने के पाप के कारण मैंने आपको कितना कष्ट दिया।

पिता : **(वात्सल्य से)** कष्ट दिया? कैसी पगली हो तुम? तेरे कारण मुझे अपनी योग्यता का पता चला। कमला, लड़कियों का बाप होना तुम क्या समझो? साक्षात विष्णु के समान...पाँव में चक्र, हाथ में शंख, सिर पर गदा, आसन में पद्म... देखा कि नहीं इस विष्णु को।

[कहते हुए पद्मासन की मुद्रा में बैठ जाता है]

कमला : **(हँसते हुए)** पिताजी, यह यात्रा करते समय मेरे मन में भी एक विचार आया था। वर ढूँढ़ने निकलने वाली कन्या देवलोक की अप्सरा के समान होती है। अलग़-अलग युगों में हजारों वर्षों तक तपस्या करने वाले ऋषियों के सामने आने वाली रंभा, उर्वशी पर आयु पर कोई प्रभाव ही नहीं पड़ता। आप जहाँ भी जाते हैं, वहाँ मुझे चौदह साल की ही बताते हैं, इसलिए यह विचार मन में आया...एक बार तो आपने तेरह का ही बता दिया था।

पिता : हाँ, अब भी तेरह ही बताता पर यह कंबख्त शारदा बिल पास हो गया है, इसलिए एक वर्ष बढ़ाना पड़ा...हमारा धर्म नहीं कहता कि मनुष्य को सदा एक ही बात कहनी चाहिए? **(साँस खींचकर)** छिः! गला सूख गया है।

कमला : ठीक है! उस कुएँ से पानी ले आऊँ?...**(पिता की गठरी खोलकर उसमें से दो लोटे निकालती है)**

पिता : **(हँसते हुए)** हूँ, ठीक है...मैं कहूँगा मेरी बेटी ने चौदहों लोकों का पानी पिलाया। **(सामने देखकर)** हूँ, रुको सामने से दो आदमी इसी तरफ आ रहे हैं।

कमला : **(उस तरफ देखकर)** बाप-बेटे से लगते हैं।

पिता : **(सिर हिलाते हुए, बेटी से)** तुम्हारा अनुमान ठीक ही लगता है,दोनों बाप-बेटे ही हैं...देखा कि नहीं इस वर ढूँढ़ने के प्रयास में हम दोनों को, लोगों का स्वभाव, स्वरूप एकदम समझने का अनुभव तथा अकल आ गई है।

कमला : (**उस तरफ देखते हुए**) पिताजी, उस बूढ़े की वेशभूषा देखें तो लगता है कि वह भी कन्या खोजने के लिए निकला है।

पिता : (**उसी तरफ देखते हुए**) उस लड़के के चलने का ढंग देखकर लगता है कि उसकी शादी हुई है।

कमला : (**यथावत्**) बूढ़े की जरीदार पगड़ी देखने से लगता है कि दोनों बूढ़े के लिए ही लड़की ढूँढ़ने के लिए निकले हैं।

पिता : (**यथावत्**) वह लड़का जेब में हाथ रखे सिर पर टोपी पहने सिर नीचा किए चल रहा है।...हाँ ...ऐसे लक्षण दिखाई देते हैं कि बाप-बेटे में इस बात पर झगड़ा हो गया है कि शादी पहले किसकी होनी चाहिए।

कमला : (**यथावत्**) पिताजी, आपने देखा, बूढ़े के पाँव में जूते हैं, जरीदार धोती पहन रखी है और कंधे पर किनारीदार दुपट्टा है।

पिता : (**ध्यान से देखकर**) अरे ओ! हाँ, कमला! यह बड़ी समस्या खड़ी हो गई। बूढ़े के सामने कहना पड़ेगा कि तुम्हारे अभी चौदह साल भी पूरे नहीं हुए। यदि वह मना करे तो उस लड़के से पूछना पड़ेगा। तब तुम्हारी उम्र अठारह हो गई बतानी पड़ेगी। (**ध्यान लगाकर**) अब क्या करना चाहिए? दस मिनट में ही तुम पाँच साल बढ़ गई कहने के लिए कौन-सा उपाय अपनाना चाहिए?

कमला : पिताजी, इस बात के लिए इतना डर क्यों? यदि पहला ही ठीक हुआ तो काम आसान हो जाएगा। नहीं तो सहज ढंग से बात करते हुए कहिए कि स्वामीजी मठ के दीवान थे, तब मेरी बेटी ने उन्हें एक श्लोक सुनाया था। सुनकर वे बड़े प्रसन्न हुए थे। तब यह केवल छः साल की थी।

पिता : छिः, इस युक्ति से काम नहीं चलेगा। आजकल के लड़कों को स्वामियों की अपेक्षा बादशाह लोग कब गद्दी पर बैठे यह ज्यादा मालूम है (**त्वरित वाणी से**) हाँ, ऐसा कहता हूँ...तुमसे ही पूछ लूँगा...तुम कह देना 'अभी मैं अठारह साल की हूँ।' तब मैं आश्चर्य दिखाते हुए कहूँगा 'अरे, बच्चों का आँखों के सामने बढ़ जाना ध्यान में ही नहीं आता। देखिए, कल तक मेरी बेटी चौदह साल की भी

नहीं दिखती थी। अब भी मुझे याद है।' कहकर हँस दूँगा। **(बेटी को उठते हुए देखकर)** कहाँ चली?

कमला : **(हँसते हुए)** आप कितने घबरा गए हैं? आपको पीने को पानी नहीं चाहिए?

पिता : **(हँसकर)** भूल ही गया मैं। मैंने तो सोचा कि तुम सब बात को छोड़कर रसोई घर में चल दीं....याद है तुम्हें, उस दिन जब वे तुम्हें देखने आए थे तो मना करने पर भी तुम चाय पीती हुई रसोई में बैठी थी।

कमला : वह सब याद है। जल्दी-जल्दी गर्म-गर्म चाय पी रही थी... मुँह पर पसीना आ गया था। उसे देखकर आपने कहा था, हमारी बेटी को खाना बनाने का बड़ा शौक है, हमेशा चूल्हे के सामने बैठी रहती है।

पिता : हाँ...यह ठीक है...पानी लाते समय मुँह भी धो आना।

कमला : आप अभी तैयार नहीं होंगे?

पिता : हाँ-हाँ, उस गठरी में से मेरी टोपी लाना। **(कमला एक गोल टोपी देती है जिसे वह सिर पर रख लेता है।)** सभी ओर से निराश होने पर भी मेरा यह पागलपन नहीं गया है कि टोपी पहनने से शुभ होता है।

कमला : कमीज के बटन बंद कर लीजिए।

पिता : **(देखकर)** ओ, अरे रे! कल प्रयाग की धर्मशाला में पेड़ की टहनी पर सुखाई थी, खींचकर उतारते समय सारे बटन टूट गए।

कमला : जाने दीजिए। दुपट्टा गले में लपेट लीजिए।

पिता : वह भी संभव नहीं। कल जब्बलपुर के स्टेशन पर कोट का सिराहना बना कर सोया था, उसे चूहों ने कुतर दिया है, उसे भी छिपाना है। छि: छि:, कैसा धर्म संकट है यह सब!

कमला : **(सोचकर)** मैं कहती हूँ...सूर्य डूबने को है, कमीज़ कोट उतारकर संध्या करने बैठ जाइए।

पिता : छि: छि:, संध्या करने बैठे तो सिर पर टोपी कैसे रखी जाएगी?...**(आगे आकर)** मैं कुछ करता हूँ। वे नजदीक आ गए हैं। जल्दी-जल्दी पानी ले आओ। **(कमला बाईं ओर**

से जाती है) (एकदम) कमला...(**वह रुक जाती है**) बाद में बताने का मौका नहीं मिलेगा। भगवान की इच्छा हो तो संयोग जुड़ सकता है। पढ़कर सुनाने के लिए तुम्हारी गठरी में पुस्तकें हैं न?

कमला : अरे! पुस्तकें भी कहाँ तक बचेंगी। सब पन्ने खुल गए हैं। इधर-उधर खाना रखकर खाने के लिए कई पन्ने ही निकाल लिए।

पिता : (**विषाद से**) अरे रे! कमला कम से कम वह 'पातिव्रत्य माहात्म्य' तो रखना था।

कमला : आप घबराएँ नहीं। जैसा चाहिए, जैसा पढ़वाए। आप सिर्फ पाठ का नाम बता दीजिए और मैं फटाफट पढ़ दूँगी। मुझे सब जबानी याद है।

पिता : ठीक है। (**कमला जाने लगती है**) कमला....(**फिर रुकती है**) हाँ, एक बात याद रखना, अगर बूढ़े की बात चली तो मैं संकेत दूँगा कि पहला है। तब सिर पर पल्लू रहे, अगर उस लड़के की बात चली तब मैं इशारा करूँगा कि दूसरा है, तब पल्लू कंधे पर रहे। समझी?

कमला : आप घबराएँ नहीं। किसके सामने पल्लू कैसे रहना चाहिए, क्या यह मैं नहीं जानती? (**जाती है**)

पिता : (**गहरी साँस खींचकर**) हे भगवान, यदि यह योग ठीक नहीं बैठा तो मैं नया पुराण लिखूँगा, जिसमें बताऊँगा कि भगवान के केवल लड़कियाँ ही पैदा हुई थीं।

[**एक गृहस्थ और उसका तरुण बेटा आते हैं।**]

गृहस्थ : (**पिता को देखकर**) राय साहिब, पास ही यहाँ कोई रेलवे स्टेशन है?

पिता : पास में रेलवे है राय साहिब, पर स्टेशन तो बहुत दूर है।

तरुण : (**पिता को देखकर**) ओह, ओह! कौन आप वेंकप्पा राय हैं?

पिता : जी हाँ, आइए बैठिए। इस तरफ कहाँ जा रहे हैं?

गृहस्थ : (**बेटे से**) गुंडु तुमसे इनका परिचय है?

गुंडु : (**पत्थर पर बैठते हुए**) इनका परिचय किसे नहीं है। आप दिवालीवाले वेंकप्पा राय हैं।

गृहस्थ : (**संदेह करते हुए**) दिवालीवाले?

पिता : आइए राय साहिब, बैठिए। यह कोई दस-बारह साल पुरानी बात है कि एक दिवाली में आग से हमारा घर जल गया। इसलिए मेरा नाम दिवालीवाला वेंकप्पा पड़ गया... आप किस तरफ निकल पड़े हैं? बैठिए...जरा रुकिए, पत्थर चुभेगा, धोती बिछाता हूँ या...उसकी क्या जरूरत? पुराना कोट है...इसी को बिछाए देता हूँ। नर्म रहेगा.... (**कहते हुए दोनों के 'नहीं', 'नहीं' कहने पर भी कोट उतारकर बिछा देता है और धोती गले में लपेट लेता है।**)

गृहस्थ : लड़के का एक काम था। इसीलिए निकल पड़ा हूँ।

वेंकप्पा : (**गुंडु को देखकर**) ये आपके सुपुत्र हैं?

गुंडु : जी हाँ, ये मेरे पूज्य पिताजी हैं।

गृहस्थ : देखा वेंकप्पाजी? दो वर्ष हो गए, इसके लिए मैं ही हाथ फैलाकर चल रहा हूँ। इसको एक भी पसंद नहीं आती।

वेंकप्पा : (**हँसते हुए**) हम जवान थे क्या तब हमने ऐसा ही नहीं किया, राय साहिब?

गृहस्थ : (**पसीना पोंछते हुए**) छि:, हम कभी ऐसा नहीं करते थे। अठारह पूरे होने तक हमने अपना रास्ता ढूँढ़ लिया था।

वेंकप्पा : आजकल के लड़के कुछ ज्यादा पढ़-लिख गए हैं।

गुंडु : आप ही समझाइए, वेंकप्पा रायजी। अब तक कोई बीस जगह घूम आए हैं। जब भी मैंने कहा कि यह जगह मेरे लायक नहीं तो पिताजी आगबबूला हो जाते हैं।

वेंकप्पा : (**गृहस्थ से**) राय साहब,आजकल जमाना बदल गया है। आजकल के लड़कों को अपना रास्ता स्वयं ढूँढ़ने की जिद है।

गृहस्थ : मैं ही कहाँ इसको अपनी पीठ से बाँध घूमना चाहता हूँ। घर की औरतों की जिद के मारे बाहर निकलना पड़ा।

वेंकप्पा : (**दाईं ओर देखकर**) कमला, दूसरा वह...वह...दूसरा लोटा भर कर लाना....हमारे ...ये ....राय साहब आए हैं।

गृहस्थ : (**एस तरफ देखकर**) कौन, आपकी घरवाली है क्या?

वेंकप्पा : (**झूठी हँसी हँसते हुए**) बहुत से लोग यही धोखा खाते हैं राय साहब, ह...ह: माँ-बेटी इतनी मिलती हैं।

गुंडु : **(उसकी ओर देखते हुए)** ये आपकी बेटी हैं?

वेंकप्पा : ओह....मैं क्या कह रहा था। यह भी आजकल के जमाने की है। इसे भी अपना रास्ता अपने आप ढूँढ़ने की जिद है। इसकी शादी करने का कितना प्रयास किया। पर इसने कह दिया ''जब मेरा मन होगा कर लूँगी।'' अब हाथ-पाँव छोड़कर बैठ गया हूँ।

गृहस्थ : **(आश्चर्य से)** अब तक शादी नहीं हुई? मेरी दीदी के हाथ पड़ने चाहिए आप लोग। घर की दिक्कतों को देखते हुए दूसरा विवाह करना चाहता हूँ। पर बड़ी उम्र की लड़की से शादी मेरी बहिन को पसंद नहीं। आप हिम्मती हैं वेंकप्पा रायजी, जो आपने अब तक अपनी बेटी की शादी नहीं की।

वेंकप्पा : **(झूठी हँसी से)**अब तक के माने क्या राय साहब? माँ के लाड़ में पली बेटी है। आपके विचार में वह कितने वर्ष की होगी? अभी चौदह पूरे नहीं हुए **(जरा चुस्ती से बगल में देखकर)** कमला, पहले, पहले लोटे में पानी लाओ,राय साहब को पानी चाहिए। वह पहले रखा है ना? उसमें।

गृहस्थ : **(हैरान होकर)** अभी चौदह की नहीं हुई? लेकिन छोटी उम्र की लड़कियाँ जल्दी लंबी-चौड़ी हो जाए तो भी सुख नहीं मिलता...घर चलाने का अनुभव तो होना ही चाहिए। शादी करने वाली लड़की कम से कम सोलह की तो हो।

गुंडु : वेंकप्पा रायजी, अभी पाँच-छः साल तो लड़की की शादी का ख्याल भी मत कीजिए।

गृहस्थ : लड़कियों को ज्यादा बड़ा करने का क्या लाभ? हमारे लड़के की जिद तो देखिए...लड़की अठारह की न हो तो आँख उठाकर देखने को भी तैयार नहीं।

वेंकप्पा : **(बगल में देखकर)** कमला, जल्दी से ले आओ। बेटी...वह लोटा चू रहा सा लगता है। दूसरा ले आ, दूसरा....**(दोनों की ओर देखकर)** राय साहब, घर चलाना औरतों का जन्मजात गुण है। उसके लिए आयु माने नहीं रखती...अब देखिए...मेरी कमला बड़े इंफ्लुएंजा के समय सब छोटे-मोटे काम कर लेती थी। तब वह शायद पाँच-छः वर्ष की होगी।

गृहस्थ : (**आश्चर्य से**) बड़ा इंफ्लुएंजा उसे तो 14-15 साल हो गए।

वेंकप्पा : छि: छि: ... इतने साल कहाँ हो गए?

गुंडु : हाँ, इतने हो गए हैं। तब यूरोप की लड़ाई खत्म हो गई थी और हमारे देश में लोग मरने लग गए थे। यह 1918 सन् की बात है।

वेंकप्पा : नहीं, नहीं! इतने नहीं, तो क्या मेरी कमला 19-20 बरस की हो गई?

गुंडु : इंफ्लुएंजा के समय तो शारदा बिल पास नहीं हुआ था। चौदह वर्ष हो चुके हैं।

वेंकप्पा : इतना सब क्यों? वही आ गई। उसी से पूछेंगे (**कमला आती है**) कमला तुम कितने साल की हो गई? शरमाना नहीं। तुम्हें कोई देखने नहीं आया, मेरी और राय साहब की एक बहस चल रही है। तुम कितने साल की हो गई?

कमला : (**सिर नीचा करके**) उन्नीसवाँ चल रहा है।

गृहस्थ, गुंडु : (**तालियाँ बजाते हुए**) मुझे भी ऐसा ही लगता था जो! मैंने यह कहा नहीं था।

वेंकप्पा : (**हैरान-सा होकर**) उन्नीस! मेरी बेटी तो मेरी आँखों के सामने बढ़ी है। अरे इतना समय हो गया! कल-परसों तक तो 14 बरस की थी। ओह...

गृहस्थ : डरने की क्या बात है वेंकप्पा रायजी, लड़की का बढ़ना ही अच्छा होता है।

वेंकप्पा : (**बेटी से**) सुना तुमने कमला, राय साहब क्या कहते हैं! 18-19 तक लड़कियों की शादी कर लेनी चाहिए। (**फिर उन दोनों से**) फिर भी राय साहब, मुझे लड़कियों की शादी से पहले इतना बढ़ जाना अच्छा नहीं लगता। (**बेटी से**) वह पानी दो राय साहब को। तुमने तो शरमाना शुरू कर दिया....(**कमला पानी का लोटा उसके सामने रखती है।**)

गुंडु : वेंकप्पा रायजी, आपने अपनी बेटी को पढ़ाया तो होगा ना?

गृहस्थ : औरतों को पढ़ाना चाहिए यह हमारे गुंडु का हठ है। वैसे मुझसे पूछा जाए तो आजकल की पढ़ाई औरतों के लिए तिल भर भी काम की नहीं।

वेंकप्पा : मेरी कमला पढ़ना-लिखना जानती है। हिन्दी, बंगाली, मराठी में बात करना भी जानती है। इसके अलावा घर का कामकाज, खाना पकाना, सीना-पिरोना सब वही करती है। देखिए, मेरी कमीजें फट गईं पर दर्जी से सिलाने के लिए मना करती है। कहती है घर जाकर वही सी देगी।

गृहस्थ : **(उठते हुए)** आप जैसों के साथ मेरी सहानुभूति है।

वेंकप्पा : क्यों राय साहब, खड़े क्यों हो गए?

गुंडु : **(उठकर)** अंधेरा होने से पहले गाँव पहुँच जाना चाहिए।

वेंकप्पा : हाँ, कमला पढ़ी है यह देखना चाहें तो परीक्षा कर सकते हैं। कन्या परीक्षा करनी हो तो कोई भी जगह हो तो क्या फर्क है। 'शुभस्य शीघ्रं'।

गृहस्थ : **(चकित होकर)** कन्या परीक्षा?

वेंकप्पा : **(मुँह खोलकर)** हाँ-हाँ, आप ही ने तो कहा था....। बेटे के लिए देखने की इच्छा से निकले हैं....कहा था ना...इसलिए।

गृहस्थ : **(जोर से हँसकर)** अरे रे। हमारी मुसीबत से आपको भी धोखा हो गया। ढूँढ़ने निकले हैं कन्या नहीं, नौकरी...

गुंडु : **(विषाद के स्वर से)** इसीलिए मेरे पिताजी मुझे ही कन्या समझकर इधर-उधर दिखाते फिर रहे हैं। नौकरी के लिए...पिताजी इन्हें भी बता दीजिए, कभी काम आ सकता है-मेरी जात, डिग्री, गोत्र-यह सब बता दीजिए।

वेंकप्पा : **(उछलकर)** अरे नौकरी मिल ही जाएगी...कन्या देखने में क्या दिक्कत है?

गुंडु : **(हँसकर)** आप हम सगोत्र हैं वेंकप्पाजी। दोनों पेट के लिए लोगों के पाँव पकड़ते हैं, अच्छा फिर कभी मिलने पर....

[दोनों नमस्कार करके जाते हैं।]

वेंकप्पा : **(दाँत पीसते हुए)** मिलने पर। मिलने पर। तुम लोगों से पानी न मँगवाऊँ तो...नीच कहीं का....मुझे धोखा देकर अपनी प्यास बुझाना चाहता है। लड़की के बाप का मतलब क्या मंदिर समझ रखा है, जैसा जो चाहे बंदर-पना करने को।

कमला : (**दुःख से**) पिताजी! पिताजी! अपने दुर्भाग्य के लिए दूसरों पर गुस्सा करने से लाभ?

वेंकप्पा : (**संताप से**) गुस्सा! लुच्चा कहीं का! वह बुड्ढा! तुझे देखते ही 'तुम्हारी घरवाली है' कहकर मुँह फाड़ता है।

कमला : बेचारा! उसे क्या पता हम कौन हैं?

वेंकप्पा : (**तैश में आकर**) उसे क्यों पता चलने लगा? 'कमला' कहकर पुकारा तब भी उसे पता नहीं चला? पत्नी का नाम लेकर पुकारते हैं? उसके पोतों की सौतेली माँ बनने लायक तुम्हारी उम्र है। क्या इतना नहीं समझना चाहिए- लुच्चा कहीं का।

कमला : (**तसल्ली देते हुए**) जाने भी दीजिए पिताजी, पानी पीजिए! बेकार में क्यों बोल-बोलकर गला सुखाते हैं।

वेंकप्पा : (**हठपूर्वक**) यह पानी मैं नहीं छुऊँगा, बल्कि इस पानी से उसका तर्पण करूँगा-उस बूढ़े का! हाँ, कमला मेरी गठरी में धोती के पल्लू से एक मुट्ठी तिल बँधे रखे हैं, जरा ले आ।

[गुंडु भागता हुआ फिर से आता है।]

गुंडु : (**हाँफता हुआ**) वेंकप्पा रायजी, वेंकप्पा रायजी, जल्दी में पानी पीना ही भूल गया। जरा पानी देंगे?

वेंकप्पा : (**झट से उठकर**) भाग जा पागल कहीं के! रास्ते में चोर भरे हैं; अंधेरा होने से पहले गाँव पहुँच जा।

गुड्डु : (**घबराकर**) आप...आप...तो चोर नहीं?

वेंकप्पा : (**तिरस्कार से**) हम चोर नहीं हैं। (**गुंडु आराम की साँस लेता है तब वेंकप्पा चीखते हुए**) हम डाकू हैं (**गुंडु 'बाप रे' कहता हुआ भागता है।**)

कमला : (**गुंडु को भागते हुए देखकर**) बेचारा! आपने उसे कितना डरा दिया। पानी पीए बिना ही चला गया।

वेंकप्पा : (**हठ से**) जाने दो हरामखोर को! वह पानी पीने आया नहीं था, वह तुम्हें एक बार और आँखें भरकर देखने के लिए....

कमला : (**शर्माकर**) बस कीजिए! आप कुछ न कुछ कहते ही रहते हैं। पता नहीं कितनी दूर से आ रहे हैं? धूप में प्यास लग गई होगी।

वेंकप्पा : (**निराशा से**) कमला, हमसे ज्यादा कौन चला है? बुरी बात मुँह से निकालना नहीं चाहता। मेरे श्राद्ध में गेरसोप्पा जल-प्रपात से पानी छोड़ने पर भी मेरी प्यास नहीं बुझेगी। मेरे पेट में इतनी ज्वाला भरी है।

कमला : पिताजी, किसी को क्या दोष देना? मुझमें ही कोई दोष होगा? नहीं तो मेरा विवाह क्यों नहीं होता? (**लंबी साँस खींचकर बैठ जाती है**)

वेंकप्पा : (**उसको स्नेह से देखते हुए**) तुममें कोई भी दोष नहीं है, बेटी।

कमला : (**अपने-आपसे**) कैसे नहीं? आपने छिपाने के लिए कितना ही यत्न किया, पर सब मुझे मालूम हो गया है। मैं सारे पत्र पढ़ चुकी हूँ।

वेंकप्पा : (**आश्चर्य से**) सारे पत्र ?

कमला : (**यथावत्**) सारे पत्र! याद आने पर लगता है वह पुराण की कहानी है। मेरी आँखों के सामने वही खड़ी हो जाती है। किसी एक राक्षस के हजारों हाथ-पैर थे। (**वेंकप्पा हैरान होकर बेटी को देखता है**) एक मंत्र बोलते ही एक-एक अंग टूटकर गिर जाता था। उसी प्रकार मुझे देखने के लिए आनेवालों के एक इन्कार से मेरा एक अंग टूट जाता है। सबसे पहले मुझे देखने के लिए जो आए, उन्होंने मेरी आँखें ठीक नहीं है लिखा था, तब उसे पढ़कर मेरी आँखें इतनी सूज गईं कि आईने में देखने पर दिखाई ही नहीं दे रही थीं। बाद में किसी ने मेरा दायाँ हाथ थोड़ा छोटा बताया। तब पानी लाते समय बाएँ हाथ के घड़े को बगल में रखती और दाएँ हाथ के घड़ों को बिना नागा बाएँ हाथ में पकड़ती ताकि वह लंबा हो जाए। पिताजी, उन सबने जो जो लिखा उससे संदेह होता कि मेरा जिंदा रहना भी सच है या झूठ। यह तो मेरा भाग्य है कि मैं जिंदा हूँ। पर किसी ने यह नहीं कहा कि इस लड़की में प्राण नहीं है।

वेंकप्पा : (**बात बदलने के लिए हँसते हुए**) छिः तुम पागल हो, तुम्हें किसी बात का अनुभव नहीं है। ऐसी बातों पर विश्वास करना चाहिए? कन्या के देखने वालों के वर्णन और

कवियों के वर्णन पर कभी विश्वास नहीं करना चाहिए। एक को दहेज का लालच—लड़की जितनी भी कुरूप बताई जाए उतना ज्यादा दहेज पाने का लालच। दूसरे को पेट भरने का लालच—लड़की जितनी सुंदर चित्रित की जाएगी उतनी ही उसकी पुस्तकों की बिक्री बढ़ेगी। दोनों को लोगों के धन हड़पने की लालसा। उनकी बातों का कभी विश्वास नहीं करना चाहिए। दुनिया में अनुभवहीन स्वार्थियों की जाति के हैं ये दोनों।

कमला : (**एकदम**) पिताजी, फिर भी एक कवि हैं-उनकी बातों में मुझे दिन पर दिन विश्वास बढ़ता जा रहा है। मुझे ऐसा लगता है कि कम से कम दुनिया का अनुभव है।

वेंकप्पा : (**हँसकर**) कवियों को दुनिया का अनुभव है। यह समझने वाली तुम स्वयं अनुभव-शून्य हो।

कमला : पता नहीं, ये नये ढंग के कवि होंगे...उनकी एक भी बात झूठ नहीं लगती...'अपनी सब विद्या और बुद्धि को मर्द को खुश करने के लिए खर्च करनेवाली स्त्री यानी हमारे समाज की सभी ऐसी स्त्रियाँ वेश्याएँ हैं।' यह बात उन्होंने अपनी पुस्तक 'विराट पुरुष' में लिखी है।

वेंकप्पा : (**एकदम आगबबूला होकर**) बस करो ऐसी गंदी बातें, उसका दिमाग खराब है। हरामखोर कहीं का! किसने ऐसा लिखा है? आर्य स्त्रियों के बारे में ऐसे अभद्र शब्द कहनेवाले राक्षस के ग्रंथ को घूरे में डालकर जला देना चाहिए, घूरे में....

कमला : पिताजी, गुस्से से क्या लाभ? उनकी पुस्तक अभी छपी ही नहीं है।

वेंकप्पा : (**गुस्सा रोक न पाकर**) तो....उसी को फूँक देना चाहिए.... पापात्मा दुष्ट...

कमला : ठीक है, हिन्दू होकर जन्म लेने के कारण उससे तो वे बच नहीं सकते।

वेंकप्पा : (**यथावत्**) अरे रे! समाज में ऐसे गंदे विचार फैलाने वाला वह नीच मुझे मिल जाए या कम से कम उसका नाम पता चल जाए—

कमला : उनका नाम 'श्रीरंग' है।

वेंकप्पा : (**व्यंग से**) श्रीरंग! श्रीरंग! बेशर्म! वह धर्मद्रोही है। तो उसने अपने नाम में 'श्री' भी लगा रखा है।

कमला : बेचारे! वे भी क्या करें? 'श्री' का सुख कम से कम नाम से तो मिल जाए इसलिए....

वेंकप्पा : मैंने कहा नहीं तुमसे, बेकार की चीज लिखने का पागलपन इन कवियों में रहता है। इसे कभी 'श्री' का सुख मिल सकता है? देव विरोधी को संपत्ति का सुख मिल सकता है?

कमला : नहीं पिताजी, संसार को बनाने वाले भगवान ने स्वार्थी होकर 'श्री' से शादी कर ली, इसलिए ये भगवान से ही गुस्से में हैं।

वेंकप्पा : (**तेजी से**) बस करो उस दुष्ट की बातें। क्या मुझे उसका स्वभाव पता नहीं? समाज में कहीं कुछ खराबी हो तो उसे बड़ा संतोष होता है। उसे जोर-शोर से लिखने के लिए एक विषय मिल जाता है...पता नहीं क्या सोचता है और क्या लिखता है। सोचता हूँ ब्रह्मा ने उसके कपाल पर क्या लिखा है।

कमला : पिताजी, यदि आँख में उँगली चुभो दी जाए तो वही आँख उस उँगली को देख नहीं पाती...फिर भी उनके कहने में झूठ क्या है? देखने आने वाले अलग-अलग लोगों के लिए हम शौक सिंगार नहीं करतीं? विवाह का योग आ गया सोचकर मैंने गृहस्थी का सपना देखा है, अतः मुझमें और कुलटा में...

वेंकप्पा : (**बगल में देखकर एकदम**) है...बस करो...उस तृतीय पुराण को। वह देखो...वहाँ कोई आ रहा है इस तरफ...

कमला : (**देखते हुए**) हाँ! पिताजी, उनका काला कोट, हाथ की छड़ी, सिर की पगड़ी, देखने में वे थोड़े आधुनिक से दिखते हैं।

वेंकप्पा : (**उधर ही देखते हुए**) उसने निक्कर या पेंट पहनी हुई है। उसे देखने से मुझे भी लगता है कि वह आधुनिक है। फिर भी छूत-छात मानने वाले ब्राह्मण की भाँति बच-बच कर

एक पाँव यहाँ और एक पाँव वहाँ रख रहा है। ऐसा लगता है, उसने हाल ही में पेंट पहनना सीखा है और कल-परसों से ही आधुनिक बना है।

कमला : पिताजी, हल्की धूप में उसके हाथ की अँगूठी चमक नहीं रही है...हूँ...ऐसा लगता है कि वह कन्या-परीक्षा के लिए निकला है।

वेंकप्पा : **(देखते हुए, सिर हिलाते हुए)** अहा! हाथ में कोई गठरी-पोटली नहीं...तो कन्या-परीक्षा की यात्रा पर ही निकला होगा।...देखा तुमने...कन्याओं के पिता को इन लोगों ने यात्रा की स्पेशल ट्रेन समझ लिया है, जहाँ-जहाँ ये जाएँगे सभी सुविधाएँ उपलब्ध की जाएँगी। **(एकदम)** अरे रे! बहुत नजदीक आ गया...जा जा और एक बार मुँह धोकर अच्छी तरह से बिंदी लगा कर आ। देखें क्या बनेगा। हें... बिंदी को हाथ में लेकर बैठी रहना..वह स्मार्त है या वैष्णव यह देखकर बताऊँगा। तब उसी प्रकार की बिंदी लगाना। यदि स्मार्त है तो सर्दी में काँपने के समान 'हू हू हू' करूँगा, वैष्णव हो तो ताली बजाऊँगा। जैसे संध्या-वंदन में होता है, उसी के अनुसार वहीं से बिंदी लगाकर आना।

कमला : **(उठते हुए)** ऐसा लगता है कि मुझे सिंदूर का सौभाग्य ही नहीं है। कितने लोगों के लिए मैं कितनी बार बिंदी....

वेंकप्पा : **(दया से)** पगली! अशुभ क्यों बोलती है?

कमला : नहीं। 'श्रीरंग' की बात याद आ गई। उनका कहना है कि सब कन्याएँ अखंड सौभाग्यवती होती हैं। **(जाती है)**

[वेंकप्पा सिर पीटते हुए धप् से पत्थर पर बैठता है। इतने में कुम्हार गली का कुलकर्णी आता है।]

वेंकप्पा : ओ...राय साहब...

कुलकर्णी : **(एकदम स्वप्न से जागे के समान घबराकर)** बाप रे! कौन?

वेंकप्पा : **(तसल्ली से)** मैं हूँ! राय साहब! एकदम ब्राह्मण, इतना घबरा क्यों गए?

कुलकर्णी : **(साँस खींकर)** बाप रे! यह देखिए **(हँसते हुए)** आ-हाँ-हाँ-घबराया था न मैं। मजे की बात देखिए...आपके 'राय

साहब' कहते ही डर गया। क्योंकि आज तक मुझे 'राय साहब' कह किसी ने पुकारा नहीं...हाँ, हमारे तहसीलदार साहब गुस्से में आकर 'राय साहब' कहकर मुझे डाँटते थे..। यह देखिए...ह-ह-कुछ सोच रहा था इसलिए....

वेंकप्पा : खैर, वह बात रहने दीजिए। राय साहब, आपका नाम क्या है?

कुलकर्णी : शुंभ।

वेंकप्पा : (**हैरान होकर**) यह क्या राय साहब, नाम पूछते ही आप गुस्से में आ गए।

कुलकर्णी : यह देखिए यह गुस्सा है? (**एकदम हँसकर**) देखा अपने 'राय साहब' कहने से जैसे मैं डर गया, वैसे ही 'शुंभ' कहने से आप भी डर गए...मेरा नाम शुंभ ही है, मैं बहुत दिन तक पढ़ना सीख नहीं पाया। यह देखिए, बहुत दिन तक शंभु लिखने की जगह मैं शुंभ लिखा करता था।

वेंकप्पा : (**मानो सर्दी लग गई हो**) हु-हु-हु...

शुंभ : (**घबराकर**) अरे रे! यह क्या?

वेंकप्पा : (**आराम से**) ह-ह...कुछ भी नहीं। आपकी बात बड़ी मजेदार है; उस पर हँसना चाहता था तो खाँसी आ गई। इसलिए हु हु हु (**फिर से करके**), आइए बैठिए, साहब!

शुंभ : (**विषाद से**) मेरे यह भाग्य कहाँ? बैठूँ तो निक्कर में सिलवटें पड़ जाएँगी।

वेंकप्पा : (**समझ न पाने पर**) आँ...

शुंभ : (**साँस खींचकर**) क्या बताऊँ मैं अपनी मुसीबत? घर में माँ की जिद...ऐसे ही चल पड़ा हूँ एक महत्वपूर्ण कार्य पर... बुढ़िया को जिद है...काम की सफलता के लिए मन्नत भी कर रखी है...जैसा भी ....इस बार योग ठीक रहा....यह देखिए, मैं कह रहा था, माँ ने ब्राह्मणों को गोपी चंदन करने का निश्चय कर रखा है...औरतों का पागलपन है—

वेंकप्पा : गोपी चंदन....(**एकदम ताली बजाकर**) ह हा....मुझे तभी पता चल गया था कि आप किसी शुभ कार्य पर चल पड़े हैं। राय साहब, योग ठीक होने के माने क्या? भगवान की इच्छा...

शुंभ : मैं पूछता हूँ कि किस भगवान की इच्छा...यह देखिए।

वेंकप्पा : ओहो! आप नये जमाने के नहीं हैं? 'भगवान' कहने से आपको अच्छा नहीं लगता, आपको ह हा...

शुंभ : वह बात नहीं है...यह देखिए...मेरा जन्म स्मार्तों के घर में हुआ। बाद में यानी कुछ ही दिन पहले हमारे एक जान-पहचान के कुलकर्णी-वे यहीं कुम्हार गली में हैं। वे वैष्णव हैं-उस घराने में मुझे गोद ले लिया। इसीलिए पूछा था कौन-सा भगवान...यह देखिए...यानी नंदी की पीठ पर शालिग्राम रखकर दो सींगवाले नये जाति के बैल को भगवान कहूँ। देखिए, कुलकर्णी होने के कारण यह मुसीबत...यह जोर-शोर...वह महत्व का काम...नहीं मैं अपने में अलग रहता, मैंने कहा....यह....देखा आपने....

वेंकप्पा : **(हु-हु-हु कहता है और ताली भी बजाता है)** अहा! कैसी मजेदार बात है आपकी! **(हँसी देखकर, अधैर्य से लड़की की ओर देखते हुए)** हम अपने-आप अलग रहे तो दुनिया कैसे चले, राय साहब मैं समझ गया....आपके महत्व के माम को....ह...राय साहब, शुभस्य शीघ्रं।

शुंभ : क्या?

वेंकप्पा : राय साहब, मैं ही अपना सौभाग्य समझता हूँ....आज की अपने इन भेंट को भी एक योग कहता हूँ....समझिए कि आपकी माँ की मन्नत पूरी हो गई।

शुंभ : **(तिरस्कार से)** आप मन्नत कहते हैं....देखिए, यह तो औरतों का पागलपन है....औरतों के मूर्ख बने रहने का कारण है यह।

वेंकप्पा : अहा! आपकी यह जिद है कि स्त्रियों को पढ़ी-लिखी होना चाहिए। मैंने पहले ही समझ लिया था कि आप नये. जमाने के हैं। अब देखिए, मेरी बेटी...उसकी बुद्धिमत्ता का कोई बयान नहीं कर सकता....आप नये जमाने के हैं, इसलिए आपके सामने ही कहता हूँ। आपके वे....जो उत्तम कोटि के नये-नये ढंग के नाटक लिखते हैं न देखिए...वे...हाँ उनका नाम 'श्रीरंग' है। उनके नाटक यह देखती है। इतना ही नहीं, वह सब जानती है...इसके सामने डिग्रियाँ किस काम की?

शुंभ : **(कुछ भी समझ में न आने पर)** अरे! क्या मैंने यह कहा कि आपकी बेटी पढ़ी-लिखी नहीं है?...

वेंकप्पा : **(हँसते हुए)** तो यहीं मिलाकर देखेंगे। बैढ़िए, राय साहब ....निक्कर पर सलवटें पड़ जाएँ तो भी मेरी बेटी कभी गलत नहीं समझेगी। मुख पर सलवटें पड़ने की अपेक्षा यह अच्छी है।

शुंभ : **(हैरान होकर)** अरे रे! यह क्या कह रहे हैं।

वेंकप्पा : **(तसल्ली से)** अनायास कन्या-परीक्षा को निकल पड़े हैं?

शुंभ : **(घबराकर)** कन्या-परीक्षा! थू! यह देखिए...हमारे डिविजन के कमिश्नर आए हुए हैं। उनसे मिलने जा रहा हूँ। कुलकर्णी के खानदान में दत्तक लिए जाने की गलती के कारण....देखिए! आप कन्या-परीक्षा की बात कह रहे हैं। घर में एक स्मार्त, एक वैष्णव, दो-दो पत्नियाँ बैठी हैं। यह देखिए धर्म संकट, थू! नमस्कार **(यह देखिए...कहता हुआ जाता है। वेंकप्पा अत्यंत क्रोध से उसे देखता हुआ आवेश में खड़ा हो जाता है। कमला धीरे-धीरे स्वप्न देखने वाले के समान चलकर आती है)।**

वेंकप्पा : **(आवेश से)** धर्म संकट **(दाँत पीसता है)।**

कमला : **(उद्वेग से)** पिताजी, पिताजी! हमारा भाग्य-दोष है। कौन क्या कर सकता है।

वेंकप्पा : **(उसकी ओर ध्यान न देकर)** धर्म संकट! ....मैं ब्राह्मण हूँ यही सबसे बड़ा संकट है?...नहीं यह सत्यनाशी, कायर, ब्राह्मण जाति नहीं चाहिए....अब **(जेब से एक कागज का टुकड़ा और टूटी पेंसिल लेकर)** अब वीर क्षत्रिय बनूँगा... देश-देश घूम आने के कारण दिग्विजय कराऊँगा, अश्वमेध यज्ञ रचाऊँगा....**(लिखते हुए)**....
'यह लो....धरती पर वेंकप्पा की पुत्री कमला
उसकी शादी होनी है, जिसमें-है पेट पालने की शक्ति वह
तरुण इसे रोक कर करे शादी इससे'
[कहकर आवेश में उस पर्चे को उसके माथे पर फेंकता है]

भाषान्तर : बी०आर० नारायण

■

तोता पिंजरे में नहीं

पी० लंकेश

पी० लंकेश

जन्म : 8 मार्च 1935 (कोनगवल्लि ग्राम में)

कन्नड़ के प्रभावशाली लेखक, कवि, उपन्यासकार, कहानीकार, नाटककार के रूप में प्रसिद्ध । सिने-निदेशक भी हैं। सोफोक्लीज और बॉदलियर का कन्नड़ में अनुवाद। सम्प्रति 'लंकेश' पत्रिका के संपादक हैं।

◆

पात्र

पति

पत्नी

गायत्री : उनकी पुत्री

व्यक्ति : हज्जाम मुनिस्वामी।

दृश्य-एक

[मध्यम वर्ग का घर। पर्दा उठते समय बच्चे के रोने का स्वर और माँ के चुप कराने के लिए लोरी, बच्चे का चीखना, घंटे वगैरह की आवाज। पर्दा उठते ही लगभग बारह वर्ष की बच्ची कुर्सी के नीचे झुनझुना खोज रही है। 'नहीं मिला माँ' कहकर भीतर जाती है। गृहस्वामी का प्रवेश]

पति : शाबाश, मेरा बेटा कैसे रो रहा है। गंगू बच्चा क्यों रो रहा है?

पत्नी : आप ही कहो?

पति : इधर आओ, तुम्हारे बेटे के दर्शन तो हों जरा।

पत्नी : सोने जा रहा है, जरा चुप रहिए।

पति : क्या कहा?

पत्नी : **(जरा जोर से)** सो रहा है, चुप रहिए।

पति : बाप रे! मेरा बेटा सोता भी है!

पत्नी : मेढक की तरह टर्राते जाना ही आपका क़ाम है।

पति : अरे! जरा आओ तो। उसे गायत्री सुला देगी।

पत्नी : ठीक है! **(आकर)** लो आ गयी! क्या बात है, कहिए?

पति : मेरी यही प्रॉब्लम है, प्रिये। बीज से पेड़ होता है या पेड़ से बीज। उसके रोने पर तुमने गाना गाया था। वह तुम्हारे गाना गाने से रोया?

पत्नी : ओह! मेरी भी यही प्रॉब्लम है। आप मूर्ख लड़कों को पढ़ाते हैं या आपके पढ़ाने से लड़के मूर्ख हो गये।

[बच्चे का रोना एकदम थम जाता है]

पति : **(बच्चे का रोना थमते देखकर)** देखो, किसका कहना सही है! ओह!

पत्नी : तुम्हारी आवाज से डर गया होगा!

पति : नहीं।

पत्नी : फिर घंटी की आवाज से चुप हो गया होगा।

पति : नहीं।

पत्नी : बड़-बड़ करते जाना ही आपका काम है। हाथ छोड़िये।

पति : बैठो, बातें करेंगे।

पत्नी : हाथ छोड़िये न! गायत्री आ रही है।

पति : बैठो कहने पर बैठ जाना चाहिए। गायत्री, कल तुम्हारा टेस्ट है न?

गायत्री : जी हाँ।

पति : वहीं बैठकर पढ़ो बेटी। इस बार फर्स्ट क्लास आना चाहिए।

पत्नी : बड़ा प्यार आ रहा है बेटी पर। वह किस क्लास में है यह तो बताइये?

पति : (**न जानते हुए भी**) जानता हूँ। (**इस बीच अपनी क्षमता के अनुसार प्रेम जताता है**)

पत्नी : बताइये तो क्या जानते हैं?

पति : जब हम नंदी गये थे तब यह सात बरस की थी।

पत्नी : ठीक है, सात में पाँच गये तो दो।

पति : जब ऊटी में थे तब मैंने ही उसे चौदह का पहाड़ा लिखकर दिया था।

पत्नी : (**उसके याद करने के ढंग पर हँसकर**) पता नहीं, आप पढ़ाते कैसे हैं? (**कहकर जोर से हँसती है**)

पति : (**खिसियानी हँसी हँसकर, जरा गुस्से से**) क्या मैं पागल हो गया हूँ?

पत्नी : पागल नहीं, मजाक की बात है। आप अपनी उम्र कैसे बताते हैं? बताइये तो?

पति : मेरे सर्टिफिकेट में लिखी है।

पत्नी : यह बात नहीं (**हँसती हुई**) चार साल पहले लाल कमीज पहनकर गली में निकले थे।

साहूकार मुनियप्पा का कुत्ता भौंकता हुआ पीछे पड़ गया था।

आप वहाँ से भाग लिए। एक रिक्शे से टकरा गये। पुलिस वाला आया....

पति : पुरानी कहानी बार-बार न दोहराओ।

[**हँसता हुआ वह पत्नी का पीछा करता है**]

गायत्री : (**खाँसकर**) यहाँ बड़ा अंधेरा है, बापू।

पत्नी : (**हँसते-हँसते थककर उसकी पकड़ में आ जाती है**) मुझे मत छूना, जरा अपना सिर देखो—

पति : (**खुशी में**) औरतें तो शीशे के बिना भी अपना सिर आप देख लेती हैं।

पत्नी : बकवास; हजामत करके नहाए बिना ही—

पति : अरे! हाँ तो! मैं भूल ही गया था। तुम्हें इसीलिए तो बुलाया था।

पत्नी : कोई ठीक तरह से बात न करे तो एक बात के दो अर्थ निकल आते हैं। बात क्या है?

पति : मैं बताता हूँ ठहरो (**एक सिगरेट सावधानी से सुलगाते हुए**)

पत्नी : आज पहली तारीख है, (**मौन**)

मुन्ने का जन्मदिन (**मौन**)

याद रहे, जया की साड़ी के लिए उसके दिये सारे पैसे खर्च हो गए।

पति : खत्म हुआ तुम्हारा पहली तारीख का पुराण?

पत्नी : अब आप अपना पुराण बताइए।

पति : यह तो मेरे हज्जाम की कहानी है। (**सिर दिखाते हुए**) मैंने कहा, मेरे हज्जाम की कहानी है।(**हँसती है**)

हँसो नहीं। सुनो। औरतों के लिए हजामत की कहानी जरा मुश्किल है।

[**हँसती है**]

हँसो, हँसो औरतों का क्या बाल बढ़ते रहें, आराम से गीत गाती रहती हैं। खुशबूदार तेल लगा लगाकर और बढ़ाती रहती हैं। बाल छोटे हों तो उन्हें खोलकर बाँव कहती हैं। चोटी लम्बी हो तो उसे पति के गले में लपेटकर—

पत्नी : हाँ, लपेटकर—

पति : जाने दो, मर्दों के तो चप्पा भर लम्बे बाल ही बहुत है। अगल-बगल की कलमें सफाई से कटी रहनी चाहिए।

उस्तरा लेकर सफाई से बागवानी करनी चाहिए। जहाँ-जहाँ जितने चाहिए, उतने बाल रखना ही अच्छा है।

पत्नी : (**शरारत से**) अगर बाल हो ही नहीं तो?

पति : बाल ही न हो तो टोपी-गाँधी टोपी, गत्तेवाली टोपी, दुपल्ली टोपी। अगर नीचे चार-चार ही बाल हों, उन्हें काटने को बड़ी सफाई से काटने वाला हज्जाम चाहिए। (**उसी की ओर देखते हुए, हँसकर**) तुम अगर गंजी होती, मुझे तो सोचकर भी हँसी आती है।

पत्नी : जाइए भी, आपकी गंदी जबान है।

पति : पता नहीं मैंने कितनी औरतें देखी हैं पर गंजी औरतें बहुत कम देखी हैं। पति के मर जाने पर भी लम्बी-लम्बी चोटियाँ रखे रहती हैं।

पत्नी : आप तो कोई कहानी बताने जा रहे हैं। बड़े भले प्रोफेसर है आप भी!

पति : कहानी नहीं है भई! सच्ची बात है।

पत्नी : सच्ची है या झूठी; दोनों ही बताइये।

पति : तो सुनो! हर महीने पहली तारीख को जाता हूँ न हज्जाम की दुकान पर, आज भी गया था। तुमने कहा था, बाल इतने बढ़ गये कि छाती पर चुभते हैं।

पत्नी : आप बड़े वो हैं, कहानी सुनाइये न।

पति : दुकान पर गया। हज्जाम चुप खड़ा था। ग्राहक ही नहीं थे। लग रहा था जैसे पूरे महीने से मेरी राह देख रहा था। जाते ही कुर्सी की धूल झाड़कर तैयार हो गया। शीशा ठीक मेरे मुँह की सीध पर टिकाया। हमेशा जैसा था। मुँह नहीं खोलता। मेरे सिर पर हाथ फेर कर मशीन लेकर चक-चका-चक करने लग गया।

पत्नी : वह बात ही नहीं करता क्या?

पति : वह जरा दूसरी तरह का हज्जाम है भई। इन चार सालों में चार बात की होंगी बस।

पत्नी : चार बातें? कैसी चार बातें?

पति : सीजर-कट चाहिए साहब, चार साल पहले मैंने हाँ कहा था।

पत्नी : बाद में?

पति : मूँछे काटूँ सर, एक बार कहा। मैंने एकदम साफ कर दो कहा।

पत्नी : बाद में?

पति : बाल थोड़े सफेद हो गये सर? कहा। मैंने कहा खिजाब लगा लूँगा।

पत्नी : उसे मालूम है न कि आप कौन हैं?

पति : नहीं। पर मैं भी यह नहीं जानता कि वह कौन है?

पत्नी : झूठ! आपको मालूम है कि वह हज्जाम है।

पति : हज्जामों की बात औरतों को क्या मालूम? बताता हूँ, सुनो। मान लो तुम शॉप में गई।

पत्नी : **(चुप्प)**

पति : मैं ही गया समझ लो। अधिकांश हज्जाम बड़े डिप्लोमेटों के समान मुस्कुराकर 'तशरीफ लाइए' कहते हैं। चाहे आप राजा हो या रंक, पर वे आपको 'आइए सर', 'तशरीफ रखिए सर' कहते हैं। हमारे बैठने के बाद 'आपको देखे बहुत दिन हो गए' कहते हैं। अगर 'मैं आजकल वैनिशिंग क्रीम लगाता हूँ' कहें तो मूर्खता की हँसी हँसते हैं। 'आपकी बातें बड़ी मजेदार होती हैं सर, आज का समाचार क्या है' कहते हैं। 'मुझे कुछ मालूम नहीं' कहकर हँसे तो 'कौन सा घोड़ा जीतेगा सर ट्यूडर जेट गोल्ड बांड?' तब 'घोड़ा क्यों जीतता है' पूछे तो, रेस पर एक खासा भाषण मेरी जान खा जाते हैं।

पत्नी : आपको यह पूछना चाहिए था कि वे हज्जाम क्यों बने?

पति : रेस से हज्जाम बने, या हज्जामों से रेस शुरू हुई।

पत्नी : बहुत हो गया—

पति : पर मेरा हज्जाम साइलेंट है—इसीलिए वह मुझे पसंद है। उसका रंग काला है। वह अपने काम से मतलब रखता है।

पत्नी : बस इतनी ही है उसकी कहानी?

पति : इतनी ही होती तो उसे मैं क्यों बताने जाता? आज हजामत करते-करते वह एकदम बोल पड़ा।

पत्नी : अच्छा! क्या कहा?

पति : उसने पूछा—आपके पिताजी हैं क्या सर?

पत्नी : **(मौन)**

पति : मैंने कहा—हाँ। गाँव में हैं।

पत्नी : **(मौन)**

फिर उसने पूछा—आप अकेले बेटे हैं क्या? मैंने कहा—हाँ, अकेला हूँ।

पत्नी : **(मौन)**

पति : तब उसके मुँह से निकला—आपके बच्चे हैं?
मैंने कहा—हाँ, दो हैं।

पत्नी : बाद में?

पति : बस, चुप हो गया। मैं सोच रहा था कि वह और कुछ पूछेगा-पर वह आगे बोला नहीं।

पत्नी : **(मौन-हँसकर)**

पति : विचित्र बात है न! गंदे मुँहवाला वह आदमी पता नहीं कितने वर्षों से मुझे देख रहा था। बात ही नहीं करता था। अब एकदम बोल पड़ा। उसकी बातों में विचित्र शक्ति थी।

पत्नी : **(मौन)**

पति : मैंने सोचा कि मैं उससे कुछ प्रश्न पूछूँ। पर उसका मौन देखकर चुप हो गया। ऐसा लग रहा था कि बात किए बिना ही हमारा संबंध बढ़ रहा हो।

पत्नी : वह देखने में कैसा है?

पति : काला है। सदा गंभीर रहता है।

पत्नी : बहुत खुश रहता है क्या?

पति : खुश भी नहीं, दु:खी भी नहीं।

[बाहर दरवाजा खटखटाने की आवाज। पति 'कौन है जरा जाकर देखो' कहता है। वह प्रेक्षकों को दीखने वाला दरवाजा खोलकर बाहर देखते हुए, 'आप किसे चाहते हैं?' पूछती है। वह व्यक्ति प्रेक्षकों को दिखाई नहीं देता। फिर से वह पूछती है। 'आप किसे चाहते हैं?' उस विचित्र स्थिति से खुद उठकर आकर देखता है। उस व्यक्ति को पहचानकर]

पति · ओह, तुम हो?

(संतोष से) अरे वही है यह, अभी मैं बता नहीं रहा था। वही, अब तुम भीतर जाओ। **(वह भीतर जाती है)**

आओ भाई, गेट के पास क्यों खड़े हो, पूछने पर बताना नहीं चाहिए कि तुम कौन हो? भीतर आओ।

(प्रेक्षकों को दीखनेवाला दरवाजा लांघकर भीतर आता है। व्यक्ति का प्रवेश द्वार के दरवाजे के बाहर ही खड़ा रहता है।) क्या बात है? मुँह क्यों उतरा है? क्या हुआ? **(मौन)**

तुम्हें तुम्हारी शॉप से बाहर यह पहली बार देख रहा हूँ। क्या खास बात है।

व्यक्ति : मेरे पिताजी गुजर गए सर—

पति : अरे! तुम्हारे पिताजी गुजर गए? क्या हुआ था? कब गुजर गए? सुबह इसीलिए तुम्हारा मुँह उतरा हुआ था?

व्यक्ति : दो दिन बुखार रहा सर, आज दोपहर को गुजर गए।

पति : तुमने मुझे सुबह क्यों नहीं बताया। तुम कैसे नालायक हो, उन्हें अस्पताल दाखिल कराया जा सकता था। **(मौन)**

व्यक्ति : लाश वैसे पड़ी है सर, तीस रुपये चाहिए थे।

पति : तीस? दो घंटे बाद आना। आज पहली तारीख है। आफिस हो आता हूँ।

व्यक्ति : अच्छी बात है सर।

[चुपचाप चला जाता है]

पति : अरी गंगू, इधर आ। **(आती है। उसके कंधे पर निचुड़े कपड़े हैं)**

मालूम है वह कौन है। वह मेरा हज्जाम था।

पत्नी : अच्छा? वह तो एकदम चोर-सा खड़ा था।

पति : संकोच से री, बहुत ही अच्छा आदमी है। उसके पिता आज गुजर गए।

[जाने को होती है]

जरा रुको तो, वह बीस रुपये माँग रहा था। अपने पिता के शव संस्कार के लिए।

गायत्री : (**प्रवेश करके**) बीस नहीं। वह तीस माँग रहा था। है न बापू।

पति : (**गुस्से से**) हाँ तीस। तू क्यों छिपकर सुन रही थी।

गायत्री : मैं चुपचाप खड़ी थी। सुनाई दिया।

पति : भीतर बैठकर पढ़ने के लिए कहा था, तुमने क्यों सुना?

गायत्री : पढ़ते समय सदा कानों पर क्या प्लास्टर लगाकर बैठा जाता है?

पत्नी : जाने दीजिए। आपको क्या झूठ बोलना था?

पति : दस रुपयों के लिए मुझे झूठ बोलने की जरूरत नहीं थी। वास्तव में उसके तीस ही माँगे थे। मुझे देने चाहिए थे।

पत्नी : तीस ही क्यों, पचास दीजिए।

पति : देता हूँ।

पत्नी : पर उसके लिए झूठ बोलने की जरूरत नहीं।

पति : तुम्हारे मन में क्या है, यह मुझे मालूम है। पर यह तुम्हारे मुँह से सच में निकलना चाहिए था कि दे दीजिए।

पत्नी : (**नकली हँसी से**) सच ही कह रही हूँ 'दे दीजिए'—

पति : देखो, इस नगर में अनगिनत लोग हैं-या यूँ कहना चाहिए लाखों लोग हैं। उनमें हमारे जान-पहचान वाले बीस या तीस ही होंगे। बातचीत करके, लिखकर, फुसलाकर, जुआ खेलकर और परिश्रम करने वाले, पूजा करनेवाले, जादू टोने वाले, बातूनी, धोखेबाज लोगों की सड़क से निकलते हुए चींटियों की तरह भीड़ रहती है। एक दूसरे से परिचय न होने पर भी होशियारी से जी लेते हैं। अपना दर्द दूसरों से न बताने वाले लोग भी होते हैं। अपनी निराशा को, हार को, आँसुओं को पीकर रहने वाले भी होते हैं। एकमात्र धोती रात को धोकर सुबह पहनने वाले भी होते हैं। अपने एकमात्र संगी को खोकर अकेले जीने वाले भी

हैं। देखो गंगू, हमारे यहाँ आने के बाद से हमने एक रुपया भी किसी को दान नहीं किया। हमें इस आदमी की सहायता करनी चाहिए।

पत्नी : उसका नाम क्या है?

पति : मालूम नहीं।

पत्नी : उसे हमारे घर का पता कैसे चला?

पति : मालूम नहीं।

पत्नी : मालूम नहीं, मालूम नहीं, ठीक है। दे डालिए। कमाने वाले आप हैं, देने वाले आप हैं, मैं क्यों सिर खपाऊँ? मेरा उस बात से कोई संबंध नहीं। **(जाती है, गायत्री दरवाजा बंद करके आती है। पिताजी बैठे हैं। कुछ देर तक मौन।)**

गायत्री : वे बहुत भले दीखते हैं न पिताजी?

[उसी को देखता है]

पिता : **(कुतूहल से)** हाँ, पर तुम कैसे कहती हो कि वह भला है।

गायत्री : कुछ लोग देखने में भले ही लगते हैं।

पिता : उसके पिता के मरने की बात सच होगी?

गायत्री : वह झूठ क्यों बोलेगा?

पिता : क्यों नहीं बोलना चाहिए?

गायत्री : सब झूठ नहीं बोलते हैं।

पिताजी : अमुक लोग ही झूठ बोलते हैं, अमुक नहीं बोलते, यह कैसे कहा जाय। लाखों की आबादी वाला शहर है यह, कोई कुछ भी कह सकता है। कुछ भी विश्वास दिला सकता है।

गायत्री : लोग किसी पर विश्वास नहीं कर सकते?

पिता : तीस रुपये ज्यादा नहीं।

गायत्री : फिर भी?

पिता : धोखा।

गायत्री : यानी?

पिता : कहीं धोखा खा जाय तो? यही चिंता सताती है। मेरे आत्म-सम्मान को धक्का लगेगा।

गायत्री : इसका मतलब क्या है पिताजी?

पिता : यह एक युद्ध है गायत्री। शत्रु सेना लेकर आता है। हमें उनका सामना करना पड़ता है। उसके लिए इसी ढंग से अपनी सेना को प्रशिक्षण देना चाहिए। व्यूह रचना करनी चाहिए।

गायत्री : (**एकदम हँसकर**) अच्छा? बड़ी सेना को? तलवार, बंदूक, तोपें।

पिता : बात तेरी समझ में नहीं आएगी?

गायत्री : जो भी हो, उसे पैसे नहीं देने चाहिए?

पिता : पर यह अच्छा आदमी है।

गायत्री : कैसे मालूम?

पिता : तुमने ही कहा।

गायत्री : (**खुशी से**) हाँ, तो मैं जीत गयी।
(**भीतर की ओर मुँह करके**) माँ मैं जीत गई।

पिता : (**ध्वनि उतनी ही ऊँची करके**) पर भलमनसियत लेकर क्या करना है। पिता के शव संस्कार के लिए चार पैसे भी जोड़ नहीं रखे नालायक ने!

[पत्नी का प्रवेश]

पत्नी : अच्छा, आपको भी नालायकों का पता चल जाता है?

पति : पता है, पर नालायकों के भी माँ-बाप होते हैं,दोस्त होते हैं। उन्हें भी शव जलाने पड़ते हैं। मित्र, परिचितों को ऐसे लोगों की मदद करनी पड़ती है।

पत्नी : इस सब के लिए आप क्यों-

पति : पैसा जाता है, आता है, पर हमारी मुसीबत यह है हमें कन्फ्यूजन से छुट्टी नहीं मिलती है। कौन भला है, कौन बुरा है, किससे वास्ता रखे, किससे नहीं? कौन शेर है और कौन हिरन! किसे मारना चाहिए और किसे बचाना।

पत्नी : ऐसे बातें करेंगे तो क्या पल्ले पड़ेगा?

पति : (**उसकी तरफ ध्यान न देकर**) दस साल पुराने दोस्त अब भी मेरे लिए समस्या है। दस लोगों का परिचय मेरे अंतर्मन को हिला देता है। उनके अंदर घुसकर समझने का रास्ता

मेरे पास नहीं। उनको छूकर देखने से पता नहीं लगता। उनसे झगड़ने पर भी समझ में नहीं आता। (**उसकी दुविधा को समझकर हँसते हुए**) थोड़ी कॉफी देना गंगे। ऐसे क्यों देखे जा रही हो। मुझे कुछ नहीं हुआ। जुर्राब धो दीं है क्या? कमीज प्रेस है!

(**अंधेरा**)

दृश्य-दो

[दरवाजा खटकने की आवाज। पति कपड़े बदल चुका। तौलिया कंधे पर पड़ा है। आवाज सुन दरवाजे पर आकर देखता है]

पति : आओ, बाहर क्यों खड़े हो।

[व्यक्ति आता है।]

मैं इतने दिन से तुम्हें जानता हूँ, पर तुम्हारा नाम ही नहीं पता?

व्यक्ति : (**मौन**)

पति : सुना तुमने? तुम्हारा नाम क्या है?

व्यक्ति : मुनिस्वामी, सर!

पति : तुम्हारे पिता का नाम क्या था?

व्यक्ति : वेंकटस्वामी, सर!

पति : वह क्या काम करते थे?

व्यक्ति : मेरे वाला ही सर!

पति : तुम्हारी आमदनी कितनी है?

व्यक्ति : (**मौन**)

पति : सुनाई नहीं पड़ा, महीने में कितना कमा लेते हो?

व्यक्ति : पचास साठ सर!

पति : तुम्हारा घर कहाँ है?

व्यक्ति : एडीयूर के पास, सर!

पति : कितना किराया भरते हो?

व्यक्ति : पाँच रुपये, सर!

पति : तो एक पैसा भी बचाया नहीं?

व्यक्ति : **(मौन)**

पति : पिता के शव संस्कार को एक पाई भी नहीं!

व्यक्ति : **(मौन)**

पति : कल तुम बीमार हो गये तो क्या होगा?

व्यक्ति : **(मौन)**

पति : तुम्हारी माँ बीमार हो जाय तो क्या होगा?

व्यक्ति : **(मौन)**

पति : मेरी बात तुम्हारे कान में पड़ रही है? तुम्हारे हाथ पसारने पर भला कौन तुम्हें पैसे देगा।

[अपनी क्रूरता से स्वयं ही शरमाकर]

देखो मैं तुम्हारी भलाई के लिए कह रहा हूँ। ऐसे शहर में हमें अपने-आपमें होशियार रहना चाहिए।

[अपने हितवचन असंगत लगने से]

आधा घंटे बाद आना। लगता है तीस रुपये हों नहीं पायेंगे। बीस मिल सकते हैं।

[वह धीरे से जाता है। गायत्री का प्रवेश]

गायत्री : बापू, उसे ऐसे क्यों डाँट रहे थे?

पिता : तुम चुप रहो बेटी।

गायत्री : लगता है वह धोखेबाज नहीं।

पिता : ठीक है वह धोखेबाज नहीं।

गायत्री : फिर डाँटा क्यों?

पिता : मजाक में—

गायत्री : अच्छा! मजाक में कोई डाँटता है?

पिता : क्यों नहीं, नाटक में नहीं डाँटते?

गायत्री : लेकिन आपने तो मजाक में नहीं डाँटा, यह मैं जानती हूँ।

पिता : हाँ, जरा सीरियस होकर ही डाँटा।

गायत्री : क्यों?

पिता : मजाक में ही-सीरियसली डाँटा।

गायत्री : (**उसके उत्तर से ऊबकर दूसरा विषय उठाती है**) बापू, पता है आज क्या हुआ?

पिता : क्या हुआ?

गायत्री : हमारे स्कूल में आज मेढक दिया गया था-डाईसेक्शन के लिए।

पिता : पता है। तुमने उसे काटा?

गायत्री : धत्। जरा चुप रहिए, बता रही हूँ। उसे पकड़कर लाते हुए उन्होंने उसे मारा ही नहीं था।

पिता : ठीक है, तो तुमने मारा?

गायत्री : मैं कहती हूँ बीच में मत बोलिए।

पिता : जल्दी से कह डालो।

गायत्री : मैंने उसे देखा, कैसे बिटर-बिटर देख रहा था। पता है, उसमें जान कहाँ रहती है, कैसे जाती है यह देखने को काटा, धीरे से काटा, पेट काटा, सारी नसें अलग कीं...पर जान निकल ही गयी थी।

पिता : ऐसे पता नहीं चलता! जीव कैसे रहता है यह तब पता चलता है जब वह पूरा होता है। काटने से पहले।

गायत्री : यानी जो भी काटा नहीं जाता उसमें जान रहती है?

पिता : ऐसी बात नहीं। जब जान रहती है तब उसमें एक कांति होती है।

गायत्री : नहीं तो?

पिता : जान न होने पर शव! ठंडा रहता है।

गायत्री : शव न हो तो?

पिता : शव न हो तो, साँस चलती रहती है। गर्मी रहती है। अंडे देता है। बच्चे निकालता है।

गायत्री : हाँ फँस गये जी। आदमी अंडे नहीं देता।

पिता : आदमी में जान के रहने का पता नहीं लगता?

गायत्री : जानती हूँ। साँस चलती है। गर्मी रहती है, अंडे देते हैं बच्चे निकालते हैं।

पिता : ठीक है। आज तुम्हारा इतना ज्ञानार्जन ही काफी है। जाओ।

गायत्री : मैं मजाक नहीं कर रही। बताइये बापू, आदमी में जान है, यह कैसे पता चलता है।

पिता : सुख, दुख, प्रीति, विश्वास, सब रहते हैं।

[पत्नी का प्रवेश]

पत्नी : प्रीति, विश्वास वगैरा की बातें खतम हो गयीं। देखिए, खर्चे की लिस्ट लायी हूँ।

पति : ले आयीं! लाओ, कितने की है? अरहर की दाल तीन किलो, इतना ही है न?

पत्नी : धनिया आधा किलो।

पति : मूँगफली का तेल दो किलो, सूजी चार किलो।

पत्नी : मक्खन दो किलो, चावल बीस किलो।

पति : ठीक है, प्याज चालीस किलो, साड़ी पचास किलो।

पत्नी : सिगरेट सौ किलो।

पति : (**सिगरेट सुलगाकर**) ह-हा! सिगरेट का धुआँ।

पत्नी : पता नहीं आपको इसमें कौन-सा सुख...

पति : फू...फू...फू...इसे हवा के ऊपर।

पत्नी : अब मैं चलती हूँ। आपका यह पागलपन मुझसे देखा नहीं जा रहा।

पति : पागलपन नहीं, खुशी। उप्पिट्टु तैयार है। ले आओ। दाँत साफ करके, मुँह धोता हूँ। जरा आराम से खाऊँगा। मुन्ना कहाँ? पड़ोसी के घर भेजा है, ठीक है, हमारा घर कितना सुन्दर है। हमारे दो ही बच्चे हैं। एक लड़की एक लड़का ...एक ही पत्नी...आज हवा कितनी अच्छी है। लालबाग में इन दिनों कितने अच्छे फूल खिले हैं। अरे, इस बेकार साड़ी में भी तुम कितनी अच्छी दीखती हो! ऐसे क्यों देख रही हो?

पत्नी : आपका प्लान मुझे मालूम है। आपका हज्जाम अब आएगा न?

पति : पगली कहीं की। उसे खूब डाँटकर भेजा है। अब मुँह ऊपर उठाकर देख नहीं सकेगा।

पत्नी : क्या डाँटा।

पति : मैंने पूछा—तुम्हारा नाम क्या है?
तुम्हारे बाप का नाम क्या है?
तुम कहाँ रहते हो।
मैंने यह भी पूछा—तुम महीने में कितना कमाते हो। यह भी कह दिया—हर किसी से पैसे माँगते शर्म नहीं आती?

पत्नी : सिर्फ इतनी-सी बातों से शर्मा जाएगा? देखते रहिए वह जरूर आएगा।

पति : वह दूसरों जैसा नहीं। बहुत संकोची है।

पत्नी : अब भी उस पर से आपका विश्वास गया नहीं।

पति : सिर्फ तीस रुपयों के लिए विश्वास बेचा नहीं जा सकता और खरीदा भी नहीं जा सकता।

पत्नी : ठीक है, मैं बहस करना नहीं चाहती। पर आप बताइए, उसे पैसे क्यों माँगने थे?

पति : छोटी आयु है। सिनेमा जा सकता है, रेस खेल सकता है।

पत्नी : उन सब के लिए हमें उसे पैसे देकर...

पति : ठीक है, वह बात छोड़ो, मुन्ने को ले आओ। कब्बन पार्क में बच्चों की रेल है। आज उसे उसी में बिठाएँगे।

पत्नी : दोसे का आटा पीसकर रखा है। तो दोसे बनाती हूँ—

गायत्री : रेस कैसी होती है बापूजी।

पत्नी : चुप रह, रेस के बारे में पूछ रही है।

पति : अरे हाँ, नंदी क्यों न चलें। कल छुट्टी भी है। क्या कहती हो? इन दिनों हम कहीं गए भी नहीं, रात वहीं ठहरकर कल आएँगे।

पत्नी : हाँ तो? कितना अच्छा रहेगा। वहाँ सर्दी होगी, बच्चे के लिए एक स्वेटर खरीदेंगे।

गायत्री : बापू, एक-एक रेस में कितने घोड़े होते हैं?

पति : मुझे मालूम नहीं, बेटी।

गायत्री : इतना भी मालूम नहीं, कैसे बुद्धू हो बापू, मुनिस्वामी को सब मालूम है।

पति : ठीक है, उसी से पूछ।

पत्नी : अरे, हमारे मुन्ने को बच्चे कितने पसंद हैं।

पति : वह फूल भी उतने ही पसंद करता है।

पत्नी : बच्चे, छोटे-छोटे बच्चे मिल जाएँ तो उन्हें गले से लगाकर कितना खेलता है।

पति : उसे एक गुड़िया (डाल) दिलाऊँगा।

[तभी दरवाजा खटखटाने की आवाज। सब स्तब्ध हो जाते हैं। पति पत्नी की ओर मुड़ता है। पत्नी दरवाजे तक जाकर लौट आती है।]

पत्नी : **(धीरे से)** वही।

पति : अच्छा?

पत्नी : अब क्या करें?

पति : कह दो कि मैं घर में नहीं हूँ।

गायत्री : **(जोर से)** फुसफुसा क्यों रहे हो बापू?

पत्नी : श...

[दरवाज़े के पास खड़ी होती है। व्यक्ति चुपचाप खड़ा होता है।]

आप कौन हैं?

व्यक्ति : मैं हूँ बहिन।

पत्नी : तुम माने कौन हो भई?

व्यक्ति : जरा मालिक से मिलना था।

पत्नी : आप कौन हैं?

व्यक्ति : मुनिस्वामी बहिन।

पत्नी : कौन से मुनिस्वामी? क्या चाहिए था।

व्यक्ति : मैं....हज्जाम हूँ बहिन, मालिक से मिलना था।

पत्नी : क्यों?

पति : **(मौन)**

व्यक्ति : जरा काम था।

पत्नी : **(जरा गुस्से से)** कैसा काम। वे घर में नहीं हैं।

पति : **(मौन)**

व्यक्ति : उन्होंने बुलाया था।

पत्नी : वे घर में नहीं हैं।

पति : **(मौन)**

व्यक्ति : उन्होंने कुछ कहा है?

पत्नी : नहीं।

पति : (मौन)

व्यक्ति : उन्होंने कुछ पैसे दूँगा कहा था—

पत्नी : वे शहर में भी नहीं हैं।

व्यक्ति : आपके हाथ में दिए नहीं?

पत्नी : एक बार कहा न, वे शहर में नहीं हैं। समझे, कुछ बताया भी नहीं। कुछ दिया भी नहीं, मेरी बात सुनाई दी?

गायत्री : बापूजी।

[उसकी बात सबको सुनाई देती है]

पति : (मौन)

व्यक्ति : ठीक है। उनसे कहिएगा, मैं आया था।

पत्नी : ठीक है।

व्यक्ति : **(जरा व्यंग्य से)**
आप शहर में नहीं थे कहिएगा।

पत्नी : अच्छी बात है।

[धीरे से जाता है, वह जरा दूर जा ही रहा है]

गायत्री : बापू, आपने झूठ क्यों कहा?
माँ, तुमने उसे डाँटा क्यों?
मैं सबको बताऊँगी।

[जरा कठोरता से मानो सारी दुनिया को बता रही हो]

बापू, उसके पिता मर गये हैं? मुझे पता है उसके पिता मर गये हैं।

उसने झूठ नहीं कहा...
बापू हैं, मेरे बापू घर में हैं
कहीं बाहर नहीं गए हैं...

[धीरे से पिता के पास जाकर उनका मुँह देखकर]

बापू, मरे हुए का मुँह कैसा रहता है।

भाषान्तर : कमल नारायण

■

भारताम्बा

डॉ० चन्द्रशेखर कंबार

डॉ० चन्द्रशेखर कंबार

कन्नड़ भाषा के प्रमुख कवि और नाटककार हैं। लोक-साहित्य के प्रकांड पंडित हैं। इनके नाटकों पर भी लोक साहित्य का प्रभाव है। तीन फिल्मों का निर्देशन भी कर चुके हैं।

प्रकाशन : पाँच कविता संग्रह, दो उपन्यास, बीस नाटक, एक एकांकी संग्रह। हिन्दी में अनूदित पुस्तकें जे० कुमारस्वामी, जय सिद्धनायक, बलि का बकरा, सिरि-संपिगे। श्री कंबार को साहित्य अकादेमी का पुरस्कार प्राप्त हो चुका है।

संप्रति आप हंपी कन्नड़ विश्वविद्यालय के कुलपति और केन्द्रीय नाटक अकादेमी के अध्यक्ष हैं।

◆

पात्र

रामक्का (55)	:	हरिजन स्त्री
बंगारी (20)	:	रामक्का की बेटी
करिनिंगा (25)	:	बंगारी का पति
शास्त्री (54)		
मंत्री (60)		
शेट्टी (50)		
पत्रकार		
इन्सपेक्टर		
पुलिस वाले		
बच्चे		

[मजदूरों का एक घर, भीतर रसोई, बाहर बरामदा। रंगमंच के बायीं ओर एक दरवाजा और दायीं ओर एक और दरवाजा। दायीं ओर से सड़क पर और बायीं ओर से पिछवाड़े जाने का रास्ता है। पर्दा उठते ही रसोई का द्वार दिखाई पड़ता है। बंगारी खड़ी रो रही है। बुढ़िया रामक्का वहीं चक्कर लगाती किसी को गालियाँ दे रही है।]

रामक्का : मंत्री है, मंत्री! उसे मंत्री कहते हैं। बाप मंत्री बन गया तो बेटे को जो कुमार बनने की छूट मिल जानी चाहिए। हमें वोट देना चाहिए। इनका मैला उठाना चाहिए। ये मंत्री बनकर हमारे सिर पर मूँग दलें तो हमें सिर झुकाकर चुप बैठे रहना चाहिए। क्योंकि हम नीच जात जो हैं। वे तू-तड़ाक से बात करेंगे तो हमें उन्हें, 'मालिक', 'मालिक' कहना चाहिए। जो, वे पाँव से दिखायें उसे हमें सिर के बल करना चाहिए। जरा सी कमी-बेशी हो जाने पर मजदूरी रोक देंगे, गाँव से निकाल देंगे! इसलिए हमें उनके कुत्ते की तरह रहना चाहिए, क्योंकि हम नीची जात के जो हैं।

इनकी औरतें तो बुर्के पहनकर मन-चाहा खा-पी कर सफेद सुअरों की तरह रहती हैं। हमें चीथड़े पहनकर उन्हें अपने शरीर देखने का मौका देना चाहिए। जब वे हमारी तरफ नजर डालें तो हमें हँसना चाहिए। एक बार हँसते ही इशारे से बुलाते हैं।

बुलाते ही लहँगा पसार देना चाहिए, क्योंकि हम चमार जो ठहरे। क्यों रोए जा रही है री! चुप नहीं रहा जाता? इन ऊँची-जातवालों ने तुम्हारी इज्जत पर हाथ डाला तो तुम्हें हँसते ही रहना चाहिए। उनका सुख बड़ा है या तुम्हारी इज्जत? तुम्हें गुस्सा नहीं करना चाहिए। इज्जत-मान क्या चीज है? उनके कहे मुताबिक नाचने को तुम्हारे पास शरीर नाम की एक चीज होनी चाहिए, बस! क्योंकि तुम नीची जात जो ठहरी?

[जब वह इस तरह बोल रही है तभी करिनिंगा भागता आता है और दरवाजे की चिटकनी चढ़ा देता है। रामक्का और बंगारी दोनों डर जाती हैं कि पता नहीं और क्या मुसीबत आने जा रही है। बाहर चमार लोग शोर-गुल मचा रहे हैं। करिनिंगा आते ही रामक्का के पाँव पकड़ लेता है। वह घबराहट से काँप रहा है।]

करिनिंगा : बचा लो माँ! मुझे बचा लो!

रामक्का : अब और क्या हो गया रे?

करिनिंगा : सब पीछे पड़ गये हैं।

रामक्का : उन सबको छोड़कर तेरे पीछे क्यों पड़ गये रे?

करिनिंगा : इन्सपेक्टर के सामने गवाही दी थी न!

रामक्का : दी थी, तो?

करिनिंगा : उनकी तरफ से मुसल्ले पीछे पड़ गये हैं। इधर से बामन पीछे पड़े हैं...माँजी ये दोनों मुझे जान से ही मार डालेंगे।

रामक्का : सच्ची गवाही दी थी, डर काहे का रे! बशीर ने मेरी बेटी की इज्जत खराब की, यह झूठ है क्या?

करिनिंगा : झूठ तो नहीं है, पर वह मंत्री का बेटा है।

रामक्का : मंत्री का बेटा होने से क्या हुआ रे। क्या उनके अलग कायदे कानून हैं?

करिनिंगा : हाँ अम्माजी। शिकायत लिखवाकर आये हैं न? वह इन्सपेक्टर और पुलिस वाले मंत्री के घर पहुँचे हैं। मंत्री भी गाँव आया है।

रामक्का : बेटे ने बद-फैली की है, इसलिए झंझट हो गया है।

करिनिंगा : उसका कोई झंझट नहीं। मैंने गवाही दी थी न। इसलिए मेरा शिकार करने की घात लगाये हैं।

रामक्का : राज करने के साथ-साथ बदफैली करनेवाले की गवाही देनेवालों को भी फोड़ने लगे हैं क्या? आने दो, देखूँगी भगवान के भी आँखें हैं या नहीं।

करिनिंगा : भगवान भी ऊँची जातवालों की तरफ ही रहता है, अम्माजी, हमें कोई नहीं पूछता। पता नहीं मैं क्यों इस झंझट में गवाही दे बैठा।

रामक्का : मेरी समझ में नहीं आता कि तू मर्द है या औरत। तेरी बीवी की इज्जत खराब की है, तुझे गुस्सा नहीं आता? खैर आठ दिन को गाँव छोड़कर कहीं चला जा।

करिनिंगा : कहाँ चला जाऊँ? सब लोग मेरे पीछे पड़े हैं। तुम्हीं मुझे कहीं छिपा दो।

रामक्का : जवान लड़कियाँ गाँव में दिन-दहाड़े निकल नहीं सकतीं, यह नौबत आ गयी। उसको साँप डँस जाय। उस मुसल्ले ने मेरी बेटी पर हाथ डाला। उस वक्त आस-पास में कहीं कोई पत्थर नहीं था। बस तुम दो ही थे। देते न एक पत्थर उठाके मुआ वहीं ढेर हो जाता।

[दरवाजा खटकने की आवाज। करिनिंगा काँपने लगता है। थोड़ी देर को दोनों चुप हो जाते हैं। दरवाजा जोरों से खटकने लगता है। रामक्का दरवाजा खोलने को आगे बढ़ती है। करिनिंगा उसके पाँव पकड़ लेता है। दरवाजा खटकना थोड़ी देर को रुक जाता है।]

करिनिंगा : माँजी, माँजी, तुम दरवाजा मत खोलना। वे लोग मुझे जान से मार डालेंगे।

रामक्का : डर मत बे भडुवे! इज्जत गँवाने पर भी तेरी बीवी चुप हो कर बैठी है, तू उसका मरद है, काँपता जाता है। शिकायत लिखाने वाली मैं हूँ, तू नहीं। मरद होकर सिरफ गवाही देने में ही तू इतना काँप रहा है।

करिनिंगा : हम छोटी जात के हैं। हम जो करें वह गलत ही होता है। 'मंत्री के खिलाफ तूने शिकायत लिखवायी। अरे बेटे। तेरे टुकड़े, टुकड़े कर डालेंगे', कहकर मुसलमान पीछे पड़ गये हैं, और इधर हिन्दू, कह रहे हैं कि 'चाहे जो हो जाय पर तू अपनी बात से हटना नहीं।' अब मैं किधर जाऊँ क्या करूँ? तुम्हीं बताओ न माँजी? **(फिर से दरवाजा खटकता है)**

बाप रे! आ गये न फिर से।

रामक्का : धीरे से पिछवाड़े जाकर पड़ा रह। अगर पिछवाड़े के दरवाजे पर भी आवाज सुनायी दे तो वहाँ से कूदकर टूटी मड़ैया में जाकर छिप रहना। सबके जाने के बाद बुला लूँगी।

[काँपता हुआ पिछवाड़े के दरवाजे से खिसक जाता है। रामक्का वह दरवाजा बंद करके आगे वाला द्वार खोलती है। शास्त्री उसके साथ एक पत्रकार और तीन-चार लड़के मिट्टी के तेल

का डिब्बा लिए आते हैं। भीतर घुसने से पहले शास्त्री अपना जनेऊ निकालकर कान पर लपेट लेता है।]

शास्त्री : डर मत रानी! जरा देख तो तेरी खातिर कौन आये हैं और कितनी देर से आये हैं। आइये साहब, आइये। ये ही रामक्का है और ये है बंगारी।

रामक्का : जे कौन हैं?

शास्त्री : जे मत कह री। ये कहो, ये तो बड़े साहब हैं बेंगलूर के हैं। अखबार आता है न, उसके संपादक हैं। ये अखबार वाले हैं। कल तेरी बेटी की खबर छपी थी न। ये कोई छोटे-मोटे अखबार वाले नहीं।

रामक्का : **(दुःख सह न पाकर)** हमारी दशा तो ऐसी हो गयी कि हर राहगीर देखकर जाने लगा है! तुम भी आँख भर के देखकर जाओ, साहब। हमारी इज्जत तो मार्केट की सब्जी हो गयी, हमारे रोने या मरने की बात की किसे फिकर है?

शास्त्री : ऐसा मत कह री! हम नहीं हैं क्या? इस बात को हम यहीं छोड़ देंगे, यह मत समझ लेना। बंगारी पर हाथ डालना तो भारताम्बा पर हाथ डालने के बरोबर है। **(बंगारी से)** बंगारी मुँह काहे को छिपाती है। भले ही मुँह खोल कर रो! एक बार साहब भी तेरा मुँह देख लें।

(भावावेश में, दरवाजे के पास खड़ी बंगारी को पकड़कर समीप घसीटकर उसके मुँह पर ढँके हाथों को हटाकर पत्रकार को दिखाते हुए) देखिए साहब, मेरी कही बात झूठ है या सच! आप ही देख लीजिए। कैसी नाजुक उमर की है, कितना कोमल शरीर है। इस बच्ची पर उसने अत्याचार किया। **(बंगारी को घुमाकर उसका फटा ब्लाउज़ दिखाते हुए)** देखिए, यहाँ देखिए। उस लफंगे ने कैसा अत्याचार किया है। इससे बड़ी और कौन-सी साक्षी चाहिए। आज मैं सारी दुनिया से एक सवाल पूछना चाहता हूँ। इस देश में हिन्दू स्त्रियों को सम्मान से जीना चाहिए या नहीं? हिन्दू धर्म को यहाँ बचे रहना है या नहीं? साहब, यह सब आपको अपनी पत्रिका में छापना चाहिए। यह हमारे देश के अस्तित्व का प्रश्न है। यह भी लिखिएगा कि यह सब मैंने पूछा है। रानी, तू अपनी रामकहानी साहब को बता न! तेरी कहानी

सुनकर साहब की आँखों से आँसू नहीं खून बहेगा। यह महाभारत है। हम और आप, सब इसके पात्र हैं। वह है न, वह मुसल्ला, मलेच्छ मंत्री का बेटा है या हरामी। उसने दु:शासन के रूप में आकर बंगारी की नहीं, हमारी भारतांबा की साड़ी खींची है।

रामक्का : आप लोगों की औरतों की साड़ी बढ़ाने को भगवान तो आगे आया, हमारे लिए तो वह भी नहीं है, कौन आयेगा?

पत्रकार : हियर, हियर।

शास्त्री : रो मत रानी, तुम्हारा एक एक आँसू खून की नदी बन जाएगा। पर हम अभी जिन्दा हैं। हमारे दिल में खून की आखरी बूँद रहने तक हम हिन्दू धर्म के लिए लड़ेंगे। और क्या है, रक्त यज्ञ शुरू हो गया समझो।

रामक्का : **(उसी ढंग से रोते हुए)** आप ही कौन भले आदमी हैं! पिछले महीने आप ने ही बंगारी पर हाथ डालने की कोशिश की थी, पर करिनिंगा आ गया, समझ कर भाग निकले।

शास्त्री : **(अपना दोष छिपाने को ऊँचे सुर में)** छिः छिः रानी तेरी अक्ल कहाँ गयी है। हमारा अपना झगड़ा क्यों उजागर कर रही हो। बेंगलूर के ये साहब माने अखबार के शेर हैं। एक बार अखबार में तेरा नाम लेकर अगर गरज पड़े, तो सारा देश थर्रा जाएगा। एक बार उनके सामने तू अपनी कहानी तो बता, हमारा तुम्हारा तो चलता ही रहता है।

पत्रकार : रामक्का, आप लोग हरिजन हैं क्या?

रामक्का : नहीं, भैया, हम तो चमार हैं।

शास्त्री : हिन्दू कह, हिन्दू।

पत्रकार : अगर आप गुस्सा न करें तो एक प्रश्न पूछ सकता हूँ। आपकी बेटी पर कैसे अत्याचार हुआ, जरा विस्तार से बता सकती है।

रामक्का : वह भी एक कहानी है भैया। हम चमार हैं, बदनसीबी से एक बेटी है। मैंने अपने भाई से किसी रूप में रिश्ता कर दिया। हम तीनों किसी तरह कुली, मजूरी करके जीते हैं। बेटी सुन्दर है। सारे गाँव के गिद्धों की आँखें उस पर लगी हैं। ब्याह को महीना भी नहीं हुआ है।

शास्त्री : कल उस मुसल्ले ने तेरी बेटी के साथ जो किया वह बता।

रामक्का : बशीर साहब की नजर उस पर पड़ी, क्या करें वह मंत्री का बेटा है! हम ठहरे चमार बिना बाड़ का खेत। एक दिन कहला भेजा, तुम अपनी बेटी को भेज दो। मैंने कह दिया, हम वेश्यायें नहीं हैं। अरे! हरामजादी तेरी इतनी हिम्मत। कह कर उन्होंने खूब लातें जमायीं। अभी तक उसके निशान नहीं गये और दर्द भी नहीं मिटा। कल इसे उठाकर ले गये और यह दशा कर डाली। आप ही देखिए मालिक।

शास्त्री : मेरा तो कलेजा बैठा जा रहा है साहब।

(तुरंत आँसू पोंछकर पत्रकार को दिखाते हुए) चाहे तो इसका फोटो खींचकर अपने अखबार में छापिये।

पत्रकार : आपने पुलिस में शिकायत की है न? उससे तुम्हें डर नहीं लगा?

रामक्का : डर क्यों नहीं लगा? जबसे हमने चमार होकर जन्म लिया, तब से डर तो लगा ही रहता है। हम लोग अगर चुपचाप जीना भी चाहें, तो ये बड़े लोग छोड़ते नहीं। गाँव छोड़कर जायें भी तो दूसरी जगह काम नहीं मिलता। हम लोग तो इनके सरौते में फँसी सुपारी जैसे हैं।

शास्त्री : सरौता तो आप जानते ही होंगे साहब। जिससे सुपारी काटते हैं, साहब। एक तरफ यह पाखंडी सरकार है, दूसरी तरफ ये मुसल्ले। दोनों मिलकर हिन्दू धर्म को इस तरह काटने में लगे हैं। **(हाथ से अभिनय करके दिखाता है)**

पत्रकार : आप लोगों ने पुलिस में शिकायत लिखायी थी न! उससे तुम्हें कुछ फायदा होगा यह भरोसा है?

रामक्का : जीने का ही भरोसा नहीं, पुलिस का क्या भरोसा करें? जो भी हो वे सरकारी आदमी हैं। मंत्री की बात मानना छोड़कर वे हमारी बात सुनेंगे? गुस्सा आ गया अपने को वो रोक नहीं सकी। चाहे जो हो जाय, सोच कर शिकायत लिखा डाली।

पत्रकार : इसमें तुम्हारे दामाद का क्या काम है?

रामक्का : 'वह सब मैंने अपनी आँखों से देखा है' कहकर साक्षी के लिए अँगूठा लगाकर आया है। इसलिए उसे जान से मार

डालने के लिए उतारू हैं। बीवी की इज्जत लुटने पर उसे चुप ही रहना चाहिए था। तभी इसके लिए ठीक रहता।

पत्रकार : मंत्री की तरफवाले तुम्हारे दामाद को तंग कर ही रहे हैं। अगर वे आपके साथ भी वैसा ही कुछ करें तो?

रामक्का : इज्जत तो लूट ही चुके हैं, अब जान ले लेंगे और क्या?

शास्त्री : अब करिनिंगा कहाँ है?

रामक्का : मुझे पता नहीं जी।

शास्त्री : उस समय उसे खत्म करने को मुसल्ले उसकी खोज में लगे हैं। आज उसका बाल भी बाँका हुआ, तो हम लोग चुप रहनेवाले नहीं। उसे बचाने को ही हम सब यहाँ आये हैं। समझी? कहाँ है वह?

रामक्का : मुझे पता नहीं जी। वह घर आया ही नहीं।

शास्त्री : ऐ, उसे ढूँढ़ो रे। **(शास्त्री और उसके साथ आये लड़के रसोई में खोज़ने के लिए झाँकते हैं।)** करिनिंगा से तू कह देना रानी कि भले ही जान चली जाय पर बयान न बदले।

[इतने में लड़के पिछवाड़े के दरवाजे की ओर जाने लगते हैं। तब रामक्का दौड़कर उन्हें रोकती है]

रामक्का : मैंने कहा नहीं कि वह यहाँ नहीं है। हमें पहले ही डर लगा है।

[शास्त्री और लड़के परस्पर एक दूसरे के मुँह की ओर देखते हैं। तुरंत नाटकीयता से उसके मुँह की मुद्रा बदलती है]

शास्त्री : अब मैं चला, रानी, मैं चला।

रामक्का : कहाँ को?

शास्त्री : धर्मयुद्ध के लिए। मुसल्लों के सिरों से गेंद खेलने। देशद्रोहियों को जिंदा जला देने को। बोलो भारतमाता की...

लड़के : जय...

[सब जाते हैं। रामक्का करिनिंगा को बुलाने को जैसे ही पिछवाड़े के दरवाजे की ओर मुड़ने को होती है कि सामने वाले दरवाजे पर शेट्टी हाजिर होता है]

शेट्टी : घर पर ही हो रामक्का! और कोई नहीं है क्या? **(भीतर आकर दरवाजा बंद करता है)** पहचाना नहीं क्या? मैं हूँ। पंचायत का चेअरमैन कोदण्डराम शेट्टी। पहचाना?

रामक्का : दरवाजा क्यों बंद किया?

शेट्टी : जरा चुप तो रहो। सारे गाँव में आग लग गयी है। तुम्हारे घर मेरा आना देखकर लोग पता नहीं क्या समझें? अरे! बंगारी यहीं है न? अखबार में खबर पढ़ी, छि: छि: मुझे बड़ा दु:ख हुआ। इस करिनिंगा को ऐसा नहीं करना चाहिए था।

रामक्का : उसने क्या किया?

शेट्टी : और क्या? खुद गलत काम करके बशीर साहब के मत्थे मढ़ने का मतलब क्या है?

रामक्का : यानी?

शेट्टी : मैं अभी पुलिस स्टेशन से आ रहा हूँ। वहाँ एक, दो, तीन, चार शिकायत की अर्जियाँ आयी हैं। उसमें तुम्हारी भी एक है। बशीर साहब ने भी एक लिखी है। उसके बारे में लोगों से पूछ-ताछ की। सभी बशीर साहब की बात को ही सही कह रहे हैं।

रामक्का : उसने क्या लिख कर दिया है?

शेट्टी : तेरी बेटी को करिनिंगा खराब करने को चढ़ बैठा था। बशीर साहब ने आकर छुड़ाया। बशीर साहब पता नहीं क्या कहेंगे सोचकर उसने पहले शिकायत दर्ज करा दी। वैसे बशीर साहब ऐसा अत्याचार करने वाले आदमी हैं? तुमने करिनिंगा की बात का विश्वास करके शिकायत लिखा दी और उसने गवाही दे दी।

रामक्का : शेट्टीजी, करिनिंगा उसका घरवाला है। वह भला क्यों बंगारी को खराब करेगा?

शेट्टी : ब्याह हो गया क्या? यह तो मुझे पता ही नहीं था। खैर, अब यह सब छोड़। अरे! मंत्री के बेटे के बारे में एक चमार के शिकायत लिखाने के माने क्या होते हैं। मेरी बात सुन। मैं वह सब लिखकर लाया हूँ। उस पर अँगूठा लगा दे। **(जेब से कागज निकालकर)** सुनो रामक्का, तुम हमारे गाँव की हो। हमारे गाँव की इज्जत बचा लोगी यही सोचकर आया हूँ, यहाँ अँगूठा लगा दे।

रामक्का : मैं नहीं लगाऊँगी जी।

शेट्टी : क्यों?

रामक्का : क्योंकि वह झूठा है।

शेट्टी : झूठ या सच छोड़। तू अपनी जान बचाने की बात कर। सच बोलकर जेल जाएगी? आ, इधर आ, यहाँ अँगूठा लगा दे। आगे मैं सब संभाल लूँगा।

रामक्का : यह नहीं हो सकता जी।

शेट्टी : यही बात है तो पुलिस आयेगी।

रामक्का : आने दो, मैं सच्ची बात कहूँगी।

शेट्टी : इसका मतलब यह कि तुम बेटे के ही नहीं, मंत्री के भी खिलाफ जा रही हो।

रामक्का : भले ही मंत्री हो या उसका बेटा। हम लोगों को खराब करने का मतलब क्या है?

शेट्टी : उन्होंने खराब नहीं किया। मान लो एक बार को खराब भी किया हो तो किसे किया, एक चमारिन को ही तो। चमारिन को भला कोई खराब करता है। पैसा देते हैं, साथ सोते हैं बस। किसी ऊँची जात वाले के साथ ऐसा करें तो खराब करना कहा जाता है। पर इसे खराब करना कैसे कहते हैं? पैसा चाहिए? सौ, पाँच सौ चाहिए, हजार चाहिए? इतने पैसे तो तुम मजूरी करके मरने तक भी कमा नहीं सकोगी।

रामक्का : हमारी इज्जत खरीदने आये हो क्या?

शेट्टी : दो हजार।

रामक्का : जो भी आता है हमसे कुछ माँगने ही आता है, पर हमारे साथ क्या हुआ है यह देखने को तुम्हारे पास आँखें ही नहीं हैं।

शेट्टी : मैं तो तुम्हें देने आया हूँ। एक बार पढ़कर सुनाता हूँ सुनो। बाद में अँगूठा लगाना।

रामक्का : उसमें क्या लिखा है, यह मुझे पता है।

शेट्टी : आखिरी बार कह रहा हूँ। दो हजार देता हूँ। मुझे इसमें कमीशन नहीं चाहिए। अगर तूने सही कर दी, तो समझ ले सारे गाँव का उपकार होगा **(जेब से नोटों की गड्डी निकालते हुए)** आ, ले ले।

रामक्का : मुझे नहीं चाहिए।

शेट्टी : और क्या फोकट सही करोगी?

रामक्का : आप बहुत बड़े आदमी हैं। चलिए यहाँ से, चले जाइये। मैं समझी थी गाँव के बड़े आदमी हैं। तसल्ली देने आये हैं। पर आप तो अँगूठा ही लगवाने आये। उठिए, उठिए, चलिए।

शेट्टी : हाँ जाता हूँ। यहाँ रहने नहीं आया। जरा सोच ले।

[दरवाजा खटखटाने की आवाज]

बाहर से : पुलिस इन्सपेक्टर आए हैं। दरवाजा खोलिए। **(शेट्टी घबराता है। रामक्का दरवाजा खोलने को तैयार होती है और बेटी से कहती है 'तू भीतर जा'। दरवाजा खटखटाने की आवाज तेज होती है। रामक्का के दरवाजा खोलने से पहले ही शेट्टी अपने हाथ के नोट पास के आले में रखकर जिधर रसोई में बंगारी छिपी है घुसकर दरवाजा भेड़ लेता है। तभी दरवाजा खुलता है। दो सिपाही और पुलिस इन्सपेक्टर भीतर आकर चारों तरफ नजर डालते हैं।)**

इन्सपेक्टर : तू ही रामक्का है क्या?

रामक्का : जी हाँ मालिक।

[आले में रखे नोटों पर इन्सपेक्टर की निगाह पड़ती है।]

इन्सपेक्टर : तेरे पास इतना पैसा हो गया कि रखने को भी जगह नहीं।

रामक्का : ये शेट्टी के हैं जी।

इन्सपेक्टर : जितना पूछता हूँ उतना जवाब दे। ज्यादा बात की तो दो लात जमाऊँगा। तेरी बेटी कहाँ है?

रामक्का : भीतर है मालिक।

[इन्सपेक्टर इशारा करता है। दोनों सिपाही भीतर घुसते हैं। इन्सपेक्टर भीतर सब तरफ निगाह दौड़ाता है। तभी दोनों सिपाही बंगारी और शेट्टी को पकड़कर लाते हैं। शेट्टी अपना कोट ठीक करता है। इन्सपेक्टर आश्चर्य का अभिनय करता है।]

इन्सपेक्टर : तुझे पता नहीं कि लाइसेन्स के बिना धन्धा करना अपराध है?

रामक्का : धन्धा-फन्दा कहा, तो मैं चुप नहीं रहूँगी।

इन्सपेक्टर : **(गुस्सा रोकते हुए)** तो यह नोटों की गड्डी कहाँ से आयी?

शेट्टी : यह मेरी है मालिक।

इन्सपेक्टर : तुमने क्यों दी?

शेट्टी : यू हीं ही-ही-ही-

[रामक्का को सदमा लगता है]

इन्सपेक्टर : पहली बार आया है क्या?

शेट्टी : मैं तो यहाँ का पुराना ग्राहक हूँ। इसके जवान होने के बाद से...

रामक्का : **(गुस्से से)** अरे भड़ुवे। ऐ शेट्टी, तू भी इन सब के संग शामिल है क्या?

[इन्सपेक्टर तुरंत उसके गाल पर एक झापड़ जमाता है। सह न पाने से रामक्का गिर पड़ती है। बंगारी 'माँ' कहती हुई चीखकर उसकी ओर भागती है। इन्सपेक्टर उसे धकेलकर रामक्का पर थूकता है।]

इन्सपेक्टर : हरामजादी कहीं की। वेश्या कहने पर गुस्सा आता है। बाहर का दरवाजा बंद कर रखा है। भीतर रसोई में शेट्टी के साथ बेटी को सुला रखा है। ऊपर से कहती है, यह रंडीपना नहीं है। रंडी कहीं की। **(शेट्टी से)** अँगूठा लगाया क्या?

शेट्टी : नहीं जी।

इन्सपेक्टर : लाओ वह कागज। शेट्टी अपनी जेब से वह कागज़ निकालकर देता है। ये ले, मेरा पैन लेकर अँगूठा लगा।

रामक्का : **(चीखकर)** मैं नहीं लगाती।

इन्सपेक्टर : इसे घसीटकर थाने ले चलो। इस पर धंधा करने का केस चलाएँगे।

रामक्का : **(दुःख से अपने-आपको छुड़ाकर)** हाय रे! गाँव में कोई धर्मात्मा हो तो आकर हमें बचाओ। बचाओ। **(कहती हुई चीखती हुई बाहर की ओर भागती है पुलिस वाले उसे दरवाजे पर ही रोक लेते हैं। वह बार-बार वही दोहराती है और भागती है। शिकारी कुत्तों के पीछा करनेवाले पुलिस वालों के हाथ से बचती भागती हुई चीखती जाती है। उसके पीछे बंगारी भी 'माँ' 'माँ' करती भागती है। उसी समय मंत्री दरवाजे पर खड़े देखते हैं।**

उसे देखकर सब स्तब्ध रह जाते हैं। रामक्का कुतिया की तरह रोती है।)

मंत्री : यह क्या हो रहा है? आप लोग क्या कर रहे हैं? छोड़ दो उसे।

शेट्टी : (**रामक्का से**) देख, सम्माननीय मंत्री जी खुद तेरे घर आये हैं।

मंत्री : ये हमारी रामक्का है न?

शेट्टी : जी हाँ, ये ही।

मंत्री : क्या कहती है?

इन्सपेक्टर : अँगूठा लगाने को तैयार नहीं है।

मंत्री : बात वहीं खत्म हो गयी न। अपनी इच्छा के विरुद्ध यह अँगूठा लगाने को तैयार नहीं, यही बात है न, बस! इसी बात पर आप उसका इस तरह शिकार कर रहे हैं? यह सब क्या हो रहा है? बाड़ के ही खेत को खाने की तरह प्रजा की रक्षा करने वाले आप ही इस तरह उसे हैरान करें तो?

रामक्का : (**मन का दुःख और घबराहट को बाहर निकालते हुए**) आप ही बताइये साहब! यह शेट्टी यह कह कर आया कि अँगूठा लगा दो, पैसा दूँगा! मेरे 'नहीं' कहते ही पुलिस आ पहुँची। शेट्टी रसोई में जा छिपा। उसी बात पर पुलिस वाले कहते हैं कि धंधा करती है, चल थाने। यह किस देश का न्याय है, आप ही कहिए?

मंत्री : धत्! क्या आप लोगों को रामक्का रंडी जैसी दीखती है? यह क्या बात है इन्सपेक्टर साहब! आपने इतने साल सर्विस की है, क्या आपको पहचान नहीं कि रंडी कौन है, गृहस्थ कौन? चलिए बाहर। (**शेट्टी, सिपाही, इन्सपेक्टर जिस कागज पर अँगूठा लगाना है उसे मंत्री को पकड़ाकर बाहर चले जाते हैं।**) मुझे सच्चाई चाहिए। मुझे अपने बेटे पर विश्वास नहीं है या यूँ कहो मेरा बेटा होने से उसके कहे सच पर मुझे संदेह हो सकता है। एक बार तुमसे जानने को आया हूँ। बताओ रामक्का, तुमने सच ही में पुलिस में शिकायत की है।

रामक्का : जी हाँ सरकार।

मंत्री : मेरे बेटे ने तुम्हारी बेटी पर अत्याचार किया, क्या यह सच है?

रामक्का : जी हाँ सरकार।

मंत्री : करेक्ट! अब मुझे यह पक्का हो गया कि मैं जो कुछ कर रहा हूँ वह सही है। ऐसे मौके पर भी तू सच कह रही है, वह तारीफ के लायक है। बहिन, तुमने आज मुझे एक सबक सिखा दिया। मैं भी तुम्हारी तरह ईमानदार आदमी हूँ। मैं गांधीजी के साथ रह चुका हूँ। रामक्का, तुम मेरे मुँह की तरफ देखो। मैंने तुम्हारी आँखों में एक माँ को देखा। तुम बंगारी की माँ हो, बेटी पर हुए अत्याचार के कारण तेरी आँखों में मैंने एक आग देखी। पर तुम्हारी आँखों में सिर्फ आग ही नहीं बहिन, उसे बुझाने को आँसू भी है।

खबर सुनकर सदमा लगा। ऐसा नीच मेरा ही बेटा है। यह सोचकर पश्चात्ताप हुआ। जिसे गाँव की बहू-बेटियों के साथ एक भाई की तरह रहना चाहिए था, वही एक चांडाल बन जाय तो इस गाँव की रक्षा भगवान ही कर सकता है। ऐसे चांडाल का मैं बाप हूँ। जो बेटा भूमि का भार है, उसे जीने का कोई हक नहीं। इससे बन्दूक लोड करके ही यहाँ आया हूँ। वह अभी सोया हुआ था। मेरा रुद्रावतार देखकर चीख पड़ा। एक क्षण को पता नहीं क्यों बिजली-सी कौंध गयी। आँख फाड़कर देखा तो उसकी माँ खड़ी थी। जिसने उस चांडाल को नौ महीने अपनी कोख में रखा था वही उस चांडाल को अपने पीछे करके, पहले मुझे मारिये कहती खड़ी थी। मुझे तुम्हारा मुँह देखकर उसकी याद आयी। **(आँखें पोंछता है)** तुमने सच बोलकर अपने कर्त्तव्य का पालन किया। अब मेरे सामने बचा है मेरा कर्त्तव्य। मैं चलता हूँ बहिन। चलता हूँ, बंगारी बेटी। पर बात है ऐसे चांडाल बेटे के माँ-बाप को माफ कर देना। **(हाथ जोड़ता है)** ठीक है, इसका मतलब यह हुआ कि माफी नहीं मिली। **(चलने को होता है)**

रामक्का : सरकार।

मंत्री : माफ कर दिया क्या माँ? मुझे पता है, एक माँ ही दूसरी माँ का दिल जान सकती है। अब तुम्हारे मन में मेरी पत्नी की बात ही तो है।

रामक्का : जी हाँ! सरकार।

मंत्री : सब माँएँ एक ही जैसी होती हैं। उसी ने कहा था, 'रामक्का एक दुखी माँ है। मैं ही जाकर उसके पाँव पकड़कर उससे से प्रार्थना करूँगी, मेरे बेटे को जीवन-दान दो।' तब मैंने कहा 'रामक्का तेरे लिए माँ है, मेरे लिए बहिन है। मैं बहिन के पास जाकर माफी माँगे लेता हूँ।' यही कहकर आया हूँ।

रामक्का : वे कैसी हैं, सरकार?

मंत्री : तुम्हारे जैसी ही। तुम दोनों भारतमाता का प्रतिरूप हो।

रामक्का : भारतमाता कौन है, सरकार?

मंत्री : वह हम सब की माँ है।

रामक्का : अब घर जाकर क्या करोगे, सरकार?

मंत्री : वह माँ दरवाजे पर खड़ी मेरा इंतजार कर रही होगी। मैं आसानी से उससे जाकर कह सकता हूँ, मुझे तेरा बेटा नहीं मिला, पर भारतमाता से क्या कहूँ।

रामक्का : इसका मतलब?

मंत्री : अब तुम्हीं बताओ रामक्का, बशीर मेरा बेटा हो सकता है। वह मुसलमान है। है न? तुम्हारी बेटी हिन्दू स्त्री है न?

रामक्का : जी हाँ।

मंत्री : बस इतना ही।

रामक्का : यानी?

मंत्री : इसका मतलब यह नहीं कि मेरे बेटे ने तेरी बेटी पर अत्याचार किया। अगर इतनी ही बात हो तो मैं बशीर को जान से मार डालता। यहाँ बात यह है कि एक मुसलमान ने हिन्दू स्त्री पर अत्याचार किया, अभी सारे गाँव के हिन्दू कह रहे हैं मुसलमानों के सिर काटकर गेंद खेलेंगे। इधर मुसलमान भी इकट्ठे हो रहे हैं। कल सुबह पता नहीं

कितनी माँएँ अपने बच्चे खो बैठेंगी। यह खबर सारे देश में फैल गयी तो पूरे देश में हिन्दू मुस्लिम दंगा शुरू हो जायेगा। देखते-देखते करोड़ों लोगों की लाशें बिछ जाएँगी। अब तुम्हीं बताओ माँ, जब तुम्हारी बेटी के साथ अन्याय हुआ तब तुम्हारा कलेजा फूँका था। अब हम सबकी माँ भारतमाता को, अपने करोड़ों बच्चों के मरने का दृश्य मौन खड़े होकर देखना पड़ेगा। तब उस माँ की क्या दशा होगी? **(काँपते स्वर से)** हे भारतमाता, इस सबका कारण बननेवाले बेटे को जन्म देने वाले पापी को क्षमा करो। समझ लो अब महात्मा गांधी तुम्हारे पास आकर तुम से पूछें : बेटी रामक्का, एक तरफ तुम्हारी बेटी पर हुए अन्याय की बात रही; दूसरी तरफ करोड़ों लोगों की जानें हैं। इन दोनों में कौन-सी बात बड़ी है, बेटी?

रामक्का : अरे, गांधीजी तो मर गये। वे हमारे पास कहाँ आने लगे।

मंत्री : मैं नहीं आया क्या? मुझे ही बता कौन-सी बात बड़ी है?

रामक्का : अगर आप गांधी होते तो ऐसी झूठी बातों में दखल देते?

मंत्री : इसीलिए तो कहते हैं, सत्य सूक्ष्म होता है। तुम्हारी बेटी के साथ हुआ अन्याय भी सत्य है और लाखों लोगों के मरने की बात भी सत्य है। दोनों में कौन-सा बड़ा है? अब तुम सिर्फ बंगारी की माँ बनकर ही मत सोचो। सबकी माँ बनकर, भारताम्बा बनकर तो सोचो।

रामक्का : पता नहीं आप क्या कह रहे हैं। मेरे पल्ले नहीं पड़ता।

मंत्री : अब तुम क्या कहोगी मैं बताऊँ? तुम्हारे लिए तुम्हारा सत्य और दुःख ही बड़ा है। ठीक है न? इसीलिए अँगूठा लगा दो।

रामक्का : यानी?

मंत्री : गुस्से के मारे तुम्हारी आँखें अंधी हो चुकी हैं। अभी शास्त्री आया था न?

रामक्का : जी हाँ!

मंत्री : उसने पूछा था न कि करिनिंगा कहाँ है?

रामक्का : जी हाँ।

मंत्री : बस।

रामक्का : यानी?

मंत्री : मेरा कहना है हिन्दू मुसलमानों में दंगा होगा। होने दो। कम से कम तुम्हें अपनी बेटी के सुहाग की चिंता नहीं।

रामक्का : मतलब?

मंत्री : दुष्टों को अगर सजा मिलती है तो मिले। पर तुम्हारे उस दामाद करिनिंगा को भी सजा मिलेगी। मालूम है?

रामक्का : वह कैसे?

मंत्री : ऐसे (**बंगारी की तरफ देखकर**) चमारों में अगर इतनी सुन्दर हो तो ऊँची जातवालों की आँखें फट जाती हैं। उनके लिए तो तुम्हारी जाति वेश्याओं की जाति है। तुम्हारा अस्तित्व ही उनके भोग के लिए है। जबसे तुमने अपनी बेटी का ब्याह करिनिंगा के साथ किया, तबसे उनकी निराशा की सीमा नहीं। वे अब करिनिंगा को जान से मार डालेंगे। गवाही देने पर मंत्री के लोगों ने ही ऐसा किया कहकर हमारे मत्थे मढ़ देंगे। पिछले महीने शास्त्री ने बंगारी पर हाथ डाला था और करिनिंगा से थुकवाकर गया। यह तो तुम्हें पता ही है। अब समझ में आयी उनकी तिकड़म!

रामक्का : (**दुविधा में**) तो आपका कहना है इस पर अँगूठा लगा दूँ?

मंत्री : (**उत्साह से**) गाँव अगर बचाना हो; लाखों लोगों की जान बचानी हो और भारतमाता को सुख से रखना हो और अपनी बेटी के सुहाग की इच्छा हो तो अँगूठा लगाना चाहिए। (**बाहर शोर-गुल**)

मुझ पर विश्वास रखो बहिन!

रामक्का : विश्वास रखूँ तो?

मंत्री : अँगूठा लगाना पड़ेगा।

रामक्का : मेरे अँगूठा लगा देने से करिनिंगा बचा रहेगा न?

मंत्री : इतनी ही नहीं, सारे गाँव वाले तुम्हें अपनी माँ कहेंगे। सारा प्रांत, सारा देश.तुम्हारी जय-जयकार करेगा। स्वर्ग में बैठे गांधीजी भी शाबाश बेटी रामक्का कहकर आशीर्वाद देंगे। खुद मेरा मंत्रिमंडल तुम्हारा अभिनंदन करेगा बहिन।

रामक्का : लाइये, अँगूठा लगा देती हूँ।

[रामक्का से अँगूठा लगवाता है]

मंत्री : बात यहीं खतम नहीं हुई बहिन। इसी तरह दूसरों से भी अँगूठा लगवाना चाहिए। पर अख़बार वाले आयेंगे। वह सब मैं संभाल लूँगा। उनके आने पर मैं उनसे बात करूँगा। तब तुम्हें कहना पड़ेगा कि अत्याचार नहीं हुआ अथवा जो मैं कहूँगा उसकी हामी भरनी होगी। अब चलूँ बहिन। घर पर तुम्हारी बहिन इन्तजार कर रही होगी। जयहिन्द।

(नमस्कार करके चला जाता है। रामक्का को यह समझ में आने से पहले ही कि उसने क्या कर डाला। बाहर चीख-पुकार बढ़ जाती है। ऐसा लगता है कि रामक्का का ध्यान उसकी ओर है। बंगारी पिछवाड़े का दरवाजा खोलती है। चीख-पुकार बढ़ जाती है। बंगारी तुरंत 'माँ' कहकर चिल्लाती है। रामक्का उस ओर देखती है।)

बंगारी : माँ, करिनिंगा जिस झोपड़ी में छिपा था, उसमें आग लगा दी गई है।

[चीखकर पिछले दरवाजे से बाहर जाती है। रामक्का हक्की-बक्की-सी चित्र के समान आँखें फाड़े खड़ी रह जाती है। उसके मुँह पर बाहर जलती आग की ज्वाला प्रतिबिम्बित होती है।]

भाषान्तर : कमल नारायण

■

बाप

चन्द्रशेखर पाटील

चन्द्रशेखर पाटील

जन्म : 1939—धारवाड़ जिला हत्ती मत्तूर

प्रकाशित नाटक—'कोडेगझु' (छाता), 'अप्पा' (बाप), 'टिंगर बुड्डण्णा', 'गोकर्णक गौडसानी', 'जगदंबेय बीदी नाटक'।

संपादक —संक्रमण (मासिक)

पाटील ने प्रसिद्ध प्रभावशाली प्रामाणिक व्यंग्य लिखे हैं। वे एक अच्छे कवि भी हैं। उनके चार काव्य संग्रह प्रकाशित हुए हैं।

◆

पात्र

अम्मा

बसव (बसवराज)

(असंगत एकांक प्रहसन)

[अलंकृत घर का एक कमरा। कोने में आईने वाली एक मेज। उस पर स्नो, पाउडर आदि। दीवार पर दो-तीन शृंगारमय चित्रों का कैलेंडर। दो कुर्सियाँ, बीच में एक तिपाई। दीवार पर या मेज पर एक टाइम-पीस। परदा खुलता है। समय साढ़े दस बजे। अम्मा 25-30 साल की है। वह टिपटाप है। गुँथे बालों में फूल सजे हैं। बेटा, स्कूल जाने वाली उम्र का है। हाफ-शर्ट पहने है। मस्त चेहरा। अब वह रसोई घर में।]

माँ : बसवा...

बसव : ...

माँ : बसवराजा...

बसव : ....

माँ : ऐ बसू...

बसव : ...

माँ : अरे बस्या...

बसव : ठहरो न अम्मा। खाकर हाथ धो रहा हूँ। जैसे गधा पीछे पड़ा हो, ऐसे क्यों चिल्लाती हो...

माँ : जल्दी खतम करो। साढ़े दस हो रहे हैं। बिस्तर पर भगवान की तरह सोना छोड़कर ये सब पुराण मत बाँचो। खाना खाया न?

बसव : हाँ अम्मा खा लिया। ठहरो जरा पेशाब करके आ जाता हूँ। पेशाब करूँ या न करूँ?

माँ : करो...बेटा करो पेशाब, उसके लिए भी एक नाटक शुरू कर देते हो। **(अपने-आप)** ये लड़का तो...सब काम के लिए पूछता रहता है...क्यों? क्या? कैसा? कौन? इसको जवाब देने में...

बसव : **(नेकर ठीक करते हुए प्रवेश...सराग)**
अम्मा, पेशाब कर आया...

माँ : आ गया न, आओ बेटा। बहुत अच्छा काम किया, खाया पिया, पेशाब भी किया है। अब चुपचाप अपने कमरे में

जाकर सो जा। समझा? सुबह स्कूल के लिए जगाते-जगाते थक जाऊँगी।

बसव : अम्मा, कल सुबह मैं नहीं उठूँगा जल्दी....

माँ : क्यों?

बसव : (सराग) मुझे नहीं उठना है जल्दी....नहीं उठना है....

माँ : यह क्या नाटक?

बसव : नहीं, कल हमारी छुट्टी है....आज हमारे स्कूल में नाटक खेला गया न? इसलिए कल छुट्टी।

माँ : चलो, अच्छा ही हुआ।

बसव : अम्मा...अम्मा...नाटक कितना अच्छा था मालूम है? तुम को भी आना चाहिए था माँ।

माँ : मैं कैसे आती? औरत जो ठहरी।

बसव : सभी लोग तो आये थे न? वह नुक्कड़वाले ईर्या की अम्मा, बापू, दीदी सब आये थे।

उसकी अम्मा तो एक कोने में बैठकर मुँह बाये सो रही थी।

माँ : तू भी क्या कम सोनेवाला है।...तू कैसे चुप बैठा था?

बसव : मुझे भी नींद आ रही थी अम्मा...मगर नाटक कैसे छोड़ता? फिर गौड़ा भी तो थे...

माँ : कौन गौड़ा?

बसव : वही जो चरमराती चप्पल पहनते हैं...

माँ : गले में चैन पहनते हैं न?

बसव : हाथ में सिगरेट लिए रहते हैं....

माँ : सिर में सैंटेड तेल लगाते हैं न...

बसव : हाँ, अम्मा, वही, वही। वे मुझे जगाकर चाय की दुकान ले गये...फिर पेड़ा, चिउड़ा भी दिलाया। चाय पीने को दी, मैंने कहा नहीं ...फिर भी...

माँ : वहाँ किसी ने कुछ नहीं कहा?

बसव : कौन क्या कहेंगे? किसी ने पूछा, यह किसका लड़का है? गौड़ा ने कहा...मेरे लड़के का नौकर है...वे कितने अच्छे हैं अम्मा, गौड़ाजी...तुमने देखा है क्या उन्हें?

माँ : बस....बस...कौन कौन-से नाटक खेले गए?

बसव : क्या कहूँ, एक से बढ़कर एक था अम्मा...

माँ : तो फिर?

बसव : अम्मा, हम भी एंक नाटक खेलेंगे?

माँ : कुवेला में दासप्पा जैसा बक-बक करता है। अब नाटक खेलेगा तू?

बसव : हाँ अम्मा, अभी।
छोटा-सा नाटक खेलेंगे...
'हूँ' कहने में तुम्हारा क्या जाता है?

माँ : कौन-सा नाटक खेलेगा तू?

बसव : कौन-सा नाटक खेलें...रुको जरा...अम्मा...अम्मा।

माँ : आँ।

बसव : मैं जब छोटा था न, तब तुम कहानी सुनाती थी न....

माँ : जब छोटा था का क्या मतलब?
अब कितने बड़े हो गये हो?

बसव : अब बालिश्त भर का हूँ।
फिर हाथ भर लंबा हो जाऊँगा।
फिर चार हाथ लंबा हो जाऊँगा।
उसके बाद....
उसके बाद....(**तिपाई पर चढ़कर खड़े होकर हाथ उठाता है**)
इतना लंबा हो गया हूँ।
तुम से भी लंबा हो जाऊँगा।

माँ : हाँ, हो जाओगे...तू जब छोटा था,
मैं कौन-सी कहानी सुनाती थी?

बसव : वह अम्मा, श्री राम की...
जब वह छोटा था...
उसने आकाश में चंदामामा को देखा
तो उसके लिए हठ करने लगा...

माँ : (**तुरंत बलैया लेते हुए**)
ओ मेरे राजा!
[**खिड़की के पास ले जाकर**]

वहाँ देखो...वहाँ देखो...वहाँ वह क्या है?
[बच्चे की आवाज में]

बसव : वह, वह तो...गेंद।
माँ : नहीं।
बसव : वह...वह...
माँ : नहीं।
बसव : माँ...माँ वह क्या है?
माँ : वह...वह चंदा।
बसव : अंदा (सुंदर)।
माँ : अंदा नहीं बेटा चंदा।
बसव : अंदा।
माँ : तुम होशियार नहीं हो....च बोलो न?
बसव : च
माँ : न्दा
बसव : न्दा
माँ : चंदा
बसव : अंदा
माँ : जा तू होशियार नहीं...
बसव : मैं होशियार, मैं होशियार...तुम ही होशियार नहीं।
माँ : तब फिर बोलो न...चंदा...चंदा...प्यारा...कहो न...
बसव : चंदा....चंदा...प्यारा।
माँ : पल्लू पकड़कर बोलो...
बसव : पल्लू पकड़कर...
अम्मा ...अम्मा...उसे दो न।
माँ : किसे?
बसव : उसे....उस चंदा को....दो...
माँ : वह तो दूर है।
बसव : लाकर दो...
माँ : कैसे लाऊँ?
बसव : जैसे भी हो लाकर दो।
माँ : यह क्या समस्या खड़ी हो गयी?

देखो राजा वहाँ देखो, गौरैया, चूं...चूं
चहकती गौरैया...

बसव : अरे आओ अम्मा **(हाथ छुड़ाते हुए)**
तुमको तो नाटक खेलना ही नहीं आता।
बस, कहानी सुनाती हो, नाटक करना
आता ही नहीं।

माँ : तब कैसे करना, बोलो....

बसव : सुनो अम्मा
मैं हठ करूँगा
चंदा को ला दो, चंदा को ला दो कहकर...
तुमको समझ में ही नहीं आता।
फिर मेरी पीठ पर चार जमाती हो....
[झुककर, नाराजगी का नाटक करते हुए]

माँ : चंदा चाहिए चंदा इस लाड़ले को
कहाँ से लाऊँ चंदा?
चुपचाप सो क्यों नहीं जाता। चिउड़ा खाया
पेशाब किया, आ पलंग पर पड़ जा।

बसव : **(बच्चों की तरह रोता है, चीखता है।)**

माँ : अरे मेरे राजा...रो मत मेरे लाड़ले
[पुचकारती हुई गाती है]
खेल-खेल मेरे लाड़ले
पैयाँ धोऊँ तेरे...

बसव : **...(हाथ छुड़ाते हुए)**
ओ, अम्मा, नाटक को क्या समझती हो?
तुम गाते-गाते मुझे सुला दोगी
तो...नाटक कौन खेलेगा?

माँ : और क्या करूँ बता न बसवराजा?
मुझे तो समझ में नहीं आता तेरा नाटक...,
चुपचाप सो क्यों नहीं जाते?

बसव : तुम्हें तो बस, सोने की पड़ी है।
अम्मा, ऐसा कर।
तू मुझे चार जमा दे...
मैं जोर से चिल्लाता हूँ...
तब बाहर से...

माँ : बाहर से?

बसव : बापू आयेगा।

माँ : बापू?

बसव : हाँ अम्मा, बापू।

माँ : मतलब?

बसव : अरे अम्मा,
इतनी बड़ी हो गयी हो, बापू का मतलब
नहीं जानती? वह कनफटा चंद्रा है न...

माँ : हाँ चंद्रा।

बसव : उनके घर में एक बड़ा आदमी है न...लंबा-सा...
बड़ी सी नेकर पहनता है...

माँ : हाथ में घड़ी बाँधता है....

बसव : गले में रेडियो लटकाये...रहता है...

माँ : कान पर फूल खोंसे रहता है....

बसव : हाँ अम्मा वही
उसे चंदा बापू बापू कहता है
फिर वह परम्या है न...

माँ : कौन परम्या?

बसव : वही परम्या अम्मा
एक बार उसने मुझे मारा था...
स्कूल से लौटते हुए मैंने उसे खूब मारा था। वह मुँह के बल ऐसा गिरा कि दाँत हिल गये। डरपोक कहीं का। नेकर ठीक करते भाग गया...मुझे, तेरी माँ की..कहकर... भाग गया।
मैंने तुम्हें बताया तो था...

तुम रोने लग गयी थी...
वही परम्या।

माँ : फिर

बसव : उसके घर में भी एक बापू है...
उन्होंने एक बार कुश्ती लड़ी थी...

माँ : कुश्ती में जीता था न।

बसव : उन्हें चाँदी का कड़ा मिला था।

माँ : उनका जुलूस निकला था...

बसव : हाँ, वही, उसी परम्या का बापू
अब तो समझ में आया?

माँ : हाँ आगे?

बसव : आगे क्या तेरा सिर।

माँ : फिर...तेरे नाटक का क्या हुआ?

बसव : हाँ, नाटक....
तुम मुझे मारोगी
तब बाहर से बापू आयेगा...
अब याद आया...अम्मा...

माँ : क्या?

बसव : इस नाटक में बापू का पार्ट कौन करेगा।
[दरवाजे पर दस्तक]
अम्मा, कौन है?

माँ : मैं देखती हूँ
तुम चुप बैठे रहो
लो पुस्तक
बैठकर पढ़ो
[फुर्ती से उठकर आईने में चेहरे देखकर फूल ठीक करके सजकर दरवाजे की ओर जाती है]

बसव : (पुस्तक खोलता है)

चौथा पाठ
यह बसव है
वह बसव की माँ है
यह पाठ अच्छा नहीं फिर....

[पन्ना उलटते, खुश होकर, गाते हुए]

आ चिड़िया
आ चिड़िया आ...रंग-बिरंगी चिड़िया आ
आ चिड़िया आ, उड़ती चिड़िया आ
कौन खेले संग रे
कैसे बीते समय रे
माँ गयी पानी लाने
बापू गये शहर घूमने...
अम्मा आये बापू आये....

[बाहर से अंदर आकर]

माँ : बसू, वह पाठ अच्छा नहीं
दूसरा कोई पढ़।

बसव : **(पुस्तक फेंककर)**
कल तो छुट्टी है न, मैं क्यों पढ़ूँ?
अम्मा, कौन आया था?

माँ : नहीं तो, कोई तो नहीं।

बसव : फिर खट खट किसने की थी दरवाजे पर?

माँ : कोई नहीं...छोड़।

बसव : अम्मा, अम्मा

माँ : क्या है?

बसव : मुझे तो ऐसे ही झूठे सपने आते हैं।

माँ : कैसे सपने?

बसव : मैं कमरे में सोता हूँ न...
एक घना जंगल
जंगल में एक गुफा
गुफा में मैं अकेला

वहाँ कोई मुझे लड्डू देता है
चिउड़ा देता है
मैं बापू कहकर चिल्ला उठता हूँ।

माँ : चिल्लाता है?

बसव : चिल्लाता हूँ...
तब कोई गुफा का दरवाजा खटखटाता है।
मैं आँखें खोलता हूँ...
बगल में तुम नहीं हो...
कोई फुसफुसाता-सा लगता है...
गुन गुन आवाज में गाता-सा लगता है...
कोई हँसता-सा लगता है...
मैं घबराकर एकदम आँखें बंद कर लेता हूँ...
फिर जब आँखें खोलता हूँ...
तब तुम बगल में ही हो...

माँ : मैं दिन भर तेरी बगल में ही रहती हूँ बसू...

बसव : दिन भर का मतलब? रात में...

माँ : अरे हरामी...

बसव : अम्मा, अम्मा

माँ : क्या रे?

बसव : परसों स्कूल में एक मजे की बात हुई बताऊँ

माँ : बताकर चुपचाप सो जा....

बसव : और बोलूँ तो?

माँ : तू बड़ा हरामी है रे

बसव : अम्मा, हरामी का क्या मतलब?

माँ : हरामी का मतलब बुद्धिमान

बसव : हाँ, शायद इसलिए मास्टर दिन भर मुझे हरामी, हरामी कहते रहते हैं।

माँ : कौन मास्टर?

बसव : हमारे मास्टर।

माँ : तुम्हारे मास्टर कौन रे?

बसव : वही...कुलकर्णी मास्टर
माथे पर तिलक लगाते हैं...

माँ : नेहरू शर्ट पहनते हैं?

बसव : नाटक में कृष्ण का पार्ट करते हैं...

माँ : दिन भर गुनगुनाते गाते रहते हैं...

बसव : फिस फिस करके हँसते रहते हैं...
वे ही तो मुझे हरामी कहते हैं।
परसों मजे की बात हुई। क्या मैंने बताया?

माँ : नहीं बताया रे। बता।

बसव : वह एक हनुम है न। उसकी माँ का नाम हनुमी। है न मजे की बात?

माँ : हाँ, हनुम की माँ हनुमी। आगे?

बसव : परसों गौड़ा के चबूतरे पर बहुत से लोग बैठे थे।
ताश खेल रहे थे।
तब हनुम और उसकी माँ दोनों उधर आये
कहीं गये थे। मैं जोर से—
'हनुम हनुमी मिले
खेत में कपास खिले'
यूँ गाने लगा।
तब चबूतरे पर बैठे लोगों में से कोई
ओय, बसव, इधर आ—बोला
मैं गया।
अरे बसव, हनुमा की माँ हनुमी हो तो...

माँ : तब तो

बसव : हनुम की माँ हनुमी हो तो बसव की माँ क्या हुई? पूछा...

माँ : तब?

बसव : मैंने तो कह दिया
पर सभी पेट पकड़कर हँसने लगे
कुलकर्णी मास्टर ने कहा-क्या
हरामी है रे। परम्या का बाप बोला हाँ रे बेटा।

गौड़ा बोले ये बड़ा चालाक हरामजादा है।
हनुम ने गाली दी-तेरी माँ की...

माँ : (**मौन**)

बसव : मजे की बात है न अम्मा?

माँ : बसू, क्या आज तेरी नींद उड़ गयी है?

बसव : नींद कैसे उड़ जायेगी। वह क्या चिड़िया है?

माँ : तू बहुत बातूनी हो गया है।

बसव : तो एक कहानी सुना दे।

माँ : कौन-सी कहानी सुनाऊँ?

बसव : अच्छी सी कहानी सुना।

माँ : अच्छा, कौन-सी कहानी सुनाऊँ...
अब याद आया।
जब तू पेट में था मैंने एक कहानी सुनी थी।

बसव : जब मैं पेट में था?
मतलब क्या माँ?

माँ : मतलब...तू जब मेरे पेट में था।

बसव : क्या मैं तुम्हारे पेट में था?

माँ : हाँ तू मेरे पेट में था।

बसव : ...(**पेट छूकर**) यहाँ?

माँ : हाँ, हाँ, यहीं पर

बसव : माँ, माँ...

माँ : क्या?

बसव : क्या मैं तुम्हारे पेट में था?

माँ : हाँ, था।

बसव : सुन, माँ

माँ : क्या?

बसव : तुम्हारे पेट में मुझे किसने लाकर डाला?

माँ : बसू, बसू...कहानी सुनाऊँ या नहीं?

बसव : हाँ, सुनाओ, सुनाओ।
अगर मैं बीच में बोलूँ तो मेरे गाल पर चिकोटी काटना...
ठीक है न?

माँ : तो सुन।

बसव : तो सुनाओ।

माँ : एक नगर में एक राजा था
बड़ा राजा
उसकी एक बेटी थी

बसव : छोटी बेटी थी

माँ : ऐसा क्या? बीच में मत बोलो...
चुपचाप कहानी सुनता चल।

बसव : कहाँ जाऊँ?

माँ : फिर?...(**कुड़बुड़ाकर**)
'हूँ', 'हूँ' करता चुपचाप क्यों नहीं सुनता?

बसव : 'हूँ', 'हूँ' ठीक है न?

माँ : ठीक है,
उसकी बेटी बड़ी हुई...
बड़ी होकर सयानी हुई शादी की उम्र की...
[बीच-बीच में बसव का 'हूँ', 'हूँ' कहना]
उस राजकुमारी से शादी करने सभी देशों के
राजकुमार होड़ करके आगे आये
राजकुमारी तो अनुपम सुंदरी थी....
इतनी सुंदर थी...

बसव : अत्यंत सुंदर थी न?

माँ : हाँ अत्यंत सुंदर।

बसव : क्या वह तुम्हारी जैसी सुंदर थी अम्मा?

माँ : हाँ, हाँ, ऐसा ही समझ ले। आगे सुन...

बसव : उसकी आँखें ऐसी ही थीं...
[आँख, गाल, ओंठ छूकर]
गाल ऐसे ही थे?
ओंठ ऐसे ही थे?

माँ : बसू, तू होशियार नहीं है रे।

बसव : फिर तुमने ही कहा कि वह बहुत सुंदरी थी।

माँ : अच्छा, कहानी सुन।

बसव : अच्छा, कहानी सुनाओ माँ।

माँ : सभी राजकुमार उस पर लट्टू होकर आये...
वह राजकुमारी जादू टोना भी जानती थी...
एक राजकुमार आया...
उस पर राजकुमारी ने इस तरह आँचल फेंका...
उसका क्या हुआ मालूम?

बसव : क्या हुआ उसका?

माँ : वह एक बीज बन गया
एक और आया
वह भी बीज बन गया
इस प्रकार वह सबको बीज बनाती गयी

[जैसे-जैसे माँ कहानी सुनाती जाती है, मंच पर धीरे -धीरे अंधेरा छाता जाता है। बसव 'हूँ', 'हूँ' करता तिपाई पर ही सो जाता है। उसका 'हूँ' कहना बंद होता है। माँ अकेली ही कहानी कहती जाती है...]

उसने सभी बीज एक बोतल में डालकर डाट लगाकर बंद कर दिये।

फिर एक रात को वह राजमहल के बगीचे में गयी वहाँ एक गड्डा खोदा...

[मंच पर पूरा अंधेरा]

उसमें सब बीजों को बो दिया...

उन्हें रोज पानी से सींचती और गोबर देती नौ दिन बाद वहाँ एक पौधा उग आया वह बढ़ता गया...

बढ़ते-बढ़ते बड़ा पौधा बना

नौ महीने के बाद

एक दिन उस पर एक फूल खिला...

[मंच पर धीरे-धीरे रोशनी]

एक ही फूल खिला था...

उसकी पंखुड़िया कितनी थीं भगवान ही जाने।

उसकी
एक एक पंखुड़ी का अलग अलग रंग
एक एक पंखुड़ी का अलग अलग रंग
कितने रंग ये किसको मालूम?
राजकुमारी दुविधा में पड़ गयी।
किस बीज का कौन-सा रंग है।
किस बीज का कौन-सा रंग...

[मंच पर पूरी रोशनी। छोटे लड़के के स्थान पर बड़ा युवक उसी भंगिमा में तिपाई पर सोया है। मंच पर और कोई परिवर्तन नहीं। सिर्फ टाइम पीस में साढ़े दस बजे]

माँ : बसवराजा....बसवराजा...क्यों सो गये क्या?
कहानी सुनते सिर में दर्द हो गया?

बसव : **(आराम से उठता है। युवक पैंट और शर्ट में है। सिर के बाल, बिखरे हैं। उनींदीं आँखें। धीमी ध्वनि)** नहीं अम्मा...
बहुत दिनों के बाद मैंने अपनी इच्छा से कहानी सुनी है। मुझे क्यों सिरदर्द होने लगा?

माँ : तब तू कहानी सुनते-सुनते माथे पर हाथ धरे क्यों सोया था?

बसव : ऐसा कुछ नहीं अम्मा। मुझे हाथ धरकर ऐसे सोने की आदत सी हो गयी है। चुपचाप बैठे-बैठे ही माथे पर हाथ चला जाता है।
कॉलेज में भी ऐसे ही...
पार्क में भी ऐसे ही...
श्मशान में भी जाऊँ तब भी ऐसे ही...

माँ : मुँह से अच्छी बात बोल ऐसे श्मशान वशान मत कह।

बसव : अम्मा।

माँ : क्या रे?

बसव : एक प्रश्न पूछूँ?

माँ : क्या?

बसव : एक प्रश्न?

माँ : क्या प्रश्न पूछना है?
बसव : हाँ, प्रश्न।
माँ : पूछ।
बसव : तुम कहानी बहुत अच्छी सुनाती हो न?
माँ : ओह, यही है तुम्हारा प्रश्न?
सुनाऊँ, और एक कहानी सुनाऊँ?
बसव : नहीं, दूसरी कहानी मत कहो माँ
माँ : मतलब?
बसव : वही पुरानी कहानी सुनाओ,
राजकुमारी की।
माँ : अच्छा
बसव : एक-एक पंखुड़ी का अलग-अलग रंग
एक एक पंखुड़ी का अलग-अलग रंग....है न?
अम्मा?
माँ : क्या?
बसव : फूल का मुँह होता है क्या?
माँ : फूल का मुँह?...अरे पगले!
बसव : जानता हूँ अम्मा, फूल का मुँह नहीं होता...
यदि फूल का मुँह होता तो....तुरंत
माँ : तो क्या होता?
बसव : तो?
माँ : ...
बसव : राजकुमारी के बगीचे में
जब हवा बहती
काली पंखुड़ी
सफेद पंखुड़ी
लाल पंखुड़ी
गुलाबी पंखुड़ी
सभी पंखुड़ियाँ 'अम्मा अम्मा' कहतीं...
मेरा रंग किसका

मेरा किसका
मेरा किसका
कहती-कहती अम्मा का आंचल खींचती...
सभी पंखुड़ियाँ अपनी बारी खतम होने पर
फूल से पूछतीं
अम्मा अम्मा मेरी...अम्मा
समझ गयी इसका मतलब?

माँ : अब समझ में आ रहा है बसवराजा
कहानी सुनाओ। आगे क्या हुआ?

बसव : आगे क्या हुआ? आगे कुछ नहीं हुआ।
फूल का मुँह तो है ही नहीं
राजकुमारी का मुँह खुला नहीं
सब कुछ कल्पना...हाँ...

माँ : ऐसा क्यों कहते हो बसू?
मैंने तुम्हारे लिए क्या कमी रखी है?

बसव : कोई कमी नहीं।
कुछ भी नहीं अम्मा
अम्मा, हम पहले बहुत सुखी थे न?

माँ : पहले माने?

बसव : जब मैं छोटा था
जब मैं बालिश्त भर का था
जब मैं एक हाथ भर का था (**खड़े होकर**)
अब मैं इतना लंबा हो गया हूँ
तुमसे भी लंबा हो गया हूँ
तुम तो तब जितनी लंबी थी उतनी ही हो।
तब तुम रोज कहानी सुनाती थी
मैं नाटक खेलता था
कहानी...नाटक....कहानी...नाटक

माँ : हाँ...कहानी, नाटक
[**गुनगुनाती**]

खेल, खेल मेरे लाड़ले
पैयाँ धोऊँ तेरे...
यहाँ देखो, वहाँ देखो वहाँ देखो, उधर देखो, क्या दीखता है?
चंदा चंदा प्यारा (**पल्लू पकड़कर**)

बसव : अम्मा, अम्मा

माँ : क्या?

बसव : माँ वह कहानी नाटक खेलने का जमाना कहाँ चला गया? अब तुम कहानी सुनाओगी तो मुझे सिर दर्द होगा। अम्मा पर क्या तुम मेरा दर्द जान सकती हो?

माँ : जानती हूँ बसू...

बसव : उस दर्द को सहकर
इस चूने की गाँठ बाँधकर
चाहती हो कि मैं इस तालाब को तैरकर पार कर जाऊँ?

माँ : मैं क्या बताऊँ बसू?

बसव : अम्मा, मैं और चंद्रय्या एक ही क्लास में हैं।
साथ ही खेलते हैं।
एक बार किसी ने क्या पूछा मालूम है?

माँ : क्या पूछा?

बसव : क्या तुम दोनों भाई-भाई हो?
मेरी छाती पर चोट-सी लगी।
फिर सँभलकर पीछे से देखा तो
हम दोनों की चाल एक जैसी दीखती थी।
चन्द्र ने कहा था ऐसी कोई बात नहीं,
हम दोनों भाई-भाई जैसे ही हैं।

माँ : फिर?

बसव : फिर क्या? फिर वैसे ही
परसों गौड़ा ने घर पर बुलाया था
चाय पिलायी
इधर-उधर की बातें बहुत प्यार से कीं।

आते समय दस रुपये हाथ में रखे।
मना करने पर भी
ले लो बसवराज तू हमारे बेटे जैसा ही तो है, कहा।
चुपचाप सिर नीचा करके
घर की ओर चला आया।
अम्मा इसका क्या मतलब है? समझी।

माँ : समझ में आने लगा है बसू।

बसव : अम्मा, जब मैं छोटा था तब दिन भर एक सपना
देखता था, है न?

माँ : हाँ बेटा...

बसव : एक गुफा...

माँ : मैं अकेला...
लड्डू चिउड़ा
लाते...
अरे...अरे...
खट् ...खट् ...खट्...खट...
नहीं, गुफा का दरवाजा नहीं खुला...
नहीं खुला।
अम्मा, तब मेरा कमरा मात्र गुफा था
अब सारा जगत गुफा है।
मेरे सिर में, आँख में, देह में, मन में सब गुफा ही है।
बैठूँ तो सपने
खड़ा रहूँ तो सपने
ये सपने कब खतम होंगे अम्मा?

माँ : तुम्हारा दोस्त....

बसव : ....**(चिढ़कर)**
दोस्त, दोस्त, दोस्त मेरा कोई दोस्त नहीं
अम्मा मैं तो अकेला हूँ।
मेरे सभी दोस्तों के नाम लंबे-लंबे हैं।
अपना नाम लिखते हैं।
बाप का नाम लिखते हैं।

घर का नाम लिखते हैं।
सभी लिखते हैं।
मैं? कहो अम्मा।

माँ : क्या?

बसव : मेरे नाम में एक बड़ा खालीपन है।
कोई यदि पूछ ले तो क्या करूँ?
इसलिए मैं अकेला ही घूमता हूँ
अंधेरे कुएँ में कराहने की आवाज़ की तरह
कोने कोने में भटकता हूँ
मैं अकेला घूमता हूँ...
रास्ते में हजारों लोग भीख माँगते हैं
बापू पैसा दो कहते हैं
जब वे बापू कहते हैं उनकी आँखों में मेरा चेहरा दिखायी देता है। उनके हाथों में मेरे हाथ की रेखाएँ दिखायी पड़ती हैं। जो भी मिलता है वह बापू कहकर पैसा ले लेता है और चुप हो जाता है हरामी की तरह।

माँ : बसू,...बसू तुम्हें क्या हो गया है?

बसव : मुझे क्या नहीं हुआ है?
और होने के लिए बचा ही क्या है?
अम्मा।

माँ : क्या?

बसव : एक सवाल करता हूँ। तुरंत उत्तर दोगी।
मेरा बाप कौन है?

माँ : ...(**मौन**)

बसव : चंद्रा का बाप क्या?

माँ : ...(**मौन**)

बसव : कुलकर्णी मास्टर क्या?

माँ : ....(**मौन**)

बसव : गौडाजी हैं क्या?

माँ : ....(**मौन**)

बसव : अम्मा, अम्मा बताओ न?

जैसे फूल का मुँह खुले
बोलो अम्मा?
गुफा के दरवाजे पर खड़ा होकर बापू-बापू पुकारता हूँ
दरवाजा खोलो अम्मा। (**टाइमपीस देखकर**)
अब दरवाजे पर खट्...खट् होगी
मैं यहाँ रहूँगा तुम दरवाजा खोलो अम्मा...
यही तुम्हारा बापू है कहो
मैं जाकर उसके पाँव पकड़ूँगा।
उसको गले लगाऊँगा।
उसका नाम मेरे नाम के आगे जोड़कर खुश हो जाऊँगा....
बताओ अम्मा...

माँ : बसू...आओ, इधर आओ (**कंधा पकड़कर**)
बैठो इधर। (**बैठता है**)
तुम्हें एक कहानी सुनाऊँगी

बसव : कहानी? फिर कहानी?

माँ : हाँ, हाँ, कहानी, राजकुमारी की कहानी

बसव : अच्छा, सुनाओ।

माँ : सुनो तब
एक एक पंखुड़ी का अलग अलग रंग
एक एक पंखुड़ी का अलग अलग रंग
है न? हाँ कहो

बसव : हाँ, आगे क्या हुआ?

माँ : आगे क्या? खाक।

बसव : बस करो होशियारी । कहानी सुनाती जाओ।

माँ : कहाँ जाऊँ?

बसव : माँ कहानी सुनाती हो या नहीं?

माँ : अच्छा, सुनो
ऐसे ही कुछ फूल खिले थे
फिर पंखुड़ियाँ एक के बाद एक झड़ने लगीं
राजकुमारी ने उन पंखुड़ियों को इकट्ठा कर

बोतल में रखा...
फूल सूखकर कच्चा फल बना।
कच्चा फल पकता गया....
फल बढ़ता गया....
पकता गया....
सड़ता गया....
सड़कर क्या हुआ?

बसव : क्या हुआ?

माँ : सड़कर खुल गया
खुलने पर सभी बीज बाहर आये....
राजकुमारी ने बोतल में से सभी पंखुड़ियों को
दिखाया...पंखुड़ियाँ मुँह पर उँगली रखकर...
अम्मा, अम्मा कहने लगीं...

बसव : अम्मा, अम्मा....

माँ : फिर सुनो बसू, तू जब पेट में था
पेट में रहने का मतलब जानते हो न?

बसव : मालूम है अम्मा...
मुझे क्या इतना मूर्ख समझा है?
अच्छा कहो,

माँ : तू जब पेट में था दिन रात
सपने दीखते थे...
तरह तरह के सपने...

बसव : कैसे-कैसे सपने....

माँ : एक राजकुमार आया था
उसकी आँखें कैसी थीं मालूम है?

बसव : कैसी थीं?

माँ : तुम्हारी आँखों जैसी ही
मैंने उसकी आँखें फाड़कर रख लीं
[उसकी, आँखें, कान, नाक छूकर]
फिर और एक राजकुमार....
उसके गाल कैसे थे मालूम?

तुम्हारे गालों जैसे....
उसके गाल भी फाड़कर रख लिये।
एक और राजकुमार...
उसके कान को फाड़कर रख लिया
इस प्रकार रोज एक राजकुमार.....

बसव : रोज?

माँ : हाँ, रोज।
तेरे पैदा होने पर ये सपने बंद हुए।
तू ही मेरे सपने...
तू ही मेरे राजकुमार...
तू ही मेरा बापू।

बसव : अम्मा
मैं तुम्हारा बापू हूँ तो
मेरा बाप कौन है?

माँ : मैं एक प्रश्न पूछूँ?

बसव : प्रश्न?

माँ : हाँ, प्रश्न?

बसव : अच्छा पूछो...

माँ : फूल का बाप कौन है?

बसव : फूल का बाप बीज।

माँ : बीज का बाप कौन है?

बसव : बीज का बाप फूल।

माँ : फूल का मतलब क्या है?

बसव : फूल का मतलब बीज।

माँ : बीज का मतलब क्या है?

बसव : बीज का मतलब फूल।

माँ : तब तुम्हारा बाप कौन हुआ?

बसव : मेरा बाप राजकुमार।

माँ : राजकुमार कौन है?

बसव : राजकुमार मैं हूँ।

[दरवाजे पर दस्तक, माँ घबराकर उठते हुए]

माँ : तुम्हारा बाप कौन है?

बसव : मेरा बाप मैं ही हूँ

[माँ दरवाजे की तरफ जाती है। दस्तक की आवाज सुनाई दे रही है।]

मेरा बाप मैं ही हूँ

मेरा बाप मैं ही हूँ।

अम्मा, **(चारों ओर देखता है, माँ नहीं)**

अम्मा, अम्मा....

यह सिर्फ कहानी है क्या?

भाषान्तर : प्रभाशंकर 'प्रेमी'

■

मराठी एकांकी

संपादक—**डॉ० वि० भा० देशपांडे**

मराठी एकांकी की विकास-यात्रा

मराठी एकांकी नाटक विधा का आरंभ यद्यपि स्वातंत्र्योत्तर काल में हुआ, लेकिन इसे अपनी निश्चित दिशा प्राप्त हो न सकी। तब जो एकांकी लिखे गए उनकी प्रेरणाएँ संस्कृत तथा अंग्रेजी नाटक थे। प्राचीन काल के संस्कृत नाट्य वाङ्मय में उल्लिखित 'दशरूप', नाट्य संकल्पना में 'उत्सृष्टिकांक' नामक अंक के कई प्रकार थे। तब के भाण, वीथी, व्यायोग आदि रूपक प्रकार भी एकांकी थे। बाद में तंजावरी नाटक का उद्‌भव हुआ। उसमें 'पार्वती कल्याण' एकांकी सदृश्य है। मराठी में यह परंपरा निर्मित नहीं हो पायी। अंग्रेजी शासन के साथ-साथ उनकी साहित्यिक विधाओं से हमारा परिचय होने लगा, तब नाटकों के साथ एकांकी लेखन से भी हम परिचित हुए। आरंभ में एकांकी विधा की ओर गंभीरता से ध्यान नहीं दिया गया। सिर्फ व्युल्यम बरेमोर के 'द सिक्रेट' का किरातजी का किया हुआ अनुवाद 'संशयी शिपाई' तथा The Dear Departed का अनुवाद 'आजोबांच्या मुली' और 'Comming Though the Rye' का अनुवाद 'जन्मापूर्वी' (माधव मनोहर) शीर्षक से उपलब्ध हो सके। इस काल का एक अंक के सदृश्य किया गया महत्वपूर्ण लेखन है— नाट्यछटाकार। (नाट्यछटा मराठी का एक महत्वपूर्ण साहित्य प्रकार है जिसमें एक व्यक्ति के स्वगत भाषण द्वारा किसी घटना, मनोभाव आदि का वर्णन कराया जाता है।) जैसे दिवाकरजी का मेटरलिंक की रचना पर आधारित 'आंधळे' और राम गणेश गडकरीजी का 'दीड पानी' नाटक। इनका स्वरूप दीर्घ अंक जैसा है। आगे संस्कृत नाटकों से मराठी नाटक पूरी तरह से कट गया और मराठी नाट्य-लेखन पर अंग्रेजी तथा अन्य विदेशी भाषाओं के नाट्य-लेखन के रंग जमते चले गए। इसी से प्रेरणा पाकर एवं समकालीन रंगमंच की आवश्यकता को ध्यान में रखते हुए वरेरकर, रांगणेकर, काणेकर आदि ने एकांकी लिखे। इनके समकालीन एकांकी लेखकों में व्यंकटेश वकील, दत्तू बांदेकर, शं०बा० शास्त्री के नाम सम्मिलित किए जा सकते हैं। फिर भी इस काल में स्वतंत्र रूप से एकांकी विधा का विकास नहीं हो सका। एक प्रवृत्ति के रूप से यह विधा पनप नहीं पायी। पाँच अंकों से युक्त नाटक तीन अंकों तक सीमित हो गया और फिर तीन अंकों वाले नाटकों की अपेक्षा तीन अंक स्वतंत्र रूप से एकांकी में ढालकर तीन एकांकी बनाने की मनोवृत्ति दृष्टिगोचर होने लगी।

लेकिन एकांकी को स्वतंत्र विधा के रूप से विकसित करने का दृष्टिकोण पनप नहीं पाया।

संस्कृत नाट्य-परंपरा से मराठी का संबंध समाप्त हो गया था। ऐसी स्थिति में अंग्रेजी से आयी हुई 'One Act Play' की संकल्पना मराठी में पनपने लगी। मराठी में इसके एकांकी नाटक, एकांक, एकांकिका आदि नामकरण किए गए। इन शब्दों में आया हुआ 'अंक' संस्कृत नाटकों का 'अंक' नहीं था। इस 'अंक' का नाता तो अंग्रेजी के 'One Act' से था। इनमें से एकांकिका (एकांकी) नामकरण सर्वसम्मत हो गया। 1950 तक मराठी एकांकी परप्रेरित था। इस काल में उसकी प्रेरणाओं का वर्गीकरण होने लगा था, लेकिन इस संदर्भ में एकांकीकार अनभिज्ञ थे और वाङ्मयीन प्रेरणा एवं रंगमंचीय प्रेरणा के रूप में इसका वर्गीकरण हो गया। रंगमंचीय प्रेरणा को समझने में कुछ समय बीत गया और जब यह हुआ तब एकांकी का अंतर्बाह्य रूप ही परिवर्तित हो गया। तब उसे अपनी दिशा एवं अपना स्वरूप प्राप्त होने लगा।

1950 के आस-पास भारतीय विद्या भवन संस्था ने अंतरमहाविद्यालयीन एकांकी प्रतियोगिताओं का आयोजन किया। ये प्रतियोगिताएँ नवलेखकों को चुनौती तथा आवाहन देने वाली सिद्ध हुईं। इस बहाने एकांकी लेखन को दिशा एवं सूत्र प्राप्त हो सका। जब लेखकों की समझ में यह बात आयी कि अपना लिखा हुआ नाटक रंगमंच पर प्रस्तुत किया जा सकता है, और उसे स्वीकृत भी किया जा रहा है, तब वाङ्मय मूल्य एवं रंगमंचीय मूल्यों का आपसी संबंध उन्हें स्पष्ट हो गया। इसका परिणाम यह हुआ कि परवर्ती बीस-पच्चीस वर्षों में लिखे गए एकांकी एक केंद्रीय, एकरसात्मक हुए एवं एक ही संस्कार लेकर आए। वे स्वतंत्र रूप से पहचाने जाने लगे। वे स्थूलता से सूक्ष्मता की ओर बढ़ने लगे और अपने अनुभवों की अभिव्यक्ति के एक सक्षम माध्यम के रूप में स्वीकृत किए गए। तब एकांकी लेखक के अनुभव, स्वत्व के साथ तादात्म्य पाने लगे। अर्थात् वे साधन नहीं साध्य बने। समकालीन कहानी, कविता, उपन्यास आदि विधाओं में विकसित हुई प्रयोगशीलता और उसका किया जाने वाला स्वगत एकांकी लेखकों के लिए भी प्रेरक सिद्ध हुआ। आर्थिक समस्याओं की भयावहता, सामाजिक और पारिवारिक प्रश्नों की जटिलता, उससे निर्मित होने वाला मूल्य, संघर्ष आदि के कारण अस्थिर बना जीवन लेखकों को अंतर्मुखी बना रहा था। इसका परिणाम यह हुआ कि लेखक अपने दायरे में निर्मित होने वाले अनुभवों से टकराने लगा। इससे समूचे मराठी साहित्य का चेहरा ही परिवर्तित हो गया। नई कहानी, नई कविता को प्राप्त गौरव एकांकी लेखकों के लिए प्रेरणा का कार्य करने लगा।

विजय तेंडुलकरजी के एकांकी लेखन से सही अर्थ में एकांकी विधा की अपनी स्वतंत्र पहचान हुई। 'राम', 'ओळख', 'काळोख', 'मादी', 'अजगर आणि गंधर्व', 'खलित्यांची लढाई', 'काही खरे नव्हे' आदि एकांकियों में उन्होंने मध्यवर्गीय बोध एवं प्रश्नों को उजागर किया। इनके एकांकी में मध्यवर्गीय आदमी के स्वप्न, उसकी कामपिपासा, हिंसा की प्रवृत्ति, उसकी हीनता, उसका प्रेमजीवन, उसके आपसी संबंध आदि के प्रभावी चित्र मिलते हैं। 'राम' और 'अजगर आणि गंधर्व' में वेश्या के जीवन में आए पुरुष संबंधों का चित्रण है। लेखक ने स्पष्ट रूप से 'पुरुष की दृष्टि में स्त्री क्या है?' को शब्दों में अभिव्यक्ति दी है। यही लेखक पुरुष 'मादी', 'ओळख' एकांकियों में कोमल मन का भाव प्रधान एवं स्त्री से गहरा प्रेम करने वाला है, इसका चित्र खींचता है। उनके अन्य एकांकियों में भी यही सूत्र पाया जाता है। उनका एकांकी लेखन घटनाओं में सूचिबद्ध नहीं होता तो वे इस बहाने मानवीय संबंधों को सूक्ष्मता से तलाशते हैं। किसी घटना के जरिए वे सीधे मनुष्य के जीवन में उठे प्रश्नों से जा टकराते हैं। मराठी नाटकों के जरिए इस प्रवृत्ति का अब तक परिचय नहीं हुआ था, अत: आरंभ में इन एकांकियों ने लोगों को भ्रम में डाला। यह मात्र विषय-आशय की नवीनता के कारण नहीं हुआ था, बल्कि उनकी भिन्न संवाद शैली के कारण भी हुआ। मिताक्षरी संवाद किस कदर प्रभाव जमाने में सफल होते हैं, इसके दर्शन उनके लेखन में होता है। इस संदर्भ में तेंडुलकरजी अपनी भूमिका स्पष्ट करते हुए लिखते हैं, आजकल नये नाटक की धारा के संदर्भ में मुझे बार-बार याद किया जाता है। मुझे अपना मार्ग तय करने की आवश्यकता आज तक तो महसूस नहीं हुई और इसके आगे भी होगी, ऐसा मुझे नहीं लगता... नाटक के और एकांकी के संदर्भ में तकनीक का कुछ अधिक ही महत्व है.... मुझे अतिरिक्त चेष्टा करनी पड़ी, जब मैं मन में उभरा अर्थ उस तकनीकी ढाँचे में ढाल रहा था, तब और इस प्रक्रिया से गुजरते हुए साहित्यिक सफलता-असफलता के लेबुल अपनेआप आकर चिपके। ('राय आणि इतर' एकांकी की प्रस्तावना से) उनकी यह धारणा आज भी पक्की है। इससे पता चलता है कि वे तकनीक को अतिरिक्त महत्व नहीं देते, लेकिन वे तकनीक की महत्ता को अच्छी तरह से जानते हैं। वे अपने कथन को इस माध्यम के द्वारा अधिक से अधिक मात्रा में अभिव्यक्ति देना चाहते हैं, फिर भी उन्होंने स्वयं को पुनरावृत्ति दोष से मुक्त रखा। उनके कुछ एकांकी आकाशवाणी से प्रसारित हुए। वहाँ विभिन्न ध्वनियों के प्रयोग से संप्रेषण होता है और इसके प्रति उन्होंने पर्याप्त सजगता बरती थी। इस संदर्भ में उनका 'राय' एकांकी देखा जा सकता है। आकाशवाणी के लिए लिखे एकांकी बाद में रंगमंच पर भी स्वीकृत किए गए। 'अशी एक परी', 'काही खर नव्हें',

'खलित्यांवी लड़ाई' आदि एकांकियों में दृष्टिगोचर होने वाले तकनीकी प्रयोग महत्वपूर्ण हैं।

तेंडुलकरजी के समकालीन लिखने वालों में रत्नाकर मतकरीजी का नाम महत्वपूर्ण है। इन्होंने मध्यवर्गीय जीवन की समस्याओं का उद्‌घाटन अपने एकांकियों में किया है। 'एकाच मातीची खेळणी', 'बारा पस्तीस', 'काळवेळ', 'लाल गुलाबाची भेंट', 'सत्य, अंधारवाडा', 'एका ओल्या रात्री', 'काच सामान जपून वापरा', 'ड्रीमसेलर्स इंअरनॅशनल', 'लाट फुटली', 'उस्ताई' आदि एकांकियों में इन्होंने मध्यवर्गीय जीवन के भाव का चित्रण किया है। आरंभ में यह एकांकी लेखन रंगमंच की आवश्यकता तथा आकाशवाणी के हेतु किया गया था। इनके एकांकियों में तकनीक एवं शैली के वैविध्यपूर्ण प्रयोग प्राप्त होते हैं। उनका हर एकांकी मंच पर प्रस्तुत किया गया, अत: इनमें मंचीय प्रेरणा महत्वपूर्ण रही है।

तेंडुलकर, मतकरी के कालखंड के आस-पास ही पुरुषोत्तम दारव्हेकर, मनोहर काटदरे आदि लेखकों ने एकांकी लिखना प्रारंभ किया। इनमें मध्यवर्गीय जीवन का चित्रण जैसी गंभीरता से हुआ वैसा ही हास्यप्रधान एकांकियों के बारे में भी हुआ। पद्माकर डावरे, वसंत सबनीस, वसंत माने, गंगाधर गाडगीळ, जयवंत दळवी, वसंत कानेटकर, वि०वा० शिरवाडकर, द०मा० मिरासदार आदि प्रतिष्ठित लेखकों ने व्यापक रूप से हास्यप्रधान एकांकी लिखे। गुणविशेषों की कसौटी पर यह लेखन दीर्घकाल तक सफलता प्राप्त नहीं कर सका, क्योंकि तात्कालिकता ही उनका मापदंड था। गंगाधर गाडगीळ के एकांकी लेखन में मध्यवर्ग का प्रतिनिधित्व करने वाला बंडू, यह पात्र मन पर छाने वाला सिद्ध हुआ। पु०ल० देशपांडेजी के हास्य प्रधान एकांकी वैशिष्ट्यपूर्ण रहे। उनमें व्यक्त हास्य साहित्य क्षेत्र में तथा रंगमंच पर स्वीकृत किया गया। 'विटठाय तो आला आला सारं कसं शांत शांत', 'छोटे मासे मोठे मासे', 'सदू आणि दादू', 'सातवन' इत्यादि एकांकियों में व्यक्त हास्य मात्र घटना या व्यक्ति तक सीमित नहीं रहा, बल्कि वह सक्षम अर्थाभिव्यक्ति के साथ आया था, अत: विशेष सिद्ध हुआ। यह हास्य कई बार भले ही शब्दों का बोझ ढोता हो, लेकिन एक बात ध्यान देने योग्य है कि यह हास्य द्विअर्थी अर्थ-व्यंजित करने वाला नहीं है। यह शुद्ध हास्य निर्मित है।

विषय और आशय की नवीनता की दृष्टि से देखें तो वसुधा पाटील, विद्याधर पुंडलिक का लेखन महत्वपूर्ण है। वसुधा पाटील के लिखे एकांकियों 'जात', 'अनाथ', 'धर्म सरहद' के विषय मराठी एकांकी के लिए नए थे। 'जात' में तृतीय पंथी मनुष्य के भाव-जीवन का जो उद्‌घाटन है, वह मराठी में नया था। (इसके पूर्व चिं० त्र्यं० खानोलकर के 'केळीचे सुकले बाग' में इस तीन अंकों वाले नाटक में

यह विषय उद्‌घाटित हो चुका है।)' सरहद में युद्ध सेना, सिपाही आदि से संबंधित विषय सीमित रूप में व्यक्त हुआ है। युद्धसंबंधी चित्रण, सिपाही के भाव-जीवन का चित्र 'पाँच दिवस' (अनुवाद वृदांवन दंडवते), 'प्रार्थना' (पुंडलिक) आदि में आ चुका है। विद्याधर पुंडलिक के 'चक्र' में व्यक्त गहन अर्थाभिव्यक्ति समृद्ध एकांकी लेखन का प्रमाण है। इसमें द्रौपदी, अश्वत्थामा और भीम के चरित्र में अंतर्निहित तनाव सक्षमता से व्यक्त हुए हैं। द्रौपदी के संबंध में माता की भूमिका से किया गया विचार, अश्वत्थामा की क्रूरता के कारण निर्मित हुआ प्रतिशोध का चक्र, भीम की द्रौपदी के प्रति गहरी प्रीति आदि का नाट्यमय चित्रण 'चक्र' की विशेषता है। ऐसा आशय संपन्न पौराणिक एकांकी मराठी में दूसरा नहीं है। पुराण और इतिहास से प्रेरणा पाकर मराठी में बड़े पैमाने पर नाटक लिखे गए, लेकिन एकांकी नहीं। शायद इतिहास-पुराणों के व्यापक कैनवास उपन्यास और नाटकों के लिए अधिक उपकारक सिद्ध होते हों या एकांकी की सीमा में इन विषयों की अभिव्यक्ति का साहस जान-बूझकर दुर्लक्षित किया गया हो, परंतु पुंडलिक का यह एकांकी इस दृष्टि से महत्व रखता है। बाद में उन्होंने भी 'चक्र' को 'माता द्रौपदी' नाटक में विस्तार दिया, यह बात अलग है। परंतु दोनों में प्रभाव की दृष्टि से 'चक्र' एकांकी श्रेष्ठ सिद्ध होता है। उनका लिखा गया 'रंग' शीर्षक का एकांकी भी महत्वपूर्ण है। इसमें पाखंडी जीवन को उद्‌घाटित किया गया है।

परंपरा से ऐसा भिन्नत्व दर्शाने वाला लेखन पु०शि०रेगे, चिं०त्र्यं० खानोलकर आदि के एकांकियों में प्राप्त होता है। इनके लेखन में व्यक्त तरलता, सूक्ष्मता, काव्यात्मकता तथा सर्वसमावेशक कल्पनाशक्ति के कारण इनका लेखन उच्च स्थान प्राप्त कर सका। पु०शि० रेगे का 'रंग पांचालिक' और चिं०.त्र्यं० खानोलकर का 'आपुले मरण पाहिले म्यां डोळा' का अवलोकन करने के उपरांत स्पष्ट हो जाता है, इन दोनों का अनुभव विश्व-संपन्न था तथा इससे आयाम धारण करने वाली उनकी जीवन-दृष्टि गहन एवं सूक्ष्म थी। इन्होंने रंगमंच मूल्यों का तथा तकनीक का जो निर्देशन दिया था उसको रंगमंच पर यद्यपि स्वीकारा नहीं गया, तो भी इन एकांकियों का साहित्यिक महत्व निर्विवाद है। एकांकी धारा को इनके कारण सामर्थ्य प्राप्त हुई।

1950 के बाद के दशक का एकांकी लेखन उपयुक्त कुछ उद्धरणों को छोड़कर एक ही दिशा में बढ़ने वाला था। मराठी नाटकों की पूर्ण परंपरा में ही ये नाटककार उलझे थे अतः सामान्य विषय, आशय और पारंपरिक पद्धति का संवाद लेखन उनकी शैली बन चुकी थी। मराठी एकांकी को इस शब्दजाल से मुक्ति पाने के लिए दीर्घ समय लगा। कई लेखक चटपटे, आकर्षक, लंबे, भावुक संवादों

से मोहग्रस्त हुए थे। परंतु दूसरी ओर मर्ढेकर, पु०शि० रेगे जैसे आशय संपन्न लेखन करने वाले तथा भाषा के प्रयोग संबंधी सजगता बरतने वाले लेखक-कवि भी एकांकी लेखन कर रहे थे, भले ही ये संख्या कम थी। तेंडुलकरजी का लेखन एक अलग ही कोटि का था। संक्षिप्तता उनकी शैली की विशेषता थी और श्रव्यता, दृश्यात्मकता के साथ मनोविश्लेषण उनकी पद्धति थी। नाटकों में संवादों के बाद महत्वपूर्ण स्थान होता है गतिशीलता या कार्यक्षमता का, इसी के अनुलक्ष्य संवादों का स्वरूप होना चाहिए, लेकिन इसका बोध इस काल के एकांकीकारों को दीर्घकाल तक हुआ ही नहीं। एकांकी तुलनात्मक रूप में सीमित समय में प्रस्तुत किया जाता है अत: उसके संक्षिप्त संवादों में संप्रेषण की यह शक्ति अंत:प्रेरणा के रूप में होना आवश्यक है। लेकिन यह बात उपेक्षित रही। संवादबहुलता में अटके हुए अधिकतर एकांकीकार इसी कारण सूक्ष्म नाट्यात्मकता, व्यक्ति के मनोव्यापार का विश्लेषण, आशय की व्यामिश्रता आदि महत्वपूर्ण बातों की ओर ध्यान नहीं दे पाए। दूसरे दशक के उत्तरार्ध में (1965-70) इस स्थिति में अंतर्बाह्य रूप में परिवर्तन आने लगा। इसका श्रेय महेश एलकुंचवार, वृदांवन दंडवते, सतीश आळेकर, सुहास तांबे, चं०प्र० देशपांडे, वामन तावड़े आदि एकांकी लेखकों को प्राप्त होता है। इनके तथा अन्यों के एकांकी देखने के उपरांत ज्ञात होता है, मराठी एकांकी अब विषय, आशय और अभिव्यक्ति की पारंपरिक चौखट से बाहर निकला था। वह स्वानुभवों को अभिव्यक्ति देने लगा था। अब एकांकी धारा नया मोड़ ग्रहण कर चुकी थी और साथ में सक्षम भी बनी थी। अब एकांकी मात्र साहित्यिक विधा के रूप में नहीं रहा, बल्कि इस नाट्य प्रकार के माध्यम से अपना अनुभव व्यक्त करने लगा, याने एकांकी कम समय में किए जाने वाले अपने अनुभवों की अभिव्यक्ति का साधन तथा साध्य बना। और ऐसी सजगता से किया गया था। अर्थात् बनी-बनायी चौखट स्वीकार कर अपने अनुभव को उसमें ढालने की अपेक्षा अपने अनुभव के अनुसार जो आकार साकार होगा उसी को स्वीकारने की प्रवृत्ति इनमें विकसित हुई। इससे एकांकी में व्यक्त होने वाले अनुभवों का क्षेत्र व्यापक बनां। इस संदर्भ में 'होळी', 'एका म्हाता-याचा खून', 'रक्तबीज', 'सुलतान', 'यातनाघर' (रमेश एलकुंचवार), 'झूलता पूल', 'भजन', 'बस स्टॉप', 'यमूचे रहस्य', 'भिंत वळण' (सतीश आळेकर), 'पुढारी', 'खोट नाटक' (वृदांवन दंडवते), 'माझी गोष्ट', 'डिअर विनाक' (सुहास तांबे), 'इतिहास', 'समुदाय', 'अस्तित्व' (चंद्रकांत प्रभाकर देशपांडे), 'महाद्वार', 'मन, पिंज-याचे' (दिलीप परदेशी), 'चिऊताई चिऊताई दार उघड', 'अंश इन बर्निंग' (प्रदीप राणे), 'काहूर' (शफाअत खान), 'घोटभर पाणी', 'देव नवरी' (प्रेमानंद गज्वी), 'छिन्न', 'रायाची राणी' (वामन तावडे) आदि एकांकी देखे जा सकते हैं।

इन एकांकियों का विषय आशय संवाद रूप एक-सा नहीं है। अर्थात् गुणविशेष के आधार पर ये भिन्न स्तरीय है। विषय-शैली के संदर्भ में नए प्रश्न उपस्थित करने वाले हैं, क्योंकि इन्होंने जीवन के यथार्थों से टकराने की चेष्टा की। अपने आस-पास का जगत् कैसा है, यह उद्घाटित करने का प्रयास अपने अनुभवों के आधार पर किया। आज के जीवन में दृष्टिगोचर होने वाली कोमलता, भावना प्रधानता साथ ही नग्नता, हिंसक वातावरण, लैंगिकता, मूल्यहीनता आदि की बहुस्तरीय सृष्टि साकार करने की चेष्टा ये एकांकी लगातार कर रहे हैं। इस हेतु इन एकांकी लेखकों को शब्द संवादों की अलंकारिता त्यागनी पड़ी तथा व्यंग्यात्मक भाषा का आश्रय लेना पड़ा। भाषा में आया हुआ यह परिवर्तन स्पष्ट रूप से दिखाई देता है। ये एकांकी पाठकों को समस्याओं पर विचार करने के लिए प्रेरित करते हैं। ये एकांकी व्यष्टि-समष्टि को एक साथ या अलग-अलग रूप में तलाशते हैं। उदाहरण के तौर पर महेश एलकुंचवर का 'होळी' एकांकी देखा जा सकता है। इसमें महाविद्यालयीन छात्र व्यक्ति के रूप में और समूह का एक अंग बनकर किस कदर भिन्न-भिन्न रूपों में अपने-आप को अभिव्यक्ति देता है और तब समूह का अंश बना वह किस तरह विनाशकारी एवं क्रूरता से युक्त व्यवहार करता है, इसका हू-ब-हू चित्रण किया गया है। इस बहाने एकांकीकार ने शिक्षा-पद्धति, परंपरा एवं संस्कार पर लगाए गए काले धब्बों एवं विनाश की ओर अग्रसर होने वाली समूह की मानसिकता पर प्रकाश डाला है। अत: इस संवेदनशील चित्रण को देखते पढ़ते हुए पाठक सन्न रह जाता है। इस प्रकार का अनुभव एवं वातावरण मराठी एकांकी में पहली बार चित्रित हुआ था। इस 'होली' में सत् और असत् दोनों भस्मीभूत होने वाले थे। यह नाट्यानुभव हमारे सम्मुख कई प्रश्न उपस्थित करता है और एकांकी माध्यम की सामर्थ्य दर्शाता है।

सतीश आळेकर के लिखे 'एक झूलता पुल' एकांकी में युवा पीढ़ी की संवेदनाओं को अभिव्यक्ति मिली है। युवा पीढ़ी के कुछ प्रश्नों को सुलझाने की चेष्टा एकांकीकार करता है। युवा व्यक्तियों के सामान्य प्रश्न भी परंपरा, पूर्वानुसार चलते आए संकेत, पारिवारिक स्थिति आदि के कारण किस कदर जटिल रूप धारण करते हैं और फिर उनकी हालत परंपरा और आधुनिकता के बीच झूलते हुए पुल की तरह कैसे हो जाती है का प्रत्ययकारी चित्र लेखक उपस्थित करता है। फिर ये प्रश्न कई जाल बुंनते हैं और युवा मन इसमें घायल होता है। 'होली और एक झूलता पुल' ये दोनों एकांकी दो दशक पूर्व के लिखे होने के बावजूद इनकी ताजगी, इनमें व्यक्त संवेदनाओं एवं विषयों की ताजगी आज भी प्रतीत होती है। हाँ, काल के अनुसार कुछ चीजें अवश्य परिवर्तित हुई होंगी।

कुछ दलित लेखकों ने दलित जीवन की समस्याओं को केंद्र बनाकर एकांकी लेखन किया है। दलितों की समस्याओं को एकांकी का विषय बनाने वाले लेखकों में कुछ लेखक दलितेतर भी हैं। लेकिन जिस मात्रा में दलित कविता, दलित आत्मकथन, दलित नाटक प्रभावोत्पादक रहे उस मात्रा में दलित एकांकी नहीं। दया पवार, गंगाधर पानतावणे, नारनवरे, रामनाथ चह्वाण, दत्ता भगत, प्रभाकर डुपरे, अमर रामटेके, टेक्सास गायकवाड़, भि०शि० शिंदे, विजयकुमार गवई, अविनाश डोळस, भानुदास गायकवाड़, प्रेमानंद गज्वी आदि दलित लेखकों ने एकांकी लेखन की एक क्षीण धारा का निर्माण किया।

दलित लेखन के समान दलित एकांकी की प्रेरणा भी वेदना एवं विद्रोह की रही लेकिन मात्र सामाजिक बोध जागृत रहने से सफल एकांकी लेखन नहीं किया जा सकता, यही इस संदर्भ में सिद्ध हुआ। जिन लेखकों को अपने विचार एवं अनुभव नाट्यमाध्यम के द्वारा सफलतापूर्वक अभिव्यक्त करने की कला ज्ञात थी उन्हीं के लिखे एकांकी सफल रहे। उदाहरण के तौर पर 'आवर्त' (दत्ता भगत), 'नाव नसलेला गाँव' (अविनाश डोळस), 'घोटभर पाणी', 'देवनवरी' (प्रेमानंद गज्वी) आदि को देखा जा सकता है। इनमें प्रेमानंद गज्वी महत्वपूर्ण एकांकीकार हैं। इस लेखक के मस्तिष्क में दलित के सामाजिक उत्तरदायित्व के प्रति जितनी सजगता है उतनी है रंगमंचीय मूल्यों के प्रति भी। उनका 'घोटभर पाणी' एकांकी इस बात की पुष्टि करता है। उनका लेखन केवल दलित जीवन संबंधी होने से श्रेष्ठ नहीं सिद्ध होता, बल्कि इसके साथ इस लेखन के पार्श्व में रंगमंचीय संदर्भ भी हैं, अत: यह महत्वपूर्ण हो जाता है। यही बात दत्ता भगत के लेखन संदर्भ में कही जा सकती है। जिन दलितेतर लेखकों ने दलितों की समस्याओं पर एकांकी लिखे उनमें 'श्यामला वनारसे' (प्रतिज्ञा) तथा रत्नाकर मतकरी की लिखी कहानी 'पर लिखने वाले' (कळ्ळीचं बाळ) लेखक महत्वपूर्ण है। इसके अलावा 'आसाचा फेरा', 'आभ्रान', 'अंकूर' में चित्रित अनोखा जीवन-चित्र भी उल्लेखनीय है। क्योंकि मराठी एकांकी में इसके पूर्व आदिवासी जीवन का, कुष्ठरोगियों का चित्रण नहीं किया गया था। एक बात सोचने योग्य है कि आंचलिक जीवन का चित्रण करने वाला एक भी एकांकी आज मराठी में उपलब्ध नहीं है। विज्ञान, मशीनीकरण के कारण परिवर्तित हुए देहातों, शहरों के मोह में फँसे देहाती लोगों, जिला परिषदों, ग्रामपंचायत के कारण गाँवों में आई राजनीतियों का चित्रण और इस परिवर्तन के कारण आया हुआ अनुभव नाट्यानुभव बनकर अभिव्यक्त नहीं हो सका। (तुषार भद्रे का एकांकी लेखन अपवाद स्वरूप है।) अत: यह कहा जा सकता है कि एकांकी माध्यम अधिकांशत: विशिष्ट वर्ग-शहरी लेखकों के जिम्मे ही रहा। इनमें बहुतायत तो मध्यवर्गीय जीवनयापन करने वालों की थी और इस

वर्ग के अनुभव, विचार और आदर्श की एक निश्चित सीमा थी। फिर भी यह सच है कि ये लेखक अपने अनुभवों के प्रति प्रामाणिक रहे। जो उनके अनुभवों के दायरे का नहीं था उसे अभिव्यक्ति न देने का उनका विचार सराहनीय था। उनके अनुभवों से ताल-मेल न खाने वाले अनुभवों से उन्होंने आँखें चुराईं।

कुल मिलाकर यह कहा जा सकता है कि एकांकी लेखन में भावात्मक या अभावात्मक चित्रण अधूरा है। आत्मसंस्तुति के दोष से मुक्त होकर यदि विचार करें तो पता चलता है कि इन एकांकियों में वर्तमान जीवन के सामाजिक, राजनैतिक, आर्थिक, धार्मिक आदि क्षेत्रों से संबंधित सजगता का लगभग अभाव है, यह नकारात्मक चित्र है। जब राजनैतिक सामाजिक संघर्षों में व्यष्टि से समष्टि तक सब कुछ झुलस जाता है तब कई प्रश्नों की कतारें खड़ी हो जाती हैं, दिमाग सन्न रह जाता है तब जीवन-मूल्यों को नए सिरे से जाँचना-परखना पड़ता है। और तब यह देखना महत्वपूर्ण हो जाता है कि लेखन के माध्यम से इन जीवन-मूल्यों की परख कितनी की गयी है। किस कदर इनके संबंधों में पुनर्विचार किया गया है। बांग्ला तथा आंध्र प्रदेश की रंगभूमि, राजनैतिक दर्शन प्रस्तुत करने का माध्यम बनी हुई है। वहाँ इसके द्वारा इस दर्शन को लोकमानस में उतारने का प्रयत्न किया जाता है। इस तरह विशेष हेतु रखकर निर्मित हुई रंगभूमि प्रचार का माध्यम समझी जाती है। मराठी लेखक या रंगमंच पर काम करने वाले लोग इसका अनुसरण करें, ऐसा कोई नहीं कहेगा लेकिन जिस मात्रा में सामाजिक, राजनैतिक, विचारों एवं अनुभवों की अभिव्यक्ति इसके द्वारा होनी चाहिए थी, उतनी हो नहीं पायी। हमने प्रचार माध्यम और कला मूल्यों के संदर्भों में कुछ गलतफहमियाँ पाल रखी हैं। अतः इनके संबंधों के बारे में हमारी भूमिका नकारात्मक बनी है। इसका परिणाम यह हुआ कि राजनैतिक विषयों के अंतर्भाव से अपनी नाट्यरचना प्रचार मात्र बनकर रह जाएगी और कलाकार के रूप में अपनी प्रतिमा कलंकित हो जाएगी— जैसा भाव इनके मन को लगातार घेरे रहा। आज छुट-पुट रूप में हास्य-मजाक-व्यंग्य के रूप में राजनैतिक संदर्भ नाटकों में, एकांकियों में व्यक्त होते रहते हैं लेकिन इनसे गंभीरतापूर्वक अभिव्यक्ति मिलनी चाहिए। जो बात नाटकों के संदर्भ में है वही बात एकांकी के संदर्भ में भी है।

आज का एकांकी एक प्रवेश, एक केन्द्र तक ही सीमित नहीं है। वह बहु प्रवेशों, बहु केन्द्रों से युक्त है। निवेदन, कथन, दृश्य आदि के द्वारा वह बहुविध अनुभवों को साकार करता रहा है। इसके साथ और एक बात की ओर ध्यान जाता है और वह है साहित्यिक मूल्यों से भी अधिक रंगमंचीय मूल्यों की ओर उसका झुकाव है। वह शीघ्र प्रस्तुति चाहता है। आज का लेखक रंगमंच की दृष्टि से ही अपना एकांकी लेखन करता है एवं सूचनाएँ प्रस्तुत करता है। कभी-कभी तो

लेखक स्वयं ही निर्देशक या मुख्य पात्र के रूप में आता है, अतः लेखन नाम मात्र ही होता है। रंगमंचीय दृष्टिकोण से वह उसमें परिवर्तन करने की सहूलियत प्राप्त कर लेता है। इस क्षेत्र में आज अल्पज्ञान या अल्प अनुभवों के आधार पर एकांकी लिखे जा रहे हैं, क्योंकि यह दोनों लेखक नाट्य संस्थाओं की व्यावहारिक आवश्यकता बन गये हैं।

एकांकी लेखकों को स्थूल रूप से तीन वर्गों में बाँटा जा सकता है—एक, एकांकी लेखन से बड़े नाटकों की ओर बढ़े हुए लेखक, दो, बड़े नाटकों से एकांकी लेखन की ओर आए हुए लेखक और तीन, सिर्फ एकांकी लिखने वाले लेखक। पहले वर्ग में तेंडुलकर, मतकरी, एलकुंचवार, आळेकर, तावडे, शफाअनखान, दिलीप परदेशी आदि को रखा जा सकता है। दूसरे वर्ग में वरेंरकर, रांगणेकर, शिरवाडकर, पु०ल० देशपांडे, वसंत कानेटकर, जयवंत दलवी और तीसरे वर्ग में आज की पीढ़ी के लेखकों को समाविष्ट किया जा सकता है। इनमें से कुछ लेखक भविष्य में बड़े नाटक लिख भी सकते हैं। आज के लेखकों में अनुवाद, रूपांतर की इच्छा नहीं दिखती। आरंभ के दो दशकों में आयनेस्को आल्बी के एकांकी का सफल अनुवाद किया गया। उदाहरण के तौर पर 'चेअर्स' (खुर्च्या, वृंदावन दंडवते), 'लेखन' ('अन्यास'-शं०ना० नवरे), 'झू स्टोरी' (जनावर-शं०ना० नवरे), 'कदाचित' (पु०ल० देशपांडे), 'शतकावली' (उत्पलदत्त लिखित) आदि को देखा जा सकता है।

आधुनिक युग में एकांकी लेखन के लिए जो स्थितियाँ कारण बनीं उनमें से एक है, प्रतियोगिताओं का आयोजन। यह महत्वपूर्ण कारण रह चुका है। 1950 के बाद जिन्होंने इन प्रतियोगिताओं का आयोजन किया उनमें भारतीय विद्या भवन, आय०एन्०टी० उन्मेला, पुरुषोत्तम करंडक आदि का महत्वपूर्ण योगदान रहा है। इसके अलावा पिछले आठ-दस वर्षों में महाराष्ट्र में तथा बृहन्महाराष्ट्र के कई गाँवों में इतने बड़े पैमाने पर ऐसी कई प्रतियोगिताओं का आयोजन होता रहा है। जिनका विवरण देना असंभव है। महाराष्ट्र के सभी बड़े शहरों-गाँवों में किसी न किसी स्वरूप में एकांकी प्रतियोगिताओं का आयोजन होता रहता है। इनमें पुराने एकांकी के साथ नए एकांकी भी खेले जाते हैं। लेकिन इन एकांकियों के संदर्भ में होता यह है कि इनके एक-दो खेल होने के बाद इनका कहीं पता नहीं चलता। ये प्रकाशित नहीं हो पाते। इनमें से चुने हुए एकांकी प्रकाशित होना चाहिए। यह मुश्किल काम कुछ वर्षों तक प्रा०श्री०रं० भिडे और बाद में प्र०ना० परांजपे, माधव वझे, वि०भा० देशपांडे आदि विद्वानों ने किया भी। आजकल प्रतियोगिताएँ जाहिर होती हैं, लेकिन ये एकांकी पाण्डुलिपि के रूप में उपलब्ध नहीं हो पाते। अतः उनकी रंगमंचीय प्रस्तुति को लेकर ही उनकी आलोचना या विश्लेषण किया जाता

है। कुल मिलाकर मराठी नाटक और रंगमंच की परंपरा दीर्घकालीन है। वैसे ही मराठी एकांकियों के विभिन्न प्रकारों की परंपरा भी बहुत लम्बी है। इतनी बड़ी परंपरा होने के कारण उनमें से कुछ एकांकी का चयन करना बहुत ही आह्वानात्मक है। क्योंकि मराठी एकांकी लेखक वैसे तो बुजुर्ग भी और आज के नौजवान भी है। मराठी एकांकी विपुल रूप से लिखे भी जाते हैं और रंगमंच पर खेले भी जाते हैं। मराठी नाटक और एकांकी वर्तमान काल में सर्वश्रेष्ठ माना जाता है। क्योंकि साहित्य और प्रयोगमूल्य दोनों दृष्टियों से वे महत्वपूर्ण हैं। मराठी भाषा में जितने एकांकी नाटक लिखे जाते हैं और रंगमंच पर खेले जाते हैं उतने अन्य भाषाओं में हैं या नहीं, मालूम नहीं। मराठी भाषा में आधुनिक या स्वातंत्र्योत्तर काल के सभी महत्वपूर्ण नाटककारों ने एकांकी नाटक लिखे हैं। अधिकांश नाटककारों के लेखन की शुरुआत एकांकी लेखन से ही हुई है। जिन नाटककारों के एकांकी यहाँ चुने गए हैं वे सभी जाने-माने नाटककार हैं। श्री द०वा० जोगलेकर सबसे पुराने एकांकी लेखक हैं। उनके एकांकी लेखन का काल 1885 है। श्री मतकरी, श्री प्रेमानंद गज्वी और डॉ० चंद्रशेखर फणसलकर आज के जाने-माने एकांकी लेखक माने जाते हैं। उनके एकांकी लेखन का प्रयोग रंगमंच पर अच्छी तरह से पेश हुआ है।

वि० भा० देशपाण्डे

सत्स्त्री चातुर्य दर्शन प्रहसन

अथवा

गुलबकावली का मनोरंजक फार्स

दत्तात्रय वासुदेव जोगलेकर

दत्तात्रय वासुदेव जोगलेकर

(जन्म तिथि और मृत्यु तिथि उपलब्ध नहीं है)

19वीं शती के लेखक एवं मराठी के आरंभिक एकांकीकार।

रचनाएँ—

1. कुटिल कृत्यादर्श प्रहसन
2. धूर्त चातुर्य दर्शन प्रहसन
3. नारायणराव पेशवे का मृत्यु का फार्स
4. संगीत गोरक्षण नाटिका
5. गौसंकट नाशक प्रहसन

सत्स्त्री चातुर्य दर्शन प्रहसन : लेखन काल 1885

◆

पात्र

रामराव, रंगोपंत, विष्णुपंत और फक्कड़राव	:	गाँव के शोहदे
गुलबकावली	:	एक गुणवान, रूपवती पतिव्रता स्त्री
रमा	:	उसकी दासी
श्यामभट्ट	:	गुलबकावली का पति
नरयना	:	ब्राह्मण नौकर

प्रवेश पहला

स्थल—हनुमान मंदिर

[पर्दा उठते ही रामराव की चांडाल चौकड़ी हनुमान के दर्शन करके आती हुई दिखती है और बगल के चबूतरे पर जाकर बैठ जाती है।]

रामराव : **(रंगोपंत से)** क्यों जी, अभी तक आयी कैसे नहीं?

रंगोपंत : ताज्जुब हो रहा है भाई! उसके घर से बाहर निकलते ही मेरे नौकर ने दौड़ के आकर मुझे बताया। तुरंत ही मैंने सर पर साफा रखा और तुम्हारे पास आ गया। मुझे लगा, वह अब तक आ ही गयी होगी।

विष्णुपंत : **(मन ही मन)** सत्तू फाँको, नालायको, **(खुलकर)** वह लड़की देव-दर्शन करने के लिए बाहर निकली ही नहीं। उसके पीछे पचास कदमों पर वो खूँसट बुड्ढा **(गुलबकावली का पति)** लगा रहता है।

फक्कड़राव : हाँ, सो तो ठीक है विष्णुपंत। वो कहीं भी जाये, वह उसका पीछा छोड़ता नहीं। दूसरी एक खबर ऐसी है कि उसने रमिया की पगार दो रुपये इसलिए बढ़ा दी है, कि वह धीरे-धीरे चला करे, ताकि गुलबकावली तेज़ न चल पाये।

रामराव : होगा यार! मुझे ऐसा लग रहा है कि वो कब आये और मैं कब उसे देखूँ! कुछ और नहीं, आँख सेंकना ही भला।

फक्कड़राव : आँखों का तो सार्थक हुआ। मतलब, बाकी तुम ठंडे ही रह गये।

रामराव : ठंडा, सो कैसे?

फक्कड़राव : महज आँखों के सार्थक होने की कह रहे थे, इसलिए।

रामराव : अजी साहब, आँखों का सार्थक।

फक्कड़राव : हम तो भइया, जब तक आँख से आँख न लड़ायें, सार्थक नहीं मानेंगे। फिर चाहे जो हो।

रंगोपंत : वाह! फक्कड़, आँखों का लड़ाना... आँ?

विष्णुपंत : यह फक्कड़ खाली-पीली जहाँ-तहाँ चारों ओर अपनी अकड़ जमाकर उठापटक करता रहता है। मगर नालायक एक को तो सीधा रख नहीं पाता। जरा इसके घर पर निगरानी रखो, सब पता चल जायेगा।

फक्कड़राव : बहुत बोलते हो पंत। जरा सोच-विचार कर मुँह खोलो।

रंगोपंत : सोच-विचार कैसा रे?

विष्णुपंत : सोच-विचार का मतलब यह कि मेरी पत्नी का नाम तो लेना मत।

रंगोपंत : ये उलटा कायदा देखो भाई! ये खुद तो लोगों की पत्नियों को देखने के लिए मंदिर पर पहरा लगा देते हैं। और अपने लिए कहते हैं, 'मेरी पत्नी का कोई नाम तक न लो'। शाबास फक्कड़! फिर भी यह समझ रख कि जैसे फक्कड़ तू, वैसे ही तेरी बीवी।

विष्णुपंत : **(उसके मुँह पर हाथ रखते हुए)** चुप बैठ। देख, उधर कोई आता है। **(रमा के साथ गुलबकावली प्रवेश करती है)**

रामराव : **(छींक आने जैसी मुद्रा बनाते हुए)** आ ऽऽ च्छी!

विष्णुपंत : इस छींक का फल ऐसा लगता है कि आज हनुमान स्वामी प्रसन्न होंगे।

रंगोपंत : अरे, हनुमानजी को प्रसन्न होना ही चाहिए परंतु पहले **(उस साथ वाली)** शीतला माई को चढ़ावा दो। फिर काम हुआ ही समझो।

[गुलबकावली हनुमानजी के दर्शन करके प्रदक्षिणा करने लगती है।]

रामराव : वो रहने दो, पहले हनुमान जी के दर्शन करें और फिर ग्यारह प्रदक्षिणा लगायें।

[सभी हनुमानजी के दर्शन करके प्रदक्षिणा करते हैं]

फक्कड़राव : **(हनुमान के समक्ष खड़े होकर गुलबकावली के लिए)** हे भगवान महावीर स्वामी, प्रसन्न हो जाओ। तुम हो, इसलिए दर्शन तो मिल जाते हैं।

गुलबकावली : **(दासी से)** क्या री। सुना है कि इधर गाँव के साँड़ बहुत ओंखड़ रहे हैं, पर ये मुए मंदिर में धक्कम-धक्का मचाते हैं, यह मुझे मालूम न था और तूने भी तो नहीं बताया था।

रमा : मालकिन, फोकटै में दरसन मिलत आ, एह बदे मंदिरवै माँ धकापेल।

विष्णुपंत : यही तो बात है। परंतु यहाँ ऐसा है कि दर्शन की भी कीमत है।

[श्यामभट्ट और नरयना आते हैं।]

श्यामभट्ट : **(गुलबकावली के पीछे सभी को प्रदक्षिणा करते हुए देखकर)** अरे बाप रे। क्या भीड़ लगी है। इसीलिए तो कहता था कि इस समय दर्शन के लिए मत जाओ। नरयना, कितनी धक्का-धुक्की है... उससे कहो, प्रदक्षिणा पूरी हुई। अब घर चलो।

नरयना : भीड़ और धक्का-धुक्की! कहाँ?

श्यामभट्ट : घोंचू, दिखता नहीं? उसके पीछे कितने लोग प्रदक्षिणा कर रहे हैं। लोगों के आने के ऐन वक्त पर ही दर्शन के लिए आने की क्या जरूरत थी? और जो कहो कि अक्ल नहीं है, तो गुस्सा हो जाती है।

नरयना : काका, मैं नरयना हूँ, मुझसे क्या कहते हैं?

श्यामभट्ट : तुझसे मतलब? जा और घर चलने को कह।

नरयना : ठीक है। मैं जाकर कहता हूँ। आप इस चबूतरे पर बैठिए **(गुलबकावली के पास जाकर)** मालकिन साहब...

गुलबकावली : क्या रे, आ गया पीछे-पीछे?

नरयना : **(श्यामभट्ट की तरफ उँगली दिखाकर)** जल्दी घर चलने के लिए कह रहे हैं।

गुलबकावली : क्यों भला? मैं क्या कहीं भागी जा रही हूँ। उनसे कहो, मन को इतना हलकान करने की कोई जरूरत नहीं। प्रदक्षिणा पूरी करके आती हूँ। कमबख्त एक-एक अजीब बात ही है। लोग नाहक ही मुझे बदनाम करते हैं। **(कुछ रुककर)** अपना ही नसीब ऐसा है, इसमें लोगों का क्या दोष! नरयना जा, जाकर बैठ। मैं हूँ यहीं, ऐसा बोल दे।

रंगोपंत : **(रामराव से)** कैसा मुँहतोड़ जवाब है, सुना न?

रामराव : जवाब मुँहतोड़ है, तभी तो लोगों को पुँछडुलावन लगती है।

[रमा के साथ गुलबकावली मंदिर से बाहर आकर पति के साथ जाती है]

रामराव : गया भाई, हमारा नैनसुख गया। **(बैठ जाता है)**

फक्कड़राव : अरे वाह। इसके तो हाथ-पाँव ठंडे हो गये। अरे भाई जान, उठो और चलो।

विष्णुपंत : **(मंदिर के बाहर आते हुए रंगोपंत से)** कुछ भी हो, मिले या न मिले। इसकी शिकायत नहीं है, पर चीज़ है बड़ी मस्त।

रंगोपंत : वह तो है। बेशक। **(रामराव को देखकर)** ये इधर बैठे क्या कर रहे हैं। अब तो उठो। चलो। हो गये न दर्शन!

फक्क्ड़राव : अरे, दर्शन का क्या करेगा? **(रामराव की तरफ उँगली दिखाते हुए)** पहले उसे देखो तो।

विष्णुपंत : उसे हो क्या गया? उठ रे... ।

रामराव : **(उठकर)** चल भाया। क्या रे विष्णुपंत, अब उस छबीली के लिए क्या कहते हो?

विष्णुपंत : कहना क्या है। एक वो मुनियाँ थी। उसे तो तुम्हें दिखा ही दिया। अब चाहे जो सोचो।

रंगोपंत : जो सोचा है, वह तो मंदिर में ही कह दिया।

रामराव : मंदिर में जो कहा, वह तो सच ही है, पर उसके साथ वाली महामाया हमारा चढ़ावा लेकर काम बनाने के लिए राजी होगी क्या?

फक्कड़राव : ऐसी बातों पर बहस नहीं हुआ करती। पहले घर चलो। **(सभी चले जाते हैं)**

प्रवेश दूसरा

स्थल—गुलबकावली का घर।

पात्र—गुलबकावली, श्यामभट्ट, नरयना और व्यापारी।

[पर्दा उठते ही श्यामभट्ट और नरयना आते हैं]

श्यामभट्ट : सच ही लोक-कथाओं का आधार आज प्रत्यक्ष देख लिया। यह ठहरी रूपवती और ये गाँव के शोहदे लोग।

अब मैं बूढ़ा क्या कर सकता हूँ। और जो उससे कुछ बोलने जाऊँ, तो एक शब्द मुँह से निकलते ही वह अहल्या-द्रौपदी का अवतार बनने लगती है। और बोलते-बोलते मुझे ही मूर्ख साबित कर देती है। तब कुछ बोलते नहीं बनता। परंतु ऐसा गुस्सा आता है कि क्या कर डालूँ। फिर एक बार उसका हँसता चेहरा देखा कि तुरंत गुस्सा हिरन हो जाता है। परंतु इतना तो तय है कि समझदार वृद्धों को जवान औरत के साथ शादी नहीं करनी चाहिए और ये मैं अपने तजुर्बे पर गैरंटी के साथ कहता हूँ।

गुलबकावली : (**अचानक आकर**) पर शादी करके जवान औरत ने वृद्ध पति का ऐसा क्या बिगाड़ दिया है, जिसके लिए इतनी गैरंटी से बोला जा रहा है।

श्यामभट्ट : आप पीछे थीं क्या? तब तो फिर चूक हो गयी। क्षमा कर दीजिए।

गुलबकावली : मेरे सामने 'चूक हो गयी' कहकर क्षमा माँगने की कोई जरूरत नहीं। उसके बदले ऐसा करना कि मन में जो संशय आते हैं, उन्हें न आने देना, जिससे तरुणी भी वृद्धों के लिए सुखप्रद सिद्ध हो जाये। ऐसा कभी न मानना कि सभी युवतियों के पाँव पाप में ही सने हैं।

श्यामभट्ट : मानूँ नहीं तो क्या सर फोड़ लूँ। बात निकली, इसलिए कह दिया। तू हनुमानजी के दर्शन करने गयी, तो तेरे पीछे दस साँड़ प्रदक्षिणा करने लगे। यह मेरी इज्जत का फलूदा नहीं बना क्या?

गुलबकावली : मेरे पीछे यदि लोग प्रदक्षिणा करने लगे तो मैं उन्हें रोकने वाली कौन होती हूँ? फिर मैं पूछती हूँ, आपके मन में भी शंका क्यों उठे। मैं क्या किसी का हाथ पकड़कर चलती हूँ, अथवा किसी की तरफ देखकर हँसती हूँ, या बात करते हुए किसी के पास खड़ी रहती हूँ। फिर संशय क्यों?

श्यामभट्ट : अरी नालायक, लोग तुम्हें 'गुलबिया' कहते हैं और सगरों गाँव के छोटों-बड़ों की जुबान पर तुम्हारी ही चर्चा-वह यों चलती है, ऐसे बोलती है, इस तरह देखती है, वैसा करती है...

गुलबकावली : वैसा करती है याने क्या?

श्यामभट्ट : वो नहीं री। एक बात कहता हूँ। स्त्री का चरित्तर खूब गहिर और तू चेहरेबाजी में उस्ताद, पढ़ी-लिखी, चतुर नारि। मुझे जरा भी भनक तक नहीं लगने दोगी, यह मैं जानता हूँ।

गुलबकावली : ऐसा था, तो पहले ही यह समझ क्यों नहीं आयी?

श्यामभट्ट : पहले से सोच-समझकर ही, सुंदर-चतुर होने के कारण ही बड़ी खटपट करके शादी की। लेकिन 'मधु के छत्ते के चारों ओर मधुमक्खियों' की तरह तेरे चारों ओर जवान लोग जब से मँड़राने लगे, तब से ही मुझे बुरा लगने लगा। मेरी समझ में न आये, इसीलिए लुच्चों ने तेरा नाम 'गुलबिया' रख दिया है और तरह-तरह के बोल बोलते हैं। जब ये मुझे मालूम पड़ा, तब बुरा भी क्यों न लगे।

गुलबकावली : लेकिन बुरा लगने, न लगने की बात मेरे चाल-चलन पर निर्भर करती है। लोगों की ऐसी-वैसी हरकत जानने-सुनने के बाद भी मेरे पैर कभी डगमगाए क्या?

श्यामभट्ट : नहीं **(उसके चेहरे पर हाथ फिराते हुए)** तू मेरी लाड़ली, मेरी पतिव्रता है।

गुलबकावली : **(उसे झिड़कते हुए)** ऐसा चटोरपना किसी काम का नहीं। पहले ही बोल देती हूँ, नहीं तो बाद में गुस्सा करोगे।

श्यामभट्ट : गुस्सा आया, तो भी कहाँ रहता है? मुझे भरोसा है, फिर भी संशय पीछा कहाँ छोड़ता है।

गुलबकावली : भरोसा भी है और संशय भी पीछा नहीं छोड़ता। तब तो अब कोई भी उपाय नहीं बचा। **(मुँह बिचकाते हुए)** मेरी तकदीर में जन्म भर दुःख ही लिखा है। उस पर किसी का क्या वश?

श्यामभट्ट : ये हुआ, मुँह, मुँह बिचकाया मतलब मेरे कलेजे में धुकधुकी चालू। प्रिये, दुखी मत हो, मेरी शंका दूर होगी।

गुलबकावली : दूर होगी, मगर कब।

श्यामभट्ट : तुझे अपनी अकल से सबकी फजीहत करते हुए देखूँगा, तब।

गुलबकावली : इतना ही न। वह तो मैं आज और कल में ही कर दूँगी। आपकी नजर के सामने दिखा दूँगी। कोतवाल, न्यायाधीश प्रधान और राजा, चारों अपनी-अपनी तरह से लज्जित होंगे और मुझे शाबासी देंगे। मेरी देह भी भ्रष्ट नहीं होगी तथा हमें अलभ्य लाभ मिलेगा।

श्यामभट्ट : अरे वाह री वाह, ऐसी कैसी पराक्रमी है तू? फिर जो कुछ करना है, कर डाल। मुझे एक बार भर आँख देखने दे... और फिर कभी मन में संशय आयेगा ही नहीं।

गुलबकावली : ऐसा यदि सचमुच आपके मन में है, तो आज से कल की रात बीतने तक मैं कुछ भी करूँ, मगर आप बोलेंगे नहीं। इस महल की बगल वाले कमरे में बैठकर ऊँचे रोशनदान से देखते रहिए। बाहर आकर किसी की नज़र में आना ठीक न होगा। मंजूर है न?

श्यामभट्ट : हाँ, मंजूर है। तुम जो चाहो, करो—यह मैं चला। (**चार कदम चलकर**) लेकिन बोल, मेरे मुँह पर कालिख तो नहीं लगायेगी न?

गुलबकावली : ये क्या संदेह उभरा? एक बार कहा न?

श्यामभट्ट : चलो, फिर यह समझो कि आज की इस बेला से परसों तक मेरा डेरा इसी कमरे में जमा रहेगा। (**जाता है**)

गुलबकावली : अब चतुरता सिद्ध करने की मेरी बारी है। कहाँ से शुरू किया जाये? (**सोचते हुए बैठ जाती है**)

[**पर्दे के पीछे से आवाज आती है 'हीरा, माणक, मोती, जवाहिर...'**]

गुलबकावली : (**नरयना से**) अरे, वो जवाहरात वाला रास्ते पर पुकार लगाते जा रहा है, उसे जरा बुला के ला तो।

नरयना : अच्छा। (**जाता है और व्यापारी के साथ आता है**)

व्यापारी : राम राम, बीवीजी।

गुलबकावली : आओ सेठजी, सोफे पर बैठ जाओ।

व्यापारी : हं... अँ... बैठता हूँ (**बैठता है**)

गुलबकावली : तुम्हारे पास क्या-क्या है दिखाओ तो ज़रा।

व्यापारी : अरे बीवीजी, म्हारा पासे तो घणा माल है। हीरा है, माणिक है, मोती है, भारी कीमत ना नगीना है। जो होना है, सब कुछ है तो।

गुलबकावली : सेठजी, कहने सुनने की बात नहीं है, काम की बात करो। जो कुछ है, सब मुझे देखना है।

व्यापारी : (**गट्ठर खोलकर जवाहरात से भरा डब्बा निकालता है और आगे आकर एक-एक गहना दिखाता है**) हा देखो। सारी वस्तु है। हा बद्धा हीरा ना काम कियेला है। तमारा जेवा पर शोभेगा। खूब सुंदर। हा बाजूबंद। हा माँगटीका का एना ऊपर नी नक्काशी केवी है, देखो।

गुलबकावली : सेठजी, वैसा नहीं। इस समय मेरे मलिकार घर पर नहीं हैं। इसीलिए तुम पूरा डब्बा इधर जाकड़ पर रखकर जाओ। कल उनके घर आते ही, पसंद आया सारा माल रखकर उसके पूरे पैसे तुरंत चुका दूँगी और बाकी का तुम्हारा डब्बा वापस कर दूँगी।

व्यापारी : बहुत अच्छा। तमे सारा लोको छो। कल कभी आयेगा, तमारा शेटजी।

गुलबकावली : अरे तीन बजे के आसपास आ जाना। तब हो जायेगा।

व्यापारी : तब हा डब्बो अमजा तमे राखो छो?

गुलबकावली : रखना ही पड़ेगा। तुम गिनकर रख दो।

व्यापारी : ते तो बात साँची अने बाई तुम पन साँची। (**गहने गिनकर डब्बे में भरता है और गुलबकावली को देता है**) अमजा मैं जाता है, पइसा आवती काले मिलेगा?

गुलबकावली : (**अपने-आप से**) मुआ पगला है।

(**खुलकर**) जाओ, कल आना (**व्यापारी निकल जाता है**)

गुलबकावली : नरयना, जा रे रमा को बुला ला। देख, ले आ।

नरयना : जी मालकिन साहब (**जाता है और रमा के साथ आता है**)

गुलबकावली : रमा, अभी व्यापारी गया, उसे देखा न? तो जब कल आकर यहाँ पूछे, तो तुम दोनों बेहिचक धक्के मारकर घर से बाहर निकाल देना। आगे की योजना फिर रात को तुम दोनों को बताऊँगी।

[**ऐसा कहकर सभी निकल जाते हैं।**]

प्रवेश तीसरा

स्थान—गुलबकावली का घर और रास्ता।

पात्र—व्यापारी, रमा, नारायण और बहुत से कुटिल लोग।

[व्यापारी प्रवेश करता है]

व्यापारी : **(घर की ओर घूरते हुए)** हा जोवो, तो पीलो बंगलो, ते च। लो गुलाब खिचड़ी न घर हा च। पण आजे दरवाजो केम बंद है। चलो अपणा माल पड़ो है। अईने जोर थी बोम पाड़िए। पछी तो कोई पण आवीने वारणो खालसे।

(दरवाजे पर धक्का मारते हुए) अरे ओ गुलाबकली बारणो खोलो।

रमा : **(अंदर से ही)** कौन खटखटाता है दरवाजा?

व्यापारी : अरे बारणो खोलो, मने अंदर आने दो।

रमा : **(अंदर से ही)** क्या करने अंदर आना है?

व्यापारी : अरे, हे काले सांझ ना तमारी सेठानी ने म्हारा दागिना नो डब्बो लियो है। तेना वास्ते अंदर आना है। खोलो बारणू।

नरयना : **(बाहर आकर)** क्या गड़बड़ है रे?

व्यापारी : अरे गड़बड़ शा नी **(सर अंदर डालकर देखता है)** चल।

नरयना : **(उसे धक्का मारते हुए)** किधर चल? वाह रे वाह। चल निकल। फिर अगर दरवाजे के भीतर कदम रखा, तो समझ लेना। **(अंदर जाता है)**

व्यापारी : **(जोर से रोते हुए)** अरे म्हारो डब्बो। शाली गुलबिया म्हारो दागिना नो डब्बो खाई गई रे। भगवान अने का करिये **(पुनः दरवाजे को धक्का मारकर)** अरे शाली म्हारो डब्बो दें वापस, नई तो पछी जोई लेजो। फरियाद करुनशी बधूच निलाम करा देगा।

नरयना : **(पुनः बाहर आकर)** क्या रे, तेरी गड़बड़ खतम नहीं होगी।

व्यापारी : अरे आपणी सेठाणी पासे म्हारो दागिना नो डब्बो लावी दे। मैं थारे पगे लागूँ छूँ।

नरयना : तेरे गहनों-वहनों का डब्बा हमने नहीं लिया है। सीधी तरह, इधर से चलता बन, नहीं तो तेरा बुरा वक्त आ गया है, ऐसा समझ ले।

व्यापारी : क्या, म्हारो डब्बो लिधाच नाहीं? अरे बाप रे। अरे म्हारो डब्बो गयो रे। अरे गुलाबकली म्हारो डब्बो दें **(रोता है)**

नरयना : चल निकल जा यहाँ से। मादर... बिना वजह रोते बैठता है इधर **(उसे मारतें हुए रास्ते पर लाता है)** रस्ता नाप।

व्यापारी : **(जोरदार आक्रोश से)** अरे म्हारो डब्बो। गुलाबकली खाई गई रे। हो... हो... हो... **(रोता है)**

नरयना : **(घर में चला जाता है)**

[बहुत से कुटिल लोग चारों ओर जमा हो जाते हैं]

व्यापारी : मरी गयो रे। हो... हो... हो... **(रोता है)**

पहला कुटिल : अबे क्या हुआ? रोता काहे को है?

व्यापारी : म्हारो दागिना नो डब्बो खाई गई, अबे क्या करूँ? **(रोता है)**

दूसरा कुटिल : अबे रो मत। तेरा डब्बा किसने लिया? हिन्दी में बोल।

व्यापारी : आ, आ सामनें वाले घरवा में सुन्नर मेहरारू है। उसने म्हारो डब्बो काले साँझे लिधो... अने आज मलती पन न थी। अवे क्या करूँ **(सर पीटता है)**

पहला कुटिल : किसने? इस सामने के घर वाली गुलबकावली ने तेरे गहने हड़प लिए?

व्यापारी : हाँ भाई, तेच ते गुलाबकली।

दूसरा कुटिल : अरे तो मूर्ख कोतवाल के पास जा और विश्वासघात के खिलाफ फरियाद कर।

व्यापारी : अरे भाई, मैं तो परदेश नो बेपारी। तुम्हारे लोक म्हारी मदत करे, तो मेहरबानी। हो... हो... हो... म्हारो डब्बो रे। **(रोता है)**

पहला कुटिल : रो मत। चल, मैं तेरे साथ आता हूँ। लेकिन मेरा मेहनताना देगा न? नहीं तो खाली-पीली की रखड़पट्टी होगी।

व्यापारी : थारा मेहनताना मैं देगा। चल भाई।

पहला कुटिल : चल तब पहले कोतवाल के पास।

व्यापारी : चल तारे **(जोर से गुलबकावली की ओर)** अरे शाली गुलाबकली, अभी तो तेरे पर फरियाद करीस ऑ... नहीं

तो म्हारो डब्बो मने दे। फोकट खाड़ा में नाखवानां कई पण मलवानू नहीं, एम जाणी ले।

पहला कुटिल : अरे चल। फरियाद किये बिना तुझे कुछ मिलने वाला नहीं। फिर खाली-पीली क्या चिल्लाता है।

[सभी निकल जाते हैं]

प्रवेश चौथा

स्थल—कोतवाल का कार्यालय।

पात्र—बहुत से सिपाही, क्लर्क, कोतवाल, व्यापारी एवं कुटिल।

[कोतवाल ऑफिस में बैठा कुछ जाँच कर रहा है, तभी व्यापारी रोते-चिल्लाते हुए आता है]

व्यापारी : अरे डब्बो, म्हारो डब्बो हो... हो... हो... (**रोता है**) कोतवाल शाब म्हारो डब्बो दिला दो।

कोतवाल : (**क्लर्क से**) क्या गड़बड़ है। पूछताछ करो तो।

क्लर्क : (**आगे आकर**) क्या रे व्यापारी, रोता क्यों है?

व्यापारी : अरे शाब, म्हारो डब्बो खाई गई गुलाबकली।

क्लर्क : गुलाबकली कौन और डब्बा कैसा? साफ बोल।

कुटिल : महाराजजी, इसको उस गुलाबो पर विश्वासघात करने का दावा दायर करना है। इसके गहनों का डब्बा कल उसने देखने के वास्ते लिया था और आज इतनी बदल गयी कि पट्ठी घर में आने ही नहीं देती, मिलती तक नहीं।

क्लर्क : ठीक है। तुम लोग बैठो। मैं कोतवाल साहब के कान तक यह बात पहुँचाता हूँ और व्यापारी को बुलाता हूँ। यह अपनी जबानी बताये। कुछ फिकर मत करना (**कोतवाल के पास जाकर उसके कान में कुछ बोलने जैसी हरकत करता है**) ऐसा है।

कोतवाल : ठीक है। उस व्यापारी को बुलाओ और यदि वही (**गुलबकावली**) है तो जब्ती का ऑर्डर लेकर उसके घर पर जायें।

क्लर्क : ज्यादा करके तो वही होगी (**आगे आकर**) अरे व्यापारी।

व्यापारी : शाब आवूँ क्या?

क्लर्क : चल कोतवाल साहब के पास।

व्यापारी : ठीक है, तारे चालों (**कोतवाल के सामने खड़ा होता है और आदाब करता है।**)

कोतवाल : तेरा नाम क्या है?

व्यापारी : म्हारू नाम शाब, जूतीचंद फत्तरचंद व्यापारी।

कोतवाल : (**हँसते हुए**) जूतीचंद, फत्तरचंद बोलो क्या फरियाद है?

व्यापारी : ते बड़ा बजारमंदी लीला बंगला माँ गुलाबकली नाम की एक पतुरिया है। ती पतुरिया ने म्हारो जेवरनो डब्बो लीधो है (**भरे गले के साथ**) शाब, ते दिला दोगे तो बड़ी मेहरबानी।

कोतवाल : कहाँ की पतुरिया और कौन-सी गुलाबकली, कैसा डब्बा?

क्लर्क : मैंने आपसे पहले अर्ज किया न, वही बात है।

कोतवाल : खातरी है, तो चलो। जाते ही तुरंत घर ही तलाशी ले लें। मतलब अपने-आप आ जायेगी रास्ते पर। मैं भी काफी दिनों से नज़र रखे था कि कब वह अपने चंगुल में आती है।

क्लर्क : ठीक है, चलिए। (**व्यापारी से**) चल रे ओ व्यापारी कौन सा घर है, जरा दिखाओ और उसे पहचानो।

व्यापारी : ठीक है। चलो शाब। अभी तो शाली की कम्मर मां एक लात मारूनशी डब्बा लेंगे। (**रुवाब से चलता है**)

[**सभी निकल जाते हैं**]

प्रवेश पाँचवाँ

स्थल—गुलबकावली का घर

पात्र—क्लर्क व सिपाहियों के साथ कोतवाल, व्यापारी, गुलबकावली, नरयना, रमा।

[**व्यापारी, क्लर्क व सिपाहियों के साथ कोतवाल आता है**]

कोतवाल : ठीक है। (**दरवाजा बंद देखकर सिपाहियों से**) अरे, मार धक्का दरवाजे को और हाँक भी मारकर देख।

सिपाही : **(दरवाजे पर धक्का मारकर)** खोलो, दरवाजा खोलो। कौन है अंदर? ओ घरवाले, दरवाजा खोलो। तुम्हारे खिलाफ फरियाद है।

रमा : **(अंदर से ही)** कौन है?

सिपाही : **(बाहर से)** अबे, दरवाजा खोल। कोतवाल साहब की सवारी आयी है।

गुलबकावली : **(झटके से दरवाजा खोलकर बाहर आती है और कोतवाल की तरफ देखकर आँखों से इशारा करती है)** आज हमारे गरीबखाने की तरफ कैसे तशरीफ ले आये भला!

कोतवाल : **(आँखों का इशारा देखते ही लट्टू होकर)** नहीं, ऐसे ही आ गया और इस व्यापारी ने तुम्हारे ऊपर धोखेबाजी का इल्जाम लगाकर फरियाद की है। इसीलिए सोचा, खुद ही चलकर और तुमसे मिलकर दरयाफ्त कर लें कि मामला क्या है।

गुलबकावली : इतना ही न? तो फिर अंदर आकर बैठिए और जैसी इच्छा हो, वैसी दरयाफ्त कर लीजिए। भला, इतना भी क्या परायापन?

कोतवाल : अजी, दरवाजा बंद था, इसलिए बाहर रुके रहना पड़ा। चलो भीतर। बैठकर बताओ कि क्या है यह सब।

[कोतवाल के साथ गुलबकावली अंदर जाती है]

व्यापारी : अरे म्हारो डब्बो। अने कोतवाल शाब, डूब्यो। अरे शाब बीच में एक मोठो खाड़ो है। उसमें पड़ी जसो। जरा संभालीने जाओ।

सिपाही : अबे, चुप बैठ हरामखोर। **(व्यापारी को खोटका मारता है)**

व्यापारी : नहीं शाबजी।

कोतवाल : **(बैठकर)** हूँ, अब कहो, क्या है यह सब?

गुलबकावली : **(नखरे के साथ पान बढ़ाते हुए)** आपका कहना क्या है?

कोतवाल : उस व्यापारी के गहनों का डब्बा तुमने लिया है क्या?

गुलबकावली : वो तो मैंने लिया नहीं है। और समझो, एक बार लिया भी होता, तो भी हम पर्दानशीन जनाना हैं। ऐसा तो नहीं ही होना चाहिए कि कोई एकदम आकर हमें रास्ते पर

निकाल लाये, मैं ऐसा समझती हूँ। और आप भी समझ लो कि मैंने आपके भरोसे पर ऐसी कोई हरकत नहीं की है।

कोतवाल : तुमने हमारे भरोसे पर ऐसा कोई काम किया, तो उसमें मेरा क्या फायदा। उधर तुम अपनी मनमानी करो और इधर हमें झाँसा देती रहो। अँय!

गुलबकावली : झाँसा कैसा? जिसे फ़ायदे की चाह हो वह रात के ठीक पहले प्रहर में आ जाये और देख ले कि फायदा है, कि क्या है।

कोतवाल : ठीक है। अब उस लुच्चे व्यापारी को अभी धक्के मारकर निकालता हूँ लेकिन जो कहा है, उसे भूलना मत, तो सब हुआ ही समझो।

गुलबकावली : ये क्या कहते हैं आप। आप जैसों को भुलाकर हम गरीब कैसे रह पायेंगे (**फिर पान देती है**)

कोतवाल : (**बाहर आकर मूँछें ऐंठता है और व्यापारी से**) क्यों रे, इस घर की औरत ने तेरे जेवरात का डब्बा लिया, इसका कोई चश्मदीद गवाह है?

व्यापारी : म्हारो गवाह तो वो छोकरो हतो अने एक औरत पण हती, पण अत्यारे कोण है? कोई पण नहीं।

कोतवाल : यदि गवाह नहीं है, तो तेरे अकेले की इस फरियाद पर हम घर की तलाशी लेकर इनकी बेइज्जती नहीं करेंगे। तू न्यायाधीश के पास जाकर फरियाद कर और उस औरत को कचहरी में बुलाकर जवाबतलब करा।

व्यापारी : अरे शाब, तमे ऐ क्या बोलो छो। ते राँड़ ने तमने फांसा मा नाख्यो, पण म्हारो मोठो खाड़ो है, डुबाड़ी नाख्से। ते जेवीतेवी औरत नथी।

कोतवाल : सिपाही, धक्के मारकर हटा इस व्यापारी को। लुच्चा मादर...।

(**सिपाही व्यापारी को धक्के मारता है और कोतवाल के साथ जाता है।**)

व्यापारी : म रयो रे ओ शाब! अरे म्हारो डब्बो गियो! अवे क्या करूँ। अवे तो न्यायाधीश ने पासे जाऊँनशी रांडवर इल्जाम अने सम्मन, अने बद्धू काढ़ेनशी लायेगा। (**जाता है**)

प्रवेश छठा

स्थल—न्यायाधीश का दफ्तर

पात्र—न्यायाधीश, क्लर्क, व्यापारी, सिपाही, गुलबकावली, रमा, नरयना इत्यादि।

[कचहरी का काम चालू है, परदा उठता है]

न्यायाधीश : वादी-प्रतिवादी के बयानात एवं गवाहों की गवाहियों के मद्देनज़र ऐसा साबित होता है कि प्रतिवादी ने अपराध किया है। अत: मैं उसके लिए छह महीने की सजा और दो सौ रुपये जुर्माना मुकर्रर करता हूँ।

व्यापारी : **(प्रवेश करके, जोर-जोर से)** अरे म्हारो डब्बों, अरे राँड़ गुलाबकली!

न्यायाधीश : **(क्लर्क से)** क्या गड़बड़ है?

क्लर्क : **(सिपाही से)** अरे, कैसा शोर-सराबा है, बंद करो सब।

सिपाही : सरकार, ई व्यापारी फरहाद लायो है।

क्लर्क : **(न्यायाधीश से)** कोई व्यापारी है-फरियादी।

न्यायाधीश : तब बुलाओ फिर उसको।

क्लर्क : **(सिपाही से)** अरे, उस व्यापारी को सामने बुलाओ।

सिपाही : ऐ व्यापारियो, जा सामन्हें, तोहे बोलावे हैं।

व्यापारी : मेरे को बोलावते हैं। तं अं जाते आगड़ **(आगे आकर आदाब करता है)**

न्यायाधीश : तुम्हारा नाम क्या है?

व्यापारी : शाब, जूतीचंद फत्तरचंद व्यापारी।

न्यायाधीश : बोलो, क्या फरियाद लाये हो।

व्यापारी : ते तमारे गावामंदी बड़ी बजार है नी, तेना मंदी एक हरा बंगला है। ते बंगले माँ एक औरत रहते। तेनो नाम गुलाबकली, ते कली ने **(भरभराये गले से)** म्हारो जेवरनों डब्बो खायो रे शाब। ते मेहरबानी करी ने वापस दिला दो। एटलीच अरज।

न्यायाधीश : **(क्लर्क से)** का हो, ई फरियाद तुम्हारी समझ में आयी?

क्लर्क : थोड़ा-थोड़ा अंदाज लग रहा है। आज्ञा हो, तो कहूँ? जिसके लिए हम पहले प्रयत्नशील थे, वही मामला इस फरियाद में बड़ी आसानी से सामने आ जायेगा, ऐसा लगता है। बड़ा बाजार में हरा बंगला तो वही, और नाम भी 'गुलाबकली।'

व्यापारी : हाँ शाब, वही, वो गुलाबकली। तेच राँड़ ने म्हारो दागिनाथी भरेलो डब्बो खाई गई है। दिला दो शाब, पगे लागूँ। **(पैर पर गिरता है)**

न्यायाधीश : **(क्लर्क से)** ज्यादा करके वही बात होगी, ऐसा ही लगता है। तो एक वारंट तैयार करो और खींच लाओ उसे कचहरी में।

क्लर्क : ठीक है। **(व्यापारी से)** तू हलफिया बयान लिखकर दे दे। इससे तुझे वारंट और सिपाही मिलेगा। फिर तेरा डब्बा जिसने लिया है, उसके घर जाओ और उसे पकड़वाकर ले आओ।

व्यापारी : ठीक है भाई शाब। चलो, लिख लो।

क्लर्क : **(न्यायाधीश से)** मैं जाकर उससे लिखा लेता हूँ और वारंट तैयार करके दस्तखत के लिए आपके पास भेजता हूँ।

न्यायाधीश : भेजते हो काहे को? **(पास से सादा कागज लेकर)** ए लो दस्तखत। जाओ और वारंट तैयार करके भेज दो।

क्लर्क : ठीक है। **(व्यापारी से)** चल रे। **(व्यापारी के साथ जाता है)**

न्यायाधीश : **(अपने-आप से)** व्यापारी जो फरियाद कर रहा है, यदि वही स्त्री होगी, तब तो आज बड़ा लाभ होने वाला है, ऐसा समझना चाहिए। किसी को भी यही लगेगा कि सभी को एक जैसा न्याय मिलना चाहिए और अगर वही होगी, तब तो खास बात यह कि वो अपने चंगुल में आ ही जायेगी।

क्लर्क : **(प्रवेश करके)** वारंट के साथ चार सिपाही और व्यापारी को भेज दिया है। हमें संशय करने की कोई वजह नहीं, वही स्त्री आने वाली है आज इजलास में।

न्यायाधीश : कोई भी आये। न्याय सबके लिए समान है।

क्लर्क : ठीक ही है। निष्पक्ष रूप से जिसका जो है, वह उसे मिले, बस।

[व्यापारी, गुलबकावली, रमा, नरयना एवं सिपाही प्रवेश करते हैं]

बड़ा सिपाही : **(न्यायाधीश की तरफ झुककर)** इस व्यापारी की बतायी हुई औरत यही है **(गुलबकावली की ओर संकेत करते हुए)** साहब, सामने पेश कर दिया है।

न्यायाधीश : ठीक है। **(गुलबकावली से)** तुम्हारा क्या नाम है जी?

गुलबकावली : मेरा नाम लक्ष्मी है, मगर लोग मुझे कहते हैं–गुलबकावली।

न्यायाधीश : तुम रहती कहाँ हो?

गुलबकावली : बड़ा बाजार में, अपने ही घर में।

न्यायाधीश : तुम्हारे पति का नाम क्या है?

गुलबकावली : वह मैं बोलकर बताऊँगी नहीं, चाहिए तो लिखकर बता दूँ।

न्यायाधीश : ठीक है। वैसा करो। लिखो। **(क्लर्क कागज, स्याही एवं कलम देता है)**

गुलबकावली : **(लिखती है)** "श्यामभट्ट, धंधा सर्राफे का, आजकल छोड़कर बैठे हैं।"

[न्यायाधीश के सामने कागज रखते हुए आँखों के इशारों से उन्हें वश में कर लेती है]

न्यायाधीश : **(पढ़कर)** इस व्यापारी को तुम पहचानती हो?

गुलबकावली : हाँ। दो घंटे पहले ही यह कोतवाल को लेकर मेरे घर तलाशी कराने आया था। **(आँख मारते हुए दो उँगलियाँ दिखाती है और दो प्रहर रात गये आने का संकेत करती हुई)** इसने मेरे ऊपर झूठा आरोप लगाया है। अपने ही घर जवाहरात का धंधा होने पर भी मैं इसके जेवरात क्यों लूँगी?

न्यायाधीश : सच है। सचमुच तुम्हारे ऊपर जुल्म हुआ है। **(व्यापारी से)** इस स्त्री ने तेरे जवाहरात का डिब्बा लिया है, यह किसी ने देखा है क्या?

व्यापारी : देखा तो कोई ने पण नाहीं। पण लिया है खरो हो शाब। भूली ना जाना, मैं व्यापारी हूँ। **(रिश्वत देने का इशारा करता है)**

न्यायाधीश : सिपाही, इस व्यापारी को धक्के मारकर निकाल दो। लुच्चा, हरामखोर।

व्यापारी : अरे शाब, तमे पण डूबी गया। मैं कब से समझी गयो है। पण म्हारो इन्साफ धूल माँ नहीं मिलाओ।

(सिपाही व्यापारी को धक्के मारकर निकाल देता है)

न्यायाधीश : **(गुलबकावली से)** तुम जाओ अब **(इशारे से)** लेकिन ख्याल रखना।

गुलबकावली : **(रमा व नरयना के साथ जाते-जाते गरदन झटककर)** ठीक है। **(जाती है)**

[सभी निकल जाते हैं]

प्रवेश सातवाँ

स्थल—रास्ता

पात्र—व्यापारी एवं कुटिल

[व्यापारी जोर से रोते हुए आता है]

व्यापारी : **(रोते स्वर में)** हो... हो... हो... डब्बो गयो रे। म्हारो डब्बो कोतवाल शाब खाड़ा माँ अने न्यायाधीश शाब, टंकी माँ पडून डुबूनशीं मेला? अवे मैं क्या करेगा? पण म्हारो डब्बो। अरे डब्बा !! तो राँड ने हजम करी लियो। हाय रे डब्बो!

कुटिल : का रे, न्यायाधीश ने क्या किया?

व्यापारी : ते तो खाड़ा में पड़ला। पण म्हारो डब्बो गयो रे!!

कुटिल : ऐसा हो गया? तो अब जा के तू प्रधानजी के पास फरियाद कर। उनके पास सचमुच न्याय मिलेगा।

व्यापारी : एम क्या? चालो, अमणाच रांडवर फरियाद ठोकूँ। **(जाता है)**

प्रवेश आठवाँ

स्थल—गुलबकावली का घर

पात्र—गुलबकावली, रमा, नरयना, प्रधान, व्यापारी और सिपाही

[रमा एवं नरयना के साथ गुलबकावली आती है]

रमा : आप भी बड़ी उस्ताद निकलीं मालकिन। उस ब्राह्मन को पागल बनाकर व्यापारी को हकलवा दिया।

गुलबकावली : अरी, वो तो यूँ ही हो गया। अब तक तो सब कुछ ठीक-ठाक होता गया, पर अब आगे ही ज्यादा कठिन है। वो निभ गया तो समझो बन गयी बात (**दरवाजे का खटकना सुनकर**) अरी देख जरा, कौन आया है।

रमा : (**अंदर से**) कौन है दरवाजे पर? कौन धक्का मारता है?

सिपाही : (**बाहर से**) खोलो, दरवाजा खोलो। प्रधानजी आये हैं।

गुलबकावली : (**दरवाजा खोलने जैसा करती हुई प्रधान से**) आयें महाराज! आज इस घर में आपके पाँव पड़े कि इस घर की इज्जत बढ़ गयी, इसमें कोई संदेह नहीं।

प्रधान : (**अंदर आकर**) तुम्हारा ही नाम गुलबकावली है क्या?

गुलबकावली : हाँ, मुए चटोर लोगों ने यही सरनाम कर दिया है।

प्रधान : अच्छा,यह घर तो श्यामभट्ट सर्राफ का है न। इस वक्त वे कहाँ हैं?

गुलबकावली : (**लजाते हुए व मान करते हुए**) वे यहीं हैं। उन्होंने आजकल कामधाम छोड़ रखा है।

प्रधान : इसीलिए लगता है, तुमने यह धंधा शुरू किया है।

गुलबकावली : (**मटककर आँख मारते हुए**) औरत बेचारी क्या धंधा करेगी?

प्रधान : (**मोहित होते हुए**) यही तो। व्यापारी के जवाहरात हजम कर जाना सर्राफ की औरत को ही तो शोभा देता है।

गुलबकावली : ठीक है, पर खड़े ही खड़े क्यों हैं, बैठिए तो सही!

प्रधान : बैठकर क्या करना है? उस व्यापारी का जवाहरात का डब्बा दो और अपनी तथा उस श्यामभट्ट की आबरू बचा लो।

गुलबकावली : कौन व्यापारी और कैसा उसका डब्बा? मैं यह सब बिल्कुल नहीं जानती, तो भी आज ही एक व्यापारी मेरे

ऊपर तूफान लेकर कोतवाल साहब और न्यायाधीश के पास फरियाद करने गया था। वे दोनों यहाँ आये, पर मेरे निर्दोष होने की खातिरी हो जाने के बाद उन्होंने उचित न्याय किया और व्यापारी को निकाल बाहर किया। अब जब हमारी आबरू आपके हाथ आ गयी है तो किसी भी तरह उसकी रक्षा करनी ही होगी। फिर चाहे, जो भी हो। **(आँख मारती है और रात के तीसरे प्रहर आने का संकेत हाथ से करती है)**

प्रधान : ठीक है। ख्याल रखना, समझ गयी? **(प्रधान जी जाते हैं)**

गुलबकावली : सब कुछ खूब ख्याल में है। मुओं के तेवर तो देखो, कैसे हैं। आओ रात को, सबकी टाँग तोड़कर रख दूँगी। रमा, आज वो ऊपरी तल्ले का दीवानखाना अच्छी तरह सजाकर पलंग वहीं लगा दे। फिर आगे की व्यवस्था आगे चलकर देखेंगे।

रमा : बीवीजी, वो परधानजी एकदम गुस्से में गये हैं शायद। उनको कोई मीठा इशारा नहीं किया क्या?

गुलबकावली : सब किया है। चल तू...

[जाती है]

प्रवेश नवाँ

स्थल—रास्ता

पात्र—व्यापारी और कुटिल

[अरे म्हारो डब्बो चिल्लाते और छाती पीटते तथा रोते हुए व्यापारी का प्रवेश]

कुटिल : **(प्रवेश करके)** क्या रे, क्या हुआ? प्रधान ने क्या किया।

व्यापारी : अरे प्रधानजी मरी गयो। ते पण गुलाबकली ना खाड़ा माँ फंसी गयो। अरे म्हारो सत्यानास भयो रे। डब्बो। डब्बो!! म्हारो डब्बो!!!

कुटिल : अरे मूरख। अब ऐसे डब्बो-डब्बो करके रोते मत बैठ। तेरे को तरकीब बताता हूँ। अभी चार घंटे दिन बाकी हैं।

अपने राजा साहब इसी बेला में खुशामदीदों के साथ मौज में बैठे होंगे। उनके पास जा और दीनता के साथ फरियाद कर। निश्चित ही तुम्हारी सुनी जायेगी।

व्यापारी : एम क्या? चलो त्यारे। अभी रांडावर फरियाद करेंगे।

[दोनों जाते हैं]

प्रवेश दसवाँ

स्थल—राजमहल-राजा का एकांत स्थान

पात्र—राजा, बाबाजी, खुशामदीद और व्यापारी

[खुशामदीदों के साथ राजा मद्यपान करते हुए एकदम रंग में हैं। तभी परदा खुलता है]

राजा : **(नौकर से)** बबवा, गिलास ला, ले आ। **(आ करते हुए)**

बाबाजी : जी साहब, ये है गिलास **(दारू का गिलास उनके मुँह को लगाता है)** यह एकदम ऊँचे किस्म की ज़ायकेदार है महाराज।

राजा : **(पीकर)** बबवा, चना ले आ, चना। अउर तू भी एकाध गिलास चढ़ा।

बाबाजी : जी सरकार। **(चने देता है)**

राजा : **(चने खाकर)** बबवा, गिलास ला।

बाबाजी : **(बोतल से मद्य गिलास में डालता है और राजा के मुँह के पास ले जाकर)** लीजिए महाराज। या उँड़ेल दूँ?

राजा : धत् तेरे की। उड़ेलते काहे को हो? ला।

(गिलास से पीता है और उल्टी करते हुए) बबवा, मुँह पोंछ, पोंछ।

बाबाजी : जी सरकार **(उसका मुँह पोंछता है)**

[अरे म्हारो डब्बो कहकर जोर से रोते हुए व्यापारी आता है]

राजा : बबवा, कौन है रे चिल्लाता?

बाबाजी : सरकार वो व्यापारी है।

राजा : फिर? चिल्लाता क्यों है। ला उसे मेरे सामने।

बाबाजी : (**नौकर से**) लइ आव रे व्यापरिए को सरकार के समनवाँ... लाव।

चाकर : जी हाँ, (**व्यापारी से**) अरे गधे... चिल्लाता काहे है? चल सरकार के समनवाँ।

व्यापारी : मने बोलवले सरकार? चालतो...
सरकार पाँय लागूँ (**झुकता है**) मैं जूतीचंद व्यापारी है!

राजा : ऐ व्यापारिए, रोता काहे लिए है। बबवा, इस व्यापारिए को दारू पिला, तब नहीं रोयेगा।

बाबाजी : (**गिलास एवं बोतल के साथ व्यापारी के पास जाकर**) पिउ ऐ व्यापारिए, सरकार कहेन हैं, दारू पिउ (**गिलास उसके मुँह के पास ले जाता है।**)

व्यापारी : अरे नहीं, अरे बाबाजी (**पीछे खिसककर**) मैं नहीं पीएगा।

बाबाजी : नहीं कइसा? सरकार का हुकुम है (**जबर्दस्ती पिलाना चाहता है**)

व्यापारी : अरे ओ, ओ, ओ, नहीं रे बाबाजी, मैं दारू पीतो नहीं। सरकार अरे राजा शाब। मैं दारू नहीं पीयेगा।

राजा : बबवा, रहने दे। उससे पूछ काहे को आया है?

व्यापारी : अरे शाब, म्हारो जेवर नो डब्बो ते राँड गुलाबकली खाई गई रे। ते मेहरबानी करीने दिला दो।

राजा : बबवा, व्यापारी क्या कहता है रे?

बाबाजी : ऊ कहता है, मोरा जेवर का डिब्बा गुलाबकली नाम की पतुरिया खाय गयी। उन्हें कढ़वा कर देवा दो।

राजा : कहाँ की रे गुलबकावली?

बाबाजी : अरे हे व्यापारी, वो गुलबकावली कहँवा रहती है।

व्यापारी : अरे शाब, ते बड़ा बजार माँ बेसली है।

बाबाजी : सरकार, ऊ बड़ा बजार में रहती है, ऐसा बोलता है।

राजा : चल तो हम भी बजार में चक्कर मारने जायेंगे। उसे एक नज़र देख आयेंगे। व्यापारी से कहो, चलके उसका घर बता।

बाबाजी : व्यापारिए चल। सरकार को उसका घर बता। तेरे साथ सरकार आवत हैं, उसके पास चल।

व्यापारी : अरे शाब, तमे काहे को तरास लोगे, उसी रांड़ को दफ़्तर माँ लावो न।

राजा : नहीं, मुझे घूमने जाना है। चल बता उसका घर।

व्यापारी : (**खुद से**) अरे भगवान? आ राजा पण डूबी जवाना, म्हारो डब्बो गयो रे।

[सभी जाते हैं]

प्रवेश ग्यारहवाँ

स्थल—गुलबकावली का घर

पात्र—गुलबकावली, कोतवाल, न्यायाधीश, प्रधान, राजा, व्यापारी, रमा, नरयना और श्याम भट्ट।

[रमा एवं नरयना के साथ गुलबकावली बैठी है। पर्दा खुलता है]

नरयना : (**गुलबकावली से**) मालकिन, आज तो क्या ठाट हैं, (**बैठक की सजावट देखते हुए**) आज कुछ है क्या?

गुलबकावली : मुए, तुझे यह सब पूछताछ करने की क्या पड़ी है? 'धोने चले पाँव, पूछें पायल के दाम' जैसा करने वाला दिखता है तू भी।

रमा : छोड़ो उसे बी जी, नादान है ऊ। ओका का पता?

गुलबकावली : अरी, आजकल के छोरे सब समझते हैं, है न। होने दे। अच्छा, रमा कितनी रात गयी होगी?

रमा : छह घंटे तो गयी होगी।

नरयना : मैं सोने जाऊँ। क्या कहूँ मालिक से?

गुलबकावली : कह दे कि आज की रात आँख में तेल डालकर जागते रहना चाहिए। नहीं तो अनाप-शनाप शंकाएँ मन में आयेंगी। वो मेरे काम में दखल न दें। जा, पूरा संदेश बता। कुछ भूलना मत।

नरयना : ठीक है। (**जाता है**)।

गुलबकावली : रमा, अब तू नीचे के दरवाजे पर जाकर बैठ। कोई आये, तो दरवाजा खोलना और आकर मुझे बताना।

रमा : जी बहुत अच्छा। मैं जाती हूँ नीचे। (**जाती है**)

गुलबकावली : (**खुद से**) हे भगवान, आज तक तूने ही मुझे निष्कलंक बनाये रखा है। और आज भी पति के मन से सारे संशय उखाड़ फेंकने के लिए मैंने यह दुस्साहस किया है। माँ कुलदेवी, आज अगर मुझे सफल बना दोगी, तो कल तुझे नारियल-वस्त्र का चढ़ावा दूँगी।

रमा : (**प्रवेश करती हुई**) बी जी, उठो। कोतवाल साहब आयेन हैं। (**सीढ़ियों पर पदचाप सुनकर**) ये देखो, आइ गयेन। (**जाती है**)

कोतवाल : (**प्रवेश करके**) क्या चल रहा है महाराज?

गुलबकावली : (**उठकर**) आइए। क्या चलेगा। बैठे हैं इंतज़ार में।

कोतवाल : मुझे आने में कुछ देर हो गयी क्या?

गुलबकावली : छि: छि:, ऐसा मैंने कब कहा, लेकिन अभी भी बैठने जैसा नहीं लगता? कुछ खड़े-खड़े बात करने के लिए तो नहीं बुलाया?

कोतवाल : (**तकिए के पास बैठकर**) लो बैठ गया। अब आप खड़ी क्यों हैं? आइए, इधर बगल में बैठिए, तभी सोहेगा।

गुलबकावली : वो तो समझी (**जम्फर में से पान का बीड़ा निकालकर**) पहले ये पान खाइए और आइए एक बाजी शतरंज खेलते हैं। अच्छा लगेगा न?

कोतवाल : ठीक है। तुम्हारी मर्जी।

गुलबकावली : (**बाजी लाकर बिछाती है और पाँसे (फेंकने के लिए) हाथ में लेकर बजाने लगती है**) कैसे, क्या शर्त लगाएँगे या सादा ही।

कोतवाल : शर्त लगा लो। हमारा क्या है? हमारे ऊपर चढ़ाओ दाव और ये लो हमारे गले की कंठी।

गुलबकावली : ठीक है। दाव फेंकूँ?

कोतवाल : हाँ, फेंको।

[**दोनों खेलने लगते हैं, गुलबकावली उसे हराती है और इतने में रमा आती है**]

रमा : बीबीजी, उठो जरा, वो न्यायाधीश आये हैं।

कोतवाल : (**खिन्न मन से और डरकर**) अरी ये क्या हुआ? उन्होंने मुझे यहाँ देखा नहीं, कि पेट पर लात पड़ी नहीं। अब मुझे

कहीं भी छिपा दो। मैं तुम्हारे पाँव पड़ता हूँ (**सीढ़ियों पर आने की आवाज सुनकर**) अरे सुन, वो तो आ गये। मुझे छिपाने का उपाय कर।

गुलबकावली : अब मैं छिपाऊँ भी तो कैसे? वो मेरी पुरानी उतरन पहनकर उधर कोने में खड़े रह जाओ। वे आये कि उनको बिठाकर फिर तुम्हें बताती हूँ कि क्या करना है।

कोतवाल : (**कमीज-साफा उतारकर साड़ी पहनते-पहनते**) देख, तू मेरी माँ है। मुझे फँसाना मत।

[न्यायाधीश आते हैं]

न्यायाधीश : (**देखते हुए**) क्या? मजदूरनी के साथ क्या खुसफुस चल रही है। हमारी दाल तो गलती लगती नहीं।

गुलबकावली : दाल न गलने का क्या है? मुई नौकरानियाँ, ये कुछ सूझने दें तब न? इस नामुराद से कहा कि जल्दी आकर दो पसेरी गेहूँ पीस जा। यह अब आयी है और गिरने से लगा अपना घाव दिखाने बैठी है। ऐसे में क्या कहना? ये इतनी रात को कहाँ गिरने गयी थी।

न्यायाधीश : अं हं, उसमें क्या है। गिरी होगी। तो अब दे दो उसे पीसने का और छुट्टी लो।

गुलबकावली : मैं तो खाली ही हूँ (**कोतवाल से**) जाओ अब, उस कोने में जांते पर गेहूँ रखा है। अभी से पीस डाल।

[कोतवाल उस तरफ जाकर पीसने लगता है]

न्यायाधीश : चलो, अब इधर आओ। क्या सोच-विचार चल रहा है?

गुलबकावली : सोच-विचार नहीं। ये पान खाइए और शतरंज की एक बाजी खेल लें, ऐसा लगता है मुझे।

न्यायाधीश : ठीक है। चाल चलो।

[दोनों शतरंज खेलने लगते हैं]

रमा : (**प्रवेश करके**) बीवीजी, अब उठो भी जल्दी से।

गुलबकावली : का है री?

रमा : ऊ परधानजी आयेन हैं, दरवज्जे पर धक्का मारत हैं।

गुलबकावली : अरी, तो उनके लिए दरवाजा काहे नहीं खोला? अब तो जाके खोल।

न्यायाधीश : (**घबड़ाकर**) नहीं... नहीं। ए रुकी रह (**गुलबकावली से**) देखो, इस समय मेरी आबरू बचा लो। मैं तेरे पाँव पड़ता हूँ। (**साष्टांग झुकते हुए**)

गुलबकावली : ये क्या पागलों जैसा? अब यहाँ मैं क्या कर सकती हूँ भला?

न्यायाधीश : कुछ भी कर और मुझे छिपा। तू मेरी माँ हो जा और अपने पेट में मुझे जगह दे दे। नहीं तो बड़ी फजीहत होगी।

गुलबकावली : लेकिन अब इस तरह घबड़ाने से क्या होनेवाला है? मंजूर हो, तो उधर एक बिछौना पड़ा है। उसी में लपेटकर रख दूँ।

न्यायाधीश : ठीक है, जल्दी कर।

गुलबकावली : रमा, इनको उस बिछौने में लपेटकर रख दे और जाकर प्रधानजी के लिए दरवाजा खोल।

रमा : जी अच्छा। (**न्यायाधीश को बिछौने में लपेटकर रखती है और जाती है**)

[**प्रधानजी प्रवेश करते हैं**]

गुलबकावली : (**उनको देखकर मुस्कराते हुए मटककर**) अब आने की फुर्सत मिली है? सब काम निपट गये क्या? राह ताकते-ताकते थक गये। आँखों में टकटकी बँध गयी। फिर भी पता नहीं। बात क्या है? किसी को वायदा देकर सिठाते बिठा देना!

प्रधान : बस महाराज! मेरी पूजा पूर्ण हुई। जबकि इसमें मेरा जरा भी अपराध नहीं। 'तीन प्रहर रात बीतें आना' ऐसा कहा था, इसीलिए मैंने जानबूझकर देर की। मैंने समझा कि दो प्रहर रात तक तुम्हें कुछ दूसरा काम होगा या फिर किसी का डर होगा।

गुलबकावली : ऐस्सा, ये मेरी जैसी औरत को क्या मालूम कि औरतों को दूसरे-तीसरे कुछ काम होते होंगे। होने दो। हाँ, डर के कारण देर से आने के लिए कहा था, यह सच है। फिर भी इसका ये तो मतलब नहीं कि इतनी देर कर दें और आखिर में आयें। (**थोड़ा रुककर**) जाने दो। अब इसी तरह बहस करते खड़े रहेंगे या बैठेंगे भी?

प्रधान : बैठने के लिए ही तो आया हूँ, पर मालिक का हुकुम तो चाहिए न।

गुलबकावली : हाय दैया! अंत में मुझ पर ही डाल दिया!! **(उनका हाथ पकड़कर)** बैठिए फिर इस तकिए के पास।

प्रधान : **(बैठते-बैठते उसका हाथ पकड़कर)** तकिए के पास क्यूँ भला, मैं तो भाई मानुषों के पास बैठूँगा। **(उसे बिठाते हैं)**

गुलबकावली : **(हाथ झटककर दूर होते हुए)** ये क्या मुई जबर्दस्ती? आदमी को थोड़ा सब्र भी तो रखना चाहिए। जिसने बुलाया है, वो अपने-आप पास भी आयेगी! यह विश्वास मुरहा क्यों नहीं बैठता!!

प्रधान : औरतों का तो बिल्कुल विश्वास नहीं करना।

गुलबकावली : **(मन में)** मुझ पर तुम्हें विश्वास नहीं ही करना चाहिए **(खुलकर)** ऐसा है, तो फिर विश्वास रखकर आये ही क्यों? **(रमा आती है)**

रमा : उठो-उठो बीवी, अपने महाराज राजा साहेब आयेन हैं। हम ओनके लिए दरवज्जा खोलत हैं।

गुलबकावली : कौन? राजा साहब आये? तो फिर उनकी खातिर-बात करने के लिए प्रधानजी तो हैं ही। क्यों? है न।

प्रधान : **(हकलाते हुए काँपते-काँपते)** म-म-मुझे छि छि छि छिपा दो क- क- कहीं भी।

गुलबकावली : पर घबड़ाने की ऐसी क्या बात है? आये हैं, तो बैठेंगे।

प्रधान : ब- ब- बैठेंगे नहीं, क- क- क- कल मेरा स- स- स- सर फोड़ डालेंगे। वो- वो- वो- वो- रा- रा- रा- राजा म- म- म- मेरे मा- मा- मालिक हैं न? **(उसके पाँव पर गिरता है)**

गुलबकावली : हाय दैया, ऐसा तो न करो। बड़ा वाला दिया **(लैंप)** जलाते हैं, इसे सर पर रखकर खड़े रहो तब तक। **(सीढ़ियों पर आवाज आती है)** हं अ, जल्दी करो। नहीं तो महाराज आ पहुँचे। फिर दोनों की फजीहत। **(उसके शरीर पर से वस्त्र-आभूषण सब उतार लेती है और सर पर दिया रखकर)** यहीं इसी तरह खड़े रहो।

[राजा प्रवेश करते हैं]

राजा : गुलबकावली, सुई गयी कि हय जागती?

गुलबकावली : ये भी कोई पूछने की बात हुई? महाराज आयें और कोई सोता रहे, ऐसा हो सकता है क्या? **(उनका हाथ पकड़कर)** बैठिए। अपनी गरीबी मौज में यह सब तैयार किया है।

राजा : **(बैठकर)** गुलबकावली, तू गरीब हय? दिन निकलते ही तुझे सेठानी... नहीं... सचमुच की रानी बनाय दूँगा।

गुलबकावली : ये तो सच ही है, महाराज की कृपा हो जाये, तो क्या कुछ नहीं हो सकता?

राजा : गुलबकावलिए, तू खूब चतुर है। खूब मीठी बानी बोलती है। यह ले, पहले ये गहने पहन और सेला पहन **(सेला और गहने देता है)** अभी पहन और ठुमकते-ठुमकते चली आ।

गुलबकावली : ठीक है। आप इस पलंग पर थोड़ा आराम कर लें। तब तक मैं ये ग़हने और सेला पहनकर आती हूँ।

राजा : झटपट आ जाना, अच्छा। नहीं तो जो देर लगायी और किरन फूट गयी **(सूर्योदय हो गया)** तब तो फिर सब चौपट!

गुलबकावली : फिकर न करें। मैं जल्दी ही आती हूँ **(जाती है और बाहर से दरवाजे की साँकल चढ़ा देती है)**

राजा : **(बड़ी देर तक राह देखने के बाद)** अभी तक आ क्यों नहीं रही भला? ऐं पंछी चहचहाने लगे! तो सूर्य भगवान तो नहीं निकल गये। उठता हूँ और खिड़की खोलकर देखता हूँ। रात भी बीत गयी और गुलबकावली भी गयी। तब फिर अब करें क्या? **(थोड़ा रुककर)** रात भर पीते-पाते हुए गुलबकावली के साथ मौजमजा करने आया, पर धोखा तो नहीं खा गया? तो भी अब तो औरत की तलब लगी है और गुलबकावली भी जाने क्या करने चली गयी है और वहीं रह गयी। वह उधर इसका अनाज पीस रही है, वही सही, चलकर देखूँ कैसी है वह **(ऐसा बोलते हुए साड़ी पहनकर पीसते हुए कोतवाल के पास जाता है)**

राजा : अरी लजाती काहे है? आ न, तू ही इस समय गुलबकावली हय। **(कोतवाल के मुँह पर से आँचल हटाकर उसे खींचता है और पहचानते हुए)** वाह वाह, यह पिसनहर तो खूब होशियार निकली। कोतवाल साहब, रात को गश्त करते तुम फिरते हो, कि जाँता फिराते हो?

कोतवाल : **(राजा के पैरों के पास गिरते हुए)** महाराज, इस समय मेरे सारे अपराध क्षमा करें और यहाँ अपने कुछ और मातहतों की ओर इनायत करें।

राजा : कौन-कौन, मेरे दूसरे मातहत भी हैंय इधर? कोतवाल, जा तुझे माफ किया। दिखा दूसरे कौन-कौन हैंय इधर।

कोतवाल : आपने मुझे क्षमा कर दिया, यह आपकी उदारता के अनुकूल ही है। इसका फायदा उठाते हुए मैं दिल्लगी में ही कहता हूँ कि महाराज यहाँ आने वाले थे, इसलिए मैं व्यवस्था के सिलसिले में ही आया था और लुग्गा पहनकर पीसने बैठ गया। कारण यह कि हमें प्रत्यक्ष देखकर तो चोर चोरी करेगा नहीं। इस तरह मुझे कोई नहीं देख रहा है, ऐसा समझकर किसी घर में चोरी की गरज से घुसने वाले को हम तो देख लेंगे। वेश बदलने का मतलब ऐसा है, समझ गये न सरकार।

राजा : सब समझ गया। तुमने खूब कलई मारी। अब दिखा, कौन-कौन हैंय, वो देखूँ।

कोतवाल : पहले वो देखिए, आपकी दाहिनी तरफ का दिया काँप रहा है न?

राजा : **(प्रधान के सर पर दिया देखकर उन्हें पकड़ता है और आगे ले आता है।)** कौऽऽन, परधानजी, आप हैं क्या? ऐसे ही राज्य में, देश में और घर-बार में दिया जलाकर उँजाला करते हैं। तुम तो बड़े चतुर-चालाक, बड़े दूरंदेशी। तो कहो, सर पर दिया लेकर क्या देख रहे हो और वह कितने पास पहुँचा?

प्रधान : **(राजा के सामने हाथ जोड़कर)** महाराज, इस समय मुझे क्षमा कर दें। इस दुनिया में मनुष्य के मन में अज्ञान का अंधकार उत्पन्न करके उसके ज्ञान-चक्षु को निष्फल कर देने के लिए दो वस्तु ईश्वर ने पैदा की है-कनक और कामिनी। इसमें से एक, सुंदर-चतुर नारी ने आज मोह के अंधकूप में डुबा दिया।

राजा : ठीह है, ठीक है, अब हाथ जोड़ना बंद करो। इस कोतवाल के साथ दूसरा कौन है, चलो उसे देखें।

कोतवाल : महाराज उसे देखने के लिए ज्यादा दूर नहीं जाना है। वो देखिए उस भीत के पास बिछौना हिलने लगा।

[राजा और प्रधान पहल करते हुए बिछौना खोलकर न्यायाधीश को आगे ले आते हैं]

प्रधान : का न्यायाधीश? बिछौने में लिपटकर खटमल-पिस्सू का न्याय कर रहे थे, ऐसा लगता है?

न्यायाधीश : जो अपराध हो गया, मैं चाहता हूँ कि उसके लिए महाराज और आप मुझे क्षमा कर दें। और मेरा ऐसा चाहना अन्याय होगा, ऐसा मुझे नहीं लगता।

राजा : ई सब तो ठीक, पर का परधानजी, हम सब लोग एक साथ, एक ही समय पर फँस कैसे गये?

न्यायाधीश : फँसे क्या? कैद हो गये, ऐसा क्यों नहीं कहते। और फँसे कैसे इसमें फँसाने वाली की यह चतुराई और कपट है, ऐसा कहना चाहिए। यदि वह शत्रुपक्ष की तरफ से होगी, तब तो व्यापारी भी उसके साथ मिला होना चाहिए। और शत्रुपक्ष की तरफ भी रूप-संपन्न होने के कारण वह कुटिल लोगों द्वारा पीड़ित हुई होगी, अतः उसने स्वयं के चातुर्य से हम लोगों को मोहित एवं दीवाना करके अपनी गुहार लगा दी और हम सभी के आत्मसंयम की परख करते हुए हमारी पूरी फजीहत कर दी। तो अब कौन-सा उपाय करें? इधर से कैसे छूटें कि सभी की आबरू बची रहे, इस पर विचार करना चाहिए।

प्रधान : वह शत्रुपक्ष की होगी, ऐसी शंका करना फिजूल है, क्योंकि मैं जानता हूँ कि यह घर एक वृद्ध ब्राह्मण का है और यह स्त्री उनकी पत्नी है। इसीलिए सच यही होगा कि देखने में सुन्दर, रूपवती-मोहिनी होने के चलते दुष्ट लोगों की तरफ से शायद पीड़ित होती होगी।

राजा : कहो परधानजी, जब तुम्हें यह मालूम था कि यह ब्राह्मन की खांदानी स्त्री है, तब तुम इसके पास कैसे आ गये? चलो, आ ही गये, तो ऐसा कैसे हो गया कि इसके पातिव्रत्य पर डाका भी डालने चले। तो फिर अपने लोग ही दुष्ट नहीं हैं क्या?

प्रधान : यदि यह पतिव्रता है, तो इस समय हम सभी उसके लिए, और न्याय के मुताबिक भी दुष्ट ही हैं, क्योंकि एक ने भी उस व्यापारी की तफतीश नहीं की। हर कोई उसको देखते

ही लट्टू हो गया। अब देश की व्यवस्था देखने वाले और प्रजा के धन एवं जीवन की रक्षा करने वाले होकर यदि हमीं चूक गये तथा धोखा खा गये और फजीहत हो गयी, तो अब तो भूल सुधारते हुए, अपनी आबरू बचाकर सुरक्षित घर निकल चलना चाहिए। और व्यापारी तथा गुलबकावली को भी उचित न्याय मिलना चाहिए। इसके लिए मुझे लगता है कि पहले उसे अभय होने का विश्वास दिलाकर दरवाजा खोलवायें। इसके लिए उसे 'बेटी' अथवा 'बहन' ही कहकर बुलाना चाहिए, तभी वह दरवाजा खोलेगी।

सभी : यही ठीक होगा।

प्रधान : **(दरवाजे के करीब जाकर, बंद दरवाजे को हिलाते हुए गुलबकावली से)** गुलबकावले, हम चारों तुम्हें अपनी बेटी-बहन मानकर अपने अपराधों के लिए क्षमा माँगते हैं। अब दरवाजा खोलो और अपनी दशा एकदम सही-सही हमें बता दो। **(दरवाजा खुलता है और एक हाथ में तलवार तथा दूसरे हाथ में गहनों का डिब्बा लिए गुलबकावली आती है। उसके पाछे श्यामभट्ट, रमा एवं नरयना भी हैं)**

गुलबकावली : **(राजा के सामने गहनों का डिब्बा एवं तलवार रखकर)** महाराज, जिसके लिए व्यापारी आप चारों के पास मेरे खिलाफ फरियाद कर रहा था, ये हैं-गहनों का वह डिब्बा। यह जिसका है, उसे दे दें और यह है तलवार। इससे मेरा सिर उड़ा दें, क्योंकि मैंने आपका बहुत ही अपमान किया है और लोगों की दुष्ट नजरों ने मुझे भी बहुत दुख दिया है। इसलिए अब मर जाना ही बेहतर।

राजा : गुलबकावले, तू मरने तक के लिए तैयार हो गयी, इसका कारण क्या है? तूने काहे को किया यह सब... व्यापारी को और हम सबको भी क्यों फाँसा?

गुलबकावली : महाराज, मैं ब्राह्मण की कन्या, **(श्यामभट्ट की तरफ आँखों से इशारा करते हुए)** ये हमारे वृद्ध पति-मेरे वंदनीय, पूजनीय। और जिस रूप में मैं उनकी पत्नी बनी हूँ, वह रूप मुझे मान्य है। परंतु जैसे शुद्ध मन से मैं इन्हें मानती हूँ, वैसा ही शुद्ध मेरे बारे में इनका मन नहीं है। मुझे लेकर

इनके मन में सदैव संशय बना रहता है। वैसे तो मेरी माँ गरीब थी, फिर भी उसने, सबकी नाजानकारी में, मुझे लिखना-पढ़ना सिखाया। नीति-अनीति और अच्छे-बुरे रास्तों तथा उसके नतीजों की पक्की पहचान मन में बिठायी। ऐसा उसने इसलिए किया, क्योंकि उसे मालूम था कि 'मेरा बाप मुझे बेचेगा।' और जो माल बिकने ही वाला है, वह किसके पल्ले पड़ जायेगा, इसका कोई ठिकाना तो है नहीं। इस प्रकार मैं ग्यारह वर्ष की थी, तभी इनके पल्ले पड़ गयी। इन्होंने मेरे लायक सब सुख देकर मुझे रखा है। परंतु इनके मन का संशय सब कुछ पर पानी फेर देता है। ईश्वर ने मुझे रूप दिया है। इसे देखकर लोगों की आँखें फटती हैं, लोग कुछ भी बोलते हैं। लेकिन इस सबसे भी मेरा धरम कतई बिगड़ने वाला नहीं है, पर सचाई पर इन्हें भरोसा नहीं होता और तब मैं भी सुखी नहीं हो पाती। मुझे देखकर आप जैसे लोग भी जब भटक गये, तो मामूली लोग लट्टू होकर और अलभ्य समझकर चाहे जैसी टिप्पणी करेंगे। फिर उन पर इन्हें क्या ध्यान देना। फिर ये ऐसे रईस भी नहीं हैं कि मैं पालकी में चल सकूँ और हमेशा पर्दे में रह सकूँ। यही है मेरी असली हालत! अब आप लोग अपना मान-सम्मान बचाते हुए मुझे जो चाहिए, सजा दीजिए। बस!

राजा : परधानजी, इसे हमने अपनी बेटी माना है और यह गरीब गाय तुम्हारी जाति के वृद्ध ब्राह्मण के पास अकेली दिखती है। अब कुछ भी हो। इसके चूड़ी-जंफड़ के लिए पाँच गाँव और (**श्यामभट्ट की ओर हाथ करके**) इस जमाईराजा के लिए तीन गाँव, इनके नाम कर दो। (**गुलबकावली की पीठ थपथपाते हुए**) बेटा, अब परदे में ठाट से रहो-बिना किसी को दिखे।

[**गुलबकावली राजा को प्रणाम करती है।**]

भाषान्तर : सत्यदेव त्रिपाठी

■

कहानी किसी प्रेमिका की

रत्नाकर मतकरी

रत्नाकर मतकरी

एकांकी/नाटक/बालनाट्य लेखक/दिग्दर्शक/कथाकार/उपन्यासकार।

नाटक—1. अजून यौवनात मी, 2. बि-हाड बाजलं, 3. अश्वमेध, 4. चि.सौ.का. गोवेकर, 5. जोड़ीदार, 6. खोल खोल पाणी, 7. दुभंग, 8. माझं काय चुकलं, 9. कर्ता करविता, 10. सत्तांध, 11. स्पर्श अमृताचा, 12. अग्निदिव्य, 13. वटवर सावित्री, 14. तुमचे आमचे गाणे, 15. विठो रखुमाय, 16. घ निधांचं स्वं।

एकांकी—1. राकाच मालीची (मिट्टी की) खेलणी, 2. बारा परस्लीस, 3. कालबेल, 4. सत्य, 5. लाल गुलाबाची भेट, 6. अंधारवाडा, 7. लाट फुटली, 8. अस्ताई इत्यादि।

राज्यस्तरीय बहुत से पुरस्कार मिले।

◆

पात्र

नाटककार

वह

शरद

मुकुन्दा

धारूअण्णा

ललिता

दद्दा

शशी

सिपाही

एक

दूसरा

एक महिला

तीसरा

अन्य कोई

कोई एक

[खुले रंगमंच पर नाटककार प्रवेश करता है]

नाटककार : नमस्कार! मैं हूँ नाटककार। आप सब मेरा नाटक देखने के लिए पधारे हैं, इसलिए मैं आप सबका बहुत-बहुत आभारी हूँ। लेकिन एक कठिनाई है। नाटक करना तो निश्चित हुआ है। परन्तु नाटक अब तक लिखकर तैयार ही नहीं हुआ है। मैं इतना तो जानता हूँ कि वह किसके सम्बन्ध में होगा। परन्तु अभी तक लिखा नहीं है। अब आप जरूर कहेंगे कि अगर हमेशा नाटक लिखने के बाद उसको जबानी याद करके अभिनेतागण रंगमंच पर प्रस्तुत करता है, तो फिर यहीं पर वैसा करना क्यों टाल दिया गया? तो उसका कारण है हमारे चरित्र। वे बिल्कुल ही नाटक में आना नहीं चाहते। उनका कहना है कि हम जिन्दा मनुष्यों की भाँति बोलेंगे, बताएँगे। झूठी नाटकीयता बिलकुल नहीं करेंगे। नाटक की भाँति नहीं बोलेंगे, नहीं चलेंगे। फिर मैं नाटक कैसे लिख सकूँगा, आखिर तय किया कि उनकी मर्जी से ही चला जाए, ऐसा करते-करते देखा जाए नाटक तैयार होता है या नहीं।

अब आप पूछेंगे कि नाटककार होने पर भी मैंने उनके सामने हार क्यों मान ली? उसका कारण यह है कि उनका दद्दा मुझे ठीक लगा। आखिर वे भी बेचारे हम और आप जैसे मनुष्य ही तो हैं। उनमें न कोई 'हीरो' है, न कोई 'हीरोइन', 'व्हिलन' भी कोई नहीं है। हाँ, वैसे हमारे नाटक में नायक और नायिका हैं। लेकिन वे भी आम नाटकों की भाँति 'उदात्त', 'भव्य', 'महान' वगैरह नहीं हैं। बिलकुल मामूली लोगों की तरह आप और हमारे बीच के हैं वे। और व्हिलन—व्हिलन है उनकी किस्मत या उनके चारों ओर का परिवेश। अत: यह एक मामूली आदमी की मामूली-सी 'प्रेम की कहानी'—उसकी पृष्ठभूमि समाज ने ही बनायी है।

[एक व्यक्ति आकर खड़ा हो जाता है]

क्यों आप कौन हैं?

वह : मैं समाज हूँ। पृष्ठभूमि बनाने के लिए आया हूँ।

नाटककार : मतलब?

वह : मतलब? अभी आप ही ने नहीं कहा कि इस प्रेम कहानी की पृष्ठभूमि समाज को ही तैयार करनी है? उसी के लिए मैं आया हूँ। मैं समाज का एक घटक हूँ।

[और घटक आकर अलग-अलग स्तरों पर खड़े हो जाते हैं।]

नाटककार : और वे?—वे कौन है? अन्य घटक हैं?

वह : राइट—अब बताइए। कौन-सी पृष्ठभूमि बनायें?

नाटककार : वह भी मुझे ही बताना पड़ेगा?

वह : जरूर! आप नाटककार हैं।

नाटककार : **(असमंजस में पड़कर)** लेकिन, तो फिर आप कहना चाहते हैं—लेकिन यहाँ तो नाटक क्या है इसका भी पता नहीं है तो फिर—अच्छा ठीक है। बनाइए कुछ अंदाज से। नायक का घर, नायिका का घर। बगीचा। लगाइये कुछ भी। फिर आगे पृष्ठभूमि बदल जाये तो उसके अनुसार आकर बदल कर दीजिए। **(समाज आकर कुछ अस्थायी पृष्ठभूमि तैयार करता है।)** ठीक है। इतनी प्रस्तावना पर्याप्त है। अब नाटक का श्रीगणेश करें। नाटक का नायक है शरच्चंद्र वामन गोडबोले। सीधे नाक की सीध में चलने वाला। **(शरच्चंद्र वामन गोडबोले प्रवेश करता है और सीना तान कर खड़ा हो जाता है) (उसे दिखाते हुए)** उम्र सत्ताईस साल की। मराठी लेकर बी०ए० हो गया है और... और क्या? हाँ बैंक में नौकरी करता है। और... और...।

शरद : और मैंने बचपन में समूचा अमरकोश कंठस्थ किया था। **(यों ही)** अकेले।

नाटककार : अनावश्यक जानकारी मत दो। अमरकोश कंठस्थ करने का यहाँ क्या सम्बन्ध है?

शरद : बहुत है। उसके कारण मेरा 'कैरेक्टर' मालूम हो जायेगा।

नाटककार : कै... कैरेक्टर? अमरकोश कंठस्थ करने से?

शरद : जी हाँ। उसी से। महापण्डितों का हमारा कुल। पिताजी ने मुझे अमरकोश कंठस्थ कराया था। और भी बहुत कुछ कंठस्थ किया था मैंने।

नाटककार : क्यों?

शरद : क्यों? इसलिए कि आबाजी ने कहा था।

नाटककार : कहा होगा। लेकिन उसका भावी जीवन में क्या उपयोग हुआ।

शरद : उपयोग? क्या हरेक चीज का उपयोग होना ही चाहिए? मेरी नाक सरल है। उनका कुछ उपयोग होता है जीवन में? और मान लो कि मेरे बाल सुलझे न होते—मतलब कि घुँघराले होते। तो उसका क्या उपयोग होता? लेकिन मुझे तो अच्छे लगते हैं घुँघराले बाल।

नाटककार : शरद, शरद, भैया मुद्दे की बात करना।

शरद : मुद्दे पर ही बोल रहा हूँ मैं। मतलब हमारे आबाजी के बारे में। संस्कृत का उन्हें बड़ा अभिमान था। वे कहते थे कि संस्कृत राष्ट्रभाषा होनी चाहिए। उनका मत था कि एकाध बार गणित में सिफर भले मिल जाए तो कोई बात नहीं, लेकिन संस्कृत बहुत ही अच्छी होनी चाहिए। इंजीनियर वगैरा होने के बदले मैं आर्ट्स में दाखिल हुआ इसका उन्हें खूब हर्ष हुआ था।

नाटककार : अगर ऐसा था तो बी०ए० में संस्कृत क्यों नहीं ली?

शरद : वही लेने वाला था। रत्नागिरि से आबाजी का पत्र भी आया था। इंटर में पास क्लास मिला तो मिला, अब बी०ए० में संस्कृत लेकर यूनिवर्सिटी में सर्वप्रथम आ जाओ। अभी तक पत्र है वह मेरे पास। मुझे भी सर्वप्रथम आना था। लेकिन पास क्लास ही मिला। आबाजी को बहुत खेद हुआ। उनका स्वप्न ही था समझिए कि मैं यूनिवर्सिटी में सर्वप्रथम आ जाऊँ।

नाटककार : ओ हो! तुम तो बहुत ही विषयांतर कर रहे हो। मैंने पूछा बी०ए० में संस्कृत लेने वाले थे, उसका क्या हुआ?

शरद : नहीं लिया। संस्कृत के पर्चे अंग्रेजी में लिखने पड़ते हैं न। वही तो मुसीबत है हमारे लिए। मराठी ले ली।

नाटककार : फिर बैंक में क्यों गये? मराठी के प्राध्यापक हो जाते।

शरद : उसके लिए एम०ए० होना पड़ता है। रत्नागिरि से आबाजी का खत भी आया कि अब शिक्षा बस हो गयी। नौकरी-चाकरी का कुछ इंतजाम करो। कर लिया। वैसे यह नौकरी भी बहुत किस्मत से मिली। वेतन अच्छा है। एक सौ पचहत्तर—देखो—कुल मिलाकर दो सौ पन्द्रह हो जाते हैं। फिर ओवर टाइम भी मिलता है। कुछ बुरा नहीं है।

नाटककार : अरे फिर तो वह तुम्हारा बाकी सब मामूली लोगों की तरह हो गया।

शरद : सब कहाँ। मेरा भी अपना कुछ वैशिष्ट्य है।

नाटककार : कौन-सा।

शरद : बचपन में मैंने पूरा अमरकोश कंठस्थ किया था। बताओ हममें से कितने लोगों ने किया होगा? वह भी डिफिकल्ट होता है।

नाटककार : ठीक है। (**दर्शकों से**) मित्रो, हमारे नायक को जो थोड़ा-सा व्यक्तित्व मिला है वह 'बाई नाऊ' आपके ध्यान में आया ही होगा। पहले वह दहिसर अपनी बहन के यहाँ रहता थां। परन्तु ऑफिस के लिए दूर पड़ता है इसलिए...

शरद : (**दर्शकों से, अभिमानपूर्वक**) केवल इसीलिए नहीं। लेकिन मुझे लोगों के घर रहना जरा यों ही कुछ अजीब-सा लगता है। कुछ भी हो अपना कमरा तो आदमी का होना ही चाहिए।

नाटककार : हाँ। फिर उसमें रूम-पार्टनर हो तो भी कोई बात नहीं।

शरद : उसमें गलत क्या है? नहीं तो फिर अकेले आदमी को प्रायवेसी की जरूरत ही क्या है? फिर एक कमरे का पचास रुपये किराया अकेले आदमी को भारी ही पड़ जाता है। फिर कमरा तो दिन में आठ-आठ घंटे बन्द ही करना पड़ता है।

नाटककार : मुद्दा यह कि इसने पार्टनरशिप में गिरगाँव में एक कमरा पचास रुपये किराये में तय कर लिया। भोजन के लिए भोजनालय। यहाँ नाटक में एक और चरित्र आता है। शरद का रूम-पार्टनर मुकुन्दा पानसे। (**रुककर**) अब इस मुकन्दा पानसे को नौकरी नहीं है। ढूँढ़ रहा है। लेकिन नहीं मिलती। उसे बाजा बजाने का शौक है। (**हाथ में**

बाल्टी, लोटा और कंधे पर तौलिया—इस वेश में मुकुन्द प्रवेश करता है) अरे मुकुन्द, बाजा नहीं बजाओगे?

मुकुन्दा : बाजा जाए भाड़ में। कम्बख्त, बेवकूफ है। यह क्या बाजा बजाने का समय है। ऑफिस में देर हो रही है।

[शरद एक ओर बैठकर कुछ लिख रहा है]

नाटककार : ऑफिस में? लेकिन तुम्हें नौकरी ही कहाँ मिली है अभी?

मुकुन्दा : नौकरी करने के लिए नहीं है रे बच्चे। नौकरी ढूँढ़ने के लिए। अपना काम तो सिस्टिमैटिक है। हर दिन साढ़े दस से छ: तक हम नौकरी की खोज में लगे रहते हैं। दरख्वास्तें सायक्लोस्टाइल कर रखी हैं। भेजता हूँ, इण्टरव्यू में जाता हूँ, फेल होता हूँ, फिर भेजता हूँ।

नाटककार : बाजा!

मुकुन्दा : बाजा क्या?

नाटककार : अरे तुम तो कलाकार हो। नौकरी को इतना सीरियसली लोगे तो तुम्हारी कला का क्या होगा?

मुकुन्दा : और सीरियसली न लूँ तो मेरा क्या होगा? कम्बख्त बेवकूफ है। कला! बाजा बजाना क्या कला है? कल कहोगे शंख फूँकना भी कला है।

नाटककार : भाई वह है भी कला। शंख की बात नहीं कर रहा हूँ—बाजे की।

मुकुन्दा : मुझे चिढ़ा मत बार-बार बाजा कहकर! दूँगा एक चाँटा। अपना खाली समय बिताने के लिए मैं कुछ करता हूँ—बस। वह शन्या पुरानी अंग्रेजी पत्रिकाएँ फुटपाथ पर से खरीद कर ले आता है और नंगी औरतों की तस्वीरें देखता है। उससे तो यह अच्छा है **(शरद चौंकता है)** चौंकते क्यों हो? झूठ नहीं कह रहा हूँ। **(नाटककार खिसक गया है)** मेरा क्या खर्च होता है? तुम तस्वीरें जो देख रहे हो। रात को फिर छटपटाते रहो। **(बकता हुआ बाहर जाता है। बीच में मुड़कर)** शन्या, तुम नहीं जा रहे हो क्या स्नान करने? नहीं तो नल जाएगा, मैं बताये देता हूँ। या फिर आज भी स्नान की गोली खा रहे हो कल की तरह? **(चिल्लाकर)** ऐ बुद्धू, मैं तुमसे बात कर रहा हूँ।

शरद : मेरे ही साथ बात कर रहे हो न? फिर जोर से क्यों चिल्ला रहे हो गला फाड़कर जैसे पूरी चाल के साथ बात कर रहे हो।

मुकुन्दा : स्नान।

शरद : मैं जानता हूँ। आऊँगा मैं।

मुकुन्दा : फिर बाद में नल जाएगा। पहले नहा लो। बाद में लड़कियों को चिट्ठियाँ लिखो।

शरद : (**चौंककर**) तुमने कैसे जाना?

मुकुन्दा : मैंने पढ़ी।

शरद : साले दूसरों की प्रायवेट चिट्ठियाँ चोरी-चुपके पढ़ लेते हो?

मुकुन्दा : प्रायवेट चिट्ठियाँ लॉक में रखी जाती हैं। बाहर क्यों फेंकते हो? कल तुम लिखते-लिखते सो गये। मैंने ही तुम्हें गद्दी पर सुला दिया। टेबल पर का लैम्प बुझाने गया तो सामने चिट्ठी। नहीं पढ़ी जाएगी? कम्बख्त फालतूपन करना ही है तो चुपचाप कर लेते!

शरद : फिर तुमने वह पढ़ा था पत्र? पूरा?—जितना कल लिखा था? सब कुछ—दोनों पंक्तियाँ?

मुकुन्दा : मैंने एक भी पंक्ति नहीं पढ़ी। लेकिन प्रियतम लिखा हो यह समझने लायक मराठी मैं भी जानता हूँ कि तुम रत्नागिरी के अपने आबाजी को नहीं लिख रहे थे।

शरद : तुम्हें दिखाना था मुझे। पूरा कर चुकने के बाद (**मुकुन्द ठंडा**) लेकिन पूरा नहीं हो पा रहा है। कल दस पंक्तियाँ लिखीं और नींद आ गयी। आज सुबह से ये (**गिनकर**) सात, मतलब सत्रह पंक्तियाँ हुईं। आगे क्या लिखना चाहिए कुछ सूझ ही नहीं रहा है।

मुकुन्दा : वैसे बहुत लिखा तुमने अपने हिसाब से। लेकिन मुझे क्यों दिखाने जा रहे थे।

शरद : भाई, छोटी-बड़ी मात्रा की गलतियाँ हुई हों तो... साली अपने प्रैक्टिस ही नहीं है न लिखने की?

मुकुन्दा : (**हँसता है**) कम्बख्त बेवकूफ। छोटी-बड़ी क्या ले बैठे हो। प्रेम-पत्र क्या शुद्ध लेखन है मराठी स्कूल का? और तुमने

तो बी०ए० में मराठी ली थी न? (**रुककर**) क्यों ली? लेकिन लड़की कहाँ की है?

शरद : ऑफिस ही की है?

मुकुन्दा : ऑफिस की। तो भाई फिर प्रेम खत क्यों लिख रहे हो? मुफ़्त में बीस पैसे।

शरद : पोस्ट मैं नहीं छोड़ूँगा भाई। सीधे दूँगा उसके हाथ में। या नहीं भी दूँगा। फाड़ डालूँगा।

मुकुन्दा : फाड़ना है तो लिखा क्यों?

शरद : फिर क्या करूँ। मुँह से तो कुछ कहते नहीं बनता न।

मुकुन्दा : क्या-क्या कहने वाले हो तुम?

शरद : वह-वह तुम्हें बता दूँ? खूब कहना चाहता हूँ। उसको देखने पर यहाँ क्या-क्या होता है—वह सुन्दर है—एक दिन भी उसे मिले बगैर नहीं रहा जाता—यों हँसती है और उसके कपाल पर बालों की एक लट।

नाटककार : (**प्रवेश करता है। पीछे शरद का वक्तव्य जारी—शब्द सुनाई नहीं देते**) मित्रो, ये लोग कैसे झूठ बोलते हैं देखो। शरद जो वर्णन कर रहा है उसमें से कुछ भी वह महसूस नहीं कर रहा है और महसूस कर रहा भी हो तो भी अपने को निश्चित क्या महसूस हो रहा है यह बताने की क्षमता उसके पास नहीं है। मुद्दा इतना है, उसकी उम्र हो चुकी है... वह शादी करना चाहता है—'प्रियतम ललिता' उसके सानिध्य में आयी हुई पहली लड़की है—और बच्चमजी पिघल गये हैं। वह जो वर्णन कर रहा है वे सब चंद्रकांत काकोडकर के उपन्यास के पढ़े हुए हैं।

[**जाता है। अब तक शरद का वर्णन भी खत्म हुआ है**]

मुकुन्दा : धत् तेरे की। यह तो बिल्कुल चंद्रकांत काकोडकर के उपन्यास जैसा हो गया है।

शरद : (**उत्साह से**) वही तो—डिट्टो वही। तो फिर मैं क्या करूँ? बोलूँ उसके साथ? तुम कहो न कि क्या करूँ?

मुकुन्दा : (**क्षण भर के लिए चिंतित—फिर**) तुम्हें...मुझे लगता है—तुम्हें पहले नहा लेना चाहिए। (**तौलिया उसकी ओर फेंकता है**) जाओ कह रहा हूँ न। नहीं तो पानी बन्द हो जायेगा।

(शरद भागता है—खुशी के साथ) साले ने लाइन तो बड़ी अच्छी मारी है।

[खटाट् से कहीं से बाजा निकालता है और मजे में बजाता चलता है। कुछ समय तक अपना यह उस्फूर्त बाजा बजाता चलता है। फिर पड़ोस के धारूअण्णा आते हैं]

धारूअण्णा : क्यों मुकुन्दराव, बाजा बजा रहे हो?

मुकुन्दा : जी। धूप है अच्छी-सी। तो सोचा मजे में बजाऊँ बाजा। **(चिढ़कर)** तुम्हें कुछ तकलीफ तो नहीं हो रही है?

धारूअण्णा : नहीं—तकलीफ काहे की। लेकिन आज बड़े मजे में दिख रहे हो? क्या कुछ शादी-वादी तो तय नहीं हुई।

मुकुन्दा : मेरी तो नहीं। लेकिन हमारे चाचा की शायद तय होगी।

धारूअण्णा : तो फिर तुम्हें काहे का हर्ष हो रहा है? उसकी शादी तय हो जाये तो तुम्हें दूसरी जगह देखनी पड़ेगी। देखोगे तुम। **(कुत्सित हँसी हँसते हुए चले जाते हैं)**

मुकुन्दा : रहने दो। **(बाजा बजाता है और अकस्मात् रुककर)** इस साले धारूअण्णा से किसी का अच्छा नहीं देखा जाता।

[क्षण भर के लिए अंधेरा। धीरे-धीरे प्रकाश में नाटककार सामने आता है]

नाटककार : अब हमारी कथा नायिका। ललिता रानडे। उम्र छब्बीस। **(ललिता आयी है। उसे देखकर)** छब्बीस ही न?

ललिता : दैय्या री। आप क्या सेन्सस ले रहे हैं?

नाटककार : सवाल का जवाब दो। उम्र छब्बीस ही न?

ललिता : ना। तेईस।

नाटककार : भाई-बहनें?

ललिता : हमी तीन बहनें। दो भाई। सबसे बड़ी मैं।

नाटककार : और वे कितने बड़े हैं?

ललिता : छोटा एक भाई और एक बहन स्कूल में पढ़ते हैं। उनके पहले की सुषमा—उसकी उम्र है बाईस साल की। एम० एस-सी० कर रही है। उससे बड़ा शशी। चौबीस का। वह बहुत ही मन्द है! किसी तरह हमने उसे दादर सार्वजनिक वाचनालय में लगवा दिया। उससे बड़ी मैं।

नाटककार : और तुम्हारी उम्र-तेईस—क्यों?

ललिता : जी (**रुककर**) मैं आपको ही झूठ बता रही हूँ क्या? (**रुककर**) मैं सभी को यही बताती हूँ।

नाटककार : ठीक है। पिताजी क्या करते हैं?

ललिता : बीड़ियाँ पीते रहते हैं।

नाटककार : मतलब?

ललिता : मतलब नौकरी-चाकरी कुछ नहीं करते। म्युनिसिपालिटी के स्कूल में टीचर थे। अब करीब साठ तक पहुँचे हैं। रिटायर्ड हो गये। अब बीड़ियाँ पीने के सिवा और होना ही क्या है? फिर वे हैं दमे के मरीज। बीड़ियाँ पीते रहते हैं और खाँसते-खूँसते रहते हैं! डाक्टर ने मना किया है, परन्तु वे सुनने वाले थोड़े ही हैं। (**रुककर**) तिलक के सिवा और किसी की वे सुनेंगे ही नहीं।

नाटककार : तिलक कौन?

ललिता : अपने लोकमान्य तिलक दद्दा पहले ब्रिटिश फर्म में अच्छी-खासी नौकरी करते थे। कहते हैं एकदम उनका तिलकजी से साक्षात्कार हुआ और पराये की गुलामी नहीं चाहिए, इस विचार से उन्होंने स्कूल में नौकरी स्वीकार कर ली।

नाटककार : मतलब देशभक्ति करने लगे।

ललिता : क्या उपयोग है उस देशभक्ति का। उससे अच्छा यह होता कि सफेद टोपी पहनकर जेल में जाते तो आज मिनिस्टर तो कम-से-कम बन ही जाते।

नाटककार : घर की चक्की कैसे चलती है?

ललिता : मैं नौकरी कर रही हूँ न बैंक में, वैसे शशी को भी साठ रुपये मिलते हैं। चला लेते हैं जैसे-तैसे।

नाटककार : (**जैसे कि मुलाकात ले रहा हो**) अच्छा तो तुम घर की कमाने वाली लड़की हो! घर के लिए त्याग वगैरा सब-कुछ। तुम्हारा ध्येय क्या है?

ललिता : ध्येय? कमाने वाली लड़की का ध्येय क्या हो सकता है? जितनी जल्दी बन सके कमाना बन्द करके विवाह करना। और क्या? आजकल बहुत फिल्में, नाटक आ रहे हैं—कमाने वाली लड़कियों पर?

नाटककार : तुम सोचती हो कि सिनेमा के कारण कमाने वाली लड़कियों का प्रश्न हल होने में कुछ मदद होगी?

ललिता : पता नहीं। फिल्मों में तो सारी समस्याएँ चट से हल होती हैं। मुझे अच्छा लगता है पिक्चर देखना। मैं हमेशा तो नहीं जाती, क्योंकि खर्च पुसाता नहीं। लेकिन कभी-कभी जाती हूँ। समय अच्छा बीतता है। मुझे एक बार—बस एक ही बार, वह बॉक्स या कुछ होता है न उसमें बैठकर पिक्चर देखनी है।

नाटककार : तो यह तुम्हारी महत्वाकांक्षा समझी जाये?

ललिता : जो भी समझिये।

[पीछे से खाँसी सुनाई देती है। उसके बाद ललिता के पिता दद्दा आते हैं। वे ललिता से बात करने लगते हैं। नाटककार एक ओर बैठता है।]

नाटककार : किसके साथ गप्पें हाँक रही हो लले? आज ऑफिस नहीं है? और वह शशी कभी से 'खाना' 'खाना' कर रहा है, उसके लिए खाना लगा दो।

ललिता : आ रही हूँ। शशी को क्या होता है अपना खाना स्वयं लेकर खाने में। हाथ जोड़कर बैठा है बुद्धू।

[बातें करते हुए खाना परोसने का अभिनय करती है। शशी चुपचाप आकर खाना खाने लगता है। ललिता एक ओर अपनी तैयारी में लग जाती है। दद्दा एक स्टूल पर बैठकर बड़बड़ाने लगते हैं। उनके प्रवचन की ओर न ललिता ध्यान देती है न शशी! उनमें से किसी का भी ध्यान नहीं जाता। उन्होंने वह बहुत सुना है। फिर भी दद्दा अपने उबाने वाले स्वर में वही बातें पुनः पुनः कह रहे हैं।]

दद्दा : बेटी, अभी तुम यहाँ हो, इसलिए बता रहा हूँ, खाना लगाने को फिर तुम यहाँ से चली जाओगी तो थोड़े ही रुकने वाला है कोई **(खाँसते हुए)** इतने बड़े लोकमान्य तिलक चले गये। लेकिन दुनिया तो चल रही है या नहीं? वैसे हर किसी को स्वावलंबी होना ही चाहिए। तिलकजी ने कहा है। इतना बड़ा आदमी वह—परन्तु अपनी धोतियाँ खुद धोता था। और यह शशी पैंट देता है लॉण्ड्री में। आजकल

के लड़कों का ठाठबाट देखो! अकल तो तिल भर भी नहीं। तिलक धोती और कमीज पहनते थे। परन्तु लिखा कि नहीं 'गीता-रहस्य'। विलायत के लोगों ने आश्चर्य किया, कहने लगे, हम विलायत के लोग लेकिन हम गीता-रहस्य नहीं लिख सके। वह काम इस नेटिव ने किया।

ललिता : (**उनकी बकवास से तंग आकर**) दद्दा, ज्यादा बोलेंगे तो आपकी खाँसी बढ़ जायेगी।

दद्दा : अरी, बढ़ जायेगी क्या कह रही हो? रात को बढ़ ही गयी थी। नींद नहीं आयी पल भर के लिए भी। डॉक्टर ने दवाइयाँ लेने के लिए कहा है। लेकिन तुम कितना खर्च करोगी? यह है... वह है।

ललिता : (**कल्पनापूर्वक**) बीड़ियाँ थोड़ी कम की आपने तो जरा ठीक होगा।

दद्दा : देखो। हमारी बीड़ियाँ तुम देखती हो। हम क्या पिक्चर-विक्चर देखने जाते हैं या दूसरा कोई शौक करते हैं। बीड़ियाँ सिर्फ पीते हैं। इतना भी हमारा आनन्द नहीं देखा जाता। बचपन में तुमने माँगी और हमने नहीं दी, ऐसी एक भी चीज नहीं थी। लेकिन बच्चों के लिए जो भी कुछ लिया था, बालू में डाले हुए पानी की तरह—

ललिता : दद्दा, आप अपना बोलना थोड़ा कम करके वह शशी को जरा दे दीजियेगा न। बैठा है लकड़ी के ठोहे की तरह। अरे कुछ चाहिए, नहीं चाहिए तो बता।

शशी : नहीं चाहिए कुछ।

दद्दा : अरे, जरा आदमी की भाँति बोल। आदमी की भाँति व्यवहार कर। क्या हो गया है तुझे?

शशी : खाना खा रहा हूँ।

दद्दा : स्थितिप्रज्ञ हो बेटा। सुखी रहो। गीता-रहस्य में लिखे हुए हैं तुम्हारे लक्षण। कुछ भी कहो—गीता-रहस्य की तरह ग्रन्थ नहीं दूसरा। शशी तुम भी पढ़ा करो रात को। क्यों?

शशी : (**चौंककर**) जी।

दद्दा : और लले, तुम भी दफ्तर से लौटने पर हरदम कुछ पन्ने पढ़ा करो। कुछ बीस-पच्चीस। नहीं तो दफ्तर में ही लेती जाओ 'गीता-रहस्य'। गाड़ी में पढ़ने के लिए।

ललिता : हाँ—अब वही रह गया है। (**बेबी वेणी बनवाने के लिए आती है। उसकी पीठ पर धौल जमाकर**) तुम कब सीखोगी अपनी वेणी बाँधना? मेरी ठीक नहीं आती वेणी।

दद्दा : मारो मत उसे। माँ नहीं है बेचारी की। (**शशी खाना खाकर उठता है और उठते हुए इधर-उधर देखकर चुपचाप जेब में मैचबक्स रख लेता है**)

तुम्हारा भी ठीक है। तुम्हारा मन अब कहाँ है इस घर में और क्यों होगा? मेरे पास पैसे होते तो सबको हमारे प्रति अपनापन होता। लेकिन आदमी गरीब होता है तो उसकी बीड़ियों पर भी सबकी टेढ़ी नजर होती है। शशी, कल मेरे जेब में चार आने की रेजगारी थी। आज नहीं है। तुम जानते हो कहाँ गयी? (**वह डर से इन्कार करते हुए गर्दन हिलाता है**) तुम क्यों कबूल़ करोगे? तुम्हारी इस शक्ल-सूरत को देखकर किसी को ऐसा-वैसा लगेगा भी नहीं। उल्टे कहेंगे कि बाप बेटे पर शक करता है।

[शशी कुछ भी न बोलते हुए ठंडेपन से उठकर चलने लगता है। वेणी होने के बाद बेबी भी जाती है]

ललिता : आप खाना खाएँगे? खा रहे हो तो खाना परोस देती हूँ।

दद्दा : ना। तुम्हें देर होगी। तुम जाओ। मैं बाद में खा लूँगा स्वयं, तुम भी बहुत करती हो बेटी घर के लिए। हम भी तो क्या करें? नहीं हमसे हुआ अपने स्वार्थ को देखना। अन्यथा चार पैसे कमाना क्या मुश्किल था। लेकिन स्वार्थ नहीं देखा गया मुझसे। और इतना महान् व्यक्ति वह तिलक। उसको क्या कम कष्ट झेलने पड़े? (**खोलते हैं**) भोजन के लिए तुमने क्यों पूछा, आया समझ में मेरी। लेकिन काम था इसीलिए बैठा था।

ललिता : (**ऊबकर**) दद्दा, आपका काम मुझे मालूम है। लेकिन अब मुझे कहीं से भी पैसे नहीं मिलेंगे। आज महीने की पच्चीस तारीख है। ऑफिस में भी किसी के पास नहीं मिलेंगे।

दद्दा : (**चीखड़पन से**) ज्यादा नहीं—सिर्फ दस रुपये मिल जायें तो देखना। मुझे अपने लिए नहीं चाहिए। लेकिन डॉक्टर को

देने थे। वह भी पहले के पाँच रुपये देने हैं इसीलिए। दवाई लाना है। कल रात भर दमे से बेजार रहा। सिर्फ दस, देखना कहीं मिल जाय तो, सिर्फ दस।

ललिता : **(सिर्फ उनके बकवास से तंग आकर)** अच्छा देखती हूँ।

दद्दा : कहाँ देखोगी? तुम्हारे उस शरद गोडबोले से पूछना। वह अकेला ही है—इतने पैसे क्या कर रहा होगा।

ललिता : कहा न, देखूँगी।

दद्दा : **(पिछलग्गूपन से)** तुम तो हमेशा कहा करती हो कि वह हेल्पफुल है, यह है, वह है। इसलिए कहा। नहीं तो मुझे क्या मालूम था?

ललिता : देखूँगी-देखूँगी। **(जाती है, दूसरी ओर से दद्दा जाते हैं)**

नाटककार : **(दर्शकों से)** मित्रो, इस तरह कहानी की नायिका ने पच्चीस तारीख को नायक के पास दस रुपये उधार माँगना तय किया और वह ऑफिस में गयी। हमारे नायक-नायिका के सिवा अन्य किसी प्रकार का विचार मन में न होने के कारण मन बहुत ही पगला गया था।

[नाटककार के इस मजाक के समाप्त होने तक पीछे चार-छः कुर्सियाँ आती हैं, उन पर बैठकर काम करने का अभिनय कुछ लोग कर रहे हैं। आमने-सामने की दो कुर्सियों पर शरद और ललिता। वे बीच-बीच में एक दूसरे की ओर देखते हैं। फिर काम की ओर ध्यान देते हैं। बीच-बीच में ऐसा कुछ होता रहता है]

एक : फिर आप कुछ भी कहिए देशपांडे जी, इसके लिए गवर्नमेंट ही जिम्मेदार है। उसके सिवा फूड शॉर्टेज होगा भी कैसे? फिर इंडिया को एग्रिकल्चरल कंट्री कहा ही क्यों जाये? परसों पेपर में क्या आया था पता है? कहते हैं हमारे अनाज के जो गोदाम हैं, उनमें लाखों चूहे और घूस हैं।

देशपांडे : **(उसकी न सुनते हुए—फूड शॉर्टेज होगा ही कैसे—वाक्यों से प्रारम्भ कर बोलते समय उनके साथ बात करता रहता है)**
लोग ही चोर हैं। हरेक इलेक्शन में इनको निर्वाचित करते हैं। अब फाकाकशी से मरना पड़ेगा तब लोगों की समझ में आएगा। परसों हमारी मिसेज, लड़के तीन बजे से राशन

के लिए क्यू में खड़ी रही तो उसका नम्बर था पचहत्तरवाँ। और उसके दो नम्बर पहले ही सफेद गेहूँ खत्म। यह सरकार है या क्या है?...

तीसरा : **(एक के चूहे और घूस से प्रारम्भ करते हुए—)** यह घूस प्रकरण तो बहुत खराब है भाई। हमारी ममिया सास को, क्या समझे, वे हैं लैंडलॉर्ड, वहाँ खानदेश की और— तो उन्हें घूस ने काटा और पॉइजनिंग हो गया और बाद में घूस को—मेरा मतलब है सास को अस्पताल में पहुँचाना पड़ा। तीसरे दिन घूस मेरा मतलब है, सास खत्म। हाँ मर नहीं गयी, लेकिन एकदम फिर इंजेक्शन का कोई इ-इ।

एक महिला : **(देशपांडे बोलते हैं—उनके बीच में)** आपने वह 'रामराज्य' में देखा है—पूरा सटायर है—सरकार पर और इतनी हँसी आती है। मुझे तो बहुत पसन्द आया—मैं परसों तीसरी बार गयी—पास पर!

[इतने में चपरासी बॉस के आने की सूचना देता है। सब गप्पें बन्द कर देते हैं, बॉस टाप-टाप बूट बजाता हुआ प्रत्येक के काल्पनिक टेबुल के पास चला जाता है। हरेक दिखाता है कि वह काम में मशगूल हो गया है। सिर्फ शरद और ललिता सचमुच अपना भान भूल जाने के कारण एक दूसरे की ओर देखते रहते हैं। बॉस उनके टेबुल पर टक्-टक् करता है। दोनों सकपका जाते हैं। बाकी लोग चोरी-छुपे हँसते हैं। बॉस दोनों की ओर देखकर चला जाता है। सब साँस छोड़ते हैं कि मुक्त हो गये।]

एक : गोडबोले, प्राकृतिक सुषमा को बाद में देखिए। पहले काम कीजियेगा।

सिपाही : चाय बुलाएँ?

तीसरा : वह मेरा घूस का किस्सा अधूरा ही रह गया। तो आगे इंजेक्शन दिये गये। ना-ना। बाद में दिये गए। पहले डॉक्टर ने कहा सब काटना पड़ेगा। जहर फैल गया है।

अन्य कोई : ओवर टाईम पर दस्तखत कर दिया क्या?

दूसरा : आप सिर्फ दस्तखत लीजिएगा। कब करते हैं ओवर टाईम, खुदा जाने।

और एक : अरी, बॉस के चमचे हैं।

देशपांडे : क्यों मिस रानडेजी, आज काम में मन नहीं लग रहा दिखता।

ललिता : देखिये तो यहाँ कास्टिंग में लगातार गलतियाँ हो रही हैं। तीन बार देखा।

अन्य कोई : गोडबोलेजी, जरा मदद कीजिए उनकी।

ललिता : **(झूठी सादगी से)** सचमुच जरा करेंगे मदद हमारी?

एक : गोडबोले जाओ तो सही। इतना पूछ जो रही हैं।

शरद : मैं—मुझसे कहा कुछ आपने!

ललिता : जी—जरा यह कास्टिंग... आपका तो अक्यूरेट होता हैं।

कोई एक : जमेगा-जमेगा।

शरद : देखता हूँ, जमता है कि नहीं।

[शरद अपनी जगह से उठकर उसके मेज के पास खड़ा रहकर टोटल लेने लगता है। सब जन किसी विनोद पर हँसते हैं। शरद और ललिता उस ओर ध्यान नहीं देते। इतने में बॉस आता है। सब लोग चुप। बॉस ललिता के मेज के पास खड़ा रहता है।]

शरद : **(सकपकाकर)** इनका कास्टिंग गलत हो रहा था।

बॉस : ठीक है। मैंने स्पष्टीकरण तो नहीं पूछा था। देशपांडे, मुझे वह कल का स्टेटमेंट चाहिए था।

[स्टेटमेंट लेकर जाता है। चायवाला लड़का आता है। लोग चाय पी रहे हैं। हास्य-विनोद]

ललिता : मुझे—कुछ पूछना था।

शरद : मैं भी आपसे कुछ पूछना चाहता था।

ललिता : क्या?

शरद : **(कुछ समय तक हिचकिचाकर)** आप आज ओवर टाईम करेंगी?

ललिता : नहीं। आप?

शरद : मैं भी नहीं। फिर शाम को हम साथ-साथ घर जाएँगे। ठीक है?

ललिता : यही पूछना था? **(हँसती है)** मुझे लगा—

शरद : क्या लगा?

ललिता : कुछ नहीं। कितने घबड़ा गये। उफ्!

[हँसती है—फिर उसे भी हँसना पड़ता है। अब लोग चुप। उन दोनों को हँसते हुए देखकर]

कोई : लगता है फर्स्ट स्ट्रोक बैलन्स हो गया है।

[एक बेंच। शरद और ललिता घूमते-घामते आकर उस बेंच पर बैठते हैं।]

ललिता : बहुत ही सुन्दर है यह स्थान, नहीं?

शरद : बहुत ही सुन्दर। लोगों की भीड़ नहीं— शोर नहीं।

ललिता : और यहाँ से सूर्यास्त भी दिखाई देता है। (**रुककर**) मुझे कभी-कभी ऑफिस से इतनी ऊब पैदा होती है—लगता है नहीं जाना चाहिए ऑफिस में। लेकिन घर रहकर भी क्या? समय ही नहीं कटता। और एक दिन नागा करके क्या होगा? फिर दूसरे दिन ऊब पैदा होती ही है।

नाटककार : (**धीरे से ललिता से**) पैसे उधार माँगने की बात याद है न?

शरद : ललिता, तुम्हें पता है मैं यहाँ तुमको क्यों ले आया हूँ?

ललिता : घूमने के लिए न?

शरद : हाँ, वह तो है ही। लेकिन मैं कुछ निजी बात करना चाहता हूँ। (**उसके सीने में कुछ धड़धड़ाने लगता है**) परन्तु समझ में नहीं आ रहा है कि किस तरह बात करूँ।

नाटककार : बोल दो झट से—उसमें क्या रखा है?

शरद : मेरे पिताजी रत्नागिरि में रहते हैं।

ललिता : वह तो आपने बता दिया है।

शरद : ठीक है—फिर 'आप' कह रही हो? हमने क्या तय किया है?

ललिता : अच्छा तुमने बता दिया है।

शरद : मैं यहाँ अकेला रहता हूँ—अर्थात् रूम पार्टनर है।

नाटककार : (**धीरे से ललिता से**) पूछ लेना पैसे पूरे पड़ते हैं कि नहीं—पैसे—

शरद : पिताजी के खत लगातार आते रहते हैं कि शादी क्यों नहीं करते?

ललिता : फिर कर डालो न शादी।

शरद : कर क्या डालो शादी! शादी क्या तरकारी है। जीवन का बड़ा प्रश्न है यह। अच्छी लड़की चाहिए।

नाटककार : दस—रुपये—

शरद : **(आगे क्या बोलना चाहिए यह नहीं सूझता)** वह मुकुन्दा है न मेरा रूम पार्टनर—उसे नौकरी नहीं मिल रही है। बेचारा बहुत दिनों से खोज रहा है। हाँ, बाजा अच्छा बजाता है।

नाटककार : धत् तेरे की—विषय ही बदल दिया।

ललिता : **(किंचित् अन्यमनस्क होकर)** आसमान कितना सुनहला हो गया है?

शरद : **(अचानक)** मुझे तो पहले से तुम्हारा स्वभाव बहुत ही पसन्द आया। **(नाटककार खुश)**

ललिता : मुझे भी तुम्हारा स्वभाव खूब भाया।

शरद : तुम... तुम अन्य सभी लड़कियों से अलग दिखती हो। नहीं तो अपने ऑफिस के और सब जाने कैसे-कैसे लगते हैं!

ललिता : ओ हो, तुम भी बड़े वह हो—किसी की प्रशंसा करोगे तो इतनी—

शरद : तुमको याद है ललिता वह प्रसंग जब हम पहली बार एक-दूसरे से बोले थे। उस दिन तुम्हें ऑफिस में जाने के लिए बहुत देर हो गई थी। बॉस बहुत गुस्सा हो गया था—और कहा था—काम पेंडिंग रह गया तो रिपोर्ट करूँगा। और काम तो बहुत था। मैंने पूछा, मैं करूँ तुम्हारी मदद? मुझे लगा तुम गुस्सा हो जाओगी। और फिर बाद में सब कुछ अप-टू-डेट हो गया था। मुझे उस दिन बॉस पर इतना गुस्सा आया था।

ललिता : **('देर हो गयी थी'—से प्रारम्भ कर करीब over lapping करते हुए उसके साथ ही बात करती है)** हाँ-हाँ—जरूर याद है, बहुत अच्छी तरह से। मैं तो रोने को आ गयी थी। और छिः-छिः, उसमें गुस्से की क्या बात थी? मैंने कहा ईश्वर ही प्रसन्न हुआ। और कितना जल्दी-जल्दी काम पूरा किया तुमने। बॉस तो बहुत कुढ़ गया था।

[लगभग एक साथ खत्म कर दोनों ही हँसते हैं]

शरद : लेकिन मैंने देखा है—हमारे ऑफिस के लोग बहुत ही मीन हैं।

ललिता : जी, और हम दोनों के बारे में भी कुछ-कुछ बोलते रहते हैं।

शरद : इनको कहीं कुछ उदात्त-पवित्र जैसे दिखता ही नहीं।

नाटककार : शरद—ऐ शरद—भैया जल्दी खत्म करो। सूरज डूब रहा है। अंधेरा हो जाएगा तो वह निकल जाएगी यहाँ से और तुम जो बोलना चाहते हो न वह वैसे का वैसा धरा ही रहेगा—

शरद : सचमुच—हम फिर अपने ऑफिस की ही बातें करने लगे। दिन भर वह ऑफिस तो है ही। और वह यहाँ किसलिए?

ललिता : सूरज देखो कैसा दिख रहा है—जीभ पर पेपरमिंट की बिल्कुल छोटी-सी लाल गोली होती है न—उस तरह।

शरद : (**एकदम**) तुम अपनी शादी की मिठाई कब खिला रही हो।

ललिता : ओह! (**बहुत हँसती है**) अभी तो कुछ भी नहीं—

शरद : कुछ भी नहीं कैसे? ढेर सारे प्रस्ताव आते होंगे।

ललिता : हमारे लिए कौन भेजता है प्रस्ताव? सब चाहते हैं सुन्दर और रईस लड़कियाँ।

शरद : लेकिन तुम तो बहुत सुन्दर हो—और तुम्हारा स्वभाव मुझे तो बहुत अच्छा लगता है। महत्व है स्वभाव का। पैसा क्या चाटना है।

[सहमा हुआ-सा उसका हाथ हाथ में लेता है। वह भी ऑकवर्डली उसे वैसे ही रख देती है। असमंजस में नीचे देखती हुई पलकें झँपाती बैठती है।]

शरद : (**पूरा साहस करते हुए**) तुम मुझे अच्छी लगती हो ललिता—मैं (**एकदम कह जाता है**) मैं तुमको बहुत प्यार करता हूँ।

ललिता : (**मुँह-ही-मुँह में**) मैं भी तुमसे बहुत प्यार करती हूँ। (**कुछ क्षण में दोनों उसी प्रकार अनमने-से बैठे रहते हैं। दोनों को नहीं सूझ रहा है कि क्या बोलना चाहिए। सूर्य प्रकाश अधिक-अधिक लाल होता जाता है और मंद होता है**)

(**अभी भी नीचे देखती हुई**) घर जाएँगे—देर हो रही है।

[दोनों उठ खड़े-होते हैं। फिर याद करके एक दूसरे के हाथ हाथ में लेकर चलने लगते हैं। कुछ आगे जाने पर शरद अपना दाहिना हाथ उसकी पीठ पर से कन्धे तक ले जाता है। नाटककार जाता है। एक कुर्सी पर दद्दा बैठे हुए दिखाई देते हैं। ललिता बाहर से आकर चप्पलें निकालती है।]

दद्दा : आ गयी। देर हो गई आज। ओवर टाईम था क्या?

ललिता : जी—आप कैसे इस समय घर में।

दद्दा : कहाँ जाऊँ बाहर? एक पाई नहीं जेब में। बीड़ियाँ भी खत्म हो गयीं। तुम लायी पैसे?

ललिता : नहीं।

दद्दा : **(थूक निगलते हुए)** सच कह रही हो?

ललिता : जी।

दद्दा : गोडबोले से माँगे थे?

ललिता : नहीं—ना-ना माँगे तो थे। लेकिन उसके पास नहीं थे। **(दादा कपाल पर हाथ मारकर चले जाते हैं। नाटककार सामने आता है।) (नाटककार से)** मुझे अच्छी तरह याद था। लेकिन तुम ही बताओ—आज पैसे माँग सकती थी मैं उससे। माँगे होते तो निश्चित उसने मुझे दे दिये होते। मुझे विश्वास है। लेकिन फिर उसने मेरी क्या कीमत की होती? नहीं? **(जाती है)**

[शांत बैठा हुआ मुकुन्द। शरद चप्पलें निकालता है। उसके हाथ में एक पुड़िया है। वह बड़े प्रयास से चुप है। चेहरा विलक्षण आनन्द से खिला हुआ]

शरद : **(पुड़िया खोलते हुए)** लो।

मुकुन्दा : क्या है?

शरद : मिठाई लो।

मुकुन्दा : किसी के लड़का हुआ?

शरद : किसी के नहीं। खाओ न और। अच्छी है। दस रुपये किलो वाली, खाओ न। ऐसा तो नहीं है कि बिना लड़का पैदा हुए मिठाई न खायी जाये।

मुकुन्दा : तो फिर क्यों लाये?

शरद : यों ही ले आया। खाने की इच्छा हुई।

मुकुन्दा : धत् तेरी, बेवकूफ। मिठाई क्या मूँगफली के दाने हैं? कहता है खाने की इच्छा हुई इसलिए ले आया। **(शरद अपने से ही हँसता है)** और दस रुपये किलो वाली। शरद, गधे तुझे हुआ क्या है? हाँ हाँ—शायद इसलिए लाये हो कि मुझे आज भी नौकरी नहीं मिली। शायद मुझे चिढ़ाने के लिए? और क्या?

शरद : **(उसका अपने मुँह तक गया हुआ हाथ रुक जाता है)** आज भी नौकरी नहीं मिली तुझे? तो फिर मुझे नहीं लानी चाहिए थी मिठाई।

मुकुन्दा : मुँह में डालो वह मिठाई। और ऐसा मुँह मत करो जैसा कि कुनैन खा लिया हो। नौकरी क्या। मिल जायेगी। आज की यह सैंतीसवीं खेप। लेकिन हम नहीं डरते। एक दिन साली किस्मत को भी ऊब होगी। कहेगा, मर बच्चे, ले नौकरी। सैंतीस क्या और सौ क्या। इन्कार तो उतने होने ही वाले हैं। स्वीकार तो एक ही बार होता है। क्यों? अब बैठो यहाँ और बताओ क्यों मिठाई लाए हो?

शरद : आज मैंने ललिता से कह दिया। वह भी मुझे प्यार—

मुकुन्दा : **(चिल्लाकर)** टॉप। अरे तो यह सब रोते-रोते क्यों बता रहे हो? चिल्लाकर कहो जोर से। हँसते-हँसते कहो। तो फिर तुम्हारी लाइन लग गयी—जीत गये तुम। हैं—कुछ तो दम है तुममें। मैं सोच रहा था कि तुम बीच ही में टें—बोल दोगे। उसकी मिठाई। अच्छा-अच्छा तो फिर पंद्रह रुपये किलो वाली ले आते तो भी तुम्हें मुआफ।

शरद : मिठाई ली। हनुमान को दिखाई। और ठेठ यहाँ तुम्हारे लिए ले आया।

मुकुन्दा : **(चिल्लाकर)** हनुमानजी को? हनुमानजी को मिठाई। बेवकूफ, शादी की मिठाई हनुमानजी को दिखाई? गधे, ब्रह्मचारियों का देवता है वह।

शरद : धत् तेरी। ध्यान ही में नहीं आया।

मुकुन्दा : उसके भी नहीं आया होगा। नहीं तो जलाकर भस्म कर देता वह तुम्हें। छोड़ दो, बुरा मत मानो। हनुमानजी हुए तो देवता ही हैं न।

शरद : मुझे जरा फिक्र है—लगता है कि जिम्मेदारी भी है। आबाजी को आज खत लिखकर बताऊँगा। ठीक होगा। भैया वैसे मुझे पूछने में डर लग रहा था। लेकिन लिया ईश्वर का नाम और पूछ लिया। लौटते समय उसे मोगरे की वेणी दी। रात के समय भी पच्चीस पैसे माँगे उसने। लेकिन सौदा नहीं किया—सोचा वह क्या कीमत करेगी मेरी? और देखो मुकुन्द... बाद में हमने।

मुकुन्दा : (**हाथ जोड़कर**) बाद में क्या किया आपने यह महोदय न बताइये। चलिये भोजनालय बंद हो गया। अब तो आपका वैसे भी बंद होने वाला ही है।

शरद : मुझे लगा कि आज कहीं नहीं जाना चाहिए। इतना हलका सा हो गया हूँ—भाररहित मैं। लगता है नाचूँ, कूदूँ, गाऊँ और झूम उठूँ। (**पड़े हुए बाजे को बजाने का प्रयत्न कर रहा है लेकिन ठीक से नहीं बजा सकता**) नहीं आता है बजाना। तुम कैसे बजाते हो?

मुकुन्दा : (**हँसकर**) हमारा तो सब जगह बाजा ही बजा है। कुछ हरकत नहीं, अगर तुम नहीं बजा सके तो भी। आज की तुम्हारी करतूत इतनी महत्वपूर्ण है कि जीवन भर काफी होगी। अब उठते हो कि नहीं—चलो-चलो—(**धारूअण्णा आते हैं**) धारूअण्णा, अब हम खाना खाने जा रहे हैं। आप जरा बाद में आएँगे तो ठीक होगा। कल ही आएँगे तो और अच्छा होगा। (**उसको बाहर निकालता है। शरद को लेकर**) शन्या, आज का बिल मेरे नाम पर—अकेले के। कमबख्त आज हम तुमको दावत खिलाएँगे। लेट्स् सेलेब्रेट—(**बकते हुए शरद को ले जाता है**)

नाटककार : (**आगे आकर**) इसके बाद आठ-पन्द्रह दिनों तक शरद गोडबोले जैसे आसमान में विचर रहा था। मुझे एक बात का हमेशा अचरज होता है। दुनिया में इतने लोगों को लड़कियाँ मिल जाती हैं। उनकी शादियाँ होती हैं, बच्चे भी होते हैं। लेकिन प्रत्येक यह सोचता है कि अपना लफड़ा अद्‌भुत अपूर्व है। दुनिया का सर्वप्रथम। आदमी की दुनिया ही बदल जाती है। कोश के कीड़े की तितली बनती है। नजर बदलती है तो दुनिया के रंग भी बदल जाते हैं। लोग

कहते हैं, साला यह बदल गया। और मजे की बात तो यह कि वह सोचता है दुनिया बदली। शरद की चाल वही थी, ऑफिस भी वही था, भोजनालय भी वही था। लेकिन सभी मामलों में उसका इंटरेस्ट बढ़ने लगा। वह इस्त्री के कपड़े पहनने लगा, दाढ़ी हर रोज छोट-पोट कर करने लगा। स्नान को अब टालता नहीं था। बोलते समय हँसने लगा। धारूअण्णा के साथ भी सभ्यता से बोलने लगा। आबाजी को रत्नागिरि में पत्र भेजा। उत्तर भी आया फौरन। हमारा विरोध नहीं है, लेकिन जन्मकुंडली जुड़नी चाहिए। लड़की की जन्मपत्रिका भेजो। वह भी प्राप्त कर शरद ने भेजी। इस तरह तितली के वे पन्द्रह दिन बीत गये। और एक दिन—

(शरद कुर्सी पर बैठा है—मुकुन्द उत्साह से भरा हुआ बाहर से आता है। उसके हाथ में मिठाई की पुड़िया।)

मुकुन्दा : **(पुड़िया खोलकर शरद के सामने करता है)** शन्या, मिठाई खा लो। मुझे नौकरी मिली। मिठाई तुम्हारी मिठाई से सवाई आता है—साढ़े बारह किलो वाली। खाओ।

शरद : नौकरी मिली तुम्हें। अच्छा हुआ।

मुकुन्दा : आशीर्वाद मत देना। तुम्हें खुशी नहीं हुई दिखता है।

शरद : हो गयी खुशी। बिना खुश हुए कैसे हो सकता है।

मुकुन्दा : नौकरी अच्छी है भाई। वेतन स्टार्ट में पौने दो सौ। आगे प्रॉस्पेक्ट्स भी अच्छे हैं। यह क्या? पत्र आया आबाजी का? क्या कह रहे हैं?

शरद : पढ़ो, तुम खुद।

मुकुन्दा : **(पढ़ता है)** अनेक आशीर्वाद। कु० ललिता रानडे की जन्मपत्रिका वापस कर रहा हूँ। पत्रिका चौदह गुण से भी नहीं जुड़ती। तिस पर तुम्हें सख्त मंगल है। धोखा न लो तो अच्छा है। कु० रानडे को स्पष्टतः बता देना। तुम्हारे लिए दूसरा अच्छा रिश्ता आ गया है। लड़की मैंने स्वयं देखी है। पत्रिका भी जुड़ जाती है। तुम लड़की देखना चाहो तो रत्नागिरि चले आओ। अन्यथा मैं आगे की तैयारियों में लग जाता हूँ। **(खत फेंक कर)** अच्छे हैं उनके आशीर्वाद। तुमने क्या लिखा?

शरद : **(पत्र उठाकर तहें करते हुए)** अभी तक तो कुछ नहीं लिखा। क्या लिखूँ।

मुकुन्दा : क्या लिखे। तुम क्या सोचते हो?

शरद : मुझे तो कुछ भी नहीं सूझ रहा है। दैव को भी देखो ऐन समय पर बीच में आ गया। चौदह भी गुण नहीं जुड़े।

मुकुन्दा : तो क्या हुआ?

शरद : डेंजरस होता है। तिस पर मुझे है सख्त मंगल। उसे मंगल नहीं है। कल मेरे मंगल के प्रभाव से उसका कुछ बुरा हो गया तो—**(कल्पना से भी आँखों में पानी आ जाता है।)**

मुकुन्दा : ओऽ हो। यह क्या है बेवकूफी। ऐसी भी क्या बात है। पत्रिका को मारो गोली।

शरद : तुम नहीं जानते हो भैय्या। बहुत बुरा होता है वह। हमने कुछ ऐसा-ऐसा सुना है किसी-किसी के बारे में, फिर मैं लाख बार कहूँ, लेकिन आबा किसी की सुनने वाले नहीं हैं। उनका बहुत बड़ा विश्वास है ज्योतिष पर। भय्या, वह स्वयं पत्रिका देखते हैं।

मुकुन्दा : लेकिन तुम प्यार करते हो न ललिता को?

शरद : वह तो है। मैं कहाँ इन्कार कर रहा हूँ। लेकिन यह साहस बहुत डेंजरस होगा। दोनों के लिए। फिर आबाजी का भी कुछ विचार करना चाहिए। वे क्या सोचेंगे?

मुकुन्दा : वे कर रहे हैं तुम्हारा विचार?

शरद : लेकिन मुझे करना चाहिए। कुछ भी हो आखिर वे मेरे पिता जो ठहरे। उन्होंने मुझे बड़ा किया।

मुकुन्दा : देखो भैय्या—तुम जो उचित समझो करो।

शरद : देखो कमबख्त किस्मत को भी—पहली बार हमारा इस तरह जम गया और फिर तुरंत वह मामला—हम युनिवर्सिटी में प्रथम आने का विचार करते हैं, तब हमें पास क्लास मिला है। साली किस्मत ही हमारी ऐसी-तैसी।

(मुकुन्द कुछ नहीं बोलता। मिठाई की पुड़िया बंद करता है और बाजा उठाकर चल देता है)

(शरद बेंच पर बैठता है तो ललिता वहाँ बठी हुई है) ललिता, यह लो तुम्हारी जन्मपत्रिका। कल ही आबाजी का पत्र आया।

ललिता : क्या लिखा है उन्होंने?

शरद : हमारी पत्रिकाएँ जमती नहीं है।

ललिता : तुम विश्वास करते हो?

शरद : फिर मुझे कड़ा मंगल है। बहुत बुरा होता है वह। तुम्हारे लिए ही कहता हूँ। अगर हम विवाह करेंगे तो तुम्हारी जान का खतरा है।

ललिता : तो फिर शरद हम विवाह नहीं करेंगे?

शरद : कैसे करेंगे? तुम ही कहो, इतना बड़ा धोखा जब सामने दिख रहा है **(समझाने की पूरी कोशिश करता है)** फिर आबा तो बिलकुल ही नहीं सुनेंगे। मैं क्या कर सकता हूँ? तुम बताओ। मेरे मन में नहीं है, ऐसा थोड़े ही है। **(उसके ओठ थरथराने लगते हैं, आँखों में पानी—न रोने का प्रयास, पर्स से रूमाल निकाल कर मुँह पर रखती है)**

मैं तुमको कितना प्यार करता हूँ, यह तुम जानती हो—कह भी नहीं सकूँगा मैं। लेकिन आबाजी ने मुझे पाल-पोसकर बड़ा किया। उनके लिए इतना त्याग मुझे नहीं करना चाहिए? और उनके लिए ही नहीं।—यह तो विष की परीक्षा लेना होगा।

[वह उठती है—पर्स लेकर चलती बनती है]

शरद : ठहरो ललिता! जरा ठहरो न।

[उसे हाथ से पकड़कर बिठाता है। वह उसका हाथ छिटक देती है।]

ललिता : **(गुस्से में)** मालूम है मुझे, सब-सब जानती हूँ। इतनी बेवकूफ नहीं हूँ मैं। तुम मेरे साथ विवाह ही नहीं करना चाहते थे। सिर्फ चार दिन मौज करनी थी तुम्हें। तुम सब रईस और सुंदर लड़कियों से विवाह करना चाहते हो। तुम्हारे लिए भी पिताजी ने देखी होगी कोई लड़की रत्नागिरि में।

शरद : तुमने कैसे जाना?

ललिता : तो सचमुच ही देखी है। दहेज मिलने वाला होगा। इसलिए पागल हो गये होगे। बड़ी गप्पें मार रहे थे कि पैसे का महत्व नहीं होता।

शरद : अरी, सचमुच ही तुम्हें गलतफहमी हो रही है। सिर्फ पत्रिका जम नहीं पा रही है इसलिए—पैसे को महत्व देने वाला लगता हूँ मैं तुझे?...

ललिता : **(वह बोलता है उसी समय)** चूँकि हम गरीब हैं, तुम लोग हम से ऐसा व्यवहार करते हो। हमारे मन से चाहे जो खेल खेलते हो। मेरे पिताजी ने अन्य सामान्य लोगों की तरह नौकरी की होती तो यह स्थिति क्यों आती? सब लोग उछलते-कूदते आ जाते। लेकिन फिर मैं किसी क्लर्क के साथ थोड़े ही शादी करने वाली होती? अभी भी तुम देखोगे। मुझे अच्छा पैसे वाला पति मिलेगा। मेरी सभी ख्वाहिशें पूरी करने वाला। मैं चैन करूँगी। हर इतवार को पिक्चर देखने जाऊँगी—बॉक्स का टिकट निकालकर। क्या सोचते हो तुम? देखोगे तुम भी—देखोगे। **(हिचकियाँ भरकर रोने लगती है। एकदम विलक्षण फीकी दिखती है। रोते-रोते ही पर्स उठाती है और बेतरतीबी से चली जाती है। शरद सिर्फ हताश-सा होकर, देखता रहता है।)**

नाटककार : **(आगे आकर)** अरे, जाओ तो—उसे रोको।

शरद : नहीं। बिलकुल नहीं। देखा न कैसे अकड़ती हुई चली गयी।

नाटककार : नहीं भाई—यह अकड़ नहीं है। वह दुखी हो गयी है बहुत। गुस्से में बोली। असल में वह बहुत-बहुत प्यार करती है तुम्हें।

शरद : लेकिन मेरा कुछ भी तो सुना नहीं उसने। नाहक गलत-फहमी लेकर चली गयी।

नाटककार : लेकिन गलती तुम्हारी ही है।

शरद : मेरी कौन-सी गलती है?

नाटककार : पूरी गलती तुम्हारी है। देखो, तुम उसको प्यार करते हो न? उससे विवाह करके सुखी होओगे ऐसा तो लगता है न तुम्हें? तो फिर जाओ आगे और करो उसके साथ ब्याह। तुम्हारा सुख तुम्हारे ही हाथों में है। दूसरी किसी चीज का विचार मत करो। न भविष्य का, न पिताजी का। पिताजी के प्रति तुम्हारा कर्तव्य है अवश्य। उसी तरह उसके बारे

में भी है। पिताजी चार दिन बुरा मानेंगे—लेकिन उनके मन के मुताबिक करोगे तो तुम दोनों सदा के लिए एक-दूसरे से दूर जाओगे। उसका क्या? **(पहले-पहले शरद उत्तर देने का प्रयत्न करता है। नांटककार नहीं सुनता। शरद जाने लगता है। नाटककार रोकता है। फिर उसका कॉलर पकड़कर रोकता है—परन्तु वह चलता है।)**

भागो मत। मेरे प्रश्न का उत्तर दो। यह आखिरी मौका है। सुखी होने का, गधे मत बनो। समझदार की तरह जरा विचार करो। किसके लिए क्या खो रहे हो? इसका ठीक विचार करो। आदमी की तरह व्यवहार करो। आगे होकर पिताजी से कहो कि मैं उसको प्यार करता हूँ। कुछ भी हो, मैं उसी के साथ विवाह करूँगा। कम से कम इतना साहस तो दिखाओ। ईमानदारी दिखाओ। शरद—भैय्या समझदार बनो, समझदार बनो, भाई तुम इस नाटक के नायक हो। तुम ही ऐसी भागम-भागी करोगे तो मेरा नाटक जायेगा डिब्बे में।

शरद : **(निर्विकार होकर)** तुम जो कुछ बोल रहे हो उसमें से एक अक्षर भी मैं नहीं समझ रहा हूँ। मेरा जीवन नाटक तो नहीं है। नाहक मुझे तकलीफ मत देना। **(जाता है)**

नाटककार : **(चिल्लाकर)** तुम गधे हो। कसम खाकर बोलता हूँ तुम गधे हो। **(जड़वत् बैठता है... दूसरी ओर से मुकुंद बाजा बजाता हुआ आता है)** बस करो... ज्यादा किचकिच मत करो।

मुकुन्दा : किचकिच? बाजा क्या किचकिच है? तुम ही तो मुझे बजाने के लिए कह रहे थे कुछ समय पहले? और सिर पर हाथ धरकर क्यों बैठे हो?

नाटककार : वह अपना शरद—पता नहीं उसका मामला कैसे बिगड़ गया एकदम।

मुकुन्दा : **(स्थितप्रज्ञता से)** पत्रिका आऊट।

नाटककार : अरे भय्या, आज के जमाने में पत्रिका का क्या महत्व है?

मुकुन्दा : तुम्हारी मेरी दृष्टि से नहीं। शरद की दृष्टि से है—आबाजी की दृष्टि से है।

नाटककार : खत्म हो गया। सब प्रेम खत्म। प्रेम खत्म और प्रकरण भी खत्म। कुछ भी बाकी नहीं रहा।

मुकुन्दा : ऐसा क्यों कह रहे हो? एक रह गया है।

नाटककार : क्या?

मुकुन्दा : स्मृतियाँ। अरे वही महत्व की है। आगे वे बूढ़े बन जायेंगे तब बता सकेंगे। कम-से-कम मन ही मन कहेंगे—भाइयो, हमने भी प्रेम किया है। और परिस्थिति के लिए त्याग भी किया है।

नाटककार : यह कौन-सा है त्याग? यह बेवकूफी है। और यह परिस्थिति भी उन्होंने बनायी है।

मुकुन्दा : कुछ भी हो। परिस्थिति इज परिस्थिति।

[मजे में बाजा बजाता है। उसकी पीठ की ओर नाटककार देखता है।]

भाषान्तर : डॉ० चंद्रकांत बांदिवडेकर

■

झूमता हुआ पुल

सतीश वसंत आलेकर

सतीश वसंत आलेकर

जन्म : 30 सितम्बर, 1949

मराठी के आधुनिक चेतना सम्पन्न नाटककार।

कृतियाँ : झूलता पुल, मिकी आणि मेम साहेब, महानिर्वाण, बेगम बर्वे, महापूर।

सम्मान-पुरस्कार : श्री आलेकर को महाराष्ट्र राज्य के अनेक पुरस्कारों से सम्मानित किया गया है। इन्हें एशियन कल्चरल काउंसिल की फेलोशिप, के. राम गणेश गडकारी पारितोषिक पुरस्कार भी प्राप्त हो चुके हैं।

उनके अनेक नाटकों का अनुवाद हिन्दी, बांग्ला, कन्नड़ तथा राजस्थानी भाषाओं में हुआ है।

◆

पात्र

युवक

युवती

पिता (युवक के)

डैडी (युवती के)

[रंगमंच खाली है। एक तरफ से एक कॉलेज युवती आती है। एक ओर कोने में स्टूल पर बैठ कर वायलिन बजाने लगती है। थोड़ी देर में एक कॉलेज युवक आता है। कुछ देर वायलिन सुनता है, और...]

युवक : अजी.... सुनिए।....

युवती : अॅ ऽऽऽ? आपने मुझसे कुछ कहा?

युवक : न्न्, नहीं-, नहीं-, कुछ नहीं।

[बायलिन बजना शुरू]

आपके घर...

युवती : हाँ, हाँ, हमारे घर? बोलिए न।

युवक : आपके यहाँ प्रेशर-कुकर तो होगा ही। घर पर-याने रसोईघर में या किचन में?

युवती : **(कुछ न समझ पाकर)** अॅ ऽऽऽ। क्या कहा?

युवक : जी मैंने पूछा—'क्या आपके यहाँ प्रेशर-कुकर है?' यों बहुत-सी वस्तुएँ होंगी-जैसे कि फ्रीज़ वगैरा। मगर फिलहाल कुकर काफी है।

युवती : याने प्रेशर-कुकर?

युवक : हाँ, वही। उसी को हम अपनी शास्त्रीय परिभापा में 'पेपिन का पाचित्र' कहते हैं।

युवती : हाँ, हाँ, वह? है न ।

युवक : है न। मुझे ख्याल था ही। आपको देखते ही मैंने ताड़ लिया कि आपके यहाँ प्रेशर-कुकर जरूर होगा।.... बाई-द्-वे, किस 'मेक' का है?

युवती : क्या?

युवक : यही। प्रेशर-कुकर।

युवती : **(याद करते हुए)** अॅ ऽऽऽ।

युवक : कुकवेल?

युवती : नहीं।

युवक : हॉकिन्स?

युवती : नहीं, प्रेस्टिज। लेकिन आखिर क्यों?

युवक : नहीं, यूँ ही। बाहर घूमने निकला था। राह में आप दीख पड़ीं, वायलिन बजाती हुई। सोचा कि कुछ प्रश्न करूँ कि आपके यहाँ कुकर, फ्रीज़ जैसी चीज़ें हैं या नहीं, वगैरा।

युवती : प्रश्न?

युवक : हाँ, प्रश्न।

युवती : कैसे प्रश्न?

युवक : ऐसे ही, अपने जनरल-। याने कुकुर.... वगैरा। मुझे अच्छा लगता है सवाल करना। क्योंकि मेरे सामने हमेशा प्रश्न खड़े रहते हैं, उनके उत्तर मालूम नहीं रहते। दिमाग में सवाल खूब भिद जाते हैं। वैसे जवाब नहीं के बराबर। इससे जवाब भी दिमाग में ही रहते हैं और सिर्फ सवाल ही मुँह से बाहर निकलते हैं। बजाइए, आप वायलिन बजाइए।

युवती : मैं बजाती ही थी। आप ही ने बीच में कुकरवाली बात उठाई।

युवक : उत्तर आपने ठीक ही दिए। अपेक्षित और बँधे-बँधाए। फिर भी मुझे लगता था कि....

युवती : क्या?

युवक : कि आप भी मुझसे पूछेंगी।

युवती : क्या?

युवक : प्रश्न। याने जो मैंने आपसे पूछा वही। मतलब, क्या हमारे घर भी कुकर, फ्रीज़ वगैरा है-वगैरा वगैरा।

युवक : लेकिन मुझे उससे क्या लेना-देना?

युवक : मैं सोच ही रहा था कि आप ऐसा ही कुछ बँधा-बँधाया जवाब देंगी।.... है तो। हमारे यहाँ भी कुकर है। कौन-सा होगा? प्रेस्टिज? कुकवेल? हॉकिन्स? ना, ना। हमारे यहाँ है लक्ष्मी- मार्का वाला पीतल का कुकर- 'कोई भी चीज उठाओ, बे-बे आना' वाली दूकान में मिलने वाला। भीतर

से काला ही काला पड़ गया है। उसके पेंदे से परे की चीजें दिखने लगीं, तब माँ के कहने पर मैं उसमें दाग भी लगवा लाया। इसी से तो अब उसमें चावल अच्छी तरह पकते हैं। लेकिन फिर कभी-कभी हालत मजेदार बन जाती है। चावल हैं कि पकते ही नहीं। यों चावल अच्छे-खासे राशन के रहते हैं। तीन-तीन घंटे कतार में खड़े रह कर लाए हुए। उन्हें माँ पछोरकर साफ भी कर लेती है। फिर भी चावल पकने में देर ही देर। नतीजा? सबेरे साढ़े दस बजे खाना नहीं मिलता। खाना मिलने में विलंब याने सब गाड़ियाँ लेट। कॉलेज पहुँचने में विलंब होना याने प्रैक्टिकल का महूरत टलना। फिर मैडम का गुस्सा हो जाना। उनका क्या जाता है गुस्सा करने में! उनके घर पर सब बातें वक्त से बन जाती होंगी, लेकिन हमारे यहाँ ऐसा नहीं हो पाता है न! प्रोफेसर साहब भी फट पड़ते हैं। कुल मिलाकर यह कि सभी के सभी गुस्सा हम पर उतारते हैं। उधर चावल है कि तभी पकता है जब उसे पकना होता है और उसकी वजह यह है कि बेचारा चावल अभी बहुत छोटा है। अभी तक उसे नाक पोछने का भी शऊर नहीं है।.... यों चावल की कई किस्में हैं। वैसे ही कुकर की भी। फिर भी पकने की प्रक्रिया सब जगह एक जैसी ही तो होती है। फर्क होता है सिर्फ भाप का- उसके दबाव का।

(अंतराल)

आपने देखी है या नहीं?

युवती : क्या?

युवक : भाप। न देखी हो तो जरूर देखना। अजी, बड़ा मजा रहता है। फिर भाप के भी कई भेद हैं। कुकर की भाप अलग। रेलगाड़ी के एंजिन की अलग। चाय की भाप में गंध रहती है, वैसी सादे पानी की भाप में नहीं। भाप का काम एक ही रहता है। जहाँ भी हो वहाँ से बाहर निकल पड़ना, तापमान को बढ़ाते हुए, कभी-कभी सीटी बजाते हुए।

(अंतराल)

कुकर के चारों तरफ प्रशस्त किचन.... और उससे बँधा हुआ फैलावदार घर। गाँव से दूर। मुश्किल से नजर आने

वाला। क्योंकि फासला बहुत था और बीच में से एक नदी बहती थी। बाढ़ आने पर ही उसमें खूब पानी रहता था। और दिनों तो एक झिरझिराता हुआ नाला। मैं कल्पना कर सकता हूँ, दूरवाले घरों की।

युवती : किस आधार पर?

युवक : क्या? आपने कुछ कहा?

युवती : आप किस आधार पर कहते हैं कि मेरा घर गाँव से दूर है।

युवक : क्योंकि आपके यहाँ प्रेशर कुकर, फ्रीज़ वगैरा है...

युवती : हाँ, मैं दूर रहती हूँ और हमारा घर....

युवक : रुकिए। मैं बताता हूँ, केवल दूर से देखकर। बहुत लंबा और बहुत बड़ा बंगला। क्योंकि पिताजी बड़े अफसर हैं और शाम को वे क्लब में ब्रिज खेलते हैं। लेकिन माँजी, सॉरी ममी सिर्फ रमी खेलती हैं, क्योंकि उसमें दिमाग कम लड़ाना पड़ता है। राजदुलारी सिस्टर कॉन्वेन्ट के स्कूल में पढ़ती हैं। फिर आपके पास है स्कूटर। उधर पिताजी की कार दौड़ती है यों शान से। क्योंकि बंगले में पैदल जा ही नहीं सकते। महज़ मोटर के लिए बनी हुई पगडंडी जो है वह। घर भली-भाँति सजाया हुआ। डाइनिंग रूम में फ्रीज़। क्योंकि आपके यहाँ शराबबंदी नहीं है। कोने में रविशंकरजी का एल.पी.। उससे लगकर ही रोलिंग स्टोन्स और रिची हेवन्स। घर में शायद बेबी को संभालने के लिए कोई आया, शाम को बाबागाड़ी में बिठाकर पार्क में बेबी को ले जाने वाली....।

युवती : ईर्ष्या होती है?

युवक : नहीं। कतई नहीं। क्या प्रेशर-कुकर को लक्ष्मीमार्का पीतल वाले कुकर से ईर्ष्या हो सकती है? नहीं। क्योंकि दोनों में भाप जो कैद रहती है। **(अंतराल)**

एक छोटी-सी कहानी सुनिए। एक छोटा-सा गाँव बस गया था। जंगल से घिरा हुआ, मानो मरकत का टापू ही हो। जंगल क्या, अरण्य ही कहिए। झाड़ी एकदम थर्रा देने वाली। हिंस्र श्वापद उस जंगल में खुलेआम घूमते थे।

सियार थे, हिरन थे, फिर जंगल के एक सरोवर में घड़ियाल भी थे। मगर झाड़ी ऐसी घनी कि सूरज की किरणें भी जंगल में घुसने का साहस नहीं कर पाती थीं। और सुना है कि इसी वजह से प्रभु रामचंद्रजी इस जंगल से न होते हुए दंडकारण्य में से आगे गए थे। सब तरफ खुशहाली थी। लोग-बाग बड़े राज़ी-खुशी कालयापन कर रहे थे। आज के कुछ पचहत्तर वर्ष के बुजुर्ग लोग बखान करते हैं, उससे भी ज्यादा सस्ती का जमाना था वह। याने फर्ज कीजिए कि एक पैसे में दस सेर मक्खन मिलता था। एक लफ्ज में कहें तो सब ओर रामराज्य था। लेकिन- इस रामराज्य में भी किसी धोबी की अक्ल अडंगा पैदा कर ही सकती है।

गाँव में एक ब्राह्मण और उसकी ब्राह्मणी दोनों सुखचैन से कालक्रमण कर रहे थे। यों ब्रांह्मण का पेशा पुरोहिती का ही था। लेकिन घर की माली हालत अच्छी होने से वह महाजनी भी करता था। आदमी बड़ा विद्वान था। लेकिन था गरीबों का हिमायती। गरीबों के घर की शादियाँ वह केवल एक रुपया और नारियल लेकर करवा देता था। ब्राह्मणी भी उसके लिए सर्वथा अनुरूप और पूरक थी। कुल मिलाकर उनकी घर-गृहस्थी बड़े आदर्श तरीके से चल रही थी। लेकिन..... उनकी गृहस्थी में एक बड़ी कमी थी। गृहस्थी के वृक्ष में फल नहीं निकलता था। लाख करने पर भी राजा-रानी की दुनिया में किसी तीसरे का प्रवेश नहीं हो पा रहा था। खूब उपवास वगैरा हुए, झाड़-फूँक के तरीके भी अपनाए गए, मगर देवता का सगुन नहीं मिल पा रहा था। और इसी वजह से तो एक दिन ब्राह्मण और ब्राह्मणी प्रात:समय उठकर शुचिर्भूत होते हुए बाहर निकले।

गाँव के बाहर स्वामीजी का मठ था। ये दोनों उनके दर्शनों के लिए गए। नतमस्तक होकर विनम्र सुर में ब्राह्मण बोला, 'कृपानिधान, वंश में बढ़ोत्तरी हो सके।' स्वामीजी ध्यानस्थ हुए। कुछ क्षण सोचकर बोले, 'हे ब्राह्मण; तुम तो कहते हो कि सब उपाय किए हैं, किंतु क्या सत्यनारायण

की पूजा बाँधी है?' ब्राह्मण स्वामीजी के पैरों पर लोटता हुआ बोला, 'भूल हुई, आचार्य, भूल हुई। यहाँ से लौटते ही पूजा कराता हूँ।' दोनों घर लौटे। विनम्र भाव से पूजा की। स्वामीजी ने स्वयं पौरोहित्य किया। सवासेर की नाप में प्रसाद बनवाकर बाँटा गया। गाँव के गरीब जन तीर्थ-प्रसाद लेने आए। लेकिन सत्यनारायण का महाप्रसाद भूल से ब्राह्मणी के पैरों के नीचे कुचला गया। फिर क्या? बादल गरजने लगे। बिजलियाँ चमकने लगीं। मूसलाधार वर्षा शुरू हो गई, ऐसी कि कई सालों में नहीं हुई थी। लोगों में भगदड़ मच गई। और एक चमत्कार घटित हुआ-शहर के बीचो-बीच एक नदी बहने लगी। शहर के दो भाग हो गए। अब दोनों हिस्सों को जोड़ने वाली कड़ी बन गया सिर्फ एक पुल।

मुगल आए और गए। मराठाशाही आ गई और चली गई। आखिर गोरा साहब भी चलता बना। फिर भी वे दो हिस्से ज्यों-के-त्यों रहे। नदी पर पुल बाँधे गए, बाँध खड़े हो गए, मगर ये दो हिस्से एक दूसरे से दूर ही रहे।

गाँव में दफ्तर बनने लगे। एक केबिन, भीतर साहब, बाहर पीउन और टाइपरायटर पर क्लर्क। पीउन बीड़ियाँ फूँकता था। साहब के बराबर फोन आते थे और इधर क्लर्क बेचारा लगातार टाइपिंग कर रहा है। साहब बहुत भला है, पालनहार है, फोन है, मोटर है, पंखा है, गोरी चिट्टी बीवी है। भाषा में दबदबा है, गले में टाई है या टेरिलिन का बुशशर्ट है। यह है, वह है। यह भी है, वह भी है। सब कुछ है, कुछ नहीं सो है ही नहीं। और तिस पर साहब की शिकायत भी है। और हाँ, उनके यहाँ प्रेशर-कुकर भी है। फ्रीज़ है, टेपरिकार्डर भी है। यह सब उस कम्बख्त नदी की वजह से हुआ। क्योंकि ब्राह्मणी ने प्रसाद को कुचल दिया और पूरा झमेला ही हो गया। उस सत्यनारायण के ख्याल में यह तब आया होगा या वहाँ भी लाल फीताशाही है....? जाने भी दीजिए। मुझसे पूछा जाए तो मेरी एक ही ख्वाहिश है और वह यह कि कोई आए और साहब के केबिन को ही भगा कर ले जाए अथवा

हरेक के चारों तरफ एक-एक अलग केबिन बन जाए। **(अंतराल)**

युवती : ईर्ष्या होती है?

युवक : ईर्ष्या, माँ कसम, सच-सच कह दिया तो आपने उसे ईर्ष्या मान लिया? बड़ी गलतफहमी है आपकी। यों देखें तो आपका इन सब बातों से कुछ भी वास्ता नहीं।

आप सिर्फ वायलिन बजाइए।

और मैं भी कुछ न बोलते हुए सीधे उस वुइंग में चला जाता और यह एकांकी ही मंचित न हो पाता।.... मगर.... दर्शकों की संख्या बढ़ने पर किसी न किसी को मंच पर आना ही पड़ता है, याने कि प्रेक्षागार की भीड़ भी कुछ हट जाती है और कुछ 'सच-सच' सुनने का मौका मिलता है लोगों को। लेकिन बात यह भी नहीं कि इससे कुछ फर्क पड़ने वाला है। फिर भी वही-वही बातें 'हैमर' तो होती हैं उन पर और इसी से उनके ध्यान में रह जाती हैं। बस, इतना ही। **(अंतराल; वायलिन जारी)**

(दर्शकों को उद्देश्य करके) तो इस प्रकार हमारी आपस में पहचान होती है। कुदरती तौर पर हुई यह पहचान आगे टिकती है। इस वजह से कहिए या और किसी वजह से कहिए, यह दोस्ती बढ़ती जाती है। और एक मंजिल पर रुक जाती है। क्योंकि वह मासूम नदी तो कभी की बीच में से बहती रही है।

एक दिन वह मेरे घर पर आती है।

(युवती अंदर जाती है। युवक बिलकुल मामूली दो कुर्सियाँ लाकर रंगमंच पर रखता है। यह सब वह संगीत की लय पर करता है। अंदर जाता है। संगीत की द्रुत लय शुरू होती है और उसी लय को पकड़कर युवक के पिता मंच पर प्रविष्ट होते हैं। दो-एक चक्कर लगा कर एक तरफ बैठते हैं। हाथ में समाचार पत्र है।)

(युवक, वुइंग में से झाँककर दर्शकों से-) हमारे पिताश्री।

पिता : हाँ, क्या कहता है आज का पेपर? खुली हो गई। वाह! बियर खुली हो गई। वाह! अब ताश के खेल में मज़ा आएगा। अजी ओ, अजी, सुना आपने? बिअर खुली हो

गई। नहीं, नहीं, सुली नहीं, सुली नहीं, बिअर-बिअर एक तरह का हलका मद्‌य। सरकार ने इसके प्रतिबंध को हटा लिया और हाँ।.... आज मेल और एक्सप्रेस लेट हैं! याने यात्री अटक गए।.... ब्रॉडगेज करने की योजना मंजूर। करिये, खालिस योजना करिये और मंजूर करवाइए। गोरा साहब गया और रेलवे की शान चली गई। अब समूची संपत्ति जनता की है।

[चुप होते हैं। दरवाजे पर दस्तक। युवक एक वुइंग से दूसरे वुइंग तक दरवाजा खोलने जाता है। पिता कोने में एक स्टूल पर बैठते हैं। युवती आती है। कुर्सी पर बैठती है।]

युवक : आइए। आओ न। मैंने सोचा तुम आती हो या नहीं।

युवती : हुश-श-श। कितना दूर है तुम्हारा घर। कितने मोड़ हैं। पता नहीं फिर से मैं ढूँढ़ पाऊँगी या नहीं। राह में पूछा, तो किसी ने ठीक पता भी नहीं बताया।

पिता : छोटे विज्ञापन। शहर से बाहर, बस्ती से दूर, सभी सुख-सुविधाओं से लैस बंगला किराये पर देना है। मिलिए या लिखिए। बच्चे को सँभालने के लिए नौकरानी चाहिए। तुरंत संपर्क कीजिए।

युवक : **(पिता की बातों से बेचैन लेकिन वैसा न दरसाते हुए)** हाँ, ऐसा ही होता है। क्या किया जाए? और कहीं जगह ही नहीं मिलती। कभी मिलने वाली थी, लेकिन माँ ने कहा गाँव से बहुत दूर है। तो नहीं ली। गाँव ही में कहीं अच्छी जगह लेनी हो तो पगड़ी माँगते हैं। फिर इतने साल इस गली में हमने बिताए, सो माँ को भी इस जगह से लगाव हो गया है। हमारे दादा भी इन्हीं दो कमरों में रहते थे।

युवती : पुरानी हवेलियाँ बहुत बड़ी रहती हैं, है न? लेकिन वहाँ शांति नहीं मिलती। हमारे डैडी बताते थे कि हमारी भी एक बहुत बड़ी बखरी थी। लेकिन हमने नया घर बनाया न, तब डैडी ने बेच डाली।

युवक : तुम चाय लेती हो न? ठहरो, मैं माँ को चाय बनाने के लिए कह आता हूँ।

[वुइंग में जाता है।]

पिता : पढ़े-लिखे युवक की आत्महत्या? तीसरी मंजिल से कूद पड़ा! हाल ही में विवाहित युवती ने अपने को जला लिया-पति पर शक की वजह से। क्या नगर निगम इस ओर ध्यान देगा? बस क्रमांक बारा को स्वस्तिक लॉज से होकर नहीं, बल्कि पौर्णिमा होटल से होकर ले जाया जाए। क्योंकि रास्ता बहुत तंग है। तिस पर होटल के पास ही कॉलेज रहने से छात्रों के लिए इस स्टॉप की सहूलियत रहेगी। कृपया शीघ्र ही कार्रवाई करके इस असुविधा को टाला जाए।

[युवती मासिक-पत्रिका को उलटते-पुलटते ये बातें सुन रही है। युवक चाय लेकर आता है। चाय की प्लेट में गिरी चाय का पत्ती को हौले से हटाता है और युवती को चाय पेश करता है।]

युवती : ये तुम्हारे पिता हैं?

युवक : हाँ, रेलवे में हैं। अगले साल रिटायर होंगे।

पिता : **(मारे गुस्से के)** मेल-एक्सप्रेस आज फिर से लेट। हमेशा की शिकायत है यह। धुर साहब के जमाने से चल रहा है यह। हम देख जो रहे हैं लाइनमैन ही केबिन में न रहे तो सिग्नल मिलेगा क्योंकर? ड्राइवर उधर बोंब मारता रहता है, पैसेंजर झुँझला उठते हैं, फिर भी गाड़ी लेट की लेट ही। वक्त पर कभी नहीं।

युवती : तुम्हारे बहन....

युवक : एक है। मुझसे बड़ी। शादीशुदा। हम दो ही हैं।

पिता : राम जाने इनकी समझ में कब आएगा कि ऐसी हरकत से यात्रियों को अटकना पड़ता है। हाँ, यह बात दूसरी है कि इधर आग वगैरा लगाने की घटनाएँ हो रही हैं, तो गाड़ियाँ जरा कम लेट होने लगी हैं।

युवक : **(पिता की बातों से पूरी तरह झुँझलाया हुआ)** बड़ी बहन फिलहाल हमारे यहाँ ही है। जचगी के लिए आई हुई है। वह चार-पाँच महीने तो रहने ही वाली है। और....

पिता : पहले एक ड्राइवर था, फर्नांडिस बड़ा ही तगड़ा और जवान। उस वक्त बिजली की लाइनें नहीं थीं। महज़ कोयला। एक गाँव में उसने एक औरत रखी थी। जब जब

गाड़ी खेतों से होकर निकलती तो हर दिन उस गाँव के पास रुक जाए। बेचारा फायरमन अकेला ही एंजिन से सीटियाँ बजाता हुआ बैठता। **(जोर से हँसते हैं।)**

युवती : आजकल कुछ खेलते नहीं हो, शायद!

युवक : क्या?

युवती : पहले तुम खूब खेलते थे, कॉलेज की तरफ से। मेरे ख्याल से पिछले साल तुम किसी टीम में भी थे। मुझे याद है, मैंने वह मैच भी देखा था।

युवक : आजकल कुछ बनता नहीं। वक्त ही नहीं मिलता। एक तो स्टडी और इसके सिवा क्लास जाना होता है। यह साल बहुत इम्पॉर्टेंट है न!

युवती : इस वर्ष क्लास पा ही जाओगे, क्यों?

युवक : नहीं।

युवती : क्यों भला?

युवक : उसका भी एक कौतुक है। मुझे कभी फर्स्टक्लास नसीब नहीं होता। थर्डक्लास भी नहीं। मगर सेकिंडक्लास पक्का। मुझे हमेशा लगता है कि ये दो बड़े पहाड़ हैं। एक का नाम फर्स्टक्लास और दूसरे का नाम थर्डक्लास। इन दोनों के बीच एक झूमता हुआ पुल है और मैं उस पर खड़ा हूँ। मैं जरा भी इधर-उधर होने लगूँ तो यह पुल जोर-जोर से हिलने लगता है और मैं वहीं का वहीं ठहर जाता हूँ। क्या किया जाए? झूमते हुए पुल की जगह कोई पत्थर का पुल नहीं बाँधता और यही वजह है कि मुझे सेकिंडक्लास ही मिलने वाला है....**(अंतराल)**

युवती : आगे क्या इरादा है?

युवक : पता नहीं। देखेंगे। मगर मुझे जो शायद दीख रहा है, वह यह कि मैं एक बस से, सबेरे कोई अखबार लेकर और घर पर बनाया हुआ खाना लेकर चल पड़ूँगा। कंडक्टर के बस रोकते ही उतर पड़ूँगा। रास्ते के दोनों तरफ देखकर सावधानी से रास्ता क्रॉस करूँगा और एक कुर्सी पर विराजमान हूँगा। कार्ड पंच, काम शुरू। बेल बजेगी तो साहब से बात और उसके बाद फिर से यही सिलसिला

उलटे क्रम से जारी। बिलकुल बस से घर पहुँचने तक।
(अंतराल)

पिता : **(पत्नी से)** क्या है? हाँ, हाँ जाता हूँ। आज मंडी जाऊँगा। कल तुमको कह दिया था ना तो फिर से याद दिलाने की क्या जरूरत? हाँ, मुझे वो थैलियाँ दे देना। लौटने पर कोई शिकायत नहीं चलेगी कि यह क्यों नहीं लाए, वह क्यों नहीं लाए। यह आखरी पन्ना पढ़ते ही मैं चलूँगा। और सुना? सब्जी ले आने में मुझे कुछ देर लगेगी। तुरंत चाहिए तो नुक्कड़ से लाना।

युवती : चाय माँजी ने बनाई थी क्या? बढ़िया बनी है।

युवक : हाँ, मैंने ही बनाई। **(दोनों पशोपेश में हैं कि किस विषय पर बात की जाए)**
तुम्हारे यहाँ बहुत रेकॉर्डज् होंगे, क्यों?

युवती : हाँ, हैं न। बहुत सारे हैं। तुम आओ, तो जरूर सुनाऊँगी तुम्हें। सुनो, अब मैं चलूँ काफी देर हो चुकी है।

युवक : चलती हो?

युवती : हाँ, जाती हूँ अब!

युवक : अच्छा।
[युवती जाती है। युवक कुर्सियों को अंदर ले जाता है।]
झुँझलाहट। झुँझलाहट होती है सभी पर। वह भारतीय रेलवे, वह झूमता हुआ पुल, हमारे घर की चाय की वह छन्नी–सब पर। छन्नी में भी छेद। कम्बख्त सभी तलछट चाय में गिर गई। मुश्किल से हमारी सहेली घर पर आई और माँ ने चुनकर वह चीरवाला कप ही निकाला। आप तो देख ही रहे थे। हमारे पिताश्री बीच-बीच में किस तरह मुँह चला रहे थे। मगर गुस्सा करने से भी क्या होगा? घर से बाहर रहता हूँ। तब उतने समय के लिए अच्छा लगता है। ये माँ-बाप बड़ी परेशानी पैदा करते हैं। बीच ही में बोल पड़ते हैं, बिल्कुल बेवक्त और बेमतलब। और ये बोलेंगे तो सिर्फ बढ़ते हुए भावों के बारे में या उस रेलवे के बारे में। मुझे तो हमेशा लगता है कि हमारे पिताजी की देह में रक्तवाहिनियों की जगह रेल की पटरियों का ही जाल होगा।

फिर भी बड़े सीधे-सादे और भीरु हैं बेचारे। अपने ही चारों तरफ एक दायरा बनाते हुए उसमें अखबार पढ़ते, बैठते हैं। फर्ज कीजिए कि झूमता हुआ पुल कम-से-कम हिलता तो है। लेकिन ये दायरे वहीं के वहीं रह जाते हैं। ऑफिस, घर, रसोई, मंदिर, बढ़ते दाम और आखिर वो कम्बख्त रेलगाड़ियाँ लेट।

जब ऐसी बेचैनी घेर लेती है तब मैं चक्कर लगाने बाहर निकलता हूँ। रास्ते के किसी मोड़ पर हमारा कॉलेज आता है, सो मैं अंदर जाता हूँ। इस वक्त कॉलेज खाली रहता है। अच्छा लगता है भटकना। गुलमोहर के पेड़ नजर आते हैं। कुछ ही देर में बादल जमा होते हैं और बारिश शुरू हो जाती है। बरसात में भींगना कितना प्यारा लगता है! लेकिन माँ चिल्लाती है!

अँधेरा तो काफी छाया हुआ है। घर जाना होगा। पिताजी सबेरे ही मंडी गए थे। याने रात को आलू की उबाली हुई भाजी! मेरे लिए खाने पर रुके होंगे सब। घर जाना होगा। **(जाने लगता है।)** हमारी माँ आलू की भाजी क्या बढ़िया बनाती है। **(जाता है)**

[संगीत की एकदम दूसरी लय शुरू होती है। उसी लय पर युवती दो बाँकी कुर्सियाँ ला रखती है। 'टाइम' या 'लाईफ' का अंक उलटती हुई बैठती है। बेल बजती है-टिंग-टाँग। वह उठती है। दरवाजा खोलती है। युवक का प्रवेश।]

युवती : आइए। सोच रही थी कि आते हो या नहीं।

युवक : हाँ भई, देर हो गई। बहन जच्चा है। उसे अस्पताल में खाना पहुँचाना था। सो, अब आ रहा हूँ।

युवती : बैठो। मैं कॉफी के लिए कह आती हूँ। तब तक तुम्हें एक रेकॉर्ड सुनाती हूँ। ज़ोर्बाज़ डान्स। बढ़िया है।

[युवती अंदर जाती है। रेकॉर्ड शुरू होता है। युवक सुनता हुआ, अंक को उलट-पुलटता है। उकताया हुआ इधर-उधर घूमता है। वह आती है।]

युवक : तुम्हारे पिताजी क्या करते हैं?

युवती : इंजीनियर हैं।

युवक : बंगला तो शानदार है तुम्हारा।

युवती : डैडी ने ही बाँधा। यही कुछ चार साल हुए होंगे।

युवक : भाई-बहन....?

युवती : भाई नहीं है। बहन है। इस वर्ष सीनियर केंब्रिज में बैठेगी।

युवक : घर पर कोई नहीं है शायद!

युवती : महरी है। डैडी आते ही होंगे। बहन स्कूल गई हुई है और माँ मेरे ख्याल से, सहेली की बेटी की एंगेजमेंट है, उधर गई है। **(अंतराल)**

क्यों, एकदम चुप-से हो गए?

युवक : नहीं रेकॉर्ड सुन रहा हूँ। सुंदर है।

[रेकॉर्ड समाप्त]

युवती : दूसरा लगाऊँ?

युवक : **(अपनी ही धुन में)** क्या?

युवती : अजी, रेकॉर्ड।

युवक : अॅ ऽ रेकॉर्ड? मतलब?

युवती : **(हँसते हुए)** मैं पूछती हूँ, दूसरा रेकॉर्ड लगाऊँ क्या? किस खयाल में इतना डूब गए हो?

युवक : कहाँ का खयाल? मत लगाना दूसरा।

युवती : ठहरो। मैं कॉफी ले आती हूँ।

(आती है। हाथ में सुंदर ट्रे। उसमें कॉफी, बिस्कुट वगैरह) लो।

युवक : आँ हाँ, हाँ। **(अंतराल)**

युवती : तुम्हारी तबीयत ठीक नहीं है क्या?

युवक : क्यों? तुम्हें ऐसा क्यों लगा?

युवती : नहीं, यूँ ही पूछा।

युवक : बिस्कुट अच्छे हैं। किस किस्म के हैं?

युवती : डाइजेस्टिव। कल ही डैडी लाए हैं। पहले इससे बढ़िया रहते थे। आजकल जल्दी नर्म पड़ जाते हैं।

युवक : वायलिन कैसा चल रहा है तुम्हारा?

युवती : हर दिन बजाती हूँ क्लास में, लेकिन इधर कुछ ढीली पड़ गई हूँ।

युवक : तुम गिटार नहीं बजाती हो शायद।

युवती : ना। मुझे नहीं पसंद। मुझे सितार बहुत भाता है। वायलिन से भी ज्यादा। छुटकी सीख रही है। दो-एक सालों में अच्छा बजाने लगेगी।

युवक : बाग बेहतर बनाई है आप लोगों ने।

युवती : उसे हमारे माली ने बनाया है। और उधर माँ को 'रोज़-सोसायटी' में पुरस्कार हासिल हुआ। परसों ही हमारे गुलाबों को दूसरा नंबर मिल गया।

युवक : घर में नहीं है शायद।

युवती : कल ही तो तोड़ दिए। बाकी वाली अभी कलियाँ हैं। कल को शायद खिल जाएँगी।

युवक : फूल नहीं, तुम्हारी माताजी घर में...

युवती : माँ की सहेली की बेटी के....

युवक : अरे हाँ, तुमने अभी-अभी तो बताया था कि वे उसके एंगेजमेंट के लिए गई हैं।

[बाहर कुत्ते के जोर से भोंकने की आवाज़]

युवती : दैया। डैडी आ गए शायद।

युवक : अच्छा अब मैं चलता हूँ।

युवती : बैठो भी। मैं पहचान करा देती हूँ। **(अंतराल)**

(एक अलग ही ढंगवाली संगीत-लय पर डैडी प्रवेश करते हैं।)

डैडी, यह मेरा मित्र अविनाश।

डैडी : नमस्ते। कहिए, कॉफी वगैरा हो गई है ना, बैठिए, बैठिए। चलने दो तुम्हारी बातचीत। मैं थोड़ा वॉश लेता हूँ। अभी बाहर से आया हूँ। **(जाते हैं)**

युवती : डैडी टेनिस बहुत बढ़िया खेलते हैं। अरे, जब कॉलेज में थे, तब युनिवर्सिटी टीम के कैप्टन थे। आजकल तो बिज़िनेस की वजह से खेलना कुछ कम हुआ है।

डैडी : एक्सक्यूज मी। थोड़ा वॉश लेके आता हूँ।

[एक वुइंग से दूसरे वुइंग में जाते हैं।]

युवती : डैडी की पढ़ाई भी हमारे कॉलेज में ही हुई है। माँ भी वहीं की छात्रा हैं।

[डैडी वॉश लेके आते हैं।]

डैडी : कहिए, कहाँ रहते हैं आप?

युवक : मैं गाँव में रहता हूँ, बाबू गेनू चौक के पास।

डैडी : पहले हम लोग भी गाँव में ही रहते थे। फुहारेवाले बाग के पास हमारी बखीर थी। बिल्कुल पेशवाओं के जमाने का। दादाजी के गुजर जाने पर हमने उसे बेच डाला। क्योंकि इतने विशाल बखीर की देखभाल करने वाला कोई था नहीं। परसों-परसों तक वहाँ कृष्णाष्टमी का उत्सव भी मनाया जाता था। पालकी सजती। उसके आगे छोटा नगगाड़ा बजता। पारण के दिन बड़ा भोज होता। लेकिन बखीर बेचने के बाद सब बंद हो गया। इधर के दिनों उस तरफ जाने का मौका ही नहीं निकलता। बिजिनेस की वजह से वह संभव भी नहीं। हमारे ऑडिटर पहले गाँव में ही रहते थे, तब जाना होता था। वे भी गुजर गए।... ठीक है। चलने दो तुम लोगों का। आइ डोन्ट वांट टु डिस्टर्ब यू। **(अंदर जाते हैं।)**

युवक : याने यह कहो कि तुम्हारे परदादा की बखीर गाँव में थी। क्यों?

युवती : हाँ, डैडी बताते हैं। मैंने कभी देखी नहीं। एक बार ही डैडी ने दूर से दिखा दी थी। मैंने परदादाजी को तो देखा ही नहीं और न दादाजी को भी। क्योंकि हमारे डैडी के पिता उनके बचपन में ही गुजर गए। इसलिए परदादाजी ने ही हमारे डैडी की परवरिश की। **(अंतराल)**

युवक : अच्छा। तो मैं चलता हूँ।

युवती : चलते हो?

युवक : हाँ क्लास है?

युवती : कैसी क्लास?

युवक : मैथ्स की।

युवती : अच्छा, फिर जरूर आना।

युवक : हाँ, हाँ, अच्छा।

[युवक जाता है। युवती मंच के सामान को उठाकर अंदर जाती है। किंतु यह सब संगीत की लय पर। युवती आती है। वायलिन बजाना शुरू करती है। युवक आता है।]

सुनिए।

युवती : अँ....? क्या?

युवक : आपके यहाँ प्रेशर-कुकर है? या फ्रीज़?

युवती : क्या कहा?

युवक : मैं पूछता हूँ क्या आपके यहाँ प्रेशर-कुकर है?

युवती : प्रेशर-कुकर?

युवक : हाँ, याने वही पेपिन का पाचित्र....(**अंतराल**)

(**दर्शकों से**) हमने अब हमारी बातचीत को रोक दिया। क्योंकि अगर यह सिलसिला इसी तरह जारी रहेगा तो इस एकांकी का दूसरा प्रयोग शुरू हो जाएगा। इसलिए हमने यह 'पॉज' लिया है। ऐसा नहीं कि यह 'पॉज' यह अंतराल सिर्फ नाटक की ही चीज है। वह तो सभी ओर छाया हुआ रहता है। कहानी में रहता है, उपन्यास में रहता है। यहीं क्यों रेल की पटरियों के बीच भी रहता है। केवल गर्मी के मौसम में यह दरार वाला अंतर कम हो जाता है और जाड़े के मौसम में कुछ बढ़ता है। फिर भी गाड़ी की रफ्तार वही की वही रहती है। इसके सिवा मेल और एक्सप्रेस के लिए वही पटरियाँ रहती हैं। फर्क जो है वह सिर्फ डिब्बों का और उनमें बैठने वाले आदमियों का।

रोज-ब-रोज के संभाषण में भी यह अंतराल, आपके और मेरे अनजान में आ जाता है। मर्सिडीज़ बेंज़ का ट्रक भी बीच ही में 'फुस्स' कर देता है। मगर रास्ता वही है, रफ्तार भी वही। उस महामार्ग में भी दरारें निकल ही आती हैं। पहाड़ों के बीच में भी गुफाएँ रहती हैं। उन्हें जोड़ने के लिए झूमते हुए पुल रहते हैं। पुलों की संख्या बढ़ाई जा सकती है। मगर बहती हुई नदी को रोका नहीं जा सकता। क्योंकि ब्राह्मणी ने सत्यनारायण के प्रसाद को कुचल दिया। फिर बहती नदी को हम क्योंकर कह सकते हैं कि तुम बहो मत। क्योंकि आखिर जल याने जीवन वगैरा वगैरा....

और आखिर कुकर याने कि क्या प्रेशर-कुकर, क्या लक्ष्मीमार्का पीतल का कुकर-दोनों अपने-अपने तई भाप को रोकते और छोड़ते ही रहते हैं। लेकिन प्रेशर-कुकर में

भाप जल्दी जमा हो जाती है और धीरे-धीरे बाहर निकलती है। इसके सिवा भाप का पानी बन जाए तो भी अन्न काफी देर तक गर्म रहता है। इसीलिए तो प्रेशर-कुक्कर खरीदने की कोशिश करनी होती है। हो सके तो फ्रीज़ भी। वरना यह कुछ खरीदना संभव न हो, तो जिनके यहाँ ये चीज़ें हैं, उनका वायलिन सुनते हुए बैठो। वक्त मजे में गुजरता है।

[युवक पलथी मारकर बैठता है। युवती वायलिन बजाना शुरू करती है।]

भाषान्तर : डॉ० श्रीरंग संगोराम

■

चुल्लू भर पानी

प्रेमानन्द गज्वी

प्रेमानन्द गज्वी

बारह एकांकी लिखे. इनमें से 'चुल्लू भर पानी' के एक हजार प्रयोग मंच पर हो चुके हैं। इस एकांकी का अनुवाद हिन्दी, गुजराती, तेलुगु, मलयालम, कोंकणी, अंग्रेजी भाषाओं में हो गया है।

नाट्य लेखन—1. तन माजोरी, 2. किरवंत, 3. जय जय रघुवीर समर्थ, 4. देव नवरी, 5. सफेद बुधवार, 6. रंग यात्री, 7. गाँधी अम्बेडकर, 8. बाँझ माती।

उपन्यास—'जागर' कथा : 'लागन'।

राज्य स्तरीय 25 पुरस्कार प्राप्त।

पात्र

पहला युवक

दूसरा युवक

[मंच पर दो नवयुवक आते हुए दिखाई पड़ते हैं। दोपहर की तेज़ धूप में चलते-चलते थक गये हैं। छाया पाने के लिए व्याकुल हो रहे हैं। पर चारों ओर उदास बंजर मैदान है। बीच में बस एक नागफनी अपना फन फैलाये खड़ी है। नागफनी का उपयोग घटना-संयोजन के लिए किया जा सकता है]

पहला युवक : तपो, तपो और तपो, साले।

दूसरा युवक : हाँ भाई, बहुत तप रहा है साला, एक भी पेड़ नहीं, एक भी... नहीं...

पहला : बैठ। (**बैठता है**) बैठ रे। (**दूसरा उसकी बगल में बैठ जाता है**) अरे, पेड़ की छाया में सभी बैठते हैं, हम सूरज की छाया में ही बैठेंगे। तू मेरी छाया में बैठ। थक गया न बहुत?

दूसरा : वॉटर बैग दे तो जरा। बड़ी प्यास लगी है।

पहला : (**वॉटर बैग का ढक्कन खोलकर उसकी अंजुली में उड़ेलता है। दूसरा पानी पीने को लालायित है**) पीओ, पीओ।

दूसरा : पीओ क्या? उड़ेलोगे भी या नहीं?

पहला : क्या उड़ेलूँ खाक? (**वॉटर बैग उल्टा करता है।**)

दूसरा : मज़ाक कर रहे हो?

पहला : अरे नहीं। जीवन बीमा का पर्याय नहीं हो सकता पर पानी के लिए है।—कम से कम इस कठिन समय पर तो निश्चित।

दूसरा : कौन सा पर्याय?

पहला : शिवाम्बु।

दूसरा : फिर मज़ाक?

पहला : जब प्यास नहीं लगी थी तो बार-बार पानी पी रहा था, अब रुको एकाध नदी या गाँव आने तक।

दूसरा : यह ग्रामीण जीवन साक्षात्-मृत्यु है—मृत्यु।

पहला : तो तेरे ग्रामीण जीवन विषयक प्रबंध में साक्षात् मृत्यु के दर्शन होने वाले हैं। अरे, अरे देखो, वह बूढ़ा आ रहा है उससे पूछेंगे कि आसपास कहीं....

दूसरा : हाँ जी, पूछता हूँ। (**पहला युवक नागफनी के पीछे जाकर बूढ़े के वेश में और भंगिमा में आता है**) क्यों बाबा, यहाँ से गाँव कितनी दूर है?

पहला बूढ़ा : हमका पूछत है भइया?

दूसरा : जी हाँ।

पहला : कौन गाँव के हो जी?

दूसरा : बहुत दूर से आये हैं हम।

पहला : मतलब शहर से? तो फिर सीधे चले जाओ—चार खेतों को पार किया नहीं कि झाड़ियाँ दिखने लगेंगी—फिर नदी पार करते ही गाँव पहुँच ही गये समझो।

दूसरा : थैंक्यू।

पहला : जी, क्या कहा?

दूसरा : वो-वो, क्या कहते हैं वो ही अपना—हाँ, धन्यवाद! शुक्रिया।

पहला : अच्छा! अच्छा! (**कहते हुए बूढ़ा नागफनी के पीछे जाता है और पहला मूल भूमिका में लौटता है**)—चल यार जल्दी-जल्दी पैर बढ़ा। तब तक मैं तेरी तृष्णा के लिए सारा सागर ही सामने खड़ा किये देता हूँ।

तेरी आँखों में मेरी आँखें,
गहरा नीला अरब सागर।
किनारे से टकराने वाली लहरें-
ये सब कुछ झूठ है।—झूठ—
क्योंकि इसके तल में रहती है केवल
अपार शांति, अथाह शांति।

दूसरा : चुल्लू भर पानी। आऽह सुन्दर, अत्यन्त सुन्दर, अरे सुना है इस देश में मीठे पानी के झरने बहते हैं। वह देख दूसरा चित्र—

गंगा जमना गोदा कावेरी
सरिताएं सारी समलिंगी
और बहता है पानी कैसा?
वह तो है नपुंसकलिंगी
पुरुषार्थ के बिना है बांझ
यह संस्कृति ही ऐसी

परम्पराओं के सूखे से, फटी ज़मीन जैसे मुँह फैलाए, मिट्टी ही मिट्टी से मिलने नहीं देती चुल्लू भर पानी। **(बिजली बन्द होती है, पुनः जलती है) (दूसरा पानी अंजुली में, चुल्लू भर पानी भरकर होठों तक ले जाने की मुद्रा में...)**

पहला : अरे ए—हरामखोर—चल दूर हट चण्डाल, पूरे घाट को भ्रष्ट कर दिया।

दूसरा : दया करो माँ-बाप-सरकार—केवल एक घूँट पानी—चुल्लू भर मुँह सूख कर कलेजा मुँह को आ रहा है सरकार।

पहला : ठहर साले, तेरा कलेजा अभी बाहर निकालता हूँ बच्चू।

दूसरा : दया करो ठाकुर। सुबह से पानी की बूँद भी नसीब नहीं हुई। कुएँ पर भी कोई पानी देगा इसलिए कितनी देर आँखें लगाये बैठा रहा, पर किसी को दया नहीं आई। नाइलाज होकर आखिर यहाँ आया हूँ सरकार। सोचा ढोर भी तो पानी पीते हैं—

पहला : क्यों बे, ज्यादा होशियारी दिखा रहा है?—लगाओ रे साले को एक झापड़, निकालो इसका पानी बाहर।

दूसरा : ठाकुर, पैर पड़ता हूँ तुम्हारे। माँ-बाप-सरकार।

पहला : छुओ मत, मारो रे इस कम्बख्त सूअर को।

दूसरा : नहीं-नहीं ठाकुर.... भूल हुई मुझसे माफ करो—बाप रे मर गया—ओऽ य मरा—बचाओ, कोई बचाओ रे मुझे। मैं मरा... ओ ऽऽऽ

पहला : देखता हूँ कौन तेरा बाप आता है बचाने तुझे...

[दूसरा असह्य वेदनाओं से तड़पता है। नेपथ्य से आवाज़ आती है—''पुरुषार्थ के बिना बाँझ, यह संस्कृति ही ऐसी है, परम्पराओं के सूखे से फटी जमीन वैसे ही मुँह फैलाए, मिट्टी ही मिट्टी को मिलने नहीं देती चुल्लू भर पानी'' बिजली बन्द होती है, पुनः जलती है। मोर्चा के आविर्भाव से।]

दूसरा : एक गाँव—

पहला : जिन्दाबाद।

दूसरा : एक पनघट—

पहला : जिन्दाबाद।

दूसरा : एक गाँव, एक पनघट—

पहला : जिन्दाबाद। जिन्दाबाद।

पहला : र ऽऽ यह जिन्दाबाद-मुर्दाबाद हमारे गाँव में काहे को?

दूसरा : लगता है आपको कुछ भी मालूम नहीं है। क्यों जी, इस गाँव के ठाकुर कौन हैं जी?

पहला : मैं ही हूँ।

दूसरा : अच्छा ऽ आप हैं? नमस्ते।

पहला : हाँ, हाँ, राम राम।

दूसरा : क्यों ठाकुर, दलितों को जीने देना नहीं चाहते शायद?

पहला : मतलब?

दूसरा : खबर है कि घाट भ्रष्ट करने के कारण ज़बरदस्त पिटाई कराई गई है—

पहला : नहीं, बापजी, मेरे कानों तक तो कुछ भी नहीं आया।

दूसरा : समाचार-पत्रों में छपा है। बात चारों ओर फैल गई है और आपको कुछ भी मालूम नहीं है।

पहला : कौन बाँचता है समाचार-पत्र? और वह तो हमारे गाँव में आता ही नहीं, तो मालूम कैसे होता, जी?

दूसरा : यह बात है? तो चोखा कांबले को किसने पिटवाया?

पहला : कब?

दूसरा : छः महीना पहले—

पहला : तो अब उसका क्या। छः महीना पहले की बात तो—

दूसरा : तुम क्या समझे, बात खुलेगी नहीं?

पहला : देखो जी, हमें तो इसका कुछ भी पता नहीं है।

दूसरा : तुम्हीं ने लोगों को भड़काया और ऊपर से कहते हो कुछ भी पता नहीं?

पहला : पुलिस में जाकर क्यों नहीं कहते फिर?

दूसरा : 'पुलिस में गये तो टाँग तोड़ दूँगा, तुम्हारी बीवी की इज्जत लूट लूँगा'—ऐसी धमकी कांबले को किसने दी थी?

पहला : यह सब झूठ है—सरासर झूठा आरोप—उसने मेरे खिलाफ सब कुछ झूठ कह दिया है, पर यह नहीं कहा कि मुसीबत के समय कमोबेश मदद तो ठाकुर ही करता है।

दूसरा : और बदले में पिटाई भी करता है।

पहला : मैंने किसी को नहीं मारा। मुझे कुछ भी पता नहीं। अजी मैं, मैं क्या उनका दुश्मन हूँ? गर्मियों में नदी सूख जाती है

इसीलिए ढोरों के लिए बाँध बाँधा है। अब क्या ढोरों का पानी इन्सानों को पीना चाहिए? गाँव में एक ही रंग के लोग थोड़े ही होते हैं भैया—कोई तो होता है एकाध पागल।

दूसरा : पर पागलपन क्या तुमको करना चाहिए? अजी तुम तो ठहरे ठाकुर गाँव के ठाकुर—शासनदल के कार्यकर्त्ता। तुमको तो....अरे अपने दल को बदनाम करोगे तो विपक्षी दल के लोग तो हमारी बदनामी का बीड़ा उठाएँगे। सरकार बदनाम होगी। समझे। आज ही सब मिटा दो।

पहला : उसने गाँव की बदनामी की है, हमारा अपमान किया है, उसे पहले हमसे माफी माँगनी पड़ेगी।

दूसरा : ठाकुर। दिमाग ठिकाने पर है ना? दरअसल तुम केवल हमारे हो इसलिए कहता हूँ। जैसा कहता हूँ वैसा करो और उनको भी जीने दो।

पहला : उनको जीने को हमने थोड़े ही मना किया है, पर अपनी औकात समझकर।

दूसरा : उनके कुएँ भी तो तुमने....

पहला : हाँ, हैं तो वह सही ठिकाने पर। कौन खा रहा है?

दूसरा : उन्हीं के कुएँ पर उनको मनाही।

पहला : अब वे नहीं भरते तो क्या हम जबरदस्ती करें उनको?

दूसरा : ठीक है—आज के आज ही पानी भरने का सामूहिक कार्यक्रम निपटा लेते हैं।

पहला : हाँ, पर रिपोर्ट बढ़िया छपनी चाहिए—हाँ फोटो के साथ।

दूसरा : तुम उसकी चिंता मत करो, सारी व्यवस्था हो जायेगी। एक गाँव, एक पनघट।

पहला : जिन्दाबाद! जिन्दाबाद!

दूसरा : एक गाँव—

पहला : जिन्दाबाद, एक पनघट

दूसरा : जिन्दाबाद!!

[लाइट बन्द होती है, पुनः जलती है]

पहला : प्रधान जी।

दूसरा : जी हुजूर।

पहला : पिछले हफ्ते की सारी समाचार-पत्र की टीका-टिप्पणी तैयार है?

दूसरा : जी हाँ हुजूर, एकदम तैयार।

पहला : पढ़ो और कुछ खास हो तो हमें बताओ।

दूसरा : जी हुजूर, सरकार रेडी सरकार—

पहला : फिजूल बकबक करने में समय मत गँवाओ।

दूसरा : जी—हाँ सुनिए हुजूर, फलाँ, फलाँ गाँव के बाँध की भव्य योजना का माननीय मुख्यमंत्री 'श्री' के करकमलों द्वारा भव्य उद्घाटन—फोटो ऽ फोटो ऽऽ

पहला : क्यों, क्या हुआ इस तरह चिल्लाने लगे?

दूसरा : आपका फोटो हुजूर। जी हाँ, उद्घाटन के समय का—समाचार-पत्र में क्या है—फोटो (**समाचार-पत्र आगे बढ़ाकर दिखाता है**)

पहला : पर इतनी सी बात के लिए इतना हंगामा? हमारे हाथों में क्या कैंची है फीता काटने के लिए? और कैमरामैन कैमरा लिए हमारा फोटो खींचने को तैयार है?

दूसरा : आदत। हुजूर, इस आदत से मजबूर हैं हम। आदत के गुलाम हुजूर—गुस्ताखी माफ हो।

पहला : माफ़—

दूसरा : बाँध तैयार होते ही फलाँ-फलाँ हज़ार एकड़ ज़मीन भींग जाएगी। फलाँ-फलाँ हज़ार मैगावाट बिजली का उत्पादन होगा और आसपास की रातें दिन के समान चमकने लगेंगी।. फलाँ-फलाँ हजार गाँवों में पानी पहुँचेगा—विकास के कई चरण....

पहला : प्रधान जी, यह फलाँ-फलाँ क्या बला है भला?

दूसरा : बला? छी! छी! यह भारतीय पीनल कोड के समान ही भारतीय जनता के हित की एक पहेली है।

पहला : मतलब?

दूसरा : मतलब यही कि योजना का सारा अस्तित्व चूल्हे में अर्थात् फलाँ-फलाँ में समाया हुआ है।

पहला : और समाचार-पत्रों ने भी साफ-साफ छाप दिया है। समाचार-पत्रों की स्वतंत्रता का साफ-साफ दुरुपयोग। इससे जनता को क्या खाक़ पता चलेगा?

दूसरा : आप जनता की न सोचें हुजूर। समाचार-पत्रों के आँकड़े उनसे हजम नहीं हो पायेंगे। परिणामत: सब फलाँ-फलाँ ही रह जायेगा—शून्यवत् और हम भी.... आप भी सरकार श्री, आखिरकार बचेगा फलाँ-फलाँ शून्य ही।

पहला : प्रधान जी!

दूसरा : फलाँ-फलाँ ज़िले के फलाँ-फलाँ तहसील के फलाँ-फलाँ सर्कस के फलाँ-फलाँ गाँव के गरीबों को-दलितों को घाट छूने के अपराध में ठाकुर ने मरते दम तक पीटा।

पहला : आखिर? आखिर का पढ़ो।

दूसरा : परम्परा को कैसे तोड़ूँ हुज़ूर?

पहला : ठीक है—विस्तार से निवेदन करो।

दूसरा : यस सर, छः महीने पहले इस घटना को 'क्रांति' नामक दैनिक ने सबसे पहले खोल दिया। तब हमेशा की तरह निषेध पत्रों की बौछार होने लगी, मोर्चे निकाले गये। तब अन्त में जाकर सामूहिक पानी भरने का कार्यक्रम सम्पन्न होकर मामला सुलझाया गया।

पहला : सुलझाया गया? किसने सुलझाया?

दूसरा : एक स्पेशल प्रतिनिधि भेजा गया था सर।

पहला : और नाम हुआ उन 'एक गाँव एक पनघट' वालों का।

दूसरा : हमी ने गोद लिया है उनको सर।

पहला : ठीक है। मतलब यही कि अब हमारे राज्य में चारों ओर शांति ही शांति है। अरे! यह कैसी गड़बड़ी है बाहर?

दूसरा : मैं देखता हूँ सर—(**जाकर वापिस आता है**) सरकार.... मुझे न्याय दीजिए—न्याय दीजिए सरकार।

पहला : अरे! मगर तुम हो कौन? और एकदम—डायरेक्ट हमारे पास? न्याय की व्यवस्था है हमारे राज्य में।

दूसरा : दीन-दलितों का कोई त्राता नहीं सरकार।

पहला : दीन-दलित? हाँ हाँ—दीन-दलित—क्या फरियाद है तुम्हारी?

दूसरा : पानी कहाँ से आता है सरकार?

पहला : पागल तो नहीं हो गये? पानी आता है नल से—लाखों रुपये खर्च करके हमने तालाब बँधवाये, मीलों लम्बी पाइपें डलवाकर घर-घर में पहुँचाई। और तुम पूछते हो पानी कहाँ से आता है?

दूसरा : शहर में नहीं—गाँव के बारे में पूछ रहा हूँ सरकार—

पहला : कहो, तुम कहते रहो, मैं सुनता जा रहा हूँ।

दूसरा : सरकार पानी आता है बादलों से। वह बहता है नदी नालों से। मिल जाता है सागर में। फिर बनती है भाप—भाप का बादल—बादलों का पानी, फिर उस पानी पर हक किसका सरकार?

पहला : ए, तुझे बोलने दिया तो बहुत बोलने लगा, तेरी शिकायत क्या है? साफ-साफ कह दे—

दूसरा : हमको पीने के लिए पानी नहीं है। शहर के लोग आते हैं, फोटू खींचते हैं और गाँव वाले आकर हमारे बर्तन भाँड़े तोड़फोड़ देते हैं। हम कैसे जीयेंगे सरकार? कैसे जीयेंगे?

पहला : अरे भई। जो तेरा दुख वो हमारा दुख। मैं समझ गया, तू उसी फलाँ-फलाँ गाँव का है न? हमारा राज कानून का राज है। किसी निठल्ले का नहीं। तू फिकर मत कर हमने नोट कर लिया है। ऐसा कर कि एक लिखित निवेदन दे दे, हमने इस मामले को नोट कर लिया है।

दूसरा : यह लो सरकार।

पहला : लिखित है न! जा, तू जा। हमने नोट कर लिया है। (**दूसरा विंग में जाता है।**) कौन है रे उधर?

दूसरा : यस सर।

पहला : अस्पृश्यता-कानून को तोड़ने वालों को सजा क्या है?

दूसरा : सर संशोधित बताऊँ कि....।

पहला : ज़बरदस्त धाक बैठनी चाहिए, उस दीनबन्धु की व्यथा सुनकर हमारी आँखें भर आईं। इन्सान-इन्सान के साथ ऐसा बर्ताव करे? अरे, जानवर भी तो एक जगह पानी पीते हैं।

दूसरा : सर, आपको इस तरह नहर के पानीनुमा एकदम बहना नहीं चाहिए। अगर ऐसा हुआ तो शासनकर्ता का वह दुर्गुण माना जाएगा। फिर तो हमें कुत्ता तक नहीं पूछेगा।

पहला : ऐसा? फिर हमें क्या करना चाहिए?

दूसरा : दलितों के लिए एक कुआँ खोदना चाहिए और सारा मामला खतम कर देना चाहिए।

पहला : पर इससे अस्पृश्यता का प्रश्न कैसे मिटेगा?

दूसरा : सर, उसमें ज्यादा उलझना ठीक नहीं। उसे धार्मिक प्रश्न के नाम पर छोड़ देना चाहिए।

पहला : हमने सुना है, कि दलितों को इससे पहले भी एक कुआँ खुदवाकर दिया था।

दूसरा : जी सर, किंतु पिछले वर्ष के सूखे में सवर्णों ने ही उसे हथिया लिया है। सरकार को दलितों के प्रति सहानुभूति है, ऐसा दलितों को लगते रहने के लिए यही एक मात्र रास्ता है।

पहला : ठीक है, हमने नोट किया। अब रहा, उस फलाँ-फलाँ गाँव के दीनबंधु का निवेदन—और हमारा भी भिजवा दो समाचार-पत्रों को—और हाँ, कुएँ के समाचार जोर-शोर से आने चाहिए।

दूसरा : सफल राजनीति की विजय इसी तरह होती है। (**निवेदन फाड़ डालता है।**)

[लाइट बन्द होती है, पुनः जलती है।]

दूसरा : भारत मेरा देश है,
सारे भारतीय मेरे बंधु हैं-
'बाल भारती' किताब के पहले पन्ने पर
तथा काश्मीर से कन्याकुमारी तक।

पहला : जातीयता के कोढ़ से सड़े भारत।
सच कहूँ—तेरी संस्कृति ही सड़ी हुई है, जड़ों से
तेरा इतिहास भी—
मुझे देशद्रोही साबित करना चाहते हो तो तुम्हारी मर्जी—

दूसरा : किन्तु तुम्हारा इतिहास
हिंजड़ों की निर्मिति का कारखाना है।
अरे हिंजड़ो, फेंक दो वह कुआँ कन्धे पर से—युगों से लदा हुआ और जीओ, स्वच्छंद गगन में विहार करने वाले उन्मुक्त पंछी की तरह। सड़े-गले भेजों से जन्में बांझ रास्तों पर हम क्यों चलें?

पहला : हमीं क्यों चले उन रास्तों पर?
हमारा जीवन एक पोखर-सा है—
हम गतिहीन क्यों?
किसने हमारी औकात तय की?
अरे, हमारी छाँह से भी नफरत?
क्या यह सच है कि सब में एक आत्मा है?

दूसरा : उसका रंग नहीं, गंध नहीं, रुचि नहीं
निर्गुण निराकार—
वह एकदम मुक्त है।
तो फिर हमारी ही आत्मा को किसने बाँधकर रखा
वह बंधनों में किस तरह उलझ गई?
गुलामी का सामना न करने वाली आत्मा कैसी?

पहला : मानवता की हत्या करने वाली इस आत्मा को ही मार डालो
और मुक्त हो जाओ।
मुक्ति का मार्ग है दृढ़ संकल्प।
संकल्प के झण्डे को गिरने मत दो।
अपनी मुक्ति के खुद हत्यारे मत बनो।
चाहे जान चली जाए
पर मुक्त मानव की आजादी की गाथा को मत कुचलने दो।

दूसरा : जखडे मन का प्रभात
मंगल होगा और मृत्यु
तुम्हारे धीरज की सराहना कर सलामी देगी।

पहला+दूसरा : क्रांति की विजय हो, क्रांति-क्रांति, जिन्दाबाद। क्रांति विजयी हो।

पहला : क्रांति के नारों ने उसे कर दिया है बाँझ—बना दिया है खोखला बाँस—

दूसरा : इस देश में चली हुई क्रांति का घिनौना अर्थ पृथ्वी पर और कहीं नहीं होगा।

पहला : अछूत के बच्चे को गोद में उठाने से क्रांति होती है और चुल्लू भर पानी के लिए तरसते रहे लोग!—पर वही पानी गधे को पिलाने से क्रांति होती है।

दूसरा : वेदाध्यायी शंबूक का सिर काट दिया जाता है और चार पैरों वाला—चौपाया भैंसा क्रांतिकारी साबित होता है—

पहला : ऐसे ये क्रांति के बाँझ अर्थ और सन्दर्भ देश को रसातल तक ले जा रहे हैं और इसलिए—

पहला+दूसरा : सम्पूर्ण क्रांति विजयी हो, क्रांति की जय हो।

दूसरा : फलाँ-फलाँ जिले में।

पहला : फलाँ-फलाँ तलसील में।

दूसरा : फलाँ-फलाँ सर्कल में।

पहला : फलाँ-फलाँ गाँव में।

पहला+दूसरा : कुहराम। कुहराम।

पहला : कुएँ पर पानी भरने आये हुए सत्याग्रहियों पर सवर्णों द्वारा प्राणघाती हमला—

दूसरा : सत्याग्रह में बड़ी तादाद में महिलाएँ भी थीं—

पहला : महिलाओं के शील-भंग का प्रयत्न—

दूसरा : हमले के बचाव में दलितों द्वारा दृढ़तापूर्वक सामना—

पहला : तथापि एक की मृत्यु, दो गम्भीर रूप से घायल—

दूसरा : भाऊ साहब को भी मार लगी।

पहला : पुलिस सहायता बहुत कम—

दूसरा : स्थिति अब भी आतंकपूर्ण।

[लाइट बंद होती है, फिर से जलती है]

पहला : भाऊ साहब की जय हो। जय हो।

दूसरा : आप कौन हैं?

पहला : मैं 'क्रांति' नामक दैनिक का ग्रामीण सम्वाददाता हूँ। आपकी विशेष मुलाकात....

दूसरा : कहने लायक मेरे पास खास कुछ नहीं है।

पहला : यह आपकी विनम्रता है। बहुत वर्षों के बाद दलितों को आपके रूप में एक समर्थ नेतृत्व मिला है। नेता के अभाव में इस समाज का बड़ा भारी नुकसान हुआ। लगता है, अब वह कमी निश्चित रूप से दूर होगी।

दूसरा : कैसे?

पहला : हो सकता है—कल आपके द्वारा सारे देश का चित्र ही पलट जाये।

दूसरा : मैं प्रत्यक्ष कार्य पर विश्वास करता हूँ। आज तक नारेबाजी, भाषणबाजी क्या कम हुई? मुझे मुखौटों से चिढ़ है और न ही मैं उन्हें पहनूँगा।

पहला : आपके ख्याल से अब सरकार को क्या करना चाहिए?

दूसरा : इस प्रश्न को सामाजिक समस्या समझकर प्रत्यक्ष कार्य पर बल देना चाहिए। दलितों को केवल चुनाव के समय वोटों के लिए उपयोगी खिलौने नहीं समझना चाहिए। यदि ऐसा हुआ तो न्याय से वंचित निराश दलित वक्त आने पर देशद्रोह करने में भी नहीं हिचकेंगे।

पहला : और!

दूसरा : अभी इतना ही काफी है।

पहला : थैंक्यू!!

[लाइट बन्द होती है, पुनः जलती है]

पहला : आइए, आइए, भाऊ साहब, आपसे मिलने के लिए मेरा जी लालायित हो रहा था—

दूसरा : क्यों शर्मिंदा करते हो?

पहला : आपकी शक्ति को हम पहचानते हैं। हम दाद देते हैं।

[पैसे की थैली आगे बढ़ाता है]

दूसरा : ऐ-अरे? यह क्या?

पहला : आपकी भूख और हमारी सुरक्षा—दो लाख।

दूसरा : मतलब कि मैं अपना आंदोलन पीछे लूँ?

पहला : ऐसी बात नहीं, पर आपका नेतृत्व और हमारा शासन दोनों सलामत रहे यही हमारी इच्छा है। हम आपके हर प्रश्न के साथ रहेंगे, समय-समय पर विशेष सम्मान भी.... **(थैली देता है, दूसरा झिझकते हुए लेता है)**

पहला : भाऊ साहब की जय हो।

दूसरा : मुख्यमंत्री 'श्री' की जय हो।

[लाइट बंद हो जाती है, पुनः जलती है]

पहला : अब और कितने दिनों तक पीना पड़ेगा हमें इसी नाले का पानी?

दूसरा : हमको तो कुछ समझता नहीं। हाँ-ना करते-करते महीने बीते, पर भाऊ साहब न इधर आये, ना उनका नाम, ना पता, ना कोई संदेश। गर्मी का मौसम यों सिर पर आ धमका है। कुआँ खोदा दस-बारा हाथ। पत्थर लगा और काम बन्द हो गया। कुछ हर्ज नहीं। पर यह भी देखना नहीं चाहिए कि कार्य कहाँ तक आया है? व्यर्थ ही गाँव वालों से झगड़ा मोल लिया मैंने। एक जान चली गई। खून बह गया। अब फिर गरमी के दिन आने पर उनके ही पाँव पकड़ने होंगे—'बाबा' पानी दो-बाबा ऽऽ पानी दो—

पहला+दूसरा : बाबा ऽऽ पानी ऽ दो ऽऽ .... **(इन सुरों के साथ ध्वनि सुनाई देती है।)**

'सहस्त्र बार जनी यह बाँझ धरती पर
परम्पराओं के सूखे से फटी ज़मीन
जैसे मुँह फैलाये खड़ी
मिट्टी ही मिट्टी को नहीं मिलने देती
चुल्लू भर पानी
'चुल्लू भर पानी' चुल्लू भर पानी....

[स्वर—निनाद के साथ पटाक्षेप]

भाषान्तर : डॉ० दुर्गा दीक्षित

■

टैक्स फ्री (करमुक्त)

डॉ० चन्द्रशेखर फणसलकर

डॉ० चन्द्रशेखर फणसलकर

विविध विषयों पर एकांकी लेखन
'टैक्स फ्री' एकांकी संग्रह प्रकाशित
अनेक देशी-विदेशी भाषाओं में
अनुवाद। कई देशों में मंचन
महाराष्ट्र सरकार और महाराष्ट्र
अकादमी से पुरस्कृत।

पात्र

जगताप

पंढ़रपुर

केंजले

काले

सोनवणे

[परदा खुलता है-एक कमरे में परदा लगी खिड़की के पास एक व्यक्ति बैठा हुआ। दूसरा डंबेल्स लेकर कसरत में मशगूल। खिड़की के पास बैठे हुए की परदा हटाकर रास्ते की यातायात पर रनिंग कॉमेंट्री चल रही है।

कमरे में चार चारपाइयाँ हैं। एक मेज, मेज पर ग्रामोफोन है। वर्तमान में दो चारपाइयों की गद्दियाँ लपेट कर रखी गई हैं। खिड़की के पास बैठा विट्ठल पंढ़रपुर, व्यायाम करने वाला रघुनाथ जगताप।]

जगताप : **(डंबेल्स लेकर व्यायाम करते हुए)** हैय्या, हप्पा, हैय्या हप्पा।

पंढ़रपुर : **(परदा हाथ से एक ओर हटाते हुए। बाहर कान देकर सुनते हुए)** यह फिर से मारुती वन थाऊजंड। जगू लगता है, मारुती का यह नया मॉडल लोगों को पसंद है। रास्ते पर ऐसी कई गाड़ियाँ दिखाई दे रही हैं।

जगताप : **(डंबेल्स रखकर, हाथ के स्नायु देखते-परखते)** ऐसा आप कहते हैं। लेकिन पंढ़रपुर, तुम भी अंधे और मैं भी अंधा। इसलिए आप कितना भी कहो मैं हाँ ही कहूँगा।

पंढ़रपुर : बोल मत जगू। केवल फायरिंग से मैं गाड़ी पहचानता हूँ, कान काटकर अलग करने पर भी मैं पहचानूँगा। गराज इतने साल मैंने यूँही नहीं चलाया। किसी भी गाड़ी के बारे में पूछ-कितने नट और कितने बोल्ट नींद में भी बता सकता हूँ मैं।

जगताप : **(बुलवर्कर लेते हुए)** बताओ तो फियाट में कुल कितने नट होते हैं?

पंढ़रपुर : बहुत मामूली-सा सवाल। यह मैं नींद में ही बताऊँगा, रात में मिलना।

जगताप : **(हँसते हुए)** तुम भी।

[दरवाजे की घंटी बजती है। एक बार, दूसरी बार। भीतर से चालीस की उम्र का व्यक्ति आता है। वह भी अंधा ही है-केंजले मास्टर। दाहिनी ओर बाहरी दरवाजे की तरफ ऊपर जाने वाली सीढ़ी। केंजले उसे एक ओर हटाकर रख देते हैं। बाद में मेज पर से माइक्रोफोन लेकर उसके जरिए बोलते हैं।]

केंजले : आइए कालेजी, वेल्कम टु ब्लाइंडमेन्स क्लब। आवाज से चौंकिए मत। आपके सिर पर दरवाजे के ऊपर स्पीकर है-उसी में से मेरी आवाज आ रही है। दरवाजा खुला है, धक्का देकर सीधे भीतर आइए।

काले : **(बाहर से)** अच्छी बात है।

[कुछ पल सन्नाटा, इस समय जगताप और पंढ़रपुर कान बंद कर लेते हैं और दरवाजे की दिशा में देखते हैं। दूसरे पल बाहर के दरवाजे से काले कमरे की जमीं पर गिरता है।]

केंजले : बहुत अच्छा। आप परीक्षा में उत्तीर्ण हो गये हैं। उठिए।

काले : **(उठते हैं, यह भी अंधा)** यह क्या तमाशा है? कितना जोर से गिरा मैं, हड्डी टूट गई तो।

केंजले : दरवाजे से कमरे का फर्श पाँच फीट नीचे है काले।

काले : **(बैग उठाते हुए चौंककर)** क्या?

केंजले : कुछ नहीं। दरवाजा खोलकर पाँव रखते ही वह पाँच फीट नीचे गिरता है।

काले : लेकिन।

पंढ़रपुर : याने कि दरवाजे में बड़ा स्पीड ब्रेकर है। एक्सल जोर से दबाये बिना गाड़ी भीतर नहीं आती।

काले : यहाँ और भी कोई है?

केंजले : दो हैं, परिचय जल्द ही होगा। पीछे जो चारपाई है वह आपकी है। गद्‌दी खोल लें, सामान चारपाई के नीचे ही रखें। सुविधाजनक होगा।

काले : लेकिन मैं आपके इस विचित्र स्वागत का अर्थ नहीं समझ पाया। केंजले, केंजले ही न। फोन पर नाम ठीक से सुना नहीं था मैंने।

केंजले : सही पहचाना आपने। केंजले। चारपाई पर बैठिए।

काले : दरवाजे से भीतर आने पर सीधे पाँच फीट नीचे-एक सीढ़ी भी नहीं। वाह। **(रुककर)** चारपाई तो है न यहाँ या वह केवल बातचीत में ही है।

केंजले : पहले तसल्ली कर लें। मैंने जानबूझकर कमरे का निर्माण इस तरह करवा लिया है। मैं यह क्लब, एक्सक्लूजिवली अंधों के लिए चलाता हूँ। मेंम्बरशीप फीस काफी

रिजनेबल है। साथ ही मनोरंजन की सौ फीसदी गारंटी। मैं स्वयं अंधा हूँ, इसलिए जो अंधे नहीं हैं वे इस क्लब का गलत लाभ न उठाएँ, इसलिए मैंने इस तरह निर्माण करवा लिया। अभी आप जिस तरह से दाखिल हुए।

काले : दाखिल कहाँ हुआ? गिरा कहिए।

केंजले : इसी से आपके अंधे होने का भरोसा हुआ, आप मेंबरशिप के लिए पात्र हुए। चाय पीते हैं न?

जगताप : **(व्यायाम करते हुए)** हाँ, चलेगी।

केंजले : **(उसकी ओर ध्यान न देते हुए)** नहीं, अगर आप पीते हों तभी बनाता हूँ वरना-

काले : नहीं चाय पीता हूँ। लेकिन अभी कॉफी पीने का मजा कुछ और ही होगा। मस्त सर्दी का मौसम है।

केंजले : कॉफी मैं नहीं बनाता। कॉफी उत्तेजक पेय होने से मैं उससे बचता हूँ, परंतु आप स्वयं बना लेते हैं तो...

काले : **(गिरने से दर्दभरी कमर सहलाते हुए)** नहीं।
फिर आप चाय ही बनाइए।

केंजले : अच्छी बात है **(जाते हैं।)**

काले : **(स्वयं से)** कॉफी से कैसी उत्तेजना मिलती है क्या मालूम।

पंढ़रपुर : कॉफी पीने वाले व्यक्ति का पाँव जिंदगी में ब्रेक की अपेक्षा एक्सिलरेटर पर ज्यादा होता है और उससे गाड़ी पर नियंत्रण नहीं रहता। ऐसी केंजले मास्टर की राय है।

काले : केंजले का कमाल है। इसका मतलब उन्होंने कभी कॉफी का स्वाद नहीं चखा।

जगताप : नहीं। वे पूरे ब्रह्मचारी हैं।

पंढ़रपुर : छोटी मारुती।

काले : छोटी मारुती?

जगताप : वह रास्ते की गाड़ियों के बारे में कह रहा है। **(बुलवर्कर रख के कसरत शुरू करता है।)** एक-दो-

काले : **(उसके पास जाते हुए)** आप कसरत करते हैं? अच्छी आदत है।

पंढ़रपुर : उसकी और भी कई अच्छी आदतें हैं। धीरे-धीरे मालूम हो जाएगी। यहाँ आपका भरपूर मनोरंजन होगा।

काले : आप दोनों-

जगताप : आप जैसे ही ब्लाइंड मेन्स क्लब के मेंबर।

काले : अच्छा, लेकिन आप यहाँ कब आए।

जगताप : मैं-घुटने की चोट भर गई है इसका मतलब पंद्रह दिन हो गये।

काले : घुटने की चोट?

जगताप : पाँच फीट की परीक्षा मैंने भी उत्तीर्ण की है। लेकिन एक बात है, केंजले क्लब बढ़िया चलाते हैं। मनोरंजन की पूरी गारंटी-किसी न किसी तरीके से होगा ही। अभी आपके भीतर आने से भी...

काले : भीतर गिरने से।

जगताप : (**हँसकर**) वही। लेकिन उसे भी हमारा भरपूर मनोरंजन हुआ।

पंढ़रपुर : आप ज्यादा सोचिए मत। हम दोनों की एंट्री भी इसी तरह हुई। विदाउट साइलेन्स।

जगताप : बाई द वे। ये है विट्ठल पंढ़रपुर।

पंढ़रपुर : और इसका नाम है रघु जगताप।

काले : मैं सदाशिव काले।

पंढ़रपुर : काले याने ब्राह्मण या मराठा?

काले : क्यों? जाति क्यों पूछते हो? कुछ खास?

पंढ़रपुर : नहीं। ऐसे ही पूछा। नये परिचय के बाद बातचीत शुरू करने में प्राब्लेम आता है। हमेशा शुरुआत जाति-पांति से की जाती है। लेकिन जाति गोरी है या काली जिसे दीखता ही नहीं उसके लिए क्या फर्क पड़ता है?

काले : मैं ब्राह्मण हूँ। देशस्थ।

पंढ़रपुर : होने दीजिए। हमें कोई आपत्ति नहीं है। बाई द वे, आपके हेडलाइट्स कब फूटे?

काले : हेडलाइट्स?

जगताप : वह पूछ रहा है कि काला चश्मा कब से लगाते हैं?

काले : काला चश्मा?

पंढ़रपुर : काले जी, आप अंधे कब से हुए? मैं तीस साल की उम्र से अंधा हूँ। जगू ने दो साल पहले अपनी आँखों का अंतिम इस्तेमाल किया। आपके हेडलाईट्स कब फूटे?

काले : अच्छा। (**गंभीर होते हुए**) कुछ महीने पहले, बेटे के उपनयन के समय यह हुआ।

जगताप : अच्छा आपके बेटा भी है।

पंढ़रपुर : काले, आपकी गाड़ी का रनिंग काफी अच्छा हुआ है।

जगताप : बेटे के उपनयन में आप क्या कर रहे थे जो आँखें चली गईं? लेकिन गंभीर हुए बिना बताना। नो सीरियस टॉक।

काले : (**सोचते हुए**) थोड़ा गंभीर हो सकता हूँ? उसके बिना नहीं बता पाऊँगा।

पंढ़रपुर : बेफिक्र हो जाइए। जगू की तरफ ध्यान न देना। आपकी गाड़ी कहीं भी पहुँच जाएगी तो हम उसे लाइन पर ला देंगे। घुमाइए चाभी।

काले : (**गंभीर होते हुए**) बायलॅटरल रेटायनल डिटैचमेंट।.... पंढ़रपुर, जगताप, नियति के खेल कितने अज्ञात होते हैं, सपने में जिसके बारे में सोच नहीं सकते वह प्रत्यक्ष होता है। आसपास मँड़राने वाला हवा के झोंके की परिणति अनजाने तूफान में होती है और आयुष्य की बिसात पर ज्ञात खेल बिगड़ जाता है। उस तूफान में घटनाक्रम, जीने का उद्‌देश्य, आँखों के सामने के लक्ष्य पत्तियों की तरह उड़कर आँखों से ओझल होते हैं। इसमें हैरानी की बात नहीं है, लेकिन जिनके संग यह खेल रचाया है, जिस स्थान पर मजबूती से पाँव गाड़कर खेलते हैं वह सहचरी और स्थान कई बार गुम हो जाते हैं और यह तूफान अंततः जब थम जाता है, हम एक सर्वथा नये, अज्ञात रास्ते पर होते हैं। अतीत के चिह्न नजर नहीं आते और उसे ढूँढ़ने का कोई मतलब ही नहीं होता क्योंकि,

पंढ़रपुर : क्योंकि उन्हें ढूँढ़ने के लिए हमारी गाड़ी में हेडलाइट्स नहीं होते। छोड़िए काले जी, फौरगेट इट। वाहन में कोई न कोई पार्ट खराब होगा ही। लेकिन मुख्य इंजीन मजबूत होना चाहिए।

जगताप : संक्षेप में जो महत्वपूर्ण है वही बताओ, ऐसा वह कहना चाहता है। (**बाक्सिंग ग्लोब्ज हाथ में चढ़ाकर बॉक्सिंग का अभ्यास शुरू करता है।**)

काले : कहीं पढ़ा हुआ और पसंदीदा मजमून था। कभी उसे बोलने की इच्छा थी। आज मौका मिला, उचित लगा, बोल दिया।

जगताप : अच्छा यह बात है। आपका पठन अच्छा है।

काले : धन्यवाद। सच कहूँ जगताप और पंढ़रपुर आप भी सुनो। मैंने बहुत सुंदर आयोजन किया था बेटे के उपनयन का। मैंने और पत्नी ने मन लगाकर तैयारी की थी। सभी रिश्तेदारों दोस्तों, परिचितों को आमंत्रित किया था और उनमें से कई उपनयन के लिए आये भी थे। समारोह के पूर्व की रात में यह घटना हुई। अचानक दोनों आँखों से दिखाई देना बंद हुआ। डाक्टर बुलाया गया। उसने पाँच मिनट में डायग्नोसिस किया। बायलॅटरल रेटायनल डिटैचमेंट। मैं पाँच मिनट में बरबाद हो गया। नियति के एक आघात से पूरा तहस-नहस हो गया। (**विराम। रूमाल से आँखें पोंछते हुए**) बंडू को उपनयन की वेशभूषा में देखने की इच्छा रह गई।

जगताप : (**बॉक्सिंग का अभ्यास रोकते हुए**) बंडू के उपनयन में आपने उसकी जंघा में मेंढ़क भरा था? ऐसा रिवाज है इसलिए पूछा।

काले : रिवाज तो है, लेकिन मेरे बेटे की जंघा बड़ी है इसलिए उस अनुपात में मेंढ़क नहीं मिला। इसलिए मजबूरन मेंढ़क भरना रद्द करना पड़ा। (**जगताप हँसने लगता है। इतने में घड़ी में दस घटियाँ बजती हैं।**)

पंढ़रपुर : (**कुर्सी पर से उठाते हुए**) जगू चल, जल्दी कर, दस बजे। स्नान का समय हो गया।

काले : पंढ़रपुर, आप हर रोज दस बजे स्नान करते हैं?

जगताप : (**बॉक्सिंग ग्लोब्ज निकालते हुए**) बाजू के घर की लड़की करती है। पंढ़रपुर हर रोज स्नान करने का आदी नहीं है, केवल औकेजनली। (**पंढ़रपुर दाहिनी ओर दीवार के पास एक**

कुर्सी सरका के रखता है। इस दीवार में एक चौकोर जाली लगी खिड़की है। पंढ़रपुर कुर्सी पर खड़े रहके खिड़की से कान लगाता है।)

काले	: बाजू के घर की लड़की।
जगताप	: **(मेज पर रखे फोन को पोंछते हुए)** जवान लड़की - काले- आपने कभी युवती को नहाते हुए सुना है?
काले	: **(चौंकते हुए)** क्या? युवती को नहाते हुए सुनना?
पंढ़रपुर	: देखना नसीब नहीं है, इसलिए केवल सुनना।
काले	: युवती का स्नान सुनना?
जगताप	: **(मेज की दराज से एक रेकॉर्ड निकालकर साफ करते हुए)** सुनिए तो। इसमें केवल सुख ही सुख है। **(रेकॉर्ड फोनों पर लगता है)** काफी। आपकी उम्र कितनी है?
काले	: होगी पैंतीस-छत्तीस।
जगताप	: फिर आपको भी पसंद आएगी। यू विल एन्जाय।
पंढ़रपुर	: शांति रखिए। कुछ ही क्षणों में स्नान शुरू होगा। रघु रेकॉर्ड लगा के तैयार हो?
काले	: रेकॉर्ड?
जगताप	: **(कुर्सी दीवार के पास ले जाते हुए)** स्नान के लिए पार्श्वसंगीत। काले आपको लगेगा कि संगीत नाटक की नटी नहा रही है....
काले	: लेकिन....
जगताप	: आइए, यहाँ कुर्सी पर खड़े होकर कान लगाइए।
काले	: लेकिन मैं कहता हूँ....
पंढ़रपुर	: शूऽऽ **(बाथरूम का दरवाजा खोलने की आवाज)** वह आ गई। उसने बाथरूम में प्रवेश किया। **(काले दबे पाँव कुर्सी पर चढ़ते हैं, कान लगाते हैं। जगताप फोनो के पास जाते हैं, दरवाजा बंद करने की आवाज)** उसने बाथरूम का दरवाजा बंद किया। अब **(जगताप फोनो शुरू करता है—'नटवर कृष्णा समान' शुरू होता है)**
काले	: **(चौंकते हुए)** यह गीत क्यों?
जगताप	: स्नान के पहले शरीर पर से कपड़े हटाने होंगे न?

काले : हँ–लेकिन यह नाट्य–गीत–नटवर कृष्णासमान....

जगताप : काले इस तरह अलग–थलग रह के स्नान न सुनो। उसमें खो जाओ। सोचिए कि आप इस संगीत नाटक के या स्वयंवर के नट हैं, आप स्वयं नटवर कृष्ण हैं।

पंढ़रपुर : छत्तीस साल के?

जगताप : चुप बे। आपके पौरुष पर फिदा होकर वह सभी जल, थल में आपको ही देख रही है।

पंढ़रपुर : सब कुछ आपको ही समझ कर।

जगताप : यह सुंदर युवती–आपकी रुक्मिणी–स्नान कर रही है।

काले : इतनी सुंदर कल्पना करना....

पंढ़रपुर : हाँ क्योंकि यह कल्पना में ही संभव है।

जगताप : इसलिए सोचिए दोस्त, स्नान के पहले शरीर के वस्त्राभूषण हटाते हुए आपकी याद में रोमांचित होकर कहती है–

पंढ़रपुर : साबुन कहाँ गया?

जगताप : कहती है (**फोनो की आवाज बढ़ाते हुए.... नटवर कृष्णासमान**)

पंढ़रपुर : शांति–शांति। शॉवर शुरू हो गया है। (**जगताप फोनो की आवाज कम करता है, शॉवर की आवाज उभरती है।**)

काले : पंढ़रपुर, यह रुक्मिणी गरम पानी से नहाती है या ठंडे पानी से

पंढ़रपुर : मेरी राय में ठंडे पानी से। आप अपना सोचिए।

काले : ठंडे पानी से। वाह।

[**शॉवर की आवाज–पार्श्वसंगीत में नाट्यगीत**]

काले : ऐसे वक्त हमारी आँखें नहीं हैं, इसका बहुत दुख होता है।

पंढ़रपुर : क्राऊनिंग ग्लोरी।

काले : आपने कुछ कहा?

पंढ़रपुर : खुशबू सूँघिए तो सही, इससे समझ सकेंगे। उसने साबुन लगाना शुरू किया।

काले : क्या बात है। मानो मेरे रोम–रोम से साबुन की खुशबू आ रही है।

पंढ़रपुर : आने दीजिए। सिर्फ अधीर होकर चिल्लाइए मत। उसने सुना तो कल से नहाना छोड़ देगी। (**कुछ समय के लिए**

सभी मौन रहकर स्नान सुनने में मग्न। शॉवर की आवाज धीमी होती हुई बंद हो जाती है। जगताप फोनो कमकर बंद करता है। पंढ़रपुर कुर्सी से उतरता है, कुर्सी जगह पर रखता है। खिड़की के पास हमेशा की जगह पर जाकर बैठता है। जगताप फोनो बंदकर अपनी जगह जाकर बॉक्सिंग ग्लोब्ज चढ़ाकर अभ्यास शुरू करता है। काले अभी तक दीवार के पास की कुर्सी में खोई-खोई स्थिति में)

पंढ़रपुर फिर कृष्णासमान लगा के नहीं, नहाने के बाद। (काले स्तब्ध) काले (काले स्तब्ध, जगताप काले के पास जाकर उसे भाव-समाधि से जगाता है।)

जगताप : चलिए नटवर, होश में आइए, स्नान खत्म हुआ।

काले : (सजग होते हुए) स्नान खत्म हुआ? अं, सुख के पल हाथ में आते-आते फिसल जाते हैं मानो पंछी की तरह फुर्र से उड़ जाते हैं। जगताप जी, अब वह शरीर पोंछ रही होगी न!

जगताप : (फिर से अभ्यास शुरू करते हुए) हाँ। लेकिन पोछने की आवाज सुनाई देने जितने हमारे कान लंबे थोड़े ही हैं।

काले : हाँ, लेकिन यहाँ माइक्रोफोन है न? रुक्मिणी अगर टर्कीश टॉवेल इस्तेमाल करती होगी तो शरीर पोंछने की आवाज निश्चित रूप से कैच की जा सकती है।

पंढ़रपुर : सिर्फ खरखर ध्वनि सुनाई देगी।

काले : यह भी सच है। महीने की फीस के पैसे इस एक स्नान में ही वसूल हुए। इस युवती को हर रोज नहाने की आदत है यह हमारी खुशकिस्मती है।

जगताप : बिल्कुल सही कहा आपने। इस पंढ़रपुर को ही देखो-पड़ोस की इस महिला की आयु में इसने वर्षभर में एक बार भी स्नान किया तो गनीमत समझो। यह महिला सत्तर की आयु में भी कितनी सफाई पसंद है।

काले : सत्तर साल। कौन? यह स्नान करने वाली युवती सत्तर साल की है।

पंढ़रपुर : क्या मालूम? वह महिला है या नहीं, यह हम कहाँ जानते हैं?

काले : यह आप क्या कह रहे हैं?

जगताप : (**बॉक्सिंग का अभ्यास करते हुए**) काले, इस क्लब का एक ही मोटो है—किसी न किसी तरह मनोरंजन करना या करवा लेना। इस प्रकार आपका मनोरंजन हुआ था या नहीं।

काले : हाँ हुआ तो है....

जगताप : अच्छी कल्पनाओं के जरिए मनोरंजन करवा लेने में हर्ज ही क्या है? बाजू के बाथरूम से हर रोज सुबह दस बजे स्नान की आवाजें आती हैं। अब कौन स्नान कर रहा है, यह हमें तय करना है। बाजू के बाथरूम में घर के कुत्ते को नहलाते होंगे तो भी सुंदर युवती नहा रही है, यह सोचने में क्या हर्ज है?

काले : लेकिन (**पल भर मौन और फिर खिलखिलाकर हँसते हुए**) सच है। आपका कहना बिल्कुल सच है। (**जगताप अभ्यास रोकता है। ग्लोब्ज निकालकर टेबल पर रखा कैसेट प्लेयर लेता है।**)

जगताप : आपको सिनेमा के गाने पंसद हैं या नहीं या केवल नटवर कृष्णासमान।

काले : (**हँसकर**) पसंद है भाई। लगाते हो? (**सिगरेट लेता है।**)

जगताप : सुनिए (**प्लेयर शुरू करता है-आँख से संबंधित कोई भी गाना लगाना।**)

[**केंजले भीतर से चाय के कप लाता है। कप टेबल पर रखकर प्लेयर बंद करता है।**]

केंजले : एक्सक्यूज मी जेंटलमेन। मैं चाय लाया हूँ। (**कप देते हुए**) काले आपके लिए बिना शक्कर।

काले : लेकिन आपको मेरे डायबेटीस का कैसे पता चला?

केंजले : आपके एक ही पुत्र है न, इससे मालूम हुआ।

काले : मैं कुछ समझा नहीं।

केंजले : आपकी शादी को आठ साल हो गये फिर भी एक ही बेटा है। कारण डायबेटीस। डायबेटीस से प्रजनन-शक्ति कम होती है। चाय लीजिए।

[**काले भौंचक्का होता है।**]

पंढ़रपुर : काले, नर्वस नहीं होना। मास्टर इसी तरह बोलते हैं। आपकी प्रजनन-शक्ति मजबूत है, आप बेफिक्र रहें।

जगताप : लेकिन मैं कहता हूँ-अब प्रजनन-शक्ति किस काम की? एक बेटा बहुत हुआ। मेरी तो यही राय है कि एक बेटे के बाद हर पुरुष की प्रजनन-शक्ति खत्म होनी चाहिए। कम से कम भारत जैसे घनी आबादीवाले देश में। **(कसरत शुरू करता है।)**

काले : **(उसे खड़ा समझ के हवा में ताली देते हुए)** क्या बात कही है आपने। मनुष्य से भरा यह देश-लेकिन अकेले पुरुष की प्रजनन-शक्ति खत्म होने से क्या होगा?

पंढ़रपुर : काले, बैटरी में प्रकाश के लिए दो सेल्स लगते हैं और वे भी चार्ज्ड। एक से क्या....

केंजले : पंढ़रपुर जबान को लगाम दो। बात करते समय विशिष्ट मर्यादाओं का पालन करना ही चाहिए। मैंने कई बार आपसे कहा कि अश्लील, वीभत्स बातें न करें।

काले : मैं सिगरेट पी सकता हूँ? यहाँ किसको क्या वीभत्स और अश्लील लगेगा कहा नहीं जा सकता।

केंजले : काले जी, मेरा विरोध लैंगिकता से नहीं है। लैंगिकता जीवन का अविभाज्य अंग है। लेकिन वह सुसंस्कृत रूप से हो। आप पापलेट खाते हैं न?

काले : **(सिगरेट जलाते हुए चौंककर)** क्या कहा आपने?

केंजले : **(कप उठाते हुए)** आज पापलेट का मेनू है भोजन के लिए। अगर आप तला हुआ पापलेट नहीं खाते तो बटाटेवडा बनाऊँगा। धुआँ दूसरी ओर छोड़ें। फोर स्क्वेअर की गंध तेज होती है।

काले : अं-ह-मैं खाऊँगा याने कि मैं पापलेट खाता हूँ।

केंजले : बहुत अच्छा। **(कप ले जाते हैं।)**

काले : कमाल की बात है। उन्होंने गंध से सिगरेट का ब्रैंड पहचाना।

जगताप : एक बात हमेशा ध्यान में रखें। अंधे के अन्य इंद्रिय ज्यादा तीक्ष्ण होते हैं। हर्जाने के तौर पर-

पंढ़रपुर : काले, यह नॉनवेज जोक है काले। हँसिए (**काले हँसता है।**) जोक समझकर हँसे या नंदीबैल पॉलिसी के अनुसार हँसिए कहने पर हँसना।

काले : यह भी कोई पूछने की बात है। अजी, हर रोज कम से कम एक सामिष चुटकुला सुने बिना मैं सो नहीं सकता। अभी पत्नी बताती है। बचपन में माँ सुनाती थी। (**सभी हँसते हैं। केंजले भीतर से आते हैं। उनके सिर पर केन की टोपी, हाथ में मछली फँसाने का काँटा, शरीर पर टी शर्ट और ढीली हाफ पैंट**)

केंजले : पंढ़रपुर चलो। हमारा समय हो गया।

पंढ़रपुर : अभी आया। सामने के रास्ते पर एक एम्बेसेडर रुकी है। वह शुरू होते ही चलेंगे। काले जी, आपको मालूम नहीं है इसलिए बताता हूँ, मुझे इंजन बैक फायर होते समय जो आवाज होती है, उसे सुनना बहुत पसंद है। हमेशा सुनने को मिलता है ऐसी बात नहीं है। लेकिन आज किस्मत आजमाने में क्या हर्ज है?

काले : लेकिन....

पंढ़रपुर : (**खिड़की से देखते हुए अर्थात सुनते हुए**) शू.... (**विराम! बैक फायरिंग की आवाज। दो-तीन बार। बाद में गाड़ी शुरू होकर चली जाती है। पंढ़रपुर खुशी से केंजले के पास जाता है।**)

पंढ़रपुर : (**केंजले से**) काले का शगुन उत्कृष्ट है। एक नहीं, दो नहीं, तीन बार गाड़ी बैक फायर हुई। फिसँक फिसँक फिसँक।

केंजले : आपका बैक फायरिंग खत्म होकर गाड़ी जल्दी शुरू हुई तो ही ग्यारह बजे तक हम वापस आ सकेंगे। खाना बनाने के लिए।

काले : आप कहाँ जा रहे हैं?

पंढ़रपुर : मछली पकड़ने के लिए।

काले : मतलब? आप मछली पकड़कर लाने के बाद उसे तलेंगे?

केंजले : नहीं, खाने की मछली पहले ही लाकर रखी है। यह सिर्फ दिखाने का बहाना। यहाँ पीछे एक तालाब है। उसमें मछली फाँसने का काँटा डालकर बैठना मुझे पसंद है। उतना समय ध्यान-चिंतन कर सकते हैं। तालाब के पानी में काँटा डूबा कि हम अपने मन के तालाब में डूब सकते हैं।

इसमें अपूर्व आनंद मिलता है। ध्यान-चिंतन करते रहना। काले, जीवन-रहस्य की मछली कब काँटे में फँसेगी कह नहीं सकते। बुद्ध को पेड़ के नीचे मिला, रामदास को शादी की वेदी के पास मिला, हो सकता है मुझे तालाब के किनारे मिले, क्या मालूम।

पंढ़रपुर : मैं इनके पास बैठकर गाड़ी के हॉर्न सुनता हूँ। मुझे शायद किसी हॉर्न में जीवन का रहस्य मिलेगा। चलिए मास्टर। **(दोनों जाते हैं। काले और एक सिगरेट सुलगाता है, जगताप खड़े-खड़े जॉगिंग शुरू करता है, काले एक कुर्सी खींचकर उसके पास बैठता है।)**

काले : **(जगताप को)** सिगरेट?

जगताप : **(गर्दन हिलाकर ना करते हुए)** अं हं। **(बॉक्सिंग के समय नहीं, ऐसा सुझाता है।) (काले के सिगरेट पीते हुए और जगताप के जॉगिंग करने में कुछ समय चला जाता है। जगताप रुकता है : नैपकिन से शरीर पोंछते हुए....)**

काले : जगताप, एक बात पूछूँ?

जगताप : पूछिए न।

काले : नहीं। आपको आपत्ति न हो तो....

जगताप : पूछिए न।

काले : आप कैसे अंधे हुए?

जगताप : **(पल भर मौन)** काले, एक सिगरेट दीजिए।

काले : लीजिए न। आपने अभी ना कहा था न। **(उसे सिगरेट देकर सुलगाते हुए।)**

जगताप : **(एक कश लेकर)** सीरियस बात करते समय मैं सिगरेट पीता हूँ। सिगरेट से गंभीर माहौल तैयार हो जाता है। **(दो-तीन गंभीर शब्द बोलने के बाद रुकना-कश लेना-धुआँ छोड़ना-उस पॉज में धुआँ फैलने देना। पॉज की लंबाई और धुएँ की मात्रा एक समान स्तर पर फैलने के बाद बाकी शब्द हलके से धुएँ में छोड़ना। यकायक टेन्शन क्रिएट होता है। अच्छा खासा गंभीर लगता है।)** देखिए तो **(गंभीर होते हुए)** काले **(विराम-कश-धुआँ)** मुझे कैन्सर है। **(विराम-कश-धुएँ की लकीरें)**

काले : **(अकस्मात हँसने लगता है।)** जगताप, आप मजाक करने से बाज नहीं आएँगे। छोड़िए। हम किसी हल्के-फुल्के विषय पर बात करते हैं। **(हँसता है।)**

जगताप : **(गंभीर होते हुए)** काले, मुझे कैन्सर है। मॉलिग्नंट अॅस्ट्रोसायटोमा ब्रेन ट्यूमर। **(काले हँसते-हँसते रुक कर मौन हो जाता है।)**

काले : **(हौले से)** आई एम सॉरी जगताप।

जगताप : फौरगेट इट काले। आप अपनी सहानुभूमि अपने तक रखें और मैं जो कह रहा हूँ वह ध्यान से सुने। बहुत इंटरेस्टिंग है। **(विराम-कश-धुआँ)**, काले, मनुष्य के दिमाग के गहरे भीतर अर्थात दिमाग के सेंटर के आगे पीछे कहीं तो ऑप्टिक कायज्मा होता है। ऑप्टिक कायज्मा याने आँखों को दृष्टि की संवेदना देने वाली दो नर्वज, जहाँ क्रॉस होता है वह जंक्शन। इस जंक्शन को डॉक्टरी भाषा में ऑप्टिक कायज्मा कहते हैं। **(विराम)** सभी के दिमाग में ऑप्टिक कायज्मा होता है और वैसे ही वह मेरे दिमाग में भी है। अंतर सिर्फ इतना ही है कि किसी डाल पर बैठे कौए का भाँति मेरे ऑप्टिक कायज्मा पर मॉलिग्नंट अॅस्ट्रोसायटोमा बैठा है और दिन-ब-दिन उसका आकार बढ़ रहा है। पिछले एक साल में यह धीरे-धीरे बढ़ता गया और मैं धीरे-धीरे अंधा हो गया। **(विराम)** आप समझें न। **(उसकी उँगली पकड़कर उससे हवा में आकृतियाँ बनाता है)** देखिए-देख नहीं सकते लेकिन कल्पना कर सकते हैं कि ऑप्टिक नर्वज ऐसी क्रॉस होती है **(गुणा का चिह्न बनाते हुए)** ये जहाँ क्रॉस होती है वहीं कहीं यह गट्टू बैठा है कौन?

काले : मॉलिग्नंट अॅस्ट्रोसायटोमा।

जगताप : बहुत अच्छे। जब शुरू हुआ तो चने के आकार का था। तब उससे कोई तकलीफ नहीं थी। लेकिन चने का मटर हुआ और मटर का कंचा। तब आँखों के दोनों किनारों से दिखाई देना बंद हुआ। पहले रास्ते से गुजरते समय तिरछी नजर से लड़कियों को देख सकते थे। अब तिरछी नजर करने पर केवल अंधेरा दिखाई देता था। फिर अंधेरा किनारों से सेंटर की ओर बढ़ने लगा शटर की तरह। तब

तक कंचे का आँवला हो गया था। (**विराम**) काले आपके ध्यान में आ रहा है न।

काले : (**सजग होते हुए**) हाँ। जगताप मुझे ऐसा लगता है कि हम किसी लाइट विषय पर बात...

जगताप : सुनिए तो। असली मजा अब सामने आएगा। फिर डॉक्टर आदि शुरू हुए। सभी प्रकार की-खून, पेशाब आदि जाँच हुई। सब प्रॉपर चैनेल से हुआ, अंत में दिमाग का स्कैन हुआ तब तक आँवला कागजी नींबू हो गया था। डॉक्टर ने ट्यूमर नौन आपरेशनल बताया। रेडिएशन से एक-दो स्काल बढ़ेंगे। लेकिन रेडिएशन की तकलीफ भुगतेगा कौन? उससे बहुत तकलीफ होती है-कै, बुखार, बाल झड़ना, सब उलट-पलट होता है। सही है न?

काले : पता नहीं। मैंने रेडिएशन के बारे में सुन रखा है। परंतु उसका अनुभव नहीं है।

जगताप : काले, आपकी पत्नी ब्राह्मण या....

काले : (**चौंकते हुए**) हाँ, ब्राह्मण ही। लेकिन मैं कुछ समझा नहीं। अचानक आप....

जगताप : कुछ नहीं। ऐसे ही पूछा। मेरी शादी जिस लड़की से तय हुई थी, वह ब्राह्मण थी। वह ब्राह्मण और मैं मराठा। इंटरकास्ट। वह धारवाड़ की थी।

काले : धारवाड़? मेरी पत्नी भी धारवाड़ की ही है।

जगताप : अच्छा। (**विराम**) मैं धारवाड़ के पॉलीटेक्नीक में लेक्चरर के तौर पर नया लगा था। पिछले साल की बात है। इंजीनियरिंग की डिग्री हाथ में आई थी। परीक्षा उत्तीर्ण होने पर तुरंत नौकरी मिलने से मैं बहुत खुश था। सब मन के मुताबिक हो रहा था इसलिए दुनिया मेरी मुट्ठी में लग रही थी। जबरदस्त कॉन्फीडेन्स स्मार्टनेस आया था। इंजीनियर हुआ, तुरंत नौकरी मिली। मन में लड़की का खयाल पनपने लगा था। ऐसे समय हमारी पहचान हुई। लोहा गर्म था, तभी आघात हुआ कहिए अथवा बिल्ली के भाग छींका टूटा कहिए। वह मुझे उचित समय पर मिली। वह भी मेरी जैसी अवस्था में थी। नतीजा पहचान होते ही

दोस्ती हुई और दोस्ती प्रेम में परिणत होने में पलभर भी नहीं लगा। आप समझ रहे हैं न।

काले : हाँ। थोड़ा-थोड़ा....

जगताप : पलभर भी नहीं लगा। एकाध और सिगरेट मिलेगी?

काले : यह भी कोई पूछने की बात है? लेकिन आपके स्वास्थ्य के लिए....

जगताप : काले, छोड़िए सब। ब्रेन ट्यूमर और सिगरेट का क्या संबंध? आप भी डॉक्टर की तरह बात करते हैं। नाक से पानी बहने पर स्टूल की जाँच कराने के लिए कहना।

काले : (**हँसकर**) नहीं लीजिए न। सिगरेट काफी है। (**दोनों सुलगाते हैं।**)

जगताप : (**कश लेते हुए**) तो इस तरह हमारा प्यार धारवाड़ पॉलीटेक्नीक के रमणीय परिसर में परवान चढ़ा। कभी घंटों बातचीत तो कभी घंटों सिर्फ एक दूसरे को देखना। पूछिए मत। वह मिलना-जुलना। एक दूसरे को लिखे पत्र। काले, आपने कभी पत्नी को प्रेमपत्र लिखे हैं?

काले : हाँ। पहले जब वह मायके जाती थी, तो उस समय मैं लिखता था।

जगताप : वह और ज्यादा दिन मायके रहे इसलिए।

काले : (**हँसते हुए**) हाँ, परिणामतः वह तुरंत लौटती थी।

जगताप : आएगी ही। धारवाड़ में उनका मायका है न?

काले : हाँ, धारवाड़ में ही।

जगताप : धारवाड़। शुरू में सुधा के घर से हमारी शादी का विरोध हुआ। ज्यादा नहीं। हर इंटरकास्ट मैरेज करने वालों का होता है उतना ही। मेरे घर वालों ने तो मुझे छोड़ ही दिया था भगवान के नाम पर। बाद में प्रिंसिपल साहब शादी के लिए राजी हुए।

काले : प्रिंसिपल साहब?

जगताप : मेरे होने वाले ससुर। आर्ट्स कॉलेज के रिटायर्ड प्रिंसिपल थे। उनका घर और मेरा कॉलेज विश्वविद्यालय के परिसर में थे। इसलिए मेरी और सुधा की पहचान हुई। (**गुस्से से सिगरेट फेंकता है।**) किन्तु किस्मत ही खराब थी। सब कुछ ठीक हो रहा था कि ट्यूमर हुआ।

काले : जगताप, आप झूठ बोल रहे हैं। प्रिंसिपल गोकर्ण का आपकी और सुधा की शादी के लिए राजी होना संभव नहीं है।

जगताप : काले, मुझे झूठ बोलने की आदत नहीं है।

काले : इस पल तो आप पूरा ही झूठ बोल रहे हैं। क्योंकि जिनके बारे में आप बोल रहे हैं वे प्रिंसिपल गोकर्ण (**विराम**) दैट मैन इज डेड फॉर मोअर दैन टू इयर्स।

जगताप : यह आप अति की सीमा तक बोल रहे हैं।

काले : इतने दिन धारवाड़ में रहकर भी प्रि० गोकर्ण जिंदा नहीं हैं, यह आपको मालूम नहीं था। (**कुत्सित हँसी हँसते हुए**) आप झूठ बोल रहे हो जगताप।

जगताप : (**हँसता है।**) काले, अब तो....

काले : आपके झूठ का सबसे बड़ा सबूत यह है कि जिस सुधा के साथ आपकी पहचान, दोस्ती और प्रेम हुआ और जिसके साथ आपकी शादी तय हो गई थी, वह सुधा प्रि० गोकर्ण की इकलौती बेटी सुधा पिछले आठ वर्षों से सुधा सदाशिव काले है। इसका सबूत मैरेज रजिस्ट्री से अथवा नौ दिसंबर बयासी को विष्णुधाम मंगल कार्यालय में हमारी शादी में उपस्थित डेढ़ हजार लोगों से पूछताछ कर ले सकते हैं।

जगताप : काले, कौन-सा गेम खेल रहे हो। आपकी तबियत तो ठीक है। डॉक्टर को बुलाऊँ?

काले : सुधा के एक बेटा है मुझसे जो सात साल का है। उसका नाम बंडू हैं। (**विराम। जगताप हँसकर धुआँ छोड़ता है।**)

काले : (**बैठता है**) जगताप, दो साल पहले तक मेरे ससुर अर्थात प्रि० गोकर्ण मेरी सास समेत धारवाड़ में निवृत्त जीवनयापन कर रहे थे। दो साल पहले वे दिल के दौरे से गुजर गये। धारवाड़ के सरकारी अस्पताल में उनकी मृत्यु की नोट मिलेगी।

जगताप : काले, चलिए जरा खुली हवा में घूमने चलेंगे।

काले : वास्तव में ससुर की मौत के पहले से सास को पागलपन के दौरे पड़ते थे और ससुर की मौत के बाद तो वे सुध-बुध खो बैठीं।

जगताप : हँ-हँ।

काले : उन्हें निरंतर किसी के साथ की आवश्यकता पड़ने लगी। इसी समय मेरे अंधेपन से परिस्थिति कठिन बन गई। सास धारवाड़ छोड़ने को राजी नहीं थी। हम धारवाड़ नहीं जा सकते थे। आखिर मैंने सुधा को धारवाड़ भेजा।

जगताप : सुधा–मेरी प्रियतमा सुधा न?

काले : मेरी पत्नी सुधा। वह धारवाड़ में माँ के पास रहेगी और मैं और बंडू यहीं रहेंगे, ऐसा तय हुआ। पंद्रह दिन बाद एक शनिवार–रविवार हम धारवाड़ जाएँगे, यह तय हुआ।

जगताप : इसीलिए सुधा शनिवार–रविवार मुझसे नहीं मिलती थी।

काले : जगताप, आप झूठ बोलते हैं।

जगताप : छोड़िए काले। सुधा जवान थी। आप जैसे अंधे के साथ पूरी जिंदगी गुजारना यह कल्पना भी मुश्किल लगी होगी। उसी समय मैं उसे मिला। स्मार्ट, जवान, कॉन्फीडंट और आँखों वाला। इसलिए नये साथीदार के रूप में उसने मुझे देखा। लेकिन दुर्भाग्य से मेरे भी हेडलाइट्स फूटे आपके जैसे।

काले : जगताप। मैंने उदार मन से उसकी माँ को तकलीफ न हो इस उद्देश्य से खुद की असुविधाओं की परवाह किये बिना उसे धारवाड़ भेजा था और खुद की शादी हुई है यह भूलकर खुद के एक बेटा है यह भी भूलकर उसने पराये पुरुष के साथ प्रेम क्रीड़ा की और आप कहते हैं....

जगताप : काले, पैं पराया कहाँ हूँ? अब तो हमारा परिचय हो गया है। सोचिए काले, अगर हमारी शादी हुई होती तो हम अनोखे रिश्ते में बँध गये होते। आपकी सगी पत्नी का मैं सगा पति। काले, गले मिलाओ यार।

काले : **(गुस्से से उसकी दिशा में दौड़ता है)** जगताप। मैं तुम्हें
(जगताप एक ओर होता है और काले बाहर से आने वाले केंजले का गला पकड़ता है। केंजले के पीछे पंढ़रपुर, उसके हाथ में बड़ी मछली)

केंजले : **(शांति से)** अच्छा, अब गड़बड़ बंद। काले, मेरा गला छोड़िए।

काले : अच्छा आप **(छोड़ता है)** वह कहाँ गया? मैं उसका गला घोटूँगा।

पंढ़रपुर : काश। हमें दृष्टि होती तो हम भी देखते कि गला कैसे घोटते हैं?

केंजले : काँटा फाँसकर देखा—बहुत हुआ।

पंढ़रपुर : मास्टर घोटने दीजिए गला कुछ देर के लिए। जगू को कुछ नहीं होगा। टाटा मोबाइल है साला। एकदम मजबूत।

केंजले : वह मछली आप मेरे पास दीजिए। काले, आपका शगुन बढ़िया है। आज ध्यान-चिंतन अच्छा हुआ और बोनस के रूप में बड़ी मछली भी मिली। चलिए मैं भोजन की तैयारी करता हूँ, पंढ़रपुर काले का ध्यान रखना। **(भीतर जाते हैं।)**

काले : **(काँपते हुए सिगरेट सुलगाते)** हे भगवान, इस जिंदगी में और क्या-क्या देखना बाकी है।

पंढ़रपुर : काले क्या बात है? ऐसा लगता है, जगू ने आपकी गाड़ी में से पूरी हवा निकाल ली है।

काले : बरबाद। मैं बरबाद हो गया हूँ।

पंढ़रपुर : जरा शांत हो जाइए। सब मालूम हो जाएगा कि यह सब मजाक था।

काले : **(गुस्से से)** काहे का मजाक। खुद ही सारा जहर उगल दिया है।

पंढ़रपुर : काले जी, जरा धीरज रखें। यह सब यहाँ के मनोरंजन का एक हिस्सा था। जरा बताइए तो लाइफ का थ्रिल किसमें है? आपके रूखे-सूखे डेली रुटीन में क्या रखा है? सुबह-चाय-स्नान-पूजापाठ-कार्यालय-लिखा-पढ़ी-डिब्बा घर के उबले हुए पानी की बोतल-फिर से लिखा-पढ़ी-चाय-लिखा-पढ़ी-घर-फिर से चाय-समाचार पत्र-भोजन और बाद में पैंट की जेब से निरोध निकालकर धीरे से पाजामे की जेब में रखकर बच्चों के सोने का इंतजार करना। ऐसे ही दिन और वर्ष गुजरते हैं। इस बीच उम्र और पदोन्नति के कारण थोड़ा-सा बदल। यह भी कोई जिंदगी है। इसमें कोई मनोरंजन है। यह तो हायवे ड्रायविंग हुआ। सौ फीट चौड़े खुले चिकने रास्ते का ड्रायविंग हुआ। लाइफथ्रिलिंग होनी चाहिए। हाथ में स्टियरिंग, नाक की सीध में चढ़ाई वाला रास्ता, एक तरफ गहरी खाई और दूसरी ओर

पहाड़ी का नुकीला सिरा। चढ़ाई के आगे का रास्ता दाहिनी ओर या बाईं ओर मुड़ेगा, इसका पता न हो। और समय रात्रि का हो। सोचिए तो गाड़ी फर्स्ट में है। आप चढ़ाई के टॉप में पहुँचते हैं और अचानक आपके, ध्यान में आता है कि ब्रेक्स डाऊन है। इसे कहते हैं सिचुएशन और हमारी सिचुएशन इससे अलग थोड़े ही है। इसी उम्र में हम अंधे हो गये। हमारे लिए टैक्स फ्री मनोरंजन है। मजा आएगा। रूट टफ है, इसीलिए ड्रायविंग में मजा आएगा। **(इतने में बाहर ब्रेक्स की आवाज और कोलाहल)** कॉन्टेसा और ट्रैक्टर की टक्कर हो गई। आवाज वैसी ही है। **(पर्दा एक ओर खिसकाकर बाहर देखता है।)**

जगताप : सुना काले। इसने आपको इतना बड़ा लेक्चर पिलाया लेकिन आपकी पत्नी–मेरी प्रेमिका यह मेरे द्वारा खेले गये नाटक के बारे में एक चकार शब्द भी नहीं निकाला।

काले : याने आपने यह सब सुधा, प्रि० गोकर्ण, धारवाड़ यह....

जगताप : नाटक, पूरा नाटक, लेकिन कितना थ्रिलिंग हुआ नाटक।

काले : लेकिन आपको इतनी सारी जानकारी मिली कैसी?

जगताप : सुबह आपने मेम्बरशिप की पूछताछ के लिए फोन किया था, तब केंजले ने आपका फोन नंबर पूछा था। बाद में आप नहीं थे तब हमने आपके घर फोन कर भाभीजी के साथ बातें कीं।

पंढ़रपुर : पूरे काले कुल का इतिहास कंठस्थ हो गया हमें।

जगताप : भाभीजी बहुत अच्छी बातें करती हैं। सच अफेयर करने में मजा आएगा। **(काले पलभर मौन फिर हँसता है।)**

काले : बहुत अच्छा। भला हो आपका और आपके क्लब का। यहाँ मिनट-दर-मिनट गरेंटेड थ्रिल है। लेकिन जगताप, आपको गंभीर बीमारी होने पर भी आप मजाक कैसे कर सकते हैं।

पंढ़रपुर : इसका कैन्सर उस स्नान करने वाली रुक्मिणी की तरह झूठा है। केवल मूड क्रिएट करने के लिए....

काले : आप **(विराम। हँसता है।)** मैं कहता हूँ कि इतना गंभीर होने की आवश्यकता ही क्या है। केवल लाईट मूड रखने से भी

मनोरंजन होगा ही। आफ्टर ऑल सभी अंधे एक साथ इकट्ठे होकर कुछ मनोरंजन कर सकें, इसीलिए यह क्लब है।

जगताप : याने। आपको यह मजाक लगता है? ऑल दिस इज वेरी सीरियस। पेंडसे के बारे में मालूम होने पर इसकी गंभीरता महसूस कर सकेंगे।

काले : पेंडसे? कौन पेंडसे?

पंढ़रपुर : काले, उसे एक सिगरेट दीजिए और मुझे भी दीजिए।

काले : (**सिगरेट देते हुए**) पंढ़रपुर, आप भी गंभीर होते हैं? (**हँसता है**)

जगताप : प्लीज मुस्कुराइए मत। इसके आगे जो होने वाला है वह आपको ध्यानपूर्वक और भक्तिभाव से करना होगा।

काले : लेकिन करना क्या है?

जगताप : आप शुरू से घटना क्रम ध्यान में लीजिए। आपका यहाँ का प्रवेश। कैसे हुआ? एक सरप्राइज-आपके लिए। आप जोर से गिरे। फिर हमारा परिचय-थोड़ा रिलीफ।

पंढ़रपुर : फिर स्नान याने एक्साइटमेंट, रोमान्स, सेक्स।

जगताप : उसके बाद ब्रेन ट्यूमर-मॉलिग्नंट ॲस्ट्रोसायटोमा अर्थात डर, सहानुभूति। फिर आपकी पत्नी के साथ मेरा अफेयर-आपके लिए....

पंढ़रपुर : एंगर, हेल्पलेसनेस-फ्रस्ट्रेशन।

जगताप : और यह होने के बाद सब झूठ होने का रिलीफ याने बार-बार ऊपर-नीचे, ऊपर-नीचे फिलींग है न काले?

काले : हाँ। समय अच्छा गुजर गया।

[**पंढ़रपुर और जगताप दोनों हँसते हैं।**]

काले : आप दोनों हँसे क्यों?

जगताप : रिलीफ खत्म हुआ काले। अब अंतिम खेल-द एंड गेम।

काले : याने? आप कहना क्या चाहते हैं?

जगताप : काले, वैसे यह कमरा साउंडप्रूफ है। आप चिल्लाएँगे, इसीलिए मास्टर ने यह प्रबंध किया है।

काले : मैं चिल्लाऊँगा? क्यों? आप कहना क्या चाहते हैं? मैं ख्वामख्व्वाह क्यों चिल्लाऊँगा?

पंढ़रपुर : आप भागने का प्रयास करेंगे। लेकिन दरवाजा जमीन से पाँच फीट ऊपर है।

काले : लेकिन मैं यहाँ से भागूँगा क्योंकर? आप पागल की तरह बोल रहे हैं।

जगताप : और यह सब करने के बाद आखरी कोशिश के रूप में आप खिड़की से छलाँग मारने का प्रयास करेंगे।

पंढ़रपुर : लेकिन (**खिड़की का पर्दा दूर करता है, पीछे खिड़की नहीं है। केवल दीवार।**) यहाँ खिड़की नहीं है। खिड़की की सिर्फ कल्पना। इसलिए आपको छलांग भी कल्पना में ही लगानी पड़ेगी।

काले : (**बेचैन होकर**) आप क्या बात कर रहे हैं? या तो आप पागल हैं या मुझे आभास हो रहा है।

जगताप : महीना पूर्व की बात है काले। दृष्टि वापस मिलने के लिए भैरवनाथ के अंधे की ही बलि चढ़ाने को केंजले मास्टर से साक्षात्कार हुआ।

पंढ़रपुर : काले, हम अंधे होने पर भी अंधश्रद्धालु नहीं हैं। लेकिन भैरवनाथ के सामने अंधे को ही मारने से अंधापन दूर हो जाता है, यह इंसेटिव इस विशिष्ट अंधश्रद्धा के साथ होने से हमने उसका पालन करने की सोची।

जगताप : हम तीन थे। मैं, पंढ़रपुर और मास्टर। इसलिए बलि चढ़ाने के लिए तीन अंधों की जरूरत थी। वह कैसे हासिल करेंगे इस चिंता में ब्लाइंड मेन्स क्लब की कल्पना मास्टर को सूझी। इस क्लब का विज्ञापन रेडियो पर देकर कोई अंधा आता है या नहीं यह देखना तय हुआ। शुरू में पेंडसे आये, उनका होते-होते आप आए। विज्ञापन से लोग जहर भी खुशी से पीते हैं यह कितना सच है न?

[विराम-सन्नाटा, सिगरेट का धुआँ, तनाव]

काले : (**बेचैनी अब डर में परिणत**) आप लोग....

केंजले : (**भीतर से आते हुए**) चलिए जनाब। सब तैयारी हो गई?

जगताप : जी मास्टर। सब तैयार है।

केंजले : जगताप कैसेट लगाइए। आज वह ठीक है न? कल पेंडसे के समय ठीक से बजी नहीं।

जगताप : बिलकुल ठीक है। (**कैसेट लगाता है। मेले में भगवान के सामने बजने वाली डफली की आवाज धीरे-धीरे बढ़ने लगी**)

काले : आप मेरे साथ क्या करने वाले हैं?

केंजले : काले, यह कमरा किस तरह है-इसका आपको अंदाजा होगा।

जगताप : सब बताया गया है—साउंडप्रूफ, खिड़की नहीं आदि।

पंढ़रपुर : अब केवल वास्तविक कार्यक्रम बताना बाकी है। (**डफली की आवाज बढ़ती जाती है।**)

केंजले : काले, अंधत्व एक अजीब-सी कमी है। जन्मांध या बहुत छोटी उम्र से अंधापन आने से व्यक्ति अपने अंधत्व को सहजता से निभा सकता है। बिलकुल आँखों वाले व्यक्ति की तरह संतोष के साथ, क्योंकि आसान है। दृष्टि और जीने के लिए दृष्टि की नितांत आवश्यकता है। यह संकल्पना उसके लिए निरर्थक है। पंढ़रपुर, काले को गुलाल-अबीर लगाएँ।

काले : न नहीं। मैं नहीं लगवाऊँगा।

केंजले : भगवान का अबीर है। भगवान के पास जा रहे हैं। ऐसा माथा भगवान को अच्छा नहीं लगेगा।

[**पंढ़रपुर काले को गुलाल-अबीर लगाता है। बाद में जय भैरवनाथ कहके हवा में उड़ाता है।**]

काले : आप मुझ पर जबरदस्ती कर रहे हैं। मैं इसी पल यहाँ से चला जाऊँगा।

केंजले : असंभव है काले। शांति से बैठिए और सुनिए। जिंदगी की अंतिम घड़ी भी शांतिपूर्ण होनी चाहिए। काले, मैं क्या कहता हूँ। जिस व्यक्ति ने इन आँखों से दुनिया देखी है, उसकी विभिन्न छटाएँ देखी हैं, रंग देखे हैं, दृश्य देखे हैं, प्रसंग देखे हैं, संक्षेप में सृष्टि देखी है, जिसने जिंदगी के दो-तीन दशक आँखों का अनुभव लिया है—उदाहरणार्थ मैं, पंढ़रपुर, जगताप अथवा आप जैसे, उसके लिए अंधत्व बदकिस्मती है। पहाड़ गिरने जैसा अंधत्व उस पर गिरता है, वह उसके नीचे दब जाता है। अब तक जो देखा है, वह नहीं दिखाई देगा, यह कल्पना मौत से भी बदतर है।

(डफली बजती जाती है।) काले, भैरवनाथ की आरती आपको याद होगी तो मन ही मन उसे गुनगुनाना शुरू करो। पंढ़रपुर, जगताप दोनों को आरती मालूम है। एक महीना पहले मुझे साक्षात्कार हुआ, यह तो आप जानते ही हैं। हम तीन हैं, इसलिए तीन बलि चढ़ाने होंगे। पहले पेंडसे, दूसरे आप और तीसरे सोनावणे-एक नये मेंबर आ रहे हैं। वे कब आएँगे जगताप।

जगताप : शाम तक पहुँचेंगे, ऐसा कहा फोन पर।

केंजले : चलेगा। तब तक काले का क्रिया-कर्म पूरा हो जाएगा।

पंढ़रपुर : मास्टर मेरी आरती हो गई। मैं छूरा लेकर आता हूँ। **(जाता है)**

केंजले : हाँ। समय हो गया है। काले की अंतिम घड़ी पूरी होने आई है। काले, आप भागने का प्रयास शुरू कर सकते हैं। चिल्लाइए। खिड़की खोलकर मदद के लिए लोगों को बुलाइए। सामने खिड़की है, ऐसी कल्पना करनी होगी।

काले : **(काँपता हुआ-चारपाई पर बैठता है। डफली की आवाज बढ़ती जाती है।)** आप सब पागल हैं। निरे पागल हैं। पेंडसे को मारकर आपको मुक्त लगा होगा, लेकिन मुझे मार के आप मुक्ति नहीं पाएँगे। आपका पता मेरे घर पर है। मेरी पत्नी मुझे ढूँढ़ते हुए आएगी।

केंजले : एक महीने बाद। आप एक महीने की छुट्टी पर आए हैं। वैसे महीने बाद पेंडसे और सोनावणे की पत्नी भी आएगी। लेकिन उस समय यहाँ होगा कौन? भैरवनाथ की कृपा से हम नई नजर के तीर मारते हुए कहीं और होंगे।

जगताप : मास्टर काले की गर्दन धो लूँ या वैसी ही काटनी है।

[काले डरकर उठता है, अचानक कुर्सी दाहिनी ओर की दीवार के पास खींचकर ले जाता है, उस पर खड़े होकर चिल्लाता है।]

काले : रुक्मिणी देवी। उधर कौन है? बचाइए मुझे।

जगताप : काले, वह भी एक नाटक ही था। दुर्भाग्य से वहाँ कुत्ता भी नहीं नहाता। सारा स्नान इस कैसेट में है।

[कैसेट प्लेयर उठाकर बटन दबाता है। स्नान की आवाजें]

काले : **(काँपते हुए कुर्सी पर खड़े रह के)** मुझे मारने पर भगवान तुम्हें कभी माफ नहीं करेगा।

[डफली की आवाज बढ़ती जाती है। जगताप कैसेट प्लेयर लेकर, पंढ़रपुर हाथ में छुरा लेकर और केंजले कुछ बड़बड़ाते हुए काले के पास चले जाते हैं उसके बहुत निकट आते हैं। संगीत चरम सीमा पर। जगताप कैसेट प्लेयर काले के पास ले जाता है और अकस्मात संगीत रुक जाता है और कैसेट प्लेयर पर प्रसन्न आवाज में- ब्लाईंड मेन्स क्लब- अचानक अंधत्व आने पर परेशान न होना। स्वयं की कमी को भूलने के लिए इस क्लब के मेंबर होना। और अलग आनंद उठाइए। हर रोज नया मनोरंजन। बहुत कम शुल्क। टैक्स नहीं। आएँगे तो हँसेंगे। न आएँगे काफी कुछ खोएँगे। फोन नं० छह पाँच चार तीन दो एक। नमस्कार]

[सन्नाटा। अचानक पंढ़रपुर जेब में से सेब निकालता है। हाथ की छुरी से उसे काटकर टुकड़े काले को देते हुए....]

पंढ़रपुर : लीजिए काले, सेब खाइए।

केंजले : **(लाईटली)** पहले शांति के साथ उन्हें बैठने दीजिए। मनोरंजन का यह डोज़ उन्हें ज्यादा हो गया।

जगताप : मैं पानी लेकर आता हूँ।

काले : याने याने यह भी एक....

केंजले : नाटक ही। क्लब के पहले दिन के प्रोग्राम का एक भाग। हर नये मेंबर के लिए होता है।

पंढ़रपुर : काले, आपको कैसा लगा? आपकी टंकी वास्तव में ड्राई हो गई?

जगताप : **(पानी देते हुए)** हँ। टंकी भर लीजिए, अच्छा लगेगा।

काले : **(पानी का ग्लास लेते हुए)** फिर पेंडसे उनका?

जगताप : वे इस मनोरंजन का आनंद नहीं उठा पाये। इसलिए पहले दिन शाम को वे घर वापस गये। फिर भी उन्हें संपूर्ण महीने की फीस देनी पड़ी। रुपये पाँच सौ इक्यावन केवल। आपका क्या इरादा है?

काले : मैं, मैं नहीं। यह सब मनोरंजन काफी भारी है।

जगताप : आपका नयापन खत्म हो गया काले। अब आप पुराने हो गये। अब आप अगले व्यक्ति के मनोरंजन का मजा ले पाएँगे।

केंजले : फिर आप रुकेंगे या पैसे भरकर चले जाएँगे?

काले : **(कुछ पल सोचते हुए)** नहीं, मैं चला जाऊँगा। **(चारपाई के नीचे की बैग निकालते हुए)** मैं यह निभा नहीं पाऊँगा। **(पर्स में से नोट निकालते हुए)** कितने पाँच सौ इक्यावन कहे आपने?

केंजले : सही कहा आपने।

काले : **(पैसे देते हुए)** यह लीजिए। छह सौ हैं।

[दरवाजे की बेल बजती है। सभी अपनी जगह पर रुक जाते हैं। बेल बजती रही है। काले एक बार दरवाजे की तरफ और दूसरी बार केंजले की तरफ देखता है। पैसे उन्हीं के हाथ में हैं]

केंज़ले : काले?

काले : मैं रहूँगा मास्टर।

(सभी हँसते हैं और बाहर से आवाज) कोई है अंदर?

[सभी अपनी-अपनी जगह पर बैठते हैं-पंढ़रपुर खिड़की के पास यातायात सुनते हुए। जगताप डंबेल्स लेकर व्यायाम करता हुआ। काले चारपाई पर बैठकर सिगरेट पीते हुए। और केंजले]

केंजले : **(माइक्रोफोन उठाते हुए)** आइए सोनावणे, वेलकम टू ब्लाइंड मेन्स क्लब। चौंकिए मत। आपके सिर के ऊपर दरवाजे में स्पीकर है। दरवाजा खुला ही है। धक्का देकर भीतर आइए।

सोनावणे : **(बाहर से)** हँ, ठीक है। आता हूँ।

[विराम। स्टेज पर सभी के चेहरे पर कुतूहल, कान पर हाथ और सोनावणे पाँच फीट की ऊँचाई के दरवाजे से भीतर आकर गिरते हैं। वे भी अंधे हैं।]

काले : **(धुआँ छोड़ते हुए)** आइए सोनावणे, वेलकम टू एक टैक्स फ्री एंटरटेनमेंट।

भाषान्तर : विदुला गोरे

■

हिन्दी एकांकी

संपादक—**डॉ० गिरीश रस्तोगी**

हिन्दी एकांकी की विकास-यात्रा

हिन्दी एकांकी का इतिहास बहुत सीधा-सपाट नहीं रहा है। परम्परा के अतिरिक्त अनेक परिवर्तनों, प्रभावों, मोड़ों और प्रश्नों से गुजरते हुए अपना विकास करता रहा है। आधुनिक हिन्दी नाट्य-साहित्य नवीनता और प्रयोगों का साहित्य है। हिन्दी नाटक में जहाँ वस्तुगत नवीन उपलब्धियाँ हुईं, वहीं उसमें शैली-शिल्प के नए प्रयोग भी हुए हैं। अन्य विधाओं के समान हिन्दी नाटक ने भी पाश्चात्य विचारधाराओं को, दृष्टिकोण को, टेकनीक को अपनाया और अपने आपको बदलते हुए युग-जीवन के अनुरूप ढालकर समृद्ध किया। नाटकों में भावुकतापूर्ण वातावरण की, कल्पनाजन्य चित्रों की सृष्टि करने वाले नाटककार जीवन की बढ़ती हुई समस्याओं और वर्तमान सामाजिक संघर्ष की ओर उन्मुख हुए। यूरोप में जिस समय रोमान्टिक और कोरे भावुकतापूर्ण एवं आदर्शवादी नाटकों के विरुद्ध प्रतिक्रिया आरम्भ हो चुकी थी, जन-समूह नयी चेतना की माँग कर रहा था, उस समय उनकी माँग को पूरा कर रहे थे इब्सन और शॉ। इब्सन के नाटकों की स्वाभाविकता, जीवन की सच्ची व्याख्या और शॉ के यथार्थवादी चिन्तन और तर्क-शक्ति ने, नये प्रयोगों ने क्रान्ति ला दी थी। विश्व के प्रथम श्रेणी के इन नाटककारों की विशेषताओं को हिन्दी नाटककारों ने भी ग्रहण किया। हिन्दी नाटककार यह अच्छी तरह अनुभव कर रहा था कि जीवन की नित-प्रति की झाँकी, मानव-चरित्र की झलक, स्वाभाविक रूप में प्रस्तुत करना कितना आवश्यक है। इस स्वाभाविकता को लाने, मानव-जीवन की विविधता-विषमता को अभिव्यक्ति देने और हिन्दी नाटकों को रंगमंचीय बनाने की प्रवृत्ति के फलस्वरूप नाटकों के रचना-विधान में अन्तर पड़ता गया। इन नये प्रयोगों को इस रूप में देखा जा सकता है— 1. एकांकी, 2. गीति-नाट्य, 3. रेडियो-नाटक, 4. अन्य प्रयोग।

हिन्दी एकांकी के जन्म के सम्बन्ध में आलोचकों में बड़ा वाद-विवाद और मतभेद रहा है। एकांकी के सम्बन्ध में आलोचकों के दो प्रकार के मत सामने आये। कुछ आलोचकों ने एकांकी को पश्चिम की देन मानते हुए हिन्दी नाट्य-साहित्य में उसे नवीनतम कृति के रूप में स्वीकार किया। इस मत के आलोचक स्पष्टत: यह कहते हैं कि हिन्दी एकांकी पर अंग्रेजी का प्रभाव है, न कि संस्कृत

का। किन्तु दूसरे आलोचकों ने इसे 'पश्चिम-पूजा' समझकर झुँझलाते हुए अपने मत की स्थापना की कि हिन्दी एकांकी पश्चिम से नहीं, संस्कृत नाट्य-साहित्य से उत्पन्न हुआ है। संस्कृत आचार्यों ने अंक के जो लक्षण बताये हैं उससे यह स्पष्ट होता है कि संस्कृत में एकांकी नाटकों के पात्रों के चरित्र, अभिनय-प्रणाली, कथानक, इतिवृत्त के प्रकार, संधि, रस, नृत्य, वृत्तियों के विकास आदि के आधार पर अलग-अलग सीमायें और मूल्य निर्धारित थे। एकांकी की कोई विशिष्ट स्वतन्त्र सत्ता नहीं थी। इसलिए यह तो सत्य है कि एकांकी पहले थे, उनका कोई भारतीय आदर्श था, किन्तु वे एकांकी आधुनिक एकांकी से रचना, शिल्प और कला की दृष्टि से भिन्न थे। एकांकी-नाटक भारत में थे, उनकी अपनी कला थी। कवि भास कृत 'उरुभंग' और नीलकंठ कृत 'कल्याण सौगंधिक' अपने युग के प्रसिद्ध एकांकी हैं, किंतु धीरे-धीरे रंगमंच के अभाव के कारण और प्राचीनता से आबद्ध रहने के कारण एकांकी की प्रगति रुक गई। उपेन्द्रनाथ 'अश्क' मानते हैं कि ''एकांकी लिखने की जो स्फूर्ति हमें इधर मिली है, उसका कारण पश्चिम में एकांकी की उन्नति और साहित्य तथा रंगमंच पर उसका छा-सा जाना ही है।''

यूरोप में एकांकी का जन्म स्वतंत्र रूप से हुआ और धीरे-धीरे उसने अपनी अलग विशिष्ट टेकनीक बना ली। हिन्दी एकांकी का जन्म कब से हुआ? इस सम्बन्ध में मतभेद है। प्रो० सत्येन्द्र, रामचरण महेन्द्र, ललित प्रसाद शुक्ल आदि भारतेन्दु हरिश्चन्द्र को हिन्दी का प्रथम एकांकीकार मानते हैं। डॉ० सोमनाथ गुप्त ने भी स्वीकार किया है कि 'एकांकी की प्रथा उन्हीं से चली है।' दूसरी ओर डॉ० नगेन्द्र, डॉ० रामकुमार वर्मा आदि की धारणा है कि भारतेन्दु और उनके समकालीन नाटककारों के एक अंक के नाटकों और आधुनिक एकांकियों के कला-विधान में बहुत अन्तर है। डॉ० नगेन्द्र ने प्रसाद के 'एक घूँट' को हिन्दी का प्रथम एकांकी माना है। एकांकी की टेकनीक का 'एक घूँट' में पूरा निर्वाह है.... हाँ उसमें प्रसादकत्व का गहरा रंग अवश्य है। इस प्रकार कोई भारतेन्दु को पहला हिन्दी एकांकीकार मानता है, कोई 'एक घूँट' के लेखक जयशंकर प्रसाद को, कोई 'बादल की मृत्यु' [1930] के रचनाकार डॉ० रामकुमार वर्मा को और कोई 'श्यामा एक वैवाहिक विडंबना' [1933] के रचयिता भुवनेश्वर प्रसाद को प्रथम एकांकीकार मानता है। यह मतभेद अभी तक विद्यमान है। यह अवश्य है कि एकांकी की टेकनीक का वह रूप भारतेन्दु के नाटकों में नहीं मिलता, किन्तु एकांकी के अविकसित, प्रारम्भिक रूप की दृष्टि से उनके नाटकों को परम्परा के अन्तर्गत लिया जा सकता है। भारतेन्दु के 'नीलदेवी', 'वैदिकी हिंसा-हिंसा न भवति' समालोचकों द्वारा एकांकी माने गये हैं। कुछ ने तो उनके 'प्रेमयोगिनी'

नाटक के आधार पर हिन्दी एकांकी का प्रारम्भ 1875 ई० से मान लिया है (डॉ० भोलानाथ)। यह तो सत्य है कि नाटक-रचना और अनुवाद करने में भारतेन्दु का प्रयत्न यह भी था कि वे नाट्यशास्त्र में दिये गये रूपक-उपरूपक के विविध भेदों की दृष्टि से कुछ रचनायें करें। प्रो० सत्येन्द्र ने हिन्दी एकांकी में लिखा है कि ''यद्यपि एकांकी के नाम से भारतेन्दुजी परिचित नहीं थे और उसे साहित्य का अलग अंग नहीं मानते थे, किन्तु आज के विकसित एकांकियों की साहित्यधारा में जो प्रथमावस्था हो सकती है, वह भारतेन्दुजी में हमें स्वत: मिलती है।''

भारतेन्दु हरिश्चन्द्र आज भी अकेले ऐसे नाटककार हैं जो नाटक, नाट्य-कला, रंगमंच, नाट्य-भाषा, नाटक-समीक्षा के प्रति सजग, सक्रिय साहित्यकार थे और अभिनेता, निर्देशक, रंगकर्मी होने के कारण रंगमंच के प्रति अत्यन्त निष्ठावान थे। उनका सम्पूर्ण व्यक्तित्व ही रंगमंच था। रंगमंच की दृष्टि से वह एक ऐतिहासिक सन्दर्भ पुरुष माने जाते हैं। वर्तमान हिन्दी रंगमंच पर उनके नाटकों के विविध प्रदर्शनों और प्रयोगों ने उनकी अछूती रचना-शीलता और जीवंतता को प्रतिष्ठित किया है। वस्तुत: भारतेन्दु का उदय पुनरुत्थान काल के प्रथम चरण में हुआ था। उस नवचेतना के परिप्रेक्ष्य में उनकी नाट्य-दृष्टि और रंगदृष्टि का अध्ययन गम्भीर विषय हो जाता है। भारतेन्दु ने नाटक के उद्देश्य भी माने हैं— हास्य, श्रृंगार, कौतुक, समाज-संस्कार और देश-वत्सलता। लगभग ये सभी नाटक का सम्बन्ध समसामयिक परिस्थितियों से जोड़ते हैं और अपने सभी नाटकों में उन्होंने 'दिल्लगी'— हास्य तत्व को लिया भी है। 'वैदिकी हिंसा हिंसा न भवति', 'अंधेर नगरी', 'विषस्य विषमौषधम्', 'नीलदेवी' सभी में उन्होंने व्यंग्य के साथ परिहासपूर्ण स्थितियों को लिया है और अपने नाटकों की भूमिका में कहीं तमाशा, कहीं लीला और कहीं कौतुक शब्द का पर्याप्त प्रयोग किया है। भारतेन्दु के समय में ही संस्कृत के नाट्यशास्त्र और पाश्चात्य प्रणाली के प्रभावस्वरूप एकांकी के अतिरिक्त एक और परिपाटी थी। जो जनरंगमंच के प्रभावस्वरूप थी। भारतेन्दु का 'विषस्य विषमौषधम्' अगर संस्कृत की परम्परा में है तो 'अंधेर नगरी' प्रहसन की, जो लोक-परम्परा से जुड़ा है। यद्यपि भारतेन्दु ने प्रहसन का लक्षण दिया है पर 'अंधेर नगरी' किसी शास्त्रीय बन्धन में नहीं बंधा है। वह एक स्वतंत्र, लचीली, जीवन्त रचना है और अपनी प्रकृति में एकांकी के निकट है। वैसे भी प्रहसन, संभाषण आदि एकांकी के ही विभिन्न रूप माने गए हैं।

'अंधेर नगरी' एक प्रहसन होते हुए भी अपने कथ्य में आधुनिक, निरन्तर नवीन और शैली-शिल्प में मौलिकता और लचीलेपन का, परम्पराओं और प्रयोग का उदाहरण है। 'अंधेर नगरी' जनसमूह के बीच होने वाला, दर्शकों को साझीदार बनाने वाला नया नाटक है। 'अंधेर नगरी' की अन्यतम उपलब्धि है भाषा। भाषा

की नाट्यात्मक अभिव्यंजना, पैनापन, लय-टोन, चरित्रानुकूलता, चमत्कारिकता, नाटकीयता और रवानगी है। 'अंधेर नगरी' विश्व के किसी भी कोने में हो सकती है, क्योंकि ये प्रवृत्तियाँ आधुनिक युग की देन हैं। नाटकीय व्यापारों का चयन और संयोजन करने की कुशलता भारतेन्दु में है। तभी तो काशी के नेशनल थियेटर के लिए उन्होंने एक ही रात में इस नाटक को लिख डाला। एक सामान्य लोककथा का रोचक शिल्प और आम आदमी के जीवन की विसंगतियों और सामंती व्यवस्था के खोखलेपन को नाटक में बाँध देना भारतेन्दु की सर्जनात्मकता का प्रमाण है। संगीत का प्रयोग नाटक में कितना अनिवार्य, अर्थपूर्ण और सांकेतिक ढंग से हो सकता है, 'अंधेर नगरी' में विविध धुनों के प्रयोगों से समझा जा सकता है। उससे भी महत्वपूर्ण बात यह है कि इस नाटक को सत्यव्रत सिन्हा, ब०व० कारंत, देवेन्द्रराज अंकुर, मुद्राराक्षस, गिरीश रस्तोगी आदि निर्देशकों ने भिन्न-भिन्न शैलियों में प्रस्तुत किया है और प्रत्येक प्रयोग में 'अंधेर नगरी' की नवीन संभावनाएँ उजागर हुई हैं।

भारतेन्दु के अतिरिक्त उस युग के अन्य लेखकों ने भी एक अंक के नाटक लिखे। श्रीनिवासदास, बदरी नारायण चौधरी प्रेमघन, बालकृष्ण भट्ट, राधाचरण गोस्वामी, राधाकृष्णदास, काशीनाथ खत्री, खंगबहादुर मल्ल, देवकीनन्दन त्रिपाठी, प्रतापनारायण मिश्र, अम्बिकादत्त व्यास, किशोरीलाल गोस्वामी, शालिग्राम आदि मुख्य हैं। अन्य भी अनेक ऐसे लेखक हैं, जिनकी रचनायें पत्र-पत्रिकाओं तक सीमित हैं। सभी ने विषय की दृष्टि से समाज-सुधार और पौराणिक आदर्शों की उनमें स्थापना की है। किन्तु नाट्य-विधान की दृष्टि से ये एक अंक के होते हुए भी अत्यन्त शिथिल हैं। एक ही अंक में अनेक दृश्यों की योजना इनकी नवीनता है। किन्तु संस्कृत नाट्य-शैली और पारसी रंगमंच का प्रभाव इन पर स्पष्ट है। चरित्र-चित्रण स्थूल है। रंग-सूचनायें बहुत कम हैं। वर्णनात्मकता प्रधान है। विषय और अभाव की एकता, जिज्ञासा-कौतूहल, चरमसीमा, आकस्मिकता का सहज सौंदर्य इनमें नहीं है। अत: इनका महत्व एकांकी के आरंम्भिक रूप-हिन्दी एकांकी के पूर्वज और परम्परा की दृष्टि से तो है, कला-दृष्टि से नहीं।

भारतेन्दु युग के बाद द्विवेदी युग में भी इस प्रकार के एकांकी-नाटक लिखे जाते रहे। यद्यपि ऐसा कोई लेखक प्रकाश में नहीं आया जिसने एकांकी रचना में नवीनता, प्रयोगशीलता और कला का समावेश किया हो। केवल थोड़ा सा अन्तर भारतेन्दु-युग की तुलना में यह हुआ कि संस्कृत नाट्य-प्रणाली से कुछ मुक्त होकर अंग्रेजी और बंगला नाट्य-शैली से प्रभाव ग्रहण किये जाने लगे और विविध विषयों, वर्तमान समस्याओं पर शिष्ट, संयमित भाषा में लिखा जाने लगा।

सामाजिक समस्याओं से पूर्ण व्यंग्य-प्रधान, राष्ट्रीय, नैतिक, पौराणिक-धार्मिक, ऐतिहासिक रचनायें सामने आयीं-प्रहसन का रूप भी स्पष्ट हुआ। सुदर्शन, रामनरेश त्रिपाठी, बदरीनाथ, बेचन शर्मा 'उग्र' एवं जयशंकर प्रसाद के एकांकी प्रयोगात्मक हैं। इनमें भी भाव और शैली की दृष्टि से आधुनिक एकांकियों के अनिवार्य तत्वों का अभाव है। कौतूहल, चरमसीमा, संघर्ष जैसे तत्वों की ओर प्रयत्नशीलता अवश्य दीखती है। पारसी प्रणाली-शेरोशायरी, संगीत, जन नाट्यशैली, अतिरंजना से ये मुक्त नहीं हैं। नाटकीय सौंदर्य, प्रभाव-व्यंजना का अभाव है।

द्विवेदी युग [1900-1930] के बाद हिन्दी एकांकी में जयशंकर प्रसाद के 'एक घूँट' नाटक से नया सूत्रपात हुआ। इसमें आधुनिक एकांकी टेकनीक का पूर्ण नहीं तो पर्याप्त निर्वाह हुआ है। सारा नाटक एक अंक और एक दृश्य में है। चरित्र और वातावरण में संघर्ष की आत्मा है। चरमोत्कर्ष पर नाटक की समाप्ति दी है। यद्यपि इसमें प्रसाद के 'कवि रूप' का प्रभाव है, किन्तु पाश्चात्य प्रभावों से यह अछूता नहीं है। 'पात्रों के मनोवैज्ञानिक चित्रण घटना का संघर्षों में से होकर चरम सीमा प्राप्त करना, कथोपकथन में वाग्वैदग्ध्य, अस्वाभाविक प्रसाधनों का न्यूनतम प्रयोग, रंग-सूचनाओं की व्यापकता तथा गानों का कलात्मक प्रयोग इत्यादि सभी दृष्टिकोणों से प्रसाद के 'एक घूँट' में हिन्दी एकांकी की एक विकसित अवस्था दृष्टिगोचर होती है।

हिन्दी-साहित्य और रंगमंच की दृष्टि से जयशंकर प्रसाद के नाटक हमेशा आलोचना के केन्द्र रहे हैं। साहित्यकार, आलोचक और रंगकर्मी तीनों ही उनके नाटकों के प्रति पूर्वग्रह से ग्रस्त रहे। अत्यधिक 'साहित्यिक प्रतिष्ठा' और 'रंगमंचीय काट' की घेरेबंदी में उनके नाट्य-साहित्य और 'रंगमंच' शीर्षक जैसे महत्वपूर्ण निबन्ध पर स्वतंत्र विचार नहीं हुआ। वस्तुत: जब रंगकर्म के क्षेत्र में हिन्दी रंगमंच की अपनी पहचान की चिंता हुई तो भारतेन्दु और प्रसाद के नाटकों और रंग-परिकल्पनाओं पर ध्यान जाना आरम्भ हुआ।

हिन्दी में प्रथम एकांकी के रूप में प्रतिष्ठित 'एक घूँट' का मेरे द्वारा संशोधित संस्करण और उसका मंचन, उसी प्रक्रिया की एक कड़ी है। एकांकी-कला और इतिहास से हटकर 'एक घूँट' पर कोई विचार कभी नहीं हुआ। यह मंचन विचार और बहस को शुरू करने के लिए था।

रामकुमार वर्मा के 'औरंगजेब की आखिरी रात' एकांकी ने भारतीय नाटकत्व की पूर्व प्रचलित शास्त्रीय अवधारणा के विरुद्ध एक मुस्लिम शासक के क्रूर, हिंसक, अमानवीय व्यक्तित्व के भीतर का द्वन्द्व और मनोविज्ञान समझने का

पहली बार प्रयास किया। हिटलर, कंस औरंगजेब जैसे स्वेच्छाचारी शासकों की महत्वाकांक्षा और उसमें निहित त्रासदी का, उसके संशयों और संवेदना का इतनी रागात्मकता और सघनता के साथ चित्रण इस एकांकी को विशिष्ट बनाता है। अमानवीय तत्वों में मानवीय द्वन्द्व का अन्वेषण, रचनाकारों की संवेदनशीलता सर्जनात्मक चेतना का प्रमाण है। चरित्र की सघन संवेदनात्मकता, भावात्मक-रागात्मक चित्रण, भाषा की लयात्मकता और रंगमंचीयता के कारण ही उनका यह एकांकी और 'पृथ्वीराज की आँखें' अत्यन्त प्रसिद्ध हुआ।

हिन्दी साहित्य के इतिहास में काफी लम्बे समय तक भुवनेश्वर का नाम एकांकी के विकास-क्रम में उनके संग्रह 'कारवाँ' के नाम के साथ होता रहा है। छायावादी भावुकता और रूमानी कल्पना के युग में भुवनेश्वर जैसा प्रखर, ठोस व्यक्तित्व और जीवन के मूलभूत प्रश्नों से सीधे साक्षात्कार करता हुआ उनका साहित्य और पाठ्य-नाटकों के युग में रंगमंच की परिपक्व कल्पना से रचे उनके नाटक सहसा ही चौंकाते हैं। आश्चर्य होता है कि जो प्रयोग कथानक, भाषा, यथार्थ, नाट्यानुभूति और रंगानुभूति के स्तर पर अब हिन्दी नाटक में दिखायी देने शुरू हुए हैं, उनका एक प्रौढ़ रूप वर्षों पहले भुवनेश्वर में मौजूद है। उस समय 'आधुनिकता', 'यथार्थ' और 'नये' की खोज की इतनी आतुरता किसी में नहीं मिलती। अपने समय में वह अकेले ऐसे रचनाकार दिखायी देते हैं जिसने बदलते जीवन-मूल्यों को इतनी तेजी से अनुभव किया।

पश्चिम में एब्सर्ड नाट्यधारा के आरम्भ होने से भी पहले हिन्दी में भुवनेश्वर ने वर्तमान युग की ट्रेजेडी और उसके विरुद्ध निश्चित साँचे में ढली हुई उसकी अभिव्यक्ति, नाटक के विरोधाभास को अनुभव कर लिया था। उन्होंने विश्वमानव की पीड़ा, अव्यवस्था और विघटन, भय और निराशा, टूटते मानवीय रिश्तों के दर्द को अनुभव किया, जो उनके 'ताँबे के कीड़े' में तीखेपन के साथ व्यक्त हुआ।

उस जमाने में जबकि हिन्दी नाटक में रंग-संकेत भी पाठ्य ज्यादा हुआ करते थे और थोड़ा बहुत अश्क को छोड़कर रंगानुभूति, नाटक और रंगमंच के परस्पर सम्बन्ध को और नाटक को एक सशक्त जीवन्त कला के रूप में कोई भी अनुभव नहीं कर पाया था, भुवनेश्वर की मौलिकता और नाटकीय समझ विस्मित कर देती है।

'आजादी की नींद' को एक जीनियस की प्रयोगशील रचना कहा जा सकता है। भुवनेश्वर के पास एक गंभीर, अत्यन्त संश्लिष्ट प्रहसन लिखने की अद्‌भुत क्षमता है। 'आजादी की नींद' एक प्रहसन है, लेकिन उसकी बुनावट जटिल और

संकेत सूक्ष्म हैं। इस प्रहसन में भी सार्थकता है, सर्जनात्मकता है। मात्र मनोरंजन तत्व नहीं। पात्रों के नामों के चयन से लेकर संवादों के गुंफ्त तक की लाक्षणिकता द्रष्टव्य है। भुवनेश्वर पात्रों के नाम और क्रिया में सम्बन्ध स्थापित करते चलते हैं और कभी-कभी नाम के स्थान पर सर्वनाम या विशेषण का भी प्रयोग कर लेते हैं। 'आजादी की नींद' में प्रचलित कथानक का निश्चित ढाँचा नहीं है, केवल स्थितियाँ हैं जो क्रमशः संकेतित होती जाती हैं पात्रों के संवादों और क्रियाओं से। आजादी के मोहभंग और विद्रोह के स्वर को समय से बहुत पहले भुवनेश्वर ने इसमें एक हास्य-क्रिया के रूप में दिखा दिया है। नौकर की कल्पना आम नाटकों या एकांकियों-प्रहसनों से हटकर की गयी है, वह घिसा-पिटा फार्मूला-बद्ध पात्र नहीं है, बल्कि नाटक को वर्तमान और भविष्य से जोड़ने वाला सक्रिय पात्र है। उस युग में, जबकि हिन्दी रंगमंच का अस्तित्व ही नहीं था और पाठ्य नाटक ही लिखे जा रहे थे, उस समय सादे मंच पर अत्यन्त सूक्ष्म, सांकेतिक, तारतम्य-पूर्ण नाटक की रचना करते जाना रचनात्मक प्रतिभा का उदाहरण है। भावुकता को नकार कर जीवन के ठोस सत्य को सूक्ष्म सांकेतिक ढंग से कहना भुवनेश्वर को आता था। भुवनेश्वर अपने छायावादी युग में बिलकुल अलग, मौलिक, आधुनिक और आगे आने वाले मूल्यों के प्रति सचेत करने वाले नाटककार थे।

प्रसाद के बाद डॉ० रामकुमार वर्मा ने जहाँ आधुनिक ढंग के एकांकी का पूर्ण पथ-प्रदर्शन किया, एकांकी की टेकनीक को सुस्थिर रूप प्रदान किया, वहाँ भुवनेश्वर ने उसे नवीन कलेवर देने का प्रयास किया। डॉ० वर्मा अधिक सफल रहे, क्योंकि उनकी 'नवीनता और प्रयोगशीलता' भारतीय संस्कारों को, वातावरण को लिए हुए हैं। रामकुमार वर्मा ने रंगमंच और रेडियो दोनों के लिए सफल एकांकी दिए। अपने सामाजिक नाटकों में उन्होंने मध्यवर्गीय भद्र समाज के स्त्री-पुरुषों के कार्यों, व्यवहारों, प्रेम-व्यापार तथा अन्य भावों ईर्ष्या, द्वेष, सन्देह, पाखंड आदि को विषय बनाया। ऐतिहासिक एकांकियों में चरित्र विशेष के चारित्रिक गुणों का चित्रण किया। वर्माजी का दृष्टिकोण आदर्शवादी, नैतिक है पर उपेन्द्र नाथ अश्क ने रेडियो, सिनेमा, मंच से अपने घनिष्ट सम्पर्क और अनुभवों से तथा मध्यवर्गीय जीवन के एक-एक पहलू और जिन्दगी के रवैये की गहरी पहचान से लाभ उठाकर सामाजिक, प्रतीकात्मक, मनोवैज्ञानिक एकांकी हिन्दी को दिए। एकांकी के रंगमंच से जितना अधिक सम्पर्क 'अश्क' ने किया उतना किसी ने नहीं। वह भावुकता, कल्पना, रोमानी माहौल से एकांकी को यथार्थ के धरातल पर लाये। दैनिक जीवन के अनुभवों की अभिव्यक्ति और मानव जीवन एवं मानव प्रकृति से गहरा रिश्ता उनके एकांकियों में मिलता है। जीता-जागता मानवीय

यथार्थ और जानदार पात्र, अश्क की मौलिकता की देन है। अश्क के एकांकी सांकेतिक और व्यंग्यात्मक हैं। पात्रों के भाव, क्रियायें, वाणी, व्यवहार सब स्वाभाविक, सरल। 'तौलिये' उपेन्द्रनाथ "अश्क' का एक सामाजिक पारिवारिक एकांकी है। इस एकांकी में जीवन की आत्मीय स्थितियों के विरुद्ध सनक की हद तक पहुँच गये मान्य शिष्ट आचरणों की अर्थहीनता और जीवन्तहीनता पर दृष्टि डाली गई है और स्पष्ट किया गया है कि बावजूद बदलाव और शिष्ट आचरणों को स्वीकार करने के, जीवन की स्वाभाविकता और सहजता की अवहेलना सम्बन्धों और पारिवारिक स्थितियों के प्रतिकूल है।

लक्ष्मीनारायण मिश्र ने पाश्चात्य टेकनीक का, बुद्धिवादी दृष्टिकोण का, यथार्थ और मनोविज्ञान का आधार लेकर समस्या-एकांकी का प्रारम्भ किया। यह प्रसाद की भावुकता, काल्पनिकता, आदर्शवाद के प्रति विरोधात्मक पग था। अपने एकांकियों में उन्होंने पौराणिक, ऐतिहासिक, राजनैतिक, सामाजिक सभी समस्याओं का बुद्धिवादी, मनोवैज्ञानिक विवेचन किया है। सेठ गोविन्ददास ने 'स्पर्धा', 'सिद्धान्त स्वातंत्र्य' जैसे प्रयोगात्मक एकांकी दिए। विविध विषयों पर एकांकी रचना के साथ-साथ उन्होंने प्रहसन, मोनोड्रामा भी लिखे तथा टेकनीक सम्बन्धी नये प्रयोग किये। इस प्रकार उदयशंकर भट्ट भी एकांकी के प्रकारों के विकास में वह प्रयत्नशील रहे। जगदीशचन्द्र माथुर ने अभिनय-पक्ष पर विशेष बल दिया। यूरोपीय एकांकी-कला के गहन अध्ययन के बाद उन्होंने हिन्दी मंच के स्थान का मार्ग प्रशस्त किया। 'भोर का तारा' और 'रीढ़ की हड्डी' इस दृष्टि से अत्यन्त प्रसिद्ध हुए और जगह-जगह अभिनीत हुए।

यद्यपि रामकुमार वर्मा, गणेश प्रसाद द्विवेदी, भुवनेश्वर आदि एकांकी-रचना में अपना स्थान बना चुके थे पर उनके साथ-साथ हिन्दी एकांकी की सही दिशा, नयी रंगचेतना देने का श्रेय जगदीशचन्द्र माथुर को जाता है। रामकुमार वर्मा ने एकांकी का स्वरूप और उसके कला-प्रतिदान स्थापित किये, भुवनेश्वर ने जीवन और जगत् के प्रति, भाषा-शिल्प के प्रति, कथ्य और संरचना के प्रति आधुनिक, सजग, व्याख्या दृष्टि अपनायी, उदयशंकर भट्ट ने भाव और विचार का सामंजस्य स्थापित कर एकांकी कला को प्रतिष्ठित किया पर जगदीशचन्द्र माथुर ने, उपेन्द्रनाथ 'अश्क' ने उसे जीवन के यथार्थ अनुभव तक, गहन आन्तरिक सत्य तक बड़ी तीव्रता व सघनता से पहुँचाया। दोनों ने उसे द्वन्द्व चेतना, अनुभव की संवेदना और सामाजिकता प्रदान की। अश्क की तुलना में जगदीशचन्द्र माथुर में आधुनिक भावबोध की चेतना और जीवन की विसंगतियों की पहचान ज्यादा है-यही नहीं, उनके पास रंगकर्म के व्यावहारिक अनुभव के कारण कलात्मक रंगानुभूति भी है। इसीलिए उनके एकांकी संख्या में कम होते हुए भी अभिनयात्मकता, शिल्प,

सर्जनात्मक सौन्दर्य में अद्वितीय है। उनका सजग कलाकार निरन्तर अन्वेषण करता हुआ, सक्रिय और नये सूत्रों को पकड़ने के लिए प्रयत्नशील दीखता है। उनके अधिकांश एकांकी सामाजिक कथ्य से संबद्ध हैं, लेकिन उनके ऐतिहासिक एकांकी भी–'भोर का तारा', 'कलिंग विजय' प्रसाद की काव्यात्मक भाषा और भावात्मकता की परम्परा को काफी आगे ले जाते हैं।

उदयशंकर भट्ट ने अधिक कल्पना और व्यापक दृष्टि के साथ एकांकी को लिया, एकांकी कला को नये प्रयोग दिए। भट्टजी ने पाश्चात्य टेकनीक को अपनाया तो पर उसे भारतीयता के अनुरूप ढाला भी। उनके एकांकियों की पृष्ठभूमि पश्चिमी है, पर उसमें उनके विचार उनकी जीवन-दृष्टि, उनके तर्क और बुद्धिवाद मौलिक हैं। यह उल्लेखनीय है कि जब राष्ट्र विविध संघर्षों और सघन आपत्तियों से गुजर रहा था, भट्ट जैसे जागरूक एकांकीकार समसामयिक समस्याओं, प्रश्नों से जूझ रहे थे। पाश्चात्य प्रभाव, बुद्धिवाद के युग में विष्णु प्रभाकर, भगवतीचरण वर्मा, चतुरसेन शास्त्री, उदयशंकर भट्ट, सेठ गोविन्द दास जैसे साहित्यकार मौलिकता, भारतीयता, सर्जनात्मकता को एकांकी में सम्पूर्ण क्षमता के साथ व्यक्त कर रहे थे। अधिकांश नाटककार इस बात से क्षुब्ध भी रहे कि एक ही रचना संग्रहों-पाठ्यक्रमों में दुहरायी जाती है। उसी आधार पर नाट्यकारों का समीक्षात्मक मूल्यांकन होता रहता है और उनके अन्य श्रेष्ठ एकांकी अदृश्य रह जाते हैं।

उपर्युक्त सभी नाटककारों के साथ-साथ गणेश प्रसाद द्विवेदी, विष्णु प्रभाकर, आदि ने एकांकी के नाट्य-विधान में मौलिकता का संचार किया। भगवतीचरण वर्मा, चतुरसेन शास्त्री, सद्गुरुशरण अवस्थी, रामवृक्ष बेनीपुरी के एकांकी नाटक भी प्रकाशित हुए। सभी ने मौलिकता, मार्मिकता, भारतीयता को अपनाया और अपनी सृजन-क्षमता का परिचय दिया। 1940 ई० के बाद से रेडियो का मंच प्राप्त होने के कारण कितने ही पुराने एकांकीकारों ने रेडियो के लिए बहुत लिखा, उनके एकांकी ही रेडियो से प्रसारित हुए। कुछ नये एकांकीकारों का उदय भी हुआ। रंगमंच के अभाव में एकांकी और एकांकीकारों को रेडियो से विकास में बहुत योगदान मिला। विष्णु प्रभाकर ने रेडियो के लिए अधिकांश एकांकी लिखे। उसके अतिरिक्त भी उन्होंने बहुत से सामाजिक, राजनीतिक, मनोवैज्ञानिक, पौराणिक, ऐतिहासिक एकांकी लिखे। शिल्प सम्बन्धी भी नये-नये प्रयोग किए।

स्वतन्त्रता प्राप्ति के बाद से हिन्दी एकांकी निरन्तर विकास की ओर उन्मुख हुआ है। एकांकी की लोकप्रियता इतनी बढ़ी कि स्कूल, कालेज, विश्वविद्यालय

तथा अन्य संस्थाओं के रंगमंच के लिए, रेडियो के लिए एकांकी की माँग बढ़ने लगी। रेडियो पर एकांकी इतने प्रचलित हुए कि बड़े-बड़े नाटककार भी रेडियो-एकांकी लिखने लगे। डॉ० रामकुमार वर्मा, विष्णु प्रभाकर, उदयशंकर भट्ट आदि ने कितने ही एकांकी रेडियो से प्रसारित होने के लिए लिखे। कुछ नवीन प्रतिभायें उदित हुईं। जिनमें विशेष रूप से उल्लेखनीय हैं लक्ष्मीनारायण लाल और विनोद रस्तोगी। विनोद रस्तोगी सुधारवादी, मानववादी हैं। शैली, शिल्प और विषयों की विविधता लेकर तथा रंगमंच से एकांकी को गहरा सम्बद्ध करने का निश्चय लेकर उन्होंने इस क्षेत्र में प्रवेश किया है। 'बहू की विदा', 'पुरुष का पाप', 'निर्माण का देवता', 'काले कौए : गोरे हंस' और 'गूँगी मछलियाँ' उनके प्रसिद्ध एकांकी संग्रह हैं।

हिन्दी एकांकी साहित्य में विनोद रस्तोगी रचित 'बहू की विदा' का बहुत महत्वपूर्ण स्थान रहा है। यह एक सामाजिक एकांकी है, जिसमें समाज में व्याप्त दहेज-प्रथा तथा स्त्री-उत्पीड़न की समस्याओं को उभारा गया है। आज हमारे समाज में दहेज की समस्या काफी जटिल है, मानसिक स्तर पर दहेज के बारे में एक हठवादिता के होते हुए भी मानवीय स्थितियों के विचार से व्यक्ति दहेज को लेकर अन्दर से कभी भी पूर्णतया सहमत नहीं हो सकता। एक सामाजिक विकृति, एक प्रदर्शनकारी और लालची वृत्ति के साथ दहेज की बनी हुई सामाजिक-पारिवारिक अहमियत और परम्परागत पूर्वाग्रह के रूप में दहेज की मानसिकता को तोड़ते हुए यह एकांकी एक सफल हल प्रस्तुत करता है कि बहू और बेटी के साथ एक तरह का व्यवहार करने से ही इस समस्या से मुक्ति संभव है। विनोद रस्तोगी ने हिन्दी एकांकी को आधुनिक युग के बदलते परिवेश से उत्पन्न द्वन्द्व और बौद्धिक चेतना का प्रखर स्वर दिया। चरित्र-चित्रण में उनकी यथार्थवादी दृष्टि भी आधुनिक बौद्धिक चेतना का प्रखर प्रभाव है। 'बहू की विदा' में यह बदलते सामाजिक मूल्य, सहज स्वाभाविक रोजमर्रा के संवाद, भाषा की बुनावट में अद्‌भुत प्रवाह उल्लेखनीय है। उन्होंने हिन्दी एकांकी को रंगमंचीय सौन्दर्य, त्वरित गत्यात्मकता और संक्षेप में कहने का लाघव दिया। उनके 'बहू की विदा' में क्रमशः आक्रोश, विद्रोह का तीखा स्वर भी देखा जा सकता है।

हिन्दी में नये नाटक के आन्दोलन और हिन्दी रंगमंच के उदय के सन्दर्भ में मोहन राकेश के साथ अत्यन्त महत्वपूर्ण नाम नाटककार लक्ष्मीनारायण लाल का है। जब नव नाट्य-लेखन का आरम्भ हुआ तो इस नये दौर में नाटककार ने अपनी भूमिका को पहचाना ही नहीं, अपने अस्तित्व का प्रश्न भी उठाया और नयी परिस्थितियों में पुरानी विवशताओं और विषमताओं को आत्मसात करते हुए अपने

दायित्व को स्वतंत्र चिंतन के साथ निभाने का महत्वपूर्ण बीड़ा उठाया। डॉ० लाल समय और प्रयोगों के प्रति निरन्तर सचेत रहे। उस समय जब हिन्दी रंगमंच को पनपना था-न उसके पास बड़े प्रेक्षागृह थे, न बड़ा दर्शक समूह और न दो-तीन घंटे तक निरन्तर केवल नाटक देखने वाला दर्शक, उस समय हमारे हिन्दी नाटककारों ने लघु नाटकों की रचना की। इन लघु नाटकों में संक्षिप्त कलेवर में भी पूर्ण नाटक जैसी सघनता और जटिलता रहती है। लक्ष्मीनारायण लाल ने ऐसे कई नाटक लिखे जो या तो पश्चिम के प्रयोगों पर आधारित थे या एब्सर्ड नाट्य-परम्परा पर या बंगला नाटकों की रचना पद्धति से प्रभावित थे। 'दूसरा दरवाजा', 'हाथी घोड़ा चूहा', 'कॉफी हाउस में इंतजार' आदि उनके ऐसे ही लघु नाटक हैं।

'काफी हाउस में इंतजार' को वैसे स्वयं डॉ० लाल ने अपने श्रेष्ठ, रंग एकांकियों में चुना है और अपनी रंगयात्रा के प्रतिनिधि एकांकी के रूप में माना है, लेकिन इसे एकांकी के प्रचलित, परम्परागत अर्थ में नहीं लिया जा सकता। यहाँ कथानक, पात्र, चरमसीमा आदि तत्व मुख्य नहीं हैं, मुख्य है सांकेतिकता और प्रभावान्विति। मानवीय विसंगति और विडम्बना को नाटककार ने बिना आरोपित कथानक या पात्रों के व्यक्तित्व के सम्प्रेषित किया है। इस नाटक में अंत तक यही अनुभव आक्रोश, विद्रोह की मुद्रा और समय खत्म होते जाने की निराशा और हड़बड़ी है। वस्तुत: अपने छोटे कलेवर में नामहीन पात्रों की सम्बन्ध-हीनता और अपरिचय में जन्मी बातचीत के द्वारा बृहद् परिवेश और ज्वलंत प्रश्नों को प्रस्तुत करने का वैशिष्ट्य इस नाटक में है। वैसे भी डॉ० लाल नयी-नयी नाटकीय अभिकल्पनाओं के लिए प्रसिद्ध रहे हैं। इस नाटक की प्रयोगशीलता इसकी कथानकहीनता, पात्रों के आरोपित चरित्र-चित्रण, भाषा और लक्ष्य की निश्चित धारणा से मुक्ति में और असंगत स्थितियों, असंगत वातावरण और ऊलजलूल संवादों में है। एब्सर्ड नाटक कामेडी-ट्रेजेडी का अद्भुत मिश्रण होता है। 'कॉफी हाउस में इंतजार' में भी ट्रेजेडी में कामेडी और कामेडी में ट्रेजेडी है। साथ ही रंगमंच के सारे बाह्य उपादानों को नकारता हुआ अत्यन्त सादे मंच पर अनेक क्रियाओं का यह नाटक हो जाता है-यह लिखा ही उस दौर में गया था, जब हिन्दी रंगमंच को बाह्य उपकरणों से मुक्ति की जरूरत थी और नवीन रंगशिल्प और प्रयोगों से उसकी सम्भावनाओं को उजागर होना था। 'कॉफी हाउस में इंतजार' में लय-टोन और गति में ही पूरा नाटकीय यथार्थ है। डॉ० लाल ने हिन्दी रंगमंच को नवीन युक्तियाँ एवं शिल्प दिया और 'रंगान्दोलन' को उसकी संज्ञा दी। इसके अतिरिक्त उनके नाटकों ने निर्देशकीय कल्पना को भी उकसाया है।

इनके अतिरिक्त धर्मवीर भारती, सत्येन्द्र शरत, रामवृक्ष बेनीपुरी, सिद्धनाथ कुमार, अर्जुन चौबे, काश्यप आदि अनेक रचनाकारों ने एकांकी को नये विषय, नयी दृष्टि दी है, शिल्प के नये प्रयोग दिये हैं और सबसे अधिक विशेषता यही है कि सभी का ध्यान अभिनयशीलता की ओर और यथार्थ की ओर केन्द्रित है। धर्मवीर भारती के 'आवाज का नीलाम', 'नीली झील', 'संगमरमर पर एक रात' एकांकी टेकनीक की दृष्टि से नवीन और सफल हैं। इधर 'अश्क के चरवाहे' एकांकी संग्रह के प्रतीकात्मक अभिव्यक्ति-प्रधान एकांकी और 'अंधी गली', 'एकांकी माला' के रूप में सशक्त, नये महत्वपूर्ण प्रयोग एवं प्रयास हैं। इस प्रकार और पहले से चले आते हुए नाटककार नवीन प्रभावों को ग्रहण करके एकांकी-रचना कर रहे थे और दूसरी ओर नयी प्रतिभायें उत्साह और साहस के साथ प्रयोगात्मक कदम उठाकर अपनी कला-प्रतिभा को प्रकाश में ला रही थीं। एकांकी की लोकप्रियता देखकर अन्य कवि-साहित्यकार— जैनेन्द्र, यशपाल, वृन्दावनलाल वर्मा, अमृतलाल नागर, अज्ञेय आदि एकांकी की ओर आकृष्ट हुए और उन्होंने अपनी-अपनी निजी विशेषताओं को प्रकट किया।

इस प्रकार हिन्दी का एकांकी-साहित्य अपने प्रौढ़ समृद्ध और समुज्ज्वल होता गया है। उसकी सीमाओं में विस्तार होता गया है। एक ओर जहाँ सामाजिक, राजनीतिक समस्यायें एकांकी में अंकित हो रही थीं, दूसरी ओर ऐतिहासिक, रोमांटिक, मनोवैज्ञानिक एकांकी भी लिखे जा रहे थे।

मोहन राकेश हिन्दी के ऐसे प्रथम नये नाटककार हैं, जिन्होंने हिन्दी नाटक को भारतीय स्तर पर प्रतिष्ठित किया, उसे मौलिक, स्वतंत्र और जटिल रूप प्रदान किया और हिन्दी नाटक को आधुनिक द्वन्द्व और समकालीन चेतना, संवेदना से संपृक्त किया। उनके नाटकों से ही हिन्दी रंगमंच, निर्देशक, अभिनेता, दर्शक को विशिष्ट सत्ता और प्रतिष्ठा मिली, रंगमंच और नाटक एक दूसरे के पूरक और पर्याय बने। मोहन राकेश ने नाट्य-भाषा को उसकी सर्जनात्मकता दी। नाट्य-भाषा, नाटक में शब्द की खोज उनकी मुख्य दिशा थी। उन्हीं के नाटकों से नाट्य-समीक्षा के सन्दर्भ में भी अनिवार्य प्रश्न उठने शुरू हुए और कथा-समीक्षा की तरह नाट्य-समीक्षा को भी स्वतंत्र दृष्टि मिली। विभिन्न कला माध्यमों— रंगमंच, रेडियो, दूरदर्शन, फिल्म में परस्पर सम्बन्ध स्थापित करने का प्रयत्न भी वह कर रहे थे।

पूर्ण नाटकों के बाद राकेश ने कुछ छोटे नाट्य-प्रयोग भी आरम्भ किये थे जो 'बीज नाटक' के नाम से पहले पत्रिकाओं में प्रकाशित हुए।

हिन्दी के नये एकांकीकारों में सुरेन्द्र वर्मा, गिरिराज किशोर, भारतभूषण अग्रवाल, शंकर शेष, शान्ति मेहरोत्रा आदि के नाम मुख्य हैं। सुरेन्द्र वर्मा

अंतर्विश्लेषण और सूक्ष्म सौंदर्यबोध के नये नाटककार हैं। एक विशिष्ट आभिजात्य वर्ग के वे संस्कार जो जयशंकर प्रसाद के नाटकों से मोहन राकेश के नाट्य-जगत् में व्याप्त दिखायी देते हैं, उसी क्रम में सुरेन्द्र वर्मा का नाम उनकी अभी तक प्रकाशित नाट्यकृतियों के आधार पर लेना चाहिए। नाट्य और काव्य के रागात्मक सूत्र, आन्तरिक सम्बन्धों की सघनता और जटिलता, रूमानियत, भावात्मकता और संवेदनापूर्ण वातावरण के कारण सुरेन्द्र वर्मा आधुनिक मानवीय संवेदना के चित्रकार, अंतर्जगत् के नाटककार और अपने से लगने लगते हैं। उनके नाटकों में रसात्मक अनुभूति और द्वन्द्वात्मक जटिलता घुल-मिल जाती है और एक सुसंस्कृत एवं आधुनिक वातावरण घेरने लगता है।

'नींद क्यों रात भर नहीं आती' अपने संक्षिप्त कलेवर में एक युवती के अकेलेपन को, उससे उत्पन्न ऊब को, युवती की मानसिक यंत्रणा को और उससे मुक्ति पाने के असफल प्रयास के रूप में एक निरर्थक तलाश को, भटकन को और अंततः एक घोर निराशा और विवश मौत को चित्रित करता है। यह एकांकी उस युवती का चित्रण करता है, जो पति से अलग जीवन का अर्थ पाने की खोज में है। अपने अकेलेपन की ऊब से बचने के लिए वह टेलीफोन का सहारा लेती है। वस्तुतः टेलीफोन से ही आधुनिक जीवन की रिक्तता, कटुता, जटिलता और यांत्रिकता को, उसकी सम्पूर्ण त्रासदी और शून्यता को व्यक्त कर देना सुरेन्द्र वर्मा की नाटकीय कल्पना और रंग-कौशल का उदाहरण है। इस एकांकी का दूसरा आकर्षक पक्ष उसकी नाट्य-भाषा और लघु एवं क्षिप्र संवादात्मकता है। 1950 के बाद हिन्दी नवनाट्य-लेखन और रंगान्दोलन में हिन्दी के कई प्रतिष्ठित कवि व कथाकारों का ध्यान नाट्य-लेखन की तरफ आकृष्ट हुआ। जिस तरह सर्वेश्वर, सुरेन्द्र वर्मा, गिरिराज किशोर, भीष्म साहनी नाट्य-लेखन की ओर मुड़े उसी तरह कथा-लेखिकाओं में शांति मेहरोत्रा, मन्नू भंडारी, मृदुला गर्ग, मृणाल पाण्डेय ने भी नाट्य-लेखन का महत्वपूर्ण कार्य किया। महिला नाटककारों में शांति मेहरोत्रा का नाट्य-लेखन रंगान्दोलन के परिप्रेक्ष्य में एक बड़ी उपलब्धि के रूप में इस समय सामने आया। शान्ति मेहरोत्रा के नाटक हिन्दी नाट्य-लेखन को एक गहरी अन्तरंगता, सूक्ष्म अन्तर्जगत का संस्पर्श और अछूती आत्मीयता का भाव देते हैं, जिसकी आज भी हिन्दी नाटकों को बहुत जरूरत है। शांति मेहरोत्रा का 'ठहरा हुआ पानी' भारतीय परिवारों की परम्परागत स्थिति का और आधुनिक जीवन-हास्य और बदलती आशाओं से उत्पन्न तनाव का, चारित्रिक पकड़, मनोवैज्ञानिक पैठ, अनुभूति की सघनता और प्रामाणिकता से चित्रित करने वाला अत्यन्त सांकेतिक और मार्मिक नाटक है। शांति मेहरोत्रा की मौलिकता पारिवारिक विघटन और उसके बीच जीवित-अभिशापित चरित्रों, विसंगति के

मूर्तिमान-रूप पात्रों को गढ़ना और उन्हें पूरी-पूरी जीवन्तता से प्रतिष्ठित करना है।

शांति मेहरोत्रा का 'एक और दिन' पारिवारिक वातावरण में संबंधहीनता बदलते मूल्यों, स्त्री-पुरुष संबंधों की जटिलता और नारी अस्तित्व से सम्बद्ध अनेक प्रश्नों को उठाने वाला द्वन्द्वात्मक एवं प्रभावशाली एकांकी है। बाह्य-जगत का व्यापक क्षेत्र और समस्याएँ यहाँ न होते हुए भी उस घरेलू जीवन के भीतर ही आधुनिक संवेदना और संघर्ष को व्यक्त करने की सामर्थ्य है। 'एक और दिन' में आधुनिकता के कारण— पारिवारिक सम्बन्धों में पड़ी दरारें, दूरियाँ और बिखराव है और उससे उत्पन्न तनाव, घुटन, आक्रोश, झुँझलाहट, नये-पुराने मूल्यों का अन्तर, युवा पीढ़ी का विद्रोह, दाम्पत्य संबंधों की विडम्बना सब एक साथ है— वैसे ही जैसे मोहन राकेश ने 'आधे-अधूरे' में या रामेश्वर प्रेम ने 'चारपाई' नाटकों में व्यक्त किया है।

हिन्दी नाटककारों में हमेशा और विभिन्न नाट्य रूपों में शंकर शेष ने एकांकी की रचना में भी अपनी सामाजिक, राजनीतिक दृष्टि, मानवीय संवेदना और भाषा-शैली की प्रयोगधर्मिता का परिचय दिया। 'एक प्याला कॉफी', 'पुलिया', 'अजायबघर', 'त्रिभुज का चौथा कोण' आदि एकांकियों से उनकी कला को पहचाना जा सकता है।

हिन्दी एकांकी ने जितनी तेजी से अपने स्वरूप और प्रयोग-शीलता को पैना और वैविध्यपूर्ण बनाया और पूर्णकालिक नाटकों के स्थान पर जितनी शीघ्रता से वह छा गया, साथ ही जितनी गतिशीलता उसने कालेज के वार्षिकोत्सव समारोहों को दी, क्योंकि हिन्दी रंगमंच उस समय लुप्तप्राय ही था, उतनी ही तेजी से उसे रेडियो रूपक, रेडियो नाटक या रेडियो एकांकी ने आच्छादित कर दिया। एकांकी और रेडियो नाटक एक दूसरे के समानधर्मी हो गए और स्वयं लेखकों ने अपने एकांकियों को रेडियो नाटक के रूप में बदल दिया। आगे चलकर 55-56 के बाद जब हिन्दी रंगमंच का अस्तित्व दृष्टिगत हुआ तो धीरे-धीरे या तो पूर्ण नाटकों पर ध्यान केन्द्रित होता चला गया या एकांकी और उसके विविध रूपों में लघु नाटक, एब्सर्ड नाटक, बीज नाटक आदि जैसे नए प्रयोग सामने आने लगे। एकांकी के स्थान पर लघु नाटक, नुक्कड़ नाटक आदि रंगमंच, साहित्य दोनों में महत्वपूर्ण हो गए। यह प्रक्रिया वर्तमान समय में कुसुम कुमार, मृणाल पाण्डेय, राधाकृष्ण सहाय, नन्दकिशोर आचार्य, सुदर्शन मजीठिया आदि में दिखायी दी। इसीलिए इस संग्रह में जिन एकांकियों को चुना गया है, उनमें 1850 से आज तक का समय, समय के बदलाव, नयी प्रवृत्तियों के अनुसार एकांकी के कथ्य, उसके शिल्प,

संरचना और सांकेतिकता में, भाषा में अन्तर आया है-उस वैशिष्ट्य और वैविध्य को संभवत: इस संग्रह में अनुभव किया जा सकेगा। स्थानाभाव के कारण सभी प्रतिनिधि एकांकी नहीं लिए जा सके, परंतु जो भी शामिल हैं उनसे हिन्दी एकांकी विकास का आभास पाया जा सकता है।

गिरीश रस्तोगी

अंधेर नगरी चौपट्ट राजा

भारतेन्दु हरिश्चन्द्र

भारतेन्दु हरिश्चन्द्र

जीवन-काल—9 सितम्बर, 1850 ई० (काशी)—6 जनवरी, 1885 ई०।

हिन्दी के युग प्रवर्तक रचनाकार—भारतेन्दु ने निबंध, उपन्यास, काव्य, गद्य-गीत आदि में शताधिक रचनाएँ कीं। कवि वचन सुधा, हरिश्चन्द्र मैगजीन, हरिश्चन्द्र चंद्रिका, बाल बोधिनी पत्रिकाओं का सम्पादन प्रकाशन किया।

नाट्य-रचनाएँ

मौलिक नाटक—विद्या सुन्दर, वैदिकी हिंसा हिंसा न भवति, प्रेम जोगिनी, विषस्य विषमौषधम्, सत्य हरिश्चन्द्र, श्री चन्द्रावली, भारत दुर्दशा, भारत जननी, नीलदेवी, अंधेर नगरी, सती प्रताप।

अनूदित नाटक—रत्नावली, पाखंड, विडम्बना, धनंजय विजय, मुद्राराक्षस, कर्पूरमंजरी, दुर्लभ बन्धु।

पात्र

महन्त

नारायण दास

गोबरधन दास

कबाबवाला

घासीराम

हलवाई

मुगल

पाचकवाला

ब्राह्मण

बनिया

राजा

मंत्री

कोतवाल

सिपाही

भिश्ती

कस्साई

नौकर तथा अन्य

नरंगीवाली

कुंजड़िन

मछलीवाली

प्रथम दृश्य

[वाह्य प्रान्त]

[महन्तजी दो चेलों के साथ गाते हुए आते हैं।]

सब : **राम भजो राम भजो राम भजो भाई।**
राम के भजे से गनिका तर गई,
राम के भजे से गीध गति पाई।
राम के नाम से काम बनै सब,
राम के भजन बिनु सबहि नसाई॥
राम के नाम से दोनों नयन बिनु,
सूरदास भए कबिकुलराई।
राम के नाम से घास जंगल की,
तुलसीदास भए भजि रघुराई॥

महन्त : बच्चा नारायण दास! यह नगर तो दूर से बड़ा सुन्दर दिखलाई पड़ता है। देख, कुछ भिच्छा-उच्छा मिलै तो ठाकुरजी को भोग लगै। और क्या!

ना० दास : गुरुजी महाराज! नगर तो नारायण के आसरे से बहुत ही सुन्दर है जो है सो, पर भिच्छा सुन्दर मिलै तो बड़ा आनन्द होय।

महन्त : बच्चा गोबरधन दास! तू पश्चिम की ओर से जा और नारायण दास पूरब की ओर जाएगा। देख, जो कुछ सीधा-सामग्री मिलै तो श्री शालग्रामजी का बालभोग सिद्ध हो।

गो० दास : गुरुजी! मैं बहुत सी भिच्छा लाता हूँ। यहाँ लोग तो बड़े मालवर दिखलाई पड़ते हैं। आप कुछ चिन्ता मत कीजिए।

महन्त : बच्चा, बहुत लोभ मत करना। देखना, हाँ :

लोभ पाप को मूल है, लोभ मिटावत मान।
लोभ कभी नहीं कीजिए, या मैं नरक निदान॥

[गाते हुए सब जाते हैं।]

(पटाक्षेप)

दूसरा दृश्य

[बाजार]

कबाबवाला : कबाब गरमागरम मसालेदार—चौरासी मसाला। बहत्तर आँच का—कबाब गरमागरम मसालेदार—खाय सो होंठ चाटै, न खाय सो जीभ काटै।
कबाब लो, कबाब का ढेर—बेचा टके सेर।

घासीराम : चने जोर गरम—

चने बनावैं घासीराम। जिन की झोली में दूकान॥
चना चुरमुर चुरमुर बोलै। बाबू खाने को मुँह खोलै॥
चना खावै तौकी मैना। बोलै अच्छा बना चबैना॥
चना खायँ गफूरन मुन्ना। बोलै और नहीं कुछ सुन्ना॥
चना खाते सब बंगाली। जिनकी धोती ढीली ढाली॥
चना खाते मियां जुलाहे। डाढ़ी हिलती गाह बगाहे॥
चना हाकिम सब जो खाते। सब पर दूना टिकस लगाते॥
चना जोर गरम—टके सेर।

नरंगीवाली : नरंगी ले नरंगी—सिलहट की नरंगी, बुटबल की नरंगी, रामबाग की नरंगी, आनन्दबाग की नरंगी। भई नींबू से नरंगी। मैं तो पिय के रंग न रंगी। मैं तो भूली लेकर संगी। नरंगी ले नरंगी। कंवला नींबू, मीठा नींबू, रंगतरा, संगतरा। दोनों हाथों लो—नहीं पीछे हाथ ही मलते रहोगे। नरंगी ले नरंगी। टके सेर नरंगी।

हलवाई : जलेबियाँ गरमागरम। ले सेव इमरती लड्डू गुलाबजामुन खुरमा बुंदिया बरफी समोसा पेड़ा कचौड़ी दालमोठ पकौड़ी घेवर गुपचुप। हलुआ हलुआ ले हलुआ मोहनभोग। मोयनदार कचौड़ी, कचाका हलुआ नरम चभाका। घी में गरक चीन में तरातर चासनी में चभाचभ। ले भूरे का लड्डू। जो खाय सो भी पछताय जो न खाय सो भी पछताय। रेवड़ी कड़ाका। पापड़ पड़ाका। ऐसी जात हलवाई जिसके छत्तिस कौम है भाई। जैसे कलकत्ते के बिलसन मन्दिर के भितरिए, वैसे अंधेर नगरी के हम। सब समान ताजा। खाजा ले खाजा। टके सेर खाजा।

कुंजड़िन : ले धनिया मेथी सोआ पालक चौराई बथुआ करेमू नोनियाँ कुलफा कसारी चना सरसों का साग। मरसा ले मरसा। ले

बैंगन लौआ कोहड़ा आलू अरुई बण्डा नेनुआं सूरन रामतरोई तोरई मुरई ले आदी मिरचा लहसुन पियाज टिकोरा। ले फालसा खिरनी आम अमरूद निबुआ मटर होरहा। जैसे काजी वैसे पाजी। रैयत राजी टके सेर भाजी। ले हिन्दुस्तान का मेवा फूट और बैर।

मुगल : बादाम पिस्ते अखरोट अनार बिहीदाना मुनक्का किशमिश अंजीर आबजोश आलूबोखारा चिलगोजा सेब नाशपाती बिही सरदा अंगूर का पिटारी। अमारा ऐसा मुल्क जिसमें अंगरेज का भी दाँत कट्टा ओ गेया। नाहक को रुपया खराब किया। हिन्दोस्तान का आदमी लक लक हमारे यहाँ का आदमी बुंबक बुंबक लो सब मेवा टके सेर।

पाचकवाला : चूरन अमल बेद का भारी। जिसको खाते कृष्ण मुरारी॥
मेरा पाचक है पचलोना। जिस को खाता श्याम सलोना॥
चूरन बना मसालेदार। जिसमें खट्टे की बहार॥
मेरा चूरन जो कोई खाय। मुझ को छोड़ कहीं नहिं जाय॥
हिन्दू चूरन इसका नाम। विलायत पूरन इसका काम॥
चूरन जब से हिन्द में आया। इसका धन बल सभी घटाया॥
चूरन ऐसा हट्टा कट्टा। कीना दाँत सभी का खट्टा॥
चूरन चला दाल की मंडी। इसको खाएँगी सब रंडी॥
चूरन अमले सब जो खावैं। दूनी रिशवत तुरंत पचावैं॥
चूरन नाटकवाले खाते। इसकी नकल पचा कर लाते॥
चूरन सभी महाजन खाते। जिससे जमा हजम कर जाते॥
चूरन खाते लाला लोग। जिन को अकिल अजीरन रोग॥
चूरन खावैं एडिटर जात। जिनके पेट पचै नहिं बात॥
चूरन साहेब लोग जो खाता। सारा हिंद हजम कर जाता॥
चूरन पुलिस वाले खाते। सब कानून हजम कर जाते॥
ले चूरन का ढेर, बेचा टके सेर॥

मछलीवाली : मछरी ले मछरी।
मछरिया एक टके कै बिकाय।
लाख टका के वाला जोबन, गाहक सब ललचाय।
नैन मछरिया रूप जाल में देखतहि फंसि जाये।
बिनु पानी मछरी सो बिरहिया, मिले बिना अकुलाय॥

जातवाला (ब्राह्मण) : जात ले जात टके सेर जात। एक टका दो, हम अभी अपनी जात बेचते हैं। टके के वास्ते ब्राह्मण से धोबी हो

जायें और धोबी को ब्राह्मण कर दें, टके के वास्ते जैसी कहो वैसी व्यवस्था कर दें। टके के वास्ते झूठ को सच करें। टके के वास्ते ब्राह्मण से मुसलमान, टके के वास्ते हिंदू से क्रिस्तान। टके के वास्ते धर्म और प्रतिष्ठा दोनों बेचैं, टके के वास्ते झूठी गवाही दें। टकै के वास्ते पाप को पुण्य मानैं, टके के वास्ते नीच को भी पितामह बनावैं। वेद धर्म कुल मरजादा सचाई बड़ाई सब टके सेर। जुटाय दिया अनमोल माल ले टके सेर।

बनिया : आटा दाल लकड़ी नमक घी चीनी मसाला ले टके सेर।

[बाबाजी का चेला गोबरधन दास आता है और सब बेचनेवालों की आवाज सुन-सुन कर खाने के आनन्द में बड़ा प्रसन्न होता है।]

गो० दास : क्यों भाई बणिये, आटा कितणे सेर?

बनिया : टके सेर।

गो० दास : औ चावल?

बनिया टके सेर।

गो० दास : औ चीनी?

बनिया : टके सेर।

गो० दास : औ घी?

बनिया : टके सेर।

गो० दास : सब टके सेर! सचमुच।

बनिया : हाँ महाराज, क्या झूठ बोलूँगा?

गो० दास : **(कुंजड़िन के पास जाकर)** क्यों भाई, भाजी क्या भाव?

कुंजड़िन : बाबाजी, टके सेर। निनुआं मुरई धनिया मिरचा साग सब टके सेर।

गो० दास : सब भाजी टके सेर! वाह वाह! बड़ा आनन्द है। यहाँ सभी चीज टके सेर। **(हलवाई के पास जाकर)** क्यों भाई हलवाई! मिठाई कितणे सेर?

हलवाई : बाबाजी! लडुआ हलुआ जलेबी गुलाबजामुन खाज़ा सब टके सेर।

गो० दास वाह! वाह!! बड़ा आनन्द है। क्यों बच्चा, मुझसे मसखरी तो नहीं करता? सचमुच सब टके सेर?

हलवाई : हाँ बाबाजी, सचमुच सब टके सेर। इस नगरी की चाल ही यही है। यहाँ सब चीज टके सेर बिकती है।

गो० दास : क्यों बच्चा! इस नगरी का नाम क्या है?

हलवाई : अंधेर नगरी।

गो० दास : और राजा का क्या नाम है?

हलवाई : चौपट राजा।

गो० दास : वाह! वाह! अंधेर नगरी चौपट राजा, टका सेर भाजी टका सेर खाजा (**यही गाता है और आनन्द से बगल बजाता है**)।

हलवाई : तो बाबाजी, कुछ लेना-देना हो तो लो दो।

गो० दास : बच्चा, भिक्षा माँगकर सात पैसे लाया हूँ, साढ़े तीन सेर मिठाई दे दे, गुरु-चेले सब आनन्दपूर्वक इतने में छक जाएँगे।

[**हलवाई मिठाई तौलता है—बाबाजी मिठाई लेकर खाते हुए और अंधेर नगरी गाते हुए जाते हैं।**]

(**पटाक्षेप**)

तीसरा दृश्य

[स्थान जंगल]

[**महन्तजी और नारायण दास एक ओर से 'राम भजो' इत्यादि गीत गाते हुए आते हैं और एक ओर से गोबरधन दास अंधेर नगरी गाते हुए आते हैं।**]

महन्त : बच्चा गोबरधन दास! कह, क्या भिक्षा लाया? गठरी तो भारी मालूम पड़ती है।

गो० दास : बाबाजी महाराज! बड़े माल लाया हूँ, साढ़े तीन सेर मिठाई।

महन्त : देखूँ बच्चा! (**मिठाई की झोली अपने सामने रखकर खोलकर देखता है।**) वाह! वाह! बच्चा! इतनी मिठाई कहाँ से लाया? किस धर्मात्मा से भेंट हुई?

गो० दास : गुरुजी महाराज! सात पैसे भीख में मिले थे, उसी से इतनी मिठाई मोल ली है।

महन्त : बच्चा! नारायण दास ने मुझसे कहा था कि यहाँ सब चीज टके सेर मिलती है, तो मैंने इसकी बात का विश्वास नहीं किया। बच्चा, यह कौन-सी नगरी है और इसका कौन-सा राजा है, जहाँ टके सेर भाजी और टके ही सेर खाजा है?

गो० दास : अंधेर नगरी 'चौपट्ट राजा' टके सेर भाजी टके सेर खाजा।

महन्त : तो बच्चा! ऐसी नगरी में रहना उचित नहीं, जहाँ टके सेर भाजी और टके सेर खाजा हो।

दोहा : **सेत सेत सब एक से, जहाँ कपूर कपास।**
ऐसे देस कुदेस में, कबहुँ न कीजै बास॥
कोकिल बायस एक सम, पण्डित मूरख एक।
इन्द्रायन दाड़िम विषय, जहाँ न नेकु विवेक॥
बसिए ऐसे देस नहिं, कनक वृष्टि जो होय।
रहिए तो दुख पाइये, प्रान दीजिए रोय॥

सो बच्चा, चलो यहाँ से। ऐसी अंधेर नगरी में हजार मन मिठाई मुफ्त की मिले तो किस काम की? यहाँ एक छन नहीं रहना।

गो० दास : गुरुजी, ऐसा तो संसार भर में कोई देश ही नहीं है। दो पैसा पास रहने ही से मजे में पेट भरता है। मैं तो इस नगर को छोड़कर नहीं जाऊँगा। और जगह दिन भर माँगों तो भी पेट नहीं भरता। वरंच बाजे बाजे दिन उपास करना पड़ता है। सो मैं तो यहीं रहूँगा।

महन्त : देख बच्चा पीछे पछतायेगा।

गो० दास : आपकी कृपा से कोई दुःख न होगा; मैं तो यही कहता हूँ कि आप भी यहीं रहिए।

महन्त : मैं तो इस नगर में अब एक क्षण नहीं रहूँगा। देख, मेरी बात मान, नहीं पीछे पछतायेगा। मैं तो जाता हूँ, पर इतना कहे जाता हूँ कि कभी संकट पड़े तो हमारा स्मरण करना।

गो० दास : प्रणाम गुरुजी, मैं आपका नित्य ही स्मरण करूँगा। मैं तो फिर भी कहता हूँ कि आप भी यहीं रहिए।

[महन्तजी नारायण दास के साथ जाते हैं, गोबरधन दास बैठकर मिठाई खाता है।]

(पटाक्षेप)

चौथा दृश्य

[राजसभा]

[राजा, मंत्री और नौकर लोग यथास्थान स्थित हैं।]

1 सेवक : **(चिल्लाकर)** पान खाइए महाराज!

राजा : **(पीनक से चौंक के घबड़ाकर उठता है)** क्या कहा? सुपनखा आई ए महाराज! **(भागता है।)**

मंत्री : **(राजा का हाथ पकड़कर)** नहीं-नहीं, यह कहता है कि पान खाइए महाराज।

राजा : दुष्ट लुच्चा पाजी! नाहक हमको डरा दिया। मंत्री, इसको सौ कोड़े लगैं।

मंत्री : महाराज! इसका क्या दोष है! न तमोली पान लगाकर देता, न यह पुकारता।

राजा : अच्छा, तमोली को दो सौ कोड़े लगैं।

मंत्री : पर महाराज, आप 'पान खाइए' सुनकर थोड़े ही डरे हैं, आप तो सुपनखा के नाम से डरे हैं, सुपनखा को सजा हो।

राजा : **(घबड़ाकर)** फिर वही नाम? मंत्री, तुम बड़े खराब आदमी हो। हम रानी से कह देंगे कि मंत्री बेर-बेर तुमको सौत बुलाने चाहता है। नौकर! नौकर! शराब।

2 नौकर : **(एक सुराही में से एक गिलास में शराब उझलकर देता है।)** लीजिए महाराज। पीजिए महाराज।

राजा : **(मुँह बनाकर पीता है)** और दे।

[नेपथ्य में—दुहाई है दुहाई—का शब्द होता है।]

राजा : कौन चिल्लाता है—पकड़ लाओ।

[**दो नौकर एक फर्यादी को पकड़ लाते हैं।**]

फ० : दोहाई है महाराज, दोहाई है! हमारा न्याव होय।

राजा : चुप रहो। तुम्हारा न्याव यहाँ ऐसा होगा कि जैसा जम के यहाँ भी न होगा। बोलो, क्या हुआ?

फ० : महाराज! कल्लू बनिया की दीवार गिर पड़ी सो मेरी बकरी उसके नीचे दब गई। दोहाई है महाराज! न्याव हो।

राजा : (**नौकर से**) कल्लू बनिया की दीवार को अभी पकड़ लाओ।

मंत्री : महाराज, दीवार नहीं लाई जा सकती।

राजा : अच्छा, उसका भाई, लड़का, दोस्त, आशना जो हो उसको पकड़ लाओ।

मंत्री : महाराज! दीवार ईंट-चूने की होती है, उसको भाई-बेटा नहीं होता।

राजा : अच्छा, कल्लू बनिये को पकड़ लाओ। (**नौकर लोग दौड़कर बाहर से बनिये को पकड़ लाते हैं।**) क्यों बे बनिये! इसकी लरकी, नहीं बरकी क्यों दबकर मर गई?

मंत्री : बरकी नहीं महाराज, बकरी।

राजा : हाँ-हाँ बकरी क्यों मर गई—बोल, नहीं अभी फाँसी देता हूँ।

कल्लू : महाराज! मेरा कुछ दोष नहीं। कारीगर ने ऐसी दीवार बनायी कि गिर पड़ी।

राजा : अच्छा, इस कल्लू को छोड़ दो, कारीगर को पकड़ लाओ। (**कल्लू जाता है, लोग कारीगर को पकड़ लाते हैं।**) क्यों बे कारीगर! इसकी बकरी किस तरह मर गई?

कारीगर : महाराज, मेरा कुछ कसूर नहीं, चूनेवाले ने ऐसा बोदा बनाया कि दीवार गिर पड़ी।

राजा : अच्छा, इस कारीगर को बुलाओ, नहीं-नहीं निकालो, उस चूनेवाले को बुलाओ।

(**कारीगर निकाला जाता है, चूनेवाला पकड़कर लाया जाता है।**) क्यों बे खैर सुपाड़ी चूनेवाले! इसकी कुबरी नहीं बकरी कैसे मर गई?

चूनेवाला : महाराज! मेरा कुछ दोष नहीं, भिश्ती ने चूने में पानी ढेर दे दिया, इसी से चूना कमजोर हो गया होगा।

राजा : अच्छा, चुन्नीलाल को निकालो, भिश्ती को पकड़ो।

(चूनेवाला निकाला जाता है, भिश्ती लाया जाता है।)

क्यों बे भिश्ती! गंगा-जमुना की किश्ती! इतना पानी क्यों दिया कि इसकी बकरी गिर पड़ी और दीवार दब गई।

भिश्ती : महाराज! गुलाम का कोई कसूर नहीं, कस्साई ने मसक इतनी बड़ी बना दिया कि उसमें पानी जादे आ गया।

राजा : अच्छा कस्साई को लाओ, भिश्ती को निकालो। **(लोग भिश्ती को निकालते हैं और कस्साई को लाते हैं।)** क्यों बे कस्साई, मशक ऐसी क्यों बनाई कि दीवार गिराई बकरी दबाई?

कस्साई : महाराज! गड़ेरिया ने टके पर ऐसी बड़ी भेड़ मेरे हाथ बेची कि उसकी मशक बड़ी बन गई।

राजा : अच्छा कस्साई को निकालो, गड़ेरिये को लाओ।

(कस्साई निकाला जाता है, गड़ेरिया आता है।) क्यों बे ऊखपौंड़ के गड़ेरिया! ऐसी बड़ी भेड़ क्यों बेची कि बकरी मर गई।

गड़ेरिया : महाराज! उधर से कोतवाल साहब की सवारी आई, तो उसके देखने में मैंने छोटी-बड़ी भेड़ का ख्याल नहीं किया, मेरा कुछ कसूर नहीं।

राजा : अच्छा इसको निकालो, कोतवाल को अभी सरबमुहर पकड़ लाओ। **(गड़ेरिया निकाला जाता है, कोतवाल पकड़ा जाता है।)** क्यों बे कोतवाल! तैंने सवारी ऐसी धूम से क्यों निकाली कि गड़ेरिये ने घबड़ाकर बड़ी भेड़ बेची, जिससे बकरी गिरकर कल्लू बनिया दब गया?

कोतवाल : महाराज, महाराज! मैंने तो कोई कसूर नहीं किया, मैं तो शहर के इन्तजाम के वास्ते जाता था।

मंत्री : **(आप ही आप)** यह तो बड़ा ग़जब हुआ, ऐसा न हो कि बेवकूफ इस बात पर सारे नगर को फूँक दे या फाँसी दे। **(कोतवाल से)** यह नहीं, तुमने ऐसे धूम से सवारी क्यों निकाली?

राजा : हाँ-हाँ, यह नहीं, तुमने ऐसे धूम से सवारी क्यों निकाली कि उसकी दबरी दबी?

कोतवाल : महाराज, महाराज....

राजा : कुछ नहीं, महाराज, महाराज। ले जाओ, कोतवाल को अभी फाँसी दो। दरबार बरखास्त।

[लोग एक तरफ से कोतवाल को पकड़कर ले जाते हैं दूसरी ओर से मंत्री को पकड़कर राजा जाते हैं।]

(पटाक्षेप)

पाँचवाँ दृश्य

[अरण्य]

(गोबरधन दास गाते हुए आते हैं।)

(राग काफ़ी)

अंधेर नगरी अनबूझ राजा। टका सेर भाजी टका सेर खाजा॥
नीच ऊँच सब एकहि ऐसे। जैसे भड़ुए पंडित तैसे॥
कुल मरजाद न मान बड़ाई। सबै एक से लोग लुगाई॥
जात पाँत पूछै नहिं कोई। हरि को भजै सो हरि को होई॥
वेश्या जोरू एक समाना। बकरी गऊ एक करि जाना॥
साँचे मारे मारे डोलैं। छली दुष्ट सिर चढ़ि चढ़ि बोलैं॥
प्रगट सभ्य अन्तर छलधारी। सोई राजसभा बलभारी॥
साँच कहैं ते पनही खावैं। झूठे बहुबिधि पदवी पावैं॥
छलियन के एका के आगे। लाख कहौ एकहु नहिं लागे॥
भीतर होइ मलिन की कारो। चाहिए बाहर रंग चटकारो॥
धर्म अधर्म एक दरसाई। राजा करै सो न्याव सदाई॥
भीतर स्वाहा बाहर सादे। राज करहिं अमले अरु प्यादे॥
अन्धाधुन्ध मच्यौ सब देसा। मानहुँ राजा रहत बिदेसा॥
गो द्विज श्रुति आदर नहिं होई। मानहुँ नृपति विधर्मी कोई॥
ऊँच नीच सब एकहि सारा। मानहुँ ब्रह्म ज्ञान बिस्तारा॥
अंधेर नगरी अनबूझ राजा। टका सेर भाजी टका सेर खाजा॥

[बैठकर मिठाई खाता है।]

गुरुजी ने हमको नाहक यहाँ रहने को मना किया था। माना कि देश बहुत बुरा है। पर अपना क्या? अपने किसी राजकाज में थोड़े हैं कि कुछ डर है, रोज मिठाई चाभना, मजे में आनन्द से राम-भजन करना।

[मिठाई खाता है।]

[चार प्यादे चार ओर से आकर उसको पकड़ लेते हैं।]

1 प्या० : चल बे चल, बहुत मिठाई खाकर मुटाया है। आज पूरी हो गई।

2 प्या० : बाबाजी, चलिए, नमोनारायन कीजिए।

गो० दास : **(घबड़ाकर)** हैं! यह आफत कहाँ से आई! अरे भाई, मैंने तुम्हारा क्या बिगाड़ा है जो मुझको पकड़ते हो?

1 प्या० : आपने बिगाड़ा है या बनाया है इससे क्या मतलब, अब चलिए। फाँसी चढ़िए।

गो० दास : फाँसी! अरे बाप रे बाप, फाँसी!! मैंने किसकी जमा लूटी है कि मुझको फाँसी! मैंने किसके प्राण मारे कि मुझको फाँसी!

2 प्या० : आप बड़े मोटे हैं, इस वास्ते फाँसी होती है।

गो० दास : मोटे होने से फाँसी? यह कहाँ का न्याय है! अरे, हँसी फकीरों से नहीं करनी होती।

1 प्या० : जब सूली चढ़ लीजिएगा तब मालूम होगा कि हँसी है कि सच। सीधी राह से चलते हो कि घसीटकर ले चलें?

गो० दास : अरे बाबा, क्यों बेकसूर का प्राण मारते हो? भगवान् के यहाँ क्या जवाब दोगे?

1 प्या० : भगवान् को जवाब राजा देगा। हमको क्या मतलब। हम तो हुक्मी बन्दे हैं।

गो० दास : तब भी बाबा, बात क्या है कि हम फकीर आदमी को नाहक फाँसी देते हो?

1 प्या० : बात है कि कल कोतवाल को फाँसी का हुकुम हुआ था। जब फाँसी देने को उसको ले गए, तो फाँसी का फन्दा बड़ा हुआ, क्योंकि कोतवाल साहब दुबले हैं। हम लोगों ने महाराज से अर्ज किया, इस पर हुक्म हुआ कि एक मोटा आदमी पकड़कर फाँसी दे दो, क्योंकि बकरी मारने

के अपराध में किसी न किसी को सजा होनी जरूर है, नहीं तो न्याव न होगा। इसी वास्ते तुमको ले जाते हैं कि कोतवाल के बदले तुमको फाँसी दें।

गो० दास : तो क्या और कोई मोटा आदमी इस नगर भर में नहीं मिलता जो मुझ अनाथ फकीर को फाँसी देते हैं?

1 प्या० : इसमें दो बातें हैं—एक तो नगर भर में राजा के न्याव के डर से कोई मुटाता ही नहीं, दूसरे और किसी को पकड़े तो वह न जाने क्या बात बनावै कि हमी लोगों के सिर कहीं न घहराय और फिर इस राज में साधू-महात्मा इन्हीं लोगों की तो दुर्दशा है, इससे तुम्हीं को फाँसी देंगे।

गो० दास : दुहाई परमेश्वर की, अरे मैं नाहक मारा जाता हूँ। अरे यहाँ बड़ा ही अन्धेर है! अरे गुरुजी महाराज का कहा मैंने न माना उसका फल मुझको भोगना पड़ा। गुरुजी, कहाँ हौ? आओ, मेरे प्राण बचाओ, अरे मैं बेअपराध मारा जाता हूँ! गुरुजी, गुरुजी...

[गोबरधन दास चिल्लाता है, प्यादे लोग उसको पकड़कर ले जाते हैं।]

(पटाक्षेप)

छठा दृश्य

[स्थान श्मशान]

[गोबरधन दास को पकड़े हुए चार सिपाहियों का प्रवेश]

गो० दास : हाय बाप रे! मुझे बेकसूर ही फाँसी देते हैं। अरे भाइयो, कुछ तो धरम विचारो! अरे मुझ गरीब को फाँसी देकर तुम लोगों को क्या लाभ होगा? अरे मुझे छोड़ दो! हाय! हाय!

[रोता है और छुड़ाने की कोशिश करता है।]

1 सिपाही : अबे, चुप रह—राजा का हुकुम भला कहीं टल सकता है? यह तेरा आखिरी दम है, राम का नाम ले—बेफाइदा क्यों शोर करता है? चुप रह—

गो० दास : हाय! मैंने गुरुजी का कहना न माना, उसी का यह फल है। गुरुजी ने कहा था कि ऐसे नगर में न रहना चाहिए, यह मैंने न सुना! अरे, इस नगर का नाम ही अंधेर नगरी और राजा का नाम चौपट्ट है, तब बचने की कौन आशा है! अरे, इस नगर में ऐसा कोई धर्मात्मा नहीं है जो इस फकीर को बचावै! गुरुजी! कहाँ हो? बचाओ—गुरुजी.... गुरुजी....!

[रोता है, सिपाही लोग उसे घसीटते हुए ले चलते हैं।]

[गुरुजी और नारायण दास आते हैं।]

गुरु० : अरे बच्चा गोबरधन दास! तेरी यह क्या दशा है?

गो० दास : (**गुरुजी को हाथ जोड़कर**) गुरुजी! दीवार के नीचे बकरी दब गई, सो इसके लिये मुझे फाँसी देते हैं, गुरुजी, बचाओ!

गुरु : अरे बच्चा! मैंने तो पहिले ही कहा था कि ऐसे नगर में रहना ठीक नहीं; तैंने मेरा कहना नहीं सुना।

गो० दास : मैंने आपका कहा नहीं माना, उसी का यह फल मिला। आपके सिवा अब ऐसा कोई नहीं है जो रक्षा करे। मैं आप ही का हूँ, आपके सिवा और कोई नहीं.... (**पैर पकड़कर रोता है।**)

महन्त : कोई चिन्ता नहीं, नारायण सब समर्थ हैं। (**भौं चढ़ाकर सिपाहियों से**) सुनो, मुझको अपने शिष्य को अंतिम उपदेश देने दो, तुम लोग तनिक किनारे हो जाओ। देखो, मेरा कहना न मानोगे तो तुम्हारा भला न होगा।

सिपाही : नहीं महाराज, हम लोग हट जाते हैं। आप बेशक उपदेश कीजिए।

[सिपाही हट जाते हैं। गुरुजी चेले के कान में कुछ समझाते हैं।]

गो० दास : (**प्रगट**) तब तो गुरुजी, हम अभी फाँसी चढ़ेंगे।

महन्त : नहीं बच्चा, मुझको चढ़ने दे।

गो० दास : नहीं गुरुजी, हम फाँसी पड़ेंगे।

महन्त : नहीं बच्चा, हम। इतना समझाया नहीं मानता, हम बूढ़े भए, हमको जाने दे।

गो० दास : स्वर्ग जाने में बूढ़ा-जवान क्या? आप तो सिद्ध हो, आपको गति-अगति से क्या? मैं फाँसी चढ़ूँगा।

[इसी प्रकार दोनों हुज्जत करते हैं—सिपाही लोग परस्पर चकित होते हैं।]

1 सिपाही : भाई! यह क्या माजरा है, कुछ समझ नहीं पड़ता।

2 सिपाही : हम भी नहीं समझ सकते कि यह कैसा गबड़ा है।

[राजा, मंत्री, कोतवाल आते हैं]

राजा : यह क्या गोलमाल है?

1 सिपाही : महाराज! चेला कहता है मैं फाँसी चढ़ूँगा, गुरु कहता है मैं चढ़ूँगा; कुछ मालूम नहीं पड़ता कि क्या बात है?

राजा : (गुरु से) बाबाजी! बोलो। काहे को आप फाँसी चढ़ते हैं?

महन्त : राजा! इस समय ऐसा साइत है कि जो मरेगा सीधा बैकुंठ जायेगा।

मंत्री : तब तो हम फाँसी चढ़ेंगे।

गो० दास : हम, हम। हमको तो हुकुम है।

कोतवाल : हम लटकैंगे। हमारे सबब तो दीवार गिरी।

राजा : चुप रहो, सब लोग, राजा के आछत और कौन बैकुण्ठ जा सकता है? हमको फाँसी चढ़ाओ, जल्दी, जल्दी।

महन्त : जहां न धर्म न बुद्धि नहिं, नीति न सुजन समाज।
ते ऐसहि आपुहि नसे, जैसे चौपटराज॥

[राजा को लोग टिकठी पर खड़ा करते हैं।]

■

औरंगजेब की आखिरी रात

डॉ० रामकुमार वर्मा

डॉ० रामकुमार वर्मा

जीवन काल—14 सितम्बर 1904 (सागर)—5 अक्टूबर 1990

प्रमुख नाटककार, कवि, आलोचक

गाँधीजी के असहयोग आन्दोलन में सक्रिय भाग। प्रथम काव्यकृति इसी समय 'गाँधी गान' नाम से रची गई। इलाहाबाद विश्वविद्यालय से एम०ए०, वहीं हिन्दी विभाग के प्रोफेसर एवं अध्यक्ष रहे।

लेखन—विभिन्न विधाओं में 102 रचनाएँ। एकांकी के जनक।

नाटक—कौमुदी महोत्सव, विजय पर्व, कला और कृपाण, अशोक का शोक, जौहर की ज्योति, नाना फड़नवीस, महाराणा प्रताप, जय आदित्य, सारंग स्वर, पृथ्वी का स्वर्ग, जय बांग्ला, अग्निशिखा, संत तुलसीदास, जय वर्धमान, भगवान बुद्ध, अहल्याबाई,समुद्रगुप्त पराक्रम, जय भारत, स्वयंवरा, अनुशासन पर्व, सम्राट कनिष्क, मालव कुमार भोज, कुन्ती का परिताप, सरजा शिवाजी, कर्मवीर कर्ण।

एकांकी संग्रह—पृथ्वीराज की आँखें, रेशमी टाई, चारुमित्रा, शिवाजी, सप्तकिरण, रूपरंग, कौमुदी महोत्सव, ध्रुवतारिका, रम्यरास, ऋतुराज, रजत रश्मि, दीपदान, रिमझिम, पांचजन्य साहित्यिक एकांकी, मेरे सर्वश्रेष्ठ एकांकी, मयूरपंख, ललित एकांकी, इतिहास के स्वर, अमृत की खोज, खट्ठे मीठे एकांकी, बहुरंगी नाटक, चित्र एकांकी, समाज के स्वर।

डॉ० रामकुमार वर्मा छायावादी युग के मान्य कवियों में थे। उनके कोई डेढ़ दर्जन कविता संग्रह, प्रबन्ध काव्य एवं कई आलोचना ग्रंथ, संस्मरण, इतिहास ग्रंथ, शोध प्रबन्ध आदि हिन्दी की महत्वपूर्ण निधियाँ हैं।

पुरस्कार एवं अलंकरण—हालैण्ड स्वर्ण पदक, देव पुरस्कार, केन्द्रीय शासन नाटक पुरस्कार, कालिदास पुरस्कार, उ०प्र० साहित्य संस्थान का भारत भारती पुरस्कार। पद्मभूषण, रत्न साहित्य वाचस्पति, आचार्य डी०लि०।

पात्र

आलमगीर औरंगजेब	:	मुगल सम्राट्
ज़ीनत उन्निसा बेगम	:	आलमगीर औरंगजेब की पुत्री
करीम	:	एक सिपाही
हकीम और कातिब		

स्थान : अहमदनगर का किला

समय : 18 फरवरी, सन् 1707, रात्रि के चार बजे प्रात:

[बीजापुर और गोलकुण्डा की शिया रियासतों पर विजय प्राप्त करने के बाद जब औरंगजेब ने मराठों का अन्त करने का निश्चय किया तो उसे अपनी असफलता स्पष्ट दीख पड़ने लगी।

उसने जब छत्रपति शिवाजी के पुत्र शम्भाजी को सपरिवार बन्दी कर लिया और उसके सामने इस्लाम धर्म में दीक्षित होने का प्रस्ताव रक्खा, तो शम्भाजी ने घृणा से प्रस्ताव को ठुकराते हुए औरंगजेब के प्रति अत्यन्त कटु शब्दों का व्यवहार किया।

फलस्वरूप शम्भाजी का बड़ी निर्दयता से क़त्ल किया गया। उसके क़त्ल होते ही मराठों में क्रान्ति की ज्वाला भड़क उठी। सत्रह वर्षों तक भयंकर संघर्ष होता रहा। इधर मुगल सेना दिनों-दिन विलासी बन रही थी, फलस्वरूप प्रत्येक लड़ाई में उसे बहुत अधिक हानि उठानी पड़ती थी।

सन् 1706 में औरंगजेब ने देखा कि उनकी सेना अब अत्यन्त विशृंखलित और आलसी हो गई है। राज्य की आर्थिक दशा भी चिंताजनक हो रही है। लड़ाई की हानि 'जजिया' कर से भी पूरी नहीं हो रही है। जलालुद्दीन अकबर के समय से संचित आगरा और दिल्ली के क़िलों की समस्त सम्पत्ति दक्षिण की लड़ाइयों में समाप्त हो चुकी है, तीन महीनों से सिपाहियों और सिपहसालारों का वेतन नहीं दिया गया है।

राज्य की इस दुर्व्यवस्था के साथ वह अब वृद्ध हो गया है। पहले जैसी शक्ति अब उसके शरीर में नहीं रही। उसका विजय-स्वप्न निराशा में तिरोहित हो चला है। उसकी चिन्ताएँ उसे चैन नहीं लेने देतीं। अन्त में हताश होकर वह अहमदनगर लौट आया है।

इस समय वह अहमदनगर के किले में बीमार पड़ा हुआ है। उसका शरीर टूट चुका है। उसे ज्वर और खाँसी है। इस समय उसकी अवस्था 89 वर्ष की है। एक साधारण से पलंग पर लेटा हुआ है। सिरहाने सफेद रेशम का तकिया है, जिसके दौनों बाजुओं में जरी की हलकी पट्टियाँ हैं।

वह एक सफ़ेद रेशम की चादर कमर तक ओढ़े हुए है। दुबला-पतला शरीर। कटी-छँटी सफ़ेद दाढ़ी। नाक लम्बी, किन्तु वृद्धावस्था के कारण कुछ झुकी हुई। वह सफ़ेद लम्बा कुरता पहने हुए है, जो रेशमी तनी से दाहिने कन्धे पर कसा हुआ है। गले में मोतियों की एक बड़ी माला पड़ी हुई है, जिसके मध्य में एक बड़ा नीलम जड़ा है। हाथ में तसबीह है।

आलमगीर की मुख-मुद्रा अत्यन्त मलीन और पश्चाताप से परिपूर्ण है। उसके दाहिनी ओर एक सुसज्जित पीठिका पर उसकी पुत्री ज़ीनत उन्निसा बेगम बैठी हुई है। उसकी आयु 40 वर्ष के लगभग है। देखने में सौम्य और आकर्षक। वह नीले रंग की रेशमी सलवार और प्याजी रंग की ओढ़नी से सुसज्जित है। गले में रत्नों की माला है और कमर में मोतियों की पेटी कसी हुई है। उसके मुख पर भी भय और आशंका की रेखाएँ अंकित हैं।

कमरे में कोई विशेष सजावट नहीं है, किन्तु सारे वायुमंडल में एक पवित्रता है। पलंग के सिरहाने दो शमादानों में शमाएँ जल रही हैं। दूसरी ओर केवल एक है, जिससे आलमगीर की आँखों में चकाचौंध न हो। पलंग के दाहिने ओर ज़ीनत उन्निसा की पीठिका के समीप ही एक बड़ी खिड़की है, जिससे हवा का झोंका आ रहा है। उससे घने अंधकार के बीच में आकाश के तारे दिखाई पड़ रहे हैं।

आलमगीर के सामने कोने की ओर सोने के पिंजड़े में एक पक्षी बैठा हुआ है, जो कभी-कभी अपने पंख फड़फड़ा देता है। पलंग से कुछ हटकर सिरहाने की ओर तिपाई है जिस पर दवा की शीशियाँ रक्खी हुई हैं। उसके समीप एक ऊँचे स्टैण्ड पर लम्बे मुँह वाली सोने की सुराही है, जिसमें गुलाबजल रखा हुआ है। उसके पास ही एक सोने का प्याला एक रेशमी कपड़े से ढँका हुआ है।

परदा उठने पर आलमगीर कुछ क्षणों तक बेचैनी से खाँसता है, फिर एक गहरी और भारी साँस लेकर शून्य की ओर देखता हुआ ज़ीनत से कहता है—]

आलम : खाँसी... एक लमहे के लिए नहीं रुकती...कोई दवा उसे नहीं रोक़ सकती, जीनत! कोई दवा उसे नहीं रोक सकती...यह मौत की आवाज है। इसे कौन रोक सकता है? (**फिर खाँसता है**)...मौत की आवाज!

ज़ीनत : (**धैर्य के स्वरों में**), नहीं, जहाँपनाह! आपकी खाँसी बहुत जल्द अच्छी हो जायेगी। हकीमों ने...

आलम : (**बीच ही में**) हकीमों ने...हकीमों ने कुछ नहीं समझा। कुछ नहीं समझा उन्होंने, यह खाँसी कोई मर्ज नहीं है, बेटी! यह खाँसी सल्तनत के उखड़ने की आवाज है जो हमारे दम के साथ उखड़ना चाहती है। (**मुँह बिगाड़कर**) उखड़े! कहाँ तक रोकेंगे हम? (**खाँसता है**) कितने बलवाइयों को नेस्तनाबूद किया, कितने ग़दर रोके, लेकिन...लेकिन यह खाँसी नहीं रुकती, बेटी! रुके भी कैसे? (**शिथिल स्वरों में**) अब आलमगीर आलमगीर नहीं हैं!

ज़ीनत : नहीं, जहाँपनाह! आज भी हिन्दुस्तान और दकन आपके इशारे पर बनता और बिगड़ता है! आपके तेवर देखकर अफ़गानिस्तान भी घुटने टेकता है। राजपूत, जाट, मराठे

और सिक्ख आज भी आप से लोहा नहीं ले सकते!

आलम : लेकिन शिवाजी ले सकता था। हमारी थोड़ी-सी लापरवाही से वह हाथ से निकल गया। उसकी वजह से जिन्दगी भर परेशान रहा। लेकिन था बहादुर और दिलेर... खैर, 'काफ़िर व जहन्नम रफ्त' (**खाँसता है।**) उसका बेटा शम्भाजी...(**रुक जाता है और गहरी साँस लेता है।**)

ज़ीनत : छोड़िए इन बातों को, जहाँपनाह! ये बातें इस वक्त दिल और दिमाग़ दोनों को खराब करने वाली हैं। आप जैसे ही अच्छे होंगे...

आलम : (**बीच ही में**) अब अच्छे नहीं हो सकते, ज़ीनत! चन्द घड़ियों की जिन्दगी। कौन जाने कब खामोशी आ जाये! लेकिन बेटी! हमने एक दिन भी आराम नहीं किया। (**खाँसता है।**) एक दिन भी नहीं। राजपूत जैसी कौम पर हुकूमत करना जिन्दगी का आराम नहीं है। सबसे बड़ी मेहनत है। मराठों की हिम्मत पस्त करना जिन्दगी का सबसे बड़ा करिश्मा है—वह हमने किया, बेटी! वह हमने किया। लेकिन अब...अब हम कमजोर हो गये हैं। अब कुछ नहीं कर सकेंगे। (**ठंडी साँस लेकर कलमा पढ़ता है।**) ला इलाही इललिल्लाह मुहम्मदुर्रसूलिल्लाह...

ज़ीनत : आप सब कुछ कर सकेंगे, जहाँपनाह! अच्छा, अब आप यह खाँसी की दवा खा लीजिए, (**दवा लेने के लिए उठती है।**) हकीम साहब दे गये हैं।

आलम : (**तीव्र स्वर में**) क्या हकीम साहब खुद नहीं आये?

ज़ीनत : आये थे। बड़ी देर तक आपका इन्तजार करते रहे। आप होश में नहीं थे। वे थोड़ी देर के लिए बाहर चले गये हैं। उन्होंने अभी फिर आने को कहा है।

आलम : जो दवा वह दे गये हैं, वह उन्हें चखाई गई थी? (**खाँसता है।**)

ज़ीनत : जी, मैंने भी चखी थी। दवा में किसी क़िस्म का शक नहीं है।

आलम : यह अहमदनगर है, बेटी! शिया रियासत बीजापुर और गोलकुण्डा के क़रीब। दुश्मनी दोस्ती में छुप कर आती है। जिंदगी में यह हमेशा याद रखो।

ज़ीनत : आपका कहना सही है, जहाँपनाह! लेकिन दवा मैंने खुद चखकर देख ली है।

आलम : हमारे सामने नहीं चखी गई, ज़ीनत! लेकिन खैर, कोई बात नहीं। दवा खायेंगे...लेकिन थोड़ी देर के लिए आराम, फिर वही तकलीफ। क्या करें, दवा खाकर। **(जोर से खाँसी आती है।)**...अच्छा लाओ, खाएँ तुम्हारी दवा। आवेहयात से बढ़कर।

[आलमगीर हाथ बढ़ाता है। ज़ीनत प्याले में दवा डालकर देती है। आलमगीर उसे हाथ में लेकर देखता है। सोचता हुआ एक बार रुकता है, फिर थोड़ी-सी पीता है।]

आलम : **(गला साफ कर)** पी ली तुम्हारी दवा बेटी! इस दवा में ज़ायके के साथ तुर्शी भी है। हुकूमत का प्याला भी ऐसा ही होता है।

ज़ीनत : लेकिन आपने सब तुर्शी ज़ायके में तबदील कर ली है।

आलम : नहीं, ज़ीनत! मराठों ने ऐसा नहीं होने दिया। हम कुराने पाक की क़सम खाकर कहते हैं कि हम मराठों का नामोनिशान मिटाने में अपनी सारी सल्तनत की बाज़ी लगा देते, लेकिन...लेकिन अब वह हौसला नहीं रह गया। कमजोरी और बुढ़ापे ने हमें बेबस कर दिया है। **(ठहरकर)** हमारे बहुत से काम अधूरे पड़े हैं। काश, हमारी जिन्दगी के दिन अभी...खत्म न होते,..!

ज़ीनत : **(उत्साह से)** अभी आप बहुत दिनों तक सलामत रहेंगे, आलमपनाह!

आलम : **(विह्वल होकर)** ओह, फिर एक बार कहो, ज़ीनत! हम यह बात फिर से सुनना चाहते हैं। ओफ्, अगर हमारी ज़िन्दगी के दिन अभी ख़त्म न होते! हम एक बार फिर शमशीर लेकर मैदाने-जंग में जाते, बाग़ियों से कहते—कमबख्तो! आलमगीर कमज़ोर नहीं है। उनकी तलवार में अब भी चिनगारियाँ हैं। घुटने टेककर गुनाहों की माफ़ी माँगो, नहीं! काफ़िरों, दोज़ख का रास्ता खून की नहर से है। हमारी शमशीर से कटो और दोज़ख में दाखिल ...**(आवेश में खाँसी रुकने पर भारी साँस लेता है।)** दोज़ख...में दाखिल...हो...!

ज़ीनत : आप आराम करें, जहाँपनाह! नहीं तो आपकी तबीयत और खराब हो जायेगी।

आलम : इससे ज़ियादह और क्या खराब होगी, ज़ीनत! जब हम मौत के दरवाज़े पर खड़े होकर दस्तक दे रहे हैं। चाहे जब खुल जाय! और आलमगीर के लिए जल्दी ही खुलेगा। देर नहीं हो सकती। मौत भी डरती होगी कि देर हो जाने से कहीं आलमगीर सज़ा न दें। **(खाँसी)** जिन्दगी भर सजा! सजा! **(रुकते हुए)** अब्बाजान...को...भी... आँजहानी शाहेजहाँ की...**(सोचता है।)**

ज़ीनत : आलमपनाह! तज़किरे न उठाएँ।

आलम : **(भौंहों में बल देकर)** क्यों न उठाएँ? जिन्दगी भर गुनाहों का बोझ उठाया है तो मरते वक्त उसका तज़किरा भी न उठाएँ? लेकिन ज़ीनत! हमने सैकड़ों बार अपने दिल को दिलासा देने की कोशिश की। हमने गुनाह कहाँ किये? कुराने पाक की रूह से, शरअ से इस्लाम का नाम दुनिया में बुलन्द करने के लिए—जिहाद के लिए, जो काम हमने किए, क्या उनका नाम गुनाह है? काफ़िरों को जहन्नुम रसीद किया... क्या यह गुनाह है? उपनिषद् पढ़ने वाले दारा से सल्तनत छीनी...क्या यह गुनाह है? नमूना-ए-दरबार-ए-इलाही में क्या मुझसे गुनाह हुए? आलमगीर—जिन्दा पीर! ...लेकिन कोई आवाज़ कानों में कहती है कि आलमगीर! तूने इस्लाम का नाम लेकर दुनिया को धोखा दिया है। तूने **इस्लाम** की हिदायतों को नहीं समझा। ज़ीनत! तू **(तू पर जोर)** बतला, यह आवाज ठीक है? क्या हमने इस्लाम के उसूलों को ग़लत समझा?

ज़ीनत : **(शान्ति से)** आपसे कोई ग़लती नहीं हुई, जहाँपनाह!

आलम : **(शून्य में देखता हुआ)** हज़ारों सतनामियों को क़त्ल किया—दारा, शुजा, मुराद को तख्ते-ताऊस का हक़ नहीं दिया और बाप को सात बरस तक...लम्बे सात बरस तक!

ज़ीनत : लेकिन आलमपनाह! अगर ग़ौर से देखा जाय तो शाहंशाहे शाहेजहाँ को नजरबन्द करना ग़लत नहीं कहा जा सकता। अपनी पीरी में ये अपनी आँखों से अपने बेटों का मज़ार

देखते! क्या उन्हें तकलीफ़ न होती? आपने उन्हें उस तकलीफ़ से बचा लिया!

आलम : लेकिन उस तकलीफ़ के पैदा करने का ज़िम्मा किसका है? हमारा। हमने ही लाहौर में दारा की क़ब्र बनवाई। हमने ही आगरे में मुहम्मद को भेजकर अब्बाजान का महल क़ैदखाने में तब्दील कराया...! उस दास्तान को तुम जानती हो?

ज़ीनत : जहाँपनाह! मुझसे वह दर्दनाक दास्तान क्यों दुहरवाना चाहते हैं! आप आराम कीजिए। आपकी तबीयत ठीक नहीं है।

आलम : तो हम ही वह दास्तान कहेंगे जो हमने मुहम्मद से सुनी। **(शून्य में देखते हुए)** आधी रात थी... कमरे में सिर्फ़ एक शमा जल रही थी...दूसरी शमा शहंशाह की आँखों में झिलमिला रही थी। वह चारपाई पर तस्वीरे-संग की तरह लेटे हुए थे। उनकी पथराई आँखें दूर पर दिखाई देने वाले ताजमहल पर जमी हुई थीं...हल्की चाँदनी थी। शहंशाह ने जहाँनारा से कहा—जहाँनारा आलमगीर से पूछो। वह हमारी तरह ताजमहल को तो क़ैद नहीं करेगा...?

ज़ीनत : **(आग्रह के स्वर में)** जहाँपनाह! ...

आलम : **(उसी स्वर में)** बादशाह की ज़बान तालू से सट गई थी... गला सूख रहा था। गहरी और सर्द साँस लेकर उन्होंने फ़रमाया—मुमताज, हमारी बेगम! ताज हमें पत्थरों से नहीं, आँसुओं से बनवाना चाहिए था!...काश, यह मुमकिन हो सकता।

ज़ीनत : **(सहानुभूति के साथ)** उन्हें बहुत तकलीफ थी, आलमपनाह! लेकिन इस वक्त यह सब सोचना ठीक नहीं है। रात ज़ियादह बीत रही है।

आलम : **(चौंककर तसबीह करते हुए)** क्या कहा? रात ज़ियादह बीत रही है? आज हमारे लिए भी शायद वही मौत की रात है, लेकिन हमारे सामने कोई ताजमहल नहीं है। **(ठहरकर)** हम इस लायक हैं भी नहीं, ज़ीनत! जिन्दगी में हमने कुछ नहीं किया, सिर्फ़ लड़ाइयाँ ही लड़ी हैं। उन्हीं में हमने फ़तह हासिल की है, लेकिन आज...आज जिंदगी में हमें

शिकस्त ही मिली...भारी शिकस्त! हमने अब्बाजान को क़ैद नहीं किया, इस आखिरी वक्त में अपने चैनो-सुकून को ही कैद किया! आज इतने बरसों के बाद अब्बाजान की चीख हमारे कानों में आ रही है...प्यास से उनका गला सूख रहा है। उनकी आवाज में कितना दर्द है...तुम सुन रही हो...? उनकी हसरत-भरी निगाहों की टक्कर से ताजमहल जैसे चूर-चूर होने जा रहा है!

ज़ीनत : **(अत्यन्त सान्त्वना के स्वर में)** जहाँपनाह! कहीं कुछ नहीं है। आप सोने की कोशिश कीजिए। जो कुछ हुआ उसे भूल...

आलम : **(बीच ही में)** नहीं भूल सकते, ज़ीनत! हमने अपनी सल्तनत के इमारत की नींव में रूह दफ़न कर खड़ी की है। आज रूह तड़पकर करवट लेना चाहती है। वह चीख रही है। तुम उसकी आवाज भी नहीं सुनना चाहती?

ज़ीनत : जहाँपनाह, खुदा को याद कीजिए। सोने की कोशिश कीजिए। रात आधी से ज़ियादह बीत चुकी है।

आलम : जिन्दगी उससे ज़ियादह बीत चुकी है! **(नेपथ्य की ओर उँगली उठाकर)** देखती हो यह अंधेरा? कितना डरावना, कितना खौफ़नाक! दुनिया को अपने स्याह परदे में लपेटे हुए है। गोया यह हमारी जिन्दगी हो। इसमें कभी सुबह नहीं होगी, ज़ीनत! अगर होगी भी तो वह इसके काले समुन्दर में डूब जायेगी। इस अंधेरे में सूरज भी निकले तो वह स्याह हो जायेगा!...**(रुककर)** ओह...कितना अंधेरा है, खुदा! हमने तेरा नाम लेकर सल्तनत पर कब्जा किया, तेरा नाम लेकर औरतों और बच्चों को क़ैद किया, वे सब तेरे बच्चे! तेरे बन्दों पर एतबार नहीं किया। तेरा नाम लेकर...क़ुरान की क़सम खाकर मुराद...भाई मुराद से सुलह की और फिर...और फिर...उसका खून!...

[खाँसी आती है और फिर निश्चेष्ट हो जाता है।]

ज़ीनत : **(घबराहट के स्वरों में)** जहाँपनाह! जहाँपनाह! **(फिर पुकार कर)** करीम! करीम!

[करीम सिपाही का प्रवेश। वह अदब से सलाम करता है।]

ज़ीनत : (**आदेश के स्वरों में**) हकीम साहब को फ़ौरन यहाँ आने की इत्तला करो। बादशाह सलामत की तबियत ख़राब होती जा रही है। फ़ौरन जाओ। हकीम साहब अमीरों के दूसरे कमरे में होंगे। फ़ौरन!

करीम : जो हुक्म! (**अदब के साथ सलामकर प्रस्थान**)

[**ज़ीनत के मुख पर घबराहट के चिह्न और स्पष्ट हो जाते हैं। वह एक पंखे से हवा करती है। आलमगीर होश में आता है। धीरे-धीरे अपनी आँखें खोलकर ज़ीनत को घूरकर देखता है।**]

आलम : (**काँपते हुए स्वर में**) कौन...? अब्बाजान! (**आँखें फाड़कर**) तुम? तुम ज़ीनत हो? अब्बाजान कहाँ गये? अभी तो यहाँ आये थे। (**सोचता हुआ**) ज़र्द था उनका चेहरा। आँखों में आँसू थे। (**ठंडी साँस लेकर**) इतने बड़े शहंशाह की आँखों में आँसू? उन्होंने हमारे सामने घुटने टेक दिये और कहा—शाहंशाहे आलमगीर! हमें हमारा बेटा औरंगजेब वापस कर दो...उसे हमें वापस कर दो...! (**कुछ ठहरकर**) लेकिन ज़ीनत! वह बेटा कहाँ है? उसने तो अपने अब्बाजान को क़ैद किया है। (**इसी समय कमरे में टँगा हुआ पक्षी अपने पंख फड़फड़ा उठता है। आलमगीर उसकी तरफ चौंककर देखता है।**).... और यह परिन्दा अपने पर फैलाकर हमसे कुछ कह रहा है? क्या कहेगा? इसे भी तो हमने सोने के पिंजड़े में क़ैद किया है! (**ज़ीनत की ओर आग्रह से**) ज़ीनत! इस पिंजड़े का दरवाजा खोल दो! (**ज़ीनत पिंजड़े का दरवाजा खोलती है।**) उसे निकालो! (**ज़ीनत परिन्दा पकड़कर निकालती है।**) उड़ा दो उसे। (**ज़ीनत उसे खिड़की से बाहर उड़ा देती है। आलमगीर उसके उड़ने की दिशा में कुछ देर देखकर सन्तोष की गहरी साँस लेता है।**) आ...जा...द! (**कुछ रुककर**) हम अब्बाजान को इस तरह आजाद नहीं कर सके! हिन्दुस्तान के बादशाह को इस परिन्दे की क़िस्मत भी नसीब नहीं हुई!

ज़ीनत : लेकिन आलमपनाह! बादशाह तो न जाने कब के दुनिया की क़ैद से निकलकर आज़ाद हो गये। अब किस बात का मलाल है? आप अपनी तबीयत संभालिए, मैंने हकीम साहब को बुलवाया है। वे आते ही होंगे।

आलम : **(ज़ीनत की बात जैसे उन्होंने सुनी ही नहीं)** परिन्दे की क़िस्मत...बादशाह की क़िस्मत नहीं हो सकी! ...इस अंधेरे में उस परिन्दे की क़िस्मत जागी है। वह खुश होकर शोर कर रहा है। बचपन में दारा भी इसी तरह शोर करता था। **(रुककर)** कुछ वैसी ही आवाज आ रही है। **(सुनते हुए)** वह देखो। यह आ रही है **(रुककर)** लेकिन यह आवाज कैसी है! इस खौफनाक अँधेरे में यह आवाज जैसे मुँह फाड़ कर खाने को दौड़ रही है। यह आई! ज़ीनत यह आवाज सुनती हो?

ज़ीनत : **(आश्चर्य से)** कैसी आवाज? कौन-सी आवाज जहाँपनाह?

आलम : **(आँखें फाड़कर)** अरे, इतने जोर से आवाज आ रही है और तुम्हें सुनाई नहीं पड़ती? यह देखो **(सुनते हुए)** फ़िर आई! यह हर लमहे तेज होती जा रही है, ज़ीनत! **(पुकार कर)** ज़ीनत! यह आवाज! **(चीखकर)** वह खौफनाक... आवाज!

ज़ीनत : **(धैर्य के स्वर में)** कोई आवाज नहीं है, जहाँपनाह! आपकी तबीयत में घबराहट है। इसी वजह से ऐसा ख्याल पैदा हो रहा है। **(विश्वासपूर्वक)** कहीं कोई आवाज नहीं है। आप अपने को सँभालने की कोशिश करें!

आलम : **(घबराहट से कुछ उठकर)** नहीं, नहीं, यह आवाज बराबर आ रही है। कोई चीख रहा है। **(संकेत कर)** यह देखो! अंधेरे में यह **कौन झाँक** रहा है? कौन? **(जोर से)** कौन? **(पुकारकर)** सिपहसालार?

ज़ीनत : **(समीप होकर)** कोई नहीं है, जहाँपनाह! सिपहसालार की जरूरत नहीं है!

आलम : **(घबराहट से भर्राए हुए स्वर में)** वह खिड़की के पास कौन है? **(संकेत करते हुए)** कराहता हुआ; चीखता हुआ! ओह, उसने फिर चीख भरी, अरे दारा!...**(काँपता हुआ)** दारा! तुम हो? हमने तुम्हारा खून नहीं किया! हमने नहीं किया, दारा! हुसेन खाँ जबरदस्ती तुम्हारे कमरे में घुस आया। हमने उसे हुक्म नहीं दिया था। और...और... **(काँपकर)** तुम्हारा सर कहाँ है, दारा? तुम्हारा सर किधर गया? **(आलमगीर उठ खड़ा होता है। फिर लड़खड़ाते हुए)** हम खोज

कर लाएँगे। हम अभी खोज कर लाएँगे। (**हाथ फैलाते हुए**) तुम्हारा इतना खूबसूरत सर!

[ज़ीनत उसे रोककर फिर पलंग पर लिटा देती है। आलमगीर अचेत हो जाता है।]

ज़ीनत : (**अपने आँचल से अपने माथे का पसीना पोंछते हुए**) जहाँपनाह !...

[करीम का प्रवेश]

करीम (**अदब से सलाम करके**) शाहजादी! हकीम साहब तशरीफ़ लाये हैं।

ज़ीनत : (**शीघ्रता से**) फ़ौरन उन्हें अन्दर भेजो, इसी वक़्त!

करीम : (**सलामकर**) जो हुक्म। (**शीघ्रता से प्रस्थान**)।

ज़ीनत : (**कम्पित स्वर में आँखों में आँसू भरकर**) क्या जानती थी कि अहमदनगर में यह सब होगा! या खुदा! (**आलमगीर को चादर उढ़ाती है।**)

[हकीम साहब का प्रवेश। लम्बी दाढ़ी, काला चोग़ा, सर पर अमामा, सफेद पैजामा और ज़री के जूते। साथ में दवाओं का एक संदूकचा। बादशाह को अदब से सलाम करने के बाद ज़ीनत को सलाम करता है।]

ज़ीनत : (**कम्पित स्वर में**) आलमपनाह को होश नहीं है, हकीम साहब! (**उठकर हकीम के पास आती है**) आज रात को आलमपनाह की तबीयत बहुत ही खराब रही। जाने उन्हें क्या हो गया! जागते हुये ख्वाब देखते हैं और चीख उठते हैं! एक लमहा उन्हें चैन नहीं है। (**करुण स्वरों में**) अब आप ही मेरे नाखुदा हैं। तबीयत घबराती है। जहाँपनाह को अच्छा कर दीजिए; जल्द अच्छा कर दीजिए।

हकीम जहाँपनाह को होश नहीं है। (**गम्भीर और सान्त्वना के स्वरों में**) घबराइए नहीं, शहजादी! खुदा पर भरोसा रखिए। वह चाहेगा तो इंशाअल्लाह बादशाह सलामत बहुत जल्द अच्छे हो जायेंगे। देखिए, मैं दवा देता हूँ, बादशाह सलामत अभी होश में आये जाते हैं। घबराने की कोई बात नहीं।

ज़ीनत : (**विकृत स्वर में**) मेरी समझ में कुछ नहीं आता कि मैं क्या करूँ।

हकीम : इतमीनान के साथ आप बादशाह सलामत को पंखा झलें। मैं उन्हें होश में आने की दवा देता हूँ।

[हकीम अपने संदूकचे में से एक टिकिया निकालता है। ज़ीनत पंखा झलती है।]

हकीम : **(डिबिया का ढक्कन खोलते हुए)** अब बादशाह सलामत की खाँसी कैसी है?

ज़ीनत : खाँसी में बहुत आराम है। पहले तो वे हर बात कहने में खाँसते थे। आपकी दवा से उनकी खाँसी बहुत कुछ रुक गई, लेकिन घबराहट बहुत ज़ियादह बढ़ गई है। **(पंखा झलती है।)**

हकीम घबराहट भी दूर हो जायेगी। **(आलमगीर की नाक के समीप बहुत आहिस्ते से डिबिया ले जाता है।)** अभी जहाँपनाह को होश आता है। आप सब्र करें।

ज़ीनत : उनकी बेचैनी देखकर तो मैं बिल्कुल ही घबरा गई थी। मैंने बड़ी मुश्किल से अपने को काबू में रक्खा। अगर मैं भी घबरा जाती तो फिर इधर था ही कौन?

हकीम जहाँपनाह की ख़िदमत करना मेरा पहला फ़र्ज है।

ज़ीनत : इसीलिए तो मैंने आपके पास फ़ौरन खबर भेजी।

हकीम : मैं खबर पाते ही हाज़िर हुआ। **(आलमगीर पर गहरी नजर डालकर)** देखिए, बादशाह सलामत को होश आ रहा है। पंखा जरा धीमा करें।

[आलमगीर के ओठों में कुछ स्पन्दन होता है, जैसे वे कुछ कहना चाहते हैं। फिर हलकी अँगड़ाई लेकर आँखें खोलते हैं। ज़ीनत और हकीम के मुख पर प्रसन्नता की झलक।]

ज़ीनत : **(उत्साह से)** होश आ गया! होश आ गया!!

हकीम : बादशाह सलामत को आदाब अर्ज करता हूँ। **(दरबारी ढंग से सलाम करता है।)**

आलम : **(धीमे स्वर में)** पा...नी!

[ज़ीनत शीघ्रता से सुराही में से गुलाबजल निकालकर आगे बढ़ाती है।]

ज़ीनत : जहाँपनाह! यह पानी...

[आलमगीर उठने की कोशिश करता है। हकीम उसे उठने में सहारा देता है। आलमगीर पानी पीने के लिए झुकता है। लेकिन दूसरे क्षण रुक जाता है।]

आलम : (**प्रश्नसूचक स्वर में**) यह कौन-सा पानी है?

ज़ीनत : (**नम्रता से**) वही गुलाब-जल है, जो आपके लिए खास तौर से तैयार किया गया है।

आलम : (**सन्तोष से**) लाओ। (**एक घूँट पीकर...घबराकर**) हमारी तसबीह कहाँ है?

ज़ीनत : (**पलंग से तसबीह उठाकर**) यह है, जहाँपनाह!

आलम : (**लेटे हुए**) हमेशा मेरी जिन्दगी के साथ रहने वाली...(**फिर एक घूँट पानी पीकर हकीम साहब को घूरते हुए**) तुम कौन... हो? (**एक क्षण बाद जैसे स्मरण करते हुए**) शायद...हकीम... साहब...?

हकीम : (**सलाम करते हुए**) जी, जहाँपनाह!

आलम : (**कातर स्वर में**) हमारी हालत बहुत खराब है, साहब? अब शायद हम न बचेंगे। (**ठण्डी साँस लेता है।**)

हकीम : ऐसी बात न फ़रमाएँ, जहाँपनाह! बुखार आपका अब दूर हो ही गया, सिर्फ कमजोरी और खाँसी है। खाँसी भी अब अच्छी हो चली है, और कमजोरी भी इंशाअल्लाह दूर हो जायेगी।

आलम : तो जिन्दगी भी दूर हो जायेगी, हकीम साहब! इस वक्त हमारे लिए कमजोरी और जिन्दगी दो अलग-अलग चीजें नहीं हैं! एक दूर होगी तो दूसरी भी दूर हो जायेगी। और आलमगीर कमजोर होकर जिन्दा नहीं रहेंगे।

हकीम : (**अदब से**) आलमपनाह आप वजा फ़रमाते हैं। (**हकीम यह बात आदत से कह देता है लेकिन अपनी गलती महसूस करने पर घबराहट से**) लेकिन इसे सही नहीं मानना चाहिए, आलमपनाह! (**यह सोचकर कि उसे यह भी नहीं कहना चाहिए, वह और घबराकर कहता है**)...मैं क्या अर्ज़ करूँ... कुछ जवाब नहीं दे सकता। (**हाथ मलते हुए सर झुका लेता है।**)

आलम : (**गम्भीरता से**) ज़ीनत? हकीम साहब से कहो कि वे हमें बेहोशी की दवा दें।

ज़ीनत : **(बात बदलने के विचार से)** इन्हीं की दवा से तो आप होश में आए हैं, जहाँपऩाह!

आलम : **(गम्भीर किन्तु रुकते हुए स्वरों में)** लेकिन ज़ीनत! इस होश से हमारी बेहोशी अच्छी है। गुनाहों की याद अब बरदाश्त ...**(रुककर, चौंककर, अपनी बात पलटते हुए)** हकीम साहब, कमजोरी की हालत अब बर्दाश्त नहीं होती। ऐसी दवा दीजिए कि बेहोशी का आलम रहे। **(रुककर)** आपके पास शराब छोड़कर—कोई ऐसी दवा है?

हकीम : जहाँपनाह! आपकी कमजोरी बहुत जल्द रफ़ा हो जायेगी!

आलम : **(तीव्रता से)** हमारे सवाल का जवाब दीजिए, हकीम साहब आपके पास शराब को छोड़ कर कोई ऐसी दवा है?

हकीम : **(घबराकर हकलाते हुए)** ऐसी दवाएँ तो बहुत हैं आलमपनाह! लेकिन आपको—अपने जहाँपनाह को कैसे दे सकता हूँ? ये दवाएँ आपके लिए नहीं हैं, आलमपनाह!

आलम : **(आँखें फाड़कर)** आलमपनाह के लिए नहीं हैं? कौन-सी दौलत है जो आलमपनाह के लिए नहीं है? इस वक्त बेहोश हो जाने की दवा हमारे लिए सबसे बड़ी दौलत है! हकीम साहब! हकीम साहब! हम इस वक्त वही चाहते हैं!

ज़ीनत : **(भृकुटी-संचालन के साथ)** हकीम साहब! आपके पास एक ऐसी दवा भी तो है जिसमें थोड़ी देर की बेहोशी के बाद सारी कमजोरी दूर होकर तबीयत में ताज़गी आती है! **(घूरकर देखती है।)**

हकीम : **(सँभलकर)** हाँ, हाँ, एक ऐसी दवा मेरे पास है। मेरे वालिद साहब ने मुझे वह नुसखा देकर कहा था कि जब सब दवाएँ बेकार साबित हों तब उसका इस्तेमाल किया जाये। **(हिचकते हुए)** मैं अभी उसका इस्तेमान नहीं करना चाहता था।

ज़ीनत : **(आलमगीर से)** और जहाँपनाह! इस वक्त वह दवा न खाई जाये तो बेहतर होगा। सुबह होने में ज़ियादह देर नहीं है। और अज़ान का वक्त क़रीब आ रहा है! आप खुदा की इबादत न कर सकेंगे। अभी वह दवा रहने दें।

आलम : यह बात ठीक कह रही हो, बेटी! अच्छा, अभी वह दवा रहने दीजिए, हक़ीम साहब! आप अजान होने के वक्त तक दूसरी दवा दे सकते हैं।

हकीम : बसरोचश्म। (**शाहजादी से**) शाहज़ादी! आप मुझे एक प्याला इनायत फ़रमायें, मैं कमजोरी दूर करने की दवा अभी पेश करूँ।

ज़ीनत : (**प्याला उठाकर**) यह लीजिए।

हकीम : (**अपने संदूकचे में से एक दवा निकालते हुए**) खुदा चाहेगा तो आपको फ़ौरन आराम होगा। सितारों की नहूसत दफ़ा होगी। (**प्याले में दवा डालते हुए**) आलमपनाह! हमीदुद्दीन खाँ ने तो सितारों की नहूसत दूर करने के लिए 4000 रुपया का एक हाथी आलमपनाह पर तसद्दुक कर दिया होगा?

आलम : (**गम्भीर स्वर में**) नहीं। जुमेरात को हम हमीदुद्दीनखाँ ने नुजूमियों के कहने के मुताबिक तसद्दुक करने के बारे में एक दरख्वास्त जरूर पेश की थी, लेकिन हमने उस दरख्वास्त में यह बढ़ा दिया कि यह तो अंजुलपरस्तों का रिवाज है। इसके बजाय 4000 रुपये क़ाजी को गुरबा में तक़सीम करने के लिए दे दिया जाये।

हकीम : (**उत्साह से आँखें चमकाकर**) आलमपनाह ने क्या बात कही है! अब तो सितारों की नहूसत दूर होने में कोई अंदेशा भी नहीं रह गया और मुझे भी यह कामिल यक़ीन है कि यह अरक़ आपको ऐसी ताक़त देगा कि आप तन्दुरुस्त होकर अपनी रिआया के दर्दोग़म को दूर करते हुए सौ साल तक सलामत रहेंगे।

आलम : (**सोचते हुए**) सौ साल तक! यानी ग्यारह दिन भी जिन्दा नहीं रहेंगे। बेटों को भी तो बादशाहत करने का मौका मिले। हमारे बेटे! (**सोचता हुआ**) मुअज्जम...आजम... कामबख्श...

हकीम : (**दवा का प्याला सामने करते हुए**) यह सही है, आलमपनाह! लेकिन मुझे भी अपनी ख़िदमत करने का मौक़ा दें। मैंने अपनी हिकमत की बेहतरीन दवा आलमपनाह के रूबरू पेश की है।

आलम : **(ज़ीनत से)** अच्छा, ज़ीनत! यह दवा रख लो। इसे हम नमाज के बाद पियेंगे। अब आप तशरीफ़ ले जा सकते हैं

[ज़ीनत दवा का प्याला ले लेती है।]

हकीम : **(सिर झुकाकर)** जो जहाँपनाह का हुक्म। लेकिन एक गुज़ारिश है।

आलम : क्या? हम सुनेंगे।

हकीम : **(हाथ जोड़कर)** आलमपनाह कुछ न सोचें, कोई गुफ्तगूँ न करें। इस वक्त आराम करना खुद एक मुफ़ीद दवा होगी। सुबह होते ही आलमपनाह की तबीयत अच्छी मालूम होगी।

आलम : अच्छी बात है; हम कुछ न सोचेंगे। कोई गुफ्तगूँ न करेंगे। लेकिन हम अपने बेटों को खत तो लिखवा सकते हैं? **(सोचकर)** वही करेंगे। हकीम साहब! अब आप तशरीफ़ ले जाइए। हमें अपने बेटों की याद आ रही है।

हकीम : जो हुक्म। **(बादशाही अदब के अनुसार सलाम करके प्रस्थान।)**

आलम : **(सोचते हुए)** हकीम साहब कहते हैं कि हम कुछ न सोचें, कोई गुफ्तगूँ न करें, सुबह होते ही तबीयत अच्छी मालूम होगी।...लेकिन! हम जानते हैं कि हमारी तबीयत अच्छी नहीं होगी। हमने अपनी कश्ती समन्दर में छोड़ दी है। अब साहिल दूर होता जा रहा है।

ज़ीनत : तबीयत में घबराहट होने की वजह से आलमपनाह ऐसा फ़रमा रहे हैं। अब आपकी तबीयत अच्छी होने जा रही है। हक़ीम साहब की दवा बहुत मुफ़ीद साबित हुई है। देखिए, आपकी खाँसी को कितना फायदा पहुँचा है।

आलम : **(जोर देकर)** तुम नहीं समझी, ज़ीनत! जिस तरह सुबह होने से पहले रात और भी सुनसान व खामोश हो जाती है, उसी तरह मौत से पहले हमारी सारी शिकायतों का शोर ख़ामोश हो गया है। अब हमारा आखिरी वक्त क़रीब है।

ज़ीनत : **(आँखों में आँसू भरकर)** ऐसा न कहें, आलमपनाह।

आलम : **(गहरी साँस लेकर)** और ज़ीनत हमारी बेटी! आज इस आखिरी वक्त में हमारे बिस्तर के नजदीक. हमारा एक भी

बेटा नहीं है। ऐसे बाप को तुम क्या कहोगी, जिसने बादशाहत में ख़लल पड़ने के वहम से अपने कलेजे के टुकड़ों को सजा देकर हमेशा क़ैदखाने में रक्खा? अपने नज़दीक आने भी नहीं दिया। **(सोचते हुए)** हमारे क़ैदी बच्चो! तुम बदक़िस्मत हो कि आलमगीर तुम्हारा बाप है। तुमने और कोई गुनाह नहीं किया। तुम लोगों का सिर्फ यही गुनाह है कि तुम औरंगजेब के बेटे हो, आज तुम्हारा बाप मौत के दरवाजे पहुँचकर तुम्हारी याद कर रहा है!...मुअज्जम...आज़म...कामबख्श।

ज़ीनत : **(आग्रह से)** जहाँपनाह! मैं उन लोगों तक आपके ये मुहब्बत भरे अल्फ़ाज जरूर पहुँचा दूँगी।

आलम : **(सन्तोष से)** हम अपनी कब्र से भी तुम्हें दुआ देंगे, बेटी! हम खुद अपने बच्चों को खत लिखाना चाहते हैं। इस आखिरी वक्त में हमारी ख्वाहिश पूरी होने दो। कातिब को बुलाओ।

[ठंडी साँस लेता है।]

ज़ीनत : आपका हुक्म पूरा होगा, अब्बाजान! **(पुकारकर)** करीम!

[करीम का प्रवेश। वह सलाम करता है।]

ज़ीनत : शाही कातिब को इसी वक्त हाज़िर किया जाये!

करीम : जो हुक्म! **(सलामकर शीघ्रता से प्रस्थान।)**

आलम : **(मन्द स्वर में)** हम खुश हुए, बेटी! हमारी दुआएँ तुम्हारे साथ रहें। आज तक हमने शायद किसी की ख्वाहिश पूरी नहीं की, हमें कोई हक़ नहीं कि किसी से भी अपनी ख्वाहिश पूरी करने के लिए कहें। लेकिन तुमने हमारी ख्वाहिश पूरी की। बहुत दिनों तक जियो।

ज़ीनत : जहाँपनाह! शाहजादी जहाँनारा ने अब्बाजान की क़ैद में सात साल तक खिदमत की तो क्या मैं आपकी खिदमत कुछ दिनों तक भी न करूँ?

आलम : हमें भी कैद में समझो, बेटी! हमारे गुनाहों ने हमें चारों तरफ से घेर रक्खा है। ज़मीर की जंजीरों ने भी हमारे हाथ-पैर बाँध लिये हैं। हम अब इस दुनिया को आँख उठाकर भी नहीं देख सकते! जिस सल्तनत को खून से

सींच-सींच कर हमने इतना बड़ा किया है, उसे अगर अब आँसुओं से भी सींचना चाहें तो हमें एक पूरी जिन्दगी चाहिए। वह हमारे पास कहाँ है? (**गला सूख जाता है। ठहरकर**) बेटी, पानी...पानी...गला सूख रहा है। (**ज़ीनत प्याले में गुलाब-जल लेकर पिलाती है।**)

ज़ीनत : आप थक गये हैं, जहाँपनाह! सारी रात आपको बहुत बेचैनी रही।

आलम : उस बेचैनी के खत्म होने का वक्त भी आ रहा है। (**खिड़की की ओर संकेत करते हुए**) देखो तो तारे चल रहे हैं। रात भर इन्होंने रोशनी की और अब वे आख़िरी घड़ियाँ गिन रहे हैं। हम भी गिन रहे हैं, लेकिन हमने उम्र भर अंधेरा ही फैलाया। उजाले की कोई किरन नहीं रही। हम मौत को ही उजाला दे सकें, तो अपने को खुशकिस्मत समझेंगे! (**स्तब्धता। एकबारगी चौंककर**) सुबह हो गई क्या? (**खिड़की की ओर देखता है।**)

ज़ीनत : (**उसी ओर देखती हुई**) हाँ जहाँपनाह! आसमान पर सफेदी छाने लगी है।

आलम : (**गहरी साँस लेकर**) खुदा की इबादत का वक्त आ रहा है। (**तसबीह फेरता है**) ज़ीनत! हमने ज़िन्दगी भर इबादत का ढिंढोरा पीटा, लेकिन खुदा के पास तक नहीं पहुँच सके। अगर पहुँच पाते तो चलते वक्त इतने गुनाहों का बोझ हमारे सर पर न होता। चलने का वक्त क़रीब आ रहा है। मुझे खुशी है कि आज जुमा है। हमने ज़िन्दगी भर इबादत कर यही चाहा कि जुमा हमारा आखिरी दिन हो। (**अस्थिर होकर**) कातिब अभी नहीं आया?

ज़ीनत : आ रहा होगा, जहाँपनाह! करीमबख्श फ़ौरन ही उसे लेकर हाज़िर होगा।

आलम : (**ठण्डी साँस लेकर**) ज़ीनत जब हम पैदा हुए थे तब हमारे चारों तरफ हजारों लोग थे, लेकिन इस वक्त हम अकेले जा रहे हैं। हम इस दुनिया में आये ही क्यों? हमसे किसी की भलाई नहीं हो सकी। हम वतन और रैयत दोनों के गुनाह अपने सर पर लिये जा रहे हैं।

ज़ीनत : आलमपनाह! आपने तो वतन और रैयत की भलाई की है और!...

आलम : (**बीच में ही रोककर**) इस आखिरी वक्त में ऐसी बात मत कहो, ज़ीनत! ये बातें बहुत बार सुनी हैं। लेकिन अब इन बातों से रूह काँपती है, दिल दुखता है। काश, ये बातें सच होतीं। (**गहरी साँस लेता है।**)

ज़ीनत : आलमपनाह! खानदाने तैमूरी में आपसे बढ़कर अद्‌ल करने वाला कोई नहीं हुआ।

आलम : और उस अद्‌ल में हमने अपनी मुराद पूरी की! ...मुराद (**'मुराद' शब्द में मुरादबख्श का स्मरण आने पर**) और हमारे मुरादबख्श ने सामूगढ़ की लड़ाई में हमारे कहने पर दारा से लोहा लिया। कितनी हैरतअंगेज़ जंग थी वह? (**सोचते हुए**) राजा रामसिंह ने तलवार का ऐसा हाथ चलाया कि हम मय हाथी के जमींदोज हो जाते, लेकिन मुरादबख्श... मुरादबख्श ने अपनी ढाल पर तलवार रोक, राजा रामसिंह पर ऐसा वार किया कि वह हाथी के पैरों पर आ गिरा। उसका केसरिया बाना खून से लथपथ होकर ज़मीन पर फैल गया, और बस, इस सबका बदला, मुरादबख्श को क्या मिला! ओ...पा...नी (**ज़ीनत फिर पानी पिलाती है।**)

ज़ीनत : हुज़ूरेआली, आपसे दस्तबस्ता अर्ज़ है कि आप कुछ न फ़रमायें। ऐसी बातें करके आप अपनी हालत और खराब कर लेते हैं।

आलम : (**उतावली से**) इस वक्त हमें मत रोको, ज़ीनत उन्निसा! हमें मत रोको। हम कहेंगे, जरूर कहेंगे। बुझने से पहले शमा की लौ भड़क उठती है। हमारी याददाश्त भी ताजी हो रही है। एक-एक तसवीर आँखों के सामने आ रही है। हम हाथी पर बैठकर सैरगाह जा रहे हैं। आगे-पीछे हिन्दुओं का बेशुमार मजमा है। वे चीख-चीख कर कह रहे हैं कि आलमपनाह, ज़जिया माफ़ कर दीजिए! लेकिन हम माफ़ कैसे कर सकते हैं? दकन की लड़ाइयों का खर्च कहाँ से आएगा? वे लोग हमारे रास्ते पर लेट जाते हैं।

हमारा हाथी आगे नहीं बढ़ रहा है। हम गुस्से में आकर पीलवान को हुक्म देते हैं—इन कमबख़्तों पर हाथी चला दो! हाथी आगे बढ़ता है और सैकड़ों चीखें हमारे कान में पड़ती हैं!...हम हँस कर कहते हैं—काफ़िरो, तुम्हारी यही सजा है! जज़िया माफ़ नहीं हो सकता!...

ज़ीनत : (**आँखों में आँसू भरकर**) आलमपनाह!

आलम : (**उसी स्वर में**) आज वह हाथी हमारे सामने झूम रहा है! मालूम होता है वह हमारे कलेजे को चूर-चूर करता हुआ जा रहा है। ज़ीनत! हमारा कलेजा टुकड़े-टुकड़े हुआ जा रहा है... इसकी दवा तुम्हारे हकीम साहब के पास नहीं है।

ज़ीनत : (**कातर स्वर में**) आलमशाह! आप यह दवा पी लीजिये। इस दवा से आपको बहुत फ़ायदा होगा।

[**दवा का प्याला आगे बढ़ाती है।**]

आलम : (**भारी साँस लेकर**) जिसने सारी जिन्दगी खून का जाम पिया है, उसे दवा का जाम क्या फायदा करेगा? इसे फेंक दो, ज़ीनत! उसे खिड़की की राह फेंक दो!

ज़ीनत : आलमपनाह! यह दवा...(**हिचकती है।**)

आलम : (**तीव्र स्वर में**) ज़ीनत! हम अब भी हिन्दुस्तान के बादशाह हैं। हमारे हुक्म की शमशीर अब भी तेज़ है। फेंको यह दवा!

[**ज़ीनत खिड़की की राह से वह दवा फेंक देती है।**]

आलम : (**संतोष से**) हम खुश हुए। (**ठहरकर**) सोचो, जो दवा हकीम ने नहीं चखी, वह दवा हमारे काम की नहीं है। अहमदनगर का हकीम आगरे और दिल्ली का हकीम नहीं है!

ज़ीनत : तो जहाँपनाह! वह दवा मैं चख लेती!

आलम : ज़ीनत! ज़िन्दगी-भर हमने अपने ही मकान में आग लगायी है, मरते वक्त अपनी बेटी को भी मौत का जाम चखने देते! क्या हम हकीम को दवा चखने का हुक्म नहीं दे सकते थे? लेकिन अब दवा पर हमारा भरोसा नहीं है।

ज़ीनत! दुआ पर भरोसा है। हमारे लिए दुआ करो...हमारे लिए दुआ करो!

ज़ीनत : **(हाथ बाँधकर ऊपर देखती हुई)** जहाँपनाह सलामत रहें... जहाँपनाह सलामत रहें...आ...मी...न...**(आँखें बन्द कर लेती है।)**

[करीम का प्रवेश]

करीम : **(सलामकर)** शाहजादी! कातिब हाज़िर है।

आलम : **(चौंककर खुशी के स्वर में)** क्या कातिब आ गया? आ गया? इसी वक्त उसे हमारे रूबरू हाज़िर करो। हमारे पास ज़ियादह वक्त नहीं है।

करीम : **(सलामकर)** जो हुक्म। **(शीघ्रता से प्रस्थान।)**

आलम : **(संतोष की साँस लेकर)** कातिब आ गया, बेटी! काश, यह हमारी सारी जिन्दगी की दास्तान बड़े हरफ़ों में दर्ज करता! हमारे बेटों के लिए यह बहुत बड़ी नसीहत होती! आलमगीर के आखिरी वक्त में सच्ची जिन्दगी पैदा होती!! **(तसबीह फेरकर कलमा पढ़ता है।)** ला इलाही इललिल्लाह मुहम्मदुररसूलिल्लाह...

ज़ीनत : **(आँखों में आँसू भरकर)** अब्बाजान! **(उसका गला रुँध जाता है।)**

आलम : रोओ मत, बेटी! हम खुश हैं कि तुम हमारे पास हो। आखिरी वक्त में अपनी बेटी की आवाज से हमारी कब्र में फूल बिछ जायेंगे, उसके आँसुओं के कतरों से हमारे गुनाह धुल जायेंगे। हमारी बेटी, ज़ीनत! **(उसका हाथ अपने हाथ में लेता है।)**

[कातिब का प्रवेश। ढीला-ढाला इबा (चोगा), कमर में कमरबन्द, सिर पर साफा, सफेद पैजामा, कामदार जूता। वह आकर शाही सलाम करता है।]

आलम : **(शीघ्रता से)** कातिब, तुम आ गये! हम अपने बेटों को खत लिखाना चाहते हैं। जल्द लिखो। हमारे पास वक्त बहुत थोड़ा है। लिखना शुरू करो। **(आलमगीर आँखें बन्द कर लेता है।)**

कातिब : **(सिर झुकाकर)** जी, इरशाद!

[कातिब बैठकर लिखने की मुद्रा धारण करता है। कुछ देर तक स्तब्धता रहती है। फिर आलमगीर मन्द किन्तु व्यथित स्वरों में बोलता है। कातिब लिखता जा रहा है।]

आलम : (**धीरे-धीरे**) सलामअलेकुम...आज़म! हमारे बेटे! हम जा रहे हैं...हम जिन्दगी में अपने साथ कुछ नहीं लाये, लेकिन अपने साथ गुनाहों का कारवाँ लिये जा रहे हैं। तुम उखूव्वत, अम्न व एतेमाद पर ख्याल रखना। यह माले दुनिया हेच है। हमारी आँखों ने खुदा का नूर नहीं देखा... जिस्म से गरमी निकल गई है, अब कोयलों का ढेर बाकी है...! हाथ-पैर सूखे दरख्त की शाखों की तरह सख्त हो रहे हैं और कलेजे पर मायूसी की चट्टान रक्खी हुई है... खुदा से दूर हूँ...और दिल में कोई सुकून नहीं है...हमारे लिए कौन-सी सज़ा होगी...यह सोचा भी नहीं जा सकता...खुदा की रहमत पर हमारा पूरा यकीन है, लेकिन हम अपने गुनाहों का बोझ कहाँ ले जायें। अब हमने समन्दर में अपनी कश्ती डाल दी है...खुदा हाफ़िज...!

ज़ीनत : (**आँखों में आँसू भरे हुए**) अब्बाजान!

आलम : (**आँखें बन्द किये हुए**) कामबख्श, हमारे बेटे! ...

ज़ीनत : (**कातिब की ओर इशारा करके**) लिखो! (**कातिब लिखता है।**)

आलम : हम अकेले जा रहे हैं...तुम बेसहारे हो, इसका हमें मलाल है!...लेकिन इससे क्या फ़ायदा? ...जो सजाएँ हमने दी हैं, जो गुनाह हमने किये हैं—...जो बेइन्साफ़ियाँ हमने की हैं... इन सबका अंजाम हम अपने आग़ोश में लिये हैं...हम तुम्हें खुदा पर छोड़ते हैं। अपनी माँ उदयपुरी को तकलीफ़ मत देना!...मैं रुखसत होता हूँ...अलविदा!...(**थोड़ी देर तक स्तब्धता रहती है।**)

ज़ीनत : (**करुण स्वर में**) अब्बाजान! आप ऐसा खत क्यों लिखा रहे हैं?

आलम : (**ज़ीनत की बात पर कुछ ध्यान न देकर**) ज़ीनत, मेरी बेटी! इस जिन्दगी के चिराग़ में अब तेल बाकी नहीं रहा...इस खाक़ के पुतले को कफ़न और ताबूत की ज़ेबाइस की ज़रूरत नहीं!...इस बदनसीब को ज़मीन में यों ही दफ़न

कर देना...इस मुस्ते खाक़ को पहली ही मंज़िल पर सिपुर्दे खाक कर दिया जाये...हमें खुशी होगी अगर हमारी कब्र पर कुदरती सब्ज मलमल की चादर बिछी होगी...(**कुछ देर ठहरकर**) आँजहानी! हमारे गुनाहों को बख्श दीजिए! ...दारा!...शुजा!...मुराद! ...

[इसी समय बाहर 'अल्लाहो अकबर' की ध्वनि में अजान होती है। आलमगीर ध्यान से सुनता है। उसके ओठों में कुछ स्पन्दन होता है, फिर एक झटके के साथ सिर उठाकर अज़ान आने की दिशा में नेपथ्य की ओर देखता है।]

आलम : **(तसबीह फेरते हुए नेपथ्य की ओर देखकर रुकते, किन्तु स्पष्ट स्वरों में)** अल्ला...हो...अक...

['अकबर' का अन्तिम 'बर' ओठों में ही रह जाता है और तकिये पर आलमगीर का सिर झटके से गिर पड़ता है।]

ज़ीनत : **(शीघ्रता से आलमगीर के सिर के समीप जाकर रुँधे हुए कंठ से)**! आलमपनाह !...अब्बा...जान... !

[कोई जवाब नहीं मिलता। बाहर अज़ान होती रहती है। ज़ीनत अपने आँचल से आँसू पोंछती हुई आलमगीर का मुँह सिरहाने पड़े हुए रेशमी कपड़े से ढँक देती है।]

■

आजादी की नींद

भुवनेश्वर प्रसाद

भुवनेश्वर प्रसाद

जीवन काल—1910 (शाहजहाँपुर)—1957

अद्‌भुत प्रतिभा के धनी जीनियस रचनाकार—बर्नार्ड शा, डॉ० एच० लारेंस, सिंगमंड फ्रायड का और विश्व महायुद्ध का उन पर गहरा प्रभाव पड़ा। जीवन, बेरोजगारी और साहित्य सृजन की दोहरी कठिनाइयों में बीता।

रचनाएँ—श्यामा-एक वैवाहिक विडंबना, प्रतिभा का विवाह, शैतान, एक साम्यहीन साम्यवादी, रोमांस-रोमांच, लाटरी, स्ट्राइक, ऊसर, तांबे के कीड़े, सिकन्दर-अम्बी, कारवां, संग्रह में संग्रहीत।

भुवनेश्वर की रचनाएँ—**(सम्पादक शुकदेव सिंह)** में 'आजादी की नींद', 'रोशनी और आग' तथा अन्य रचनाएँ। 'भेड़िए' कहानी की विशेष चर्चा।

अन्य नाटक रचनाओं में 'आदमखोर', 'गोगोल के नाटक', 'इन्सपेक्टर ज़नरल का एकांकीकरण', कठपुतलियाँ-प्रतीकवादी शैली की प्रथम कृति। 'सींकों की गाड़ी' (अंतिम रचना)।

पात्र

एक पेशेवर नेता

ईमानदार बातून

एक विशेषज्ञ

एक कमसखुन

एक कवि

एक नौकर

मिसेज ई० बातून

मिस कटारा

बूढ़ी दाई

[ईमानदार बातून के मकान का बाहरी कमरा : कमरा साधारण है और शायद कभी-कभी बीते हुए जमाने में सजाया भी गया था।

लेकिन अब उसमें तरतीबवार और सलीके का विकृत और विद्रोही रूप नजर आता है। वैसे फरनीचर काफी है और कुर्सियाँ एकलीक तीनों तरफ की दीवारों से सटाकर रख दी गयी हैं। परदा उठने पर ईमानदार बातून जिसकी उम्र और तजुरबा ज्यादा नहीं है, लेकिन जिसे शायद ज्यादा बातूनीपन या जरूरत से ज्यादा ईमानदारी ने जगआलूदा बना दिया है, कुछ बेवजह और बेइरादा ढंग से कमरे की चीजें इधर-उधर कर रहा है। वह अचानक कोने की एक अलमारी की तरफ लपकता है, जैसे उसने कोई बड़ी बेकार और सारहीन चीज देख ली हो। अलमारी के पास पहुँचकर वह उस घर से कुछ किताबें उठाकर भीतर के दरवाजे में कुछ नाटकीय गुस्से से फेंक देता है।]

ई० बातून : मैं पागल हो जाऊँगा, मैं जहर खा लूँगा, मैं दाँतों से अपना हाथ काट लूँगा अगर मैंने इस कमरे में फिर कोई किताब देख ली...मैं कितनी बार और कितने तरीके से कह चुका हूँ।

[भीतर से मिसेज बातून घबरायी हुई आती हैं और हकबकी-सी कमरे में दाखिल होती हैं। मिसेज बातून की छवि कभी जरूर सुघड़ रही होगी, लेकिन यह सुघड़ता समय के हचकोलों से बचकर भी पति की ईमानदारी की स्वाभाविक नाहमवारी की शिकार हो गयी।]

मि० बातून : यहाँ अभी कोई चीज गिरी है? और...और...(**फिर हकबकी रह जाती हैं।**)

ई० बातून : जी हाँ, यहाँ अभी जरा आसमान गिर गया है।

मि० बातून : ऐं! आप यह किस पर जोर-जोर से बिगड़ रहे थे?

ई० बातून : हूँ—मैं तुमसे एक बात पूछता हूँ। तुम क्या कभी ईमानदार न हो पाओगी—और सितम तो यह है कि किसी दूसरे से नहीं, तुम खुद अपने से ईमानदार नहीं हो...अगर होती... अगर कहीं होती तो—

मि० बातून : तो कभी का जहर न खा लेती...?

ई० बातून : (**सहसा उसके चेहरे का गुस्सा बुझ जाता है।**) तुमने शायद यह बात बिलकुल बेइरादा कही है और चंद रटे हुए

अलफाज से ज्यादा यह कुछ नहीं है, लेकिन यह ईमानदारी की बात है, शोपेनहार के बाद इतनी ईमानदारी की बात सिर्फ तुमने कही है। ईमानदारी पैदा करने की सबसे अच्छी क्या, अकेली तरकीब यही है कि हम मौत नहीं अपने अंदर मौत का एक ईमानदार लालच पैदा करें। यही और सिर्फ यही जिंदगी की भारहीन गुरुता, एक एब्स्ट्रैक्ट मास पैदा करता है।

[मिसेज बातून इस लम्बी स्पीच के बीच में ही अन्दर चली जाती हैं। भीतर से दाई की बूढ़ी और पकी हुई आवाज आती है।]

दाई : अरे! ये किताबें किसने नाली में फेंक दीं—च् : च् : कैसी नीली-नीली दफ्तियों की किताबें यहाँ कीचड़ में डाल दीं! **(हाथ में एक पानी टपकाती हुई किताब लिये दाखिल होती है।)** लल्लन बाबू, देखो, ये तुम्हारी किताबें हैं?

ई० बातून : आह! ईमानदारी—इस दुनिया में तुम्हारा यह भोंडा चीरहरण कब खत्म होगा! तुम सोचती हो दाई कि मैं अब भी दो बरस का गुलाबी हाथों-पैरोंवाला बच्चा हूँ और मुझे उसी निकम्मे गुलगुले जैसे नाम से पुकारा करो—

दाई : **(खुश होकर)** रुई के गालों में रखकर तो मैंने पाला है। ले भला कहो...

ई० बातून : रुई के गालों में जैसे नन्हें खरगोश का बच्चा विबिसेक्शन के लिए पाला जाता है।

दाई : चुप रहो तुम! बात बहुत करते हो और काम-धन्धा तो तुम्हारे पास है नहीं अब, ली और किताबें फेंक दीं...**(पकी हुई समझदार कड़ाई से)** कुछ काम-धन्धा करो—अब यह किताबें गारत हो गईं न? भला यह कोई बात है! तुमने क्यों फेंकी?

ई० बातून : फेंक दी, क्योंकि दुनिया की सब किताबें बेईमानी के तमगे हैं। झूठ का जुलूस हैं। अंधेरे के मील के पत्थर हैं। तुम क्या समझोगे, लेकिन जैसे अधमुए आदमी के मुँह में भी गंगाजल टपकाया जाता है, तुम्हें भी ईमानदारी की बात सुनानी पड़ेगी।

दाई : और मैंने ही मर-खपकर तुम्हें बित्ते-भर से इतना बड़ा किया।

ई० बातून : **(हिकारत की हँसी हँसकर)** और अब अगर तुममें दुर्वासा की तरह शाप देने की ताकत होती तो तुम मुझे फिर वित्ते-भर का बामन बना लेती—लेकिन तुम यह कहोगी थोड़े ही, खुद सोचोगी भी नहीं। इसकी अदना-सी वजह है कि तुम ईमानदार नहीं हो।

[बायें विंग के दरवाजे से पेशेवर नेता दाखिल होता है। चूँकि वह पेशेवर है, उसके चेहरे-मोहरे में एक कमीना इत्मीनान है, लेकिन वह नेता है, इसलिए डरा हुआ और अनिश्चित है और इसीलिए किसी तरह की वर्दी में है, उसके आते ही दाई चली जाती है।]

पे० नेता : **(आते ही)** आज हुजूर का मिजाज शाम से ही गर्म है। तभी तो मैं कहता हूँ कि हर संकट, हर क्राइसिस का असर आदमी पर एक अनजाने तरीके से पड़ता है, गैर जाने तरीके से। जैसे चाँद से समुद्र में ज्वार उठता है...

ई० बातून : **(क्वेस्चन)** पेशेवर नेताजी, क्या मैं यह याद दिला सकता हूँ कि मैं यानी बजात खुद पब्लिक मीटिंग नहीं हूँ?

पे० नेता : ज्वार हो या भाटा, लेकिन समुद्र तो समुद्र ही रहता है, लेकिन यदि चाँद! दि क्राइसिस! उसने तुम्हें क्या, इन खाली कुर्सियों को भी पब्लिक मीटिंग बना दिया है।

ई० बातून : आह! आह! तुम शायद मेरी बुनियादी ईमानदारी की सजा हो। तुमने अपनी स्पीच शुरू कर दी...

[दाहिनी तरफ से विशेषज्ञ दाखिल होता है, वह जवान और भौंचक्का है और सिवा उसके, जिसका वह विशेषज्ञ है, तमाम चीजों से डरता है और उन्हें तोड़ना चाहता है। वह कीमती कपड़े बड़ी ही बेपरवाही से पहने और आँखों पर रंगीन चश्मा चढ़ाये है।]

विशेषज्ञ : आखाह! यह बुनियादी चीजों का जिक्र कौन कर रहा। बुनियादी चीजें विशेषज्ञों की सम्पत्ति हैं। मसलन, दुनिया एक कार्ल मार्क्स से दूसरे कार्ल मार्क्स पर, जिस तरह लंगूर एक डाल से दूसरी और दूसरी से तीसरी पर कूदता है, कूद सकती है, लेकिन जॉन स्टुअर्ट मिल के बुनियादी सिद्धान्तों के खिलाफ नहीं जा सकती। यही तो मैं सोवियत रूस से कहता हूँ कि देखा भाई तुम...

ई० बातून : सोवियत रूस! कब और कहाँ मिल गया तुम्हें?

पे० नेता : बुनियादी बातें ठीक हैं, लेकिन अपूर्ण हैं। वे अपूर्ण हैं, कमजोर हैं और एक सही और इंसानी मसरफ की मुहताज हैं। क्राइसिस, संकट (**खाँसता है।**)

[**गवैयों की तरह गुनगुनाता कवि बाईं तरफ से दाखिल होता है। कवि बेउम्र है। न बूढ़ा है न जवान और न जाने किस चीज में मगन है, ऐसी कोई चीज जिसे वह खुद नहीं जानता।**]

कवि : नमस्कार बंधुओ! यहाँ तो अच्छी खासी बहस छिड़ी हुई है। लेकिन मैं आप लोगों से एक बात पूछता हूँ जिसके पीछे सारे वेद हैं, सारा सार है। पूछता हूँ कि उद्गम कहाँ है?

पे० नेता : तुम कवि, तुम सकून और विश्राम के कीड़े हो। तुम न गा सकते हो न चिल्ला सकते हो, इसलिए इनके बीच की चीज कविता करते हो। क्राइसिस तुम्हें न छूती है न चिढ़ाती है, वह तुम्हें मिटाने से भी इनकार कर ही देती है। वह तुम्हें एक हिजड़ा बनाकर अभयदान देती है।

[**भीतर से दरवाजे के पास आकर दाई जरा तीखे स्वर से कहती है।**]

दाई : यह तुम लोग आपस में बातें करते हो कि गालीगलौज करते हो—यह भी कोई बात है। यहाँ यह सब मत किया करो कि...

पे० नेता : क्या यह तुम्हारी खादिमा है? (**दाई की तरफ उँगली उठाकर दिखाते हुए।**)

ई० बातून : उसने अपनी जिन्दगी में एक बार भी पब्लिक मीटिंग नहीं देखी है। वह तबला तक तो बजाना जानती नहीं है। उसकी बात पर भरोसा मत करो। तुम कवि को खूब गालियाँ दो...

कवि : लेकिन क्यों गालियाँ दो। मैंने सीधी दो टूक बात पूछी—लेकिन शायद मैंने उद्गम की बात उठायी, नेता उससे चिढ़ गया। उसका सारा तर्करथ सरकण्डे की गाड़ी की तरह लौट गया।

विशेषज्ञ : सरकण्डे की नहीं, कूड़े गाड़ी की तरह लौट पड़ा।

पे० नेता : ईश्वर के लिए तुम चुप रहो। ईमानदार बातूनजी, तुम्हारी ख्रादिमा ने मेरा अपमान किया है। (**पैर पटककर**) तुम लोगों की दावत करके अपने नौकरों से तौहीन कराते हो। लानत है तुम्हारी ईमानदारी पर! (**और तेज होकर**) ये मेयर सर्वेंट।

विशेषज्ञ : लेकिन वह बुनियादी उसूल जानती है। वह जानती है कि तुम कवि और नेता एक ही पेशे के आदमी हो। एक पेशे के आदमियों का आपस में लड़ना-लथाड़ना रायज और जायज है। उसने तुम्हारी दाद दी। उसका अपना तरीका है, चलो, आगे बढ़ो...

[इस बीच में कमसखुन अन्दर आ जाता है। वह मोटा भद्दा और असुशील-सा एक अधेड़ है। वह कम बोलता है। यह शायद उसकी वजाकता से ही जाहिर होता है। कमरे में आकर वह दो सेकण्ड अजनबियों की तरह खड़ा रहता है और फिर अचानक जानकारी से मुस्करा देता है।]

कमसखून : लेकिन आप लोग सब खड़े क्यों हैं? बैठ क्यों नहीं जाते? कुर्सियाँ बैठने के लिए ही बनायी जाती हैं।

[वे सब एकबारगी ऐं करते हैं और दरअसल अचम्भे में पड़ जाते हैं कि वाकई कुर्सियों के होते हुए भी वे अब तक क्यों खड़े रहे। अपनी इस जरा जाहिर अपदार्थता पर कुछ झेंप भी जाते हैं, ईमानदार बातून उसमें सबसे पहले सन्तुलित हो जाता है।]

ई० बातून : खूब कहा। दुनिया की तमाम बुनियादी बातों की नाक मोम कर दी। बुनियादी बात यह है : कुर्सियाँ बैठने के लिए होती हैं यह!

[सब बैठ जाते हैं। भीतर से बूढ़ी दाई फिर दरवाजे के पास जाकर कुछ तंबीह के साथ कहती है।]

दाई : अब तो सब लोग आ गये—(**झाँककर**) अभी वह बिटिया नहीं आयी। लेकिन लल्लन बाबू, तुम्हारा नौकर शाम का गया अभी तरकारी लेकर नहीं लौटा है। अब अगर खाने में देर हो तो धरती न छेद डालना। भला कब तरकारी आयेगी तो कब बनेगी और कब खायी जायेगी?

ई० बातून : तुमने फिर वही किया (**उठकर खड़ा हो जाता है।**), मैं हमेशा के लिए बैठने से इनकार करता हूँ। मैंने तुमसे गुस्से में,

खुशी में, होश में, बेहोशी में, न जाने कितनी मरतबे कहा है कि तुम मुझे लल्लन बाबू मत कहो। लेकिन तुम...आह तुम! (**दाई हकबकी रह जाती है।**)

कवि : माताजी, जाइए, आप भीतर बैठिए। यह तो अपना थोड़ा-सा मनोरंजन कर रहे हैं। खाना खाने की भी जल्दी नहीं हैं। सुनिए, तब तक मेरा एक छोटा-सा गीत सुनिए।

[**सब एकबारगी उठकर उसे रोकना चाहते हैं, लेकिन कवि शुरू कर देता है।**]

''हमको हर पशु से बैर न पंछी प्यारा।
मानव ने मानव देख ठहाका मारा॥''

ई० बातून : तुम एक मिनट रुक जाओ, एक मिनट, एक मेरी बात सुन लो, सुनो, फिर चाहे हम सबको गीत ही सुनाना, फाँसी पर चढ़ा देना।

[**मिस कटारा दाखिल होती हैं। मिस कटारा आधुनिका और स्वदेशी हैं। इन दोनों की लगातार चाशनी ने उन्हें बुद्धिजीवी—अब इसका चाहे जो भी अर्थ हो—बनने पर मजबूर कर दिया है। इस मजबूरी को वह तन रहते हँस-बोलकर झेलेंगी, यह उनके रंगरेशे से टपकता है।**]

मि०क० : मुझे ज्यादा देर तो नहीं हुई?

कवि : (**गाता जाता है और स्वागत का अभिनय करता है।**)

''क्यों तारों पर काई जमती, क्यों होता सागर खारा
मानव ने मानव देख कटारा मारा—
माफ कीजिएगा मिस कटारा—ठहाका मारा।

मि०क० : शीर्षक! शीर्षक! कविता का शीर्षक क्या है आखिर?

ई० बातून : (**करीब-करीब रुआंसा-सा**) शीर्षक बता दीजिए। बिना शीर्षक बताये कविता पढ़ना हमारी तौहीन है। कतई ईमानदारी की बात नहीं है।

कवि : इस कविता का शीर्षक है 'उद्गम'।

पे० नेता डिस्अलाउड (**और झपटकर कवि का मुँह हाथ से बंद कर देता है**)

ई० बातून : ईमानदारी की बात है, जब हमने नेताजी की गाली-गलौज नहीं चलने दी तो अब कविता का क्या सवाल है?

पे० नेता : मेरी गाली का मौजूं भी उद्गम था। आप हजरत को शायद याद होगा कि मैंने कवि से जो कहा, जिसे आप महानुभावों ने गाली-गलौज कहा, उसकी शुरुआत इसी उद्गम से हुई थी।

[कवि का मुँह वैसे ही बंद किये है। बाहर से नौकर घबराया हुआ आता है। वह एक साथ घबराया हुआ और खुश है और इसने उसके बुझे हुए चेहरे को विकृत कर दिया है।]

नौकर : मालिक! मालिक! तनिक द्याखौ आय, बाहिर कुछ हुई गवा।

ई० बातून : **(दाँव-पेंच का अभिनय करते हुए)** अबे शाम का गया हुआ अब लौटा है तो एक राग बनाकर—क्या हुई गवा?

बेईमानी के पण्डे। यह जिन्दगी हरगिज नहीं है। यह ईमानदारी की मोमियाई है—सच्चाई की तपेदिक है।

नौकर : आप तो फैलसूफी माँ बतियात हैं? बाहर साँचे कुछ हुई गवा। आज हमार देखत-देखत हुआँ कुछ हुई गवा।

कमसखुन : दम ले लो पट्ठे। फिर बतलाना, बाहर क्या हुआ।

नौकर : दम तो सांचेन भूल गया **(जोर-जोर से साँस लेता है)**।

ई० बातून : **(बाल नोचते हुए)** अब अगर तू यहाँ से बाहर न गया तो मैं घर छोड़कर चला जाऊँगा। अब तू ही रह ले इस घर में, मैं नहीं रहूँगा।

[बाहर कुछ शोर-सा होता है। कवि कसम खाता है और अपना मुँह छुड़ाने की भरसक कोशिश करता है।]

नौकर : सुनो ध्यान से। हम कहत हैं कि बाहर कुछ हुई गवा। हम पूछा तो आपै की तरह एक बाबू कहिन तौन न जाने का भवा लेडियो उई जो गावत है, बोलत है न?

कमसखुन : लेडियो यानी रेडियो।

नौकर : वहे-वहे जो गावत है पतुरियन की तरह, सो आजाद हुई गवा।

कवि : **(वह एकबारगी अपना मुँह आजाद कर लेता है।)** आजाद! मेरी एक कविता है, आजादी। सिर्फ पैंतालिस लाइनें हैं उसमें, लेकिन वह अभी अधूरी है। कुछ सुनिए।

ई० बातून : (**फिर लपककर उसका मुँह बन्द कर लेता है।**) मैं प्रशा के इतिहास की दुहाई देता हूँ, तुममें से कोई इस पाजी लुच्चे ईमानदारी के कज़्ज़ाक को...

(**नौकर की तरफ इशारा करता है।**) बाहर निकाल दो। तुम जानते नहीं, यह जो तरकारी के पैसे ले गया था, उसकी शराब पी आया है। इसे निकाल दो—इसे फौरन निकाल दो, कब्ल इसके कि इसकी मोहक और घातक बेईमानी बादल बनकर यहाँ बरस न पड़े।

नौकर : (**अब उसका लहजा साफ शराबियों का-सा है। हाथ जोड़कर**) अब मालिक आजौ झूठ बोलब। पिया जरूर है लेकिन अस नहिन पिया है कि रहीसन की तरह बोंग जाई।

ई० बातून : (**कवि के मुँह के साथ कशमकश करते हुए**) देखा तुमने, यह हमारे ऊपर थूक रहा है। हमारी बुनियादें हिला रहा है। लानत है तुम्हारे ऊपर...

नौकर : मालिक की बात का बुरा न मान्यो ई आपन किताबैं ब्वालत हैं। विदवानी कर्त आंय।

ई० बातून : (**अब भी कवि से उलझा है।**) इसे मार डालो, इसे अपनी ढालों के नीचे कुचल डालो कमसखुन—लेकिन यह पहले मालूम कर ले कि बाहर क्या हुआ है।

[**बाहर से लाउडस्पीकर की गुजरती हुई आवाज आती है।**]

लाउडस्पीकर : आज रात को 'जीरो ऑवर' यानी बारह बजकर एक या एक बजने में उनसठ मिनट पर हमारा देश आजाद हो जायेगा। बोलो गुलामी की जय, परतंत्रता की जय, जिसकी वजह से हमें यह आजादी की घड़ी नसीब हुई। (**कमरे में एक भूचाल-सा आ जाता है। कवि एकबारगी अपने आपको झट से छुड़ा लेता है। वह एकबारगी खड़ा होता है और फिर लड़खड़ाता हुआ विशेषज्ञ को पकड़ लेता है और दोनों फर्श पर ढेर हो जाते हैं। ईमानदार बातून भीतर की तरफ भागता है और बूढ़ी दाई से टकरा जाता है। पेशेवर नेता कोने की मेज पर एक मुस्कराते हुए स्टेच्यू की तरह अडिग खड़ा हो जाता है। कमसखुन कमरे में इधर-उधर चक्कर काटता है। नौकर एक अजीब अमानवी आवाज करता हुआ कमरे से बाहर भागता है।**

मिस कटारा बैग खोलकर उतावली से अपना मेकअप करती हैं, जैसे उन्हें किसी होनहार व्यक्ति का स्वागत करना है।)

कमसखुन : **(वही सिर्फ अपनी जगह पर बैठा है।)** यह खासी गद्दारी है। मैं पूछता हूँ, इसके क्या मानी हैं? क्या आजादी एक अनहोनी और अनजानी घड़ी के सिवा कुछ भी नहीं है? यह क्या शोहदेबाजी? **(बाहर से नौकर घबराया हुआ आता है। अब की वह पहले से भी ज्यादा खुश है और उसका चेहरा और भी विकृत है।)**

नौकर : तनिक द्याखो आय के। आप मालिक लोग आय के तनिक द्याख लेओ, द्याख लेओ हम प्यादन के द्याखे का बराई है आजादी जानत अहो हुआँ का हुई गवा?

ई० बातून : मैं पूछता हूँ क्या कोई भी यहाँ कुछ नहीं कर सकता कि इस पाजी मुद्दई को यहाँ से बाहर निकाल दे, नेता तुम ठीक कहते थे...लेकिन नहीं **(सहसा उठकर नौकर की तरफ लपकता है और उसे दबोच लेता है।)** मैं कहता हूँ इसे यहाँ बन्द कर दो ताकि यह दूसरी कोई खबर न ला सके। **(नौकर दमबखुद रह जाता है। ई० बातून बड़ी आसानी से दरवाजा बन्द कर लेता है और इत्मीनान की साँस लेता है। इस बीच में तमाम लोग उठकर अपनी कुर्सियों पर बैठ जाते हैं। सिर्फ नेता वैसे ही स्टेच्यू की तरह मेज पर खड़ा है।)**

विशेषज्ञ : मुझे गम नहीं सिर्फ एक गहरी थकान है। आजादी विशेषज्ञों की चीज है, न जनता की, न देश की। कवियों की बनायी आजादी किस काम की है?

ई० बातून : मैं, सिर्फ एक बात कहता हूँ कि हमें जल्द ही कोई राय नहीं कायम करनी चाहिए। हमें यह करना चाहिए...यह करना चाहिए...हमें आखिर क्या करना चाहिए...

कमसखुन : फैसला—हम क्यों फैसला करें? हम कोई फैसला नहीं करना चाहते। आपने मेरी कविता नहीं सुनी तो फैसला करने की आवश्यकता ही नहीं होती। फैसले निस्सार हैं। कोई चीज कभी फैसला ही नहीं होती।

पे० नेता : **(मुरब्बियाना लहजे में)** अब तुम्हें कोई फैसला करने की जरूरत नहीं है। तुम्हें अब तमाम फैसले करे-कराये हुए मिलेंगे।

विशेषज्ञ : अगर आप समझदार हैं और विशेषज्ञ की राय मानेंगे तो आजादी सिर्फ एक खबर है। सड़कों की भीड़ में घिसटती हुई एक खबर, इससे ज्यादा कुछ नहीं। (**बाहर से नौकर फिर दौड़ता हुआ आता है। अब वह पहले से ज्यादा बदहवास और मगन है।**)

नौकर : हम कहित हैं कि तुम हियाँ का कुल्हिया मा गुड़ पवाड़त हौ। बाहर निकर के द्याखो हुआँ मार आजादी मची आय।

विशेषज्ञ : अयं, इस बन्दर को तो आपने भीतर बन्द कर दिया था। यह बाहर कैसे भाग गया?

नौकर : (**हाथ जोड़कर गिड़गिड़ाते हुए**) खता माफ होय हजूर। हम पीछे केर दीवार जो नीची आय फलाँग गयन। लेकिन तुमका जवानी की कसम।

[**ईमानदार बातून फिर लपककर उसे दबोच लेता है और उसे लिये हुए अन्दर चला जाता है।**]

कमसखुन : हम क्यों न चुपचुपाते हुए यह मान लें कि हम आजाद हो गये!

कवि : नहीं, हरगिज और कदापि नहीं। 'मेरी आजादी' शीर्षक कविता अभी अधूरी है।

ई० बातून : (**अन्दर से आता है**) मैं उस हत्या को भीतर बाँध आया हूँ। मैंने उसे रस्सियों से जकड़ दिया है। मैं देखूँगा अब किस तरह बाहर जाता है। लेकिन हमें कुछ फैसला अभी और जरूर करना होगा।

पे० नेता : (**जो अब करीब-करीब एक स्टेच्यू बन गया है।**) यह नहीं हो सकता। तुम्हारे सारे फैसले बेसूद होंगे, सिर्फ एक मखौल। यही नहीं, यह देश और समाज के साथ गद्दारी होगी। हम कहते हैं कि फैसले तुम्हारी संपत्ति रहे ही नहीं।

विशेषज्ञ : हमें इस शख्स को बिल्कुल भूल जाना चाहिए। यह बुनियादी उसूलों के खिलाफ है। लेटूर्जे ने कहा है...

ई० बातून : आह, तुम मुझे न चैन से मरने दोगे, न आजाद होने। यहाँ न फैसलों का सवाल है, न बुनियादी उसूलों का। सवाल ईमानदारी का है...

कवि : सवाल सार का है तथा उद्गम का। तुम्हें यह सब कवि की आँखों से देखना पड़ेगा।

मिस कटारा : सवाल आजादी का है।

[अन्दर से दाई आती है।]

दाई : सवाल खाने का है। यह आज हो क्या रहा है लल्लन बाबू! यह नौकर, क्यों तुमने बाँधकर डाल दिया है? अब कब खाना बनेगा, कब खाया जायेगा।

ई० बातून : **(भोंड़ा अभिनय करते हुए)** तुम भीतर बैठो, हमें बड़े-बड़े फैसले करने हैं। हमें जीवन और मरन की सारी असंचित ईमानदारी को इस दम, इसी दम संचित करना है। तुम भीतर बैठो, ईश्वर के लिये।

दाई : और नौकर कहता है कि आजादी हो गयी, आजादी किस तरह होती है? आजादी होगी तो हम क्या करें?

कमसखून : यह बात है! हम क्या करें **(सब जैसे एक गहरे पसोपेश में पड़ जाते हैं। एकबारगी उठकर कमरे के बीचोबीच में आकर खड़े हो जाते हैं जैसे किसी अनजाने व्यापक खतरे ने उन्हें एक-दूसरे की पनाह लेने के लिए मजबूर कर दिया है। वह एक-दूसरे की तरफ एक अजीब बेबसी से देखते हैं। अचानक बाहर एक घना शोर उठता है जो अंधेरे की तरह बहकर पूरे कमरे पर छा जाता है। वे एक-दूसरे के और करीब आ जाते हैं। शोर जब मर जाता है तो वे फिर बोलने की हिम्मत करते हैं।)**

विशेषज्ञ : आजादी! हम विशेषज्ञों को उसका सैकड़ों साल अध्ययन करना पड़ेगा। हम क्या कह सकते हैं और क्या कर सकते हैं!

ई० बातून : हमको अतिशय ईमानदारी चाहिए। इतनी कि वह आजादी और गुलामी का भेद मिटा दे। मैं पूछता हूँ, क्या यह मुमकिन है कि हम इस छन यहाँ, अभी वह ईमानदारी— हम क्या करें?

कवि : नहीं, यह नामुमकिन है। मैं अपनी सारी अधूरी कविताएँ इसी दम कैसे पूरी कर सकता हूँ? हम कुछ भी नहीं कर सकते। हम यह क्यों न मान लें कि हम कुछ नहीं कर सकते और गमहीन हो जायें। गम से अपनी चिर सूनी माँग भर लें और उसे पूरा-पूरा कबूल कर लें।

मिस कटारा : और मैं! और मैं हँसू या रोऊँ या सस्ती कसबियों की तरह अपने बाल बिखराकर चौराहे पर खड़ी हो जाऊँ

(**रुआंसी-सी**) यह जो विष युग-युग से मेरे अंदर जमा हो रहा है, अगर मैं कहूँ कि तुम सब मेरे लाल सूरजमुखी-से ओठों को एक बार चूमकर इस विष को काट लो तो क्या तुम यह करोगे?

पे० नेता : (**अपने पैडसटल से**) मैं तुम्हें आगाह करता हूँ मिस कटारा, तुम फैसले कर रही हो। हम यह नहीं बरदाश्त कर सकते। मैं कहता हूँ कि यह बरदाश्त नहीं किया जायेगा।

मिस कटारा : (**विद्रोही स्वर में**) मैं यह कुछ नहीं जानती। इस एक पल में मुझे मालूम हुआ कि सदियों से एक घना सीला हुआ अंधेरा मेरे अंदर जमा हो रहा था। वाकई सदियों से। यह क्या उल्लुओं की तरह मुझे घूर रहे हो! (**रुआंसी होकर**) यह युग-युगांतर का उद्‌गम है। क्या तुम यह नहीं कर सकते कि तुम मेरे ओठों को चूमो और अंधेरा छंटे और... तुम ईमानदार बातून।

ई० बातून : नहीं, हरगिज नहीं।

कमसखुन : हमारी समझ में ही नहीं आता कि तुम क्या कर रही हो। तुम घबरा गयी हो।

पे० नेता : क्राइसिस! यह सब उस क्राइसिस का असर है। अगर आप लोग इजाजत दें तो मैं एक बार फिर चाँद और ज्वार की बात उठाकर गुलामी और आजादी का आंतरिक भेद और ऐक्य आप लोगों पर वाजे कर दूँ...

मिस कटारा : (**रुआंसी होकर**) तुम चुप रहो! फिर क्या करें? क्या हम इस मुहूर्त के साथ गद्‌दारी करें? हम क्या करें? (**यह सब जैसे प्रतिध्वनित करते हैं कि हम क्या करें। इसी बीच में नौकर दाहिनी तरफ के दरवाजे से आकर खड़ा हो गया है और एक कोरी लोलुपता से मिस कटारा की तरफ देख रहा है।**)

ई० बातून : हे भगवान, यह सब यहाँ हो रहा है कि वहाँ, यह आज है कि कल। फिर छूट गया।

नौकर : (**गिड़गिड़ाते हुए**) मालिक, हम रस्सी काट डाला दाँतन से (**अबकी वह काफी नशे में है**) हुआँ मारे आजादी के, मारे आजादी के...

(**ई० बातून फिर उसकी तरफ झपटता है। अबकी वह निडर अपनी जगह खड़ा रहता है। खाली बोतल, जो वह मजबूती से**

हाथ में थामे है, सामने कर लेता है।)

नौकर : अब ई सब न होई, अब कुछ और होई (**ई० बातून ठिठक जाता है**)

पे० नेता : (**दाँत किटकिटाते हुए**) अब का होई? इसका मुँह बन्द कर दो, सीसा पिलाकर इसकी हड्डियाँ भारी कर दो, कुछ करो, कुछ तुरन्त करो।

नौकर : (**उचककर एक बोतल उसके सिर पर जमाता है। पेशेवर नेता वहीं ढेर हो जाता है।**) अब तो कुछ और होई...

मिस कटारा : इसे कोई पकड़ लो। यह बेहद नशे में है। यह कुछ भी कर बैठेगा, यह कुछ कह बैठेगा।

[नौकर उन सबको पकड़कर उनकी कुर्सियों पर बैठाल देता है। सब एकबारगी जैसे लुंज हो गये हैं और पत्थरों के स्टेच्युओं की तरह आडियंस की तरफ घूरते हैं।]

नौकर : हुई गवा—अब तुम अपन आजादी से स्वाओं, अब कुछ और होई।

■

तौलिए

उपेन्द्रनाथ 'अश्क'

उपेन्द्रनाथ 'अश्क'

जीवन काल—14 दिसम्बर 1910 (जालंधर)—1996

प्रखर बहुमुखी प्रतिभा के धनी

उपन्यास—गिरती दीवारें (1946), शहर में घूमता आइना (1962), एक नन्हीं किन्दील (1969), बांधो न नाव इस ठाँव (1974), बड़ी बड़ी आँखें (1955), गर्मराख (1952), पत्थर अल्न पत्थर (1957), सितारों के खेल (1940), एक रात का नरक (1935), निमिषा (1980)।

नाटक रचनाएँ—लौटता हुआ दिन (1972), बड़े खिलाड़ी (1966), आदि मार्ग (1950), जय पराजय (1937), पैंतरे (1953), कैद और उड़ान (1950), अलग-अलग रास्ते (1954), अंजो दीदी (1955), छठा बेटा (1940), स्वर्ग की झलक (1938), भंवर (1961), एक और कालिदास, अंधिया बोने वाले, जगत मामा।

नाटकों एवं एकांकियों के अतिरिक्त कविता, उपन्यास, कहानी आलोचना, संस्मरण आदि की कोई तीन दर्जन पुस्तकें प्रकाशित हैं।

◆

पात्र

वसंत

मधु

सुरो

चिन्तो और

मंगला

स्थान : नई दिल्ली

[पर्दा वसंत के ड्राइंग-रूम में उठता है। ड्राइंग-रूम न बहुत बड़ा है, न छोटा। न सामान से अधिक भरा है, न बिल्कुल खाली। वसंत एक फर्म में मैनेज़र है। अढ़ाई सौ वेतन पाता है। दिल्ली में अढ़ाई सौ अधिक महत्व नहीं रखते, पर वह फर्म का मैनेज़र है, इसलिए कमरा सजा है और दरवाजों पर पर्दे लगे हैं। दायीं दीवार के साथ मेज लगी है, उस पर कागज-पत्रों के अतिरिक्त टेलीफोन भी रखा है।

मेज़ के इधर एक दरवाजा है, जो अन्दर कमरे में जाता है। मेज के उस ओर कोने में एक अँगीठी है, किन्तु आग शायद इसमें नहीं जलती, क्योंकि अँगीठी का कपड़ा अत्यन्त सुन्दर है, उस पर सजावट की चीजें भी रखी हुई हैं—वैसी ही जैसी मध्यवर्गीय घरों में होती हैं—लेकिन वे बिखरी नहीं हैं, करीने से लगी हुई हैं। दो पीतल के फूलदान दूसरी वस्तुओं के अतिरिक्त अँगीठी के दोनों कोनों पर रखे हुए हैं। इसी अँगीठी के कपड़े की लम्बी झालर को छूता हुआ रेडियो-सेट नीचे एक छोटी-सी मेज पर रखा है, जिसके मेजपोश का डिजाइन अँगीठी के कपड़े से मैच करता है और मधु की सुरुचि का पता देता है।

अँगीठी के ऊपर दीवार पर एक कैलेंडर ऐसे लटक रहा है कि मेज पर बैठे हुए व्यक्ति के ऐन सामने पड़े। कैलेंडर को एक नजर देखने से मालूम होता है कि 1943 के नवम्बर का महीना है। अँगीठी के बराबर सामने दीवार में एक दरवाजा है जो रसोई-घर को जाता है।

इस दरवाजे से जरा हटकर सामने की दीवार के साथ एक बेंत के कोच का सेट है। इसके आगे एक तिपाई पड़ी है। सेट की गद्दियाँ सुन्दर और सुरुचिपूर्ण हैं और तिपाई का कवर अँगीठी के कपड़े से मैच करता है।

सामने, दीवार की बायीं ओर सोफा-सेट से जरा हटकर एक दरवाजा है जो स्नानगृह को जाता है।

बायीं दीवार के साथ शृंगार की मेज लगी है, जिससे वंसत और मधु दोनों अपने टायलेट का काम ले लेते हैं। इसके ऊपर खूँटियों पर तौलिये टँगे हैं। मेज के दोनों ओर एक-दो कुर्सियाँ पड़ी हैं। बायीं दीवार में इधर को एक दरवाजा है जो बाहर को जाता है।]

[पर्दा उठते समय हम वसंत को शृंगार की मेज पर बैठे हजामत बनाते देखते हैं। वास्तव में वह हजामत बना चुका है और तौलिये से मुँह पोंछ रहा है। तभी रसोई-घर से स्वेटर बुनती हुई मधु प्रवेश करती है।]

मधु : यह फिर आपने मदन का तौलिया लिया। मैं कहती हूँ आप...

वसंत : (**मुँह पोंछते-पोंछते रुककर**) ओह! ये कम्बखत तौलिये! मुझे ध्यान ही नहीं रहता। बात यह है कि (**हँसता है**) मदन के तौलिये छोटे हैं और हजामत....

मधु : (**चिढ़कर**) और हजामत के तौलियों जैसे हैं। जी? जरा आँख खोलकर देखिए, हजामत के तौलिये कितने रंगीन हैं, बीसियों तो धारियाँ पड़ी हुई हैं उनमें, और मदन के कितने सादे और...

वसंत : लेकिन रोएँदार तो...

मधु : (**व्यंग्य से**) दोनों हैं। जी! आँखें बन्द करके आदमी दोनों का अन्तर बता सकता है, मैं कहती हूँ...

वसंत : (**निरुत्तर होकर**) वास्तव में मेरा ध्यान, दूसरी ओर था। लाओ, मुझे हजामत का तौलिया दे दो। कहाँ है? मुझे दिखाई ही नहीं दिया।

मधु : (**खूँटी पर टँगा हुआ तौलिया उठाकर**) यह तो टँगा है सामने, फिर भी...

वसंत : मैंने ऐनक उतार रखी है और ऐनक के बिना तुम जानती हो हमारी दुनिया...(**खिसियानी हँसी हँसता है**)

मधु : जी, आपकी दुनिया! जाने आप किस दुनिया में रहते हैं। अब तो ऐनक नहीं! ऐनक हो तो कौन-सा आपको कुछ दिखाई देता है।

[मधु मुँह फुलाकर धम से कोच में धँस जाती है और चुपचाप स्वेटर बुनने लगती है। वसंत हजामत का सामान रखता है।]

वसंत : (**अचानक उसकी ओर देखकर**) यह तुमने फिर मुँह फुला लिया। नाराज हो गई हो?

मधु : (**व्यंग्य से हँसकर**) नहीं, मैं नाराज नहीं।

वसंत : तुम्हारा ख्याल है कि मैं इतना मूर्ख हूँ जो यह भी नहीं पहचान सकता?

मधु : (**उसी तरह हँसकर**) मैं कब कहती हूँ?

वसंत : (**सामान वैसे ही छोड़कर कुर्सी को उसकी ओर घुमाते हुए**) मैंने तुमसे कितनी बार कहा है कि अपने भावों को छिपा लेना

तुम्हारे बस की बात नहीं। तुम्हारी अपेक्षा, तुम्हारा क्रोध, तुम्हारी समस्त भावनाएँ तुम्हारी आकृति पर प्रतिबिम्बित हो जाती हैं। तुम्हें मेरी आदतें बुरी लगती हैं, पर मैंने तुम्हें अँधेरे में नहीं रखा। अपने सम्बन्ध में, अपने स्वभाव के सम्बन्ध में सब कुछ बता दिया था। मैंने अपने सब पत्ते...

मधु : मेज पर रख दिये थे। (**उसी तरह व्यंग्य से हँसकर**) मैं कब इनकार करती हूँ?

वसंत : तुम्हारी यह हँसी कितनी विषैली है! इसी तरह विष घोल-घोलकर तुमने अपने स्वास्थ्य का सत्यानाश कर लिया है।

[**मधु चुप रहती है।**]

वसंत : मैं तुम्हें किस प्रकार विश्वास दिलाऊँ कि मैं स्वयं सफाई का बड़ा भारी समर्थक हूँ।

मधु : (**हँसती है**) इसमें क्या संदेह!

वसंत : और मुझे स्वयं गन्दगी पसन्द नहीं।

[**मधु सिर्फ हँसती है**]

पर मैं तुम्हारी तरह एरिस्टोक्रेटिक (Aristocratic) वातावरण में नहीं पला और मुझे नजाकतें नहीं आतीं। हमारे घर में सिर्फ एक तौलिया होता था और हम छहों भाई उसे काम में लाते थे।

मधु : आप मुझे 'एरिस्टोक्रेट' कहकर मेरा उपहास करते हैं। मैं कब कहती हूँ, दस-दस तौलिये हों।

वसंत : दस और किस तरह होते हैं? नहाने का अलग, हजामत बनाने का अलग, हाथ-मुँह पोंछने का अलग। फिर तुम्हारे और मदन...के ...

मधु : (**पहलू बदलकर**) लेकिन मैं पूछती हूँ, इसमें दोष क्या है? जब हम खरीद सकते हैं, तो क्यों न दस-दस तौलिये रखें। कल परमात्मा न करे, हम इस योग्य न रहें तो मैं आपको दिखा दूँ, कि किस तरह गरीबी में भी सफाई रखी जा सकती है। तौलिये न सही, खादी के अंगौछे सही, कोई पुरानी-धुरानी पर उजली चादर या धोती के टुकड़े सही—कुछ भी रखा जा सकता है। लेकिन जिस तौलिए से किसी दूसरे ने बदन पोंछा हो, उससे किस प्रकार कोई अपना शरीर पोंछ सकता है?

वसंत : मैं कहता हूँ, हम छ: भाई एक ही तौलिये से बदन पोंछते रहे।

मधु : लेकिन बीमारी...

वसंत : हममें से किसी को कभी बीमारी नहीं हुई।

मधु : लेकिन स्किन की बीमारी...

वसंत : तुम्हें और मदन को तो कोई बीमारी नहीं...और फिर रोग इस तरह नहीं बढ़ता। रोग बढ़ता है कमजोरी से! जब हमारे शरीर में रोग से लोहा लेने वाले लाल कीटाणु कम हो जाते हैं, तब! 'चूहा सैदनशाह' की बात जानती हो?

मधु : चूहा सैदनशाह...?

वसंत : शिकार करने के विचार से कुछ अफसर चूहा सैदनशाह गये। उनमें अमरीका के 'राकफैलर-ट्रस्ट' के कुछ डाक्टर भी थे। लंच के समय उन्हें पानी की आवश्यकता पड़ी। बैरे ने आकर बताया कि नगर में कोई कुआँ नहीं, लोग जोहड़ का पानी पीते हैं। डाक्टरों को विश्वास न आया, क्योंकि जोहड़ का पानी मैला चीकट था, ऐसी कोई बीमारी होगी, जिसके कीड़े उस पानी में न हों और चूहा सैदनशाह के जाट हृष्ट-पुष्ट, लम्बे-तगड़े...

मधु : तो क्या आप चाहते हैं, हम जोहड़ का पानी पीना शुरू कर दें? **(हँसती है)**

वसंत : **(उठकर कमरे में घूमता हुआ)** तुम इस बात पर अपनी विषाक्त हँसी बिखेर सकती हो, **(उसके सामने रुककर)** लेकिन तुम्हें मालूम हो कि अमरीका के डाक्टर वहीं रहे। एक जाट के रक्त का उन्होंने विश्लेषण किया। मालूम हुआ कि उसमें रोग का मुकाबला करने वाले लाल कीटाणु रोग की मदद करने वाले सफेद कीटाणुओं से कहीं अधिक संख्या में हैं। तब उन्होंने वहाँ के लोगों की खुराक का निरीक्षण किया। पता चला कि वे लोग अधिकतर दही और लस्सी का प्रयोग करते हैं और दही में बहुत-सी बीमारियों के कीड़ों को मारने की शक्ति है। बीमारी का मुकाबला इन नज़ाकतों और नफासतों से नहीं होता, बल्कि शरीर में ऐसी शक्ति-पैदा करने से होता है,

जो रोग के आक्रमण का प्रतिरोध कर सके। **(फिर घूमने लगता है)**

मधु : मैंने चूहा सैदनशाह की बात सुन ली। मैले तौलिये से शरीर में लाल कीड़े फैलें या सफेद, मुझे इससे मतलब नहीं। मैं तो इतना जानती हूँ कि बचपन से ही मुझे सफाई पसन्द है। मामाजी...

वसंत : **(मेज के कोने का सहारा लेकर)** तुमने फिर अपने मामा और मौसी की कथा छेड़ी। माना कि वे विलायत हो आये हैं, किन्तु इसका यह मतलब तो नहीं कि जो वे कहते हैं, वह वेदवाक्य है। उस दिन तुम्हारे मौसा आये थे। उन्होंने हाथ धोये तो मैंने कहीं भूल से तौलिया पेश कर दिया। **(मधु के पास आकर)** उन्होंने दाँत निपोर दिये। **(नकल उतारते हुए)** 'मैं दूसरे के तौलिये से हाथ नहीं पोंछता'—और वे अपने रूमाल से हाथ पोंछने लगे। मैं पूछता हूँ, अगर वे उस तौलिये से हाथ पोंछ लेते तो उन्हें कौन-सी बीमारी चिपट जाती?

मधु : अब यह तो...

वसंत : और तुम्हारे मामाजी... **(वापस जाकर फिर मेज पर बैठ जाता है।)** तुम्हारे जाने के बाद एक दिन मैं उनके यहाँ गया। रात वहीं रहा। दूसरे दिन मुझे सीधे दफ्तर आना था। कहने लगे—'हजामत यहीं बना लो।' मैं एक दिन छोड़कर हजामत बनाता हूँ, मुझे कोई ऐसी जरूरत नहीं थी। जब उन्होंने अनुरोध किया तो मैंने कहा—'अच्छा, बनाये लेता हूँ!' तब वे एक निकृष्ट-सा रेज़र ले आये और कहने लगे **(नकल उतारते हुए)**—'मैं अपने रेज़र से किसी दूसरे को हजामत नहीं बनाने देता, इसलिए मैंने मेहमानों के लिए दूसरा रेज़र रख छोड़ा है'—क्रोध के मारे मेरा रक्त खौल उठा, लेकिन अपने-आपको रोककर मैंने केवल इतना कहा—'रहने दीजिए, मैं घर जाकर शेव कर लूँगा।'

मधु : मामाजी...

वसंत : **(अपनी बात जारी रखते हुए)** इस बात पर शायद उन्हें महसूस हुआ कि मुझे उनकी बात बुरी लगी और उन्होंने अपने ही रेज़र से हजामत बनाने पर विवश कर दिया।

किन्तु मेरे हजामत बनाने के बाद मेरे ही सामने ब्लेड उन्होंने लान में फेंक दिया और नौकर से कहा कि रेज़र स्टेरिलाइज (Sterilise)[1] कर लाये। **(नकल उतारते हुए)** मामाजी...

मधु : मैं कहती हूँ, आप उनके स्वभाव से परिचित नहीं, आपको बुरा लगा। स्वच्छता और सुरुचि की भावना भी काव्य और कला ही की भाँति...

वसंत : **(आवेग से उसके पास आकर)** क्यों काव्य और कला को अपनी इस घृणा में घसीटती हो? तुम्हारे ऐसे वातावरण में पले हुए सब लोगों की सुरुचि में घृणा की भावना काम करती है—शरीर से, गन्दगी से, जीवन से घृणा की।

[मधु चुप रहती है]

वसंत : और मुझे जीवन से घृणा नहीं। मुझे शरीर से भी घृणा नहीं और मैं सच कह दूँ, मुझे गन्दगी से भी घृणा नहीं।

मधु : **(हँसती है)** तो फिर कूड़े के ढेरों पर बैठिए।

[वसंत फिर कुर्सी पर जा बैठता है और कुर्सी को और समीप ले आता है।]

वसंत : मुझे गन्दगी से घृणा नहीं...किन्तु मैं गन्दगी पसंद नहीं करता—बड़ा सूक्ष्म-सा अन्तर है। यदि हमें जीवन का सामना करना है तो रोज गन्दगी से दो-चार होना पड़ेगा। फिर इससे घृणा कैसी? जिन गरीबों को तुम अपने बरामदे में फर्श पर भी पाँव न रखने दो, मैं उनके पास घंटों बैठ सकता हूँ।

[मधु हँसती है]

वसंत : और मैंने ऐसे गन्दे इलाकों में जीवन के निरन्तर कई वर्ष बिताये हैं, जहाँ तुम्हारी सुरुचि की सनक तुम्हें गुजरने तक न दे। समझीं!

मधु : **(वहीं बैठ और वैसे ही स्वेटर बुनते हुए)** पर अब तो आप गरीब नहीं। अब तो आप गन्दे इलाकों में नहीं रहते। गरीब की विवशता को मैं समझ सकती हूँ, किन्तु गन्देपन का स्वभाव मेरी समझ से दूर की चीज है।

---

1. उबलते हुए पानी में डालकर किसी चीज को बीमारी के कीटाणुओं से मुक्त करना।

वसंत : तो तुम्हारे विचार से मैं स्वभाव से गन्दा हूँ!

मधु : (**उसी विषैली हँसी के साथ**) मैं कब कहती हूँ?

वसंत : (**खड़ा हो जाता है**) ऐसे दिन मुझ पर आए हैं, जब एक बनियाइन पहने मुझे कई-कई दिन गुजर जाते थे। उसे धोने तक का अवकाश न मिलता था और अब मैं दिन में दो-दो बार बनियाइन बदल लेता हूँ। यदि यह गन्देपन की आदत है तो...

मधु : (**उसी हँसी के साथ**) मैं कब कहती हूँ?

वसंत : स्वच्छता बुरी नहीं, न सुरुचि बुरी है, पर तुम हर चीज को एक सनक की हद तक पहुँचा देती हो और सनक से मुझे चिढ़ है। (**फिर कमरे में घूमने लगता है।**) बनियाइनों और तौलियों की कैद मैंने मान ली, किन्तु यदि मैं गलती से बनियाइन न बदल पाऊँ, या गलत तौलिया ले लूँ तो इसका यह मतलब तो नहीं कि मैं स्वभाव से गन्दा हूँ और मेरे इस स्वभाव पर तुम्हें मुँह फुलाकर बैठ जाना या अपनी विषैली हँसी बिखेरना चाहिए!

[**मधु चुप रहती है**]

वसंत : (**रेडियो के पास से**) तुमने अपने-आप को इन झूठे बंधनों में जकड़ लिया है कि मेरा जरा-सा खुलापन भी तुम्हें अखरता है। अपने सिद्धान्तों को तुमने सनक की हद तक पहुँचा दिया है। ऊषी और निम्मो...

मधु : (**बुनना छोड़ देती है**) आपने फिर ऊषी और निम्मो की बात चलायी। ऊषी और निम्मो...

वसंत : (**हँसते हुए**) कल मिल गईं बाजार में। मैंने पूछा, निम्मो आयी नहीं तुम इतने दिनों से? कहने लगी—हमको चची से डर लगता है। (**हँसता है।**)

मधु : (**उसी विषैली हँसी के साथ**) मैं उन्हें खा जाती हूँ!

वसंत : (**तिपाई के पास से**) खाओगी तो तुम क्या, पर वे बच्चियाँ हैं...

मधु : बच्चियाँ! (**व्यंग्य से मुँह बिचकाती हुई हँसती है।**)

वसंत : (**उसके व्यंग्य को सुना-अनसुना करके तिपाई पर बैठते हुए**) हँसना उनका स्वभाव है। वे हँसेंगी तो बेबात की बात पर

हँसेंगी और तुम्हारी 'सुरुचि' और 'संस्कृति'—बस दबे-दबे घुटे-घुटे फिरो, ऊँह! (**बेजारी से सिर हिलाकर उठता है।**) जो आदमी जी भर खा-पी नहीं सकता, हँस-हँसा नहीं सकता, वह जीवन में कर ही क्या सकता है? दु:ख और मुसीबतों के बन्धन ही क्या कम जो जिन्दगी को शिष्टाचार की बेड़ियों से जकड़ दिया जाये—यह न करो, वह न करो, ऐसे न बोलो, वैसे न बोलो, यों न बैठो, वों न बैठो—इन वर्जनाओं का कहीं अंत भी है।

[मधु चुप रहती है।]

वसंत : और फिर तुम्हारे इस शिष्टाचार में वह स्निग्धता कहाँ है। तुम्हारे आने के पहले मैं, देव और नारायण एक ही लिहाफ में बैठ जाते थे। जरा कल्पना तो करो—सर्दियों की सुबह या शाम एक ही चारपाई पर एक ही रजाई घुटनों पर ओढ़े चार-पाँच मित्र बैठे हैं। गप्पें चल रही हैं। सुख-दुख की बातें हो रही हैं। वहीं चाय आ जाती है। साथ-साथ बातें होती हैं, साथ-साथ चुस्कियाँ लगती हैं—इस कल्पना में कितना आनन्द है, कितनी स्निग्धता है! अब मित्र आते हैं, अलग-अलग कुर्सियों पर बैठ जाते हैं। एक-दूसरे पर बोझ मालूम होता है। (**जोश से**) चिड़िया तक तो फटकने नहीं देतीं तुम बिस्तर के पास। मैं तो इस तकल्लुफ में घुटा जाता हूँ। (**जाकर कुर्सी पर बैठ जाता है और हजामत का सामान ठीक से रखने लगता है।**)

मधु : मैं तकल्लुफ़ स्वयं पसंद नहीं करती। पर जब दूसरों को सफाई का कुछ भी ख्याल न हो तो विवश हो इससे काम लेना पड़ता है। आप ही बताइए—कितने लोग हैं, जिन्हें सफाई की आदत है? कितने हैं जो हमारी तरह पाँव धोकर रजाई में बैठते हैं?

वसंत : (**वहीं से**) पाँव धोने की मुसीबत रजाई में बैठने का लुत्फ़ ही किरकिरा कर देती है?

मधु : कुत्ता भी बैठता है तो दुम हिलाकर बैठता है। आदमी स्वभाव ही से सफाई पसंद है। मुझे गन्दे लोगों से सख्त घृणा है। (**फिर स्वेटर बुनने लगती है**)

वसंत : **(मुड़कर)** घृणा-घृणा-घृणा! यही तो मैं कहता हूँ। तुम्हें मुझसे घृणा है, मेरे स्वभाव से घृणा है, मेरे मित्रों से घृणा है। तुम्हारा वातावरण मेरे वातावरण से घृणा करता है।

मधु : **(उसी विषैली हँसी के साथ)** यह आप कह सकते हैं।

वसंत : तुम्हें मेरी हर एक बात से घृणा है—मेरे खाने-पीने से, उठने-बैठने से, हँसने-बोलने से—मैं जब हँसता हूँ, जी खोलकर हँसता हूँ, और इसीलिए ऊषी और निम्मो...

मधु : **(स्वेटर फेंककर)** आपने फिर ऊषी और निम्मो की कथा छेड़ी। मुझे हँसना बुरा नहीं लगता। पर समय-कुसमय का भी ध्यान होना चाहिए। उस दिन पार्टी में आते ही ऊषी ने मेरे कान पर चुटकी ले ली और निम्मो ने मेरी आँख बन्द कर लीं। कोई समय था उस तरह के हँसी-मजाक का। मुझे हँसी-मजाक से घृणा नहीं, बदतमीजी से घृणा है।

वसंत : ऊषी...

मधु : परले सिरे की बदतमीज है। मदन की वर्षगाँठ के दिन वे सब आये थे। निम्मो इतनी चंचल है, पर वह तो बैठ गयी एक ओर, यह नवाबज़ादी सेंडल समेत आ बैठी, मेरे सामने टाँग पसारे और वे उसके गन्दे सेंडल—मेरी साड़ी के बिलकुल समीप आ गए। आप इस बदतमीजी को शौक से पसन्द करें मैं तो हरगिज पसन्द नहीं कर सकती। जिसे बैठने-उठने, बोलने का सलीका नहीं, वह मनुष्य क्या पशु है।

वसंत : **(गरज कर)** पशु! तो तुम मुझे पशु समझती हो। तुम मनुष्य की सहज भावनाओं को निर्मम वर्जनाओं की बेड़ियों में बाँधकर रखना चाहती हो कि उसकी रूह ही मर जाये। मुझे यह सब पसंद नहीं और इसलिए तुम मुझसे घृणा करती हो। तुम्हारी इस विषाक्त हँसी में, मैं जानता हूँ, कितनी घृणा छिपी है और मुझे डर है किसी दिन मैं सचमुच पशु न बन जाऊँ। अभी मेरा जी चाहता था कि इस जलील से तौलिये को उठाकर बाहर फेंक दूँ और मेरा जी चाहा करता है कि मैं तुम्हारी इस हँसी का गला घोट दूँ। घृणा—तुम मेरी हर बात से घृणा करती हो—मुझे पशु समझती हो!

मधु : **(स्वेटर उठाते हुए, भरे हुए गले से)** आप नाहक हर बात अपनी ओर ले जाते हैं। अपनी कल्पना से मेरे मन में वे बातें देखते हैं, जो मैं स्वप्न में भी नहीं सोचती! मुझे आपसे घृणा है या नहीं, इसे मैं ही जानती हूँ, पर आपको मुझसे जरूर घृणा है। आपने शादी कर ली, मैं जानती हूँ। क्यों कर ली, यह भी जानती हूँ, लेकिन विवाह के लिए आपका तैयार हो जाना यह नहीं बताता कि आपको मुझसे घृणा नहीं। इसका गुस्सा चाहे अब आप मेरी सुरुचि पर निकालें, या संस्कृति पर, पहनावे पर अथवा स्वभाव पर!

वसंत : तुम तो...

मधु : मेरा खयाल था, मैं आपको सुख पहुँचा सकूँगी। आपके अव्यवस्थित जीवन को व्यवस्था सिखा दूँगी, किन्तु मैं देखती हूँ कि मेरे सारे प्रयास विफल हैं—आपको इस गन्दगी, इस अव्यवस्था में सुख मिलता है। आपको मेरी व्यवस्था, मेरी सफाई बुरी लगती है! मैं आपकी दुनिया में न रहूँगी, मैं आज ही चली जाऊँगी। **(उठ खड़ी होती है।)**

[तभी टेलीफोन की घण्टी बजती है। वसंत जल्दी से जाकर चोंगा उठाता है।]

वसंत : हैलो, हैलो, जी, जी।

मधु : **(नौकरानी को आवाज देते हुए)** मंगला!

मंगला : **(स्नानगृह की ओर के दरवाजे से आती है।)** जी, बीबी जी!

मधु : मेरा बिस्तर तैयार कर और ट्रंक इस कमरे में ले आ।

मंगला : बीबी जी, आप...

मधु : मैं जो कहती हूँ, उठा ला!

[मंगला चली जाती है। वसंत 'जी, जी, बहुत अच्छा' कहते हुए चोंगा रख देता है और हँसता हुआ आता है।]

वसंत : मैं कहता हूँ, तुम अपना सामान बाँधने की सोच रही हो, पहले मेरा सामान तो ठीक कर दो। मुझे पहली गाड़ी से बनारस जाना है। अभी साहब ने आदेश दिया है। अपना सामान बाद में बाँधना। **(हँसता है।)**

[परदा तत्काल गिरता है कुछ क्षण बाद परदा फिर उठता है। कमरा वही। सामान भी वही है, सिर्फ इतना अन्तर है कि जहाँ

मेज थी, वहाँ एक पलंग बिछा है और टेलीफोन उसके सिरहाने एक तिपाई पर रखा है। मेज ड्रेसिंग-टेबल की जगह चली गयी है और शृंगार की मेज, अपनी कुर्सी के साथ दाएँ कोने को सरक गयी है।

पलंग पर मधु लिहाफ घुटनों पर लिये दीवार के सहारे अन्यमनस्क-सी आधी लेटी है।

कुछ क्षण बाद वह कलेंडर की ओर देखती है। उसकी दृष्टि का अनुसरण करते ही मालूम होता है कि जनवरी का महीना है और नया साल चढ़ गया है। जिसका मतलब यह है कि मधु को हम दो महीने बाद देख रहे हैं।

बाहर का दरवाजा खुला है और तीखी हवा अन्दर आ रही है। लिहाफ को कंधों तक खींचते हुए मधु नौकरानी को आवाज देती है—'मंगला, मंगला!' लेकिन आवाज इतनी हल्की है कि शायद मंगला तक नहीं जाती। मधु रजाई लेकर लेट-सी जाती है। कुछ क्षण बाद मंगला ही जाती है।]

मंगला : बीबीजी, यह आप उदास-उदास क्यों हैं?

मधु : (लेटे-लेटे जरा सिर उठाकर) मंगला, यह किवाड़ बन्द कर दे, बर्फ-सी हवा अन्दर आ रही है।

मंगला : (किवाड़ बन्द करते हुए) मेरी बात का उत्तर नहीं दिया आपने बीबीजी?

मधु : यों ही कुछ तबीयत उदास है, मंगला।

मंगला : कोई पत्र आया बाबूजी का?

मधु : आया था। शायद आज-कल में आ जाएँ।

मंगला : तो फिर...

मधु : (विषाद से हँसकर) तबीयत कुछ भारी-भारी सी है। शायद सर्दी के कारण...

[दरवाजे पर दस्तक होती है।]

मधु : (जरा उठकर) कौन?

सुरो : (बाहर से) दरवाजा तो खोलो।

मधु : (बैठकर) मंगला जरा किवाड़ खोलना।

[मंगला दरवाजा खोलती है। सुरो और चिन्तो आती हैं।]

मधु : (रजाई परे करके) अरे सुरो, चिन्तो तुम यहाँ कैसे?

सुरो : आज ही सबेरे यहाँ उतरी हैं।

चिन्तो : माताजी प्रयाग जा रही थीं। सरिता बहन का खयाल था कि दिल्ली भी देंखते चलें...

मधु : ठहरी कहाँ हो?

चिन्तो : कनाट-प्लेस में मलिक चाचाजी के यहाँ। देर से उनका अनुरोध था कि दिल्ली आएँ तो...

मधु : और मुझे पत्र तक नहीं लिखा। इतने दिनों से मैं कह रही थी कि दिल्ली आओ तो...

सुरो : सबसे पहले तुम्हीं से मिलने आयी हैं। माताजी कहती थीं कुतुबमीनार...

चिन्तो : मैंने कहा कुतुबमीनार एक तरफ और मधु बहन एक तरफ...

[मधु ठहाका लगाती है।]

सुरो : और फिर दो घण्टे से मारे-मारे फिर रहे हैं तुम्हारी तलाश में!

मधु : लेकिन पता तो मेरा...

चिन्तो : सुरो बहन भूल गयीं। इन्होंने ताँगे वाले को भैरों के मन्दिर चलने के लिए कह दिया।

मधु : **(आश्चर्य से)** भैरों के मन्दिर...

चिन्तो : और ताँगे वाला ले गया सब्जी मण्डी, कहीं तीस हजारी के गिर्जे के पास।

मधु : गिर्जे के पास...**(जोर से ठहाका लगाती है।)**

चिन्तो : **(अपनी बात जारी करते हुए)** तब इन्हें खयाल आया कि मन्दिर तो हनुमान का है। फिर नयी दिल्ली वापस आईं।

[मधु फिर जोर से हँसती है।]

सुरो : और तब पता चला कि हम लोग तो यों ही परेशान होते रहे। घर तो तुम्हारा पास ही था।

मधु : तुम लोग भी, मैं कहती हूँ...**(जोर से हँस पड़ती है।)**

सुरो : यह इतना हँसना तुम कहाँ से सीख गईं! तुम तो थीं जन्म की सिड़ी...

चिन्तो : भाई साहब ने सिखा दिया इतने जोर के ठहाके लगाना! कहाँ हैं वे?

मधु : बनारस गये हुए हैं, दो महीने से। वहाँ के फर्म का मैनेजर बीमार पड़ गया था। शायद आजकल में आ जाएँगे।

चिन्तो : अच्छे तो हैं?

मधु : अच्छे हैं। मौज में हैं। लेकिन तुम खड़ी क्यों हो? इधर आ जाओ बिस्तर पर। (**नौकरानी को आवाज देती है।**) मंगला, मंगला!

(**सुरो और चिन्तो कुर्सियों पर बैठने लगती हैं।**)

मधु : अरे कुर्सियाँ छोड़ो। बस चली आओ इधर, पलंग पर बैठते हैं लिहाफ लेकर।

सुरो : लेकिर मेरे पाँव...(**हँसकर**) और मैं धो नहीं सकती इन्हें।

मधु : अरे, क्या हुआ है तुम्हारे पाँवों को! जुराबें तो पहन रखी हैं तुमने?

चिन्तो : पर तुम्हारा बिस्तर?

मधु : कुछ नहीं होता बिस्तर को। मेरे बिस्तर का ध्यान छोड़ो। बस चली आओ इधर। यह किवाड़ बन्द कर दो, बर्फ-सी हवा अन्दर आ रही है।

[**मंगला आती है**]

मंगला : आपने आवाज दी थी, बीबीजी?

मधु : मंगला चाय बनाकर लाओ।

[**चिन्तो किवाड़ बन्द कर लेती है। तीनों घुटनों पर लिहाफ लेकर आराम से बिस्तर पर बैठ जाती हैं।**]

सुरो : पुष्पा की शादी हो रही है, अगले महीने।

मधु : (**चौंककर, खुशी से**) लेफ्टिनेंट वीरेन्द्र के साथ?

चिन्तो : (**हँसकर**) सब तुम्हारे जैसी नहीं। वह प्रेम करती रहेगी वीरेन्द्र से जीवन भर, शादी तों उसकी प्रोफेसर मुंशीराम ही के साथ होगी।

मधु : पर मुंशीराम...

सुरो : खड़े का खालसा है[1] भाई लेफ्टिनेंट साहब तो आते हैं कभी-कभी, वर्ष-भर में एक-दो बार और प्रोफेसर साहब सिर पर सवार रहते हैं आठों पहर, बुरे साये की तरह।

---

1. पंजाबी का मुहावरा—'जो आदमी सिर पर खड़ा रहता है वह काम निकाल लेता है।'

चिन्तो : वह लम्म-सलम्मा लमढीक-सा आदमी! जोर की हवा चले तो उड़ता चला जाए! मैं तो सोचती हूँ कि उसे पुष्पा जैसी मोटी-मुटल्ली से प्रेम भी हुआ तो कैसे?

मधु : और मैं इस बात पर हैरान हूँ कि पुष्पा उसे पसन्द ही कैसे करती है। मैं तो उसे पाँच मिनट के लिए भी सहन न कर सकूँ। चेहरे पर तो उसके नहूसत बरसती है और मालूम होता है जैसे...

चिन्तो : वर्षों स्नान-गृह का मुँह न देखा हो!

सुरो : सहन तो उसे करना ही पड़ता है। उसके पिता प्रोफेसर मुंशीराम पर बड़े प्रसन्न हैं। उन्होंने प्रोफेसर साहब को पढ़ाया-लिखाया और अपने कालेज में लगाया। वीरेन्द्र तो चार वर्ष बी०ए० में रहे और प्रोफेसर मुंशीराम ने रेकार्ड तोड़ा था।

[सब हँसती हैं। मंगला चाय की ट्रे लाती है।]

मंगला : कहाँ लगाऊँ चाय, बीबीजी?

मधु : वहाँ मेज पर रख दो और एक-एक प्याला बनाकर हमें दो। यह तिपाई सरकाकर इस पर बिस्कुट रख दो।

सुरो : **(आश्चर्य से)** मधु!

मधु : अरे, उठकर कहाँ जाओगी! यहीं बैठी रहो। इस गर्म बिस्तर से उठकर डाइनिंग-टेबल पर जाने में आ चुका चाय का मजा!

चिन्तो : **(उठने का प्रयास करते हुए हल्के-से क्रोध से)** मधु!

मधु : हटाओ भी, अब बैठी रहो यहीं।

चिन्तो : **(व्यंग्य से)** तो ब्याह के बाद रानी मधुमालती ने अपने सब सिद्धान्त बदल डाले हैं। अब डाइनिंग-टेबल के बदले बिस्तर पर ही चाय पीती हैं और बिस्तर पर ही खाना भी नोश फरमाती हैं।

सुरो : कहाँ तो यह कि पानी का गिलास भी पीना हो तो डाइनिंग रूम की ओर भागती और कहाँ यह कि...

मधु : अरे, क्या रखा है इस तकल्लुफ़ में! सच कहो, इस समय किसका जी चाहता कि इस नर्म-नर्म बिस्तर से उठकर डाइनिंग-टेबल पर जाये। लो,बिस्कुट लो और चाय का प्याला उठाओ! ठंडी हो रही है।

[सब चाय के प्याले उठा लेती हैं और चाय पीते-पीते बातें करती हैं।]

सुरो : मैं पूछती हूँ—यदि बिस्तर पर गिर जाये?

मधु : तो क्या हुआ? चादर धुलवाई जा सकती है और फिर किसी दिन सहसा ही आने वाली दुर्घटना के भय से कोई रोज के सुख-आराम को तो नहीं छोड़ देता।

सुरो : सुख-आराम! (**व्यंग्य से हँसती है।**) तुम बिस्तर पर चाय पीने को बहुत बड़ा सुख समझती हो...(**फिर हँसती है।**)

चिन्तो : और फिर संस्कृति, सुरुचि...

मधु : आदमी की आधारभूत भावनाओं पर नित्य नये दिन चढ़ते चले जाने वाले पर्दों का नाम ही तो संस्कृति है। सोसाइटी के एक वर्ग के लिए दूसरा वर्ग सदैव असभ्य और असंस्कृत रहेगा। फिर कहाँ तक आदमी सभ्यता और संस्कृति के पीछे भागे। और रही सुरुचि, तो यह भी अभिजात वर्ग की स्नॉब्री[1] का दूसरा नाम है।

सुरो : यह तुम क्या कह रही हो? क्या तुम चाहती हो कि इतना कुछ सीख-समझकर आदमी फिर पहले की भाँति बर्बर बन जाये?

मधु : नहीं, बर्बर बनने की क्या जरूरत है! आदमी सीमाओं को छूता क्यों चले? मध्य का मार्ग क्यों न अपनाये? न इतना खुले कि बर्बर दिखाई दे, न इतना बँधे कि सनकी—महात्मा बुद्ध ने कहा था...

सुरो : (**हँसकर**) महात्मा बुद्ध! तुम्हें हो क्या गया है, सदियों पुराने गले-सड़े विचारों को तुम आज की सभ्यता पर लादना चाहती हो!

चिन्तो : मनुष्य हर घड़ी, हर पल प्रगति के पथ पर अग्रसर है। आज के सिद्धान्त कल काम न देंगे और कल के परसों नहीं। बर्नार्ड शॉ...

मधु : (**व्यंग्य से हँसकर**) बर्नार्ड शॉ...हटाओ, क्या बेमजा बहस ले बैठी हो। मंगला चाय का एक-एक कप और बना।

---

1. Snobbery—अपने से छोटों का हेय समझने का स्वभाव।

चिन्तो : बस भई, अब तो हम चलेंगे। इतनी देर हो गयी हमें यहाँ आये। मंगला, हाथ-धुला दो हमारे।

मधु : अरे भाई, एक-एक प्याला तो और लो।

सुरो : नहीं मधु, अब चलेंगे। वहाँ सब लोग परेशान हो रहे होंगे। हमने कहा था, हम केवल मधु का घर देखने जा रहे हैं। एक-आध घंटे में लौट आयेंगे और यहाँ आने ही में दो घंटे लग गए।

चिन्तो : बाथ-रूम किधर है? हम वहीं हाथ धो आते हैं।

मधु : अरे, क्या धोओगी इस सर्दी में हाथ?

सुरो : नहीं भाई, हाथ तो हम जरूर धोयेंगे। चिप-चिप कर रहे हैं।

मधु : तो मरो! **(मंगला से)** मंगला, इनके हाथ धुलवा दो।

सुरो : बाथ-रूम...

मधु : अरे बाथ-रूम में जाकर क्या करोगी? इधर बरामदे में ही धो लो।

[किवाड़ खोलकर सुरो और चिन्तो हाथ धोती हैं। मधु चुपचाप अपने प्याले की शेष चाय पीती हैं।]

सुरो : **(गीले हाथ लिये वापस आकर)** तौलिया कहाँ है?

मधु : तौलिया नहीं दे गयी मंगला? अच्छा, वह ले लो खूँटी पर टँगा है।

सुरो : **(क्रोध से)** मधु, तुम अच्छी तरह जानती हो...

मधु : मंगला, इन्हें अन्दर से एक धुला हुआ तौलिया ला दो।

[चिन्तो भी गीले हाथ लिये आ जाती है। मंगला तौलिया देती है और दोनों हाथ पोंछती हैं।]

मधु : मैं कहती थी, अभी कुछ देर बैठतीं।

चिन्तो : नहीं भई, अब कल आने का प्रयास करेंगे। **(हाथ पोंछकर तौलिया कुर्सी की पीठ पर रख देती है।)**

मधु : प्रयास नहीं, जरूर आना। भूलना नहीं। और खाना भी यहीं खाना।

सुरो : हाँ, हाँ, अवश्य आयेंगे।

[मधु उठने का प्रयत्न करती है।]

अब उठने का तकल्लुफ न करो, बैठी रहो अपने गर्म लिहाफ में। दरवाजा हम बन्द किये जाते हैं। बर्फ-सी हवा अन्दर आ रही है।

[**हँसती हुई चली जाती है और दरवाजा बन्द किये जाती हैं।**]

मधु : मुझे एक प्याला और बना दो, मंगला!

मंगला : (**प्याला बनाकर देते हुए**) ये कौन थीं, बीबीजी?

मधु : मेरी सहेलियाँ थीं। कालेज में हम साथ-साथ पढ़ते थे और होस्टल में भी साथ-साथ रहते थे (**कुछ क्षण बाद चुपचाप चाय पीती है।**) मंगला।

मंगला : जी, बीबीजी।

मधु : मंगला, जरा मेरी ओर देखकर बता तो, क्या मैं सचमुच बदल गई हूँ?

[**मंगला चुप रहती है।**]

मधु : (**जैसे अपने-आपसे**) मेरी सहेलियाँ कहती हैं, मैं बदल गई हूँ। पड़ोसिनें भी यही कहती हैं। मेरी ओर जरा देखकर बता तो, मंगला, क्या मैं वास्तव में बदल सकी हूँ?

मंगला : मैं तो आठों पहर आपके पास रहती हूँ बीबीजी, मैं क्या जानूँ?

मधु : (**अपनी बात जारी रखते हुए**) मेरी आँखों में देखकर बता, मंगला, क्या ये बदल सकी हैं? इनमें घृणा की झलक तो नहीं?

मंगला : (**आश्चर्य से**) घृणा!

मधु : मेरे व्यवहार में तकल्लुफ और बनावट तो नहीं?

मंगला : (**उसी आश्चर्य से**) बनावट, तकल्लुफ!

मधु : तकल्लुफ, बनावट, नफ़रत—तीनों को अब मैं अपने मन से निकाल देना चाहती हूँ। (**जैसे अपने-आपसे**) दो महीने पहले वे इसी बात पर मुझसे लड़कर चले गए थे।

मंगला : क्या कह रही हैं, बीबीजी, बाबूजी तो...

मधु : (**शून्य में देखते हुए**) उनका गुस्सा अभी तक नहीं उतरा। इन महीनों में उन्होंने मुझे एक पत्र भी नहीं लिखा।

मंगला : एक पत्र भी नहीं लिखा, लेकिन...

मधु : (**व्यंग्य से**) 'मैं कुशल से हूँ, अपनी कुशलता का प्रता देना!' या 'मैनेजर बीमार है, ज्यों ही स्वस्थ हुआ चला आऊँगा'—इन्हें तुम पत्र लिखना कहती हो! वे मुझसे नाराज हैं। उनका खयाल है कि मैं उनसे घृणा करती हूँ।

मंगला : (**कुछ भी समझने में असफल होते हुए**) घृणा-घृणा!

मधु : यदि मैं बचपन ही से ऐसे वातावरण में पली हूँ, जहाँ सफाई और सलीके का बेहद खयाल रखा जाता है, तो इसमें मेरा क्या दोष है? (**लगभग भरे गले से**) वे सफाई और सुरुचि को मेरी घृणा बताते हैं। मैं बहुतेरा यत्न करती हूँ कि इस सब सफाई-उफाई को छोड़ दूँ, इस तकुल्लफ़ात को तिलांजली दे दूँ, पर अपने इस प्रयास में कभी-कभी मुझे अपने से घृणा होने लगती है। (**लम्बी साँस भरकर**) बचपन से जो संस्कार मैंने पाये हैं, उनसे मुक्ति पाना मेरे लिए उतना आसान नहीं! (**अचानक दृढ़ता से**) पर नहीं, मैं अपनी इस सारी सनक को छोड़ दूँगी। पुरानी आदतों से छुटकारा पा लूँगी। वे समझते हैं, मैं उनसे नफ़रत करती हूँ!

मंगला : आप क्या कह रही है, बीबीजी?

मधु : वे समझते हैं—मैं उनसे, उनके स्वभाव से, उनके वातावरण से उनकी हर एक बात से घृणा करती हूँ। (**सिसकने लगती है।**) मैंने इन दो महीनों में अपने-आपको बिलकुल बदल डाला है।

[**दरवाजा अचानक खुलता है और वसंत प्रवेश करता है।**]

वसंत : हेल्लो, मधु! क्या हाल-चाल हैं ज़नाब के (**मंगला से**) मंगला ताँगे से सामान उतरवाओ। और...(**जेब से पैसे निकालते हुए**) और यह लो डेढ़ रुपया! ताँगे वाले को दे दो।

[**मंगला पैसे लेकर चली जाती है।**]

वसंत : (**फिर मधु के पास आते हुए**) कहो भई, क्या हाल-चाल हैं? यह सूरत कैसी रोनी बना रखी है? जी कुछ खराब है क्या?

मधु : (**जो इस बीच में पलंग से उतर आयी है—हँसने का प्रयास करते हुए**)
सूखा जाड़ा पड़ रहा है। जुकाम है मुझे तीन चार दिन से।

वसंत : मैंने तुम्हें कितनी बार कहा है कि अपने स्वास्थ्य का ध्यान रखा करो। सेहत-सेहत-सेहत, दुनिया में जो कुछ है सेहत है। जीवन में तुम्हारी यह सफाई और सुघड़ता, यह सुरुचि-संस्कृति, ये नजाकतें, नफासतें, इतना काम न देंगी, जितना सेहत। यही ठीक नहीं रहती तो ये सब किस काम की और जब यह ठीक है तो फिर इनकी कोई जरूरत नहीं। **(अपने कथन की बारीकी का स्वयं ही आनन्द लेता है और फिर जैसे उसने पहली बार कमरे को अच्छी तरह देखा हो।)** अरे, यह कायापलट कैसी? यह पलंग ड्राइंग-रूम में कैसे आ गया? और ट्रे और प्याले...

मधु : मैंने पलँग इधर बिछा दिया है कि आपको और आपके मित्रों को जरा भी कष्ट न हो। मजे से लिहाफ लेकर बैठिए। टेलीफोन आपके सिरहाने रहेगा।

वसंत : **(उल्लास से)** वाह! मैं कहता हूँ! तुम...तो, तुम...तो बेहद अच्छी हो!

मधु : मैं स्वयं अपनी सहेलियों के साथ इसी लिहाफ में बैठी रही हूँ।

वसंत : **(आश्चर्य-मिश्रित उल्लास से उसकी दोनों बाँहों को थामे, उसकी आँखों में देखते हुए)** सच!

मधु : **(उसकी ओर प्रशंसा की इच्छुक प्यार-भरी दृष्टि से देखते हुए)** और चाय भी हमने यहीं पी है।

वसंत : **(प्रसन्नता से)** व...ा...ह! **(उसे छोड़ कमरे में एक चक्कर लगाकर)** मैं कहता हूँ—अब तुम जिन्दगी का रहस्य समझ पाई हो। सफल जीवन का भेद बाह्य तड़क-भड़क में नहीं अन्तर की दृढ़ता में है। यदि हमारी प्रतिरोध-शक्ति, हमारी पावर आफ रेजिस्टेन्स (Power of Resistance) कायम है...

मधु : चाय भी अब आप यहीं पिया कीजियेगा, अपने नर्म-गर्म बिस्तर पर!

वसंत : **(अत्यधिक उल्लास से)** वाह-वाह! अब इसी बात पर तुम मंगला से कहो, मेरे लिए चाय का पानी रखे।

मधु : अब तो आप नाराज नहीं हैं?

वसंत : **(आश्चर्य से)** नाराज!

मधु : आप इतने दिनों तक मन में गुस्सा रख सकते हैं, यह मैंने स्वप्न में भी न सोचा था।

वसंत : **(और भी आश्चर्य)** गुस्सा!

मधु : दो महीने से आपने ढंग से पत्र तक नहीं लिखा।

वसंत : पर मैंने...

मधु : पत्र लिखे थे...जी! 'मैं कुशल से हूँ। अपनी कुशल का पता देना'—इसे पत्र लिखना कहते होंगे।

वसंत : **(जोर से ठहाका मारता है।)** तो तुम इसका कारण यह समझती हो कि मैं तुमसे नाराज हूँ? पगली, तुमसे भी कभी कोई नाराज हो सकता है!

मधु : पर दो पंक्तियाँ...

वसंत : दो पंक्तियाँ लिखने का भी अवकाश मिल गया, तुम इसी को बहुत समझो।

मधु : अच्छा, आप जाकर हाथ-मुँह धो लीजिए। मैं चाय तैयार करती हूँ।

वसंत : मैं कहता हूँ तुम कितनी...अच्छी हो! **(कमरे में एक चक्कर दे देता है।)**

मधु : **(हँसकर)** अच्छा चलिए, पहले हाथ-मुँह **धोकर** कपड़े बदलिए।

वसंत : यह फिर तुमने कपड़े बदलने की पख लगाई?

मधु : क्यों कपड़े न बदलिएगा? एक रात और एक दिन गाड़ी में सफर करके आये हैं। मार्ग की धूल सारे शरीर पर पड़ी हुई है। चलिए, चलिए, जल्दी हाथ-मुँह धोकर कपड़े बदलिए। मैं इतने में चाय तैयार करती हूँ। **(वसंत को स्नानगृह के दरवाजे की ओर ढकेल देती है और नौकरानी को आवाज देती है।)** मंगला, मंगला!

मंगला : **(दूसरे दरवाजे से झाँकती है।)** जी, बीबीजी!

मधु : सामान रखवा लिया या नहीं?

मंगला : जी, बीबीजी!

मधु : यह ट्रे और प्यालियाँ उठा। पानी तो चाय का ठंडा हो गया होगा। बाबूजी उधर हाथ-मुँह धोने गये हैं। मैं और पानी

रखती हूँ। इतने में यह पानी फेंककर चायदानी और प्यालियाँ अच्छी तरह धो डाल।

[मंगला ट्रे आदि उठाकर आती है। एक चम्मच गिर जाता है।]

मधु : **(कुछ तीखे स्वर में)** यह चम्मच फिर फर्श पर गिरा दिया तूने। बीस बार कहा है कि चम्मच न गिराया कर फर्श पर, चिप-चिप होने लगती है। अब ट्रे बाहर रखकर जगह को गीले कपड़े से पोंछ डाल।

वसंत : **(स्नानगृह से)** अरे भई, साबुन कहाँ है?

मधु : ध्यान से देखिए, वहीं तखती पर पड़ा है।

वसंत : **(वहीं से)** और तौलिया!

मधु : हाथ-मुँह धो आइये और इधर कमरे से सूखा नया तौलिया लेकर पोंछ लीजिए।

[मंगला कपड़े का टुकड़ा भिगोकर लाती है और चुपचाप फर्श साफ करने लगती है।]

मधु : तू फर्श साफ करके चायदानी और प्यालियाँ धो डाल और मैं पानी रखती हूँ चाय का!

[मधु रसोईघर के दरवाजे से चली जाती है। कुछ क्षण तक मंगला चुपचाप फर्श साफ किये जाती है। फिर वसंत हाथ-मुँह धोकर कुर्ते की आस्तीन चढ़ाये गुनगुनाता हुआ आता है—]

हिंडोला कैसे झूलूँ, मेरा जिया डोले रे!
मैं झूला कैसे झूलूँ, मेरा जिया डोले रे!

[और अपने ध्यान में मग्न कुर्सी की पीठ पर पड़े हुए उस तौलिये से मुँह पोंछने लगता है, जिससे सुरो, चिन्तो हाथ-मुँह पोंछकर गई हैं।]

मधु : **(रसोईघर से)** यह केतली कैसी बना रखी है, मंगला तूने? मनो मैल जमी हुई है पेंदे में **(केतली हाथ में लिये आती है)** तुझे कभी बर्तन न साफ करने आयेंगे, मंगला। कितनी बार कहा कि सफाई...**(अचानक वसंत को सुरो वाले तौलिये से मुँह पोंछते हुए देखकर लगभग चीखते हुए)** यह सूखा नया तौलिया लिया है आपने? मैं पूछती हूँ, आप सूखे और गीले तौलिये में भी तमीज नहीं कर सकते? अभी तो सुरो और चिन्तो चाय पीकर इस तौलिये से हाथ पोंछकर गई हैं।

वसंत : (**घबराकर**) परन्तु नया...

मधु : नया तौलिया उधर कमरे में टँगा है।

वसंत : ओह, ये कम्बख्त तौलिये! मुझे ध्यान ही नहीं रहता। वास्तव में दोनों तौलिये साफ हैं, मुझे...

मधु : जी, साफ है! जरा आँख खोलकर देखिए। गीले और सूखे...

वसंत : मैंने ऐनक उतार रखी है और ऐनक के बिना तुम जानती हो हमारी दुनिया...(**खिसियानी हँसी हँसता है**)

मधु : जी, आपकी दुनिया। जाने आप किस दुनिया में रहते हैं। अब तो ऐनक नहीं। ऐनक हो तो कौन-सा आपको कुछ दिखाई देता है!

[**मुँह फुलाकर धम से कोच में धँस जाती है।**]

वसंत : यह तुमने फिर मुँह लटका लिया। नाराज हो गई हो?

मधु : (**व्यंग्य से हँसकर**) नहीं, मैं नाराज नहीं।

वसंत : (**चिल्लाकर**) तुम्हारा खयाल है, मैं इतना मूर्ख हूँ जो यह भी नहीं पहचान सकता...

(**पर्दा सहसा गिर जाता है।**)

■

बहू की विदा

विनोद रस्तोगी

विनोद रस्तोगी

जीवन काल—12 मई, 1923 (शम्साबाद)

काव्य, उपन्यास, कहानी एवं नाट्य-विधा की 45 पुस्तकें प्रकाशित/निर्देशन एवं अभिनय में कुशल।

नाट्य-रचनाएँ—पुरुष का पाप, कसम कुरान की, बहू की विदा, निर्माता का देवता, काले कौवे: गोरे हंस, स्वर्ग के खंडहर, गूँगी मछलियाँ, प्रमोशन, बाल की खाल, अपना-अपना-दर्द।

बाल एकांकी संग्रह—गोलियों का जादू, काया-कल्प, बड़ों का झूठ।

रेडियो नाटक संग्रह—गोपा का दान, देश के दुश्मन।

काव्य नाटक—सूतपुत्र।

लोक नाटक—भागीरथ के बेटे, नई लहर।

सम्पूर्ण नाटक—आजादी के बाद, नए हाथ, ढोंगी, छपते-छपते, बर्फ की मीनार, सराय के अंदर, जनतंत्र जिंदाबाद, भीष्म पितामह।

उत्तर प्रदेश संगीत नाटक अकादेमी तथा हिन्दी संस्थान द्वारा सम्मानित एवं पुरस्कृत। अनेक नाट्य-कृतियाँ प्रादेशिक भाषाओं में अनूदित।

◆

पात्र

जीवनलाल	:	एक धनी व्यापारी, अवस्था पचास वर्ष।
राजेश्वरी	:	जीवनलाल की पत्नी, अवस्था छियालीस वर्ष।
रमेश	:	जीवनलाल का पुत्र, अवस्था बाईस वर्ष।
कमला	:	रमेश की पत्नी, अवस्था उन्नीस वर्ष।
प्रमोद	:	कमला का भाई, अवस्था तेईस वर्ष।

[कमरा आधुनिक ढंग से सजा है। सामने की ओर बाएँ कोने में रेडियो और दाएँ कोने में पुस्तकों का रैक है। कमरे के बीच में सोफा-सेट है। छोटी गोल मेज पर सुन्दर फूलदान रखा है।

कमरे में दो द्वार हैं। सामने वाला द्वार अन्दर जाने के लिए है और बायीं ओर का द्वार बाहरी बरामदे में खुलता है। दोनों पर पर्दे पड़े हैं। दायीं ओर खिड़की है जो खुली हुई है।

पर्दा उठने पर जीवनलाल खिड़की के समीप खड़े हुए दिखाई पड़ते हैं। वे बाहर की ओर देख रहे हैं। आँखों पर चश्मा है। भरे हुए चेहरे पर बड़ी-बड़ी मूँछें हैं। सिर गंजा है। धोती-कुर्ता पहने हैं। मुख पर गम्भीरता और समृद्धि के चिह्न हैं।

उससे कुछ दूर हटकर ही प्रमोद विनम्र भाव से खड़ा है। वह पैंट और बुशर्ट पहने है। चेहरे पर निराशाजन्य करुण भाव है।]

प्रमोद : **(आगे बढ़कर धीमे स्वर में)** क्या निर्णय किया आपने?

जीवनलाल : विदा नहीं होगी।

प्रमोद : लेकिन जरा सोचिए तो। यदि आपने विदा नहीं की तो बहन की क्या दशा होगी!

जीवनलाल : मैंने उसकी दशा का ठेका नहीं लिया है!

प्रमोद : हर लड़की पहला सावन अपनी सखी-सहेलियों के साथ हँस-खेलकर बिताने का सपना देखती है।

जीवनलाल : जानता हूँ।

[जीवनलाल सोफे पर बैठकर जमुहाई लेते हैं, मानो प्रमोद की बातों से ऊब रहे हों।]

प्रमोद : यह जानकर भी...

जीवनलाल : अपना निर्णय सुना चुका हूँ। विदा नहीं होगी।

प्रमोद : यदि मैं कमला को बिना लिये ही गया तो माँ का हृदय टूट जायेगा।

जीवनलाल : मैं मजबूर हूँ। अगर माँ-बहन का इतना ही खयाल था तो दहेज पूरा क्यों नहीं दिया?

प्रमोद : **(दीन स्वर में)** अपनी सामर्थ्य के अनुसार जितना भी हो सका हमने दे दिया। फिर भी अगर...

जीवनलाल : (**कड़े स्वर में**) अगर तुम्हारी सामर्थ्य कम थी तो अपनी बराबरी का घर देखते। झोंपड़ी में रहकर महल से नाता क्यों जोड़ा?

प्रमोद : (**हाथ जोड़कर**) जी...

जीवनलाल : (**उठकर आवेश से टहलते हुए**) देना तो दूर, बारात की खातिर भी ठीक से नहीं की गयी। मेरे नाम पर जो धब्बा लगा, मेरी शान को जो ठेस पहुँची, भरी बिरादरी में जो हँसी हुई, उस करारी चोट का घाव आज भी हरा है। जाओ, कह देना अपनी माँ से कि अगर बेटी विदा कराना चाहती हैं तो पहले उस घाव के लिए मरहम भेजें।

प्रमोद : जी...आप इस समय तो विदा कर दें। हम गौने में आपकी हर माँग को पूरी करने की चेष्टा करेंगे।

जीवनलाल : मैंने दुनिया देखी है, प्रमोद! ये बाल धूप में सफेद नहीं हुए हैं। और तुम...(**उत्तेजित स्वर में**) कल के छोकरे मुझे बेवकूफ बनाना चाहते हो।

प्रमोद : यह आप क्या कह रहे हैं?

जीवनलाल : ठीक कह रहा हूँ। मेरा फैसला आख़िरी है। विदा तभी होगी, जब पाँच हजार नगद (**दायाँ हाथ फैलाकर**) इस हाथ पर रख दोगे।

प्रमोद : (**आवेश में**) यह तो सरासर अन्याय है। शिकायत आपको हमसे हैं। उस भोली-भाली लड़की ने आपका क्या बिगाड़ा है, जो विदा न करके आप उससे बदला ले रहे हैं? अगर रमेश बाबू होते...

जीवनलाल : तो वह क्या कर लेता? मेरे सामने मुँह खोलने की हिम्मत नहीं है उसमें। वह मेरा बेटा है। तुम्हारी तरह बड़ों के मुँह लगने की बदतमीजी करने वाला कोई आवारा छोकरा नहीं।

प्रमोद : (**अपमान से तिलमिलाकर**) बाबूजी? बेटीवाला समझकर ही आप मेरा अपमान कर रहे हैं। किन्तु...किन्तु यह म भूलिये कि आप भी बेटी वाले हैं।

जीवनलाल : हाँ, हम भी बेटी वाले हैं! लेकिन तुम्हारी तरह नहीं। पिछले महीने हमने भी अपनी गौरी की शादी की है। वह

खातिरदारी की कि बारात वाले दंग रह गये। इतना दहेज़ दिया कि देखने वालों ने दाँतों तले अँगुली दबा ली। (**दर्द-मिश्रित आवेश**) तुम मेरी बराबरी करोगे? हुँ...बेटी वाले...बेटी वाले होकर भी हमारी मूँछ ऊँची है! समझे!

प्रमोद : जी...

जीवनलाल : रमेश गया है गौरी को विदा कराने। (**कलाई पर बँधी घड़ी देखकर**) कुछ देर में उसे लेकर आता ही होगा। मेरी बेटी पहला सावन यहाँ बितायेगी। तुम्हारी बहन के सपने कभी पूरे नहीं होंगे और उसके सपनों के खून का दाग तुम्हारे हाथों और तुम्हारी माँ के आँचल पर होगा! समझे!

प्रमोद : (**व्यंग्य से**) जो हमारी बहन है, क्या वह आपकी कोई नहीं है?

जीवनलाल : (**तेजी से**) बेटी और बहू को एक तराज़ू पर तौलना चाहते हो? बेटी बेटी है और बहू बहू!

प्रमोद : ठीक है। जब अपनी जिद पर अड़े हैं, तो विनती करना व्यर्थ है। (**रुककर धीमे स्वर में**) क्या जाने से पहले एक बार बहन से मिल सकता हूँ?

जीवनलाल : जरूर! और हाँ, उसे यह भी बताते जाना कि अगली बार मेरे लिए मरहम लेकर विदा कराने कब आओगे! (**ऊँचे स्वर में**) अरे, सुनती हो, गौरी की माँ! जरा बहू को भेज दो। अपने भाई से मिल ले आकर। (**सहज स्वर में**) मैं तब तक देखूँ कि माली के बच्चे ने झूला डाला या नहीं! (**द्वार की ओर बढ़ते हैं : द्वार का पर्दा हटाकर मुड़ते हुए**) गौरी के लिए झूला डाल रहा हूँ लॉन में।

[जीवनलाल का प्रस्थान। प्रमोद थका-सा सोफे पर बैठ जाता है। अन्दर से कमला आती है। चाँद से सुन्दर मुखड़े पर उदासी की घटा है। हाथों में लाल चूड़ियाँ हैं। रेशमी साड़ी-ब्लाउज पहले है। प्रमोद के पास जाकर चुपचाप खड़ी हो जाती है—सिर नीचा किये।]

प्रमोद : (**भारी स्वर में**) बैठ जाओ कमला।

[कमला पास ही बैठ जाती है।]

प्रमोद : अच्छी तरह तो हो?

[कमला सिसकने लगती है।]

प्रमोद : (**आर्द्र स्वर में**) पागल न बनो, कमला! रोओ मत, मैं कहता हूँ रोओ मत! इन मोतियों का मूल्य समझने वाला यहाँ कोई नहीं है। पानी से पत्थर नहीं पिघल सकता!

कमला : (**सिसकती हुई**) भैया! क्या...

प्रमोद : घबराओ मत! मैं जल्दी ही फिर आऊँगा और उस बार विदा अवश्य होगी, क्योंकि मैं चोट का मरहम लेकर आऊँगा।

कमला : (**न समझने के ढंग से**) मरहम...?

प्रमोद : हाँ, कमला! हमारे व्यवहार से बाबूजी के कलेजे में घाव हो गया है। उन्हें मरहम चाहिए और उस मरहम की कीमत है पाँच हजार रुपये!

[कमला चौंककर भाई की ओर देखती है।]

प्रमोद : तुम चिन्ता न करो, कमला! मरहम का प्रबन्ध हो जायेगा। इस गिरे हाल में भी मकान सात-आठ हजार में बिक ही जायेगा।

कमला : (**व्याकुलतापूर्ण आग्रह से**) मेरी विदा के लिए घर न बेचना, भैया! आपको मेरे सुख-सुहाग की सौगन्ध है।

प्रमोद : यह क्या कह रही हो तुम? क्या तुम नहीं चाहती कि पहला सावन सखी-सहेलियों के साथ माँ के घर बिताओ?

कमला : किस लड़की की यह कामना नहीं होगी, भैया? लेकिन...लेकिन उस कामना की पूर्ति के लिए इतनी बड़ी कीमत चुकाना, कहाँ तक ठीक है? साल-दो साल में विमला का ब्याह भी आपको करना है। आवेश में आकर...

प्रमोद : (**बीच में ही**) लेकिन तुम...

कमला : मेरी चिन्ता आप न करें। सच, विदा न होने से मुझे जरा भी दु:ख न होगा।

प्रमोद : कमला...

कमला : गौरी आ रही है। बहुत अच्छा स्वभाव है उसका। हर समय हँसती-हँसाती रहती है। उसके साथ रहकर मुझे

सखी सहेलियों की कमी बिलकुल नहीं अखरेगी। आप विश्वास करें, भैया।

प्रमोद : लेकिन आज नहीं तो कल रुपया तो देना ही पड़ेगा, कमला। कागज के टुकड़ों पर अपना स्नेह और प्यार बेचने वालों के बीच तुम इस तरह कब तक रह सकोगी।

कमला : धीरे-धीरे सब ठीक हो जायेगा, भैया। माँजी ममता की मूर्ति हैं ही, बाबूजी जरा जिद्दी स्वभाव के हैं। समय के साथ वे भी सब भूल जायेंगे।

प्रमोद : मुझे तो ऐसा नहीं लगता। सब एक ही धातु के बने हैं। हो सकता है, माँजी की ममता सिर्फ दिखावा हो!

[अन्दर से राजेश्वरी का प्रवेश। गोरा रंग, स्वस्थ शरीर। सफेद साड़ी और ब्लाउज पहने हैं।]

राजेश्वरी : कैसा दिखावा, भैया?

[प्रमोद चौंक पड़ता है। कमला और प्रमोद उठने का उपक्रम करते हैं]

राजेश्वरी : **(दूसरे कोच पर बैठती हुई)** बैठे रहो तुम लोग। **(हँसकर)** क्या बातें हो रही थीं भाई-बहन में?

प्रमोद : बस, कुशल-क्षेम पूछ रहा था।

राजेश्वरी : हाँ, विदा के लिए क्या कहा उन्होंने?

[प्रमोद मौन रहता है। कमला दृष्टि नीची कर लेती है।]

राजेश्वरी : समझ गयी, अपनी जिद के आगे तो वे किसी की सुनते ही नहीं। जब तुम्हारी चिट्ठी आयी थी तभी मना कर रहे थे। मैं तो समझाते-समझाते हार गई। क्या कहा उन्होंने?

[प्रमोद अब भी मौन है।]

राजेश्वरी : मुझसे शर्म कैसी? मेरे लिए जैसा रमेश वैसे ही तुम। बोलो, कितना रुपया चाहते हैं वे?

प्रमोद : जी...जी, रुपये की तो कोई बात नहीं हुई। वे तो...

राजेश्वरी : **(बीच में ही)** माँ से झूठ बोलते हो! मैं उन्हें अच्छी तरह जानती हूँ। इन्सान से ज्यादा प्यारा उन्हें पैसा है।

प्रमोद : जी...आप...

राजेश्वरी : **(प्रमोद की ओर गूढ़ दृष्टि से देखती हुई)** बोलो, कितना रुपया लेकर वे विदा करने को तैयार हैं? चुप क्यों हो? बताओ।

प्रमोद : **(धीमे और उदास स्वर में)** पाँच हजार।

राजेश्वरी : बस! मैं देती हूँ तुम्हें रुपये। उनके मुँह पर मारकर कहना कि यह लो कागज के रंग-बिरंगे टुकड़े, जिन्हें तुम आदमी से ज्यादा प्यार करते हो। **(उठकर सामने वाले द्वार की ओर बढ़ती हुई)** मैं अभी लाती हूँ।

प्रमोद : **(उठकर)** ठहरिये, माँजी।

(राजेश्वरी रुक जाती है और मुड़कर प्रमोद की ओर देखती है।)

प्रमोद : मुझे रुपये नहीं चाहिए। मैं बिना विदा कराये ही जा रहा हूँ।

[कमला उसी प्रकार मूर्तिवत् बैठी है।]

राजेश्वरी : **(लौटती हुई)** यह क्या कह रहे हो, बेटा? मेरे रहते विदा न हो, यह कभी नहीं हो सकता। मैं माँ हूँ, माँ के दिल को समझती हूँ। **(भारी स्वर में)** जिस तरह उतावली होकर मैं गौरी की राह देख रही हूँ, उसी तरह तुम्हारी माँ भी कमला की राह देख रही होगी। नहीं, विदा जरूर होगी। तुम अकेले नहीं जाओगे। **(कमर से कुंजियों का गुच्छा निकालकर कमला की ओर बढ़ाती हुई)** जा बेटी, तिजोरी से रुपये निकाल ला। **(कमला गुच्छा लेने के लिए हाथ आगे नहीं बढ़ाती। प्रमोद खिड़की की ओर मन्द गति से बढ़ता है।)**

राजेश्वरी : जाती क्यों नहीं? **(गुच्छा कमला के हाथ में थमाती हुई)** जल्दी कर। **(कमला उठकर 'माँजी' कहती है और फिर सिसकने लगती है। राजेश्वरी 'मेरी बेटी' कहकर उसे हृदय से लगा लेती है। प्रमोद खिड़की से बाहर की ओर देखने लगता है।)**

जीवनलाल : **(बाहर से)** अरे, सुनती हो! गौरी के आने का समय हो गया। तुमने स्वागत की कोई तैयारी नहीं की!

राजेश्वरी **(कमला से)** जा, बेटी! तू अन्दर जा!

[कमला अन्दर जाती है। प्रमोद बाहर वाले द्वार की ओर देखता है, जिधर से जीवनलाल आते हैं।]

जीवनलाल : अरे, तुम यहाँ खड़ी हो? जाकर तैयारी करो स्वागत की। जरा यह भी तो देख लें कि नाक वाले अपनी बेटी का स्वागत कैसे करते हैं।

राजेश्वरी : **(चिढ़कर)** गालियों के अलावा कभी सीधी बात नहीं निकलती मुँह से? जब देखो तब बेढंगी बातें!

जीवनलाल : यह लो! इसमें कौन-सी गाली दे दी मैंने?

राजेश्वरी : तुम समझते हो कि दुनिया में एक तुम्हीं नाक वाले हो, और सब नकटे हैं!

जीवनलाल : तुम्हें तो मेरी हर बात में बुराई ही दिखाई देती है। प्रमोद, तुम्हीं बताओ, मैंने कोई बुरी बात कही है?

प्रमोद : **(धीरे-धीरे आगे बढ़ता हुआ)** ठीक ही कहा है आपने। आज के युग में पैसा ही नाक और मूँछ है। जिनके पास पैसा नहीं, वह नाक-मूँछ होते हुए भी नकटा है, मूँछकटा है।

[नेपथ्य से हॉर्न का स्वर]

जीवनलाल : **(प्रसन्न स्वर में)** आ गयी मेरी गौरी! **(राजेश्वरी से)** अरे, खड़ी-खड़ी मेरा मुँह क्या देख रही हो? अन्दर से मिठाई का थाल लाओ।

[राजेश्वरी उसी प्रकार खड़ी रहती है। उसकी दृष्टि बाहर वाले द्वार की ओर है। प्रमोद भी उसी ओर देख रहा है। अन्दर वाले द्वार के पर्दे की ओट में कमला खड़ी है। बाहर से उसका हाथ दिखाई पड़ रहा है। जीवनलाल बड़े उत्साह से द्वार की ओर बढ़ते हैं। तभी बाहर से रमेश आता है। इकहरे बदन का सुन्दर नवयुवक है वह। पैंट और कमीज पहने है। हाथ में बरसाती कोट है। चेहरे पर उदासी के चिह्न हैं। बरसाती कोट कोच पर रखकर चुपचाप खड़ा हो जाता है।]

जीवनलाल : **(बाहर वाले द्वार का पर्दा हटाकर बाहर झाँकने के बाद घबराये हुए स्वर में)** गौरी कहाँ है?

रमेश : **(धीमे स्वर में)** वह नहीं आयी।

जीवनलाल : नहीं आयी? क्यों तबीयत तो ठीक है उसकी?

रमेश : जी हाँ!

जीवनलाल : फिर?

रमेश : उन्होंने विदा नहीं की!

[राजेश्वरी हतप्रभ-सी कोच पर बैठ जाती है। कमला के हाथ में कम्पन होता है, जिससे पर्दा भी हिल जाता है। प्रमोद बड़े ध्यान से जीवनलाल की ओर देख रहा है।]

जीवनलाल : (**जैसे किसी ने छाती पर घूँसा मार दिया हो**) विदा नहीं की? क्यों नहीं की विदा?

रमेश : कह रहे थे, दहेज पूरा नहीं दिया गया।

जीवनलाल : (**बिगड़कर**) हमने तो जीवनभर की कमाई दे दी और उनकी नजर में दहेज पूरा नहीं दिया गया। लोभी कहीं के!

राजेश्वरी : (**उठकर**) उन्हें क्यों भला-बुरा कह रहे हो? बेटी वाले चाहे अपना घर-द्वार बेचकर दे दें, पर बेटे वालों की नाक-भौंह सिकुड़ी ही रहती है।

जीवनलाल : मगर शराफत और इन्सानियत...

राजेश्वरी : (**बीच में ही**) अब शराफत और इन्सानियत की दुहाई देते हो। कुछ देर पहले तो...

जीवनलाल : चुप रहो तुम!

राजेश्वरी : बहुत चुप रही। अब नहीं रहूँगी। आखिर क्या कमी है बहू के दहेज में? मगर तुम हो कि...

जीवनलाल : (**अनसुनी करके**) मेरी बेटी की विदा न करके उन्होंने मेरा अपमान किया है। मैं...मैं...

राजेश्वरी : तुम भी तो किसी की बेटी की विदा न करके अपमान कर रहे हो किसी का।

जीवनलाल : (**चीखकर**) गौरी की माँ!

राजेश्वरी : अब भी आँखें नहीं खुलीं? जो व्यवहार अपनी बेटी के लिए तुम दूसरों से चाहते हो, वही दूसरे की बेटी को भी दो। जब तक बहू और बेटी को एक-सा नहीं समझोगे, न सुख मिलेगा और न शान्ति।

[जीवनलाल बेचैनी से इधर-उधर टहलते हैं। वे हाथ मल रहे हैं। सिर नीचे झुका है। प्रमोद रमेश के पास जाकर खड़ा हो जाता है।]

जीवनलाल : बहू और बेटी! बेटी और बहू!! अजीब उलझन है। कुछ समझ से नहीं आता।

राजेश्वरी : अगर हर बेटे वाला यह याद रखे कि वह बेटी वाला भी है, तो सब उलझनें सुलझ जायँ।

जीवनलाल : **(रुककर पत्नी की ओर देखते हुए)** शायद तुम ठीक कहती हो।

प्रमोद : **(आगे बढ़कर धीमे स्वर में)** अब मुझे आज्ञा दीजिये, बाबूजी!

जीवनलाल : **(चौंककर)** ऐं...

प्रमोद : मेरी गाड़ी का समय हो रहा है। मैं जा रहा हूँ। **(द्वार तक आता है। फिर घूमकर)** मैं जल्द ही फिर आऊँगा। विश्वास रखें, इस बार आपकी चोट के लिए मरहम लाना न भूलूँगा।

जीवनलाल : **(दुःखी स्वर में)** ठहरो, प्रमोद! मुझे और लज्जित न करो। बेटा! मेरी चोट का इलाज बेटी की ससुराल वालों ने दूसरी चोट से कर दिया है।

प्रमोद : **(लौटता हुआ आश्चर्य से)** बाबूजी...!

जीवनलाल : **(निःश्वास छोड़कर)** कभी-कभी चोट भी मरहम का काम कर जाती है, बेटा! **(राजेश्वरी की ओर मुड़कर)** अरे, खड़ी-खड़ी हमारा मुँह क्या ताक रही हो? अन्दर जाकर तैयारी क्यों नहीं करती? बहू को विदा नहीं करनी है क्या।

[कमला का हाथ पर्दे की ओट में हो जाता है। वह हर्ष के आँसू पोंछती हुई शीघ्रता से अन्दर जाती है। रमेश और प्रमोद मुस्कराकर एक-दूसरे की ओर देखते हैं। जीवनलाल मन्द गति से खिड़की की ओर बढ़ते हैं और तभी धीरे-धीरे यवनिका गिरती है।]

■

कॉफी-हाउस में इंतजार

लक्ष्मीनारायण लाल

लक्ष्मीनारायण लाल

जीवन-काल—4 मार्च, 1927 (जलालपुर-बस्ती)—20 नवम्बर, 1987 (नई दिल्ली)

नाट्य-रचनाएँ—मादा कैक्टस, सुन्दर रस, दर्जन, रातरानी, रक्तकमल, कलंकी, मिस्टर अभिमन्यु, करफ्यू, अब्दुल्ला दीवाना, यक्ष प्रश्न, सबरंग मोहभंग, सगुन पंछी, पंचपुरुष, राम की लड़ाई, व्यक्तिगत, कजरीवन, एक सत्य हरिश्चन्द्र, गंगामाटी, नरसिंह कथा, सूखा सरोवर, अंधा कुआँ, ताजमहल के आँसू, पर्वत के पीछे।

लघु नाटक संग्रह—नाटक बहुरूपी, नाटक बहुरंगी।

एकांकी संग्रह—दूसरा दरवाजा, खेल नहीं नाटक।

श्री लाल के कई उपन्यास और आलोचना पुस्तकें प्रकाशित हुई हैं।

◆

पात्र

पहला व्यक्ति

दूसरा व्यक्ति (युवक)

एक बेयरा।

[स्थान : कॉफी हाउस क़ा एक कमरा। एक टेबल और एक ही कुरसी। पृष्ठभूमि में तीन व्यक्तियों की परस्पर बोलचाल। पहला व्यक्ति जिसकी अवस्था प्राय: पैंतालीस वर्ष है, पाजामा-कुर्ता पहने हुए तेजी से आता है और दौड़कर कुरसी पर बैठ जाता है। उसके पीछे ही दूसरा व्यक्ति आता है, अवस्था लगभग पच्चीस वर्ष, पैंट-कमीज में। इसे देखते ही पहला व्यक्ति जल्दी-जल्दी टेबल पर अपने कागज-पत्र रखता है।]

प० व्यक्ति : **(साधिकार)** बेयरा... !

बेयरा : **(आता है)** जी, बोलिए...जी, हुकुम कीजिए!

प० व्यक्ति : एक कॉफी, तीन गिलास पानी...एक कॉफी...तीन पानी...एक कॉफी...तीन पानी... !

[बेयरा भी यही दुहराता है। दूसरा व्यक्ति इस इन्तजार में है कि बात खत्म हो तो वह बोले। पर बात खत्म नहीं हो पा रही है। बेयरा बोलता हुआ जाता है।]

प० व्यक्ति : मैं यहाँ रोज बैठता हूँ। मैं पिछले तेरह वर्षों से यहीं बैठता चला आ रहा हूँ। इसे सारी दुनिया जानती है। कोई एक न जाने तो मैं क्या करूँ?

दू० व्यक्ति : आप झूठ बोलते हैं! पिछले छह दिनों से मैं यहाँ लगातार बैठता आ रहा हूँ। यहाँ एक कुरसी और हुआ करती थी। मैं यहाँ बैठा उसका इन्तजार करता था। वह आती थी, फिर हम आमने-सामने बैठकर बातें किया करते थे।

(पहला व्यक्ति टेबल पर अपने लिखने का सामान सजाता रहता है।)

प० व्यक्ति : मैं यहाँ बैठकर अपना काम करता हूँ...

दू० व्यक्ति : मैं भी तो अपने काम से ही यहाँ आया हूँ!

प० व्यक्ति : बात करना कोई काम नहीं है।

दू० व्यक्ति : यहाँ बैठकर लिखना-पढ़ना भी कोई काम नहीं है।

प० व्यक्ति : तुम अभी पढ़ते हो?

दू० व्यक्ति : तुम से मतलब?

प० व्यक्ति : अपने देश की तवारीख़ पढ़ी है?

[दूसरा व्यक्ति सिगरेट जलाता है और गुस्से से चुपचाप एक ओर देखने लगता है।]

प० व्यक्ति : अजीब बात है। आजकल के नौजवान अपने देश की तवारीख़ का नाम सुनते ही सिगरेट पीने लगते हैं। हमारी पीढ़ी में यह नहीं था। हमने इतिहास जिया है, भोगा है, और इतिहास के एक महान् अध्याय की रचना की है! हमने स्वतंत्रता-संग्राम...।

दू० व्यक्ति : (**काटकर**) चुप रहो, यही सब सुनाने के लिए तुम यहाँ रोज आते हो?

प० व्यक्ति : (**उठकर**) और तुम यहाँ हम पर गुस्सा निकालने आते हो? (**रुककर**) एक सिगरेट मुझे नहीं दे सकते? (**लेकर**) हे राम, कितनी तेज सिगरेटें तुम लोग पीते हो! हमारे जमाने में इस तरह सिगरेट पीने का रिवाज नहीं था। हम इस उमर तक सत्याग्रही थे। हमारे सामने एक महान् उद्देश्य था...कोई... कुछ ऐसा था, जो हर क्षण हमें 'इन्स्पायर' किये रखता था।

[यह कहता हुआ टेबल से टिककर खड़ा हो जाता है। सिगरेट पीता है। धुआँ छोड़कर उसमें देखता हुआ बोलता है।]

प० व्यक्ति : धुएँ में असंख्य लकीरें हैं। अब अलग-अलग बिखरती-टूटती हुई वायुमण्डल के मुँह में समाती जा रही हैं। यह परिवेश जैसे एक बहुत बड़ी छिपकली है और यह सारी लकीरों को मुँह से चाटती जा रही है!

दू० व्यक्ति : (**सिगरेट मसलता हुआ**) तुम्हें इस तरह 'बोर' करने का कोई अधिकार नहीं।

प० व्यक्ति : हमने तब सिगरेट नहीं पी थी। कॉफी का नाम भी नहीं सुना था। 1944 में पहली बार इसका नाम सुना था—हमारे सुराजी गुरु ने तेरह दिन का उपवास तोड़ा था—आत्मशुद्धि का उपवास—अंगरेज़ कलेक्टर ने अपने हाथ से उन्हें कॉफी पिलायी थी।

(बेयरा आता है।)

बेयरा : एक कॉफी—तीन गिलास पानी...!

प० व्यक्ति : अजीब लोग हैं—इनको कौन समझाये...इनसे कोई क्या कहे... ये इतना बेमतलब नहीं समझते हैं...!

दू० व्यक्ति : चुप रहो!

[इसकी चिल्लाहट जिससे सब झनझनाकर एक क्षण के लिए टूट जाता है।]

दू० व्यक्ति : यहाँ एक और कुरसी थी।

प० व्यक्ति : थी...यानी यह इतिहास की बात है। और इतिहास में क्या नहीं है?

दू० व्यक्ति : यहाँ की वह कुरसी कहाँ है?

बेयरा : भीतर है। उस पर एक सज्जन पुरुष बैठे हैं।

दू० व्यक्ति : पर वह कुरसी यहाँ की है।

बेयरा : सर, उस पर एक सज्जन पुरुष बैठे हैं।

दू० व्यक्ति : उस सज्जन पुरुष से कहो...

बेयरा : सर, वह कम सुनते हैं!

दू० व्यक्ति : मैं लिखकर देता हूँ....!

बेयरा : सर, उन्हें बहुत कम दिखाई देता है!

[पहला व्यक्ति कॉफी पी रहा है।]

प० व्यक्ति दरअसल, आप उस सज्जन पुरुष को नहीं जानते, तभी आपको इतना गुस्सा है! मैं उन्हें पिछले पच्चीस वर्षों से जानता हूँ...!

दू० व्यक्ति : तो आप उन्हीं के पास जाकर क्यों नहीं बैठते?

प० व्यक्ति : मैं यही तो आपसे अर्ज करना चाहता हूँ...आप उस सज्जन पुरुष को नहीं जानते। यही वह सुराजी गुरु हैं। अब यह हर वक्त कॉफी पीता है और एक भीड़ से घिरा रहता है।

दू० व्यक्ति : मैं उसके बारे में कुछ नहीं जानना चाहता!

प० व्यक्ति : यही वह चाहता है!

दू० व्यक्ति : यह मेरी इच्छा है!

प० व्यक्ति : यही उसकी इच्छा है!

दू० व्यक्ति : मुझे किसी की परवाह नहीं!

प० व्यक्ति : उसे भी किसी की परवाह नहीं!

दू० व्यक्ति : मैं देखता...हूँ!

प० व्यक्ति : वह हमें देख रहा है!

दू० व्यक्ति : मैं उसे ज़बरन उठा के कुरसी ले आता हूँ। वह कुरसी यहाँ की है। मैं उस पर पिछले छह दिनों से लगातार बैठता रहा हूँ!

बेयरा : **(रोककर)** सर, वह सज्जन यहाँ पिछले बीस सालों से लगातार बैठे हैं!

दू० व्यक्ति : पिछले छह दिनों से यहाँ हम बैठते रहे हैं! तुम गवाह हो...तुमने हमें देखा है। यहाँ वह बैठती थी। मैं यहाँ बैठता था!

बेयरा : सही है! छह दिनों तक वह शहर से बाहर थे!

प० व्यक्ति : **(जिसने अब तक कॉफ़ी समाप्त कर ली है।)** भई, मैं छह दिनों मेडिकल चेकअप के लिए अस्पताल में था। मुझे ब्लडप्रेशर की शिकायत है। सुबह से दोपहर तक 'लो' और दोपहर से आधी रात तक 'हाई'। मुझे नींद नहीं आती। तब मैं यौगिक क्रिया द्वारा अपने ब्लड-प्रेशर को बदल देता हूँ। सुबह से दोपहर तक 'हाई' और दोपहर के बाद 'लो', फिर सोता हूँ!

दू० व्यक्ति : बन्द करो अपनी यह बकवास!...मुझे यहाँ बैठकर उससे बातें करनी हैं!

प० व्यक्ति : बेयरा, साहब क्या कह रहा है?

बेयरा : साहब अपनी गर्ल-फ्रेण्ड का इन्तजार करना माँगता है! गर्ल-फ्रेण्ड...!

दू० व्यक्ति : **(क्रोध से)** मुझे यहाँ बैठना है! हट जाओ...छोड़ दो...!

[दोनों व्यक्तियों में कुरसी के लिए युद्ध। बेयरा दौड़कर मेज पर से कप-प्लेट, गिलास उठाकर तेजी से चला जाता है। मेज गिर गयी है। कुरसी अब भी पहले व्यक्ति के हाथ में है। दूसरा व्यक्ति चोट खाकर नीचे गिरा है। बेयरा हाथ में दो गिलास पानी लिये आता है।]

बेयरा : सज्जन पुरुष ने आप लोगों को शीतल जल पिलाने को कहा है! जिसे ज्यादा चोट आयी हो, वह थोड़ा रुककर पियेगा; जिसे कम आयी हो, वह फौरन पिये!

[पहला व्यक्ति पानी पीता है।]

प० व्यक्ति : आपके पास सिगरेट होगी...!

[दूसरा व्यक्ति सिगरेट का पैकेट उसके मुँह पर फेंकता है। वह लेकर सिगरेट मुँह में लगाता है।]

प० व्यक्ति : **(उठाकर कुरसी पर बायाँ पाँव रखकर)** मैं स्वतंत्रता-संग्राम लड़ा हूँ! देश को आजाद कराने में मेरा योग है, हाथ है, पार्ट है। इन्कलाब जिन्दाबाद की बोल पर मुझमें खून बरसा है। भारत छोड़ो के एक नारे पर हमने बलिदान दिया है...!

[बेयरा धीरे से ताली बजाता है।]

दू० व्यक्ति : मैं यहाँ तुम्हारे लिए नहीं आया था! मुझे अगर यह पता होता कि यहाँ तुम जैसे बेहूदा आदमी बैठते हैं, तो यहाँ हर्गिज न आता। यह सच है कि मैं तुम्हारी तरह स्वतंत्रता-संग्राम नहीं लड़ा, पर वह कोई संग्राम भी था! तुमने बलिदान दिया...जब विद्रोह ही नहीं तो बलिदान कैसा...!

प० व्यक्ति : अरे...स्वतंत्रता-संग्राम और कैसे होता है! अर...रे...रे, वाह रे वाह...मेरे मिट्टी के शेर!

दू० व्यक्ति : स्वतंत्रता-संग्राम वह है जो नीचे से लड़ा जाता है...नीचे से ऊपर तक...! ऊपर से नीचे नहीं। जिसमें मूलभूत परिवर्तन होता है...सुधार नहीं—'पावर का ट्रान्सफर' नहीं। शक्ति की नयी सृष्टि, जो आजाद जमीन से पैदा होती है।

प० व्यक्ति : अरे...रे...रे, अरे बेयरा इन्हें कॉफी पिला...!

दू० व्यक्ति : मेरा मज़ाक़ किया तो सिर तोड़ दूँगा...!

प० व्यक्ति : दरअसल अभी आपको अनुभव नहीं है! आप में इतना उत्साह है...यह काबिले-तारीफ है। और मैं इसकी बड़ी इज्जत करता हूँ!

दू० व्यक्ति : मुझे 'पेट्रोनाइज़' करने की कोशिश मत करना! तुम-जैसों ने हमारी जिन्दगी बरबाद की है!

प० व्यक्ति : क्या कहा! क्या...रुको...रुको...जरा, मुझे समझने दो...दरअसल मैं हाई स्कूल भी नहीं पास हूँ। 1942 में नवीं कक्षा में पढ़ता था...तभी स्वतंत्रता-संग्राम में कूद पड़ा...

दू० व्यक्ति : कूद पड़े या किसी ने धक्का मार दिया!

प० व्यक्ति : जरा समझने दो..समझने दो, यह बहुत अच्छा विषय है। देखिए न, कॉफी-हाउस कितनी उमदा जगह है।...तो आपने कहा, कि मैंने आपकी जिन्दगी बरबाद की है। अर्थात्—मैं भी यह कहूँ, उस सज्जन पुरुष ने मेरी जिन्दगी बरबाद की। यह बहुत अच्छा निष्कर्ष है—इस पर एक जोरदार सौ रुपये वाली कहानी लिखी जा सकती है।

[कागज पर तेजी से नोट करने लगता है। दूसरा व्यक्ति उस कागज को छीन कर फाड़ता हुआ।]

दू० व्यक्ति : तुम्हारे कल की दिलचस्पी केवल निष्कर्ष ढूँढ़ने में थी। उसी प्रक्रिया ने एक ओर सुभाष बोस को देश से बाहर निकाला, दूसरी ओर अरविन्द को योगी बनाया।

प० व्यक्ति : यह सब मुझे लिख लेने दो, नहीं तो मैं भूल जाऊँगा।

[इस बीच बेयरा दौड़ा हुआ अन्दर जाता है और तेजी से बाहर आता है।]

बेयरा : सज्जन पुरुष ने आपसे विनम्र निवेदन किया है कि आप थोड़ा जोर-जोर से बोलें, ताकि वह आपकी 'स्पीच' सुन सकें। उन्होंने आपके लिए काजू के साथ क्रीम-कॉफी का 'ऑर्डर' दे दिया है।

दू० व्यक्ति : वह ऑर्डर उसी के चेहरे पर मारो!

बेयरा : वह सचमुच बहुत सज्जन व्यक्ति हैं। उनमें जरा भी क्रोध नहीं है।

दू० व्यक्ति : मुझमें है...जाकर बोल दो उससे!

बेयरा : उन्हें सब पता है। वह सबके कल्याण के लिए हर वक्त चिंतन करते रहते हैं।

दू० व्यक्ति : तू चुप रहता है कि नहीं?

बेयरा : जब तक वे यहाँ बैठे रहेंगे, यहीं खड़े रहने की मेरी 'ड्यूटी' है।

दू० व्यक्ति : तो खड़ा रह!

बेयरा : सर, माफ कीजिए, बोलना भी मेरी ड्यूटी में शामिल है।

[इस बीच पहला व्यक्ति अपने 'बैग' से कुछ और 'लेटरहेड', पैड पेपर, रसीदबुक और मोहरदानी निकालता है। कुछ पत्र-पत्रिकाएँ और हैण्डबिल भी।]

प० व्यक्ति : (**सहसा एक हैण्डबिल पढ़ता है।**) देवियो और सज्जनो! यह गहरी चिन्ता और दु:ख का विषय है कि हमारी राष्ट्रीय चेतना दिनों-दिन उत्तरोत्तर क्षीण होती जा रही है। वैयक्तिक और सामाजिक, दोनों स्तरों पर, हमारे चरित्र का क्रमश: पतन हो रहा है। क्या परिवार, क्या घर, क्या दफ्तर, क्या शिक्षण-संस्थाएँ और क्या सार्वजनिक जीवन-क्षेत्र...सर्वत्र एक इण्डिसिप्लिन, इण्डिसिप्लिन ...ऐ...इण्डिसिप्लिन का अनुवाद आप क्या करेंगे?

दू० व्यक्ति : अपना सिर!

प० व्यक्ति : अपना सिर...ऐ बेयरा, सज्जन पुरुष से पूछो—इण्डिसिप्लिन का हिन्दी अनुवाद क्या होगा?

[वह तेजी से जाकर आता है।]

बेयरा : सज्जन पुरुष ने कहा है यही इण्डिसिप्लिन चलने दीजिए। उन्हें यह बहुत प्रिय है। इससे उनका मनोरंजन होता है।

प० व्यक्ति : (**पढ़ता हुआ**) तो हाँ, सर्वत्र एक इण्डिसिप्लिन छायी हुई है। इसके लिए यह परम आवश्यक है कि हम जगह-जगह, स्थान-स्थान...(**सहसा दूसरे व्यक्ति की ओर देखता है।**) क्यों, आपने कान क्यों बन्द कर रखे हैं? यह इश्तिहार कैसा लगा आपको? यह मैंने तैयार किया है। देखिए, मुझे अभी बहुत काम करना है। घर से भागकर इसलिए सुबह-सुबह मैं यहाँ आता हूँ।

दू० व्यक्ति : आपसे पहले मैं आया हूँ।

प० व्यक्ति : बन्धु, नाराज मत हो, हम दोनों की पीड़ा कहीं समान है। हम दोनों हमसफर हैं, हमदर्द हैं।

दू० व्यक्ति : मैं तुमसे बात नहीं करना चाहता।

प० व्यक्ति : ऐसा मत कहो, बात ही तो हमारा जीवन है। हम या तो व्यस्त रहते हैं या खाली रहते हैं, उसी खाली को भरने के

लिए हम यहाँ आते हैं, इस तरह चुप मत हो। यह खामोशी मुझे घूरती है...बोलो...बोलो...कुछ बोलो...! तुम तो बहुत अच्छा बोलते हो!

[दूसरे व्यक्ति को स्नेह से छूता है। वह उपेक्षा करता है।]

प० व्यक्ति : भई, मुझे बहुत काम है। इतना काम कि तुम उसकी कल्पना नहीं कर सकते। इस तरह मुझे अभी पाँच इश्तहार और लिखने हैं। तीन के प्रूफ देखने हैं, दो के प्रिण्ट-ऑर्डर देने हैं। ये सारे पैड रखे हैं न, ये सारी महत्वपूर्ण संस्थाएँ हैं, मैं किसी का मंत्री, किसी का अध्यक्ष, किसी का कोषाध्यक्ष और किसी का संचालक हूँ। पता नहीं, मुझे कितने-कितने पत्र लिखने हैं। यह देखो, मेरी आज की डायरी, इतने लोगों से मुझे स्वयं मिलना है—इतनी जगहों पर लोग खुद मुझसे मिलने आयेंगे—इतने लोगों को मुझे लोगों से मिलाना है।....मैं कितना व्यस्त हूँ और कितनी-कितनी जिम्मेदारियाँ मेरे ऊपर हैं। पूछो इस बेचारे से, यहाँ नित्य आनेवाला वह पहला व्यक्ति मैं होता हूँ और रात के सवा दस बजे यहाँ से जाने वाला वह आखिरी व्यक्ति मैं होता हूँ...पहला और आखिरी!

[कुरसी पर बैठकर पैड पर लिखने में व्यस्त हो जाता है।]

प० व्यक्ति : (**लिखते-लिखते सहसा**) क्या कहा...था, संग्राम...नीचे से होता है...नीचे याने?

दू० व्यक्ति : (**गुस्से में डूबा है।**) जूतों की ठोकरों से!

प० व्यक्ति : (**लिखता हुआ**) जूतों की ठोकरों से। (**फिर रुकता है।**) नीचे से ऊपर...और ऊपर से नीचे...इन दोनों में कुछ फर्क है क्या?

दू० व्यक्ति : इस फर्क के अनुमान के लिए आपको शीर्षासन करना होगा!

प० व्यक्ति : सच!...ओह, तभी महापुरुष लोग हर सुबह शीर्षासन किया करते थे...जरूर रहस्यशक्ति है। मैं अभी करता हूँ।

[शीर्षासन करने का प्रयत्न, बार-बार गिरता है, बेयरा ऊपर टाँगें संभालता है।]

प० व्यक्ति : (**घबरा जाता है**) ओह, सारी दुनिया उल्टी दिखायी पड़ रही

है। जो ऊपर था वह नीचे हो गया, जो नीचे था वह ऊपर हो गया।

दू० व्यक्ति : (**त्रस्त**) केवल शून्य...केवल शून्य! छोड़ दो, छोड़ दो मुझे! छोड़ दो! (**घबराकर खड़ा हो जाता है, साँसें फूल रही हैं।**)

प० व्यक्ति : बेकार की बातें हैं ये। मुझे इनसे क्या मतलब! मुझे कितना काम करना है। मैं तुम्हारी तरह बेकार नहीं! मेरे जीवन का अब भी एक लक्ष्य है...मुझे अब भी बहुत आशा है। प्लीज, एक सिगरेट दीजिए।

[**मुँह में पेंसिल लगा लेता है। उसे सिगरेट समझकर पीता है और लिखने लगता है।**]

दू० व्यक्ति : (**बेयरा से**) आज कॉफी-हाउस में इस तरह चौगुनी भीड़ क्यों है?)

बेयरा : सर, आधे लोग तो वही हैं जो यहाँ रोज बैठते हैं, शेष लोग नये हैं। कल से ये लोग भी बैठने लगेंगे। सर, मतलब यह कि... आज दफ्तरों, स्कूल-कॉलेजों में स्ट्राइक है।

दू० व्यक्ति : हम दोनों ने कल यहीं मिल बैठने का वायदा किया था। वह आयेगी तो कहाँ बैठेगी—? तुम्हें पता होना चाहिए, वह मामूली लड़की नहीं है।

बेयरा : सर, वह बाहर सड़क पर आकर ही खड़ी हो गयी होगी।

दू० व्यक्ति : वह किसी की परवाह नहीं करती। उसे किसी का डर नहीं है।

बेयरा : सर, वह कॉफी-हाउस के भीतर आने की कोशिश कर रही होगी।

दू० व्यक्ति : उसे कोई नहीं रोक सकता!

प० व्यक्ति : (**चिल्लाता है**) डॉण्ट डिस्टर्ब, देखते नहीं, मैं इस वक्त कितना व्यस्त हूँ!

बेयरा : पर भीतर वह सज्जन पुरुष तो खाली बैठा है—मुझे उनके लिए बोलना ही होगा। यह नौकरी मुझे उन्हीं की वजह से मिली है।

दू० व्यक्ति : वह इधर से आयेगी।

बेयरा : नहीं, इधर से, हाल में से होती हुई।

दू० व्यक्ति : क्यों?

बेयरा : इधर वह सज्जन पुरुष बैठा है।

दू० व्यक्ति : कहाँ वहाँ बैठा है? कौन है वह? क्या है? क्यों है?

बेयरा : **(रोकता है)** सर, नहीं-नहीं, आप उधर नहीं जा सकते।

दू० व्यक्ति : **(आवेश में)** ज्यादा बकवास किया तो उठा कर फेंक दूँगा।

बेयरा : सर, मार-पीट करने के लिए उधर उतना बड़ा हाल है।

[दूसरा व्यक्ति बायें दरवाजे पर खड़ा होकर हाल की ओर देखता है। हॉल में झगड़ा हो रहा है। मार-पीट। एक प्लेट दूसरे व्यक्ति के पेट पर लगती है। वह चीख पड़ता है।]

दू० व्यक्ति : **(दर्द से)** हाय, मार डाला! **(बेयरा से)** बदतमीज, तू यह दरवाजा बन्द क्यों नहीं रखता?

बेयरा : सर, यह आप ही लोगों का कॉफी हाउस है!

दू० व्यक्ति : मुझे खामखाह इतनी चोट लगी है!

[वह दरवाजा बन्द करना चाहता है। बेयरा उसे रोकता है।]

बेयरा : मैं कहता हूँ सर, यह दरवाजा इसी तरह खुला रहेगा।

दू० व्यक्ति : **(क्रोध से)** बदतमीज, नालायक...!

प० व्यक्ति : ह ह ह! मेरा वह तीसरा इश्तहार पूरा हो गया! **(पढ़ने लगता है।)** पालतू कुत्तों की शानदार, भव्य प्रदर्शनी! आइए—आइए—बड़ी से बड़ी तादाद में आइए। अपने पालतू कुत्तों को पकड़े हुए आइए।

दू० व्यक्ति : अब दरवाजा बन्द होगा या नहीं?

प० व्यक्ति : रामलीला मैदान में करीब ढाई हजार कुत्तों के आने की आशा है।

प० व्यक्ति : **(पढ़ता हुआ।)** कुत्ता वह पहला जानवर है, जो मनुष्य के समीप आया। हजारों वर्ष से ये दोनों जीव साथ-साथ रहते आये हैं। दोनों ने समान रूप से एक-दूसरे को प्रभावित किया है। कुत्ते का हमारे सांस्कृतिक जीवन में अत्यधिक महत्व है। चन्द्रलोक में उतरनेवाला वह पहला जीव यही कुत्ता होगा। कुत्ता एक धार्मिक जीव है; यह भौंकता भी है और पूँछ भी हिलाता है।

प० व्यक्ति : (**जैसे कुत्ते को बुलाया जाता है**) जा, एक कप कॉफी ला!

बेयरा : माफ कीजिए सर, मैं कुत्ता नहीं हूँ।

[**बेयरा जाता है।**]

दू० व्यक्ति : तुम्हें एक इश्तहार के कितने पैसे मिलते हैं?

प० व्यक्ति : वह इस बात पर मुनहसर करता है कि इश्तहार का विषय क्या है।

दू० व्यक्ति : यही कुत्ते के विषय का...।

प० व्यक्ति : इसका पेमेण्ट तो सबसे ज्यादा है...मसलन यही एक हफ्ते कॉफी-हाउस में आने-जाने का पूरा खर्चा।

[**बेयरा आता है। दूसरा व्यक्ति दरवाजे पर खड़ा उस सज्जन पुरुष को देखता है।**]

बेयरा : हाँ सर, वहाँ खड़े-खड़े आप उन्हें बेशक निहारिए... देखिए... घूरिए जो चाहे कीजिए।

दू० व्यक्ति : (**नफरत से**) छी:...छी:...इस तरह दोसा खा-खाकर अपने चारों ओर घिरे हुए लोगों के बीच बात कर रहा है जैसे चभर-चभर कोई कुत्ता खा रहा हो और कचर-कचर बेसिर-पैर की बातें कर रहा हो!

बेयरा : सर, धीरे-धीरे। वह सज्जन पुरुष इस वक्त 'प्रेस-कॉन्फ्रेन्स' कर रहे हैं।

दू० व्यक्ति : इस तरह चभर-चभर खाते हुए प्रेस-कॉन्फ्रेन्स?

बेयरा : हाँ सर, प्रेस-कॉन्फ्रेन्स, 'फूड प्रोब्लम' पर!

दू० व्यक्ति : वह इतने गन्दे ढंग से खा-खाकर बातें कर रहा है कि मैं आज से अब कभी दोसा नहीं खा पाऊँगा।

बेयरा : इन्कलाब जिन्दाबाद!

प० व्यक्ति : (**सहसा लिखना बन्द कर**) क्या कहा? क्या कहा, फिर से तो कह...क्या कहा, फिर से तो कह!

बेयरा : हाँ, क्या कहा। पता नहीं क्या कहा...अभी मैंने क्या कहा था... हाँ, क्या कहा था?

दू० व्यक्ति : (**दरवाजे पर**) चला जा यहाँ से! भाग जा!

[**पृष्ठभूमि में लोगों की हँसी।**]

प० व्यक्ति : (**बेयरा के संग सोचता-सा**) तूने अभी कुछ कहा था। दो शब्द थे। बहुत अच्छे शब्द थे, तूने हाथ उठाकर कहा था...तेरे होंठ फड़क पड़े थे...तेरी आँखें चमकी थीं।

बेयरा : वह दरअसल मैंने कल रात फिलिम में देखा था सर, वही दोनों शब्द कहकर हीरो-हीरोइन के संग गाने लगा था!

प० व्यक्ति : वह गाना क्या था...बता, फिर वह शब्द मुझे याद आ जायेगा।

बेयरा : कुछ इसी तरह था...तनु डोलै रे मनु डोलै रे,

प० व्यक्ति : (**सोचने में डूब गया है।**) आगे—इसके आगे और क्या है?

बेयरा : सर, मुझे शरम लगती है!

प० व्यक्ति : (**जैसे कोई स्वप्न देख रहा है।**) उन्नीस सौ बयालीस के वे दिन... हम लोग अपने नेता के साथ जुलूस में जा रहे थे। वही शब्द आगे...वही शब्द पीछे...वही आगे-पीछे पूरे वातावरण में... वही शब्द! क्या था वह शब्द...तेरे मुँह से वही शब्द अभी-अभी निकला था...बता...याद कर...उस शब्द की मुझे सख्त जरूरत है...मुझे अभी लिखना है और उसमें उस शब्द का इस्तेमाल करना है!

दू० व्यक्ति : उसकी टेबल पर कई किताबें रखी हुई हैं। उन किताबों में शायद वह शब्द हो!

बेयरा : नहीं सर, वे किताबें ज्योतिष और हस्तरेखा की हैं!

दू० व्यक्ति : (**आवेश में**) उनकी टेबल उलट दो, तब शायद उसके नीचे वह किताब मिल जाए...जिसमें वह शब्द हो!

प० व्यक्ति : तुम्हें भी वह शब्द भूल गया?

दू० व्यक्ति : मुझे अब तक याद था...उस पिछले सेकण्ड तक, जब मैं यहाँ आकर खड़ा हुआ, पर उसे देखते ही मैं सब-कुछ भूल गया... सबके बीच अकेले उस तरह...खाना और खाते-खाते उसका हर क्षण बोलते रहना! (**रुककर**) एक मिनट के लिए मुझे उसके पास जाने दो...मैं उसका टेबल उलट दूँगा...उसे जमीन पर गिराकर उसकी कुरसी छीन लूँगा...!

बेयरा : सर, यह नहीं हो सकता!

प० व्यक्ति : क्या कहा?—यह नहीं हो सकता?

बेयरा : हाँ सर, उस सज्जन पुरुष के पास यह सज्जन साहब नहीं जा सकते!

दू० व्यक्ति : (**चिल्ला पड़ता है।**) मेरा नाम सज्जन नहीं!...मैं इस संज्ञा से नफरत करता हूँ।

बेयरा : अच्छा-अच्छा, मैं जब तक यहाँ हूँ, यह साहब उस सज्जन पुरुष के पास नहीं जा सकते!

दू० व्यक्ति : मैं तेरा सिर तोड़ दूँगा!

बेयरा : सर, वेरी सॉरी!

दू० व्यक्ति : मैं तुझे यहीं खामोश कर दूँगा!

बेयरा : सर, सज्जन पुरुष यही चाहता है!

प० व्यक्ति : तभी उसने बीच में तुझे खड़ा कर दिया! बीच में यही शून्य है, लोग यहाँ पत्थर फेंके...यहाँ चारों ओर आवाज है, लोग इसमें मारपीट कर अपने गुस्से को जलायें। लोग अपना गुस्सा उल्टी संज्ञा से निकालें...ऐण्टी...ऐण्टी...ऐण्टी...!

[बेयरा घूमकर दूसरे व्यक्ति की जगह खड़ा हो जाता है। दूसरा व्यक्ति पहले व्यक्ति के संग खड़ा हो जाता है।]

दू० व्यक्ति : लगता है, यह उसी का आदमी है।

प० व्यक्ति : उसी वजह से इसे यहाँ बेयरा की नौकरी मिली है।

दू० व्यक्ति : यह किसी तरह पटाया नहीं जा सकता?

प० व्यक्ति : मुझे कभी ऐसी जरूरत नहीं पड़ी! बल्कि कभी सोचा ही नहीं।

दू० व्यक्ति : आज तो हम दोनों को जरूरत है। उस शब्द को तुम्हें लिखने में इस्तेमाल करना है, उस शब्द पर मुझे उससे कुछ बातें करनी हैं। उसके यहाँ पहुँचने से पहले मुझे वह शब्द याद रहना चाहिए।

प० व्यक्ति : तुम्हारी उस गर्ल-फ्रेण्ड का नाम क्या है?

दू० व्यक्ति : 'दिस इज इर्रिलेवेण्ट'!

प० व्यक्ति : 'रिलेवेण्ट' क्या है?

दू० व्यक्ति : वही शब्द! और वह उस शब्द का प्रतीक है।

प० व्यक्ति : ओह, वण्डरफुल! फिर तो यहाँ उसके बैठने का इन्तजाम होना चाहिए!

[इस बीच बेयरा भीतर आकर प्लेट में बची जूठी चीजें लेकर आता है।]

प० व्यक्ति : बेयरा, कहीं से एक कुरसी का इन्तजाम करना ही होगा!

बेयरा : इम्पॉसिबुल सर, बाहर भीड़ बढ़ती जा रही है!

प० व्यक्ति : कहाँ जा रहा है?

बेयरा : सज्जन पुरुष की आज्ञा है, देश में अनाज की कमी है, खाने की चीजें फेंकी न जायें। बाहर भिखारियों की भीड़ खड़ी है।

[बायीं ओर से चला जाता है, उसी क्षण बायीं ओर से शोर उठता है। बेयरा उल्टे पाँवों दौड़ा आता है।]

बेयरा : बाप-रे-बाप! इतनी भीड़!

प० व्यक्ति : इधर से क्यों नही जाता?

बेयरा : अब इधर से जाना मना है!

दू० व्यक्ति : क्यों?

बेयरा : अब यहीं से यह जूठन भिखारियों के पास फेंकना होगा, इस देश में भिखमंगों की हालत देखो, खायेंगे तो 'सैंडविचेज़' की ही जूठन खायेंगे। (**फेंकता है**) ले! अरे...रे...रे झगड़ता क्यों है? अरे सालो, आपस में झगड़ने से क्या होगा! ये ले 'हाट डाग' सब इम्पोर्टेड है बेटा! अरे झगड़ना नहीं...लड़ना नहीं...सज्जन पुरुष अभी भीतर बैठा है...आज बहुत माल निकलेगा। (**फेंकता है**) ये ले 'हैम्बवर्गर', यही है अब स्वदेशी...!

प० व्यक्ति : (**सहसा**) क्या कहा! तूने अभी क्या कहा?

बेयरा : दाँत से पकड़े हूँ...कहीं उस शब्द की तरह यह भी न भूल जाए...स्वदेशी...स्वदेशी...यानी इम्पोर्टेड...!

प० व्यक्ति : हमने तब विदेशी माल में आग लगायी थी। (**दूसरे व्यक्ति से**) तुम लिखते जाओ, मैं बोल रहा हूँ...मैं बोलता जाऊँगा...रुका कि सब-कुछ भूल जाऊँगा!...स्वदेशी...

स्वदेशी...स्वदेश मन है, स्वदेश तन है, स्वदेश...आगे याद नहीं आ रहा है...स्वदेश नाम की तब एक लड़की भी थी।

बेयरा : स्वदेश प्रसाद मेरे पिता का नाम था!

प० व्यक्ति : तब भारतवर्ष ही स्वदेश था!

[दूसरा व्यक्ति तेजी से लिखता जा रहा है। पैड के कागज भरते जा रहे हैं, वह फाड़-फाड़कर नीचे फेंकता जा रहा है। पहला व्यक्ति बटोरता जाता है—समेटता है।]

प० व्यक्ति : हमारे उस स्वदेश में कैसे-कैसे नेता थे। उन्होंने कितने-कितने बलिदान-दिये। सारा स्वदेश एक महान् प्रेरणा में बँधा था... चारों ओर एक प्रकाश फूट रहा था...! ओह तुम लिख क्यों नहीं रहे? सारा गुड़-गोबर कर दिया...यह एक सम्पादकीय था...आज शाम को इसे मैं बीस रुपये में बेच देता...

दू० व्यक्ति : (**उठता हुआ**) तुम इसे केवल बीस रुपये में बेचोगे—और यह देश?

प० व्यक्ति : सावधान, मैं अपने देश के गौरव के खिलाफ कुछ भी सुनना पसन्द नहीं करूँगा।

दू० व्यक्ति : इस देश की क्या कीमत है, इसका सही-सही हिसाब जोड़ा जा चुका है। बल्कि आधी रकम 'एडवांस' में दी जा चुकी हैं।

प० व्यक्ति : तेरी 'गर्ल-फ्रेण्ड' नहीं आयी अभी तक, तेरा दिमाग कहीं चढ़ तो नहीं गया।

दू० व्यक्ति : अन्तर्राष्ट्रीय बाजार में इसका भाव खुल चुका है। सट्टेबाज शेयर-मार्केट में चिल्ला रहे हैं।

[पृष्ठभूमि के अनेक स्वरों में 'आये राम', 'गये राम'! 'आये राम', 'गये राम'!]

प० व्यक्ति : (**चीख पड़ता है।**) चुप करो...चुप करो!

[एक ठण्डी खामोशी खिंच गयी है।]

बेयरा : सर, भीतर वह आ गयी है!

दू० व्यक्ति : वह आ गयी है!

बेयरा : गर्ल-फ्रेण्ड!

दू० व्यक्ति : मिनी...!

[**दूसरा व्यक्ति दौड़ता है, दरवाजे पर रुककर देखता है।**]

दू० व्यक्ति : (**पुकारता है**) मिनी!

बेयरा : सर, जरा धीरे पुकारिए, सज्जन पुरुष उससे कुछ बात कर रहे हैं।

दू० व्यक्ति : (**गुस्से से**) क्या बकता है!...मिनी, सुनो मिनी! (**रुककर**) ओह! उसके लिए अब कुरसी का इन्तजाम करना ही होगा। (**आवेश में**) मैं उसे कुरसी से धक्का देकर अपने दोस्त के लिए कुरसी लाने जा रहा हूँ।

[**बेयरा दौड़कर पकड़ लेता है।**]

बेयरा : (**पैर पकड़कर**) नहीं, नहीं सर, ऐसा करना गलत होगा। चारों ओर उपद्रव फैल जायेगा।

दू० व्यक्ति : अब मेरे बर्दाश्त के बाहर है।

प० व्यक्ति : (**दौड़कर रास्ता रोकता है।**) हाँ, यह सही कहता है, सज्जन पुरुष को मत हटाओ, नहीं तो महाजुल्म हो जायेगा। चारों ओर 'केयास' फैल जायेगा। यह सारी व्यवस्था भंग हो जायेगी। हमारा यहाँ रहना गैरमुमकिन हो जायेगा।

दू० व्यक्ति : कौन है तू?

प० व्यक्ति : मैं...मैं...मैं...मैं...एक व्यक्ति हूँ!

दू० व्यक्ति : तू कुछ और है!

प० व्यक्ति : मैं तुम्हारी ही तरह एक व्यक्ति हूँ, इस देश का नागरिक हूँ।

दू० व्यक्ति : नहीं तू अंग्रेज है। वही अंग्रेज, जिससे शायद तू लड़ा था। उस अजीब लड़ाई ने तुझे उल्टे वही बनने को मजबूर कर दिया जिससे तू लड़ रहा था। वह इतना आश्चर्यजनक दुश्मन था कि तू उसी के अनुसार संग्राम करने को विवश हुआ। तेरे संग्राम की सारी नीति उसी दुश्मन के हाथ में थी।

प० व्यक्ति : तूने देखा था?

दू० व्यक्ति : देख रहा हूँ।

प० व्यक्ति : असम्भव!

दू० व्यक्ति : मैं तेरा ही वर्तमान हूँ...जैसे कि तू मेरा भूत है। (**विराम**) यहाँ की सारी लड़ाई व्यक्तिगत है...बिल्कुल निजी स्तर पर। बहुत छोटी-सी बात को हम बड़े रूप देने को आदी हैं। और बड़ी बात को हम न देख पाने को अभिशप्त हैं।

बेयरा : सर, तभी आप उस कुरसी के लिए आज इतना परेशान हैं। कल से मैं यहाँ दो कुरसी रखूँगा।

प० व्यक्ति : रुको-रुको, मुझे याद कर लेने दो...कितने पते की बात है यह, (**दौड़कर लिखने लगता है।**) हम जिसके खिलाफ लड़ते हैं, एक दिन वही खुद बन जाते हैं...और, और क्या कहा? (**सहसा**) ओह...सब-कुछ मैं इतनी जल्दी भूल जाता हूँ...लगता है, मेरा 'लिवर' खराब है।

बेयरा : सर, इस उम्र में गेहूँ नहीं खाना चाहिए।

प० व्यक्ति : वह शब्द क्या है, सोच, तूने क्या कहा था?

बेयरा : सर, यह फिल्म में है...जयहिन्द टाकीज में यह फिल्म चल रही है।

प० व्यक्ति : मुझे अभी जरूरत है, अभी, अपने लेख में उसे डालना है, इन्हें गर्ल-फ्रेण्ड से उसी विषय पर बात करनी है।

दू० व्यक्ति : तुम लोग मुझे जाने क्यों नहीं देते? मैं उस सज्जन पुरुष को कुरसी से उलट दूँगा, फिर वह शब्द अपने-आप फूटेगा!

प० व्यक्ति : (**सोचता है।**) कुरसी उलटने से वह शब्द फूटेगा। तो मूल वही कुरसी है। (**लिखने लगता है।**) यह सारा चक्कर उसी के लिए है। (**दौड़ता है।**) नहीं-नहीं, आप उस सज्जन पुरुष के पास नहीं जा सकते। कम से कम वह आदमी सीधा तो है, मैं उसे इतने दिनों से जानता हूँ। अगर तूने उसे कुरसी से नीचे गिराने की कोशिश की तो उसके बाद यहाँ इस तरह मारपीट, लूट डाके शुरू होंगे कि तू यहाँ खड़ा नहीं बचेगा।

दू० व्यक्ति : याद करो स्वतंत्रता-संग्राम के वे दिन...ठीक ऐसा ही उसने भी कहा था, कि हम स्वेज कनाल पार नहीं कर पायेंगे कि...। (**दोनों मूर्तिवत् चुप हो जाते हैं, जैसा सहसा उन्हें किसी ने गूँगा बना दिया है।**)

बेयरा : (घबराया हुआ) कि...कि...कि (**सहसा दौड़ता है।**) यस सर! (**दायीं ओर जाता है। दोनों व्यक्ति गुस्से से निःशब्द बातें कर रहे हैं। पहला व्यक्ति सत्याग्रही चेष्टाएँ करता है, दूसरा व्यक्ति क्रोध-भरी आवेशजन्य मुद्राएँ दिखा रहा है। बेयरा थोड़ी देर बाद आता है।**)

बेयरा : सर...ओ मिस्टर! ओ बाबू लोग, सज्जन पुरुष बहुत परेशान हैं, आप लोग इस तरह अचानक चुप क्यों हो गये? आप लोगों की बातें, आप लोगों का गुस्सा, आप लोगों का सारा व्यवहार उन्हें बहुत प्रिय है। उनका 'प्रेस-कॉन्फ्रेन्स' खत्म हो गया है। स्ट्राइक वालों का एक 'डेलिगेशन' उनसे मिलने आया है। वह भी थोड़ी देर में चला जाने वाला है! आप लोग बोलकर बातें कीजिए, ओ सर...सर...ओ सर!

[दोनों व्यक्ति उसी तरह बेयरा को निःशब्द पूछते हैं कि क्या उनके मुँह से बोल नहीं निकल रहा है।]

बेयरा : अरे, आप बोल नहीं पा रहे हैं, जी नहीं, मुझे तो कुछ नहीं सुनाई पड़ रहा है। जी...कुछ नहीं...कोई आवाज नहीं। अच्छा...जरा जोर से हँसिए, शायद कुछ सुनायी पड़े।

[दोनों हँसते हैं, पर वही निःशब्द।]

बेयरा : अरे, खिलखिलाकर हँसिए...अरे, ठहाका मारकर हँसिए!

[दोनों हँसते हैं।]

बेयरा : (**परेशान**) नहीं, कुछ नहीं, कोई आवाज नहीं...कोई एक शब्द भी नहीं...क्या कहा?...मैं बहरा हूँ, जी नहीं, आप दोनों गूँगे हो गये। आपके मुँह से कोई आवाज ही न निकले तो मैं क्या सुनूँ! देखिए न, दायीं ओर से आवाज आ रही है...मैं उसे सुनना भी न चाहूँ तो भी मुझे सुनायी दे रही है। (**कान लगाकर सुनता है।**) सज्जन पुरुष ने अभी आपके फ्रेण्ड से कहा है—किसी एक बड़ी नौकरी के लिए। (**फिर सुनता है।**) ओह, वह अपने 'फ्यूचर कैरियर' के बारे में बात कर रही है। (**कान लगाता है।**) उसके साथ 'इण्टर-प्रेटर' बनकर विदेश-यात्रा पर जायेगी।

[दूसरा व्यक्ति लगातार प्रयत्न करता हुआ इस बिन्दु पर आकर चीख पड़ता है।]

दू० व्यक्ति : नहीं, नहीं नहीं!

[पहला व्यक्ति निःशब्द बोल रहा है]

बेयरा : ओह, अब विश्वास हो गया कि मैं बहरा नहीं हूँ। मुझे भी विश्वास था कि आप लोग गूँगे नहीं हो सकते। (**सहसा कान लगाकर सुनता है।**) ओह! सज्जन पुरुष कहता है कि हमें नित्य अपनी डायरी लिखनी चाहिए...(**फिर सुनता है।**) और डायरी वह होनी चाहिए, जिसके हर पृष्ठ पर किसी महापुरुष का धर्म-संदेश छपा हो। (**सुनता है।**) महापुरुष वही है जो व्यक्ति अपने व्यक्तिगत विश्वास के लिए लाखों-करोड़ों आदमियों की जान की जरा भी परवाह नहीं करता। (**सुनता है।**) भावना-प्रधान व्यक्ति ही महान् होता है।

[पहला व्यक्ति भी इस बिन्दु पर बोलने लगता है।]

प० व्यक्ति : नहीं, नहीं, नहीं, उसे कुछ पता नहीं। वह सब कुछ भूल गया है। वह अपनी बेहोशी में सो रहा है। अन्याय, अत्याचार का घड़ा मुँह तक भर गया है। लोग अब बर्दाश्त नहीं करेंगे। हर चीज की हद होती है। अब रात बीतने को है। नया सूरज उगने को है। हमारे बीच में से कोई एक सहसा उठ खड़ा होगा...और ...और ...और... और...

बेयरा : और ...और ...और ...!

[वही निःशब्द हँसी वह स्वयं हँसने लगता है। उसी तरह निःशब्द वह भी बोलता है। न बोल पाने की असमर्थता पर बेहद दुखी होता है। संकेत से कह रहा है उसकी नौकरी चली जायेगी।]

प० व्यक्ति : अरे, तुझे क्या हो गया?

दू० व्यक्ति : बस, इसे इसी तरह गूँगा रहने दो। इससे बात मत करो। अच्छा है तेरी नौकरी छूट जाये...तू उसका आदमी था न! जा, अब उसी के पास...हमसे हाथ मत जोड़...मुझे तुमसे कोई हमदर्दी नहीं!

[पहले व्यक्ति के पैर पर गिरता है।]

प० व्यक्ति : मुझे भी तुमसे कोई हमदर्दी नहीं। (**सहसा रुककर**) शायद हम दोनों में भी कोई हमदर्दी नहीं है। उन दोनों में भी नहीं...। यह (**बेयरा**) महापुरुष है...इसमें अभी कुछ चमका है। यह अपनी गूँगी वाणी में कुछ कह रहा है...उसने

हमारे भीतर से एक-दूसरे के लिए हमदर्दी छीन कर हमें अलग-अलग बाँट दिया है।

दू० व्यक्ति : (**आवेश में**) यह सारा 'फ्रॉड' है, मैं उसे खत्म करके रहूँगा।

[**बेयरा इस बिन्दु पर ठहाका मारकर हँस पड़ता है।**]

बेयरा : (**उसी हँसी में**) तुम दोनों...(**पहले व्यक्ति से**) तुम्हें कोई महापुरुष चाहिए। (**दूसरे व्यक्ति से**) तुम्हें एक 'गर्ल-फ्रेण्ड' चाहिए...और मुझे वही सज्जन पुरुष ...जिन्दाबाद!

[**भीतर भागता है।**]

प० व्यक्ति : जिन्दाबाद...इसके पहले वाला शब्द क्या है?

[**तेजी से दौड़ता है, और सोचने लगता है। दूसरा व्यक्ति उसे बड़े गौर से देखता है। तभी बेयरा आता है। उसके हाथ में कुछ सामान है।**]

बेयरा : देखिए...सुनिए...सज्जन पुरुष ने आप दोनों के लिए यह उपहार दिया है। आप बड़े हैं, महान् में विश्वास करते हैं, इसलिए आपको भेंट है यह एक महापुरुष की आत्मकथा। (**पहले व्यक्ति को भेंट करता है।**) और आप बड़े उत्साही हैं। आपके विद्रोह-भाव से सज्जन पुरुष बहुत प्रभावित हुए हैं। (**डिब्बा खोलता है।**) आपके लिए उन्होंने यह 'मिनी सूट' भेजा है।

दू० व्यक्ति : मिनी सूट, यह क्या बदतमीजी है!

बेयरा : आपकी गर्ल-फ्रेण्ड को सज्जन पुरुष ने मिनी साड़ी प्रेजेण्ट की है।

दू० व्यक्ति : (**फेंकता है**) ले जाओ, उसके सिर पर फेंक दो।

बेयरा : सज्जन पुरुष ने कहा है, यदि आप एक मिनट में इस सूट को पहनकर तैयार हो जायेंगे तो आप भीतर जा सकते हैं।

[**दूसरा व्यक्ति नफरत से उस मिनी सूट को पहनने का प्रयत्न करता है।**]

बेयरा : (**पहले व्यक्ति से**) आप इस पुस्तक में वही शब्द ढूँढ़िये। यदि एक मिनट में ढूँढ़ लेंगे तो अन्दर जा सकते हैं।

[**वह पहन रहा है। वह पुस्तक में कुछ ढूँढ़ रहा है।**]

बेयरा : जल्दी कीजिए, वह एक मिनट खत्म हो जायेगा।

दू० व्यक्ति : यह मुझसे नहीं पहना जाता।

प० व्यक्ति : इस पुस्तक में मुझे कुछ नहीं सूझ रहा है।

बेयरा : जल्दी कीजिए...।

दू० व्यक्ति : इसका पहनना असम्भव है।

प० व्यक्ति : इसके पृष्ठ कोरे हैं।

बेयरा : जल्दी कीजिए, वह एक मिनट बीतने जा रहा है।

प० व्यक्ति : मुझे कुछ नहीं सूझता...मैं क्या पढ़ूँ!

बेयरा : ढूँढ़िये...ढूँढ़िये। आप पहनने की कोशिश कीजिए।

प० व्यक्ति : यहाँ सब कुछ निजी स्तर पर है—ऊपर-नीचे...नीचे-ऊपर...जो जिसका विरोध करता है, वह वही होना चाहता है।

बेयरा : जल्दी...जल्दी...खत्म हो रहा है!

[बेयरा यही बोल रहा है। पहला व्यक्ति अपनी बात, एक बिन्दु पर पहुँचाकर तीनों मूर्तिवत् रह जाते हैं।]

■

नींद क्यों रात भर नहीं आती

सुरेन्द्र वर्मा

सुरेन्द्र वर्मा

जन्म—1941 झाँसी, (उ०प्र०)

लेखन—नाटक, उपन्यास, कहानियाँ, व्यंग्य।

नाटक—सूर्य की अंतिम किरण से सूर्य की प्रथम किरण तक, कैद-ए-हयात, आठवाँ सर्ग, छोटे सैयद बड़े सैयद, शकुन्तला की अँगूठी, दो दूनी एक।

रूपान्तर—बिल्ली चली पहन कर जूते।

कहानी, व्यंग्य, उपन्यास के क्षेत्र में भी सुरेन्द्र वर्मा की महत्वपूर्ण पुस्तकें प्रकाशित हैं। उन्हें साहित्य अकादेमी सहित अनेक पुरस्कार प्राप्त हुए हैं।

◆

पात्र

युवती

पति

पत्नी

पुरुष

लड़की

बच्ची

[मंच दो भागों में विभाजित है। दोनों ओर सोने के कमरे का सामान। दूर कहीं घंटाघर में बारह के घंटों के साथ बायीं ओर प्रकाश। बिस्तर पर युवती हिलती-डुलती है। कुछ क्षणों बाद बैठती है, जमुहाइयाँ लेती हुई उठ खड़ी होती है। उदास। संजीदा। एकाध चक्कर लगाती है। किसी चीज को यों ही छूती है। मेज से उठाकर कलाई-घड़ी देखती है।]

युवती : (**स्वगत**) तीन घंटे हो गये करवट बदलते-बदलते...पर नींद नहीं आती। (**विराम**) नींद न आये, तो क्या करे आदमी! (**एक चित्र को संबोधित कर**) बताओ, रवीन्द्रनाथ ठाकुर? (**विराम। एक किताब उठाती है। कुछ पन्ने पलटती है। फेंक देती है। रेडियो का स्विच ऑन करती है। कुछ क्षण घर्र-घर्र सुनती है। बंद कर देती है। बुनाई उठाती है। पल भर देखती है। रख देती है। अचानक टेलीफोन पर दृष्टि जाती है। रिसीवर छूती है। उठाती है। आँखें बंद करके, यों ही, एक नंबर डायल करती है। घंटी बजने के साथ दायीं ओर प्रकाश। कुछ पलों बाद पति का प्रवेश। रिसीवर उठाता है।**)

युवती : हैलो...

पति : हैलो...

[**विराम**]

पति : आपको किससे बात करनी है?

युवती : (**कुछ रुककर**) आपसे।

पति : मुझसे?...आपका नाम क्या है?

युवती : (**तनिक ठहरकर**) आपका नाम क्या है?

पति : अरविन्द।

युवती : (**धीरे-धीरे**) अ...र...विं....द....अच्छा है।

पति : (**खुश होकर**) थैंक्यू...आपने अपना नाम नहीं बतलाया?

युवती : बताती हूँ...आप काम क्या करते हैं?

पति : बिजनेस है। प्लाईवुड का। काफी बड़ा काम है...लेकिन बिना जाने आपने कैसे यह फोन...

युवती : बस, ऐसे ही...अभी आप क्या कर रहे थे?

पति : किताब पढ़ रहा था।

युवती : कौन-सी?

पति : एक नॉवेल।

युवती : कहाँ?

पति : अपने कमरे में।

युवती : अकेले?

पति : किताब क्या किसी के साथ पढ़ी जाती है?

युवती : क्यों?...नहीं पढ़ी जाती क्या?

[विराम]

पति : माफ कीजिए...आप कहाँ से बोल रही है?

युवती : पागलखाने से नहीं।

पति : मेरा यह मतलब नहीं था।

युवती : कुछ अपने बारे में बताइए।

पति : **(कुछ परेशानी से)** क्या?

युवती : आप देखने में कैसे हैं?

पति : **(हल्की झेंप से)** अब क्या कहूँ अपने-आप ही।

युवती : फिर भी?

पति : सुना है कि काफी...

युवती : काफी?

पति : शानदार हूँ।

युवती : अच्छा?...रंग कैसा है?

पति : गोरा।

युवती : कद?

पति : लंबा।

युवती : सेहत?

पति : अच्छी।

युवती : बाल?

पति : काले।

युवती : सादे?

पति : घुँघराले।
युवती : आँखें?
पति : बड़ी-बड़ी।
युवती : सिगरेट?
पति : पीता हूँ।
युवती : शराब?
पति : कभी-कभी।
युवती : शादी?

[अगले संवाद के साथ ही पत्नी पति के पीछे आकर निःशब्द खड़ी हो जाती है।]

पति : (**कुछ रुककर**) हो चुकी है।
युवती : बच्चे?
पति : अभी नहीं।
युवती : क्यों?
पति : (**क्षण भर रुककर, कुछ जोर से**) मगर आप यह सब क्यों पूछ रही हैं? (**राजदाराना लहजे में**) देखिए, अपना फोन नंबर मुझे दे दीजिए। मैं कल दफ़्तर से रिंग करके आपको सब बता दूँगा या फिर...शाम को कहीं मिल भी सकते हैं।
युवती : जरूर।
पति : (**उत्साह से**) मिलेंगी?
युवती : (**ऊबी हुई**) क्यों नहीं, कहाँ?
पति : जहाँ आप कहें, वहाँ...वोल्गा? ला बोहीम? योर्क्स?
युवती : योर्क्स।
पति : पहचान?...जूड़े में गुलाब क़ा फूल?
युवती : जूड़े में गुलाब का फूल।
पति : कितने बजे? छह बजे?
युवती : छह बजे।
पति : (**क्षणिक विराम**) पर हो सकता है कि कई जूड़ों में गुलाब लगे हों, इसलिए अगर कोई कोड...
युवती : कोड?
पति : हाँ, पहचान के लिए कोई जुमला...

युवती : (कुछ ठहककर, अंतर्मुख-सी मुँह रिसीवर से हट जाता है।) नींद क्यों रात भर नहीं आती...

पति : (व्यग्रतापूर्वक) हैलो...हैलो...हैलो...हैलो...

[एकाएक अपनी जगह ठिठक जाता है। धीरे-धीरे मुड़ता है। कुछ क्षण पति-पत्नी स्थिर दृष्टि एक-दूसरे की ओर देखते हैं। दायीं तरफ अंधकार। विराम। युवती आँखें बंद किये दूसरा नंबर डायल करती है। दायीं ओर घंटी और प्रकाश। कुछ क्षण बाद अधीरतापूर्वक एक पुरुष का प्रवेश। ड्रेसिंग गाउन पहने। मुँह में सिगार। हाथ में शराब का गिलास।]

पुरुष : (रिसीवर उठाकर) हैलो...

[युवती चुप रहती है।]

पुरुष : हैलो...कौन हो तुम?

युवती : मैं...मैं हूँ।

पुरुष : (व्यग्रता से) वही कॉल-गर्ल हो न, जिसका पता खन्ना ने दिया था?

[विराम]

युवती : (घूँट-सा भरकर) हाँ।

पुरुष : तो जल्दी से आओ न...! आधे घंटे से इंतजार कर रहा हूँ। (दुष्ट हँसी से) ज्यादा पी लूँगा, तो तुम्हीं को परेशानी होगी।

युवती : (कुछ रुककर) देखिए, मैं...

पुरुष : (हल्की नाराजगी से) ओफ्फो, फिर वही मोल-भाव! खन्ना ने तुमसे कहा नहीं था कि यहाँ पैसे की परवाह नहीं है...बस, तुम मुझे खुश कर दो, मैं तुम्हें खुश कर दूँगा। आया समझ में?

युवती : (क्षणिक विराम) आ गया।

पुरुष : तो आ रही हो न?

युवती : आ रही हूँ।

पुरुष : पंद्रह मिनट में?

युवती : हाँ।

पुरुष : पता याद है?

युवती : याद है।

[रिसीवर पटक देती है। पुरुष अपने रिसीवर को क्षण भर देखता है, फिर क्रेडिल पर रखकर मुस्कराता हुआ चला जाता है। दायीं ओर अंधकार, युवती कुछ पल सोचती रहती है। फिर आँखें बंद करके एक और नंबर डायल करती है। प्रकाश आने के साथ दायीं तरफ घंटी बजने लगती है। सिसकती हुई नौजवान लड़की का प्रवेश। नाइट सूट पहने। हाथ में छोटी-सी शीशी। कुछ क्षण स्थिर दृष्टि से फोन को देखती है। फिर झपटकर फोन उठा लेती है।]

लड़की : **(तेजी से)** फरेबी ज़ालिम!...बस, पाँच मिनट बाद फोन करना और तुम्हें खबर मिल जायेगी। नींद की गोलियाँ मेरे हाथ में हैं और बीस की बीस खाकर मैं हमेशा के लिए मौत के आगोश में सो जाऊँगी...**(जेब में से एक कागज निकालकर)** चिट्ठी भी मैंने लिख ली है। **(पढ़ती है)** मैं, रश्मि माथुर, पूरे होशोहवास में खुदकशी कर रही हूँ। मेरी मौत के लिए कोई जिम्मेदारी नहीं। मम्मी-पापा मुझे माफ कर दें।

[विराम]

युवती : लेकिन माफी क्या दिल के जख्मों पर मरहम बन सकती है? माफी किसी की कमी दूर कर सकती है?

लड़की : **(चौंककर)** माई गॉड!...आप कौन हैं?...नीना?

युवती : **(तनिक रुक कर)** हाँ, नीना।

लड़की : क्या राजन ने कहा है, आपसे फोन करने को?

युवती : **(थोड़ा ठहरकर)** हाँ।

लड़की : **(कड़ुवाहट से)** और आपने मान लिया?...उसे मुझसे छीनने के बाद इस तरह जलील करना जरूरी समझा मुझे?

युवती : जो धागे कच्चे होते हैं, उनका जल्दी से जल्दी टूट जाना बेहतर है।

लड़की : क्या मतलब?

युवती : तुम क्या समझती हो? मैंने खुद कभी ऐसी चोट नहीं खायी...? दो बार खायी है। लेकिन इसका यह मतलब नहीं कि जिंदगी से ही हाथ धोने की बात सोचने लगी।

लड़की : तुम्हारे जज्बों में जरूर कोई कमी होगी।

युवती : भरा-पूरा होना सिर्फ खुदकशी से ही साबित होता है?

लड़की : नहीं होता, लेकिन...

युवती : लेकिन-वेकिन कुछ नहीं...जिंदगी में हमेशा उम्मीद होनी चाहिए। इस बार नहीं तो अगली बार, अगली बार नहीं तो...

लड़की : हाँ, ऐसी बेशर्मी से तो मौत ही...

युवती : बेशर्मी नहीं, पकड़...कशिश...जिंदगी की। और तुम्हारे साथ तो वजह भी है। अभी तुमने खुद ही कहा था—मम्मी, पापा।

लड़की : (**क्षणिक विराम**) हाँ, इकलौती होने से दोनों बहुत चाहते हैं मुझे।

युवती : (**कोमल स्वर में**) मम्मी का तो जीना मुहाल हो जायेगा। है न?

लड़की : (**धीमी आवाज में**) हाँ।

[**विराम**]

युवती : एक महीने के लिए अपना इरादा मुल्तबी कर दो। सिर्फ एक बार और मौका लेकर देखो।

लड़की : (**अनिश्चित-सी**) एक महीना...

युवती : हाँ...शायद कहीं से बारिश की एक लहर...शायद कहीं से रोशनी की एक लकीर...शायद कहीं से खुशबू का एक झोंका...

लड़की : (**उसी प्रकार**) शायद...

युवती : लेकिन उसके पहले यह बहुत जरूरी है कि हाथ पे हाथ रखकर खाली बैठा न जाये, ज्यादा सोचा न जाये, कोशिश की जाये कि हमेशा किसी-न-किसी काम में मसरूफ रहें, ताकि थके-थकाये बिस्तर पे आते ही सो जायें।

लड़की : क्यों?

युवती : क्योंकि सबसे खतरनाक वक्त यही है—बिस्तर पे जाने के बाद और नींद आने से पहले। यह फैलाव जितना ही कम होगा, जिंदगी का दायरा उतना ही बढ़ेगा।

[**एकाएक झपटकर रिसीवर रख देती है।**]

लड़की : (**चौंक कर**) हैलो...हैलो...हैलो....हैलो...

[दो-तीन बार और दुहराती है, फिर धीरे से रिसीवर रख देती है। दायीं ओर अंधकार। विराम। युवती एक और नंबर डायल करती है। घंटी के साथ दायीं तरफ आलोक। बच्ची आकर रिसीवर उठाती है।]

युवती हैलो...

बच्ची : हैलो...आपको मम्मी से बात करनी है न?...वो तो घर में नहीं हैं। अस्पताल गयी हैं।

युवती : अस्पताल? क्यों?

बच्ची : आज नाइट ड्यूटी है न!...सोमवार है।

युवती : ओह हाँ, अच्छा...तुम घर में अकेली हो बिलकुल?

बच्ची : हाँ, हम तो रह लेते हैं। हमें डर थोड़े लगता है।

युवती : सचमुच?

बच्ची : और नहीं तो क्या...आपको लगता है?

युवती : [**तनिक रुककर**) हाँ, बहुत।

बच्ची : किससे? शेर से?

युवती : (**गहरी साँस लेकर**) हाँ, शेर से।

बच्ची : (**पुचकारकर**) अच्छे बच्चे डरते थोड़े हैं।

युवती : (**हल्की मुसकान सहित**) हाँ, अच्छे बच्चे।

बच्ची : पर आप बच्चे हैं कि बड़े हैं?

युवती : (**थोड़ा ठहरकर**) बच्चे।

बच्ची : पर आपकी आवाज तो मम्मी जैसी है।

युवती : मम्मी बच्चे हैं कि बड़े हैं?

बच्ची : (**हँसती है**) धत्...कहीं मम्मी भी बच्चा होती है!

युवती : हाँ, होती है, कभी-कभी...जैसे अभी मैं हूँ।

बच्ची : आप भी मम्मी हैं?

युवती : हाँ।

बच्ची : आपके घर में भी एक पिंकी है?

युवती : (**कुछ रुककर**) है नहीं, थी।

बच्ची : क्यों अब कहाँ गयी?

युवती : (**कुछ ठहरकर**) भगवान के पास।

बच्ची : कब?

युवती : एक महीने पहले।

बच्ची : सारी!

[**विराम**]

बच्ची : आपको खूब रोना आता होगा।

युवती : तुम्हें कैसे पता?

बच्ची : अभी मैं बीमार पड़ गयी थी तो मेरी मम्मी खूब रोती थी। तब बड़ी मुश्किल से चुप कराती थी मैं।

युवती : कैसे?

बच्ची : उसके गले में हाथ डाल के। खूब प्यार करके।

युवती : प्यार कैसे करती थी?

बच्ची : ऐसे...(**होंठों की चुंबन वाली आवाज करती है।**)

युवती : (**कुछ रुककर**) कहाँ पे?

बच्ची : हर जगह...माथे पे, गालों पे—कौन चुप कराता है आपको!

युवती : (**तनिक ठहरकर**) कोई नहीं।

बच्ची : आप रोती रहती हैं?

युवती : हाँ।

बच्ची : बहुत-बहुत देर तक?

युवती : हूँ।

बच्ची : कैसे?

युवती : ऐसे...

[**दो-तीन बार सिसकने का अभिनय करती है।**]

बच्ची : फिर रोते ही रोते सो जाती हैं?

युवती : हूँ...

बच्ची : (**कुछ रुककर**) अगर मैं आपके पास रहती होती, तो चुप करा देती।

युवती : (**नर्मी से**) थैंक्यू!

बच्ची : आपके घर में कोई नहीं है?

युवती : नहीं।

बच्ची : (**थोड़ा ठहरकर**) पिंकी के पापा?

[**क्षणिक विराम**]

युवती : (**भावहीन**) हमारे साथ नहीं रहते।

[**विराम**]

बच्ची : आपको कैसा लगता है अपने घर में?

युवती : (**आस-पास देखती है**) बहुत अकेला।

बच्ची : दिन भर क्या करती हैं?

युवती : सुबह दफ्तर जाते हैं, शाम को वापस आते हैं।

बच्ची : फिर?

युवती : फिर कुछ नहीं।

बच्ची : कहीं घूमने नहीं जातीं।

युवती : नहीं।

बच्ची : क्यों?

युवती : किसके साथ जाऊँ?

बच्ची : आपकी कोई सहेली नहीं है? जैसे मम्मी की हैं—डॉक्टर चटर्जी।

युवती : नहीं।

बच्ची : आपके कोई दोस्त नहीं हैं? जैसे मम्मी के हैं—डॉक्टर सहगल।

युवती : नहीं—मैं आदमियों से दोस्ती नहीं करती।

बच्ची : क्यों?

युवती : (**कुछ ठहरकर**) डर लगता है।

बच्ची : किस बात का?

युवती : चोट खा जाने का।

बच्ची : (**नासमझी से**) चोट?...आपको किसी आदमी ने...मारा है?

युवती : (**तनिक रुककर**) हाँ।

बच्ची : किसने?

युवती : मेरी पिंकी के पापा ने।

बच्ची : कहाँ?

युवती : मेरे मन में।

बच्ची : अच्छा?...खूब दुखता है?

युवती : बहो ऽऽऽ त।

बच्ची : आपने किसी से शिकायत नहीं की?

युवती : की थी।

बच्ची : किससे?

युवती : कचहरी में।

बच्ची : तो उन्होंने क्या कहा?

युवती : अलग-अलग रहो।

बच्ची : तो अब तो वो आपके साथ नहीं रहते?

युवती : नहीं।

बच्ची : तो अब तो आपका मन नहीं दुखता होगा?

युवती : (**थोड़ा ठहरकर**) उतना ही दुखता है।

बच्ची : (**आश्चर्यपूर्वक**) सचमुच?

युवती : (**दुखी मुस्कान सहित**) हाँ...अजीब पहेली है।

[**क्षणिक विराम**]

बच्ची : (**उत्साह से**) अच्छा, हमारी एक पहेली बताइए।

युवती : पूछो।

बच्ची : (**कुछ रुककर, लय से**) बाबा सोये इस घर में, टाँग पसारे उस घर में—बोलिए क्या?

युवती : रोशनी।

बच्ची : (**ताज्जुब से**) अच्छा?...(**प्रशंसा से**) शाबाश!...दूसरी बूझिए।

युवती : पूछो।

बच्ची : छोटा-सा इक राजकुमार, कपड़े पहने साठ हजार।

युवती : (**हल्की मुस्कान से**) वही, जो सब्जी में डाला जाता है।

क्या : क्या?

युवती : प्याज।

बच्ची : (**कुछ रुककर**) अच्छा, अब बूझिए तो जानें।

युवती : पूछिए।

बच्ची : चौकी पे चढ़ बैठी रानी, मुँह में आग, बगल में पानी।

[विराम]

युवती : हुक्का।

बच्ची : **(कुनमुना कर)** ऊँ ऽऽऽ ...आपको तो सब पता है...किसने बतलायीं? पिंकी ने?

युवती : हाँ।

बच्ची : उसे बहुत सारी पहेलियाँ आती थीं?

युवती : हाँ, बहुत सारी।

[विराम]

युवती : अच्छा, अब तुम हमारी एक पहेली बूझो।

बच्ची : **(उमंग से)** पूछिए।

युवती : जो तीन-चौथाई मुर्दा हो और एक-चौथाई जिंदा—उसे क्या कहते हैं?

बच्ची : **(सोचती रहती है। बुदबुदाती है।)** तीन-चौथाई मुर्दा...एक-चौथाई जिंदा... **(विराम)** हम तो नहीं बूझ सकते। हार गये...आप बताइए। क्या कहते हैं उसे?

[विराम]

युवती : जिंदगी...और उसे खत्म हो जाना चाहिए।

[खट् से रिसीवर पटक देती है। बच्ची जहाँ की तहाँ आश्चर्य से निश्चल हो जाती है। युवती मेज की दराज खोलकर एक शीशी निकालती है। दोनों ओर का प्रकाश बुझने लगता है। नेपथ्य से ट्रैफिक का शोर सुनाई देता है, फिर किसी हॉकर की ऊँची आवाज पूरे प्रेक्षागृह में भर जाती है : 'आज की ताजा खबर—एक नौजवान औरत ने नींद की गोलियाँ खाकर आत्महत्या कर ली...आज की ताजा खबर—एक नौजवान औरत ने...']

■■